G.F.

Josef Sudbrack

GOTTES GEIST IST KONKRET

Josef
Sudbrack

Gottes Geist
ist konkret

Spiritualität im
christlichen Kontext

echter

»Diese apostolische Überlieferung kennt in der Kirche
unter dem Beistand des Heiligen Geistes einen Fortschritt:
Es wächst das Verständnis der
überlieferten Dinge und Worte
– durch das Nachsinnen und Studium der
Gläubigen, die sie in ihrem Herzen
erwägen (...),
– durch innere Einsicht, die aus
geistlicher Erfahrung stammt,
– durch die Verkündigung derer, die mit
der Nachfolge im Bischofsamt das sichere
Charisma der Wahrheit empfangen haben;
denn die Kirche strebt im Gang der
Jahrhunderte ständig der Fülle der
göttlichen Wahrheit entgegen, bis an ihr
sich Gottes Worte erfüllen.«

(Zweites Vatikanum, Konstitution über die
göttliche Offenbarung »Dei Verbum«, 8)

Die Deutsche Bibliothek – CIP-Einheitsaufnahme

Sudbrack, Josef
Gottes Geist ist konkret : Spiritualität im christlichen Kontext / Josef
Sudbrack. – Würzburg : Echter, 1999
    ISBN 3-429-02078-6

© 1999 Echter Verlag Würzburg
Umschlag: Uwe Jonath (Foto: Tony Stone Bilderwelten)
Gesamtherstellung: Echter Würzburg
Fränkische Gesellschaftsdruckerei und Verlag GmbH
ISBN 3-429-02078-6

Inhalt

Erstes Buch
EINE NARRATIVE SPIRITUALITÄT –
ZUR GEISTIGEN SITUATION

der Vollzug 275 – b) Beten mit/zu Jesus als Richtschnur für
die Frage nach dem Bösen 276 – 3) Gott als Grund des Seins
und Gott als Gegenüber der Liebe 279

Drittes Buch
LEBEN AUS DEM GLAUBEN

Einleitung

Kein Wort im religiösen Raum hat in den letzten Jahren einen solchen Boom erlebt wie das Wort »Spiritualität«. Der christliche Ursprung (pneumatikos, vom Heiligen Geist beseelt) ist dabei meist vergessen. Joachim-Ernst Berendt spielt es sogar gegen Religion/Religiosität aus: Deren Begrifflichkeit würde noch zu viele »dogmatische, institutionelle« Spuren an sich tragen, um das mit Spiritualität Gemeinte abzudecken. Diese Flucht vor dem Konkreten aber widerspricht dem Wortsinn von »Spiritualität«. Deshalb steht als Titel über der Arbeit ein abgewandeltes Zitat von Bertolt Brecht: »Die Wahrheit ist konkret.« »Spiritualität, Gottes Geist ist konkret.« Also keine Verflüchtigung in gestaltlose Abstraktionen und bindungslose Gefühle, wie dies in einem breiten Strom von Esoterik und auch Transpersonaler Psychologie der Fall ist. Spiritualität, Gottes Geist bezieht sich doch auf die christlichen Wahrheiten von »konkreter« Schöpfung, »konkreter« Menschwerdung Gottes in Jesus Christus, »konkreter« Kirche mit ihren »konkreten« Sakramenten und Riten, mit ihrem »konkreten« Auftrag zur Nächstenliebe.

Der Boom des Wortes »Spiritualität« aber dokumentiert zugleich eine breite Sehnsucht nach geistigen/geistlichen Werten und persönlicher Erfahrung. Damit ist das konkrete Christentum angefragt, ob seine Werte nun nicht doch vom dogmatisierenden Überbau der Lehre, vom moralisierenden Ton der Katechese und vom institutionellen Übergewicht der Verwaltung verdeckt sind. Im Schnittpunkt beider Anfragen bewegt sich diese Arbeit.

A) Spiritualität im urgemeinten Sinn läßt sich nur vom persönlichen, konkreten Standpunkt aus darstellen. Eine vermeintlich überindividuelle Sicht reduziert entweder die Sache auf äußerlich bleibende Daten oder macht (bewußt oder unbewußt) aus dem eigenen Standpunkt die unhinterfragbare, maßgebliche Norm, die sich aufgrund sogenannter Erfahrung oder Logik über die »Niederungen« des Dialogs erheben will.
Die menschliche Redlichkeit und Offenheit des persönlichen, hier christlichen Standpunkts aber zeigt sich anders: in der Bereitschaft zum Gespräch mit fremden Standpunkten (Poppers Falsifikationsprinzip), in der Offenheit zur Begegnung mit dem »Anderen« (Levinas), im Hören-Können auf Neues (Blondel), in

der Ehrfurcht vor jedem ehrlichen Gewissen, mag es noch so fremd erscheinen, wie das II. Vatikanum es eindrucksvoll lehrt. Ohne diese Ehrfurcht wird der Religionsdialog zum akademischen Wortgefecht oder zur Geschwätzigkeit der Medien, letztlich zum Absolutheitswahn. Die narrative Spiritualität des »Ersten Buches« möchte nicht zuletzt den eigenen Standpunkt darlegen; während die Offenheit zum Dialog das ganze Buch durchzieht.

B) Spiritualität im urgemeinten Sinn verlangt die Situierung in der konkreten Gegenwarts-Mentalität – gerade auch weil sie sich als christliche auf ein geschichtliches Zeugnis der Vergangenheit beruft. Deshalb knüpft der Text im »Zweiten Buch« Verbindungen zu den verschiedensten Wissenschaften, die das Gespräch der Gegenwart repräsentieren: Psychologie, Soziologie, Ethnologie, Religionswissenschaft, Kosmologie, Philosophie, Theologie usw. Als Wissenschaft muß die Spiritualität die Anfragen und Ergebnisse vieler Wissenschaften abschreiten. Dabei galt es beim Abfassen des Buches der steten Versuchung zu widerstehen, weiter ins Detail zu gehen. Es mußte oft bei nur kurzen Hinweisen bleiben. Diese möchten die Arbeit mit der augenblicklichen Diskussion verknüpfen und zugleich der intensiveren Reflexion Türen öffnen.

C) Spiritualität im urgemeinten Sinn verlangt, daß sie sich dem allgemeinen Verständnis und nicht nur der Fachwissenschaft öffnet. Fach-Exkurse wurden deshalb in den Anmerkungsapparat verbannt. Insbesondere aber wurde versucht, die Themen von konkreten Angelegenheiten her zu entwickeln – seien es kontroverse Fragen, seien es Bibelworte, seien es philosophisch-theologische Diskussionen, seien es Persönlichkeiten der Geschichte oder der Gegenwart. Die vielen Namen im Text dienen dieser Konkretheit, können aber auch einfach überlesen werden – so wie man sich beim Gang durch den Botanischen Garten an der bunten Fülle erfreut, ohne jede einzelne Pflanzenbenennung im Kopf zu haben.
Das Sachregister möchte den Stoff von anderen, allgemeineren Gesichtspunkten her darstellen.

D) Spiritualität im urgemeinten Sinn verlangt konkrete Hinweise für die Praxis. Was hierzu im »Dritten Buch« angeboten wird, bleibt notwendigerweise unvollständig. Aber der Autor glaubt, daß diese Hinweise Wege bahnen zu einer christlichen Spiritualität, die im Gespräch mit der Gegenwart steht und Ausblicke auf die Zukunft eröffnet. Wenn die konkreten Hinweise eine Diskussion anregen, hat dieses Buch das erreicht, was es erreichen will.

Es bleibt noch zu danken: meinen Hörern in vielfachen Begegnungen, besonders aber an der Divinity School der Harvard University (Boston, USA), wo ich wegen der fremden Sprache zur Klarheit und Einfachheit gezwungen wurde; besonders auch dem Echter Verlag, ohne dessen kritische Hilfen das Buch nicht hätte geschrieben werden können.

Erstes Buch

Eine narrative Spiritualität –
Zur geistigen Situation

Der christliche Glaube erlebt einen Epochenwandel. Dem wird jeder zustimmen, gleich ob er ihn begrüßt oder bedauert. Eine Reflexion über christliche Spiritualität, die sich dieser Tatsache nicht stellte, wäre nur Spiegelfechterei. Die Fragen, die dabei auftauchen, schneiden ins Lebendige des Glaubens. Wer also eine solche Auseinandersetzung auf sich nimmt, darf nicht ins Anonyme, vermeintlich Objektiv-Sachliche und Allgemeine flüchten; er muß sein eigenes Leben einbringen.

Dies soll einleitend in einer »narrativen Spiritualität« geschehen, in der ich die Entwicklung meines eigenen (theologischen) Glaubens vorstellen möchte. Das lehnt sich an das Projekt der »Narrativen Theologie« an, wie es Johann Baptist Metz im Anschluß an den Sprachwissenschaftler Harald Weinrich entworfen hat. Die Darstellung meiner persönlichen Glaubensgeschichte aber läßt nicht nur meine Situation konkret werden, sondern spiegelt, als »Glaubensgeschichte« eines christlichen Theologen, die Dramatik des Epochenwandels in der heutigen Gesellschaft wider. Sie kann als eine Kurzfassung des gesamten Buches angesehen werden.

A) Christliches Urvertrauen – Geborgenheit in einer katholischen Umwelt

Ich bin dankbar für den Schatz an Geborgenheit, den mir meine Kindheit schenkte, ein Schatz an Verwurzelung, an Heimat-Erfahrung. Auf Heimat hin, als dem Schlüssel des menschlichen Suchens, hat auch Ernst Bloch sein Hauptwerk »Prinzip Hoffnung« (1954–59) komponiert.

1. Christlicher Glaube als unhinterfragte Lebensgrundlage

Die Stadt Trier, in der ich aufwuchs, war auch während der Zeit des Nationalsozialismus katholisch geprägt. An meiner Schule, dem Friedrich-Wilhelm-Gymnasium, blieb das Lehrer-Kollegium christlich orientiert. Die zwei, drei demonstrativ nationalsozialistischen Lehrer fielen schon durch ihre mindere wissenschaftliche Qualifikation auf. Das lag mir, dem Schüler, natürlich nicht offen vor Augen, wenn auch mein Klassenlehrer mit sarkastischen Andeutungen regimekritische Äußerungen in den Unterricht einfließen ließ. Typisch für die Atmosphäre war, daß keiner von uns Schülern ihn denunzierte. Unaufdringlich wurde uns eine vorsichtige Distanz zur nationalsozialistischen Begeisterung eingeflößt.

Vor allem ist meine Erfahrung in der weltanschaulich klaren, christlichen Sicht des Elternhauses fundiert. So erinnere ich mich an einen jüdischen Arzt, den meine Eltern auch nach seiner Emigration immer wieder lobten; erinnere ich mich an heimliche Gänge zu einer jüdischen Familie, um »geschächtetes« Fleisch zu kaufen: »Schächten«, das rituelle Schlachten bei orthodoxen Juden, stand unter schwerer Strafe. Das Tischgebet, das Kreuzzeichen, das mein Vater in jedes anzuschneidende Brot ritzte, waren Selbstverständlichkeiten. Alles geschah ohne bigotte, frömmelnde Aufdringlichkeit, sondern in ruhiger Glaubensgewißheit. Gott war nicht der Aufpasser-Gott, von dem mir andere berichteten, es war der Vater-Gott, auf den das Vorbild der Eltern hinwies.

Selbstverständlich war auch das Meßdienen. Mitschüler trugen dabei gelegentlich unter dem Meßdienerrock die Uniform für den darauffolgenden »Dienst« in der Hitlerjugend. Selbst diese Pflicht-Organisationen achteten darauf, daß wir unseren religiösen Pflichten nachkommen konnten.

Zu den wenigen evangelischen Mitbürgern – es waren Beamtenfamilien, die der preußische Staat ins katholische Rheinland verpflanzt hatte und die aus der »Diaspora«-Situation heraus oft mit den Nazis sympathisierten – gab es einen unsichtbaren Zaun. Neben meiner katholischen Volksschule lag die evangelische Konfessionsschule. Die Prügeleien hin und her hatten im kindlichen Unverständnis so etwas wie »Glaubenskämpfe« an sich.

Für meine Kindheit aber war die geschlossene christliche Umwelt ein unbezahlbarer Schatz. Der christliche Glaube in katholischer Ausprägung war so selbstverständlich wie mein Kind-Sein, wie meine deutsche Sprache, wie mein behütendes Elternhaus. Dieses »Heimat«-Gefühl lebt bis heute in einem tiefen Urvertrauen weiter.

2. GANZHEITLICHE GRUNDERFAHRUNG IN SPORT UND MUSIK

Zu den prägenden Erfahrungen zählte auch der sportliche Wettkampf im Schwimmen; ich errang schöne Erfolge bis zur Teilnahme an der Deutschen Meisterschaft. Der »Sport« brachte mir Befreiung vom HJ-Dienst, ließ mich auf weiten Reisen Kameradschaft erleben und schenkte mir viel Ansehen (»Identität«) unter meinen Mitjugendlichen. Aber vor allem gab er mir eine jugendgerechte Zielsetzung, die meinen Ehrgeiz zum disziplinierten Training anstachelte (eine Art von »Askese«).
Heute weiß ich, daß in der Ganzheitserfahrung des »Schwimmens« noch mehr liegt. Seele und Körper müssen ineins klingen, um den Leib ins Urelement Wasser einzuschmiegen, sich ihm zu »verschmelzen«. Als ich zum ersten Mal mit Karlfried Graf Dürckheim, dem Lehrer der Initiatischen Therapie, sprach, meinte er spontan: »Wer schwimmt, meditiert«; er bewegt sich in leib-seelischer Harmonie, die bis in die Weite des Wassers hineinreicht. Nur in dieser Harmonie gelingen sportliche Höchstleistungen.
Diese Erfahrungen formten unbewußt und formen immer noch meine Spiritualität. All das wurde verstärkt durch die Musik. Wissend um meinen nicht ganz leichten Charakter, »zwang« mein Vater mich zum Klavierspielen (später kamen andere Instrumente hinzu); ein »Zwang«, für den ich ihm dankbar bin. Zur vollmenschlichen Spiritualität gehören Ganzheitsbetätigung und Ganzheitserfahrung.

3. KRIEG ALS PRÜFSTEIN DES GRUNDGELEGTEN URVERTRAUENS

1943 wurde ich Soldat, machte nach einer harten Rekrutenzeit den Rückzug der deutschen Armee an der westlichen Invasionsfront mit und wurde Ende 1944 bei Metz schwer verwundet (Oberschenkelamputation).
Meine Eltern hatten mich schweren Herzens in diese schlimme Welt entlassen, nicht nur wegen der körperlichen, sondern mehr noch wegen der seelischen Gefahren. Ich war damals noch kindlich naiv. Vielleicht aber ist dies der Grund dafür, daß der Krieg mit all dem Entsetzlichen, auch mit meiner schweren Verwundung, an meiner Psyche wie das Wasser an einer Regenhaut abgeglitten ist. In meinen Träumen kommt er nicht vor (wohl aber nicht-gemachte Hausaufgaben oder geschwisterliche Zänkereien).

Die Geborgenheit der Jugenderfahrung, das Urvertrauen, das
mir die Eltern mitgegeben hatten, hat meine Psyche vor den
bösen Traumata behütet. Auch die sportliche Stählung half, das
Schwere zu integrieren. Das Erleben von Tod, Gewalt, Untergang blieb aber vor der Tür meiner Seele stehen.

4. Nicht Nostalgie, sondern Ernstnehmen des Neuen

Diese so erlebte Jugend ist ein Beispiel für die Erfahrung einer
Zeit, die so nicht mehr wiederkommen wird. Auch wo sich
heute solch »familiäres« Behütetsein noch finden mag, ist es
gefährdet.
Darüber, daß es so ist, besteht Einhelligkeit. Darüber, wie damit
umzugehen ist, wird gestritten. Aber Nostalgie mit Blick auf das
Alte und Abwerten des Neuen ist ebenso kontraproduktiv wie
das Augenschließen vor dem Neuen, das sich schon durchgesetzt hat. Der Weg in die Zukunft führt nur über das Ja zum
neuen Weltgefühl mit seinen neuen Akzenten. Es gilt, auch
darin – wie in der vergangenen Geborgenheit der christlichen
Umwelt – christliche Werte zu entdecken: in der persönlich verantworteten Entscheidung, die Identität und Selbstwertgefühl
schenkt; in der bewußten Begegnung mit dem »anderen« bei
aller Pluralität von Meinungen; in der dialogischen Haltung
auch über den christlichen Raum hinaus.

B) Ringen um die Gottesbeziehung – Verfehltes/Gelungenes im Studium

Mein Eintritt in den Jesuiten-Orden beglückte die Eltern, war
aber für mich keine große Entscheidung. Erst im weiteren
Lebensprozeß wurde mir die Bedeutung des Schrittes mit der
Bindung an die Ehelosigkeit bewußt.

1. Zeit-Ungleichheit der spirituellen Ausbildung

Aus heutiger Sicht ist es erschreckend, wie blaß die zwei Jahre
spiritueller Ausbildung im Noviziat der Jesuiten waren. Die

äußeren Bedingungen waren vorzüglich: ein romantisch gelegenes, ehemaliges Wasserschloß; eine Gruppe junger, im Krieg gereifter Männer (darunter einer, der auf amerikanischer Seite gegen uns gekämpft hatte); eine kirchliche Situation, die wie ein frühlingshafter Neubeginn ansetzen wollte.

Warum gab uns das Noviziat (und die weitere spirituelle Unterweisung) so wenig? Ich darf im Plural sprechen. Ein Mitnovize, später ein bekannter Professor, lief während des Höhepunktes des Noviziats in den »Großen Exerzitien«, bei der Karfreitagsbetrachtung, prustend aus dem Saal. Der Grund war die Zeit-Ungleichheit: Der anbrechende Epochenwechsel, die Anzeichen eines neuen Weltgefühls – von der selbstverständlichen Geborgenheit in die verantwortete Entscheidung hinein – wurden nicht wahrgenommen. Ein klassischer Spruch jesuitischer Pädagogik: »Serva ordinem et ordo servat te!« (»Halte Ordnung und sie hält dich!«) wurde in dem Sinn gedeutet: Es genügt eine feste, äußere Ordnung, damit Spiritualität wächst. Es genügt, »Betrachtungspunkte« vorzulegen (in klassischer Drei-Gliederung), damit Beten und Meditation entsteht. Eingehen auf die je einzelne Spiritualität, Erspüren des inneren Ortes, wo jemand betroffen ist, methodische Hilfestellungen zum Ruhig-Werden, zur emotionalen Erschließung von »Betrachtungs«-Inhalten, all das kam zu kurz, kam gar nicht vor. Frömmigkeit war als selbstverständlich vorausgesetzt, sie sei nur noch mit »äußerer« Ordnung in jesuitische Kanäle zu lenken. Diese Ordnung hütete der Spiritual und griff nur bei Irrwegen oder Gefahren ein. Diese Schilderung trifft – obgleich als Karikatur gezeichnet – einen Wesenszug der damaligen »Spiritualität«.

2. Herausforderung zur intellektuellen Auseinandersetzung

Das Studium nach dem Noviziat erlebten die meisten von uns als Befreiung. Jetzt endlich war man herausgefordert. Die drei Jahre Philosophie und die vier Jahre Theologie waren zwar scholastisch geprägt, doch diese Art geistiger Auseinandersetzung legte eine gute Basis für den Umgang mit geistigen Werten, öffnete das Tor auch zum »Geistlichen«, »Spirituellen«.

Die klare Begrifflichkeit – wenn auch oft zu klar – hilft, Dinge, Ansichten, Begriffe, Vermutungen auseinanderzuhalten und zu vergleichen. Das Disputationsdenken hilft, eigene und fremde

Gedanken übersichtlich zu ordnen: Dieser sagt so, jener aber anders! – Und ich?

Gewiß mußte man später tiefer greifen und erleben, daß die Wahrheit nicht im Netz der »klaren Begriffe« (René Descartes: Idea clara et distincta) einzufangen ist; daß manche klare Aussage aus verborgenen Quellen gespeist wird; daß die Wirklichkeit – insbesondere die Gottes – tiefer und weiter ist als scholastisch geprägte Sätze. Doch die scholastische Philosophie und Theologie öffnete das Tor zum Geistigen.

Hinzu kommt, daß uns während des Studiums die Denkbemühungen der europäischen und außereuropäischen Philosophie und Theologie bibliothekarisch zur Verfügung standen und in manchem Seminar diskutiert wurden. Wer wollte, konnte tiefer eindringen. Ein Theologiestudent einer staatlichen Fakultät staunte (erschrak?), wie frei uns die Welt des Geistes vorgestellt wurde. Ein Positivum jesuitischer Erziehung!

Für mein weiteres Studium und für die spirituelle Praxis brachte dies eine bleibende Hochschätzung der intellektuellen Auseinandersetzung, einen Schutz vor der heute verbreiteten Tendenz, wegen der Kopflastigkeit der Theologie nun im Gegenteil die subjektive Erfahrung (»Bauch«, »Herz«) als Wesen der Spiritualität anzupreisen. Nur im Gleichgewicht zwischen Geist und Gefühl, zwischen Reflexion und Erfahrung, zwischen Kopf und Herz findet man den Weg zur christlichen Spiritualität.

3. Aufleuchten des Individuums, der Person, der Geschichte

Zum Schluß des philosophischen Studiums legte ich einem Professor das Gesamtsystem meines Denkens vor. Alle Lebensfragen seien darin grundsätzlich umgriffen. Liebevoll lächelnd legte er es beiseite. Damit begann eine entscheidende Umpolung meiner Spiritualität: vom Allgemeinen zum Konkreten, vom System zum Individuum, von der Logik zur unausschöpfbaren Tiefe der Person.

Der Umgang mit dem Neuen und Alten Testament, das historisch-kritische Umkreisen des Jesus von Nazareth, die kirchen- und weltgeschichtlichen Daten zwangen mich Schritt für Schritt dazu, die (bleibende!) Liebe zu umfassenden Entwürfen zu verbinden mit einer liebenden Hochachtung vor konkreten Tatsachen und mehr noch vor dem einzelnen Menschen, der in keinen noch so umfassenden Entwurf eingeht. Meine Bonner Doktorarbeit über einen Mönch des späten Mittelalters half mir dabei. Mein Professor Johannes Auer erwartete, daß ich einen Mystiker herausstellte, aber der betreffende Mönch war nur ein fleißiger Abschreiber. Doch ich schloß ihn ins Herz. In der Hochschätzung des je einzelnen Menschen leuchtet auch die Einmaligkeit des Christentums auf.

Nicht nur christliche Denker wie Sören Kierkegaard oder mein Landsmann Peter Wust betonen dies. Auch Marxisten wie der Philosoph Ernst Bloch oder der Historiker Aaron J. Gurjewitsch zeigen: Das Christentum brachte den Wert einer jeden menschlichen Person – ob im Mutterleib oder in der Senilität des Alters – in die Weltkultur ein. Wenn es sich auch oftmals gegen sein Geburtszeichen versündigte, blieb es ihm verhaftet. Denn es geht ihm um Jesus Christus, in dem sich Gott – einmalig, einzigartig, konkret – der Welt zuwandte und damit die Einmaligkeit und Einzigartigkeit jedes seiner Menschen-Geschwister bestätigte.

Darauf beruht weiterhin das geschichtliche Bewußtsein und die Verzahnung des Christentums mit der Weltgeschichte. Da jeder Mensch einmalig ist, ist auch die Geschichte keine Wiederkehr des Ewig Gleichen (Friedrich Nietzsche): Jedes ihrer Ereignisse lebt von seiner Einmaligkeit, zuvörderst aber das einmalige Ereignis Jesus Christus.

4. Bestätigung und Vertiefung durch jüdische Religions-
philosophen

Meine große Entdeckung aber war die Tradition des »dialogischen« Denkens, die besonders im Judentum lebt.

Michael Theunissen hat dies – im Zusammenhang mit christlichen Denkern wie Ferdinand Ebner – in »Der Andere« (1965) dargestellt. Für meine Spiritualität wurde besonders die Begegnung mit Martin Buber wichtig. Er nannte seinen Schritt vom pantheisierenden, deutsch-nationalen Denken zur Ontologie der »Begegnung« Bekehrung und weigerte sich deshalb, seine (u. a. auf Robert Musil und Thomas Mann) einflußreichen »Ekstatischen Konfessionen« aus der Vor-»Ich und Du«-Zeit (1909) neu herauszugeben. Die anders betitelte Neuauflage von 1993 (»Mystische Zeugnisse aller Zeiten und Völker«) von Peter Sloterdijk spielt dies leider herunter.

Der 1995 gestorbene französisch-jüdische Philosoph Emmanuel Levinas, der mir (wie auch der deutschsprachigen Philosophie) erst später bekannt wurde, vertieft diesen biblischen Ansatz in

9

denkerischer Schärfe. In »Totalität und Unendlichkeit. Versuch über die Exteriorität« (1990, Original 1980) setzt er sich von der »Totalität« eines Denkens ab, das in der Seins-Einheit (Bewußtseinserweiterung oder Spekulation) den letzten Sinn finden will. Nur im konkreten »Antlitz« des anderen begegnet der Mensch wahrer »Unendlichkeit«. Damit wird die »Binnen«-Transzendenz der Bewußtseinserweiterung im eigenen Denken und Erfahren zur »Radikal«-Transzendenz überschritten, die einem in der Gestalt einer »anderen« Freiheit entgegentritt. Was dinglich »endlich« bleibt (der andere Mensch), strahlt wahre »Unendlichkeit« aus. Denn in ihr lebt unverfügbare Freiheit, die kein anderes Denken und Erfahren einholen kann.

Diese philosophischen Ansätze, die sich auch bei Walter Benjamin oder stärker bei Franz Rosenzweig finden, bedenken einen entscheidenden Zug christlich-jüdischer Weltsicht. Er ist unaufgebbar, wenn das Christentum Christentum bleiben will. Kein »System« ist – gegen Friedrich Wilhelm Hegel – das Ganze! Keine Erfahrung von (positiver oder negativer) Unbegrenzheit erreicht das Ganze. Aber jeder Mensch trägt in seiner Freiheit das an sich, was Levinas »Unendlichkeit« nennt.

5. Gotteserfahrung als »Negative Spiritualität«

Wahre Humanität lebt in der Spannung zwischen dem intellektuellen oder meditativen Mühen um das Ganze und dem »demütigen« Anerkennen, daß dieses »Ganze« grundsätzlich weder intellektuell noch erfahrungsmäßig zu umgreifen ist. Der Mensch begegnet diesem Ganzen, diesem »Unendlichen« nur im »Geschenk« (sprich »Gnade«), das der »andere« ihm frei gewährt. Diese Spannung aufzulösen, um »das Wahre« zu besitzen, ist die Urversuchung des Menschen, so »zu sein wie Gott« (Gen 3,5).

Was während meines Studiums als eine Maxime des großen Hegel aufklang: »Das System ist das Wahre«, fand ich später in computergesteuerter Perfektion bei Frank J. Tipler (»Die Physik der Unsterblichkeit«, 1995 als Taschenbuch) wieder oder psychologisch/philosophisch bei Ken Wilber (»Eros, Kosmos, Logos. Eine Vision an der Schwelle zum nächsten Jahrtausend«, I, 1996). Dort wird eine absolute Erkenntnis, die allem Fragen und Suchen ein Ende setzt, angestrebt. Doch mit solchen Intentionen wird schon das zwischenmenschliche Verhältnis zerstört, das im vertrauenden Anerkennen der »Freiheit« gründet, die einem im »Anderen« begegnet. Emmanuel Levinas nennt ein solches »Begreifen« des anderen tatsächlich »Mord« und greift damit einen Satz Max Frischs auf: »Wer sich vom anderen ein Bild macht, hat ihn getötet.«

In meinem frühen Studium der Theologie halfen mir besonders drei Theologen, diese wahre »Unendlichkeit« in der Begegnung mit Gott zu reflektieren: Henri de Lubac mit seinem breiten historischen Wissen, Hans Urs von Balthasar in ästhetischer Weite, Karl Rahner durch tiefschürfendes Denken. Später dann schenkte mir besonders Hansjürgen Verweyen (»Gottes letztes Wort«, 1991) hierzu eine weiterführende Vertiefung. Nach ihnen allen gipfelt diese Urspannung menschlicher Erfahrung in der Begegnung mit dem lebendigen Gott. Ignatius von Loyola, der Gründer des Jesuitenordens, war geprägt von dem Wissen: »Gott ist je größer«; der Urvater der mystischen Theologie, Dionysios der Areopagite, läßt seine Mystik in negativer Theologie gipfeln in: »Gott ist weder ... noch ...« Biblisch heißt diese Erfahrung nach Ernst Lohmeyers Buch über biblische Mystik: »Gott geht vorüber« (Ex 33,22 f u. ö.); Martin Luther hat dies übersetzt mit: Du kannst »Gott nur von hinten« erblicken (»videbis posteriora mea«). Meister Eckhart mahnt, »Gott um Gottes willen zu lassen!« – Gemeint ist eine »negative Spiritualität«, eine »negative Mystik«, die im Nicht-Begreifen gipfelt.

6. »NEGATIVE SPIRITUALITÄT« IN DER »THEOLOGIE NACH AUSCHWITZ«

Dieser Ansatz fand in vielfacher Hinsicht eine Vertiefung, so in dem berühmten Wort Romano Guardinis, er werde, wenn er einmal vor dem Thron des Allerhöchsten stehe, diesen mit dem Blick auf Krankheit und Naturkatastrophen fragen: »Warum das furchtbare Leid der Menschen?« Grundsätzlicher aber wurde es vertieft durch die Betroffenheit von dem millionenfachen Mord an den Juden: Was ist das für ein gütig-allmächtiger Gott, der solche Verbrechen zuläßt?

Niemand, für den Theologie Leben und nicht tote Wissenschaft ist, kann sich dieser Frage entziehen. So lehnt Johann Baptist Metz heute sogar seine frühere Sicht ab, wonach der »eschatologische Vorbehalt« einer zukünftigen Versöhnung (»Er wird alle Tränen von ihren Augen abwischen«, Offb 21,4; 7,17) die Antwort sei; er fordert den Protest gegen Gott ein als die Konsequenz aus einem wahren Glauben an Gott.

11

Man mag theoretisch zu dieser Zuspitzung der »negativen Spiritualität« stehen, wie man will; in Betroffenheit von der Widersinnigkeit all des Bösen darf ein Christ diesen Fragen nicht ausweichen. Sie ist auch der Grund dafür, daß Max Horkheimer, das Haupt der marxistisch-atheistischen »Frankfurter (Philosophen-)Schule«, in einem letzten Interview »Die Sehnsucht nach dem ganz Anderen« (1970), bekannte, er halte zwar nichts vom dogmatischen Bescheidwissen der Kirche über Gott; aber ein Dogma brauche man nicht zu »beweisen«; es stehe täglich in der Zeitung: das Dogma von der »Erbsünde«, vom bleibend-Bösen, in dem Mensch und Welt unauflöslich und zugleich schuldhaft verstrickt sind. Rüdiger Safranski hat dies kürzlich nochmals unterstrichen (»Das Böse oder Das Drama der Freiheit«, 1997).

Der Hinweis auf die Dunkelheit der Mystik – von den Negationen des Areopagiten bis zur Nicht-Erfahrung Thérèses von Lisieux – beantwortet zwar nicht die Anfrage von Metz und Guardini, aber er umreißt ihren theologisch-existentiellen Raum, die Erfahrung des »je größeren Gottes«.

C) Die Entdeckung der Sprache – eine Aufgabe, die nie zu Ende geht

In den dreitausend Jahren europäischer Geisteswissenschaft wurde erst allmählich erkannt, wie wichtig doch die sprachliche Gestalt für die Sprachaussage ist. Auch für mich bestand lange Zeit eine Entsprechung zwischen dem begrifflichen Denken und der ausgesagten Wirklichkeit. Ich hatte zwar im Philosophiestudium gelernt, daß man hier hinterfragen müsse. Doch schien mir der ganze Prozeß nur etwas Äußerliches zu besagen: so wie man ein Fahrrad von Verschmutzung reinigt, um es in seiner wahren Realität zu sehen, so müsse man die Worte der Metaphysik und Religion nur von ihrer Verschmutzung durch menschlichen Irrtum reinigen, um sie in ihrer Wahrheit zu greifen. Es brauchte existentielles Erleben, um diese Naivität zu überwinden.

1. Mehr als ein Handwerkszeug für das Denken

Es griff tief in den »philosophischen« Stolz ein, als Friedrich Wulf meinen ersten schriftstellerischen Versuch Satz für Satz und Wort für Wort kritisch analysierte: hier ein Sprung, den der Leser nicht nachvollziehen kann; hier ein Sprachbild, das nicht stimmt, ein Vergleich, der hinkt; dort wird vorausgesetzt, was nur Spezialisten wissen. Ein Lernprozeß begann, der mir zeigte, wie tief Wissen und Erfahrung eingebunden sind in sprachliche Gestalt. Es gibt keine »reine« Erfahrung, die erst im nachhinein in sprachliches Gewand eingekleidet wird. Jede Erfahrung ist von vorneherein von kulturell-sprachlichen Voraussetzungen geprägt, von dem Erfahrungsraum, in dem man spricht, denkt, erfährt. Germanisten wie Walter Haug und besonders Susanne Köbele (»Bilder der unbegriffenen Wahrheit«, 1993), aber kaum Theologen, gehen dieser Wahrheit auch im Bereich der religiösen Erfahrung nach.

Überaus lebendig wurde mir diese Durchdringung von Sprache und Erfahrung, als ich über ein Jahr lang als Visiting Professor der Harvard University auf Englisch über Spiritualität zu sprechen hatte – dabei ist der Sprachzugriff des Englischen dem Deutschen eng verwandt. Es ist erschreckend, mit welcher Leicht-igkeit (-sinnigkeit) man heute nicht nur in der Esoterik über fremde religiöse Erfahrungen befindet, ohne deren fremden Sprachzugriff zu berücksichtigen. Peter Hartmann gab mir in »Einige Grundzüge des japanischen Sprachbaus« (1953) ein unüberholtes Paradigma zur Hand; er zeigt, wie sehr auch die typische »Zen-Erfahrung« schon von der »agglutierenden« japanischen Sprache beeinflußt ist.

2. Linguistik und Hermeneutik

Linguistik und Sprachanalytik beschäftigen sich mit diesen Fragen; ich selbst habe jedoch nur zaghafte Schritte in ihr Dickicht hinein getan.
– Nach frühen Berührungen mit dem nicht ideologiefreien »Sprachzugriff« des Bonner Indogermanisten Leo Weisgerber stieß ich zuerst auf Benjamin L. Whorfs »linguistisches Relativitätsprinzip«, das die Abhängigkeit von Sprache und Erfahrung wohl übertreibt.
– Die sprachliche Brillanz des französischen Strukturalisten Roland Barthes öffnete mir einen Zugang zum Vater der Lingui-

stik, zu Ferdinand de Saussure. Doch an der schlimmen Entstellung des genialen Ignatius-Aufsatzes von Barthes durch die »strukturalistische« Übersetzung ins Deutsche (»Sade-Fournier-Loyola«, 1974) erkannte ich die Grenzen dieser Methoden: Ist es Wissenschaft oder nur Glas-perlen-(-scherben-)-Spiel?

– Streifzüge durch die Bibel-Linguistik (z. B. Willi Egger, »Methodenlehre zum Neuen Testament. Einführung in linguistische und historisch-kritische Methoden«, 1987) bestätigten mir, daß diese Linguistik zwar Präzisionen, doch wenig inhaltliche Einsicht erbringt.

– Erst wo sich linguistische Methoden mit anderen wahrheitserschließenden Zugängen verbinden, fand ich tiefere Einsichten. So vor allem in der Hermeneutik Hans-Georg Gadamers; aber auch in John L. Austins Unterscheidung von »konstatierenden« und »performativen« Äußerungen (»How to do things with words«, 1962); das meint: Es gibt Worte, wie das »Ja« eines Treue-Versprechens, die Wirklichkeit »schaffen« (performativ) und nicht nur »aufzeigen« (konstatierend). Richard Schaefflers »Kleine Sprachlehre des Gebets« (1988) führt diese Einsicht in spirituelle Bereiche weiter.

– Am wichtigsten wurde mir Jan T. Ramseys Theorie über die religiöse Sprache: Es geht um Worte und Sätze, die »mehr« beinhalten als nur Information; die Stimmung, Verantwortung und Entschluß miteinschließen. Ramsey findet sie in den »Disclosure-situations«, »Erschließungs-Situationen«. In ihnen öffnet sich eine empirisch analysierbare Tatsache zu einem »Mehr«, das auf Übersteigendes hinausweist. Solch ein »Observable and more than observable« (»Beobachtbares und mehr als Beobachtbares«) liegt z. B. im Ergriffenwerden von Schönheit oder ethischem Anspruch, auch in Trauer. Hier beginnt verantwortetes Reden über Gott; hier schlägt sich Religiosität im Grund der Sprache nieder.

Jedes wahre Verstehen greift über die reine Tatsächlichkeit hinaus. Denn es berührt Tiefen, die den reinen Informationsgehalt übersteigen und einen Weg zu Gott öffnen können. Doch um dem in einer fremden Sprache nachzuspüren, braucht es Kenntnis des fremden Sprachzugriffes und sicher auch existentielle Berührung mit diesem Sprach-»Raum«; Bedingungen, die vielen mangeln, die heute im Gespräch mit fremder Religiosität Wortführer sein wollen.

3. Sprache als Teil einer kulturellen Erfahrung

Was schon in meiner Liebe zur Musik und in der sportlichen Ganzheitserfahrung meiner Jugendzeit angelegt war, erfüllte sich in solchen Einsichten: Sprache umfaßt mehr als nur Worte und Grammatik, umfaßt Sehen, Tasten, Schmecken, Riechen, Musikhören, Landschaftserleben, Begegnungen, Gesten – alles gehört in dieses »Erfahrungsfeld«. Der Mensch nimmt wahr, erfährt mit seinen inneren und äußeren Sinnen und realisiert dies in einer Vielfalt von Fähigkeiten. In seiner reich belegten Schrift »Hören und Sehen, Schrift und Bild, Kultur und Gedächtnis im Mittelalter« (1995) hat Horst Wenzel gezeigt, wie sehr unser übliches Bild von der Wirklichkeitsbegegnung diese auf begriffliche Kategorien verengt. Was er am mittelalterlichen Lernen aufweist, das mehr auf Vorbildern, Sitten und Begegnungen im Lebensraum als auf Worten und Belehrungen ruht, gilt für alle Zeiten: Begrifflich klare Sätze sind nur ein, wenn auch wichtiger Teil der Wirklichkeitserfassung. Sprache muß – paradox gesagt – mehr sein als Sprache, um wirklich Sprache zu sein.

Wie bedeutsam dies für eine lebendige Spiritualität ist, zeigt ein Blick in vergangene Tugendlehren und Lehrbücher der »Askese und Mystik«. Ihr Mangel besteht in der Engführung auf »Doktrin«, auf begriffliche und verstandesbezogene Sätze. Die klassische Lehre von der »Anwendung der Sinne« könnte ein Signal sein für die Weitung der christlichen Spiritualität in die Ganzheit der Erfahrung hinein.

4. Poesie, Musik, Bewegung als Sprache im vollen Sinn

Die ganze Breite des Angedeuteten kann niemand verwirklichen. Bei mir bündelte sich das Anliegen insbesondere im Bereich der Poesie.

Der Anfang war recht praktischer Natur. Theologie hat als Gotteslehre vom Wort (Logos) auszugehen. Doch Menschen, die auf der Suche nach Gott und Gotteserfahrung sind, zeigten mir, wie dürr die Reduktion des Christentums auf Lehre, Begriff oder formulierte Wahrheit ist. Deshalb wendet man sich heute weithin emotionsgefüllten oder »gegenstands- und wortlosen Erfahrungen« zu. Doch der biblische »Logos« ist keine dürre Wahrheits-Formel. Schon seine Verwurzelung im hebräischen »dabar« (Wort = Tat) zeigt dies. Um eine Brücke von unserer heutigen

15

Mentalität zum »Wort« der biblischen Überlieferung zu schlagen, griff ich nach modernen Gedichten, in denen die reine Wort-Information sich übersteigt in ein »Mehr« von Sinn und Gehalt (»more than observable«). Ich war erstaunt, wie auch bei nicht vorgebildeten Menschen schwierige Verse (z. B. von Paul Celan) Wege zur ganzheitlichen Wort-Erfahrung bahnten. Einen ersten Versuch nannte ich daher »Worte sind Brücken« (1977); in zwei Büchern, die Ikebana-Kunstwerke zu modernen Gedichten (²1979, 1988) darbieten, und in einigen Bänden zu klassischer und moderner Kunst setzte ich diesen ersten Versuch fort. Ein weiterer Schritt war für mich die Auseinandersetzung mit dem religiösen Tanz. Einen Höhepunkt stellte in diesem Zusammenhang das Kolloquium zur Tanz-Interpretation der Matthäus-Passion Johann Sebastian Bachs von John Neumeier (Hamburg 1983) dar. Bild und Musik – weniger noch der Tanz – sind inzwischen erfreulicherweise zu selbstverständlichen Gefährten des Wortes geworden. Man darf dankbar sein, daß nach der gewaltigen »Theologischen Ästhetik« Hans Urs von Balthasars immer mehr Theologen (Alex Stock, Hermann Timm, Walter Hollenweger) solche Wege auch qualifiziert bedenken.

Nicht über Wortdiskussion, sondern nur mit den Werten ganzheitlicher Erfahrung kann der Dialog der Religionen fruchtbar werden. Aber vor allem wird die christliche Spiritualität selbst durch einen solch weiten Zugang zur »Sprache« aufblühen.

D) Aggiornamento in der Kirche – Neu-Werden als Leben

Selbstverständlich schenkte mir – wie aller weltoffenen Theologie, wie jedem wachen Katholiken, wie vielen evangelischen Christen und auch Nichtchristen – das Zweite Vatikanische Konzil die Erfahrung einer lebendigen Kirche. Leben heißt sich ändern. So geschah damals innerhalb der katholischen Kirche ein Neuaufbruch, den wenige erwartet, aber viele erhofft und erbetet hatten. Aggiornamento, Verheutigung, »Einwurzelung im Heute« nannte Papst Johannes XXIII. diesen Aufbruch.

1. ÖFFNUNG ZUR WELT

Ein Zug dieses Aufbruchs ist in seiner Neuheit heute kaum mehr nachzuvollziehen. Das vielleicht wichtigste Dokument, die Pastoralkonstitution über »Die Kirche in der Welt von heute« (»Gaudium et spes«), beginnt mit den historischen Worten: »Freude und Hoffnung, Trauer und Angst der Menschen von heute, besonders der Armen und Bedrängten aller Art, sind auch Freude und Hoffnung, Trauer und Angst der Jünger Christi.«

Was man der deutschen (und der Welt-)Kirche zur Nazizeit mit einigem Recht vorwerfen kann, ist die verengte Sorge um die eigenen Anhänger. Das Schicksal der Menschen anderen Glaubens wurde nicht ernst genug genommen. Das nun ist mit diesem und mit anderen Dokumenten (über die Mission, die Religionsfreiheit, den Ökumenismus, die nichtchristlichen Religionen) grundsätzlich überwunden. Daraus ergibt sich für die Spiritualität vieles, was zwar immer vorhanden, weil grundgelegt in Jesu Botschaft war, aber nun neu ins Licht des Bewußtseins trat.

– Da ist die heute selbstverständlich gewordene aktive Sorge für alle Menschen – so wie beim barmherzigen Samariter des Evangeliums –, nicht nur für die Glaubensgenossen.

– Da ist das weltweite Gespräch mit den nicht-christlichen Religionen. Der jetzige Papst, Johannes Paul II., ging im gemeinsamen Gebet mit den Vertretern der Weltreligionen in Assisi so weit, daß fundamentalistische Kreise beider christlicher Konfessionen ihn des Abfalls vom Christentum anklagten. Was das gemeinsame Gebet für die christliche Spiritualität bedeutet, wird erst in Zukunft zu ermessen sein.

– Da ist die Neu-Bewertung des aktiven, tätigen Lebens. Am Werden des »Dekrets über die zeitgemäße Erneuerung des Ordenslebens« ist abzulesen, wie die Höherordnung des vermeintlich »nur-kontemplativen« Lebens gegenüber der Aktivität tätiger Orden und der Laien zurückgenommen wurde auf die Vielfalt der je-unterschiedlichen Gnadengaben. Das berühmte Wort Teilhard de Chardins, daß man mit der Federspitze (beim Schreiben) beten könne, war ein Signal für diese Neubesinnung auf den Wert der Aktivität und damit für die Neubewertung des Laien, des Volkes Gottes in der Welt. Alle Dokumente des II. Vatikanums belegen dieses Aggiornamento.

Daß damit Wegweiser gesetzt, aber nicht alle Probleme gelöst waren, hat sich in der Folgezeit in oft bitterer Weise gezeigt.

2. »MARXISM AND MONASTIC PERSPECTIVES«:
SOZIAL UND PERSÖNLICH

Nicht nur in der Kirche gab es einen solchen Aufbruch. 1968, wenige Jahre nach Abschluß des Konzils (1962–1965), erlebte die westliche Welt die »Studentenrevolution«, ein Aufbäumen gegen festgefahrene Strukturen, gegen etablierte Ordnungen in Staat, Gesellschaft und Kirche; ein »Neuaufbruch«, der letztlich mißlang, aber noch in seinem Scheitern zu denken geben muß. Im deutschsprachigen Raum war die 68er Revolution in großem Maße mitbestimmt von den theoretischen Überlegungen der »Frankfurter (Philosophen-)Schule«, deren führende Köpfe sich aber von der Studentenrevolution distanzierten. Diese »Frankfurter Schule« mit ihrem Kampf gegen kapitalistisches Denken war in vieler Hinsicht auch für meine Suche nach christlicher Spiritualität maßgebend.
So überrascht auch nicht die Verbindung zu einer Person, deren Werk und Einfluß ich in den USA kennen- und schätzenlernte: Thomas Merton. Er ist einer der wichtigsten Anreger moderner christlicher Spiritualität; seine geistlichen und anderen Schriften (auf deutsch oft mangelhaft oder gar verstellt übersetzt) wurden Welterfolge. Seine tiefe Christlichkeit zeigte sich vielleicht am stärksten, als er sich in eine Krankenschwester verliebte, aber seiner monastischen Berufung treu blieb. Mertons Vortrag in Bangkok, »Marxism and Monastic Perspectives«, wenige Stunden vor seinem tragischen Tod am 10. 12. 1968, zieht Parallelen zwischen dem Sozialismus, wie er ihn in Herbert Marcuses »Eindimensionalen Menschen« (1957) fand, und der radikalen Gottsuche des Mönchs. »Menschen auf der Grenze«, wie Merton das Mönchtum umschreibt, erleben existentiell die Zweideutigkeit des technischen Fortschritts und der philosophisch-wissenschaftlichen »Aufklärung«; sie versuchen, die Verkümmerung des »Eindimensionalen Menschen«, der ohne spirituelle Tiefe in den Tag hinein lebt und arbeitet, zu überwinden. Und gerade diese Besinnung nach innen läßt von neuem die Werte wahrnehmen, die das Christentum als Liebe und soziale Verantwortung verkündet. Zwischen der (echten!) kontemplativen Selbstbesinnung und dem aktiven Einsatz für eine bessere Welt entsteht eine enge Symbiose. Merton selbst ist ein Beispiel dafür.
Diese Parallel-Setzung von mönchischer Einsamkeit und sozialem Engagement (wie es in den Anfängen des Marxismus erstrebt wurde) scheint nach dem Zusammenbruch des »real

existierenden Marxismus« naiv zu sein. Aber die hier auftau-
chenden Fragen bleiben:
– Wieweit ist das rechte Tun (die Orthopraxis) konstitutiv und
nicht nur konsekutiv (d. h. begründend und nicht nur sich daraus ergebend) für die rechte Erkenntnis (die Orthodoxie)? Aber
auch umgekehrt: Wie notwendig ist das kontemplative Moment
für eine rechte Orthopraxis?
– Wie gefährlich (Theodor W. Adorno sagt: »falsch«) können
begriffliche Systeme zur Weltverbesserung werden, die, wie der
konkrete Marxismus, Angst haben, auch sich selbst in Frage zu
stellen? Doch gerade dieses »In-Frage-Stellen« ist die Frucht
einer echten Kontemplation.
– Muß nicht jeder Erkenntnisfortschritt Maß nehmen an konkreter Erfahrung, wie es der Marxismus in seiner materialistischen Grundlegung verkündet? Es ist kein Zufall, daß die
Mentalitätsgeschichte, das Erspüren der geistigen Grundlage
einer Epoche, eines Volkes, eines Landes, einer Menschengruppe
gerade auch von Marxisten vorangebracht wurde. Aber wo dies
»eindimensional« geschieht, gräbt sich die Menschheit ihr eigenes Grab.
Solche für die Spiritualität wichtigen Fragen hat Merton in seinem reichen Lebenswerk berührt und bei Marcuse wiedergefun-
den. Die »Kritische Theorie« der »Frankfurter Schule« bleibt
wichtig, wenn man sich diesen Fragen verantwortungsbewußt
stellt.

3. Streit um die Befreiungstheologie

Doch wie mühsam dies ist, hat sich im innerkirchlichen Streit
um die Befreiungstheologie gezeigt – ein Fragebereich, der mich
stets begleitete, ohne daß ich mich intensiver damit beschäftigen konnte. Das Anliegen aber gehört in die Mitte der Spiritualität.
In der leider kaum bekannt gewordenen Schrift »Politik und
Erlösung. Zum Verhältnis von Glaube, Rationalität und Irra-
tionalem in der sogenannten Theologie der Befreiung« (1986)
verdeutlicht Joseph Ratzinger seine Anfragen an die Befreiungstheologie: Sie lenke den Blick auf die konkreten gesellschaftlichen Verhältnisse, um so die »heutige« Aufgabe, die heutige
Gestalt des Christentums, sein »Aggiornamento«, zu erkennen.
Ratzinger anerkennt das Anliegen und den positiven Verlauf der
Auseinandersetzung mit dem Begründer der Befreiungstheo-

logie, Gustavo Gutierrez, kritisiert aber, daß die »grundsätzliche Option für die Armen« (Generalkongregation der Jesuiten)
zu schnell zu einem Prinzip gemacht worden sei, das dann über
oder gar gegen das Evangelium zu stehen kam. Damit aber
werde das christliche Anliegen des Menschen einem System im
Sinne des materialistischen Marxismus untergeordnet.
Was als prinzipielle Warnung richtig ist, trifft meines Erachtens
das Anliegen der maßgebenden Befreiungstheologen nicht. Sie
formulieren es mit der Botschaft Jesu: »Der Sabbat (also gesellschaftliche, technische, industrielle Fortschritte) ist für den
Menschen da, nicht aber der Mensch für den Sabbat.« Darum
gelte es, immer neu die gesellschaftlichen Strukturen auf den
Menschen hin zu befragen. Auch eine marxistische Analyse
könne eventuell dazu verhelfen. Mit Recht mahnt Ratzinger
allerdings, daß solche Analysen nur Werkzeuge, Mittel für den
höheren Zweck sein dürfen: für die Sorge um den Menschen und
dessen Verhältnis zu Gott.
Der Streit innerhalb der Kirche ist leider noch nicht ausgestan-
den. Mit seinem Blick auf die Situation der Armen lenkt er aber
den Blick auf die dringlichste Aufgabe in der heutigen Welt.
Papst Johannes Paul II. brandmarkte die Situation der Armen
am 30. 1. 1979 mit dem befreiungstheologischen Begriff »soziale
Sünde«. An dieser Aufgabe wird sichtbar, ob die Christen mit
ihrem Glauben in der heutigen Zeit stehen. So betrachtet, markiert die Befreiungstheologie die Konkretheit des Glaubens; und
dies in vielfältiger Akzentuierung: als Aufmerken auf die Zeichen der Zeit; als intellektuelle Analyse dieser Zeichen; als
konkreter Auftrag, die Analysen umzusetzen ins Tun. Die
»grundsätzliche Option für die Armen« ist Auftrag Jesu Christi.
Ob die mitteleuropäische »politische Theologie« die Lebendigkeit der südamerikanischen, aber auch singhalesischen und süd-
koreanischen Befreiungstheologie einholt, darf angefragt werden.

4. ZUR LAGE DER KIRCHE

Der Konflikt um die Befreiungstheologie wirft ein Schlaglicht
auf die Situation der Kirche. Sie hat ihre gültige Haltung im Epochenwandel noch nicht gefunden. Doch auch in diesem Nicht-
Finden hat sie teil an der Situation der heutigen Gesellschaft.
Ein Grund für diese und andere schwelende Konflikte liegt
darin, daß man sich zu sehr mit Randfragen beschäftigt und

nicht aus der von Jesus Christus aufgetragenen Mitte heraus lebt. Damit aber ist von neuem das Anliegen der Spiritualität getroffen.

E) Das Anliegen der Erfahrung – Vom Kopf ins Herz

Wie wichtig auch die soziale Dimension für das Christentum ist – christliche Existenz ruht vor allem auf der Begegnung mit Gott, auf der Erfahrung von Gott. Meine Ordensoberen gaben mir schon 1956 den Lebensauftrag, mich empirisch-beobachtend und wissenschaftlich-reflektierend mit den Problemen von Gotteserfahrung, von Spiritualität auseinanderzusetzen. Beruht denn nicht auch die helfende Aktivität des Menschen Jesus auf seiner »Gotteserfahrung«, seinem Vertrauen auf Gott, den er »Abba, Vater« nannte! Nur ein einziges Mal, in der Verlassenheit des Kreuzes, konnte er ihn nicht mehr unmittelbar anrufen, sondern klammerte sich betend an die Objektivität von Psalm 22: »Mein Gott, mein Gott ...!«. Sonst aber prägte der persönliche Vatername (nach Joachim Jeremias in dieser Intensität einmalig für das jüdische Beten) sein Leben; aus ihm schöpfte Jesus die Freiheit im Umgang mit den Menschen. Dieses Urvertrauen gab er als seine tiefste Gabe an die Jünger weiter, als er sie das Vaterunser lehrte; dies ist die Botschaft des Auferstandenen: »Ich fahre auf zu meinem Vater und zu eurem Vater.«

1. Die Meditationsbewegung

Wenige Jahre nach den Aufbrüchen und Auseinandersetzungen in der Folge des II. Vatikanums und dem Versuch der »Studentenrevolution«, die Gesellschaft zu politisieren, kam es zu einer überraschenden Neuorientierung, die das höchste Interesse eines jeden wecken mußte, der sich mit Spiritualität beschäftigt: zur Suche nämlich nach persönlicher Identität und meditativer Geborgenheit, zur Meditationsbewegung. Auch im gesellschaftlichen Raum flohen viele der revolutionären »68er« in Stille und Nicht-Engagement und fingen an zu »meditieren«.

21

Manch einer, der ausgezogen war, die Welt zu verändern, fand sich bei einem östlichen oder pseudo-östlichen Guru wieder. Damals begann ein Boom, der bis heute andauert und weiter dauern wird. Im christlichen Raum verloren Stichworte wie »Politische Theologie«, »Theologie der Revolution«, »Theologie der Hoffnung« ihre Faszination. Statt dessen wurde von Stille, Meditation, Selbstwerdung gesprochen. Sozialer Einsatz und »Aktivität« sind zwar nicht vergessen, aber das damit verbundene Anliegen verlor seine gesellschaftliche Dynamik und Ausstrahlung, wurde zum akademischen Diskussionsthema oder zur privaten Caritas.

Der amerikanische Soziologe Peter L. Berger hat aus evangelischer Sicht in »Sehnsucht nach Sinn« (1994) die Hintergründe dieses Umschwungs in ähnlicher Weise diagnostiziert wie sein katholischer Kollege Franz-Xaver Kaufmann und viele andere Soziologen. In einer Zeit des Pluralismus und der »Ego«-Gesellschaft ist der Mensch nicht mehr eingeborgen in eine selbstverständliche religiöse Umgebung, nicht mehr getragen von der unhinterfragten Atmosphäre von Sinn, aus der heraus er aktiv in das Leben eintreten und eingreifen kann. Ihm fehlt die selbstverständliche Geborgenheit, die der Psychologe Erik Erikson »Urvertrauen« nennt. Wer heute christlich bleiben und sich christlich engagieren will, muß sich (persönlich) eine solche Atmosphäre schaffen, muß seine religiöse Überzeugung nicht nur kognitiv, sondern auch emotional pflegen, muß ihr »Plausibilität« geben, braucht Glaubenserfahrung. Und eben dies will die »Meditation« schenken: also keine »logischen« Beweise, sondern einen Glauben, der im erlebnishaften Vertiefen der eigenen Innerlichkeit wurzelt.

Was früher einmal als ein vorgegebener Rahmen der Identität des Menschen diesen zum sozialen Tun bewegen konnte, muß in der pluralistischen Gesellschaft von heute bewußt erstellt, verinnerlicht und gepflegt werden. Gerhard Schulze hat dies in dem Bestseller »Die Erlebnis-Gesellschaft. Kultursoziologie der Gegenwart« (1993) analysiert. Dieses Mit-sich-identisch-Sein, um auch zum »Sozialen« motiviert zu werden, pflegt heute nicht zuletzt auch die Meditation. Im Christentum waren es Ordensleute, besonders Frauen, die als erste die Notwendigkeit des Meditierens spürten. Konkretisiert wurde dies auf zwei eng verbundenen Schienen: in der Pflege der persönlichen Erfahrung und in der erfahrungsmäßigen Einbindung in eine lebendige Gruppe.

2. Der ausgefallene Dialog zwischen Reflexion und Erfahrung

Meine Ausbildung und meine Aufgabe innerhalb des Ordens wies mein Bemühen wie von selbst auf die Pflege und zugleich theologische Fundierung des Meditierens, auf die theologische Durchdringung dessen, was in der Meditation geschieht und was mir in manchen Kreisen Ablehnung und sogar bitterböse Verleumdungen einbrachte; aber ebenso auf die Öffnung (= Vertiefung) der Theologie zur Erfahrung, ein Anliegen, das in der Fachtheologie kaum präsent ist. Wie sehr die Synthese von Theologie und Meditation nötig ist, zeigt Harvey Cox als Pastoraltheologe, der von einer »Nes«-Meditation spricht (»instant«, wie Pulver-Kaffee schnell aufgebrüht), die zur »Soft«-Meditation führt (fürs sentimentale Gemüt).

Damals (1977) schrieb Hans Urs von Balthasar mahnend den polemischen Essay: »Meditation als Verrat«. Wegen der wütenden Reaktionen darauf wandelte Friedrich Wulf das Ausrufezeichen des Titels in ein Fragezeichen. Hans Waldenfels, der heute anders denkt und im Religionsdialog sogar den theologischen Protest einfordert, verweigerte in einer verbreiteten populären christlichen Zeitschrift den theologischen Dialog: »Das Kriterium der Beurteilung (von Meditationserfahrung, JS) muß doch die Erfahrung selbst sein, nicht das, was viele Menschen (wie von Balthasar, JS) auf vielerlei Weise anschließend (theologisch reflektierend, JS) über die Erfahrung sagen.« Die Karmelitin Waltraud Herbstrith zitierte in der gleichen Angelegenheit sogar Teresa von Avila: »Die Welt steht in Flammen, und wir sollen Zeit vergeuden damit. Nein, jetzt ist nicht die Zeit, mit Gott über geringfügige Dinge zu verhandeln.«

Doch ist das Anliegen des Gesprächs über christliche Erfahrung wirklich so geringfügig? Teresa selbst schrieb diesen Satz in eben der Sorge um die Glaubenserfahrung, um die – wie es bei ihr heißt – »Verwüstungen der Lutheraner«; um Luthers Frage: »Wie finde ich einen gnädigen Gott?«, die seine Theologie bestimmte und worauf die katholische Theologie nicht zu antworten wußte. Im Hintergrund stand bei Teresa überdies die Auseinandersetzung mit den »Alumbrados«, die – wie manche Meditation von heute – Jesus und die Kirche aus der Erfahrung auszuklammern versuchten.

Die Situationsbeschreibung ist grobkörnig, macht aber die Tatsache bewußt, daß dieser – ach so notwendige! – Dialog zwischen Theologie und Erfahrung, zwischen Kopf und Herz, dieses

Nachsinnen über christliche Spiritualität versäumt wurde und immer noch wird. Vielleicht liegt hierin das schwerwiegendste Versäumnis der »nachkonziliaren« Zeit, zumindest im deutschsprachigen Umfeld. Erst langsam läuft das Gespräch an. Nachdem der evangelische Theologe Gerhard Ebeling das »Erfahrungsdefizit« der Theologie brandmarkte, muß noch 1992 der katholische Fundamentaltheologe Heinrich Döring (nach Leichinger in »Festschrift Döring«, 1993) bedauern, »daß die Auseinandersetzung um das Thema ›religiöse Erfahrung‹ erst begonnen hat.« Bei der ersten Konzeption dieser Arbeit fand ich in einer Glosse der Süddeutschen Zeitung (vom 25. 8. 1994) zum Studium der evangelischen Theologie ein erschreckendes Zeugnis dieses Erfahrungsdefizits. Einige Zitate seien kurz wiedergegeben: »Gott spüre ich nicht durch Professoren. – Keine Begleitung auf der Wahrheitssuche, sondern eine Ausbildung zum Kommunikationsmanager. – Mehr Fragen als Antworten. – Eine tiefe Kluft zwischen abgehobener Wissenschaft und der späteren Gemeindepraxis. – Der sogenannte Volksglauben ist meilenweit von den Studieninhalten entfernt. – Die religiösen Glaubensinhalte sind menschliche Konstrukte. – Unter den Studenten findet kaum noch eine Auseinandersetzung um den Glauben statt.«

Mit anderen Worten: Die »Glaubenserfahrung« der Gemeinde, der der Theologiestudent als Pfarrer dienen soll, scheint für die Theologie uninteressant zu sein. Die Studenten aber spüren schmerzlich diese Kluft zwischen Auftrag und Inhalt ihres Studiums. Gewiß, es ist ein journalistisch hochgepuschter Artikel über die evangelische Fakultät in München, aus der nur ein Ausschnitt gebracht wurde, nicht die Breite des Studienangebotes. Doch der Bericht weist auf das Erfahrungsdefizit der Theologie hin, das in ähnlicher Weise auch von manchen katholischen Studienangeboten gilt. Demgegenüber hebt die »Frankfurter Schule« in ihrer Hermeneutik auch die Erfahrung hervor: damit die Spekulation sich nicht verirre im »luft«-, realitäts-leeren Raum! Doch ebenso grundsätzlich verlangt sie die reflexe Durchleuchtung der Erfahrung, damit nicht eine noch so gute Erfahrung sich in Ideologien verflüchtige.

3. Das Theoriedefizit der Erfahrung

Denn mindestens ebenso verderblich wie das Erfahrungs- und Praxis-Defizit der Theorie ist das Theoriedefizit der Erfahrung. So bleibt auch – entsprechend dem berühmten Diktum Immanuel Kants – der religiöse Glaube ohne das von der Theologie reflektierte Wahrheitsanliegen blind. Reflexion aber gehört nicht nur zur akademischen Theologie, sondern ebenso zum lebendigen Glauben. Ist es nicht so: Die Seelsorger beider Konfessionen studieren historisch-kritisch, also wissenschaftlich; doch predigen sie meist fundamentalistisch-pietistisch. Wenn sie ihren Gemeinden Glaubenserfahrung und nicht nur gesellschafts-politisches Engagement oder psychologische Selbstfindung bieten wollen, vergessen sie oft ihre wissenschaftliche Theologie.

Dazu ein Beispiel, das noch zu behandeln ist. Heinz Schürmann, emeritierter Neutestamentler von Erfurt, ist für sein spirituelles Engagement bekannt. Als Bibelwissenschaftler zeigt er in seinem monumentalen »Kommentar des Lukasevangeliums« (zwei Bände seit 1969): die lukanische Kindheitsgeschichte (mit der Engelverkündigung und der Bethlehemgeburt) ist eine Art Midrasch; sie will also keinen historischen Bericht erzählen, sondern die Gestalt Jesu in erzählerischer Form darstellen. Das heißt: Bethlehem ist als Geburtsort Jesu in Frage zu stellen, die Nazarethgeschichte ist vor allem als theologische Aussage und nicht als geschichtliches Ereignis zu lesen. Wer aber wagt zu predigen, daß Weihnachten eventuell nicht in Bethlehem stattgefunden habe? Wer kann dies so tun, daß die Gemeinde daraus christlichen Lebensmut schöpft? Es sind dies nicht nur Fragen an fundamentalistische Theologen, sondern ganz allgemein an die übliche Verkündigungs- und Katechese-Praxis in der Kirche.

Von fundamentalistisch-pietistischer Seite aber erhebt sich daher ein grundlegender Protest gegen die wissenschaftliche Theologie. Sie sei Totengräber des Glaubens. Man flüchtet vor der intellektuellen Redlichkeit in fundamentalistische Reservate. Führt dann aber nicht bald die unvorbereitete Konfrontation mit der historisch-exegetischen Wahrheit zur Glaubenskatastrophe?

Meine Erfahrung nun zeigt, daß die Konfrontation des gläubigen Christen mit entsprechenden theologischen Erkenntnissen erst dann überzeugend und fruchtbar ist, wenn sie von der Ebene des Denkens auf die des Vollzugs überführt wird, wenn gezeigt wird, daß die neue theologische Erkenntnis noch tiefere spirituelle Betroffenheit weckt als die alte, liebgewonnene (vom »Stall in Bethlehem«). Dies dem Gläubigen zu vermitteln, wäre eine genuine Aufgabe der christlichen Meditation, die in der Praxis meist übergangen wird.

Doch es gibt noch andere Fluchtbewegungen im meditativen Bemühen: Über das, was in der Erfahrung geschieht, könne man nicht reden, heißt es; man müsse schweigen und die Diskussion vermeiden. Dazu wird oft die Anfangssentenz des chinesischen Weisheitsbuches Tao-Te-King zitiert: »Die da wissen, die schweigen; die aber reden, wissen nichts.« Doch man vergißt, daß der Tao-Te-King dann viele Seiten darüber »redet«, so daß ein chinesischer Dichter schon damals spöttisch bemerkte:

»Sollen wir glauben, daß Lao-Dse
Selber ein Wissender war? Wie kommt es dann, daß er ein Werk
Von fünftausend Wörtern verfaßte?«

Ein Mystiker wie Meister Eckhart war geradezu besessen von dem Drang, sein Erfahrungswissen philosophisch zu reflektieren und weiterzugeben. Sein ganzes Werk ist ein Niederschlag der theologischen Reflexion über Gotteserfahrung. In der Mystik hat Schweigen einen anderen Stellenwert, als viele Meditationslehrer glauben: den Wert der anbetenden Ehrfurcht vor Gott. Nie verweigert wahres »mystisches Schweigen« den Dialog.

Aufgabe der Spiritualität ist es, die »meditative« Brücke zu schlagen zwischen der theologisch dargebotenen Botschaft und der Erfahrung. Diese Brücke braucht auf beiden Seiten Fundamente: auf der Seite der Reflexion im Kopf und auf der Seite der Erfahrung im Herzen, nach modernem Jargon: im Bauch. Hierzu braucht es »Sprache« im weiten, oben vorgestellten Sinn.

4. Die Subkultur von Esoterik und Pseudo-Religion

Die Esoterik hat das »Erfahrungsdefizit« der Theologie und das »Theologiedefizit« der Erfahrung bloßgestellt. Es ist hier nicht der Ort, dem nachzugehen.[1] Die New-Age-Welle, die mit einigem intellektuellen Niveau eine Brücke zwischen Erfahrung und Reflexion baut, ist zwar abgeflaut, lebt aber unter anderen Namen weiter und wird ständig wichtiger.

Ein Dreifaches ist bedenkenswert:
– einmal, daß typisch esoterisches Verhalten auch in christlichen Kernkreisen Boden gewinnt. Es geht dort nicht um eine

Absage an das Christentum; es geht um mehr oder weniger wohlwollendes Aufgreifen von Themen wie Reinkarnation, Channeling (Kontakt mit Jenseitigen), Sternenglauben (oft recht primitiv). Es geht um eine Relativierung der christlichen Mitte (warum nicht neben Jesus auch Buddha oder ein moderner Guru?). Die unqualifizierte Qumran-Debatte (der Vatikan halte Texte unter Verschluß, um Zeugnisse gegen den christlichen Glauben zu unterdrücken), das Blühen einer unqualifizierten »Hildegard-Medizin« mit esoterischen Zügen dokumentieren ein Aufweichen christlicher Substanz.

– Demgegenüber gibt es kaum Stimmen aus der akademischen Theologie, die solche »Zeichen der Zeit« ernst nehmen, statt sie einfachhin als Unsinn zu betrachten und in die Ecke des Aberglaubens zu stellen.

– Überdies erhebt sich die Frage nach dem Wahrheitskern, den solche esoterischen oder New-Age-Tendenzen zumindest streifen. Ob z. B. das vorsichtige Bemühen des englischen Biologen Rupert Sheldrake um ein »organisches« Weltbild nicht der theologischen Reflexion wert wäre? Er fand in einem christlichen Ashram Indiens seinen angestammten Glauben wieder. Wäre es nicht auch an der Zeit, dem Mühen Teilhard de Chardins um ein evolutives Weltbild von neuem nachzugehen – ihn also weder zum Halbgott hochzustilisieren (wie in der New-Age-Bewegung und sonstwo) noch ihn einfach links liegen zu lassen oder gar als häretisch abzuqualifizieren?!

5. Bilder und Mythen, Schauen und Erfahren

Das Gespräch zwischen Erfahrung und theologischer Reflexion zeigt, welch große Bedeutung dabei den Weltbildern und Mythen zukommen muß. Christoph Jamme hat dies in einer philosophiegeschichtlichen Untersuchung bestätigt. In »Grenzen und Perspektiven philosophischer Mythos-Theorien der Gegenwart« (1991, Haupttitel nach Hölderlin: »Gott an hat ein Gewand«) zeigt er, wie sehr das Interesse der philosophischen Welt für Bild, Mythos, Märchen, Symbol wächst: »Eine definitive Weltdeutung ist (logisch-diskursiv) nicht mehr möglich; möglich aber sind *symbolische* Weltdeutungen«.

Mir selbst schenkte die Beschäftigung mit Hildegard von Bingen (»Hildegard von Bingen. Schau der kosmischen Ganzheit«, 1995) die entsprechenden christlichen Einsichten. Wichtig wurde auch die Begegnung mit der orthodoxen Kirche. Ihr Märtyrertheologe

Pavel Florenskij bezeugt wie kaum ein anderer die unlösbare Verknüpfung tiefer theologischer Einsichten mit einer christlichen Schönheitserfahrung. Auf drei Phänomene sei aus persönlicher Erfahrung heraus hingewiesen:

– Die explosionsartige Ausbreitung esoterischer Weltdeutungen hat einen wichtigen Grund in deren Darreichung von Bild, Mythos, Symbol, Ritus für die Selbstfindung und das Weltverständnis des Menschen. Es hilft wenig zum »Aggiornamento«, zur »Verheutigung« des Glaubens, wenn man deren oft absurde und auch sektiererische Ideen bloßstellt und bekämpft. Erst wenn wir Christen das Anliegen einer »symbolischen« Wahrheitssuche als Anliegen des heutigen Menschen – theologisch und praktisch – ernst nehmen, kann die Brisanz dieser Entwicklung gewürdigt und christlich erarbeitet werden. Es erschreckt, wie wenig die akademische Hildegard-Forschung für diesen Bereich der Bilder und des Schauens übrig hat. Die Festschrift von 1997 bezeugt diesen Mangel, und die »Frankfurter Allgemeine Zeitung« mußte über die offizielle Akademie-Tagung in Mainz über Hildegard (1998) staunend schreiben, daß dort das Visionäre als Grunderfahrung der Äbtissin nicht einmal zur Sprache kam.

– Ähnliches gilt für den Fall Eugen Drewermann[2], der mich sehr beschäftigte. Sein wohl einmaliges Echo (nicht nur im Publikum beider christlichen Konfessionen) beruht nicht allein (und wie mir scheint, am wenigsten) auf seiner anwachsenden polemischen Attitude, sondern darauf, daß er bewußt macht, wonach die Menschen sich (heute) sehnen. Es ist ein schwerwiegendes Versäumnis kirchlicher Theologie, mit diesem Zeugen zeitgenössischer Mentalität nicht ins Gespräch gekommen zu sein. Seine persönliche Verbitterung (mit sinkender Qualität der Schriften) scheint augenblicklich allerdings so weit fortgeschritten zu sein, daß eine Versöhnung fast unmöglich ist; doch sein Anliegen bleibt lebenswichtig.

– Einer seiner Wege, mit dem Drewermann sensationelle Erfolge erzielte, ist das Aufgreifen der »Psychologie« – nicht nur als pastoral-pädagogische Weitergabe des Glaubens oder methodische Einübung in Gebet und Meditation. Es geht um den christlichen Glauben in seiner Mitte. Hierzu läßt sich mit Leichtigkeit Minderwertiges wie Lächerliches ausfindig machen; dazu gehören viele Arbeiten um psychologische Theologie oder tiefenpsychologische Exegese im Stil Carl Gustav Jungs. Aber es ist kurzschlüssig, wenn ein Theologe wie Bernhard Grom Jungs komplexe Psychologie auf wenigen Seiten abwertet

(»Religionspsychologie«, 1992), wenn ein Kenner Meister Eckharts wie Alois M. Haas in »Mystik und Theologie« (ZkTh 1994) warnt: »Cave Psychologiam! Hüte dich vor der Psychologie!« Die Aufgabe lautet umgekehrt: Wo im Herzen christlicher Glaubenserfahrung und Theologie ist der Ort für diese Anliegen?
Ihren genuinen Platz finden die Fragen in der Spiritualität. Hugo Rahner hat in grundlegenden Arbeiten Wege zur Integration der Psychologie in das dogmatische Denken und in die Seelsorgepraxis hinein gebahnt. In meiner Arbeit wurden mir Philosophen aus der Ernst-Cassirer-Schule und besonders die Arbeiten von Hans Blumenberg hilfreich. Für die psychologische Einordnung und Kritik der Forschungen C. G. Jungs bot Ernst Bischofs »Das Kraftfeld der Mythen. Signale aus der Zeit, in der wir die Welt erschaffen haben« (1996) nützliche Hinweise. All dies mündete in einer kleineren Arbeit über »Religiöse Erfahrung und menschliche Psyche« (1998).

6. DER BLEIBENDE STACHEL DES NEGATIVEN

Eine schon berührte Frage gehört in diesen Zusammenhang. Die »politische Theologie« erhebt Einwände gegen eine spirituelle »Erfahrungs«-Theologie: Sie verharmlose Schmerz und Protest im Angesicht der grausamen Wirklichkeit. Dorothee Sölles Vermittlung in »Mystik und Widerstand« (1997) scheint mir als Antwort nicht zu genügen.
Denn zuerst muß eingestanden werden: Kein menschliches Erfahren, aber auch kein Denken, kann den »Schmerz der Welt« integrieren oder verständlich machen. Läßt sich dem Furchtbaren überhaupt anders »begegnen« als mit dem existentiellen Hinweis auf die Mitte des christlichen Glaubens, auf den Gekreuzigten mit seinem Todesschrei: »Mein Gott, warum hast du mich verlassen«? Es ist bezeichnend, daß es nur im Christentum (und etwas schwächer in den anderen abrahamitischen Religionen) eine »Kreuzes-« und »Leidens-Mystik« gibt, die solch einen Schmerz ganz und gar ernst nimmt.
Auf dieser Basis muß weitergefragt werden: Kann man den lauten Protest gegen Gott, den Johann Baptist Metz fordert, überhaupt herausschreien, wenn der christliche Glaube kein »Erfahrungsfundament« im Leben, keine »Plausibilität« besitzt? Bin »ich« fähig, die »Negative Mystik« von Leid und Dunkelheit zu bestehen, wenn das existentielle Fundament der »Positiven

Erfahrung« von Urvertrauen und Geborgenheit in Gott fehlt? Würde sonst nicht alles brüchig? Würde sonst die Wirklichkeit Gottes nicht im Abgrund des Nichts versinken oder sich zum Gegenbild des finsteren, bösen Gottes verfälschen? Gerade der Stachel des Negativen, der jeden wachen Menschen unserer Zeit im Fleisch sitzt, verlangt einen Glauben, der vom Kopf ins Herz herabgestiegen ist, verlangt die Meditation des christlichen Glaubens und ruft nach einer gelebten und reflektierten Spiritualität.

F) Es bleibt Stückwerk und Hoffnung – ist aber die Aufgabe von heute

Mein eigenes Bemühen um all diese Fragen war und ist eingebettet in den theologischen Diskurs, wie er sich besonders im deutschsprachigen Raum abspielt. Schon das ist ein Geständnis, daß hier nur Bruchstücke erarbeitet und zusammengefügt werden können. Auch die Aufgabe des Dialogs mit den großen Weltreligionen, dem Judentum und dem Islam, mit der Religiosität des indischen Subkontinents, mit den afrikanischen oder indianischen Urreligionen erweckt mein brennendes Interesse, kann aber aus Mangel an sprachlichen und anderen Voraussetzungen nur beobachtet, nicht aber in Verantwortung aufgegriffen werden.[3] Die Vertiefung, die daher käme und die eine ständige Aufgabe bleibt, wurde mir unter dem Namen Teilhard de Chardins bewußt, der mich auch im Dialog mit der Esoterik begleitete. Im heutigen Pluralismus der Welterfahrungen und Weltdeutungen kann ein jeder nur Bruchstücke in der Hand haben.

Das »christliche Bruchstück« aber lebt aus der Gewißheit, daß Gott sich allen Menschen einmalig und maßgebend in Jesus Christus kundgetan hat und daß sein Erbe in der Tradition der Kirche(n) weiterlebt. Diese Überzeugung zwingt dazu, auf andere Menschen, andere Theologen, andere Überlieferungen hinzuhören. Überall kann Gottes Stimme hörbar werden. Die Befreiungstheologie prägt die Formulierung: Ebenso vom »totus Christus« (Christus als Gottes einmalige Kundgabe) überzeugt zu sein, wie zu wissen, daß das »totum Christi« (die Fülle der Christuswirklichkeit) nur im lernbereiten Gespräch mit anderen religiösen Überlieferungen, mit dem »Fremden« (E. Levinas) sich erfüllen wird. Die christliche Gewißheit wird in diesem Dialog nicht geschwächt, sondern vertieft.

Aus dieser »doppel-einen« Haltung heraus – Ehrfurcht vor anderen, Gewißheit des eigenen Weges – wurde das Buch geschrieben. Federführend war dabei die Hoffnung und die Sehnsucht nach dem, den Gott und Vater zu nennen uns Jesus gelehrt hat. Leuchtet hier nicht wie ein Stern die Tatsache auf, daß ausgerechnet ein Marxist, Ernst Bloch, uns das Buch »Prinzip Hoffnung« (1954–59) geschenkt hat?

Zweites Buch

Grundlegung – Fundamente christlicher Spiritualität

I. Teil
Was ist mit Spiritualität gemeint?

Vor dem Herzthema christlicher Spiritualität, dem Verhältnis des Menschen zu Gott, sind einige Vorräume des Themas zu behandeln.

Das Wort »Spiritualität« wird seit etwa einem Jahrzehnt im frömmigkeitsgeschichtlichen und auch im profanen Bereich immer öfter gebraucht, ohne daß die Fachtheologie für das damit Gemeinte (oder Ersehnte) den »theologischen Ort« (locus theologicus) gefunden hat.

Längst ist es von der Esoterik, wie dem Shree Rainesh Baghwan (Osho)-Verehrer Ernst Joachim Berendt, in Beschlag genommen worden. Für Stanislav Grof in »Psychologie der Zukunft« (»Esotera«, 1997, Nr. 11) ist »Spiritualität ... eine wichtige Dimension der menschlichen Psyche und des universalen Plans«. Auch die evangelische Kirche hat das Wort übernommen, wie die Studie einer »Arbeitsgruppe der Evangelischen Kirche in Deutschland«, »Evangelische Spiritualität« (1979), die gut informierende, sympathische Arbeit des Marburger Theologieprofessors Hans-Martin Barth über »Spiritualität« (1993), die dokumentarische und reflektierende Arbeit von Christoph Joest, »Spiritualität evangelischer Kommunitäten« (1995) oder die »10 mal 10 Stichwörter« von Karl-Friedrich Wiggermann: »Was ist Spiritualität« (1997) und Akademietagungen zum Thema »Spiritualität« (Melanchthon-Akademie, 1997) zeigen. In der dreibändigen »Geschichte der christlichen Spiritualität« (1993–1997) hat ein großes Team hauptsächlich amerikanischer Forscher eine Fülle von historischem Material bereitgestellt. Das vielbändige französische »Dictionnaire de Spiritualité ascétique et mystique« (ab 1932) ist endlich abgeschlossen. Schon dies läßt ahnen, daß die Antwort auf die Frage, was eigentlich dieser »Neologismus« (neue Wortbildung) meine, keine Abstraktion sein kann, sondern erst im Prozeß der Geschichte vernehmbar wird.

A) Zur Wortgeschichte[4]

Im deutschen Sprachraum war der Begriff »Spiritualität« vor 40 Jahren noch so gut wie unbekannt. Da er aber keine neue Sache einführt, sondern ein altes Anliegen reflektiert, setzte er sich schnell durch.

1. Ursprung im christlichen Latein und Weiterentwicklung

Vor über dreißig Jahren wies die Sprachforscherin Christine Mohrmann nach, daß das lateinische Adjektiv »spiritualis« ein frühchristlicher Neologismus ist. Es wurde um 200 (durch den sprachgewaltigen Tertullian?) gebildet, um das biblische »pneumatikos« wiederzugeben. Zehnmal findet es sich bei Paulus, besonders im 1. Korintherbrief. Als Adjektiv (spirit(u)alis – geist-lich/ig) setzte sich das Wort schnell durch. Das Substantiv »spiritualitas« allerdings findet sich in den geschichtlichen Zeugnissen bis zur Neuzeit nur selten. Aimé Solignac zeigt drei Bedeutungstendenzen auf:

– eine religiöse, die sich an Paulus orientiert (schon im 5. Jh.);
– eine philosophische, als »geistige« Erkenntnisweise im Gegensatz zur körperlichen;
– eine juristische, die Besitztum und Funktion der Kirche benennt.

Erst im Laufe unseres Jahrhunderts gewann die religiöse Sinngebung an Bedeutung und hat sich zugleich über den christlichen Raum hinaus ausgeweitet ins Allgemein-Religiöse, ins Allgemein-Menschliche. Heute wird der Begriff auch für profane Angelegenheiten gebraucht, insofern sie den Menschen in seiner Ganzheit, in Existenzfragen betreffen.

Typisch für diese Ausweitung sind die Artikel des »Großen Brockhaus«; in seiner 17. Auflage 1973 hieß es unter dem Stichwort »Spiritualität« noch:

»Christliche Frömmigkeit, insofern sie das unter Mitwirkung des Menschen vollzogene Werk des Geistes Gottes ist. Weiterhin ist mit Sp. die personelle Aneignung der Heilsbotschaft gemeint.«

In der 19. Auflage (1993) aber ist das Christliche überschritten:

»Eine vom Glauben getragene und grundsätzlich die gesamte menschliche Existenz unter den konkreten Lebensbedingungen prägende ›geistige‹ Orientierung und Lebensform.«

36

In Kürze wird auch noch der Glaubensvollzug überschritten sein. Momentan schwankt die Bedeutung zwischen: einfachhin »Frömmigkeit«, den religiösen, insbesondere betenden, meditierenden Vollzug meinend, und dem umfassenderen Sinn, der eine menschliche Grundhaltung umschreibt. Überdies kann entweder die theoretische, also verstehende Seite, oder der praktische, konkrete Vollzug damit gemeint sein.

Im allgemeinen Sprachgebrauch gewann des Wort »Spiritualität« erst nach der Jahrhundertwende an Boden – zuerst im französischen Katholizismus als »spiritualité«, von woher das deutsche »Spiritualität« genommen ist. Werke wie Auguste Saudreaus »Handbuch der Spiritualität« (1917) oder Pierre Pourrats oft aufgelegte und auch ins Deutsche übersetzte, mehrbändige »Geschichte der Spiritualität« (1918 ff) verwurzelten den Begriff in seiner christlichen Bedeutung.

2. Tendenz zur »Vergeistigung«

Im angelsächsischen Raum gebrauchte Vivekananda[5] (1863– 1902) das Wort auf dem ersten »Weltparlament der Religionen« 1893 in Chicago: »Auf, indische Spiritualität (spirituality), erobere die Welt!« Als Schüler des Heiligen des Neo-Hinduismus, Ramakrishna, legte er mit den Vedanta-Gesellschaften und der Ramakrishna-Mission das Fundament für das Aufblühen und die missionarische Tätigkeit des Hinduismus inmitten der abendländisch-christlichen Gesellschaft. Die wissenschaftliche Beschäftigung mit indischer Religiosität begann zwar im deutschen und englischen Sprachbereich, als z. B. Arthur Schopenhauer (1788–1860) auch einen Friedrich Nietzsche für die indische Weisheitslehre begeisterte. Doch die populäre Verbreitung hinduistischer Religiosität verdankt sich eher Vivekananda und seinem Mühen. Zu dieser Tradition aber schreibt Reinhart Hummel: »Sein (Vivekanandas) Schlüsselbegriff ›Spiritualität‹ hat in der hinduistischen Sanskritgelehrsamkeit kein Gegenstück.« Er ist wohl christlicher Herkunft.

Doch hier traf der Osten den Westen und verstärkte eine auch im Christentum und in der europäischen Philosophie verbreitete Engführung von »Spiritualität« auf das Nicht-Materielle und nur »Mentale«. Vivekananda[6] empfiehlt doch im Stil der kalten »Vernunft-Religion« des »aufgeklärten« Abendlandes: »Wir sollten mit denen sympathisieren, die, weil sie der Vernunft folgen, überhaupt zu keiner Religion gelangen. Denn es ist besser, daß der Mensch, weil er der Vernunft Folge leistet, Atheist wird, als daß er auf die Autorität von irgend jemand hin blindlings an zweihundert Millionen Götter glaubt.« Die Forschung aber hat gezeigt, daß das biblische und paulinische »pneumatikos«/ »geistlich« nichts zu tun hat mit dem »reinen Geist« der griechischen Philosophie, mit der »reinen Vernunft« Immanuel Kants, mit Vivekanandas elitärem Anspruch, mit Ken Wilbers esoterischer Systematik, wo überall das »Materielle«, »Konkrete«, »Körperliche«, »Anschauliche« überstiegen wird ins vermeintlich »Geistige«, »Spirituelle«. Das biblische Wort besagt im Gegenteil, daß der ganze Mensch – mit seinem Gefühl, mit seinem Leib und insbesondere mit seinem Tun – vom Göttlichen durchdrungen ist. Zeugnisse der lebendigen jüdischen Tradition können uns bis heute diese Ganzheits-Spiritualität vor Augen führen. So leuchtet im Werk Abraham Joshua Heschels die konkrete Bodennähe der traditionellen jüdischen (chassidischen) Spiritualität auf. Erst der Hellenismus hat das konkrete Denken der Bibel vom Menschen als Einheit in Richtung Trennung von Materie und Geist, von Leib und Seele verfälscht.

Lebendig wird dieser negative Einfluß im ständigen Ringen der christlichen Spiritualität mit der Versuchung der Gnosis. Peter Sloterdijk und Thomas H. Macho haben dazu in »Weltrevolution der Seele, Ein Lese- und Arbeitsbuch der Gnosis« (1991) eine – von Sympathie getragene – Textsammlung herausgegeben und wieder einmal diese Grundversuchung bezeugt. Vorgestellt wird dort die Breite einer »spiritualistischen« Weltsicht: vom Neuplatonismus bis zum Manichäismus, von rituellen Praktiken bis zu philosophischen Systemen, von Weltflucht bis zur politischen Ideologie, von »Thomas-Evangelium« bis zu Martin Heidegger. Der jüdische Philosoph Micha Brumlik deckt in »Die Gnostiker« (1992) die damit verbundenen Gefahren auf philosophisch-politischer Basis auf. Die Geschichte der (christlichen) Spiritualität stellt in der Tat ein ununterbrochenes Ringen mit der Gefahr einer gnostischen »Vergeisterung« dar.

3. Ähnliche Begriffe

Andere Fehlverständnisse entstehen durch eine Verwechslung der (christlichen) »Spiritualität« mit religiösen Phänomenen, die als Spiritismus oder Spiritualismus bekannt sind.
Der Begriff »Spiritismus« tauchte in der Mitte des 19. Jahrhunderts auf. Erfahrungen von Klopfgeistern 1848 in Hydesville

(USA) waren der unmittelbare Anlaß dazu. Nach ihm ist die individuelle Person bzw. der Geist, die Seele, von ihrer Leiblichkeit zu unterscheiden. Die Seele nämlich lebe nach dem leiblichen Tod weiter und könne über medial begabte Personen, durch Techniken oder auch aufgrund ihrer eigenen Initiative Kontakt mit den noch leibhaft Lebenden knüpfen. In ideologischer Eindeutigkeit hat sich der Spiritismus dann institutionell etabliert und vom offiziellen Christentum getrennt. Er gibt Anlaß, auch christliche Formen auf spiritistische Tendenzen hin zu überprüfen: Berichte von Visionen, Engelbegegnungen, Himmel- und Fegfeuer-Reisen zu den Armen Seelen usw. Auf keinen Fall darf die parapsychologische Wissenschaft hier übergangen werden.

Der Begriff »Spiritualismus« leitet sich von den »franziskanischen Spirituellen« ab. Ihnen hat Kurt Ruh in seiner »Geschichte der abendländischen Mystik« (II, 1993, 457–495) schöne Seiten gewidmet. Ihr früher Protest gegen die Verfestigung der Kirche in Institution und Besitz wurde von den »Spiritualisten« der Reformation (Hans Denck, Caspar von Schwenckfeld, Sebastian Francke, Valentin Weigel u. a.) radikalisiert zu einem »institutions-« und »sakramentlosen« Christentum.

Heute faßt man unter Spiritualismus (christliche) Gruppen zusammen, die sich von den »materiellen« (kirchlichen, sakramentalen, worthaften) Vermittlungen befreien und die Gottesbegegnung in die reine Innerlichkeit hineinlegen wollen. In der Philosophie heißt »Spiritualismus« auch die Richtung, die sich bewußt gegen den Materialismus und Positivismus der Neuzeit wendet und vom »Geistigen« her die Wirklichkeit verstehen will. Italienische Philosophen wie Sciacca oder Gentile werden mit dem Begriff benannt, weniger oft auch Deutsche wie Leibniz und Fichte.

Von der christlichen Spiritualität aus ist zu fragen, inwieweit mystische Bewegungen wie die Radikal-Reformatoren des 16. Jahrhunderts oder moderne wortfeindliche Tendenzen der Meditation »spiritualistisch« sind; aber zugleich auch: inwieweit das Anliegen des Spiritualismus Platz haben muß in einer lebendigen Spiritualität. Zu fragen ist auch, ob Versuche einer »Philosophischen Mystik« (Karl Albert, 1966) nicht von ähnlichen »spiritualistischen« Tendenzen geformt sind.

4. DIE EINDEUTSCHUNG

Für den deutschen Sprachgebrauch legt sich das Fremdwort »Spiritualität« nahe; denn die beiden anderen möglichen Eindeutschungen sind schon auf eine andere Sinngebung hin festgelegt: »Geistigkeit« insinuiert etwas »Nicht-Materielles« im Sinne des Spiritualismus und Rationalismus oder es bezeichnet die persönliche Ausstrahlung eines Menschen. »Geistlichkeit« hingegen meint den Klerus christlicher und anderer Religionen. Heimisch wurde »Spiritualität« im deutschen Sprachraum erst nach dem zweiten Weltkrieg. Der Anstoß kam aus dem französischen Raum. Im ersten Register der Zeitschrift »Geist und Leben« (bis 1957) taucht das Wort noch nicht auf, im zweiten aber nimmt es großen Raum ein.

Aimé Solignac zeigt, daß mit dem Substantiv ab 1960 immer deutlicher ein wichtiges Anliegen ins Bewußtsein tritt, und stellt damit die Frage: Welchen Platz nimmt die Sache im Gesamt der Theologie ein? Auf jeden Fall muß die Reflexion darüber die breitgewordene Sinnfülle berücksichtigen, die man heute mit ihm verbindet.

B) Zum theologischen Stellenwert

Noch vor einigen Jahren wurde diskutiert, ob Spiritualität als ein eigener Fachbereich theologisch zu etabliert sei. Heute wird wohl kaum einer an der Notwendigkeit zweifeln, das mit Spiritualität Gemeinte mit entsprechenden wissenschaftlichen Methoden zu beobachten. Charles Bernard, einer der wenigen, der dies nun auch tut, umschreibt die Aufgabe in »Traité de théologie spirituelle« (1986, 63) abgrenzend:

»Da sie in die christliche Reflexion den Reichtum der gelebten Erfahrung einbringt, kann die spirituelle Theologie nicht reduziert werden auf eine reine ›Anwendung‹ theologischer Grundsätze; sie ist auch kein integraler Teil der Moraltheologie.«

Das II. Vatikanische Konzil legt zwar oftmals Wert darauf, daß die (Aus)-Bildung von Priestern wie Laien unter dreifacher Rücksicht zu geschehen habe: »geistlich, intellektuell und pastoral«. Eine Trennung der Bereiche aber (intellektuell und pastoral von spirituell) wird dem Ganzheitsanliegen der theologisch-spirituellen Aufgabe kaum gerecht.

Die Wortgeschichte und das Suchen nach einem theoretischen Standort zeigen, daß es nicht genügt (wie die Konzilstexte nahelegen), praktische Anweisungen zur Frömmigkeit zu geben. Denn eben diese Frömmigkeitsübungen – der »spirituelle Vollzug« – sind auf ihre Bedeutung, ihre geschichtlich-wandelbaren und unwandelbaren Eigenschaften, ihren dogmatischen Stellenwert zu befragen und zu beurteilen.

1. MENTALITÄTSGESCHICHTE

Ein Zug des mit »Spiritualität« Gemeinten wird heute unter den Begriffen »Mentalität« und »Mentalitätsgeschichte« diskutiert. Maßgebend sind Arbeiten aus der französischen Historikerschule wie die von Philipp Ariés, die inzwischen allerdings als einseitig kritisiert werden. Peter Dinzelbacher hat das Anliegen in seiner Darstellung »Christliche Mystik im Abendland« (1994) bewußt aufgegriffen und versucht, »mystische Religiosität als historisches, genauer: mentalitätshistorisches Phänomen zu erfassen«.

Damit ist weder eine einfache Beschreibung noch eine dogmatische Bewertung gemeint, sondern der Versuch, von den kulturellen, sozialen und psychologischen Bedingungen her das Phänomen in seiner jeweiligen Gestalt zu verstehen und in größere Zusammenhänge einzuordnen. In seiner Einleitung zu dem Sammelwerk »Europäische Mentalitätsgeschichte« (1993) gibt er mit reichen bibliographischen Hinweisen einen Überblick über diesen Wissenschaftszweig. Die aus der ehemaligen DDR stammenden Wissenschaftler Sabine Tanz und Ernst Werner planen eine Reihe »Beiträge zur Mentalitätsgeschichte« (der erste Band erschien 1993). Sie vertreten eine eher marxistische Tendenz, »Geistiges« von der »materiellen« Basis her zu deuten. Mit Autoren wie Aaron J. Gurjewitsch aber hat auch diese Tendenz ihre wissenschaftliche Qualifikation bewiesen. Von ihrer Fruchtbarkeit kann man sich überzeugen, wenn man die in vielen Zeitschriften (am intensivsten wohl in »Die Zeit«) dokumentierte Diskussion zwischen dem Soziologen Hans Peter Duerr und den Schülern von Norbert Elias verfolgt. Duerr stellt nämlich in bisher vier gewichtigen Bänden (1988–1997) die These von Elias radikal in Frage, daß sich die europäische Mentalität in moralischer Hinsicht während der letzten tausend Jahre zum Besseren entwickelt habe, und belegt die Gegenthese mit reichen Zeugnissen.

2. DIE GESCHICHTLICHE DIMENSION DER SPIRITUALITÄT

Spiritualität in all ihrer Lebendigkeit muß in Beziehung zur »materiellen«, also geschichtlichen, kulturellen Basis dargestellt werden; allerdings nicht in einer vermeintlichen »Unparteilichkeit«, wie Peter Dinzelbacher in Anlehnung an Gottfried Arnolds »Unpartheyische Kirchen- und Ketzerhistorie von Anfang des Neuen Testamentes bis 1688« postuliert. »Unparteilichkeit« nämlich steht in der Gefahr, die materielle Konkretheit der geschichtlichen Basis in übergeschichtliches Bescheidwissen zu übersteigen. Diese Gefahr wird noch zu reflektieren sein. Für unseren Untersuchungsbereich aber ist der Geist der Offenbarung Gottes in Jesus Christus die Basis, von der aus erst weitere Fragen gestellt und neue Untersuchungen in die Wege geleitet werden können. Zu fragen ist also zuerst, wie sich die christliche Lebensauffassung und -verwirklichung in verschiedenen Zeiten, Orten, Gemeinschaften und Kulturräumen entwickelt hat und weiter entwickeln (soll) wird.

Christliche Wahrheit ist kein monolithischer Block, der satzhaft unveränderlich weiterzugeben ist. Auch besteht ihre Geschichte nicht in einem linearen Fortschritt, der an einen unveränderlichen Wahrheitskern neue Stücke anfügt. Die von Menschen rezipierte christliche Wahrheit findet im Auf und Ab der Zeiten, der Kulturen, der Völker, der Situationen, der Menschen vielerlei Gestalt. Das betont Joseph Ratzinger in seinem vom konziliaren Geist durchdrungenen Buch » Das Problem der Dogmengeschichte in der Sicht der katholischen Theologie« (1966, 39):

»Es gibt nicht den geschichtslos-dauernden Begriff, dessen Sinn ich dann schon bewahrt und in seiner Identität festgehalten habe, wenn ich ihn verbal unverändert wiederhole. Damit eine Aussage dieselbe bleibe, muß sie mit den geschichtlichen Verwandlungen des Menschen neu angeeignet werden.«

Damals warfen ihm Mit-Diskutanten wie Josef Pieper vor, er stelle die Unveränderlichkeit der Wahrheit Gottes in Frage. Im Interviewband »Salz der Erde« (1996) bestätigt der Kardinal heute seine frühere Aussage:

»Das historische Offenbarungswort ist endgültig, aber es ist unerschöpflich. Der Heilige Geist als Interpret Christi zeigt (der Kirche), daß dieses Wort immerfort Neues zu sagen hat.«

Walter Kasper, der sich intensiv mit der Thematik beschäftigt hat, zeigt: Die eine Wahrheit Gottes bleibt nur in der wechselnden Mentalität der Menschen lebendig. Sie ist stets größer und tiefgründiger, als was menschliche Worte sagen können. Das »Ecclesia semper reformanda« (die Kirche muß ständig reformiert werden) heißt grundsätzlicher: »Spiritualitas semper reformanda«. Der lebendige Vollzug des Christentums ist nur »wahr«, wenn er in und aus der jeweiligen Zeitmentalität lebt – nicht, um sich dem »Zeitgeist« auszuliefern, sondern um im Dialog mit ihm Gottes Wahrheit tiefer und auch neu zu verstehen.

Wissenschaftliche Spiritualität muß diesen notwendigen »Veränderungen« nachgehen, sich verstehend, korrigierend und anstoßend mit dem lebendigen Christentum auseinandersetzen. »Dogmengeschichte« hat ihren »Sitz im Leben« primär nicht in der abstrakten Theologie, sondern im Leben der Kirche und ihrer Gläubigen.

Eine theologisch begriffene Spiritualität legt sich also um zwei Pole: Es geht in allem um die Wahrheit Gottes, die in Jesus eine geschichtliche Dimension hat und die in der Kirche weitergegeben wird. Zugleich geht es um die Aktualität des gelebten Christentums, das sich in der jeweiligen Zeit bewähren und aus deren Mentalität heraus gestalten muß. Der zweite Pol erst bestätigt den Wahrheitsanspruch des ersten. Der bewußte und reflektierte Bezug auf die jeweilige Mentalität ist auch der deutlichste Akzent, der die hier vorliegende Darstellung der christlichen Spiritualität von anderen, vergleichbaren Arbeiten unterscheidet[7]. Diese nämlich sind meist aus der Beschreibung von Balthasars heraus konzipiert, daß Spiritualität die Subjekt-, die Vollzugsseite einer (gleichbleibenden) christlichen Glaubenslehre sei; sie beachten weniger, was der selbe Autor anderswo herausstreicht, nämlich

»die Geschmeidigkeit der theologischen Wahrheiten, (die,) wie leicht einzusehen ist, notwendig ist, wo es doch um die Umkreisung des letztlich Unbegreiflichen – weil Göttlichen – geht«.

Diese »Geschmeidigkeit«, also in gewissem Maße auch »Veränderlichkeit der theologischen Wahrheiten«, ihr Leben in den Zeitläufen verlangt, daß der Blick stärker, als es meist geschieht, auf die sich ändernde Vollzugsseite, die Subjektivität des christlichen Glaubens gerichtet wird. Der Vollzug ist kein Beiwerk, sondern Mitte der integralen christlichen Wahrheit. Ohne ihn wäre die Wahrheit tot.

3. »PNEUMA«-KIRCHE

In der Ostkirche wird diese polare Einheit von Objektivität und Subjektivität, von »Wahrheit« und »Leben« in gesünderer Ausgewogenheit bedacht (wie auch immer die praktischen Konsequenzen aussehen mögen), als es sich aus der Entwicklung der lateinischen Kirche heraus ergab und sich in den Kirchen der Reformation fortsetzte. Im ostkirchlichen Gottesdienst kristallisiert sich diese Einheit von Glaubenswahrheit und Vollzug.

Vladimir Lossky[8] macht in »Die mystische Theologie der morgenländischen Kirche« (1961) auf den »dogmatischen« Hintergrund der unterschiedlichen Tendenzen aufmerksam. Er setzt an beim »filioque«, beim hart diskutierten Unterschied im offiziellen (nizäno-konstantinopolitanischen) Glaubensbekenntnis der christlichen Kirchen. Nach dem »filioque« geht der Heilige Geist aus dem Vater »und dem Sohn zugleich« hervor; doch es findet sich nur im lateinischen Glaubensbekenntnis und wurde nachträglich in den ursprünglichen Text von 381 eingefügt. In Spanien entstanden, erhielt diese Einfügung auch in der lateinischen Kirche erst 1014 liturgische Gültigkeit. Mit dem Schisma zwischen der lateinischen und der byzantinischen Kirche wurde die Legitimität des Zusatzes zum ständigen Streitobjekt. Nach Lossky nun ist dies keine theologische Spitzfindigkeit, sondern markiert den Unterschied der Spiritualitäten:
– Wenn Gottes Geist, also die Dynamik Gottes, nicht nur aus dem Urprinzip und ewigem Grund (dem Vater), sondern zugleich aus Gottes Wort, der Gestalthaftigkeit und Wahrheit Gottes (dem Sohn, dem »Logos«) hervorgeht, dann ist er prinzipiell der Gestaltgebung des Logos unter- und nachgeordnet. Sein Wirken in der Kirche kann sich nur in eine vorgegebene Wahrheit (»Logos«) des kirchlichen Amtes und der Theologie einfügen.
– Wenn aber das göttliche Wort (Logos, die offenbar gewordene Wahrheit) und der göttliche Geist (Pneuma, Gottes Dynamik) nebeneinander geordnet aus einem Ursprung hervorgehen, dann darf auch in der christlichen Wirklichkeit primär keine Unterordnung herrschen, sondern es muß ein Partner-Gespräch zwischen der Logos-Kirche und der Pneuma-Kirche stattfinden. Diese »dogmatische« Charakterisierung läßt sich zwar nicht restlos auf die »historischen« Auseinandersetzungen zwischen Ost und West zurückführen, aber sie spiegelt Grundhaltungen der ostkirchlichen und der westkirchlichen Spiritualität

wider. Es geht nicht nur um die lebendige Frömmigkeit, sondern um die Gesamtwirklichkeit von Theologie und Glauben, in der alle Frömmigkeit gründet:

– Ostkirchliche Spiritualität wehrt sich so gegen allzu schematische, logische und juristische Festlegungen von Wahrheitsinhalten.

(Zur Dogmatisierung der »leiblichen Aufnahme Marias in den Himmel« etwa drückten ostkirchliche Stimmen, denen dieser Glaube selbstverständlich ist, das Befremden über den »juristischen Akt« aus.)

– »Geist-Theologie« gibt ihr eine Offenheit, leibliche Vollzüge und sinnenhafte Erfahrung in den Glaubensvollzug hineinzunehmen.

– Deshalb kann ihre Liturgie recht emotional sein. Die Praxis des Jesus-Gebets integriert den Menschen in seiner ganzen Leiblichkeit.

– Dies reicht bis ins Zentrum der Theologie hinein: »Gott ist Licht« und »Gotteserfahrung als Lichterfahrung« wird sinnennah verstanden. Im Hesychasmusstreit des byzantinischen Mittelalters ging es auch darum, ob die Licht-Erfahrung der Mönche unmittelbar Gott (in seinen Energie-Kräften, nicht aber in seiner Ousia) erlebt. Im Westen ist die Licht-Erfahrung nur Metapher für Gott; dem Osten ist diese Unterscheidung zu »rational«, »logos«-haft, zu wenig »pneumatisch«.

– Die Ikonentheologie lebt, wie Pavel Florenskij zeigt, vom »pneumatischen« Verständnis der Gegenwart Gottes und der Heiligen in der Ikone; das bedeutet nicht nur Abbild, sondern wahre Gegenwart.

– Überaus deutlich wird diese »Geist«-Theologie, wenn die Ostkirche ganz selbstverständlich in Taufe und Gnadenleben des Christen eine »Theosis«, eine Vergottung sieht; in westlichen Ohren klingt dies wie Pantheismus.

– Auch die Ehe-Theologie der Ostkirche geht stärker von der Lebens- und Leibes-Kraft des Geistes aus, wenn sie nach dem Zerbrechen des Ehebandes einen neuen sakramentalen Eheschluß für möglich und legitim hält.

»Die ganze Dynamik des Heiligen Geistes, der in uns lebt, besteht darin, uns in lebendige Kommunikation mit Jesus und mit dem Geist zu versetzen, also uns zu »vergöttlichen«,

schreibt Thomas Spidlic in seinem französischen Handbuch über »Die Spiritualität des christlichen Ostens« (1978).

45

4. Leben des Geistes

Was auch immer der »dogmatische« Streit um die Wirk-Mächtigkeit des göttlichen Geistes erbringt, für die (christliche) Spiritualität gilt mit Lossky (im Sinn des ursprünglichen Glaubensbekenntnisses, aber auch gemäß der Besinnung auf die Mentalitätsgeschichte): Im Glaubensvollzug steht das Anliegen der »Pneuma-Kirche« – die Dynamik, das Leben, das aktuelle Zeugnis der Christen – neben und nicht unter den Weisungen der »Logos-Kirche«, neben und nicht unter der Wissenschaft der Theologie. Alle »Partner« müssen auf ihre Weise um die Wahrheit des Glaubens bemüht sein. Die eher johanneische Geist-Theologie (Joh 3, 8; 16, 2) ist in der lateinischen Kirche ernster zu nehmen, als es bisher geschah:

»Der Wind (Geist-Metapher) weht, wo er will ... Wenn aber jener kommt, der Geist der Wahrheit, wird er euch in die ganze Wahrheit führen.«

In Aufbrüchen, Neuentdeckungen, Erweiterungen – auch wenn sie anscheinend dogmatische Grenzen überschreiten – entdeckt der Glaube das Wirken des Geistes. Das Erblühen der »Charismatischen Erneuerung in der katholischen Kirche« kann – mit ihren Stärken wie ihren Schwächen – Paradigma für diesen Dialog zwischen »Logos-Kirche« und »Pneuma-Kirche« sein. Bei aller Verschiedenheit der beiden kirchlichen Erscheinungsformen – in festgefügter Wahrheit oder in offener Lebendigkeit – muß vor jedem Bemühen um die Harmonie zuerst die Berechtigung des je anderen Anliegens gesehen werden. Das Gründen in der Wahrheit Jesu Christi kann durch keine noch so lebendige Neuerung überholt werden; hieraus lebt jeder Neuaufbruch im christlichen Glauben. Zugleich aber verwirklicht sich die Lebenskraft des göttlichen Geistes in diesen Neuaufbrüchen, die der Wahrheit Jesu Christi einen Platz in der Zeit, ihrer jeweiligen Kultur, ihren frohen und sorgenvollen Anliegen schenken. Der christliche Glaube ruht auf zwei verschieden gestalteten Säulen: auf der Einmaligkeit Jesu Christi, die in der Bibel überliefert und von der Kirche weitergegeben wird; ebenso aber auf dem je neuen Verständnis, aus dem heraus die Menschen verschiedener Zeiten und verschiedener Mentalitäten sich dieser einmaligen Wahrheit nähern. Im »Dialog« beider Anliegen, im wechselseitigen Sich-Stützen, nicht in gegenseitigem Abqualifizieren, tragen beide Säulen das Gebäude des christlichen Lebens.

Wie wichtig das Besinnen auf das Wirken von Gottes Geist ist, hat Erik Peterson in seiner brillanten Schrift »Der Monotheismus als politisches Problem« (Neuausgabe 1994, 34f) gezeigt. Er kritisiert frühchristliche Bemühungen (die des Hof-Geschichtsschreibers Eusebius von Cäsarea), vom dogmatischen Ein-Gott-Glauben her Schlüsse für die byzantinische Reichseinheit zu ziehen. Pointiert, aber im Sinne Petersons, formuliert dies Gisbert Greshake: ein Gott, ein Reich, eine Staatsspitze, ein Führer! Solche politischen Implikationen wurden 1935, dem Erscheinungsjahr der Arbeit, wegen des überaus schwierigen Textes nur von Spezialisten und Eingeweihten erkannt.

Die Absage an eine solche, auch in katholischen Kreisen der frühen 30er Jahre gepflegte »Reichstheologie« erarbeitete Peterson aus der eschatologischen Erwartung: Gott allein, nicht der Mensch, wer er auch sei, errichtet die Einheit. Der Glaube an die Dreifaltigkeit zerschlägt auch jedes linear-rationale Gottesverständnis; im dreifaltigen Gott liegt die Zukunft, nicht aber ein einer von Menschen entworfenen »Reichstheologie«:

»Die Lehre von der göttlichen Monarchie muß am trinitarischen Dogma und die Interpretation der Pax Augusta an der christlichen Eschatologie scheitern. Die christliche Verkündigung von dem dreieinigen Gott steht jenseits von Judentum und Heidentum, gibt es doch das Geheimnis der Dreieinigkeit nur in der Gottheit selber, aber nicht in der Kreatur.«

Gottes Wahrheit darf nicht zur Begründung einer weltlichen »Monarchie« mißbraucht werden. Das lebendige Zeugnis dafür aber legt Gottes Geist ab, der »weht, wo er will«.

Die Ausformulierung der Trinitätstheologie hängt mit dem Bewußtwerden der Geist-Wirklichkeit zusammen, wie Henning Ziebritzki in »Heiliger Geist und Weltseele« (1994) an der Auseinandersetzung des frühen Christentums mit heidnisch-pantheistischen Ideologien zeigt. Gottes Geist durchbricht jede von Menschen erstellte, »kreatürliche« Festlegung. Gottes Geist wirkt – nach der Lehre des II. Vatikanischen Konzils – das Heil der Menschen auch außerhalb der Mauern der Logos-Kirche. Gottes Geist schenkt dem Glauben Überraschungen, die dessen satzhaft und institutionell gefügte Sicherheit aufbrechen. Erkenntnisse, die zuerst schockierend klingen mögen, zeigen sich im reflektierenden Rückblick als Vertiefung des Glaubens. Die Apostelgeschichte – Evangelium des Heiligen Geistes genannt – ist ein Zeugnis für dessen Dynamik. Und tatsächlich, wenn ihr Autor Lukas das Wort »dynamis« gebraucht, meint er stets diesen göttlichen Geist.

6. GEBETE UM DEN GÖTTLICHEN GEIST

Helder Camara[9] betet:

»Sende uns, Herr, deinen Geist, denn nur er kann die Erde erneuern, nur er kann die Selbstsucht aufbrechen, nur er kann uns helfen, eine menschlichere, eine christliche Welt aufzubauen.«

Drei Anliegen kommen darin zur Sprache, die die christliche Spiritualität in ihrem Vollzug wie in ihrer Reflexion bestimmen:
– das Erneuern, das Aufbrechen in noch unbekannte, noch nicht festgelegte Dimensionen, der offene Blick in Gottes Zukunft hinein.
– die Hinwendung zur christlichen und deshalb menschlichen Weltgestaltung, der wache Blick in Gottes Gegenwart hinein.
– das Vertrauen auf Gottes Kraft, wie der lukanische Name für Gottes Geist lautet; nur von ihm kommt der geistgetragene Mut zur Zukunft.
In einem anderen Gebet markiert Dom Helder Camara den Ort im persönlichen und kirchlichen Leben, den das Wirken von Gottes Geist und auch die Spiritualität innehat; die »Innerlichkeit«, die Erfahrung; Gottes Gegenwart im menschlichen Herz, die alle Angst vertreiben möchte:

»Geist Gottes, wie das Licht den Schatten vertreibt, so befreie durch deine Göttliche Gegenwart alle, die sich verlassen und allein vorkommen, von ihren schrecklichen Gefühlen«.

C) Reflexion des lebendigen Vollzugs

Im dichtesten Text, mit dem das Neue Testament das Anliegen der Spiritualität berührt, schreibt Paulus (1 Kor 2, 9–16):

»Wir verkündigen, wie es in der Schrift heißt, was kein Auge gesehen und kein Ohr gehört hat, was keinem Menschen in den Sinn gekommen ist: das Große, das Gott denen bereitet hat, die ihn lieben. Denn uns hat es Gott enthüllt durch den Geist. Der Geist ergründet nämlich alles, auch die Tiefe Gottes. Wer von den Menschen kennt den Menschen, wenn nicht der Geist des Menschen, der in ihm ist? So erkennt auch keiner Gott – nur der Geist Gottes. Wir aber haben nicht den Geist der Welt empfangen, sondern den Geist, der aus Gott stammt, damit wir das erkennen, was uns von Gott geschenkt worden ist. Der irdisch gesinnte Mensch läßt sich nicht auf das ein, was vom Geist Gottes kommt. Der geisterfüllte Mensch urteilt über alles, ihn aber vermag niemand zu beurteilen. Denn wer begreift den Geist des Herrn? Wer kann ihn belehren? Wir aber haben den Geist Christi.«

Paulus spricht von einer Erfahrung, die in ihm lebt und ihm von Gott geschenkt ist. Dieses Leben des göttlichen Geistes, ein »Leben von Gottes Geist in ihm« stellt ihn an einen Ort, der jenseits des zeitlichen Auf und Ab liegt und ihn in die Wahrheit Gottes versetzt. Damit faßt Paulus in Worte, was später »Mystik« genannt wird. Diese »Mystik« ist aber keine gestaltlos »ungegenständliche« Erfahrung, in dem der Gott gleich gewordene Mensch »Herr und Richter« über alles – modern gesagt: Durchschauer und Manipulator von allem, esoterisch gesagt: Energiestrom und Harmonie in allem – geworden ist. Denn Paulus verankert diese Mystik in der konkreten Erfahrung von Jesu Erniedrigung. Zum »Geheimnis« der Geistwirklichkeit schreibt er kurz vorher (1 Kor 2,2), daß es in Jesus ruht. Nichts möchte er wissen »außer Jesus Christus, und zwar als den Gekreuzigten«. Erst der Bezug auf die menschgewordene »Weisheit Gottes«, die »schwach« und »töricht« und »verachtet« ist (1 Kor 1, 25–28), gibt seinem Wort vom »geisterfüllten« Menschen, vom »Mystiker« Berechtigung.

Biblische Geisterfahrung und Mystik trägt das konkrete Gesicht von »Inkarnation«, Fleischwerdung, Geschichtswerdung Gottes und Kreuzestod Jesu. Gerd Theißen hat es in »Psychologische Aspekte paulinischer Theologie« (1983) eindringlich herausgestellt: Ja, wir haben Gottes Geist, Gottes Kraft, aber nur in der Niedrigkeit irdischer Existenz, im geschichtlichen Wirken und Sterben Jesu. Von dem weltenthoben scheinenden Standpunkt

Gottes, den das lange Paulus-Zitat nahezulegen scheint, sind wir verwiesen auf die Schmach des »Gekreuzigten«. Gotteswort lebt nur in der Demut des Menschenwortes; Gottes Ewigkeit nur in der geschichtlichen Existenz Jesu Christi; Gotteserfahrung nur in der Konkretheit seines Sterbens; Gottes Geist nur in der geschichtlichen Vermittlung.

1. Gottes »Inkarnation«, Weltwerdung in der Geschichte

In der Einleitung zum ersten Band seiner »Mystik im Abendland« zeigt Bernard McGinn (1994) aus anderer Sicht, daß jede Gottes-Erfahrung – nicht nur das Reden über sie – sprachlich vermittelt ist »durch die vorgängige Geschichte des Subjekts wie durch die in allem Denken und Sprechen unausweichlich gegebenen Vermittlungen«.
Eine Darstellung von Spiritualität muß diese »Vermittlungen« einbeziehen, darf also nicht absehen von den unterschiedlichen konkreten Erfahrungen. Mit anderen Worten: Spiritualität ist untrennbar verbunden mit der Geschichte und deren literarischen Darstellung, worin Menschen von ihrem »unmittelbaren Bewußtsein der Gegenwart Gottes« Zeugnis ablegen.
Den Grund dieser Einheit, die zwischen der Erfahrung der »unmittelbaren bzw. direkten Gegenwart Gottes« und ihren geschichtlichen Äußerungen besteht, findet McGinn im »Geheimnis der Inkarnation«, im »paradoxen Ineins von Zeitlosigkeit und Zeit«. Die Wahrheit der Inkarnation Gottes in der Geschichte setze sich fort »in den unterschiedlichen Weisen, wie das ›zeitlose‹ mystische Bewußtsein der Gegenwart Gottes von den Veränderungen und Entwicklungen in Kirche und Gesellschaft beeinflußt wurde«.
Wir wissen von Spiritualität nur aus ihren konkreten geschichtlichen Erscheinungsformen. Der so beliebte Versuch, einen Überbegriff von Mystik oder Spiritualität aus den konkreten Zeugnissen zu abstrahieren, scheitert am Reichtum ihrer konkreten Verwirklichung in den Menschen, scheitert grundsätzlich am Geheimnis der »Fleisch«- und »Geschichts«-Werdung Gottes. Literarische Analyse oder Mentalitätsgeschichte sind daher integrale Teile für jede Darstellung christlicher Spiritualität.
Isoliert klingt obiges Pauluszitat »gnostisch«, als ob Welt und Geschichte in eine zeit- und raumlose Erfahrung übersteigen würden. Doch Paulus bezieht die Unmittelbarkeit dieser Geist-

erfahrung ausdrücklich und ausschließlich auf Jesus Christus; er will nichts wissen »außer Jesus Christus, und zwar als Gekreuzigten«. Die Unmittelbarkeit der Erfahrung ist nur gegeben in der geschichtlichen Vermittlung des Menschgewordenen. Bernard Lonergan und Karl Rahner sprechen daher von »vermittelter Unmittelbarkeit«. Es ist das »paradoxe Ineins von Zeitlosigkeit und Zeit«.

Die Spiritualität (Mystik) kann ihr Thema nur ergreifen in der geschichtlichen Entwicklung und in den vielfältigen Phänomenen, wie Menschen im konkreten Umfeld von Kultur und Geschichte ihr Verhältnis zu Gott erfuhren und realisierten. Begriffliche Spitzfindigkeiten (wie man z. B. Spiritualität und Mystik unterscheiden soll) treten zurück vor dem Reichtum der Wirklichkeit. In dieser Konkretheit, nicht aber bei eindeutigen Definitionen, hat die Reflexion über Spiritualität anzusetzen; hier findet auch der konkrete Vollzug der Spiritualität Anregung und Orientierung.

2. Zur Geschichte der christlichen Spiritualität

Ein geschichtlicher Aufriß, die Mentalitätsgeschichte christlicher Erfahrung und Lebenshaltung ist also kein Beiwerk zur christlichen Spiritualität, sondern erstellt das Koordinatensystem für deren Möglichkeiten. Er kann hier nur in groben Umrissen entworfen werden – mit dem Blick auf das Suchen nach einer heutigen und zukünftigen Form von Spiritualität.

a) Symbolisches Weltverständnis (Patristik)

Alle voreiligen Reduktionen des Christentums auf eine »klinisch reine« Jesusbotschaft sind gescheitert oder im Ergebnis zu dünn, um die Kraft der christlichen Botschaft verständlich zu machen. Jesu Verkündung und die Betroffenheit der Menschen durch sie begegnen auch biblisch zuerst in einer – nicht immer geglückten und stark bewegten – Synthese des strikten jüdischen Monotheismus mit der damaligen hellenistischen Mentalität. Diese aber war von großer Spannweite: pan(en)theistische Mystik (wie bei Plotin); volkstümlicher Polytheismus; ritueller Kaiserkult, der im Byzantinismus weiterlebte; philosophische Weltentwürfe zwischen Skeptizismus, stoischer Selbstfindung und kosmischer Spekulation; auch ein schlichter Gottesglaube, der dem jüdischen Monotheismus nahestand.

51

Das Absehen von dieser konkreten Vielfalt läuft Gefahr, in einem »abstrakten« Glaubensbekenntnis zu enden. Die Kraft der christlichen Botschaft aber läßt sich daran ablesen, daß sie in den Dialog mit der hellenistischen Geistigkeit eintrat und dabei die Tiefe und Weite der eigenen Überzeugung entdeckte. Die Kontroverse um die sogenannte »Hellenisierung des Christentums« (Adolf von Harnack) ist immer noch nicht zu Ende gebracht; sie zeigt auf jeden Fall den großen Einfluß der hoch geistigen Spiritualität des Neuplatonismus (Plotin) auf die frühe Ausprägung des christlichen Glaubens. Doch diese »Symbiose« ist kein Abfall vom Ursprung, sondern bezeugt die Kraft des jungen Christentums, gute Impulse fremder Mentalitäten zu integrieren.

Die Spiritualität des um 500 lebenden Mönches, der sich Dionysios der Areopagite nannte, macht Wesenszüge dieser Spiritualität deutlich. In den ersten Büchern seines als Einheit konzipierten Gesamtwerks läßt er Gottes Licht in der gesamten irdischen und himmlischen Wirklichkeit sichtbar, erkennbar, erfahrbar werden. Diese »Transparenz« (ein Grundbegriff der »Initiatischen Therapie« Graf Dürckheims) der Gesamtwirklichkeit auf das Göttliche ereignet sich jedoch in unterschiedlicher Dichte, was Dionysios »Hierarchien«[10] nennt. Den Schlüssel zur »Transparenz« für das göttliche Licht bietet – wie heute noch in der Ostkirche – die kirchliche »Liturgie« . Ihre »sakramentale« Struktur bedeutet »Durchsichtigkeit« der »Zeichen« hin auf das Bezeichnete: des eucharistischen Brotes auf die göttliche Gegenwart; des Ritus der Taufe auf das Neugeborenwerden; der Heiligenikone auf den Heiligen; der Würde des Bischofs auf die Würde Gottes. Entsprechend ist alle Welt-Realität durchsichtig für das göttliche Licht, für die Wahrheit des Schöpfer-, Erlöser-Gottes.

Das Buch »Über die kirchliche Hierarchie« handelt von dieser Gott-durchlässigen Struktur der Welt; das Buch »Über die himmlische Hierarchie« sucht das Fundament dieser Transparenz in den Sphären des Himmels, den Grund der kirchlichen Ordnung in der himmlischen Ordnung. Die dritte, schwierigste Schrift »Über die Namen Gottes« thematisiert die Frage, wie denn das göttliche Licht in der geschaffenen Welt erkannt und erfahren wird, und damit auch, wie das göttliche Licht in der geschaffenen Welt gegenwärtig ist. Die letzte, nur winzige Schrift »Die mystische Theologie« ist ein Hymnus.[11] In ihm besingt Dionysios das »göttliche Dunkel«, das »ganz anders« (Karl Barth) ist als jede menschliche Erfahrung und »je größer«

(Erich Przywara nach Ignatius von Loyola) als jeder menschliche Versuch, diese Erfahrung zu »worten«.

Die Schriften dieses syrischen Mönchs der frühen Christenheit galten für über tausend Jahre als grundlegendes Zeugnis der Gottes-Begegnung. Und dies nicht nur wegen des Pseudo-Namens, der aus der Apostelgeschichte stammt und insinuiert, daß Dionysios von Paulus geheime Lehren empfangen habe; sondern mehr noch, weil in dem Werk die Synthese von Christentum und Hellenismus beispielhaft gelungen ist: Die Welt in ihrer Schönheit, Wahrheit und Güte ist Spiegel der göttlichen Wahrheit, Schönheit und Güte! Und nicht nur »Spiegel«: Die Welt ist in hierarchischer Abstufung »transparent« für Gott – ein bleibendes Paradigma christlicher Spiritualität.

Dem Menschen von heute fällt der Zugang zu diesem »allegorischen« oder »gradualistischen« (Gerhard Müller) Weltbild nicht leicht. (Das »Böse« wird dabei nur als »Mangel« des Guten, privatio boni, gedeutet.) Doch in der Sicht des christlichen Glaubens an den Gott, der die Welt »erhält«/»erhellt« und durch Jesus Christus »erhöht«, bleibt diese »Spiritualität« gültig und muß auf Wegen heutiger Wirklichkeitserfahrung neu erworben und meditativ realisiert werden.

Die Spiritualität des Dionysios aber weiß zugleich – und hat darin ihre Kraft –, daß Gott in seinem Wesen jenseits aller welthaften Gegenwart in der absoluten und unerkennbaren »Transzendenz« seiner Gottheit lebt. Das thematisiert das Buch der »Mystischen Theologie« in hymnischen Worten. Gott übersteigt und negiert alles, was der Mensch denken, aussprechen, erfahren kann – auch Einheit und Dreiheit, Sein und Wesen.

Im 13./14. Jahrhundert greift die hesychastische Theologie des Byzantiners Gregorios Palamas das »Doppel«-Verhältnis des Menschen zu Gott auf. Ihn überall findend und zugleich seine Unerkennbarkeit bekennend, lehrt er: Gott in seinem Wesen ist absolute Transzendenz jenseits aller Erkenntnis und Erfahrung; aber er ist als der gleiche Gott ebenso und identisch Energeia = Ausstrahlung. Er lebt als Wirk-/wirkliche Gegenwart in der Welt und ist erkennbar in deren lichthafter Transparenz. So endet der Korintherbrief (15, 28 korrekt übersetzt): »daß Gott sei alles in allem« (nicht »herrsche über«).

Dies greift die Areopag-Rede des Paulus zur Allgegenwart Gottes in der Welt (Apg 17, 28–34) auf, nach der sich der echte Dionysios bekehrte: »In ihm leben wir, bewegen wir uns und sind wir. Wir sind von seiner Art.« Als Paulus dann auf Gottes absolute Transzendenz, dessen Souveränität auch über das Ster-

ben Jesu zu sprechen kam und darauf gründend auf die Auferstehung hinwies, wandte sich die Masse der Zuhörer ab.
»Einige Männer aber schlossen sich ihm an und wurden gläubig,
darunter Dionysios der Areopagite.«

b) Realistische und gefühlsstarke Religiosität (Mittelalter)

Im gallisch-germanischen Christentum diesseits der Alpen gewann die christliche Spiritualität über das Mittelalter hin eine
Qualität, besser: ein anderer Grundzug christlicher Spiritualität
wurde deutlicher und bewußter vollzogen. Nicht mehr die
großen, symbolischen Zusammenhänge, sondern der ganz persönliche Bezug rückte in den Mittelpunkt der Frömmigkeit. Die
Kulturwissenschaft spricht vom Übergang des »allegorischen«
zum »realistischen« Weltbild.
An der Rolle, die Maria, die Mutter Jesu, in der Frömmigkeit der
Zeit spielte, läßt sich dieser Umschwung erkennen. In ihre Verehrung flossen Mythen und Träume, Sehnsüchte und Bedürfnisse ein, was Menschen – gleichsam als Urbilder und Befindlichkeiten ihrer geistig-seelischen Grundausstattung – in ihrem
Inneren mit sich tragen. Maria wurde zum »persongewordenen
Verlangen nach erlöstem und behütetem Menschsein«, schreibt
Klaus Schreiner in »Maria, Jungfrau – Mutter – Herrscherin«
(1994). Elisabeth A. Johnson zeigt in »Marienfrömmigkeit in der
Westkirche« (in: »Geschichte der christlichen Spiritualität« II,
1995), wie aus Maria, dem Urbild, dem »Symbol« des auf Gott
hin offenen, auf seine Gnade wartenden Menschen, in der »realistischen« Mentalität des Mittelalters die Himmelsmutter
wurde, an die man sich in jeder Not wenden kann. Aus der
»Neuen EVA«, dem Urbild der Erlösten, wurde die Gottesmutter, die man mit »AVE« grüßte – sie muß doch als Mutter Gottes großen Einfluß auf Gott haben. Gelegentlich galt, wie in der
Legende vom Teufelspakt des Theophilus, ihre Fürbitte mehr als
die Kraft ihres Sohnes: da sie doch in ihrer Mütterlichkeit die
Menschen besser verstehe. Aus der Mutter Jesu unter dem
Kreuz ihres Sohnes, dem Urbild für Glaube und Jüngerschaft,
wurde die schmerzhafte Madonna, mit der man Mitleid hat und
die selbst voll Mitleid mit dem Leid der Menschen ist.
Ähnlich entwickelte sich die Sakramenten-Theologie und -Ver-
ehrung. Die Eucharistie war – wie Henri de Lubac in seinem
Klassiker »Corpus Christi Mysticum« (1969) zeigt – im christlichen Altertum unauflösbar in den liturgischen Raum und in die
Geist-Einheit der feiernden Gemeinde eingebunden. Jetzt wurde

sie aus diesen konstitutiven Zusammenhängen herausgelöst und für sich allein in Aussetzung und Prozession verehrt. Juliana von Lüttichs Visionen kreierten um 1200 das Fest »Fronleichnam«.

Diese Tendenz zur »persönlichen« Begegnung prägt die nun aufblühende Heiligen-Verehrung, die Arnold Angenendt in »Heilige und Reliquien« (1994, 229. 348) nachzeichnet. Der Himmelspförtner Petrus etwa wurde in die Gegenwart versetzt, in der er persönlich handele, »vermittelt durch den Papst«.

Das Plus dieser mittelalterlichen Mentalität liegt in der Gemütstiefe, im persönlichen Ergriffensein, in der Herzensfrömmigkeit:

»Das Mittelalter dachte und fühlte religiös ›vollblütiger‹ als die alte Christenheit und fing darum an, die im Christentum mitenthaltenen Religionselemente wieder auszufüllen, ja teilweise zu ihren archaischen Grundgestalten zurückzuführen.«

Mit der Personalisierung und Vertiefung der Gefühlswerte verblaßte aber das in der Symbolerfahrung lebende Ganzheitsdenken und -erfahren, was Joseph Ratzinger (Lthk VI, 1961, 173 f) negativ beurteilt:

»Der mittelalterliche locus de ecclesia (die systematische Stelle, von der aus Kirche bedacht wurde, JS) ist nicht die Theologie im eigentlichen Sinn, sondern die Kanonistik. Daneben läuft eine mehr theologische Linie in der Apologie.«

Das organische Verständnis von Kirche des »Leib Christi« wurde immer mehr abgelöst durch eine rechtliche und apologetische (verteidigende) Sicht.

An der Auffassung der Beichte sind beide Tendenzen abzulesen – das Persönlicher- und Emotionaler-Werden der Beziehung zu Gott wie das formalisierte und juristisch-technisch werdende Denken. A.J. Gurjewitsch hat dies in »Mittelalterliche Volkskultur« (1992, 50.54) meisterhaft dargestellt. Die sogenannte Ohrenbeichte, die in der Spiritualität der iro-schottischen Mönche ihren Ursprung hat, pflegte zwar »eine verinnerlichte Frömmigkeit« und damit verbunden eine realistische Geisteshaltung,

»die darauf aus war, die Wirklichkeit greifbar und anschaulich zu erfassen, eine Geisteshaltung, der Verallgemeinerungen und abstrakte Begriffe fremd blieben.«

Doch in der Praxis wurde, wie die weit verbreiteten Bußbücher zeigen, das Verhältnis von Sünde und Reue zu einem berechenbaren, äußerlich bleibenden Geschäft von Tat und Vergeltung:

Jeder klar umschriebenen Schuld entsprechen festgelegte Bußen. Deren »Einlösung« kann durch anderes (Fasten durch Geld) ersetzt werden oder gar durch eine fremde Person geschehen. Der von Martin Luther angeprangerte Ablaßhandel ist ein Tiefpunkt der Entwicklung. Gurjewitsch weist auch auf die Nähe zur Magie hin, die sich aus diesem Bußverständnis ergibt. Mit den positiven Zügen der Entwicklung verband sich der Rückgang einer Spiritualität, die in organischer Ganzheit und symbolischer »Transparenz« das Verhältnis von Gott und Welt dachte und erfuhr. Das Kirchenbild des Epheserbriefes (4,15 f), das auch Erich Käsemann juristisch verkannte, bezeugt die ältere Spiritualität, die im wachsenden realistischen Weltverständnis des Mittelalters verdinglicht wurde und die es heute wiederzugewinnen gilt, ohne daß die personale Innigkeit, die besonders in der Frauenmystik des Mittelalters lebte, verlorengehen darf:

»Er, Christus, ist das Haupt. Durch ihn wird der ganze Leib zusammengefügt und gefestigt in jedem einzelnen Gelenk. Jedes trägt die Kraft, die ihm angemessen ist. So wächst der Leib und wird in Liebe aufgebaut.«

c) Psychologische Vertiefung und soziales Engagement (Neuzeit)

Die Neuzeit, die Zeit mit und nach der Reformation, verdichtete manche negativen Züge der mittelalterlichen Spiritualität – bis hin zu Grignion de Montfort, der den Weg über Maria zu Gott empfiehlt, weil er leichter zu gehen sei als der Weg über Jesus Christus, den Weltenrichter; bis zur Konkretheit mancher modernen Marienerscheinung; bis zur juridisch-geprägten, institutionellen Auffassung von der Gemeinschaft der Gläubigen mit ihrer »juristisch« eindeutigen Spitze, dem Papst. Auch die Frömmigkeitspraxis wurde juristisch gefaßt: Die Sonntagspflicht war unter Androhung der Höllenstrafe zu erfüllen; Priester und Ordensleute hatten ein Gebets-Pensum zu erledigen. Apologetische Frontstellungen verstärkten diese negativen Tendenzen, die auch durch die vom II. Vatikanischen Konzil angestoßene Neubesinnung bis heute nicht ganz ausgemerzt wurden: Die keineswegs zu Ende gekommenen Streitigkeiten, insbesondere im Zusammenhang mit der Befreiungstheologie, der Enzyklika zur Geburtenkontrolle zeigen, wie sehr das christliche Bewußtsein noch auf der Suche ist.
Doch die »Neuzeit« trägt zugleich auch positive Züge, die sich

als unaufgebbar in die Großgeschichte der christlichen »Spiritualität« eingetragen haben:
– Es ist vor allem das wachsende Selbstbewußtsein der einzelnen Christen, die aus ihrer Würde als Kinder Gottes, Geschwister Jesu Christi und »Tempel des Heiligen Geistes« eigene Wege suchen und auch die äußeren Autoritäten in Frage stellen. Protest und auch Widerstand, was vorher nur wenige, herausragende Einzelne wagten, ergreifen nun – mit den daraus sich ergebenden Schwierigkeiten – breitere Schichten des christlichen Volkes.
– Damit hängt die subtile psychologische Beobachtung des innerseelischen Geschehens zusammen, die mit der spanischen Mystik des 16. Jahrhunderts maßgeblich geworden ist und ebenso im evangelischen Pietismus (Spener, Tersteegen, Francke, Zinzendorf) sichtbar wird. So überlegt schon Teresa von Avila zu Beginn ihrer »Seelenburg« psychologisch reflektierend, wie sie ihre Erfahrung am besten ins Wort bringen könnte:

»Da bot sich mir dar, was ich nunmehr sagen und als Fundament gebrauchen möchte: nämlich unsere Seele als eine Burg zu betrachten, die ganz aus einem Diamant oder einem sehr klaren Kristall bestehe.«

Sie ist sich bewußt, daß das Bild der »Burg« nur Allegorie für eine sorgfältig registrierte innere Erfahrung, doch keine exakte Wiedergabe dessen ist, was sie innerlich erfährt. Mit immer neuen Mitteln versteht sie es aber meisterhaft, dieser inneren Erfahrung das Wort zu verleihen. Theologisch bewußter entwickelt Johannes vom Kreuz eine Psychologie der Gotteserfahrung. In seiner Vorrede zum »Geistlichen Gesang« unterscheidet er psychologisch subtil zwischen der Erfahrung in sich, deren poetisch-inspirierten Wiedergabe im Gedicht, die er »Inspiration« nennt, und den lang-wierigen (-weiligen, mit Verlaub) »scholastischen« Erörterungen, von denen er schreibt: »Man muß sich nicht notwendig daran binden.« Dann versucht er – was ihm nicht bruchlos glückt –, den Erfahrungsreichtum und die Poesie der Gedichte auf psychologisch-theologische Begriffe zu bringen.
Ignatius von Loyola gibt in den »Exerzitien« subtile Regeln (Nr. 313–336), um bei den inneren Bewegungen der Seele zu unterscheiden, von welchem »Geist« sie verursacht werden: von Gottes Geist, von dem der Engel, vom eigenen oder vom bösen Geist. Sicher gab es auch schon vorher im Mönchtum der alten Christenheit eine »Unterscheidung der Geister«. Die Dogmen-/Spiritualitäts-Entwicklung fügt keine neuen Inhalte zur

Botschaft Jesu Christi hinzu, sondern entfaltet deren Reichtum in neue Mentalitäten hinein. Immer auch gab es große Gestalten, die ganze Zeiträume übersprangen und – wie Augustinus – im »antiken« Christentum schon eine erstaunlich moderne Mentalität lebten. Es wäre aber erhellend, die Mentalität der altmönchischen »Unterscheidung der Geister« mit dem jesuitischen gleichlautenden Instrumentarium zu vergleichen. Karl Heussi weist in seinem Klassiker »Der Ursprung des Mönchtums« (1936, 258) darauf hin, daß damals

»der versucherische Gedanke, der Logismos, fast wie eine selbständige Größe innerhalb der Seele gedacht«

wurde und daß der Kampf zwischen diesem bösen und dem guten Prinzip recht realistisch verstanden wurde, wie Athanasios in seinem »Leben des Antonios« demonstriert. Ignatius und noch deutlicher andere geistliche Lehrer wissen aber, daß es sich um »psychologische« Phänomene handelt, um Erfahrungen, »Bewegungen«, die man zwar bildhaft (= allegorisch) und logisch-kasuistisch (= kategorial) aussprechen muß, die aber in tieferer, »psychologischer« Gesetzmäßigkeit ablaufen.

In der Folgezeit erreichte dann auch die Methode der »Geistlichen Führung« oder »Begleitung« ihre Hochblüte, besonders im »Goldenen Zeitalter der französischen Mystik«. Damit wuchs allerdings auch die Tendenz, das geistliche Leben, die konkrete Spiritualität ganz und gar auf die »psychologische« Innerlichkeit zu reduzieren. Die moderne Theologie kritisiert dies als »Privatisierung«. Geistesgeschichtlich tut sich die Tür auf zur Auflösung von Religion in Psychologie.

Wie ein Gegenschlag dazu mutet der andere neuzeitliche Zug an, der die Institutionalisierung der sozialen, karitativen und pädagogischen Tätigkeiten brachte. Die Kollegien der Jesuiten wurden von großem Einfluß für die Bildung. Persönlichkeiten wie Vinzenz von Paul oder Johannes von Gott und viele Frauen gründeten karitative Ordensgemeinschaften. Die Frauen mußten sich zwar mühsam – wie die Mary-Ward-Schwestern zeigen – gegen eine restriktive Auffassung von Frauentätigkeit in der Öffentlichkeit durchsetzen, aber der Gang in die Öffentlichkeit brachte (und bringt immer noch) ein neues Bewußtsein in die christliche Spiritualität ein.

Von hierher ist der Bogen zu schlagen zum Anliegen der Befreiungstheologie mit den Basisgemeinden, mit der »vorrangigen Option für die Armen«; ebenso zu den Anliegen des Feminismus.

Das »karitative« Anliegen, die »Diakonia« wie auch die Würde der Frau sind stets ein Wesensbestandteil der christlichen Spiritualität gewesen. Aber gerade die Neugründungen von weiblichen Ordensgemeinschaften im 19. Jahrhundert entstanden aus einer wachsenden sozialen Verantwortung heraus, die auch in der sozialistischen Bewegung lebte, und weckten in christlichen Frauen ein neues Selbstbewußtsein. Auch das oft verkannte 19. Jahrhundert hat sich positiv in die Geschichte der christlichen Spiritualität eingetragen.

Im Zusammenhang mit dem II. Vatikanischen Konzil wurden diese Züge gefestigt und erweitert: Es geht nicht nur um Zuwendung zum Einzelnen, sondern auch darum, die sozialen und wirtschaftlichen Strukturen zu beachten und, wenn nötig, aus christlicher Spiritualität heraus zu verändern. Zugleich wurde in der Kirche Jesu Mahnung bewußt, daß christliche Nächstenliebe über die Mitchristen hinaus die Menschen aller Rassen, Nationen und Religionen umfaßt.

Zweifelsohne gab und gibt es in all diesen Entwicklungen auch Grenzüberschreitungen, wenn z. B. das Christentum auf Psychologie oder soziales Engagement reduziert wird. Doch es gehört zur christlichen Spiritualität, darauf zu vertrauen, daß Gottes Geist in seiner Kirche wirksam ist und im Zuge der Entwicklung (natürlich nicht ohne Engagement der Glaubenden) das »Fließgleichgewicht« der Kräfte zur Ausgewogenheit bringt, zu einer Balance also, die nicht statisch festliegt, sondern im Widerstreit der Meinungen sich gemäß der Situation von neuem einpendelt.

d) Bewußtwerden von Freiheit und zugleich Eingebundensein

Zwei Tendenzen, die anscheinend gegenläufig sind, präg(t)en die Entwicklung der Spiritualität, warten aber noch auf eine wissenschaftliche Erörterung.

Die Arbeit des englischen Historikers Peter Brown »Der Leib und die Gesellschaft. Männer, Frauen und sexuelle Enthaltsamkeit in der frühen Christenheit«, die 1991 auf Deutsch mit dem entstellten Titel »Die Keuschheit der Engel« erschien, zeigt: Die altkirchliche Jungfräulichkeit (Brown, der sich als nicht-gläubig bekennt, benutzt bewußt dieses Wort) war eine Emanzipations-Bewegung. In »Geschichte der christlichen Spiritualität« (I, 1933, 426), faßt er diesen Gedanken so zusammen:

»Das Ideal der Jungfräulichkeit ... lieferte begriffliche Werkzeuge von großer emotionaler Kraft, um die Möglichkeit der christlichen Gemeinschaft als eines freien Zusammenschlusses zu erforschen. Denn eine Gesellschaft, die nicht mehr durch einen sexuell-sozialen Kontrakt zusammengehalten wurde, war offen für vielerlei.«

Abschaffung der »Sklaverei und (der) Diskriminierung der Frauen« haben nach ihm in diesem Ideal des »freien Zusammenschlusses« ihre Wurzel.

Barbara Feichtinger ist der Problematik an einer in dieser Hinsicht »zwielichtigen« Gestalt nachgegangen: »Apostola Apostolorum. Frauenaskese und Zwang bei Hieronymus« (1995). Es erfordert Feingefühl, um hinter den offensichtlichen Fehlentwicklungen die urgemeinten Kräfte dieser christlichen Emanzipationsbewegung freizulegen. Sie beruhen auf spiritueller Erfahrung: Das zeigen auch Gemeinschaften des Mittelalters wie die »Brüder und Schwestern vom freien Geiste«, die sich zwar am Rande der Orthodoxie bewegten, aber zugleich mit der großen christlichen Mystik (mit Johannes Tauler und anderen) korrespondierten. Auch Martin Luther trat an unter dem Motto: »Freiheit des Christenmenschen«, stellte aber im Kampf gegen den Mißbrauch der Freiheit sein Werk in neue Abhängigkeiten hinein. Ignatius von Loyola oder Teresa von Avila wurden der Sympathie mit den häretischen, spirituellen Freiheitsbewegungen verdächtigt. Die Grenzen zwischen richtig und falsch verwischen sich. Bis ins II. Vatikanum hinein und darüber hinaus dauert das Ringen um das rechte Verhältnis zwischen »Freiheit« und »Ordnung« an. Hier sollte sich Losskys Unterscheidung von »Pneuma«- und »Logos«-Kirche bewähren.

Mit der modernen Betonung von Freiheit und dem Herausstreichen der Subjektivität wurde das Geborgensein des Christen in seiner Kirche schwächer. Die gesamte Gesellschaft ist von der Rast- und Ruhelosigkeit des modernen Menschen gezeichnet. Im Gegenschlag dazu suchen viele Menschen Geborgenheit in religiös oder politisch dubiosen Bindungen. Richard van Dülmen hat in »Religion, Magie, Aufklärung« (1994) die zweischneidigen Entwicklungsprozesse der Neuzeit nachgezeichnet. Die Spannung zwischen subjektiver Selbstverwirklichung und Suchen nach Eingebundensein in eine tragende Ordnung hat sich – wie die Psycho-Sekten zeigen – in der Moderne ins Maßlose gesteigert. Dem anwachsenden Freiheitsbewußtsein entspricht – aus der Suche nach Geborgenheit – ein wachsendes Sich-Ausliefern an andere Mächte, die in der Person eines Guru oder im Vollzug eines Ritus konkret werden. Was früher in unhinterfragter Symbiose gelebt wurde, bricht auseinander in Gegensätze: Freiheit und Abhängigkeit. In der nach Freiheit dürstenden Neuzeit erwächst eine Vielzahl von Abhängigkeiten. Auch in der Botschaft der beiden Testamente: daß Gott sein Volk, also die Gemeinschaft, zur Freiheit – des Ganzen und jedes einzelnen Gliedes der Gemeinschaft – führen will, liegt diese Spannung; aber eben nur Spannung, nicht Gegensatz. Entsprechend dürfen das Hochziel: die eigene Freiheit und Identität zu gewinnen und sich einzubinden in die Vorgaben von Geschichte und Gemeinschaft, christlich gesagt: in die Gültigkeit des biblischen Textes und die Tradition der Kirche, keine Gegensätze werden, sondern müssen im Vertrauen auf Gottes Geist zusammenfinden. Auch die emanzipative Entwicklung, die sich mit der Jungfräulichkeit verband, begründete im christlichen Ordensleben ein tiefes Gemeinschaftsbewußtsein; es wurde zu einem Baustein für die Glaubensgemeinschaft der Kirche.

Die Reflexion solcher geschichtlichen Prozesse, in denen die Emanzipation des Einzelnen und das Zusammenwachsen der Gemeinschaft zusammengeht, begann erst im vergangenen Jahrhundert. Das Vertiefen solcher sozialpsychologischen Einsichten zu den Glaubenseinsichten, die Paulus im 12. Kapitel des 1. Korintherbriefes skizziert (»verschiedene Gnadengaben, aber ein Leib«), wird eine der wichtigsten Aufgaben der zukünftigen Spiritualität sein.

e) Die biblische Botschaft von Jesus als Basis

Fundament der Geschichte der christlichen Spiritualität aber sind die beiden Testamente mit der Fülle der Zeit in Jesus Christus. Jede christliche Spiritualität greift auf sie zurück und mißt sich an ihrer Botschaft. Die Spiritualität des Alten und des Neuen Testaments in der Buntheit der vielen Bücher und Autoren ist keine Spiritualität »neben« anderen, sondern Grundlage und Mitte aller weiteren »Entwicklungen«.

Ihren Reichtum und ihre Kraft zu erkennen – dazu bildet der Erkenntnisstand der wissenschaftlichen Bibelforschung die Grundlage. Aber über die Fachkunde hinaus verlangt der spirituelle Umgang mit der Bibel Fragestellungen aus der jeweiligen Gegenwart und dazu das Bewußtsein, daß erst im Ganzen ihrer spirituellen Wirkungsgeschichte die Bibel das Buch der Kirche und das Buch des lebendigen Christentums ist. In seiner Konversionsgeschichte und in vielen Arbeiten hat Heinrich Schlier, ein Schüler Rudolf Bultmanns, gezeigt, wie untrennbar die Wirkungsgeschichte mit dem lebendigen Verständnis der Schrift verbunden ist.

Das impliziert eine Anerkennung der Einheit dieser alten Schriften, die zugleich in die Gegenwart hineinreicht: Die christliche Spiritualität, als Leben in der Dynamik und den Impulsen des Geistes Jesu Christi, versteht die Heilige Schrift in ihrer Einheit aus dem gegenwärtigen Leben heraus. Auch wer die »feministische Bibel-Exegese« mißtrauisch betrachtet, muß anerkennen, daß ihr Anliegen berechtigt ist: die Bibel mit der Brille des heutigen Bewußtseins zu lesen. Die Methode des »Verdachts« (Elisabeth Schüssler-Fiorenza), ob nicht eine vergangene Mentalität auch im gültigen biblischen Text Offenbarungswahrheiten zur Seite gedrückt oder gar entstellt habe, entspricht dem, was die Väter- und mittelalterliche Exegese instinktiv mit dem »Vierfachen Sinn« der Schrift methodisierte: Biblische Aussagen wurden in die Mentalität der Gegenwart übertragen – manchmal sogar, wie Henri de Lubac in seiner »Exégèse médievale« (I–IV, 1959–1964) zeigt, gegen den Wortsinn.

Der Benediktinereremit Gabriel Bunge hat in »Der andere Paraklet« (1994) den spirituellen Reichtum eines solchen Zugangs zur Bibel an der Dreifaltigkeitsikone Andrej Rubljevs aufgezeigt: Die alttestamentliche Engelsgeschichte vom Besuch der drei Männer bei Abraham wird auf der Ikone als Erscheinung der göttlichen Dreifaltigkeit gedeutet. In historisch-kritischer Exaktheit ist diese Interpretation falsch; doch im Glaubensbewußtsein von der Einheit der Heiligen Schrift und ihrer Wirkungsgeschichte in das Leben der Kirche hinein gewinnt eine solche »Exegese« ihre Legitimität. Nach Bunge ist diese Exegese nicht als unwissenschaftliche, nur populäre Auslegung abzuwerten, sondern ruht auf dem Bild- und Symbolverständnis, das die Heilige Schrift in ihrer Ganzheit als das eine und einmalige Wort Gottes an uns Menschen repräsentiert.

Es wird Aufgabe einer künftigen spirituellen Theologie sein, solche Zugänge zur biblischen Offenbarung in ihrer Einheit und in ihrer kirchlichen Wirkungsgeschichte zu eröffnen, ohne damit den fach-exegetischen Zugang zu ihrem Text zu desavouieren. Der Text selbst ist doch an vielen Stellen schon offen für ein solches Verständnis.

Yves Congar ist in »Le Mystére du Temple« (1958) einem solchen »Offenstehen« nachgegangen. Im französischen Sprachraum prägte man dafür auch den Terminus »relecture«, Neu- und Wieder-Lesen. Congar beginnt beim historischen Tempel von Jerusalem, der im biblischen Verständnis die Einheit des jüdischen Volkes und die an es ergangene Offenbarung Gottes verkörpert. Jesus aber deutete ihn mit dem Drei-Tage-Wort (Tod und Auferstehung) neu:

»Reißt diesen Tempel nieder, und in drei Tagen werde ich ihn wieder aufrichten. ... Er aber meinte den Tempel seines Leibes« (Joh 2, 19.21).

Dieses Wort spielt in einer historisch-kritisch nicht einfach zu bestimmenden Weise auch im frühchristlichen Verständnis von Jesu Tod und Auferstehung eine wichtige Rolle, wie Karl Lehmann in »Auferweckt am dritten Tage nach der Schrift« (1968) darlegt. Paulus nun versteht den Tempel wiederum neu und hat dabei wohl die frühchristliche Christologie von Jesus, dem Erstgeborenen der Menschen, als »Tempel« im Blick:

»Wißt ihr nicht, daß ihr Gottes Tempel seid und der Geist Gottes in euch wohnt?« (1 Kor 3, 16; 2 Kor 6, 16).

Als eschatologische Verheißung bekommt der Tempel in der Offenbarung des Johannes einen nochmals vertieften Sinn:

»Denn der Herr, ihr Gott, der Herrscher über die ganze Schöpfung, ist ihr Tempel, er und das Lamm« (21, 32).

Die Bibel selbst ist durchzogen von »neuaufbrechenden« Verständnisweisen traditioneller Wahrheiten und historischer Tatsachen. Sie zeigt sich damit nicht nur als das Basis-Buch der »Logos«-Kirche, worin die unverfälschte, bleibende Wahrheit verkündet wird. Sie ist zugleich auch ein Zeugnis der »Pneuma«-Kirche, die aus der Kraft und den Impulsen des Geistes Gottes lebt und deshalb eine geschichtliche Tatsache oder eine formulierte Lehre neu und tiefer verstehen kann. Ein Glaube, der dieses Buch zur Basis hat, trägt die zwei Seiten von Gottes Wirken in der Geschichte mit sich: die eine Wahrheit, die ihm mit Jesus Christus geschenkt wurde und die er hütet; und das Aufbrechen von neuen und vertiefenden Einsichten, wohinein ihn der Geist Jesu Christi führt.

3. IN(TER)KULTURATION ALS AUFGABE DER SPIRITUELLEN REFLEXION

Auf solchen Überlegungen gründet auch der Blick in die Zukunft. Die beiden Säulen der christlichen Spiritualität – die Botschaft Jesu im biblischen Wort und die Mentalität des Menschen der jeweiligen Zeit – standen und stehen in einer Wechselwirkung zueinander, die man »dialogisch« nennen kann. Wie das Glaubensverständnis, das auf der Bibel aufruht, sich in den verschiedenen Kultur-Räumen und -Zeiten wandelte, um (nach Ratzinger) »wahr« zu bleiben, so zeigte sich die Lebenskraft der biblischen Botschaft umgekehrt auch in ihrem Einfluß auf die verschiedenen Kulturen. Ein Geschichts-Dialog über große Räume hinweg fand statt. Die Fruchtbarkeit dieses Dialogs zeigen die geschichtlichen Formen der christlichen Spiritualität. Heute trägt er den Namen: »In-« oder besser (um die Wechselseitigkeit auszudrücken) »Interkulturation«.

Die In(ter)kulturation oder auch »Dialogsituation der Religionen« stellt der theologischen Reflexion die wohl wichtigste Aufgabe und möge hier zugleich als Paradigma für den innerchristlichen Dialog dienen. Das stellt zwar auch dogmatische, rechtliche und andere Fragen. Doch die Mitte ist die »Mentalität«, das Leben und Erfahren der Menschen, ihr Sorgen und Hoffen, ihr Welt- und Menschenbild, das heißt: ihre Spiritualität.

Dieser »Dialog« (sprich: Interkulturation) blickt zugleich zurück auf das unaufgebbare Erbe der Vergangenheit und vorwärts in die Zukunft: wie das Erbe weiterzugeben ist, damit die Menschen in ihrer jeweiligen Mentalität es verstehen und leben. Der Reichtum der Geschichte macht Mut, sich dem Neuen der Zukunft zu öffnen. Die Fruchtbarkeit der einen Wahrheit Jesu Christi, die »Schmiegsamkeit« (von Balthasar) der Offenbarungsbotschaft, wird erst in ihrer Geschichte ganz verstanden.

Die folgende Skizze der künftigen Aufgaben deutet nur an, steckt den Rahmen ab und legt den Akzent überdies auf die positiven Impulse für die »Interkulturation«. Daß in jeder Weiterentwicklung Gefahren lauern und mögliche Irrwege sich auftun, wird weniger deutlich thematisiert.

a) Die immer neue Aufgabe des Dialogs

Das frühe Christentum wagte es, in den Dialog mit dem Hellenismus einzutreten. Es zog aus der fremden Geistigkeit Einsichten ins Eigene und brachte eine Vertiefung des Glaubens. Im Mittelalter führte der Dialog mit Aristoteles und der germanisch-keltischen Mentalität zu neuem Leben. Es ist die Tragik der neuzeitlichen Christentumsgeschichte, daß der »Dialog« des traditionellen, »weisheitlichen« Christentums mit dem stärker »existentiellen« Ansatz der Reformation erst in unserem Jahrhundert »dialogische« Züge angenommen hat. Auch das Gespräch mit der philosophisch-subjektiven Weltsicht der Neuzeit, die sich in der Philosophie Immanuel Kants und seiner Nachfolger niedergeschlagen hat, ist erst von Theologen wie den Jesuiten Joseph Maréchal, Karl Rahner, Bernard Lonergan angegangen worden. Nachdem das Gespräch mit der empirischen und spekulativen Naturwissenschaft zu lange nur in Abwehrhaltung geführt wurde, ist heute zu fragen, ob der Dialog mit der Soziologie und der Psychologie lebendig genug ist.

Doch in der gegenwärtigen Situation scheint das Gespräch mit den Weltreligionen vordringlichste Aufgabe zu sein. Das II. Vatikanische Konzil lobt die Wahrheiten, die in ihnen aufbewahrt und gepflegt werden, und stellt damit der Theologie ihre Aufgabe. Bertram Stubenrauch hat dies in »Dialogisches Dogma« (1995) eindrucksvoll und unter Berufung auf Autoren wie de Lubac und von Balthasar entworfen.

Wir stehen erst am Anfang. Gerade das Gespräch mit fernöstlicher Religiosität ist ohne psychologische und soziologische Reflexionen kaum möglich. Mögliche Grenzüberschreitungen und die Angst vor dem Verlust der eigenen Identität lassen vor dem offenen Dialog zurückschrecken. Doch der Weg führt nach vorne. Und er muß vor allem von der spirituellen »Erfahrung« her beschritten werden.

(1) Dialog und Hören

Einen Wegweiser zum Dialog setzt Ignatius in seiner Einleitung zu den »Geistlichen Übungen« (Nr. 12). In vierfacher Stufung mahnt er zu immer neuem Hören, das auch am Schluß noch offen bleibt: Ein jeder müsse – nachdem er gehört hat,

– bereitwilliger sein, die Aussage des Nächsten zu retten, als sie zu verurteilen;
– und verstehe jener sie schlecht, so verbessere er ihn mit Liebe;
– und wenn das nicht genüge, suche er alle angebrachten Mittel, damit jener, indem er sie gut versteht, sich rette.

In unsere Mentalität übertragen heißt dies: vermuten, daß auch in fremd klingenden Lehren und Praktiken anderer Religiosität sich ein Wahrheitskern, ein Lichtschein (nach Ps.-Dionysios) göttlicher Offenbarung finde. Diesen Kern zu verstehen, gelingt nur mit offenem und lernbereitem Herzen. Das Vertrauen auf Gottes Geist, der kräftiger ist als das eigene Verstehen und Urteilen, gibt den Mut, in eine fremde Mentalität einzutauchen. Aber zugleich ist es – im Gegensatz zu vielen Theorien des Dialogs – unabdingbar, daß von einem Standpunkt aus dialogisiert wird. Anders gibt es kein Gespräch zwischen Personen, sondern nur einen Austausch lebloser Formalien und intellektueller Abstraktionen. Wahrer Dialog – so schärft Emmanuel Levinas ein – erfordert die Anerkennung und Wahrnehmung des anderen als jemanden, der in seiner Meinung »anders« ist als die eigene Ansicht, erfordert damit den persönlichen Standpunkt und keine verkappte Selbigkeit der Partner. Nur so kann ein ehrliches Einfühlen in fremde Mentalität entstehen – aber das kann zur Anforderung auf Leben und Tod, statt zum gegenseitigen »Auf-die-Schulter-Klopfen« werden. Demgegenüber ist die theologische Reflexion erst der zweite Schritt, mit dem einer nachhorcht, ob von ihm her sogar ein Umdenken des eigenen Denkens erfordert wird. Es braucht das Vertrauen in die Kraft des Geistes, damit einer sich mutig auf solch ein Wagnis einläßt.

(2) Ostasiatische Spiritualität

Es ist abzusehen, daß das Christentum von der ostasiatischen Spiritualität (wie verallgemeinert gesagt werden darf) eine meditative Grundhaltung zu lernen hat, in der die religiöse Erfahrung sich vertieft. Diese Spiritualität findet und erfährt Gottes Wirken und Wirklichkeit in den Phänomenen unserer Welt; und dies dichter und lebendiger, als es das wissenschaftliche Denken der westlichen Kultur ahnt. Es ist ein Irrtum zu meinen, daß diese Spiritualität die Weltwirklichkeit in Gott oder im Göttlichen aufgehen läßt. Auch das, was der Hinduismus »Maya« (Schein) oder »Lila« (Spiel) nennt, sollte nicht als Negation der Weltwirklichkeit, sondern als ihre Transparenz für Gott aufgefaßt werden. Das alt-christliche Symbol-Verständnis bahnt einen Weg, mit dieser Religiosität Ostasiens ins Gespräch zu kommen. Es gibt sogar Vermutungen, daß Plotin, der Gesprächspartner der frühen Christenheit, von ihr beeinflußt war.

Heinrich Dumoulin macht in seinem wissenden und liebevollen Buch über die »Spiritualität des Buddhismus« (1995) darauf aufmerksam, daß gerade die Spiritualität des Ps.-Dionysios eine wichtige Brücke zum Verständnis ostasiatischer Spiritualität schlägt. Das läßt ahnen, was an ganzheitlichen Zügen der alten Spiritualität über diesen Dialog mit Ostasien ins Christentum zurückkehren kann.

Doch Aloysius Pieris, ein Jesuit und Befreiungstheologe aus Sri-Lanka, macht in seiner Aufsatzsammlung »Feuer und Wasser« (1994) ebenso energisch darauf aufmerksam, daß die Perspektive des meditativen mystischen Verstehens nur einen, wenn auch wichtigen Aspekt des ostasiatischen Lebens und Suchens in den

Blick bringt. Die in Indien seit den siebziger Jahren als Dalit-Theologie aufgebrochene Tendenz zeige ebenso wie die koreanische Minung-Theologie und die christlich-feministischen Ansätze, daß das christliche Schwärmen vom kontemplativen Hinduismus zu leicht die Kastengesellschaft mit der Unterdrückung der Frau übersieht. Selbst Mahatma Gandhis »herablassende Bezeichnung Harijan (Gottes Leute)« für die niederen Kasten wird als »beleidigend« empfunden. Man darf den ostasiatischen Impuls auf das Christentum nicht nur von der in Deutschland propagierten »kontemplativen« Spiritualität her beurteilen.

(3) Afrikanische und schamanische Spiritualität

Die afrikanische Religiosität und andere Natur-Spiritualitäten lehren, den Glauben ganzheitlicher – tanzend, singend, springend, spielend – zu leben. Ihre Naturnähe, die magisch zu sein scheint, birgt Wahrheiten, die ein »aufgeklärtes« Christentum vergißt. Daß die Integration dieser »Naturnähe« nicht nur pastorale Aufgabe, sondern Mitte des theologischen Verstehens bedeutet, zeigt sich, sobald die »theologischen« Hintergründe aufgedeckt werden: Die Götter – übersetzt heißt es: Gottes Wirklichkeit und Wirken, nämlich Gottes Geist – sind in der Natur anwesend.

Das gleiche gilt vom »Ahnen«-Kult. Auch hier muß man sich hüten, vorschnell die eigene Meinung von Aberglaube in diese Spiritualität hineinzutragen. Eine Brücke zum Verständnis – von beiden Seiten her zu begehen – wird die Verehrung der Heiligen sein. Sie gehören – ebenso wie die eigenen Ahnen – zu den »Alten«, von denen der Hebräerbrief (11, 2 ff) weiß, daß sie »ein ruhmvolles Zeugnis« darstellen, diesmal ein Zeugnis davon, daß Gottes Geist in seinen Geschöpfen lebendig wirkt.

Das Zurückfragen in diese ursprüngliche Religiosität, in der eine Uranlage des Menschen zum Ausdruck kommt, ist für die europäische Christenheit wohl noch wichtiger als die Beschäftigung mit der stärker durchreflektierten ostasiatischen Geistigkeit.

(4) Befreiungsbewegungen

Die Anliegen der unterschiedlichen Befreiungsbewegungen, worunter christlich-katholische Gruppen führend sind, müssen zentrale Anliegen heutiger christlicher Spiritualität sein. Es geht nicht nur um »individuelle« Nächstenliebe, um karitatives Helfen; es geht um »soziale« Nächstenliebe, die mit dem Wort

des gegenwärtigen Papstes von der »strukturellen Sünde« einge-
fordert wird. Untersuchungen wie Bernd Ruhes »Dialektik der
Erbsünde« (1997), die das Problem von Freiheit und Natur in der
neueren Diskussion um die katholische Erbsündenlehre aufar-
beitet, zeigen die Verwurzelung dieser Impulse in altkirchlicher
(augustinischer) Dogmatik. Ruhe geht der Diskussion nach, die
das Dogma der Erbsünde als ein Eingebundensein des freien
Tuns in soziale Vorgegebenheiten deutet. Das Dilemma des
Marxismus, wie denn die persönliche Freiheitsentscheidung
zusammengehe mit tiefgreifender sozialer Abhängigkeit, erhält
im christlichen Dogma eine Antwort. Es richtet nämlich den
Blick von diesem isolierten Fragebereich weg, hin auf Jesus
Christus, dessen Erlösung »aller« Menschen »jedem« einzelnen
neu die Freiheit schenkt.

Was dies für die Spiritualität besagt, wird noch zu bedenken
sein. Hier sei – über Ruhes Entwurf hinaus – auf eine Metho-
denfrage verwiesen. Begriffliche Untersuchungen menschlicher
Grundgegebenheiten haben die Tendenz, sich mit dem abstrakten Begriffsapparat zu letztgültigen Aussagen zu erheben. Doch
kann man die letzten Dinge noch in logische Aussagen auflösen? Muß sich die begriffliche Eindeutigkeit nicht in eine
Methode übersteigen, die dem Konkreten gerecht wird? In die
»Methodologie« der Begegnung und des ganzheitlichen Engage-
ments? Viele kreative Ansätze der Befreiungstheologie bewegen
sich daher im Bildhaften und Erzählerischen; so die »Kleine
Sakramentenlehre« ([3]1979), mit der Leonardo Boff früh in
Deutschland bekannt wurde; so das gewaltige »Cantico Cos-
mico« (Gesänge des Universums, 1–43, 1995) von Ernesto Car-
denal.

Eine solche narrative und symbolische Theologie steht dem
Konkreten, Unmittelbaren, also der Wirklichkeit näher als
Begriffstheologien und entgeht zugleich der Gefahr vorschneller
Verallgemeinerungen und überzeitlicher Fixierungen. Viel Miß-
liches im Gespräch um die Befreiungstheologie gründet darin,
daß die Konkretheit ihrer Spiritualität nicht recht verstanden
wurde.

(5) Abrahamitische Schwesternreligionen
Der Dialog mit dem Judentum und dem Islam ist für die christliche Spiritualität besonders wichtig. Der gemeinsame mono-
theistische Glaube stammt aus gemeinsamer Geschichte. Zwei
Züge ihrer Religiosität scheinen mir für die christliche Spiritualität vorbildlich zu sein.

Einmal ist es die Innigkeit, die sich im jüdischen Chassidismus wie in der Praxis des muslimischen Betens zeigt. Um dies im Islam zu erleben, genügt es, einem Gottesdienst in irgendeiner Moschee beizuwohnen. Die subtile islamische Mystik des Sufismus war sogar nicht ohne Einfluß auf die klassische Mystik Teresa von Avilas. Das andere ist die so selbstverständliche Durchdringung von Weltbezug und Frömmigkeitshaltung, die dem Christentum weithin verlorengegangen ist. So problematisch es ist, Gottes Reich und Welt-Reich ineins zu denken und damit Politik zu machen, so wichtig bleibt es, religiöse Überzeugung und öffentlich-politisches Handeln zu verknüpfen. Auch darf die Frömmigkeit des Islam nicht mit den fundamentalistischen Tendenzen gleichgesetzt werden. Es ist eine nicht geringe Aufgabe des Dialogs, den Muslims im christlichen Abendland zu helfen, ihre Spiritualität zu pflegen; und dies nicht nur, um den Fundamentalisten das Wasser abzugraben, sondern auch, um mit dieser Spiritualität in ein Gespräch einzutreten und von diesem lebendigen Monotheismus zu lernen.

Was gesellschaftlich das Durchdringen von Gottes Reich und Welt-Reich bedeutet, zeigt auf intensive Weise die private Atmosphäre jüdischer Sabbat-Frömmigkeit. Der Sabbat wird erlebt wie ein Mosaik, in dem jedes einzelne Steinchen, jeder einzelne Vollzug sich auf Gott bezieht, Aufmerksamkeit (»kawana«) ihm gegenüber weckt. Mit »Gesetzlichkeit« ist diese Frömmigkeit falsch gekennzeichnet. In ihr lebt, wie Abraham Joshua Heschel in »Der Sabbat. Seine Bedeutung für den heutigen Menschen« (1990) zeigt, lebendiger Glaube, der allüberall Gottes Weisung spürt.

Zur Spiritualität des Judentums müssen auch weiterhin Brücken in ganz spezifischer Art geschlagen werden, wie es Paulus im Römerbrief (11,14–16) engagiert und zugleich traurig dargestellt hat:

»Ist die Wurzel (das Judentum) heilig, so sind es auch die Zweige. Wenn du (als nicht-jüdischer Christ) als Zweig vom wilden Ölbaum in den edlen Ölbaum eingepfropft wurdest und damit Anteil erhieltest an der Kraft seiner Wurzel, so erhebe dich nicht über die anderen Zweige.«

(6) Nach dem Holocaust

Im Gespräch mit dem Judentum steht überdies der Holocaust, das Greuel der Schoa, das sich im Namen Auschwitz verdichtet hat, mahnend vor Augen. Im Bewußtsein der über Jahrhunderte gewachsenen christlichen Mit-Schuld an Auschwitz kann dieser

Völkermord nicht einfach als Vergangenheit abgetan werden. Er ist eine bleibende Mahnung für jeden Versuch, das Verhältnis von Christentum und Judentum zu verstehen und für eine lebendige Spiritualität (auch der Buße und der »strukturellen« Vergangenheitsbewältigung) fruchtbar zu machen.

Daran wird ein weiterer Zug moderner Spiritualität sichtbar, den Johann Baptist Metz im Sammelband »Landschaft aus Schreien« (1995) die »Theodizee-empfindliche Gotteserfahrung« nennt: Uns wird und darf (!) auch niemals gelingen, das Leid der Menschen aufzurechnen mit Gottes Barmherzigkeit oder einer erhofften Versöhnung. Es bleibt stets ein übergroßer Rest an Leid und Schmerz, an Unglück und Tod, der regelrecht zwingt, wie Hiob gegen Gott zu protestieren. Metz fragt:

»Und was bleibt als Trost von Gott? Identitätserfahrung, Geborgenheit im Angesicht all des Leidens? Erfüllt der biblische, christliche Glaube die Wünsche nach Selbstversöhnung? Ich zweifle.«

Doch er weist einen Weg: Die biblisch inspirierte Gotteserfahrung ist keine Mystik der geschlossenen, sondern eine der offenen Augen,

»keine rein selbstbezügliche Wahrnehmung, sondern gesteigerte Wahrnehmung fremden Leids.«

Das Kreuz als Symbol des Leidens ist innerweltlich-menschlich nicht aufzurechnen in Identität und Versöhnung. Besonders im Luthertum lebt diese Frömmigkeit des Kreuzes Jesu: Ostern ist »nur« Hoffnung, Karfreitag aber blutende Gegenwart. Ein Zug von bleibender Trauer muß alle Bemühungen um den Menschen und sein Suchen nach Geborgenheit in Gott durchziehen. Praktisch aber muß eine solche Spiritualität sich öffnen zum christlichen Helfen, dorthin also, wo Not und Trauer leben.

Der Kampf gegen jedes metaphysische System seitens der Frankfurter Schule (»Das Ganze ist die Unwahrheit«) steht auch ursächlich am Anfang der konkreten, »Theodizee-empfindlichen« Spiritualität von Metz.

(7) Christliche Unterscheidung

Ein Dialog ohne Unterscheidung widerspricht sich selbst und wird zum Geschwätz oder verborgenen Monolog. Es ist nach dem »Unterscheidend-Christlichen« (Romano Guardini) zu fragen. In seiner Arbeit über die neuere Geschichte des Religionsdialogs, »Religiöser Pluralismus oder christliches Abendland« (1995), stellt Reinhard Hummel dies heraus, indem er das oft mißbrauchte Rahner-Zitat vom Christen der Zukunft, der ein Mystiker sein wird, zu Ende zitiert:

»Solche Mystagogie (d. h.: Hinführung zur Mystik, JS) muß uns konkret lehren, es auszuhalten, *diesem* Gott (der wesentlich der Unbegreifliche ist) nahe zu sein, zu ihm ›Du‹ zu sagen. Solche *christliche* Mystagogie muß natürlich auch wissen, wie Jesus von Nazareth, der Gekreuzigte und Auferstandene, in sie hineingehört.«

Paulus nennt im schon angeführten zentralen Text über Geist-Erfahrung das gleiche Kriterium, nämlich den lebendigen Bezug auf Jesus, auf die Sichtbarkeit des göttlichen Geheimnisses. Immer wieder formuliert er es neu wie in 1 Kor 12,3:

»Keiner kann sagen: Jesus ist der Herr, wenn er nicht aus dem Heiligen Geist redet.«

Es ist ein vom Glauben getragenes Kriterium. Es erfordert eine persönliche Entscheidung und läßt sich rational nicht völlig auf-rechnen.

Das berührt ein anderes Kriterium, an dem jede wahre Religio-sität zu messen ist und das der modernen Tendenz, alles zu durchschauen und zu beherrschen, entgegensteht. Es ist die Ehr-furcht vor dem letzten Geheimnis, das der Mensch nicht mehr ergründen kann – weder durch rationales Erkennen noch über emotionale oder ähnliche Erfahrungen. Wie auch andere spricht die christliche Tradition hier von »Demut«. In mancher »Nichts«-Erfahrung fremder Religionen ist dieser Zug existen-tieller Demut verborgen, das Bewußtsein, eingebettet zu sein in ein übergreifendes, vom Menschen nicht mehr zu umgreifendes Bezugssystem, oder einfachhin die Ehrfurcht vor dem Letzten. Diese »Seinsdemut« wollte nach der Genesis-Geschichte Adam abwerfen, als er sich anmaßte, wie Gott zu werden und das Gute und Böse zu erkennen.

Es ist eine Haltung, in der Christen mit den großen Religionen zusammengehen. Friedrich Schleiermacher nannte es »das Gefühl der schlecht-innigen Abhängigkeit«. Die (christliche) Religionsphilosophie aber zeigt nun überdies, daß der Mut, die-sem letzten transzendenten Ziel das »Du« zuzusprechen, die konsequente Weiterführung der radikalen Demut vor dem Geheimnis ist. Im christlichen Glauben steigert sich diese geschöpfliche Grunderfahrung noch einmal mit der Gestalt Jesu Christi, die Gottes Geheimnis in der Geschichte gegenwärtig-setzt und damit eine Seins-Demut vor der historischen Person Jesu verlangt.

Mit den beiden Kriterien – Bezug auf Jesus Christus und Seins-Demut, nicht als quantitativer Maßstab, sondern als Lebenshaltung – dürfen und müssen Christen den offenen Dialog mit den großen Religionen wagen.

b) Im Dialog mit der westlich-modernen Kultur

Wichtig bleibt aber der Dialog mit dem sogenannten »Zeit-Geist«, der uns wie eine säkulare Religion umgibt. Viele christliche Missionare glauben, es sei wichtiger, die eigenständige »religiöse« Kultur Ostasiens und Afrikas vor der Überfremdung des Euro-Amerikanismus zu retten, als dort das Christentum einzupflanzen. Der Schritt von solchen religiösen Überlieferungen hin zum Christentum ist kleiner, wenn auch nicht immer leichter zu vollziehen, als der Schritt von der modernen Zivilisation und Technik hin zum christlichen Glauben. Die Frage, wie man in der heutigen Welt von einebnender Zivilisation und fortschreitender Technik die religiösen, humanen Werte bewahren kann, steht vielen religiösen Kulturen noch bevor. Leben wir nicht in einer Zeit wachsender Entchristlichung und voranschreitender säkularistischer Kultur, für die das Religiöse höchstens noch Selbstverwirklichung bedeutet?

Wie im Religionsdialog sind aber auch hier zuerst die »Werte« zu erspüren, die unserer Zivilisation zugrunde liegen und die Basis des christlichen Ethos berühren. Der Schlachtruf der Französischen Revolution umschreibt sie: Freiheit – Gleichheit – Brüder-(Schwester)-lichkeit:

- Freiheit und Eigenverantwortung jedes Menschen,
- Gleichwertigkeit aller Menschen vor Gott und voreinander,
- daraus folgend das humane Ethos des Miteinander, das Anerkennen und Hochschätzen des je-anderen Menschen auch in seinem Anders-Sein.

So erst entsteht ein Miteinander für das Wohl des Ganzen trotz unterschiedlicher Meinung in grundsätzlichen Fragen.

In der amerikanischen Debatte um die »Civil Religion« und der deutschen Diskussion um die »Grundwerte« kommen die prinzipiellen Schwierigkeiten zur Sprache. Je tiefer einer von einem »Wert« persönlich überzeugt, je gültiger dieser Wert für ihn ist, desto mehr wird er dem Wert auch »objektive« und absolute Gültigkeit zuschreiben und ihn allen anderen weitergeben wollen. Dem scheint die Haltung entgegenzustehen, die den anderen in seiner Überzeugung anerkennt, auch wenn diese der eigenen diametral entgegensteht. Eine sogenannte »liberale«

Über-Weisheit löst das Dilemma nicht, sondern reduziert entweder den eigenen und fremden »Grundwert« auf eine privatisierende »Beliebigkeit« – etwa mit dem Slogan: Über Geschmack kann man nicht streiten. Oder sie verachtet den anderen, daß er nicht reif genug sei und unterhalb der eigenen, höheren Einsicht stehe. Die rechte Haltung kann nur eine Synthese von »Standpunkt« (sprich: Absolutheitsanspruch) und »Offenheit« (sprich: Toleranz, Ehrfurcht) sein. Emmanuel Levinas hat aus jüdischer Tradition in seiner Philosophie des »Anderen« dieses Dilemma denkerisch aufgearbeitet. Vom religiösen Vollzug her betrachtet, ist eine entsprechende Synthese nur möglich, wenn anerkannt ist, daß jede, besonders die tiefe grundlegende religiöse Erfahrung (Erleuchtung, Unio Mystica, Geistliche Vermählung, Peak-Experience), in einem größeren und »über-unerfahrenen Geheimnis« gipfelt, die Pseudo-Dionysios in seiner »Theologia Mystica« mit solchen dynamisierenden Wortbildungen besingt.

Diese doppelt-eine Haltung – Verwurzeltsein in der eigenen Überzeugung und zugleich ehrfürchtige Offenheit für den anderen in seiner Andersheit – hat in dem Jesus des Neuen Testaments den großen Zeugen.

c) Der Dialog innerhalb der kirchlichen Gemeinschaften

Diese doppelt-eine Haltung von Standpunkt und Offenheit erst macht einen Dialog über letzte und grundsätzliche Anliegen, über Fragen der Weltanschauung möglich. Dies gilt verstärkt für den »Dialog« im Christentum selbst, innerhalb seiner großen und kleinen Gemeinschaften.

Im Glauben an das Wirken von Gottes Geist in allen Christen, an die »Pneuma-Kirche« liegt das Anerkennen der persönlichen Wahrheitsfindung eines jeden einzelnen Christen. Dem steht das Anliegen der Kirche als Einheit gegenüber, wie es von der »Logos-Kirche«, dem Amt und in ihrer Weise auch der Theologie, vertreten wird. Die Spannung zwischen dem persönlichen Ergriffensein von Gottes Geist und der objektiven Wahrheit der Glaubensüberlieferung ist nicht in einen der beide Pole oder gar in eine Super-Norm hinein aufzulösen. Es macht das Leben und gerade auch das Leben des Christentums aus, in dieser Spannung der heutigen Zeit zu begegnen. Theodor Nikilaou greift im »Marienlexikon« (1992 IV, 66f) die Spannungseinheit aus dem Blickwinkel ostkirchlicher Spiritualität auf:

»Die christliche Wahrheit ist der Gesamtheit der Kirche anvertraut. Christus ist und bleibt das Haupt der Kirche. Der gesamte Leib in seiner engen, unauflöslichen Zusammengehörigkeit trägt die Verantwortung und die Autorität, besser gesagt: die Authentizität bezüglich der Wahrheit. Das Volk Gottes lebt in der Wahrheit und besitzt die von Christus ihm gegebene Autorität und ist deshalb imstande, Abweichungen und Neuerungen abzuwehren.«

Das entspricht katholischem Glaubensverständnis. Erst in der weiteren Aufgabenverteilung zwischen gläubigen Laien, reflektierender Theologie und dem um die Einheit des Glaubens besorgten Amt zeigen sich die Unterschiede der orthodoxen zur katholischen Kirche und auch die Differenzen zur evangelischen Auffassung von der Wahrheit Jesu Christi. Wie dem auch sei: Das Behüten der Wahrheit und zugleich deren Neu-Situierung, »Inkulturierung« in der Gegenwart geschieht nur über den ehrlichen Dialog in der Kirche selbst – in dreifacher Gruppierung und Funktion: Bewahrung der Wahrheit (Amt), reflektierende Vermittlung (Theologie), lebendige Erfahrung (jeder Christ in der christlichen Gemeinschaft).
Daß dieser Dialog sich augenblicklich nicht so abspielt, wie es wünschenswert wäre, sieht ein jeder. Daß er aber in einer weltweiten Kirche aus vielen Völkern und Kulturen und in einer Umbruchzeit nicht so einfach zu gestalten ist, wie man es sich erträumt, sollte ebenfalls einleuchten. Den Dialog zu lernen, zu pflegen und seine Spannung auch zu ertragen, ist eine Grundaufgabe künftiger Spiritualität:
– Das Amt darf nicht wie eine Beamtenbürokratie Festlegungen treffen, ohne aufmerksam hinzuhören, wohin der Geist seine Kirche »treibt«. Es würde sich damit aus dem spirituellen Lebensprozeß des »mystischen Leibes Christi« herauslösen.
– Die Theologie muß nach vielen Seiten offen sein: Hinhören auf das Amt, in dem die Einheit des Ganzen lebt; Erspüren dessen, was in der »Volksfrömmigkeit« lebendig ist; Hinschauen auf die Mentalität in Kultur und Sprache der Gegenwart; Zurückspüren nach den Quellen des Ursprungs.
– Das Volk Gottes aber ist der eigentliche Träger der christlichen Spiritualität. Er versucht aus der Kraft des Geistes Jesu in unserer heutigen Zeit zu leben. Dies macht christliche Spiritualität aus. Hier sind alle gläubigen Christen – Einzelne wie Gruppen – einbeschlossen, nicht zuletzt die Träger des Amtes und die Vertreter der Theologie.

d) Zum Dialog mit Gottes Schöpfung

Ohne es vertiefen zu können, ist auf eine weitere »dialogische Haltung« hinzuweisen: das Verhältnis des Menschen zur vormenschlichen Natur. Die Vernachlässigung dieses »Dialogs« ist einer der fundamentalen Irrwege moderner Zivilisation. Die ökologischen Katastrophen der letzten Jahrzente legen es offen. Noch kann man keinesfalls behaupten, daß der moderne Mensch schon das rechte Verhältnis zur Natur gefunden hat.

Gegen eine weitverbreitete Behauptung aber ist Widerspruch einzulegen. Viele schieben der jüdischen Wurzel die Schuld an den ökologischen Irrwegen zu. Was auch immer später in der Geschichte des Christentums geschah, der biblische Ursprung setzt die Wegweiser anders. Die geläufige Übersetzung des Schöpfungsberichtes (Gen 1,28): »Macht euch die Erde untertan!« muß – wie Norbert Lohfink in »Studien zum Pentateuch« (1988) oder Hans Kessler in »Das Stöhnen der Natur« (1990) zeigen – philologisch exakt nach heutigem Sprachbewußtsein übersetzt werden: »Seid Gärtner der Erde, seid Hirten ihrer Geschöpfe.«

Die biblische Botschaft vom Welt-überlegenen Gott gab zwar dem Menschen die Freiheit zum Wirken in der Schöpfung, ermöglichte so den Fortschritt von Technik und Naturbeherrschung. Doch erst die Inkulturation der biblischen Spiritualität in den weltverachtenden Geist der dualistischen neuplatonischen Kultur läutete die moderne Entfremdung zwischen Mensch und Natur ein. Und erst der neuzeitliche Rationalismus entwürdigte – im Strom cartesianischer Weltsicht – die Natur zum bloßen »Mittel« für den Zweck des Menschen.

Eine Rückbesinnung auf die biblische Spiritualität kann neue Wege weisen. Sie hebt bei aller Würdigung der Natur zugleich die Rolle des Menschen hervor. Doch er ist nicht »Herr« im Sinn eines absolutistischen Königs, sondern zugleich Diener wie Gipfel der Schöpfung.

Das Weltbild Hildegards von Bingen, in dem nach alter christlicher Tradition der Makro-Kosmos der Schöpfung dem Mikro-Kosmos des Menschen entspricht, kann Anstoß zur Besinnung geben. Auch die evolutionäre Mystik Teilhard de Chardins hilft – trotz seiner zeitgebundenen damaligen Wissenschaftsgläubigkeit –, die biblischen Anstöße in moderne Mentalität und Spiritualität zu übersetzen.

4. Die Verklammerung von Praxis und Reflexion

Die Menschheitsfrage nach dem Leid unschuldiger Menschen wurde in der Diskussion um die Befreiungstheologie neu bewußt. Niemals kann sie mit einer eindeutigen Schlußformel endgültig beantwortet werden. In der christlichen Spiritualität muß sie immer neu gestellt werden und immer neu den Dialog über das rechte Verhältnis zwischen Orthodoxie (rechtem Glauben) und Orthopraxis (rechtem Tun) in Bewegung halten; als dritter Partner eines »Tria-logs« sollte ihm die »Ortho-Empirie« (rechte Erfahrung) hinzugefügt werden.

Die Gesamtproblematik spitzt sich in der »Theodizee« zu: Wie kann Gott in seiner Allmacht und Allgüte das unschuldige Leiden zulassen oder gar verursachen? Optimistische Antworten von Plotin, Leibniz bis zu Teilhard de Chardin (Leiden als notwendiger Hintergrund für das Gute oder als Motor des Fortschritts) genügen nicht. Der Hinweis auf Gottes bleibendes Geheimnis ist das Eingeständnis, keine Antwort zu haben.

Aber er ist ein Anruf an den Fragenden, mitzuhelfen in der Linderung des konkreten Leidens. Darin finden Orthodoxie und Orthopraxie ihre Einheit. Die Orthodoxie empfängt vom rechten Tun immer neue Maßstäbe des »rechten Denkens und Glaubens«. Die Orthopraxie würde ohne das Licht der Orthodoxie, die das Gute und Rechte reflektiert, im Dunkeln tappen. In konkrete Christlichkeit übersetzt heißt dies: Der lebendige (erfahrende!) Bezug auf Jesus als Gottes Gegenwart in der Geschichte (also Ortho-Empirie) bleibt Leitstern dieses Fragens. Auch Jesus ging, wie es in einem Summarium heißt (Mt 4, 23 ff), umher, »verkündete das Evangelium vom Reich und heilte im Volk alle Krankheiten und Leiden«.

Der lebendige Bezug auf ihn, die konkrete »Ortho-Empirie«, macht die Kraft der christlichen Spiritualität aus.

D) Definition oder Umschreibung der christlichen Spiritualität

Die Frage, wie der Mensch aus seinem christlichen Glauben heraus sein Leben zu leben hat, kann als Kurzformel christlicher Spiritualität gelten. Um damit reflex umzugehen und dies auch für das alltägliche Leben greifbar zu machen, soll die Formel erweitert werden. Nach all dem Gesagten ist keine »Begriffsdefinition« zu erwarten. Spiritualität gehört zu den Urworten (Karl Rahner) wie Herz und Liebe, die sich erst im Umgang mit der Erfahrung aufschließen. Hier sollen einige Koordinaten gezogen werden, die das Gezeigte ordnen. Ihre polaren Spannungen zeigen, daß es nicht um Festlegung, sondern um Offenheit geht.

1. ZWEI SÄULEN: WAHRHEIT JESU CHRISTI – DYNAMIK DES GÖTTLICHEN GEISTES

Die alles durchziehende Spannung der christlichen Spiritualität besteht zwischen der Botschaft, die den Namen Jesus Christus trägt, und der Aktualität, die Gottes Geist dieser Botschaft in jeder Zeit geben will: Das zeigt Vladimir Lossky an und wurde von uns als Logos-Kirche und Pneuma-Kirche aufgegriffen.
Diese Spannung kann nicht in konfliktfreie Harmonie aufgelöst werden.
Aber die Suche nach Harmonie und Einheit muß in der Kirche lebendig bleiben. Darum muß stets gerungen werden. So bleiben unschöne Kämpfe und auch Intrigen nicht aus. Das »Fließ-Gleichgewicht« ist immer neu zu suchen und auszubalancieren; es wird in »Bewegung«, im Fließen gefunden.

a) Das Volk Gottes – Ort des lebendigen Glaubens

Die Wahrheit Gottes, die in Jesus Christus geschenkt ist, lebt vor allem und maßgebend im »Volk Gottes«, also in der Gemeinschaft der Christgläubigen. So heißt es im Dekret des II. Vatikanischen Konzil »Die Kirche in der Welt von heute« (Lumen gentium, 12):

»Die Gesamtheit der Gläubigen, welche die Salbung von dem Heiligen Geist haben (Joh 2, 20.27), kann im Glauben nicht irren ... Durch ihn (den lebendigen Glaubenssinn) dringt es mit rechtem Urteil immer tiefer in den Glauben ein und wendet ihn im Leben voller an.«

Diese lebendige Spiritualität lebt aus dem Gespräch mit der Umwelt, mit der Mentalität der Gegenwart, lebt mit den Hoffnungen und Ängsten der Menschen. Sie wird dem Auftrag Jesu nur gerecht, wenn sie kein toter Besitz ist, sondern Dynamik und Kraft in sich trägt. Beteiligt ist an dieser lebendigen Dynamik jeder Christ. Gefaßt ist dieses »Volk Gottes« in die Ordnung der Kirche, die sich geändert hat und wieder ändern wird. Der Glaubenssinn des Volkes Gottes muß zwar in einer Ordnung Gestalt und Sprache finden; aber nur wenn diese lebendig ist, ist auch der Glaubenssinn lebendig und lebensspendend.

b) Die kirchliche Amtsstruktur – Lebensraum des Glaubens

Eine schlimme Verengung läßt die Kirche zusammenschrumpfen zur sogenannten »Amtskirche«. An dieser Einschätzung aber sind nicht nur eine polemisch ausgerichtete Presse und haßerfüllte Personengruppen schuld; auch das Verhalten der glossierten »Amts-Kirche« selbst muß weithin für diese einseitige Einschätzung geradestehen.

Hier tut eine Orientierung am ostkirchlichen und – allerdings weniger – auch am reformatorischen Kirchenbewußtsein gut. In der Orthodoxie ist die Kirche vor allem der – wörtlich, aber auch geistig verstandene – Raum, in dem die heiligen Geheimnisse gefeiert werden. Im Ritus der Liturgie, in den Gesängen und Gebeten, im Weihrauch und im Kerzenlicht, in der Anschaulichkeit der Ikonen wird dem Christen eine Umgebung, eine Atmosphäre geschenkt, in der er seinen Glauben leben, dessen »Plausibilität« erfahren und aktiv mitvollziehen kann. Auch historisch sind die Glaubens-»Sätze« aus liturgischem Lobpreis und Bekenntnis heraus entstanden und nicht aus dem Bedürfnis, nun endlich »Wahrheiten« in eindeutiger Klarheit festzuhalten. Es wäre für das oft negative Verhältnis der Christen zu ihrer Kirche von Nutzen, wenn diese sich auch in ihren amtlich-institutionellen Vollzügen stärker von ihrem liturgischfeiernden Ursprung her verstünde. Das entspricht ihrem theologischen Wesen und verwirklicht, was mit »Spiritualität« gemeint ist.

Darauf aufruhend kommen die beiden anderen Funktionen der »Amtskirche« wie von selbst zu Tragen: die Wahrheit Jesu Christi zu hüten und weiterzugeben; für Ordnung in der Kirche, im Volk Gottes Sorge zu tragen.

78

Kirche ist primär der gottgegebene »Raum« in dem das Volk Gottes lebt, arbeitet und betet. Erst daraus ergibt sich das Ordnungs- und Wächter-Amt der hierarchischen Kirche.

c) Die Theologie – Vermittlung und Reflexion

Den Theologen, der sich von Berufs wegen mit den Glaubenswahrheiten und Glaubenszeugnissen beschäftigt, erstaunt es immer wieder, wie wenig die ihm selbstverständlichen Einsichten heutiger Theologie eingegangen sind in das Bewußtsein der gläubigen Christen. An diesem Phänomen läßt sich die Doppelaufgabe der Theologie aufzeigen.

Als Beispiel möge das Wort »Glaube« dienen. In allen Schriften Karlfried Graf Dürckheims (auch den späten Schriften Hugo-Makibi Enomiya-Lassalles) wird offen oder verborgen gegen eine Auffassung von »Glaube« polemisiert, wonach das Christentum damit ein intellektuelles »Fürwahrhalten«, ein äußerliches Annehmen von Wahrheiten meine. Dagegen setzen beide »Erfahrung«, die aus der Ganzheit des menschlichen Vollzugs lebt. Als eine noch geschlossene religiöse Sozialität den Erfahrungsraum prägte, wurde zwar der christliche Glaube mit dieser intellektuell zugespitzten Definition umschrieben. Doch das war nur die abstrakte Blaupause für das weite Feld des lebendigen Glaubens. Inzwischen umschreibt die katholische Theologie – es ist die Hintergrunderkenntnis des II. Vatikanischen Konzils – den Glauben in einer weiten, den ganzen Menschen in seiner Vertrauens- und Liebesfähigkeit umgreifenden Weise. Die Frage allerdings bleibt, ob es ihr gelang, diese vollmenschliche und erfahrungsgefüllte Auffassung so zu vermitteln, daß die Gläubigen sie ergreifen und daraus leben können, daß auch ein Nicht-Theologe wie Graf Dürckheim erkennt, daß seine intellektualistische Karikatur des Glaubens an dessen Wirklichkeit vorbeigeht.

Aufgabe der Theologie aber ist es, die eine christliche Botschaft so zu formen, daß sie heute gelebt und verstanden wird, daß – zum Beispiel – die Auffassung von »Glauben« dem entspricht, was biblisch gemeint und in heutiger Mentalität zu verstehen ist. Diese Vermittlungsaufgabe beinhaltet, knapp umrissen, drei Aspekte:
– die Vergewisserung des Zeugnisses Jesu und der Tradition;
– den lebendigen Kontakt mit dem Erfahrungsraum, mit der Mentalität der heutigen Zeit, in die hinein das Glaubenszeugnis zu vermitteln ist;

– die Mühe der Übersetzung, der »In(ter)kulturation« dieses Glaubenszeugnisses in einer Sprache und Darstellungsweise, die die Gläubigen verstehen und woraus sie leben können.

2. Ganzheitlichkeit und personale Mitte

Biblisch meint »Seele« und auch »Geist« den ganzen Menschen, insoweit er vom Gottesbezug durchseelt ist. Erst in der Begegnung mit der hellenistischen Mentalität wurde Geist/Seele zu einer Materie-losen Substanz, die im Gegensatz zur körperlichen Materie als unzerstörbar, unsterblich galt.

Man sollte in der Reflexion über die heutige Spiritualität die jeweiligen Wahrheiten beider Mentalitäten würdigen und zu bewahren suchen. Beides ist richtig: Der Mensch lebt und erfährt sich in Ganzheit, stirbt auch als dieser ganze Mensch mit Leib und Seele. Aber zugleich gibt es im Menschen eine personale Innerlichkeit, die über seine Leibhaftigkeit herausragte. Der Satz: »Ich bin mein Leib« (und habe ihn nicht nur: Graf Dürckheim) ist ebenso richtig wie der andere: »Ich bin mehr als mein Leib, ich bin eine unsterbliche Seele.« Es ist eine der Überraschungen im Geistesleben unserer Zeit, daß das Wort und die Sache »Seele« wieder in den Gebrauch gekommen ist und vielfach (oft in absonderlicher Weise, aber in echter Sehnsucht) in der Anthropologie benutzt wird.

Das Zusammenklingen beider Wahrheiten: die Ganzheit und Einheit des Menschen und daß seine Personmitte den Leib überragt, liegt nicht im menschlichen Verstehen, sondern findet ihre Gewißheit erst in der gültigen Vollendung, in der von Jesus verheißenen, leiblichen Auferstehung am Ende der Zeit. Die konkrete Spiritualität muß auf beide Wahrheiten achten, auch wenn sie vom systematischen Denken nicht auf einen Nenner gebracht werden können.

3. Der Einzelne und die Gemeinschaft

Christliche Spiritualität meint das konkrete Leben des Christen, der seinen Daseinsmut aus dem Glauben heraus schöpft. Dies war immer schon das Tun und Leben von Einzelmenschen. Heute, in einer Zeit, in der sich die Menschen immer stärker ihrer Individualität bewußt werden, verstärkt sich auch für den Christen der Drang zur persönlichen Lebensgestaltung. Man darf pointiert sagen: Es gibt so viele Spiritualitäten, das heißt: Lebensführungen aus dem Glauben, wie es gläubige Christen gibt.

Doch das ist eher eine theoretische Zuspitzung als ein Spiegel des vollen Lebens. In diesem nämlich gibt es mannigfache Übereinstimmungen: Gruppen von Christen (wie die klassischen und die modernen Orden) sammeln sich um eine umschreibbare »Spiritualität« herum an, um eine konkrete Weise der Meditation, um ein soziales oder kirchliches Engagement; man ist sich einig in der Zielsetzung der Lebensführung oder aus geschichtlicher Herkunft und kultureller Prägung heraus.

Die Lebenskraft der Kirche liegt im Reichtum der unterschiedlichen Gruppen-Spiritualitäten, die in ihrer Verschiedenheit die eine, gesamt-christliche Spiritualität verwirklichen. Diese aber kann nicht besser umschrieben werden als mit dem frühen, liturgischen (!) Bekenntnis: »Jesus ist der Herr! (1 Kor 12,3).«

Im konkreten Glaubensleben fächert sich diese Grundspiritualität in die Vielheit der Gruppen-Spiritualitäten aus und weiter in die jeweilig persönliche Glaubenshaltung hinein – ein Prozeß, der zwar nicht willkürlich verläuft, dessen »Geist-getragene« Dynamik aber nicht mit eindeutiger Logik zu fassen ist.

Wer über christliche Spiritualität nachsinnt, muß sie betrachten wie ein Bild Pieter B. Breugels, das mit einer Überfülle von verschiedenen Verwirklichungen (Spiele, Sprichwörter, Bauernarbeiten) ein geschlossenes Kunstwerk darstellt. Man darf diese Vielfalt nicht auf eine einzige oder einige wenige Möglichkeiten reduzieren, sondern sollte Freude haben am überquellenden Reichtum konkreter Spiritualitäten, die alle ihre Wurzeln haben in Gott und seinem Boten, Jesus Christus.

4. DIE REFLEXION UND DAS LEBEN

Die genannten Polaritäten können einseitig verwirklicht werden. Wer hat nicht schon aus einem Gegenwartsanliegen heraus gemurrt über die Last der Tradition? Wer hat nicht schon aus der Sicherheit des eigenen Weges gegen die Verpflichtung der gemeinsamen Anliegen protestiert? In einem Interview mit der »Süddeutschen Zeitung« (17./18. 12. 1994) weist Bischof Lehmann darauf hin, wie wichtig die persönliche, »spirituelle Vertiefung« der Kirche, und wie notwendig die Veränderung von »Ämtern, Diensten, Strukturen« in ihr ist. Beides geht Hand in Hand. Er sprach damit das »Fließ«-Gleichgewicht zwischen dem breiteren, gemeinsamen und dem Einzel-Weg an. Für das immer neu zu bestimmende Eichmaß dieses Verhältnisses sorgt die theologische Reflexion. Sie ist unentbehrlich für eine lebendige Spiritualität. Leider schaut sie oftmals nur auf die allgemeineren Anliegen, auf Strukturreformen und großkirchliche Veränderungen hin, hat aber weniger die gelebte Spiritualität des Einzelmenschen und der Gruppen im Blick.

Das führt wieder zu der Frage, ob es nicht an der Zeit ist, der Spiritualität als theologische Reflexion ein eigenes Gewicht innerhalb der theologischen Fächer zuzuweisen. Was in Frankreich oder in den USA schon anerkannt ist, bricht sich im deutschsprachigen Bereich (Wien, Eichstätt) erst langsam Bahn. Der Gebrauch des Stichwortes »Spiritualität« zeigt es: Immer noch wird das damit Gemeinte nur dem pastoralen (Wie muß die theologische Wahrheit weitergegeben werden?), nicht aber dem systematischen Bereich (Ist die theologische Wahrheit nicht in sich spirituell geprägt?) zugeordnet. Die konkrete Spiritualität aber lebt noch vor der Reflexion aus der Erfahrung und braucht eben deshalb die nachfolgende Reflexion. Die Theologie wird von der spirituellen Blickwendung profitieren. Das Blühen und Wachsen von esoterischen oder fundamentalistischen Gruppen (es gibt nach Werner Huth, »Flucht in die Gewißheit«, 1995, auch einen linkslastigen oder sich progressiv dünkenden Fundamentalismus!), die sich auf »Spiritualität« berufen, zeigt: Spiritualität hat eigenes Leben, braucht genau deshalb als Dialogpartner die reflektierende Theologie. Diese stellt die Erfahrungen in den Rahmen des größeren Glaubens hinein; zeigt, wie aus ihnen der größere, gemeinsame Glaube neu zu verstehen und zu vertiefen ist; zeigt korrigierend oder ermutigend den Weg, wie die Einzel- oder Gruppen-Spiritualität aus dem Glauben an Jesus Christus heraus zu verstehen und in ihn hinein zu integrieren ist.

5. Alltäglichkeit und Einmaligkeit der Gottesbeziehung

In dem erwähnten Interview weist Bischof Lehmann auf »die erste und entscheidende Frage« hin: »Gibt es Gott? Kann ich Gott erfahren? Was bedeutet Gott in meinem Leben? Die tiefste Ursache unserer Schwierigkeiten ist die Gotteskrise.«

Mit diesen drei Schritten: Gottesfrage, Gotteserfahrung, Realisation im Leben rührt er ans Herz der christlichen Spiritualität: Leben im Alltag aus dem Erfahrungswissen von Gott. »Erfahrungswissen von Gott« – so nannten schon Thomas von Aquin und Bonaventura und 200 Jahre danach in systematischer Weise der Pariser Kanzler Johannes Gerson dasjenige, was erst das 17. Jahrhundert neu geschaffene Wort »Mystik«[12] in ein festes Schema einbrachte. Wenn auch durch diese »akademische« Festlegung des Begriffes vieles von der urchristlichen Selbstverständlichkeit und existentiellen Unmittelbarkeit verlorenging, so spricht »Mystik« als »Erfahrungswissen von Gott« die lebenspendende Mitte jeder christlichen Spiritualität an.

Die mystische Hochform christlicher Spiritualität zeigt sich in der Geschichte auf zweifache Weise:

– als ein kontinuierliches Getragensein (de Caussade) und Erleuchtetsein (Hildegard)
– oder als einmaliger Augenblick, wie Bernhard von Clairvaux schreibt: rara hora, brevis mora; selten und kurz.

Auch in der biblischen Gotteserfahrung findet sich dieser zweifache Ton: ein selbstverständliches Leben aus Gott und mit Gott, das den Alltag ausmacht; Paulus ermahnt in seinen Briefen dazu. An anderen Stellen aber, wie bei den Patriarchen- und Propheten-Berufungen, wird der Leser auf einmalige Gipfel geführt, die einen erschaudern machen. Es gibt die Spiritualität des Alltags, und es gibt den Gipfel einer einmaligen Gotteserfahrung. Beides ist mit dem Wort »Geist« verbunden, von dem her das Wort »Spiritualität« gebildet wurde. Dieses muß beide Seiten der Erfahrung umgreifen: den Alltag des Lebens und die Ausnahme-Erfahrung des Gipfelerlebens (peak-experience). Paulus, dem wie nur wenigen eine mystische Gottesbegegnung in einmaliger Gipfelerfahrung geschenkt wurde, mahnt zugleich die Alltagserfahrung an:

»Wenn wir aus dem Geist leben, so wollen wir dem Geist auch folgen.« Damit mahnt er zum schlichten christlichen Leben, zur Spiritualität: »Die Furcht des Geistes aber ist Liebe, Freude, Friede, Langmut, Freundlichkeit, Güte, Treue, Sanftmut und Selbstbeherrschung« (Gal 5, 16.22).

In ihrer Tiefe aber ist auch diese Spiritualität nicht nur Leben aus dem Geist Gottes, sondern das Leben des Geistes Gottes selbst, der im Menschen wohnt. So feiert Paulus im gleichen Galaterbrief (3, 38; 4, 5) die Freiheit des Christen: »Es gibt nicht mehr Juden und Griechen, nicht Sklaven und Freie, nicht Mann und Frau; (denn alle sind) freigekauft,« und nennt die existentielle Mitte dieser Freiheit »Geist Gottes«: »Den Geist seines Sohnes in unserem Herzen, der Geist, der ruft: Abba, Vater« (Gal 3,38–4,6).

Dieses Vertrauensgebet: »Abba, Vater!« ist Angelpunkt des geistlichen Lebens, der Spiritualität. So ruft nach Paulus Gottes Geist selbst in uns und nicht nur wir in der Kraft des Geistes. Das führt auf einen Erfahrungs- und Reflexions-Gipfel, der die denkerische Logik übersteigt, zu dem Gott, der – nach Augustinus – uns »innerlicher als unser Innerstes« ist und zugleich »höher als unser Höchstes«. Ihn aber spricht Augustinus in diesem zwei-gerichteten Gebet drittens mit »Du Gott« an. Die ostkirchliche Überlieferung ist dieser radikal-christlichen Geist-Theologie (»innerlich«), die nur im Übereinklang mit dem »Du« (Jesus) und dem »Höher« (Vater) verständlich wird, treuer geblieben als die westkirchliche Theologie. Sie wagt es, von »Gott-Werden« und »Göttlichsein« des Menschen (Theosis) zu sprechen.

Das ist die Drei-Dimensionalität, die trinitarische Kraft der Spiritualität, in der alles andere wurzelt, die Spannung, die Gott für unser Leben ausmacht: Gott, den wir im betenden Dialog ansprechen dürfen und der zugleich alles Wissen und alle Erfahrung überragt: »Abba«, du Vater Jesu und unser Vater«, und der zugleich die Kraft ist, aus dem dieses Beten lebt.

II. Teil
Brennpunkte des Nachsinnens
über Spiritualität

Die gegenwärtigen Umwälzungen in der Gesellschaft müssen mit den großen Umbrüchen der Weltgeschichte verglichen werden. Nach der »Emanzipation« des Menschen aus der Abhängigkeit von der Natur erfährt er immer stärker seine Schicksalsgemeinschaft mit ihr. Die Massenmedien unterrichten ihn über alles, über des Nächstliegende wie das Weltweit-Entfernte, er ist rundum orientiert (glaubt dies wenigstens), aber kaum noch betroffen. Als Tourist steht ihm die Welt offen; doch er bleibt »Tourist« – nur von außen zuschauend. Zugleich wird er in die weltweite »Vernetzung« von Religionen und Kulturen, von Mensch und Natur hineingezogen, spürt »Betroffenheit«, von der er sich doch freihalten möchte, in vielfältiger Weise. Wie kann er all das in sein Leben einordnen?

Die wissenschaftliche und zum Teil auch operative Beherrschung von Mikro- und Makro-Materie – von Gen-Manipulation bis zur atomaren Vernichtungsgewalt – machen dem Menschen seine Abhängigkeiten immer stärker bewußt. Und alles geschieht in so schneller Veränderung, daß das Neu-Lernen-Können wichtiger ist als der »Besitz« von Gelerntem.

Mit der Emanzipation verliert der Mensch sein »Zuhause«, seine Geborgenheit, sein Weltvertrauen. Im Stolz über errungene Freiheiten verbirgt sich ein immer tieferes Abhängigsein – wirtschaftlich, psychologisch, kulturell, geistig. Die Kehrseite des Stolzes auf die Toleranz des postmodernen Pluralismus ist die wachsende Not existentieller Ungeborgenheit. Ulrich Beck setzt sich in »Risikogesellschaft. Auf dem Weg in eine andere Moderne« (1986) damit auseinander. Ob die existentielle Angst des Menschen jemals so tief und so total und zugleich auch so verdrängt wie heute gewesen ist?

Das Christentum tut sich schwer, seine Werte dieser Welt zu vermitteln. Es sind nämlich in der Wörtlichkeit des Begriffes »absolute« Werte. Das ist der Sinn jeder Religiosität: sich anzubinden (religere; Yoga = Joch) an etwas »Absolutes«, an einen Wert, eine Person, ein Ziel, die festen, absoluten Bestand vermitteln. Das widerspricht der modernen Relativierung der Werte. Auch in der christlichen Theologie hat man Angst vor einem »Absolutheitsanspruch« – wie man seit Hegel und Troeltsch das Gemeinte zu formulieren pflegt.

Hier setzen unsere Überlegungen an. Hat sich nicht die Zeit so sehr verändert, daß auch die Werte des Religiösen (und damit des Menschen) von den Veränderungen ergriffen sind, daß alles nur »relative« Gültigkeit hat? Von drei Anliegen her ist die christliche Spiritualität in ihrer (Un)-Veränderlichkeit zu betrachten. Vieles ist neu zu sehen und zu formulieren, auch zu ändern. Zugleich wird damit die bleibende Gültigkeit christlicher Spiritualität neu entdeckt.

A) Meditation – Erfahrung als Leitwort des modernen Suchens

Im Thema »Erfahrung« bündeln sich Sorgen und Anliegen des Christentums. Bischof Karl Lehmann schrieb zur Jahreswende 1994/5 (Die Welt, 2. 1. 1995): »Wir haben einen ungeheuren Schwund des Bewußtseins der Transzendenz, also unserer Lebens- und damit auch der Gotteserfahrung. Hier müssen wir ansetzen und bei gar nichts anderem.«

Auch John Hick als Vertreter der »pluralistischen Religionstheologie«, die die Absolutheit des Christentums bestreitet, begründet in »Religion. Die menschlichen Antworten auf die Fragen nach Leben und Tod« (1996) sein Verständnis von Religion auf einer absoluten Urerfahrung (faith), die allerdings in der ja-konkreten Religion (belief) relativiert wird zur pluralistischen Vielfalt.

Erfahrung ist das Thema auch der nicht-christlichen und nicht-religiösen Anliegen der Zeit. Christlich wird es im Angebot der Meditation aufgegriffen und realisiert. Seit etwa 1970 gibt es daher eine »Meditations«-Bewegung, die in irgendeiner Weise so gut wie alle Gesellschaftsschichten erreicht.

1. WAS IST MEDITATION?

Der Begriff »Meditation« hat einen Bedeutungswandel vom objektiv-sachlichen Beurteilen zur isolierten Selbsterfahrung hin erlebt (Heinrich Bacht, Emmanuel von Severus). Im Mittelalter stand er noch im Zusammenhang: Lesung – Meditation (d. i. persönliche Aneignung) – Gebet – Kontemplation und besagte eine messende und erfahrend-verkostende Auseinandersetzung mit Wirklichkeiten. So entspricht es auch dem Wortstamm: »med«, d. i. indogermanisch messen, vergleichen. Die Verengung auf subjektive Befindlichkeit (absolut bleibt nur die Selbsterfahrung) zeigt sich in der etymologisch falschen Auslegung, die durch Graf Dürckheim in den Sprachgebrauch kam: »Meditari« als »In medium ire«, in die Mitte gehen, in die Mitte des Selbst, der eigenen Subjektivität. Damit droht die Brücke zum Objektiven einzubrechen. Christlich gesprochen: Der Bezug zum Glaubensinhalt verschwindet zugunsten der reinen Empfindung. Von diesem Verständnis aus kann Willigis Jäger[13] sogar gegen die »Hermeneutik« polemisieren, die Werte verstehen möchte. Dagegen stellt er »Hermetik« als eine geheimnisvolle, unhinterfragbare, theorielose, »absolute« Erfahrung: Erfahrung gegen Nachsinnen und Beurteilen! Daß aber jede Erfahrung von Theorie und Wertordnung durchzogen ist und – wo sie echt ist – in den Dialog hineingeht, wird unterschlagen. Das Gespräch, in dem sich die Erfahrung den Fragen und auch der kritischen Überprüfung stellt, wird verweigert; Subjektivität wird nun »absolut«.

Die Geschichte der Verengung von »Meditation« zur Selbsterfahrung ist noch zu schreiben. Die Subjekt-Philosophie des Deutschen Idealismus (Fichte), Psychologie, Psychoanalyse (Freud), die Bewußtseinsreligion des Buddhismus (Schopenhauer, Nietzsche) zeigen den Weg dorthin.

Doch eine meditative Erfahrung ist erst zusammen mit hinterfragender Reflexion vollmenschlich: Die persönliche Betroffenheit muß sich objektiven Maßstäben stellen, wenn es um Fragen des Daseins und den Sinn des Lebens geht. Reflexion ohne subjektive Betroffenheit ist nicht personal. Doch Meditation als »nur«-Weg nach Innen, am Objektiven vorbei, hypostasiert Gefühle und setzt sich der Manipulation aus. In der Terminologie Kants gesprochen: Anschauungen ohne Begriffe sind blind, Begriffe ohne Anschauung leer.

Auf dem Hintergrund der Bedeutungsverschiebung wäre Meditation heute als »Pflege der Sensibilität für Werte« zu umreißen:

»Werte«, die objektiv zu befragen sind; »Sensibilität«, worin die persönliche Betroffenheit lebt; »Pflege«; denn es geht auch um Methode und Ordnung.

Tatsächlich ist jede Meditations-Erfahrung in einen vor-subjektiven, objektiven Verständnisraum eingelassen. Auch in der buddhistischen Tradition gehören drei »Kleinode« untrennbar zusammen: Buddha (die Erfahrung), Sangha (die Gemeinschaft), Dharma (die Lehre). Selbst die »gegenstandslose« Meditation des Zen-Buddhismus ist in ihre japanische Praxis eingelassen, in die strenge Disziplin des Zen-Klosters mit liturgischer Rezitation und ritueller Buddha-Verehrung; sie verlangt absolute Unterordnung unter den Roshi, den sich der Meditierende gewählt hat. Auch die psychologische Meditation zur Selbstfindung vollzieht sich innerhalb des Systementwurfs des jeweiligen Psychologen (oder des Handbuchs). Die Prozeßbegleitung lenkt ihn auch bewußt oder unbewußt. Nur wenn diese Vorbedingungen mitbedacht werden, wird die Meditation zur verantworteten Erfahrung.

Die beliebte Entgegnung: Man müsse den Zucker (Erfahrung) schmecken und nicht darüber reden (Reflexion), ist oberflächlich. Echte Werte werden erst voll erfahren, wenn man darüber spricht und sich austauscht. Der erste Eindruck erhält im Gespräch eine existentielle Vertiefung. Er wird verinnerlicht, vermenschlicht und zur reifen Erfahrung.

a) Von der Quantität (Gegenstand) zur Qualität (Wert)

Die Umschreibung des Meditierens als »Sensibel-Werden« und »Sensibilität-Pflegen« hat Friso Melzer schon vor Jahren treffend »Innerung« genannt. Das zeigt den Platz des Meditierens im menschlichen Vollzug. So verstanden, wird überall dort meditiert, wo jemand über das rein-objektive Feststellen meßbarer Gegebenheiten und kausaler Zusammenhänge hinaus sich Werten zuwendet – dem, was nicht zu berechnen, aber zu »verstehen und erfahren« ist, was Plausibilität schenkt.

Am Beispiel gezeigt: Man kann ein Kunstwerk, eine Landschaft, das Spiel eines Kindes funktional betrachten, an Normen messen und feststellen: Der Bau des Klötzchenturms ist statisch falsch. Bei einem Gemälde kann man aufzeigen, welche historischen, materiellen und ikonographischen Inhalte es enthält. Doch damit ist der »Wert« des kindlichen Spiels oder die ästhetische Qualität des Kunstwerks nicht einmal berührt. Dafür braucht es andere Zugänge als Feststellen und Messen. Es

88

braucht Zugänge, die zu dem führen, was »Sinn« genannt wird. Diese machen das »Meditieren« aus. Die quantitative, funktionale Analyse wird überschritten hin zur menschlich-ganzheitlichen Erfahrungsebene.

In der Begegnung mit anderen Menschen wird dieser Schritt über die analytisch-feststellende Haltung hinaus hin zur »lebendigen« Liebe und zum Vertrauen noch deutlicher.

b) Das Methodische

Zur Meditation gehört die methodische Pflege. Da die Existenz berührt wird, darf es kein beliebiges Spiel sein. Strukturen und Gesetze des Meditierens müssen greifbar, nachvollziehbar und beurteilbar gemacht werden: Wie ist der ganze Mensch mit Leib und Seele einzubeziehen? Was bedeuten Stille, Verharren, Loslassen, Sich-Öffnen? Welchen Sinn haben Wiederholung, Ordnung? Wo liegen Gefahren?

Allzu leicht wird die »Werte-Erfahrung« dem Genialischen, dem Intuitiven überlassen: Man hat es oder hat es nicht! Das übersieht, was Edison mit seinem berühmten Bonmot sagte: Das Genie bestehe zu 90 Prozent aus Transpiration (Mühe, Fleiß, Methode), höchstens zu 10 Prozent aus Inspiration (Intuition, Erfahrung). In die Gnadentheologie umgesetzt und pointiert formuliert meint ein Ignatius von Loyola zugewiesener Spruch Ähnliches: So sich anstrengen (= Mühe), als hinge alles von einem selbst ab; zugleich vertrauen (= Intuition), als hinge alles von Gott ab.

Natürlich darf die unabdingbare Rolle des »Methodischen« nicht wiederum im Sinne einer quantitativ-technischen Zwangsjacke verstanden werden. Immer bleibt der meditierende Mensch in seiner Individualität maßgebend. Die Menschen aber sind verschieden, haben unterschiedliche Fähigkeiten und je-persönliche Geschichten, leben in je-anderen Umwelten. Auch im Meditieren tut sich eine Vielfalt von Möglichkeiten auf. Anders gesagt: Keine Meditationsweise ist in sich einfachhin die »beste« für jedermann. Doch es gibt Leitlinien, an denen messend einer seine persönliche Methode finden kann. Es ist ebenso falsch, Methoden als Schulmeisterei abzutun, wie irgendeine von ihnen zu kanonisieren.

c) Die Bedeutung von Subjektivität: Sammlung und Stille

Sensibilität und Methode stecken den Raum des Meditierens ab. Dies vorausgesetzt, kommt dem Subjektiven, der Innerlichkeit, dem »Gang nach Innen« aber eine herausragende Rolle zu. Die kritisierte falsche Etymologie hat ein relatives Recht; sie verweist auf die erste, wichtige Leitlinie: auf die Pflege der Innerlichkeit in Stille und Sammlung.

Es geht um den Menschen in seiner persönlichen Subjektivität. Je stärker er dies – Persönlichkeit, Innenleben – ins Spiel bringt, desto tiefer wird die Erfahrung von Wert und Sinn. Das lernte Teresa von Avila bei der Lektüre des »Abecedario« von Franz von Osuna und nannte es »Inneres Gebet«. Erst in der Innerlichkeit wird Gebet zu Beten.

Die eigene Persönlichkeit ins Spiel zu bringen, erfordert immer auch ein Abschalten von Äußerlichkeiten: den Fluß der Alltagseindrücke, die wie Fernsehbilder vorüberziehen, die verwirrende Tagesvielfalt übersteigen. In der heutigen Überfülle von Informationen und im Eingespanntsein in technische Abläufe kann wohl keiner zur Tiefe des Selbst gelangen ohne Stille, ohne Abstand vom Druck der Zeitläufe, ohne Einsamkeit, die zu sich selbst führt.

Die Psychologie (Arthur Deikman) spricht von »Entautomatisieren«: »automatisierten Schemata« des Alltagsdenkens, durchbrechen, um die Erfahrungen lebendig werden zu lassen, die dahinter liegen. Eine solche »Entautomatisierung« führt den Menschen zu den Ursprüngen der eigenen Psyche. Ein psychoanalytischer Prozeß kommt in Bewegung, der ohne Begleitung gefährlich werden kann; denn Verklemmungen, verdrängte Kindheitserlebnisse, überdeckte Ängste, unterdrückte Wutausbrüche können unter der Schicht der Alltagsautomatismen auftauchen und den Meditierenden in Verwirrung stürzen. Verantwortetes Meditieren kann zum steinigen Weg werden. Die Geschichten der frühchristlichen Mönche in Syrien und Ägypten erzählen davon. Auch heutzutage brauchen radikale Meditationsmethoden wie Zen, Yoga, aber auch das Autogene Training in seiner Oberstufe den kundigen Begleiter.

Dann aber wird die »Entautomatisierung« die Selbsterfahrung vertiefen und – wo sie gelingt – die Persönlichkeit stärken. Das ist ein wertvolles Ergebnis eines jeden echten Meditierens. Auch Martin Buber, der mit seiner Ich-Du-Philosophie die Selbsterfahrung korrigiert, lobt die Bedeutung der Meditation zur Ich-Werdung.

90

Denn schon darin wird das »Religiöse« berührt. Das »Selbst« vertieft sich in seiner Ganzheit, in seinem Leben zwischen Geburt und Tod, in seiner Mitte. Der Mensch kommt zum Grund seiner Existenz; die Frage stellt sich: Warum bin ich überhaupt? Woher komme und wohin gehe ich?

2. Um die Eigenart des christlichen Meditierens

Die Vielfalt der Meditation reicht vom schlichten, alltäglichen Erfahren bis zum Bewältigen einer Existenzkrise. Ein solches Meditieren kann ins Christentum hinein-, aber auch von ihm wegführen. Der Glaube steckt inhaltlich einen Rahmen ab. Aber da Meditieren in der Erfahrung ansetzt und keineswegs stets den Glaubensinhalt vor Augen hat, muß auch vom Methodischen und vom Freilegen der Erfahrungen her gefragt werden, wie es um das Christliche steht.
Im folgenden wird daher nicht auf Inhalte, sondern auf Methoden und deren anthropologischen Hintergrund eingegangen. Im Zentrum stehen dabei Erfahrungsmethoden der östlichen »Religiosität«, die auch konkret für das Meditieren in Mitteleuropa maßgeblich geworden sind. Wie von selbst leuchtet dabei das christliche Menschenbild auf.

a) Das Jesusgebet der Ostkirche

Das ostkirchliche Jesusgebet stellt eine große christliche Meditations- und Gebetsform dar. Die klassische Gebetsformel lautet: »Herr Jesus Christus, Sohn Gottes, erbarme dich meiner.« Dies soll der Mönch ständig wiederholen, bis es ihm in Leib und Seele eingegangen ist. Die enge Verwandtschaft zu westlichen Wiederholungsgebeten wie Rosenkranz und Litanei, zum hinduistisch-buddhistischen Matra-Beten, zum sufitischen »dikr«, zu schamanistischen Wiederholungsgesängen zeigt, daß anthropologische Urgegebenheiten ins Spiel kommen.
Willi Massa[14] nun deutet das ostkirchliche Beten folgendermaßen:

»Hier wird der Mensch jenseits aller Formen und Namen eins mit der Unendlichkeit des Mysteriums selbst. Er versinkt in eine Art wachen Schlafens, in dem er seiner selbst, seinem Getrenntseins von Gott enthoben ist und seine Einheit im Geist und in der Wahrheit erkennt. Es ist das unendliche MU (zen-buddhistischer Tradition, JS), die Fülle des Nichts, das den Menschen umfängt und mit sich eint. Es ist das wahre

Gebet, bei dem man nicht mehr weiß, daß man betet, wie der Mönch Antonius sagt.«

Dabei sei es gleichgültig, was man wiederhole; christlich den Namen Jesus; zen-buddhistisch MU; hinduistisch OHM (AUHM); sufitisch das Gebet zu Allah: la illah illa Allah. Willigis Jäger erläutert dies folgendermaßen:

»Der Inhalt des Wortes ist hier nicht von Bedeutung. Es wirkt auf der psycho-spirituellen Ebene, die unserem diskursiven Denken nicht unterworfen ist. Das Mantra verbindet uns mit Kräften und Strömen, die immer durch den Körper fließen, die aber durch diese sich ständig wiederholende Gebetsübung verstärkt werden. Es bringt etwas in uns in Schwingung, es bringt uns auf eine Bahn nach Innen und führt uns zu den eigentlichen Quellen des Seins.«

Als Interpretation des ostkirchlichen Jesusgebets sind diese Deutungen verstümmelnd und so verfälschend, daß man fragen muß, ob die Autoren sich jemals um die lebendige Tradition des Jesus-Gebets bemüht oder ob sie ihm eigene Ideen übergestülpt haben. Als anerkannter Zeuge sei der ostkirchliche Erzbischof Kallistos Ware gehört:

»Vier wesentliche Elemente sind zu unterscheiden;
1. Die Anrufung des heiligen Namens ›Jesus‹;
2. die Bitte um Gottes Erbarmen, die begleitet ist von einem Gefühl von penthos, von Sündenschmerz;
3. die Ordnung der häufigen oder ständigen Wiederholung;
4. das Verlangen nach nicht-diskursivem oder apophatischem Gebet.«

Und er erläutert die Grundstruktur dieses Betens:

»Das Jesus-Gebet hat zwei ›Pole‹, zwei äußerste Punkte: ›Herr ... Sohn Gottes‹. Dann am Ende wendet sich das Gebet uns zu, die wir Sünder sind – sündig durch den Fall, sündig durch unser persönliches Unrecht-tun. Das Gebet beginnt also mit Anbetung und endet mit Reue. Wer oder was soll diese beiden äußersten Gegensätze versöhnen? Hierauf antworten drei Worte des Gebets: Jesus / Christus / Erbarmen.«

Der Rhythmus der Wiederholung bereitet den Raum einer in sich gekehrten Sammlung. In ihr streckt sich der Meditierende im Gefühl des Nicht-Könnens (Reue) voll Verlangen über sich hinaus auf Gott hin aus. Die gesammelte Ruhe wird in der Dynamik über sich selbst hinaus erfüllt. Der Name »Jesus« lenkt die Intention des Meditierenden auf den hin, der die Brücke von Gott zum Menschen schlägt. Im Raum der Sammlung findet ein Dialog statt. Dies erst führt in die »apophatische« (unaussprechliche) Erfahrung Gottes hinein, in die Mystik.

Massa und Jäger ebnen diese Erfahrung ein, deuten den Raum der Selbsterfahrung um zur Gotteserfahrung. Jede intensive Wiederholung bringt nämlich in der Psyche Selbsterfahrungen zum Schwingen, führt zur »Entautomatisierung«. Das kann die ekstatische Begeisterung in der »Beat«-Musik sein (»Beat« meint den ständig sich wiederholenden Schlag-Rhythmus); das kann der Wellenschlag im schaukelnden Boot sein. Die stimmliche Wiederholung im Jesusgebet (auch als Sprechen nach Innen) wird in mancher Tradition durch körperliches Mitschwingen (Gehen, Sich-Verbeugen, Tanzen) verstärkt. Aber schon das Wiederholen von einfachen Lauten bringt Ruhe, Sammlung, Geborgenheit, Streßlösung. Es ist wie ein »Ohrwurm«, der Gelassenheit bewirkt. Das Autogene Training praktiziert entsprechende Methoden. Aber auch andere »Methoden« vermitteln entsprechende Erfahrung. Ein gotisches Gewölbe führt zur Sammlung, eine Bergesruhe zur inneren Weite. Das Jesusgebet, der Rosenkranz, die Litanei greifen diese psychosomatischen Abläufe auf, füllen sie aber mit dem Bezug zu Gott. Wie weit die ideologische Umdeutung des Wiederholungsgebets gehen kann, zeigt Massa mit der Fehl-Übersetzung und -Deutung des spätmittelalterlichen englischen Traktats: »Die Wolke des Nicht-Wissens«, als lehre dieser eine Art Zen-Methode. Wolfgang Riehle beweist als Spezialist für Englische Mystik in seiner korrekten Übersetzung (^{2}1983, 13), »wie unvereinbar ihre ausschließlich auf dem Fundament des christlichen Glaubens fußende Mystik mit dem Zen ist«. Massa hingegen stellt die Spiritualität der »Wolke« auf den Kopf. Sie selbst umschreibt doch ihre Grundhaltung, die im Raum der Wiederholung Platz findet, mit »naked entent unto God«, »nackte Intention auf Gott hin«. Massa verklausuliert dies als beziehungslose Innerlichkeit und kann in der Einleitung tatsächlich die »Wolke« als Zeugin gegen »intentionales Meditieren« aufrufen.

Die psychische Gelassenheit als Wirkung der Wiederholung ist überdies, wie Klaus Engel in »Meditation – Geschichte, Systematik, Forschung, Theorie« (1996) mit guten Gründen prognostiziert, bald gänzlich zu »operationalisieren«, z. B. mit chemischen (Drogen, nach Huxley, Tart, Grof) oder gar elektrischen Methoden (mittels Gehirnströmen) zu produzieren. Damit aber würde Gott, wie Engel schreibt, zum »überprüfbaren Ergebnis experimentellen Vorgehens«.

Genau hier bleibt die Fehldeutung des Jesus-Gebets stecken und macht aus einer manipulierbaren Selbsterfahrung von Ruhe und Gelassenheit eine Erfahrung »göttlicher Energieströme«, die

Erfahrung eines kosmischen Gottes. Die durch Wiederholung bewirkte Selbst-Erfahrung kann zwar – wie im Jesusgebet – tief in die Gotteserfahrung hineinführen. Graf Dürckheim war, wie er mir erzählte, deshalb auch kein Gegner der Drogenerfahrung, da sie Auslöser von Seinserfahrung sein könne. Doch damit daraus wahre »Gotteserfahrung« wird, legt das christliche Wiederholungsgebet in die psychische Ruhe die Hinwendung zu und das Offenstehen für Gott hinein. Die Atmosphäre psychischer Ruhe ist für sich selbst genommen keine Gotteserfahrung, sie hilft lediglich, das eigentlich Intendierte, das Stehen vor und Schauen auf Gott, die Hinwendung auf ihn, lebendiger und tiefer in die eigene Erfahrung zu senken. Dieses »Vor-Gott-Stehen« wird im Jesusgebet (wie in der Wiederholung des Kyrie eleison) durch das Bekenntnis der eigenen Sünde verstärkt. Der Abgrund zwischen der eigenen Schwäche und der Wahrheit Gottes aber wird überbrückt durch Jesu Namen. Er verbindet den Beter mit Gott.

Für das christliche Meditieren ist damit gesagt: In der Geborgenheit, die psychotechnisch durch Wiederholen bewirkt wird, soll im Menschen die Offenheit auf Gott hin wach werden und Antwort finden in Jesus Christus. Das psycho-technisch bewirkte Gefühl von Geborgenheit ist wie ein Gewölbe, unter dessen Schutz das Eigentliche geschieht: Der Mensch wendet sich hin zu Gott. Die Selbsterfahrung der »anima naturaliter christiana«, der »auf Gott hin angelegten Seele«, wird befreit zur Begegnung mit Gott; aber in sich selbst ist sie keineswegs schon Gotteserfahrung. Als reine Selbsterfahrung kann sie sich auch Gott gegenüber verschließen. Im Jesusgebet aber öffnet sich der Mensch ausdrücklich zu Gott hin. Der Vermittler ist Jesus, Gottes Geschichte-gewordenes Wort. Aus dem Jesus-Gebet diesen Gottesbezug zu eliminieren, pervertiert das Jesus-Gebet in seiner ganzheitlichen Gestalt.

Man darf als Christ allerdings vermuten, daß auch das urgemeinte tibetanische Mantra-Beten aus der Kraft der »anima naturaliter christiana« heraus geschieht und die menschliche Selbsterfahrung zum »Größeren« hin, zu Gott öffnet. Auch dort verneigt sich der Beter in einer demütig zu nennenden Haltung vor etwas »Größerem«. Es steht dem ostkirchlichen Jesus-Gebet wohl näher als es dessen nachchristliche, westlich-technische Verfremdung zur reinen Selbsterfahrung ahnt.

b) Die Zen-Meditation im christlichen Verständnis

Am Beispiel des Meditierens im Stil des Zen wird der christliche Akzent noch deutlicher. Zunächst ist zu fragen, was anthropologisch in der intensiven Doppelübung von körperlicher Ruhestellung durch Sitzen und Sich-Versenken in den Lebensvollzug des Atmens geschieht; beides wird durch die A-Logik der Koanmeditation intensiviert. (Nach Zen-Kennern wie Klaus Riesenhuber und Graf Dürckheim ist diese A-Logik allerdings christlich nicht zu übernehmen.) Es ist ein radikaler Prozeß der »Entautomatisierung«; die Erkennens- und Erfahrens-Schemata, mit denen die Welt wie durch eine Brille angeschaut wird, werden radikal zerbrochen; weltanschauliche und kulturelle Normen, sprachliche und denkerische Logik, Wünsche und Ängste, die oft unbewußt das Erkennen lenken, fallen weg. Die Begegnung mit der Wirklichkeit ist so unmittelbar, daß reine Erfahrung, die Überwindung der Subjekt-Objekt-Trennung erlebt wird. Das meint ein Zen-Spruch:
Vorher dachte ich: Der Baum ist ein Baum;
dann erfuhr ich: Der Baum ist kein Baum;
jetzt weiß ich: Der Baum ist ein Baum.
Es bleibt fraglich, ob diese Urstelle reiner Erfahrung jemals voll erreicht oder doch nur asymptotisch erstrebt werden kann; ob die unbewußten, subjektiven »Voreinstellungen«, die Automatismen je völlig zu überwinden sind. Auch die Anweisung des Soto-Zen, daß die Meditation im steten Weiterüben, daß die eigentliche Erfahrung in der Kontinuität des Lebens liege, legt nahe, daß es keinen endgültigen Zustand »reiner« Erfahrung gibt, daß sie stets anzuzielen, nie aber voll und ganz zu erreichen ist. Doch die Grundfrage lautet: Bedeutet das »leer-«, »objektlos-«Werden der Erfahrung , daß damit das »Sein« selbst, das Göttliche berührt wird? In dieser »Entautomatisierung« geschieht »Ich-Entgrenzung« (Bernhard Grom). Der Meditierende durchbricht die Abgrenzungen der Erkenntnis und gelangt in die Tiefe des eigenen Bewußtseins: Dies-und-Das, Vorher-und-Nachher, Eingeteiltes-und-Unterschiedenes; alles wird auf den Ursprung hin unterschritten, aus dem die Vielfalt menschlicher Erfahrung und Erkenntnis emporquillt. Doch ist diese (wohl nur angezielte!) Erfahrung grenzenauflösender Einheit, diese Bewußtseinserweiterung eine Gotteserfahrung, eine Erfahrung des absoluten Seins? Hegel spricht von schlechter Unendlichkeit; Levinas von »Totalität«, die nicht mit wahrer »Unendlichkeit« verwechselt werden darf, die doch in der Freiheit

des »Anderen« liegt. Ist es nicht vielmehr »nur« die Erfahrung des Selbst in seinem Ursprung, in seiner grenzenauflösenden Tiefe? Die (vermeintliche) Unmittelbarkeit enthebt nicht der Fragen, sondern stellt sie erst. Das zeigt Klaus Engel, nach dessen empirischen Untersuchungen solche Erfahrungen technisch, unpersönlich produziert werden können. Sie mögen wertvoll sein, das Selbstbewußtsein stärken. Aber eine Feststellung, daß hiermit die allen Menschen gemeinsame »Buddha-Natur« erreicht wird (christlich hieße dies: die allen Menschen gemeinsame Ausrichtung auf den unendlichen Gott), ist eine weltanschauliche Deutung.

In einem Gespräch über Zen-Erfahrung und Christentum wies der christliche Zen-Lehrer Johannes Kopp zuerst auf Hugo-Makibi Enomiya-Lassalle hin, der von seinem japanischen Zen-Meister lernte: Zen ohne Religion ist zwar kein Gift, aber zu nichts nütze. Dann beantwortete er die Frage: »Ist Zen-Erfahrung Gotteserfahrung?« deutlich mit: »Nein! Zen-Erfahrung ist nicht schon identisch mit Gotteserfahrung oder mit Christuserfahrung. Dazu ist noch etwas ganz Wichtiges gefragt: die Freiheit!« Und ohne diese Freiheit, ohne diese Entscheidung, es soll in diese Richtung gehen, ist es keine!

Klaus Riesenhuber, praktizierender Zenkatholik, Jesuit und Philosophieprofessor in Tokio, hat zum Verständnis ungegenständlicher Meditation (Communio 15, 1986, 320–329) gezeigt, daß diese Erfahrung im christlichen Rahmen eine neue Offenheit für Gott und Gottes Wort schenkt. In sich selbst aber geschieht »nur« ein Hineinsinken in die Tiefe des Selbst.

Es muß also gefragt werden: Welche Qualifikation macht eine solche Erfahrung zur »christlichen«, zur Gotteserfahrung oder auch zur buddhistischen oder zur Stärkung der Identität oder zur Überheblichkeit der »Hermetik«, die sich nicht mehr befragen läßt? Zu der von Engel aufgezeigten Möglichkeit, daß klinische Psychologie ohne human-religiöses Engagement diese Erfahrung produziert, hätte Lassalles Lehrer wohl gesagt: Jetzt ist sie nicht mehr nur unnütz, sondern gefährlich.

Im Rahmen des Glaubens an Gott aber kann diese Erfahrung offen werden. – Eckhart lehrt: Das Geschöpf realisiert sein eigenes »Nichts« und damit das göttliche »Alles«. Johannes vom Kreuz spricht von »Todo-Nada, Alles-Nichts«. Thérèse von Lisieux nennt sich in der dunklen Schlußphase ihrer Mystik: »ein kleines Nichts, sonst nichts!«

Das entspricht dem, was die mantra-ähnliche Rezitation des Jesus-Gebets zur Gebetserfahrung macht. Die Offenheit dieser

Erfahrung bricht den Kreis um das Ego, das Selbst auf. Der Meditierende ist bereit für Neues, für Größeres, für ein Geschenk; im Idealfall: für die frei geschenkte Gabe Gottes, der ihm gegenübersteht, für Gott selbst; eine Gabe, die niemals in Selbsterfahrung aufgelöst werden kann, die immer Gabe bleibt. Die Psyche des Menschen öffnet sich für das (den) Größere(n), für das, was die Jesus-Rezitation erst zum Gebet macht. Sie realisiert »das Gefühl der schlechthinnigen Abhängigkeit« (Schleiermacher) und gipfelt in der Erfahrung Gottes. Es geht um die »Radikal«-Transzendenz auf Gott hin, nicht um die »Binnen«-Transzendenz der Bewußtseinserweiterung (»alterate state of consciousness«).

Diese Offenheit ist – noch vorgängig zur Glaubensentscheidung – ein Kriterium dafür, daß eine Meditationsmethode Platz hat im christlichen Vollzug. Bei der Beurteilung von Meditationsleitern und -anleitungen ist nicht so sehr auf die Meditationstechnik in sich zu achten, sondern deren innere Offenheit zu erspüren: Spricht aus dem Angebot die unanfechtbare Absolutheit der Selbstgewißheit? Dann scheint sich der Kreis um die Selbsterfahrung »hermetisch« gegen die Offenheit, die Dialogbereitschaft zu verschließen. Oder ist die Gestimmtheit offen für ein Gespräch, für das sokratische Wissen um das eigene Nicht-wissen, für das wahre »gnothi sauton«, das delphische »Erkenne dich selbst«, und damit für den hermeneutischen Dialog, das redliche Religionsgespräch? Ob es sich um Christen oder Nicht-Christen handelt – diese Offenheit der Methode und der Erfahrung gibt Raum für den wahren Gott.

c) Zwei Zeugnisse des Gesprächs

Die Fehldeutungen des (christlichen) Meditierens lehnen sich mehr oder weniger ausdrücklich an die Meditationsweisheit ostasiatischer Religiosität an. Doch verkennen sie nicht auch deren Spiritualität?

(1) Heinrich Dumoulin, ein in Ost und West hochgeschätzter Kenner ostasiatischer Religiosität, führt in seinem Buch »Spiritualität des Buddhismus« unmittelbar auf diese Frage hin. Man ist an eine abstrakte, begrifflich klare Gegenübersetzung von Christentum und Buddhismus gewohnt; etwa im Sinne: personal – apersonal; Schöpfungsglaube – Wiederkehr des Ewig-Gleichen; Auferstehung – Wiedergeburt; Gnade – Karma. Von Schopenhauer bis Schmidt-Leukel und Michael von Brück reichen

solche rationalen Vergleiche. Dumoulin aber erweitert den Blickwinkel und schaut auf die lebendige Erfahrung. Er blättert den Reichtum des gelebten Buddhismus auf und zeigt so, wie weit doch abstrakte Ausführungen an der Buddha-Verehrung mit den eindrucksvollen Bildwerken, den Riten und kulturellen Formen, dem lebendigen »Schuldbewußtsein«, auch an der »Beichtpraxis« im konkreten Buddhismus vorbeigehen. Sie reduzieren – wie eine dekadente Scholastik – alles auf leere Spekulation. Dumoulin zeigt eindrucksvoll, daß »geistliche Urworte« wie Sinn und Heil alle Formen des Buddhismus durchziehen. Als Christ erahnt er darin die Offenheit zum transzendenten Gott. »Der Buddhismus konnte zwar auf dem negativen Weg bis zur unsagbaren transzendenten Wirklichkeit vordringen, aber die Person blieb ihm verborgen.« Bei großen Vertretern wie dem Zen-Philosophen Keiji Nishitani findet Dumoulin sogar eine Annäherung an den personalen Gott. Aber »die natürliche Religion (findet) nicht bis zur klaren Erkenntnis des persönlichen Charakters des höchsten Wesens hin. Die letzte Sinnfüllung zum Personalen ist dem Christen durch die Selbstmitteilung Gottes in der Offenbarung geschenkt.«
Keine abstrakte Diskussion des Theologen, sondern diese konkrete, erfahrungsgefüllte Zuneigung öffnet die Augen, um in der Meditations-Religion des Buddhismus Offenheit zum Gott der Offenbarung zu finden.
Im Gespräch mit Nishitani geht Hans Waldenfels, ein Schüler Dumoulins, einen Schritt weiter. Dieser wisse sich als »werdender Christ«, bleibe aber als »werdend gewordener Buddhist« im Buddhismus: »Ich bin mir völlig der Unzulänglichkeiten des Buddhismus bewußt, und ich verstehe die Stärke des Christentums. Daher bin ich um so mehr überzeugt, daß ich als Buddhist mit Hilfe der buddhistischen Dialektik und immer aus dem Buddhismus heraus an der Lösung dieser Schwierigkeiten arbeiten kann.«
Dumoulin findet in der geschichtlichen Entwicklung des Buddhismus viele Zeugnisse einer ähnlichen Offenheit: in der »Vielfalt des Mahayana«-Buddhismus mit seinem Bodhisattva-Ideal, der heiligen Gestalt, die aus Mitleid mit den Mitgeschöpfen den Eintritt ins endgültige Heil zurückstellt, bis alle die Erleuchtung erlangt haben; im Lotussutra mit der berühmten Parabel, die dem biblischen Gleichnis vom verlorenen Sohn nahe kommt (in aller Unterschiedenheit – kein »persönliches Verhältnis«, nur »umsichtige Vatersorge«, upaya); im Amida-Buddhismus mit seiner Vertrauens- und Gebetshaltung.

Buddhistische Spiritualität ist geprägt: durch »das Streben nach Transzendenz, den kenotischen Wesenszug und die als Ideal vorschwebende Bodhisattva-Gesinnung«.

Das macht mißtrauisch gegen westliche Verkürzungen, die aus dieser großen Spiritualität ein abstraktes Gedanken-System machen. Es gibt dem christlichen Sucher aber Mut, sich in Verantwortung auf die fernöstlichen Meditationsmethoden einzulassen.

(2) Henri Le Saux[15] hat dies wie wohl kein anderer in unserem Jahrhundert getan. 1948 ging er, der Benediktinermönch, nach Indien, gründete mit Monchanin den Ashram von Shantivanam, kam in enge Berührung mit dem größten hinduistischen Weisen unserer Zeit, mit Ramana Maharshi, an dessen Grab Carl Friedrich von Weizsäcker seine Erleuchtung erfuhr, wurde als Abhishiktananda Hindu-Mönch und rang sein Leben lang und ohne – im Gegensatz zu vielen anderen – Indien jemals wieder zu verlassen um die Synthese von hinduistischer Advaita-(Nicht-Dualität)-Erfahrung und Christentum. Alle, die sich um diese Synthese bemühen (Bede Griffiths, Raimondo Panikkar, Michael von Brück), verehren ihn als den Patriarchen des Religionsgesprächs.

Bis kurz vor seinem Tode (7. 12. 1973) arbeitete Le Saux an der Neufassung seines Buches über »Indische Weisheit – christliche Mystik« (dt. 1968), die als »Wege der Glückseligkeit – Begegnung indischer und christlicher Mystik« 1996 auf Deutsch erschien.

Le Saux suchte die hinduistische Gestalt (Yoga, Advaita) der Botschaft Jesu Christi, der für ihn Basis des Dialogs und der Erfahrung war. Nicht so sehr aus der Doktrin, sondern aus der meditativen Yoga-Erfahrung heraus zeigt er, daß die hinduistische Advaita-Erfahrung das Christentum in seine eigene Erfahrungs-Tiefe führen kann; so wie auch die Logos-Spiritualität des Hellenismus dem Christentum seine eigene Weite eröffnete (Die Ablösung der Botschaft Jesu Christi auch von der hellenistischen Spekulation ist Anliegen der Neufassung des Buches).

»Der Geist wartet in Indien darauf, daß der Christ sein Erbrecht an diese Tradition anmeldet, damit sich ihm das Tor zu seinem geheimsten Wohnsitz weit auftut ..., daß die göttliche Vorbereitung Indiens dazu dienen wird, die Gläubigen in eine neue Tiefe der Kontemplation des Mysteriums zu führen.«

Le Saux wußte, daß bei aller Entsprechung das Christentum die Methoden und Erfahrungen des Hinduismus vertiefen werde:

»Wenn jemand, der an Christus glaubt, die Bewußtseinsebene erreicht, die der vedantischen Erfahrung entspricht, wird er dennoch nie in der gleichen Weise wie ein Hindu zu ihr kommen, weil sein Glaube ihm verbietet, ihr einen letzten Wert beizumessen. Der in seiner Seele gegenwärtige Geist wird ihn unablässig ermahnen, daß sie ihm noch nicht genügt« (150).

Diese sich öffnende Transzendenz führte Le Saux zu einem christlich-trinitarischen Verständnis des hinduistischen Advaita:

»Da nun der christliche Jnani (Seher) ins Herz des Sacidananda (Sat-cit-ananda ist »das Mysterium der Gegenwart Gottes im innersten Heiligtum des menschlichen Wesens«, JS) eingedrungen ist und die Gleichheit der Natur mit Gott erfährt, enthüllt ihm der Geist die Weisheit der letzten Geheimnisse,
– daß das Sein, sat, sich an seiner eigenen Quelle auftut, um in Ewigkeit den Sohn und mit ihm Tausende von Geschöpfen hervorzubringen;
– daß das Sein seinem Wesen nach »Mit-Sein«, Kommunion, Koinonia ist, das freie Geschenk des Selbst und die gegenseitige Kommunikation der Liebe;
– daß das Selbstbewußtsein, cit, nur entsteht, wo gegenseitiges Geben und Empfangen ist, denn das *Ich* erwacht nur in einem *Du* zu sich selbst;
– daß die höchste und äußerste Glückseligkeit, ananda, nur deshalb Fülle und vollkommene Erfüllung ist, weil sie die Frucht der Liebe ist, denn das Sein *ist* Liebe.
Hier finden wir schließlich die Lösung des Gegensatzes zwischen dem Einen und den Vielen. Von der Trinität her gesehen ist man sich selbst nie so nahe wie im Herzen eines anderen.
Dies ist Jesu Botschaft an die Menschheit, die er in den einfachsten möglichen Worten formulierte, als es um das Gebot der Liebe ging« (148 f, 156 f).

Le Saux trägt in die hinduistische Meditationserfahrung die christliche Erfahrung von Geschenk, Kommunikation und Liebe hinein; er öffnet die Advaita-Erfahrung zur Lebendigkeit von Liebe. Die Einheitserfahrung zeigt sich in ihrer Tiefe als Abbild des göttlichen Lebens, als dreifaltige Einheit. Den wichtigen Mittelteil seines Buches, in dem Le Saux dies weiter entfaltet, lassen die Übersetzer leider aus. Hier wird die Doppel-Eins-Erfahrung von Einheit und Beziehung des Meditierens vom Eins-und-Drei-Sein der Trinität her gedeutet.
Was in der Auseinandersetzung mit dem fehlgedeuteten Jesus-Gebet der Ostkirche und im Versuch, die Zen-Meditation christlich zu integrieren, deutlich wurde, sprechen Le Saux und

Dumoulin aus: In aller Einheit, die Erfahrung schenkt, öffnet das Überschreiten, das Offensein auf »Anderes«, auf die Transzendenz, eine Meditation über die Selbstfindung hinaus zur christlichen Glaubenserfahrung.

d) Einheitserfahrung der Ich-Du-Begegnung (Martin Buber)

Der Schlüssel für das Verständnis von Meditation im Sinne von »Sensibilität für Werte« und deshalb »Öffnung der Selbsterfahrung hin zum anderen« wurde mir durch die jüdische Religionsphilosophie geschenkt.
Martin Buber begann sein Reflektieren über Gott und Mensch in einer Art deutschnationaler, pantheisierender Religiosität. Aus seinen »Ekstatischen Konfessionen« (1909) schöpften Robert Musil und Thomas Mann mystische Anregungen für ihr Werk. Dort beschreibt Buber den meditativen Weg folgendermaßen:

»Das, was in der Ekstase erlebt wird (wenn wirklich von einem Was gesprochen werden darf), ist die Einheit des Ich. Aber um als Einheit erlebt zu werden, muß das Ich eine Einheit geworden sein. Nur der vollkommen Geeinte kann die Einheit empfangen. Nun ist er kein Bündel mehr, er ist ein Feuer. Nun sind der Inhalt seiner Erfahrungen und das Subjekt seiner Erfahrung, nun sind die Welt und Ich zusammengeflossen. Seine Einheit ist nicht relativ, nicht vom Anderen begrenzt, sie ist grenzenlos, denn sie ist die Einheit von Ich und Welt« (38, in der Ausgabe von 1993).

Buber beschreibt damit, was später Bewußtseinserweiterung, Entgrenzungserfahrung genannt wird. Als ihm aber der wahre Zugang zur religiösen Wirklichkeit geschenkt wurde: die »Ich-Du-Erfahrung« (wobei er das Wort »Erfahrung« als zu psychologisch vermeidet), nannte er dies: »Bekehrung«. Sein Grundbuch »Ich und Du« von 1919 (hier zitiert aus »Das dialogische Prinzip«, 1984, 15. 287–89) legt die neu gewonnene Sicht dar. Die Grunderfahrung des Menschen (auch die letzte Konstitution von Sein) ist nicht »Einheit« und »Weg zum Selbst«, sondern »Beziehung« zu Werten oder zu Personen (Liebe genannt) und deren Realisation.

»Alles wirkliche Leben ist Beziehung. Im Anfang ist die Beziehung«,

kann er pointiert schreiben. Doch dann macht er sich den Einwurf:

»Aber die Mystik? Sie berichtet, wie Einheit ohne Zweiheit erlebt wird. Darf die Treue ihres Berichts angezweifelt werden?«

Die Antwort ist eine alles entscheidende Unterscheidung:

»Ich weiß nicht von einem allein, sondern von zweierlei Geschehnis, darin man keiner Zweiheit mehr gewahr wird. Die Mystik vermengt sie zuweilen in ihrer Rede: auch ich habe es einst getan.«

Die Beschreibung dieses »zweierlei Geschehnisses«, in dem jeweils Einheit erlebt wird, gehört zu den klassischen Sätzen der Spiritualität:

»Das eine ist das Einswerden der Seele. Das ist nicht etwas, was sich zwischen dem Menschen und Gott, sondern etwas, was sich im Menschen ereignet. Die Kräfte sammeln sich in den Kern ein. Das ist der entscheidende Augenblick des Menschen. Ohne ihn ist er zum Werk des Geistes nicht tauglich.«

Dem entspricht die Auffassung von Meditation als »Weg nach Innen«.

»Das andere Geschehnis ist jene unausforschliche Art des Beziehungs-aktes selbst, darin man Zwei zu Eins werden wähnt. Ich und Du versinken, die Menschheit, die eben noch der Gottheit gegenüberstand, geht in ihr auf. (Doch diese »Einigungs-Ekstase« ist) keine Einung ... Was der Ekstatiker Einung nennt, das ist die verzückende Dynamik der Beziehung.«

Um dies zu verdeutlichen, greift Buber zum Höhepunkt menschlicher Erfahrung, zur zwischenmenschlichen Liebe. Es geht um

»die Dynamik der Beziehung selbst, die sich vor deren einander unver-rückbar gegenüberstehende Träger stellen und sie dem Gefühl des Ver-zückens verdecken kann. Die Beziehung selbst, ihre vitale Einheit wird so vehement empfunden, daß über ihrem Leben das Ich und das Du, zwischen denen sie gestiftet ist, vergessen werden.«

Mystik als Begegnungserfahrung, als Liebe gerade dort, wo sie als Einswerden erlebt wird! Das setzt den Maßstab für die Meditation, insoweit sie nicht nur als eine psychologische The-rapie, sondern als ein religiöses Geschehen verstanden wird. Sie ist vom Ideal der »Beziehung«, der »Liebe«, der »Begegnung« her zu deuten und zu praktizieren.
Martin Buber war Jude und Erforscher des Chassidismus; des-halb liegt es ihm fern, den Bogen zur trinitarischen Grundle-gung zu schlagen. Doch sein Reden von der »Begegnungs-Er-fahrung« als Geist-Erfahrung legt diesen Brückenschlag nahe. Tatsächlich ist die katholische Theologie im letzten Jahrzehnt in die Schule jüdischer Religionsphilosophie gegangen. Beson-ders mit Emmanuel Levinas hat diese weltweite Anerkennung

gefunden und dient auch zum Neu-Verständnis des trinitarischen Glaubens. Das Verständnis der anthropologisch wie theologisch tiefen Erkenntnis von »Einheit als Begegnung«, als Liebe, führte auch Teilhard de Chardin zu seiner gewaltigen, kosmischen Schau des Christentums. Die Nutzbarmachung dieser Einsichten für Theorie und Praxis des Meditierens steht noch aus.

e) Zeugnisse der Dichtung

Martin Buber und Emmanuel Levinas fanden ihre Sicht von »Begegnung« als Gipfel menschlichen Daseins (und deshalb auch des humanen Meditierens) nicht in der Spekulation, sondern in der konkreten Erfahrung. Eines der schönsten Zeugnisse dafür bietet die Liebeslyrik. Auch sie beschreibt Liebe als Eintauchen in die Einheit, wobei die beiden Liebenden jedoch zugleich in der Einheitserfahrung ihre je eigene Personalität finden. Nicht von ungefähr berufen sich daher christliche Versuche, Gottes Drei-Einheit zu verstehen, stets auf die Liebeserfahrung – vom Johannes-Evangelium über Augustinus und besonders Richard von St. Viktor bis zu Hans Urs von Balthasar. Im folgenden seien einige Zeugnisse der modernen Lyrik vorgestellt.

Klabund (Alfred Henschke) besingt seine Liebe zu Carola Neher wenige Jahre vor seinem Tod (1928) so ausschließlich, daß es an die Einheitsmystik von Vedanta und Plotin (Hen kai Pan, Eins und Alles) erinnert. Doch er beschreibt eine Liebe zwischen Ich und Du. Er ruft die Schönheit Carolas auf: Mund, Lächeln, Schoß, Arm, Wort, Atem, Herz, Füße; und fährt fort:

»Gehört wohl mir, ist alles meins,
Wüßt ich nicht, was mir das Liebste wär',
Und gäb nicht Höll' noch Himmel her:
Eines und alles, all und eins.«

Die Zweiheit der Liebenden wird als Einheit erlebt, in der der ganze Kosmos lebt.

Peter Rühmkorf parodiert eine philosophische Religiosität, die wie John Hick im Kantschen »Ding an sich« die letzte »Wirklichkeit« sucht:

»Liebste, ich sing: an dich / denk ich bei Tag und Nacht,
weil mich das Ding an sich / trübsinnig macht.«

Und Erich Fried beschreibt in seiner pointierten Weise die Ich-Du-Identifikation in der Liebe:

103

»Du / du bist / du bist wieder
Ich bin wieder / weil du bist.«

Das poetische Werk der temperamentvollen, überschäumenden jüdischen Dichterin Else Lasker-Schüler ist weithin ein einziger Liebesgesang über die Begegnung voller Einheitserfahrung. Sie besingt Sulamith, die Braut des Hohenliedes:

»O, ich lernte an Deinem süßen Munde
Zu viel der Seligkeiten kennen!«

Sie beschreibt dies als Einswerden im All:

»Und ich vergehe / Mit blühendem Herzeleid /
Und verwehe im Weltraum, / In Zeit, / In Ewigkeit,
Und meine Seele verglüht in den Abendfarben / Jerusalems.«

Wie Johannes vom Kreuz ruft sie die Leere an, die tausend Abgründe »im engsten Dunkel der Nacht«, um Liebe ausdrücken. In ihrem Gesicht »Weltflucht« will sie zurück

»in das Grenzenlose, / Zu mir ...«

Sie besingt die Absolutheit des Todes und weiß:

»(er) wirft von mir alles Sterben.
Und es atmet meine Seele auf / Und trinkt das Ewige.«

Vielleicht ist es der Tod der Liebe, von dem sie schreibt:

»Ich weiß nicht, ob ich lebe / Oder süß gestorben bin
In deinem Herzen.
Immer feiern wir Himmelfahrt / Und viel, viel Schimmer.«

Zweimal begegnen die gleichen Verse, in denen die Liebe ins Unendliche, Allumfassende ausgezogen wird:

»Riesengroß / Steigt aus deinem Schoß / Zuerst wie Erfüllung zagend,
– Dann sich ungestüm raffend,
– Sich selbst schaffend
– Gott-Seele ...
Und sie wächst / Über die Welt hinaus, / Ihren Anfang verlierend,
Über alle Zeit hinaus, / Und zurück um dein Tausendherz
Ende überragend.«

Ein wunderschönes Liebeslied endet schlichthin in dem Raum und Zeit übersteigenden Ausruf: »Sind«! – als werde alles zum einzigen Sein: Es erinnert an die Selbstaussage Jahwes, die Le Saux noch übersetzt: »Ich bin, der ich bin«, meint aber die dialogische Liebeserfahrung, die für Else Lasker-Schüler Lebensinhalt und Lebenssehnsucht war:

»Ich liebe dich / Und finde dich
Wenn auch der Tag ganz dunkel wird.
Mein Lebelang / Und immer noch / Bin suchend ich umhergeirrt.
Ich liebe dich! / Ich liebe dich! / Ich liebe dich!
Es öffnen deine Lippen sich ...
Die Welt ist taub. / Die Welt ist blind
Und auch die Wolke / Und das Laub
– Nur wir, der goldene Staub, / Aus dem wir zwei bereitet
– Sind!«

Liebe schenkt eine Erfahrung, in der alles, besonders das Ich, im Du schwinden kann. Aber es ist zugleich die Erfahrung, in der das Ich erst seine volle Individualität und Personalität gewinnt. Haben solche Verse nur, wie die Sprachlogik mit Rudolf Carnap meint, »eine expressive, keine repräsentative Funktion«? Das heißt: Stehen sie nur für ein gefühlvolles Ah und Oh, dem aber keine Seins-Wahrheit entspricht? Oder bringen sie nicht die Grundwahrheit des Seins selbst ins Wort? Mit den nüchternen Begriffen von Levinas gesagt: Die Grunddimension des Wirklichen ist nicht die »Dimension des Seins« als Einheit von allem, sondern die »Dimension des Anderen«, dem ich mich verstehend zuwende und ihn liebe.

f) Eine philosophisch-theologische Reflexion (Maurice Blondel[16])

Das Paradigma der Liebe ist nicht nur der wichtigste Verstehensgrund für wahre Humanität, sondern auch für das Verhältnis des Menschen zum Absoluten. Auch nach Le Saux liegt in der Liebe der Seinsgrund, um die Botschaft Jesu von der Advaita-Erfahrung aus zu verstehen. Dumoulin fand in den großen buddhistischen Meditationsmethoden eine Offenheit, die zur Liebe hinweist und deshalb deren Integration ins christliche Verstehen möglich macht und nahelegt. Martin Buber vermutet sogar bei Buddha eine entsprechende »dialogische« Grunderfahrung:

»Buddha kennt das Du-Sagen zum Menschen – das zeigt der groß überlegene, aber auch groß unmittelbare Verkehr mit seinen Schülern – doch er lehrt es nicht. Gewiß kennt er in der Tiefe seines Schweigens auch das Du-Sagen zum Urgrund, über all die von ihm wie Schüler behandelten ›Götter‹ hinweg. Seine Völker-Nachfolge jedoch, ›das Große Fahrzeug‹, hat ihn herrlich verleugnet.«

Wo anders als in Lyrik finden solche Erfahrungen ihren genuinen Ausdruck? Was anders als Poesie ist der gemäße Ausdruck?

Wie dem auch sei: Christliches Meditieren distanziert sich nicht von nichtchristlichen Versuchen, stülpt sich ihnen auch nicht einfach über, sondern greift ihre humane Tendenz (Selbstwerden, das sich zur Transzendenz öffnet) auf und führt sie weiter, vertieft sie zur Gotteserfahrung, zu einer Meditation, die aus sich herausblickt hin zum »anderen«.

Das möge eine philosophische Überlegung vertiefen, in deren Tradition auch Karl Rahner steht. Nach Hansjürgen Verweyen bleibt vieles, was inzwischen unter Stichworten wie »anthropologische Wende«, »Korrelations-« und »Korrespondenzmethode« gängige Münze geworden ist, weit zurück hinter den klaren Konturen, wie sie Blondel für diesbezügliche Aufgaben abgesteckt hat. Es geht um die von Rahner so benannte »Transzendentalität des menschlichen Geistes«, um den, wie er schreibt, »Wesensgrund von Person, Verantwortung, religiöser Erfahrung – bis zur Mystik – und (die) Möglichkeit der Selbstmitteilung Gottes in Gnade und Offenbarung«. Diese »Transzendentalität des Geistes« ist das, was die Meditation verlebendigen möchte. Man könnte sie in Rahners Terminologie auch anonym-christliche Erfahrung nennen.

Wohl niemand hat diesen Wesensgrund der Person so intensiv analysiert wie der erwähnte französische Philosoph Maurice Blondel in seinen grundlegenden Büchern »L'Action« (1893) und »La Pensée« (1934). Es ist kein Zufall, daß seine Arbeiten die Themen Mystik und Gotteserfahrung berühren (damals waren »Meditation« und »Spiritualität« noch keine Modeworte). Blondel geht der menschlichen Dynamik (Action) nach – dem Menschen in seinem Tun und seiner Hoffnung, in seiner philosophischen und künstlerischen Aktivität und besonders in seiner Angst und seiner Todesgewißheit. Hier liegt der wichtige Unterschied zu Rahners Analysen, die eher von der Intellektualität ausgehen. Beide aber unterscheiden ein ungegenständliches Erkennen und Wollen (»volonté voulante«) als die Ursprungsbewegung (Transzendentalität) des Geistes von dessen ausdrücklichen (kategorialen) Erkennen und bewußtem Wollen (»volonté volue«). Beide finden in dieser Spannung den existentiellen Weg zu Gott, der sich nicht auf der Ebene des ausdrücklichen Erkennens und Wollens (kategorial, »volonté volue«), sondern in der »Transzendentalität« des »volonté voulante« findet.

Blondels phänomenologische Analysen zeigen: Je intensiver diese Dynamik des »volonté voulante«, diese »Transzendentalität des Geistes« nach Innen verfolgt wird, je tiefer also Freude und Sorge die Mitte des Menschen berühren und sein Selbst verlebendigen, desto dringlicher erfährt er eine Dynamik des Sich-Übersteigens. Die »zentripetalen«, nach »Innen« ziehenden Kräfte, öffnen sich mit wachsender Geistigkeit des Menschen nach »Außen«, werden »zentrifugal« (von der Mitte wegfliehend), tendieren zum »Überschreiten« (Transzendieren), zu einem »Außerhalb«. Nicht das Ruhen-in-sich-selbst, sondern das Übersteigen seiner Selbst, das aus der Ruhe aufbricht, macht das Wesen des Menschen aus. Das Aufzeigen dieser paradoxen Dynamik ist das stärkste Element der Blondelschen Philosophie: Erfahren nicht Menschen mit tiefer Innerlichkeit (zentripetal) sich – geborgen oder protestierend – in einer sich übersteigenden Wahrheit (zentrifugal)? Wird nicht das Beharren bei »Innerlichkeit« ohne dieses Sich-Ausstrecken nach »Größerem« zur Grundversuchung des Menschen, zum Aufblähen des Selbst oder zur Verzweiflung am Sinn des Daseins? Martin Luther nennt es mit Augustinus: »incurvatus in se«, »verkrümmt in sich selbst«.

Im Brennpunkt der doppel-einen Erfahrung findet Blondel das Wesen des Menschen: Er kann nur »Selbst« werden, wenn er auf etwas Größeres als sein Selbst hinstrebt; das Übersteigen des Selbst ist »absolut notwendig« für ein gesundes Selbst. Seine »zentripetale« Dynamik (Selbstwerden) verlangt eine »zentrifugale« Erfüllung (das Geschenk des anderen). Nur-Konzentration auf das Selbst, nur-Bauen auf eigenes Können (zentripetal) ist »absolut unmöglich« zu erfüllen. Erst der Mensch, der sich nach Höherem als das Selbst öffnet, findet in Wahrheit sich selbst. Der Höhepunkt des Erfüllt-Werdens im Sich-Übersteigen aber ist das freie Liebesgeschenk; also etwas, das unerwartet und unberechenbar von »außen« (zentrifugal) kommt und deshalb als höchste, »innere« (zentripetal) Erfüllung erfahren wird. Im Beschenktwerden wird der Mensch er selbst.

Die abstrakt klingenden, aber mit viel Empirie erarbeiteten Aussagen helfen Blondel dasjenige zu umschreiben, was die Theologie »übernatürlich« nennt: Der Mensch (»natürlich«) verlangt mit ganzem Herzen nach Erfüllung, nach Ganzheit; aber sie kann ihm nur als Geschenk, von »außen« (»übernatürlich«), von der Transzendenz gegeben werden. Das entspricht der Poesie der Liebeslyrik: Selbstwerden, Erfülltwerden, weil man sich vergißt, weil man leer für den anderen wird!

Meditativ entspricht dies der »Offenheit«, der Hinwendung der Sensibilität auf »Werte«: Je tiefer ein Mensch sich selbst findet, desto offener wird seine Sehnsucht für das erfüllende Geschenk, worin die eigene Leistung überstiegen ist. Meditieren ist nicht so sehr »Gang nach Innen« wie »Sich-Öffnen« für Werte, insbesondere für den anderen in seiner Freiheit.

In der Alltagserfahrung meint das, was Blondel reflektierend analysiert, einfachhin Liebe, das, was Martin Buber als Begegnung von Ich und Du beschreibt. In gegenseitiger Liebe findet der Mensch sein Selbst. Eine »Liebe« aber, die vom Überschreiten hin zum »anderen« absieht, die den Partner der Liebe vergißt, ist zur Selbstbefriedigung pervertiert: Der andere ist nur Mittel, nicht mehr Geliebter.

Es wäre ein Fortschritt im Gespräch um die Meditation, wenn die »Liebes-Erfahrung« als ihr fragloser (!) Gipfel stärker bedacht würde.

g) Die christliche Meditation und die Offenheit der Liebe

Für unser Fragen nach der religiösen bzw. der christlichen Meditation heißt dies alles: Der Mensch trägt im Ursprung seines Bewußtseins, seines Menschseins, seines Selbst eine Offenheit zum Unendlichen. Sie kann nicht durch eigenes Leisten, sondern nur durch das freie Geschenk Gottes erfüllt werden. Überall, wo wahre Liebe lebt, wird auch diese »Offenheit zum Unendlichen« miterfahren. Das meint der 1. Johannesbrief mit dem Satz (4,16): »Gott ist die Liebe, und wer in der Liebe bleibt, bleibt in Gott, und Gott bleibt in ihm.« Levinas betont: Wahre »Unendlichkeit« (nicht denkerische »Totalität«) lebt im Antlitz des »andern«, in dessen Freiheit, die kein Denken einholt, die nur bejaht werden kann.

Der Zen-Meditation in ihrer methodischen Strenge gelingt es wie wohl keiner anderen Methode, sich auch bewußtseinsmäßig dem Ursprung des Selbst zu nähern. Die Versuchung liegt nahe, eine solche Erfahrung, in der Unendliches anklingt, in sich selbst schon zum Göttlichen zu erheben. Das geschieht, wenn einer das »Über« und »Gegenüber« aus der Gottes-Erfahrung eliminiert und das »Göttliche« sich zu eigen macht. Damit würden wir, wie W. Jäger schreibt, alle zu »Christussen«, zu »Inkarnationen« Gottes; denn Gott wäre nicht mehr »über«, sondern »in« uns, wäre unsere eigene Innerlichkeit:

»Das Göttliche schläft in jedem Menschen wie ein Samenkorn. So wie es sich in Jesus Christus entfaltet hat, soll es auch in jedem Menschen erwachen und sich entfalten. Jeder ist mit der gleichen Aufgabe wie er konfrontiert. Seine Seinsform ist unsere Seinsform.«

Damit wird die subjektive Erfahrung der Grenzenlosigkeit, die im »Entgrenzen«, »Entautomatisieren« des Bewußtseins geschieht, nicht als Offenstehen für, sondern als Identität mit Gottes Unendlichkeit gedeutet.

Der französische Indologe Olivier Lacombe zeigt in »L'experience de Soi« (1981) eindrucksvoll, was bei Dumoulin fragend anklingt: Eine solche Umpolung der menschlichen »Unendlichkeitssehnsucht« zur monistischen Unendlichkeitsideologie legt sich nahe, wo keine Offenbarung die Unendlichkeit Gottes der Unendlichkeitssehnsucht des Menschen gegenüberstellt, wo diese »Unendlichkeitserfahrung« des Menschen für sich allein philosophisch-reflex bedacht wird. Aber auch Karlfried Graf Dürckheim warnt in »Hara« (1956), daß die Unendlichkeits-(Hara)-Erfahrung des Selbst umschlagen könne zur Dämonie des Verbrechers, der in sich selbst den Maßstab über Gut und Böse zu tragen glaubt. Le Saux äußert sich ähnlich.

Dumoulin macht daher in »Östliche Meditation und Christliche Mystik« (1966, 29) zu den Begriffen »Person« und »Liebe« die behutsame Unterscheidung:

»Der Mangel des Personbegriffs wirkt sich besonders verhängnisvoll in der Auffassung von Liebe aus. H. de Lubac zeigt, wie von den drei von Buddhisten angewandten Termini Wohlwollen (maitri), Mitleid (karuna) und Geben (dsana) keiner die personale Menschenliebe trifft. Der Grund für den Mangel liegt darin, daß den Buddhisten die Kategorie der Person fehlt.«

»Liebe« nämlich ist Zuwendung zum anderen, dessen Anderssein in seiner Freiheit gipfelt; was daher weder in Erkennen der Einheit noch in Erleben des Mitgefühls aufgelöst werden kann; aber gerade in diesem bleibenden Anderssein wird er geliebt. Teilhard de Chardin betont es immer wieder: Einheit (der Liebe) differenziert (zu eigenständigen Personen). Naranjo/Ornstein »Psychologie der Meditation« (1988, 150) zitieren für die entgegengesetzte Erfahrung der Auflösung des anderen in dem eigenen Erleben eine tantrische Quelle: »Was brauche ich noch einen Partner der Liebe, wenn alles, was Liebe bedeutet, in mir selbst sich ereignet?« Liebe, die Partner-Erfahrung, die einen Menschen beseligt und sein Person-Sein zur Blüte bringt, ist damit zur Selbsterfahrung geworden, bei der der Partner keine Person, sondern nur Mittel zum Zweck der eigenen Befriedigung ist. Man muß sich zwar hüten, diese Umkehrung nun auf den gelebten Tantrismus zu übertragen. In konkreten Menschen nämlich lebt die Liebe in ihrer personalen Tiefe, ob sie von der Offenbarung berührt sind oder nicht. Doch es geht um die Theorie, um das religiöse System, von dem aus das Phänomen der Liebe bedacht wird – und von dem aus Methoden und Erfahrungen der Meditation zu bewerten sind.

Die Selbst-Erfahrung, das Sich-hineinsinken-Lassen in die eigene Tiefe bleibt ein »Königsweg« zur Gotteserfahrung. Das bezeugen alle großen Religionen, das bezeugt auch die christliche Mystik. Stille, Eingezogenheit, Abschalten sind Ur-Elemente jeder Meditation. Doch die oft kaum spürbare, aber wesentliche Orientierung der Selbst-Erfahrung zur personalen und zur Gottes-Erfahrung zeigt sich in der Offenheit dieses Königswegs, in dem, was Blondel als »zentrifugale«, das Selbst übersteigende Dynamik der »zentripetalen« Tendenz zum eigenen Selbst hin analysiert; was Buber in der Einheitserfahrung der Begegnung findet. Anders gesagt: In der vertieften Immanenz-Erfahrung bricht die Sehnsucht nach Transzendenz auf. Das Phänomen der personalen Liebe ist nicht nur dichteste Analogie, sondern schon die Wirklichkeit dieser Offenheit, dieser Transzendenz auf Gott hin. Die persönliche Bewußtseinserweiterung ist nur Vorfeld, nicht aber aus sich selbst schon diese Gotteserfahrung.

h) Binnen-Transzendenz und Radikal-Transzendenz

Ludwig Frambach schlägt in seiner Arbeit über »Identität und Befreiung in Gestalttherapie, Zen und christliche Spiritualität« (1994) den Weg der Nur-Selbsterfahrung und Nur-Selbstwerdung ein, um die drei im Titel genannten »Meditations«-weisen als weithin identisch aufzuweisen. Eine Tabelle will die Gleichheit ihrer Strukturen zusammenfassen. Die christliche Spiritualität ist darin mit Hesychasmus, Eckhart, »Der Wolke des Nichtwissens«, Martin Luther, Gerhard Tersteegen vertreten. Doch dann werden die prägnanten Unterschiede übergangen.

Die Gestalttherapie nach Fritz Perls will den Menschen zur Homöostase, zur Selbstregulierung seiner inneren Spannung führen. Die Alltagserfahrungen sollen sich zu einer harmonischen »inneren Gestalt« zusammenfügen; dann klinge die Melodie des Lebens gut, dann baue sich eine »Gestalt« auf – dann sei der Mensch psychisch gesund und befreit von krankhaften Zwängen. Entsprechendes findet Frambach auch in den Meditationsmethoden der christlichen Spiritualität. Auch sie vermitteln Harmonie, Ganzheit, Lebenssinn; die Vielfalt der Lebensäußerungen ist gesammelt in ganzheitlicher »Gestalt«; der Mensch habe sein isoliertes Ich überstiegen, »transzendiert« in den Fluß seiner Lebenserfahrungen.

Aber das entscheidende »Plus« der christlichen Liebesbewegung zum anderen hin wird übersehen. Frambach kann z. B. die hesychastische Meditation darstellen, ohne die Bedeutung des Namens »Jesus« und damit den Bezug auf dessen Leben »bis zum Tod, bis zum Tod am Kreuze« (Phil 2,8) zu berücksichtigen. Jesus fand im Sterben nicht zur inneren Harmonie der Gestaltpsychologie, sondern schrie: »Mein Gott, mein Gott, warum hast du mich verlassen?« (Mk 15,34). Sein personales Erfülltwerden am Tag der Auferstehung war ein Geschenk von der »Radikal«-Transzendenz, von Gott her, aber keine meditative Bewußtseinserweiterung (»Binnen-Transzendenz«) des Menschen im Sinne der Gestalttherapie.

Eva Zundel, eine prominente Vertreterin der Gestaltpsychologie, stellt ungewollt den Unterschied heraus. Sie leitet eine Anthologie Ken Wilbers (»Vom Tier zu den Göttern«, 1997, 13 f) mit einer Zusammenfassung von dessen Denken ein: Dem Systematiker Wilber gelinge es, die Einsichten der »humanistischen« (dazu gehört die »Gestaltpsychologie«) und dann »transpersonalen« Psychologie in einem gewaltigen System zu vereinen. Dies nun stellt Eva Zundel vor, zitiert dazu Jean Paul Sartre: »Die Hölle, das sind die anderen.« Und fährt fort:

»Auf der personalen Ebene gehört Angst notwendigerweise zum Menschen, sobald er sich seiner Individualität und damit seines Abgesondertseins von anderen bewußt wird. Ganz ähnlich heißt es auch in den Upanishaden: »Wo es ein anderes gibt, da ist Furcht.« Aber hier, wie in der Mystik überhaupt, gibt es eine höhere Realität, jenseits der Gegensätze von Selbst und Anderen, einer Realität, die entweder als Vereinigung der Gegensätze oder jenseits aller Gegensätze erlebt wird. Wer diese All-Einheit für sich entdecken kann, befreit sich damit aus seiner Isolation und Entfremdung und wird frei von Angst. Das System der Mystik umfaßt das der Existentialisten und bringt eine Lösung auf höherer Ebene.«

Abgesehen davon, daß der Bezug zur Mystik die Breite der Liebesmystik, die aus der Ich-und-Du-Spannung lebt, einfachhin unter den Tisch fallen läßt, ist auch der Bezug auf Sartre verräterisch. Etwa zur gleichen Zeit wie Sartre erinnerte T. S. Eliot in der »Cocktail-Party« mit einem ähnlichen, aber entgegengesetzt verlaufenden Satz an Dantes Höllenvorstellung: »Die Hölle, das bin ich!« Die Auflösung dieser Höllenangst kann keine All-Einheit sein; eine »transpersonale« »Binnen-Transzendenz« wäre nur eine Aufblähung dieses Ich. Die Überwindung dieser »Hölle« ist nur möglich im Knüpfen von personalen Banden. Auf humaner Ebene entspricht dies dem, was Erik

Eriksons Psychologie Urvertrauen nennt; eine Erfahrung, die philosophisch auf der »Radikal-Transzendenz« zur Freiheit des anderen aufruht, die psychologisch dorthin die Brücke des Vertrauens schlägt, die menschlich im Band der Liebe gipfelt.

Meditieren wird erst christlich, wenn sich in aller Einheitserfahrung dieser Überstieg (»Radikal-Transzendenz«) abzeichnet, der sich auf Gott hin öffnet: Gott ist es, der sogar einem – im Sinn der Gestalttherapie – verpfuschten Leben endgültige Identität, Auferstehung schenkt.

Wie sehr Frambach im Vorgründigen steckenbleibt und die eigentliche Mitte der christlichen Meditation nicht einmal in den Blick bekommt, zeigt er z. B. mit dem – wie so oft – verstümmelt wiedergegebenen Zitat Romano Guardinis:

»Einen Einzigen gibt es, der den Gedanken eingeben könnte, ihn in die Nähe Jesu zu rücken: Buddha. Dieser Mann bildet ein großes Geheimnis. Er steht in einer erschreckenden, fast übermenschlichen Freiheit; zugleich hat er dabei eine Güte, mächtig wie eine Weltkraft. Vielleicht wird Buddha der Letzte sein, mit dem das Christentum sich auseinanderzusetzen hat. Was er christlich bedeutet, hat noch keiner gesagt.«

Doch Frambach vergißt, weiterzulesen, wenn Guardini nun die Gestalt Jesu beschreibt (in der »Ethik« geht er noch genauer darauf ein):

»Was Buddha mit dem Nirvana gemeint hat, mit dem letzten Erwachen, hat christlich wohl noch keiner verstanden und beurteilt. Der das wollte, müßte in der Liebe Christi vollkommen frei geworden, aber zugleich jenem Geheimnisvollen mit tiefer Ehrfurcht verbunden sein. Eines aber ist sicher: Christus steht der Welt ganz anders als Buddha gegenüber: Er setzt einen schlechthinnigen Anfang.«

Und dann zeigt Guardini, daß schon phänomenologisch die Gestalt Jesu in einer (»Radikal«-)Transzendenz ruht, die alle Welt-immanente Erfüllung (»Binnen-Transzendenz«) übersteigt. Buddhas Jünger erfahren dessen Tod als das Sterben des »Vollendeten«. Ganz anders bei Jesus:

»Er hat nicht nach Wahrheit gesucht und ist nicht zur Erkenntnis durchgebrochen. Er war jener, der aus Macht verkündet hat. Ebensowenig war er ein »Vollendeter«. Menschlich hat er sich ja gerade nicht vollendet, sondern ist in der Unfaßlichkeit seines Opferschicksals zerstört worden. Innerlich, geistig, religiös paßt dieser Begriff samt allem, was dazu gehört, nicht auf ihn. Nichts in seinem Leben erinnert an Derartiges. Und was sein letztes Wort angeht: »Es ist vollbracht«, so bedeutet das nicht, daß sein Dasein vollendet, sondern daß der Wille des Vaters erfüllt ist.«

Die Radikal-Transzendenz, die Relation zum Vater macht Jesu Persönlichkeit aus. So läßt Guardini als Theologe wie Le Saux den Dialog mit ostasiatischer Religiosität in das innergöttliche Verhältnis von Vater und Sohn ausmünden. Seine behutsame Ehrfurcht vor der fremden Religiosität und zugleich bewußte Christlichkeit aber bezeugen die dialogische Haltung, die ein Wesenszug christlicher Meditation – in sich selbst und im Gespräch mit anderen – sein muß.

In der christlichen Spiritualität hat sich überdies die Radikal-Transzendenz in einer oft erschreckenden Weise als »dunkle Nacht des Geistes« niedergeschlagen. Von ihr schrieb Enomiya-Lassalle in der ersten Auflage von »Zen und christliche Mystik« (diese Stelle wurde in der Auflage 1986 von fremder Hand »korrigiert«!), daß sie »normalerweise im Zen nicht geschieht: eine passive Reinigung, die ausschließlich durch die Gnade geschieht.«

Irenée Hausherr hat nachgewiesen, daß diese »radikal-mystische Nacht« schon in der frühen Mönchserfahrung zu finden ist: Gottes Transzendenz, seine Jenseitigkeit, sein totales Anderssein wird dem Mönch so radikal bewußt, daß alles Spüren in der Erfahrung, aller Trost wegfällt; daß nur noch Leere oder gar Angst (Jesu Ruf am Kreuz) spürbar ist; daß aber der Mönch dahinein sich fallen läßt und eben darin den je-größeren Gott in seinem totalen Anderssein verehrt, anbetet und liebt.

Vielleicht ist es gerade dieses Phänomen der Erfahrungs-Dunkelheit, das Thérèse von Lisieux zur Kirchenlehrerin unserer Zeit macht. Das »Licht in der Nacht«, unter welchem Titel Jean-François Six »Die (18) letzten Monate« (1997, 200) ihres Lebens schildert, war eine totale Dunkelheit der Erfahrung; eine »dunkle Wand«, wie Thérèse schreibt, eine Nacht, die die Erfahrung des Johannes vom Kreuz, des Kirchenlehrers der Dunklen Nacht, an existentieller Finsternis übersteigt. In diese Finsternis hinein liebte Thérèse Gott. Diese schwärzeste Dunkelheit bezeugte ihr die »Radikal-Transzendenz« Gottes und zugleich die Radikalität ihrer eigenen Liebe. Ihre Priorin berichtete, daß sie an ihrem letzten Tag, als sich das innere Dunkel und der zwei Tage lang währende Todeskampf verbanden, noch sagen konnte:

»Meine Mutter, der Kelch ist gefüllt. Ach, ich kann nicht mehr! – Aber wenn Jesus wünscht, daß er überfließt? – dann will ich es auch, will ich es auch.«

Wie anders starb Buddha! Doch das Zeugnis der christlichen

Heiligen entspricht dem Zeugnis Jesu. Radikal unerbittlich schlägt sich ein Zug nieder, der in irgendeiner Weise jede christliche oder zum Christentum offene Meditation ausmacht; die Offenheit zum anderen, zur (Radikal-)Transzendenz; ein Zug allerdings, der – oft auch erfüllend und beglückend – wahre Liebe ausmacht. All die vorher aufgezeigten Einzelzüge der christlichen Meditation leben hieraus: die Offenheit, der Blick auf den anderen, die Beziehung zum Du, das Überschreiten der »zentrifugalen« Erfüllung zur »zentripetalen« Dynamik. Kurz gesagt: Die »Erfahrung« der Liebe ist Gipfel des Meditierens. So wichtig das innere Ergriffensein und die Selbst- und Einheitserfahrung sind, wichtiger ist die Offenheit dieses Ergriffenseins für mehr, für den anderen; mit der Anfangsdefinition gesagt: die Sensibilität des Meditierenden für die Werte, insbesondere für den Höchst-Wert des lebendigen Du.

3. Zur Methodik des christlichen Meditierens

Nachdem die Bedeutung des Meditierens betont und der christliche Akzent herausgearbeitet wurde, sind nun einige inhaltliche und methodische Züge herauszustellen.

a) Erfahrungsglaube

New-Age- und die Folge-Literatur, Esoterik, Graf Dürckheim, Enomiya-Lassalle stellen, wie gezeigt wurde, den »Glauben« in einen Gegensatz zur »Erfahrung«, als etwas, das in diese hinein aufgehoben werden müsse.
Doch mit der Einsicht (und der Erfahrung!), daß der Höhepunkt menschlichen Erlebens und Selbstwerdens in der Liebe liegt, zeigt sich anderes. Glaube (Sich-Übersteigen) und Innenerfahrung (Selbstwerden) verschmelzen in der Liebe zu einer Ganzheitserfahrung, die tiefer liegt als leerer Verstandesglaube und als dumpfe Gemütserfahrung.
Biblischer Glaube meint ganzheitliches Vertrauen. Aus Gründen der Ehrfurcht wird im Alten Testament zwar seltener (im Islam nie) von Gott in der Terminologie der »Liebe« gesprochen. Das Neue Testament ist da deutlicher und sieht den Höhepunkt aller Erfahrung in der Liebe. Diese ist von gleicher Struktur wie der recht verstandene Glaube, nämlich: ein Setzen auf den (nicht auf das!) anderen in seiner Freiheit; und zugleich: dieses Vertrauen zur Erfahrung werden lassen. Das ist Sinn der christ-

lichen Meditation. Recht verstanden, ist ein Glaube ohne Erfahrung nicht möglich. Selbst die Grenzerfahrung der Dunklen Nacht ist Erfahrung von Nicht-Erfahrung (wie die Thomas von Kempen zugeschriebene »Nachfolge Christi«, aber auch Ignatius von Loyola schreiben): Es ist ja stets eine »offene«, dialogisch zu nennende Erfahrung, die von ihrem Wesen her niemals in den »begreifenden« Griff zu bekommen ist; eine Erfahrung, die das Beschenkt-werden einschließt und daher stets mit Dankbarkeit verbunden ist.

Ältere Glaubensunterweisungen scheinen Glaube tatsächlich als ein irrationales Bejahen einer unerklärbaren Wahrheit hinzustellen. Doch diese Engführung wollte nur betonen, daß das Glaubenswort dem Menschen entgegenkommt, nicht aus der eigenen Innerlichkeit heraus produziert, sondern als Geschenk empfangen wird. Christliches Meditieren aber lebt aus dem Vertrauens-Glauben, der sich letztlich an Liebes-Begegnung, nicht aber an Wissen oder Nicht-Wissen mißt.

b) Ganzheitlichkeit

Meditieren im Vollsinn schließt das methodische Element der Übung mit ein. Da aber gilt: Je ganzheitlicher, desto besser. Die einengende Definition des Meditierens als »Gang nach Innen« übersieht, daß auch das Kreative oder Aktivitäten wie Tanzen eine Erfahrung von Ganzheit schenken können. Man darf das eine, nämlich »Stille«, »Zurückgezogenheit«, nicht gegen das andere: »Bewegung«, »Kontakt« ausspielen. Man muß – je nach Persönlichkeit – höhere Synthesen suchen. Gerade aus der Kraft der Stille werden Singen, kreatives Tun oder Tanzen zu Gipfelerfahrungen der Meditation. Anderes gesagt und eine der genialen Intuitionen Rudolf Steiners aufgreifend: Nicht die »Eutonie« (»gute Entspanntheit«), sondern die »Eurhythmie« (»gute Bewegungserfahrung«), also der Mensch in der Bewegung ist Höhepunkt ganzheitlicher Erfahrung. Das eingangs erwähnte Gespräch mit Graf Dürckheim über Schwimmen als ganzheitliches Meditieren kann das Gesagte verlebendigen: In der psychologischen Tiefe weckt das Vertrautsein mit dem Wasser die Urerfahrung vom Vertrauen des Kindes im Mutterschoß. Physiologisch bedeutet der Archetyp des »Wassers« Geborgenheit, Hingabe an ein Umfassendes. Es braucht Vorsicht und Behutsamkeit, solche Grunderfahrungen in meditative Techniken zu übersetzen. Doch dies wird nur gelingen aus der Einsicht, daß der »Gang nach Innen« nicht das umfassende

Paradigma meditativer Erfahrung ist. Im Gegenteil! Erst das Paradigma »liebende Begegnung« führt zum Reichtum des Meditierens.

c) Entautomatisierung

Stille und Zurückgezogenheit bleiben – in welcher Weise auch immer – unabdingbar für jedes Meditieren. Zu fragen ist aber nach ihrer Funktion und ihrem Stellenwert. Überspitzt formuliert, ist auch die Stille kein meditativer Wert in sich, sondern eine Hilfe, sich von der hektischen Alltagswelt zu lösen für eine tiefe Begegnung mit der Wirklichkeit. Stille verhilft zur »Entautomatisierung«, führt aus inneren und äußerlichen Verhaltenszwängen heraus. Auch in einer aktiven, kreativen Meditation leben die gleichen Züge, aus denen heraus Stille und Einsamkeit zu tieferer Wirklichkeit- und Wert-Begegnung führen.

Hier zeigt sich der grundlegende Unterschied zwischen dem radikal-buddhistischen und dem christlichen Zugang zur Wirklichkeit und daher auch zur Meditation. Perry Schmidt-Leukel hat in seiner meisterhaften Arbeit »Den Löwen brüllen hören« (1992) die rationale Gestalt des Buddhismus herausgearbeitet. Anders als Dumoulin geht er abstrahierend-logisch vor. Er verkürzt dadurch zwar – wie in der Neuscholastik – die volle Wirklichkeit des Buddhismus, hilft aber zumindest, die Gestalt des Christentums und somit die der christlichen Meditation besser zu verstehen.

Buddhismus wie Christentum möchten nach Schmidt-Leukel die existentielle Unheilssituation überwinden. Im Christentum komme der Erfahrung der zwischenmenschlichen Bezogenheit Priorität zu; die buddhistische Heilsbotschaft setze hingegen in ihrer Deutung der Unheilssituation primär bei der Vergänglichkeitserfahrung an. Der Buddhismus erstrebt als Ziel die Überwindung der Unheilssituation im Freisein von aller Bindung, von aller Anhänglichkeit, in der Leere- und Stille-Erfahrung an und für sich. Damit wird die »Entautomatisierung« in sich zum höchsten Wert. Auf christlicher Basis aber soll die Leere- und Stille-Erfahrung »Offenheit« gebären, also Richtung, »Intention«. Man befreit sich von allen Anhänglichkeiten, um frei zu werden für die unmittelbare Begegnung mit einem Wert, mit dem, was Dumoulin Transzendenz nennt, christlich gesagt: Begegnung mit Gott. Das »Entautomatisieren« der Alltags-Hast durch die Stille-Meditation steht im größeren Wertbezug, der mit Liebe und Vertrauen umschrieben werden kann. Die spät-mittelalterliche Schrift »Die Wolke des Nichtwissens« sieht, wie gezeigt wurde, den Sinn der Meditation nicht in der Leere, sondern im »naked entent unto God« (in der nackten Intention auf Gott hin).

Es wäre allerdings verfehlt, dieses Hervorheben der Intention als eine Funktionalität umzudeuten (still werden, um zu ...). Mit der Intention ist im Gegenteil eine Ur-Eigenschaft wahrer Stille ausgedrückt: Stille als Offenstehen, als Hören-Können, als Warten, Hoffen – auf ihn.

Es ist kein Zufall, daß Daitaro T. Suzuki, der große Missionar des Zen-Buddhismus für die westliche Welt, in diesem Offenstehen der Hoffnung ein Haupthindernis für das wahre Meditieren sah. Teilhard de Chardin hingegen findet gerade in der Hoffnung die Achse seiner mystischen Welterfahrung: Hoffnung nämlich schaut aus »sich«, aus der »Jetzt-Erfahrung« heraus auf Neues, Größeres, Erfüllendes, Wichtigeres, auf das Ganze, den Punkt Omega. Dumoulin findet auch im Buddhismus Züge dieser tieferen und, wie mir scheint, menschlicheren Stille des »Offenstehens für« statt »Still-Stehens in sich«. Östliches Meditieren kann in den christlichen Rahmen integriert werden, soweit es Raum gibt, sich öffnet für das Transzendieren, für das Hoffen, für die Begegnung, das Dialogische.

d) Kontemplation als Einheit von Begegnung und Selbstwerden

Die doppelte Qualität des so verstandenen Stillseins und Schweigens (Selbstfinden und Offenheit) findet in der Kontemplation ihren meditativen Höhepunkt.

Zum einen wächst das eigene »Ich«, das »Selbst«-Bewußtsein zur bewußteren Identität. Das ist – wie mit Buber gezeigt wurde – unabdingbar für das Reifen der Persönlichkeit. Doch das »Gnothi Sauton«, »Erkenne dich selbst« des Orakels von Delphi erinnert in seinem urgemeinten Sinn daran, daß der Mensch abhängig bleibt: »Erkenne deine Schwachheit im Angesicht der Götter!« Die »Sünden-Demut« des echten Jesus-Gebets bringt dies pointiert zur Sprache. Bei Buber heißt dies: »Ich werde am Du!« Selbsterfahrung bleibt, wenn sie redlich ist, untrennbar verbunden mit der »Erfahrung der Abhängigkeit«. In der hypertrophen Selbstüberschätzung des absoluten Selbstseins wird sie zur Menschenverachtung. Es droht, was der Psychoanalytiker Horst Eberhard Richter »Gotteskomplex« nennt. Christlich ist dies die Ur-Versuchung des Paradieses: so unabhängig und wissend sein zu wollen, wie nur Gott es ist.

Diese Erfahrungseinheit von Ruhen im Selbst und Hin-Blicken auf das Größere, Umfassende, Gründende nannte die abendländische Tradition »Kontemplation«, eine Übersetzung des griechischen »Theoria«. W. Jägers Behauptung (1991, 77):

> »Kontemplation ist das Wort, das im ganzen Mittelalter für das gegenstandsfreie Beten verwendet worden ist. Das Wort meint niemals ein Meditieren über einen Inhalt. Ziel ist das Schauen ins eigene Selbst.«

widerspricht diametral dem Wortsinn und der Geschichte. In der Mystik Teresas von Avila und Johannes' vom Kreuz ist nach Reinhard Körner (Einleitung zur »Dunklen Nacht«, 1985) Kontemplation sogar ein Synonym für Glaube. Auch die Praxis christlicher Kontemplation war vom griechisch-philosophischen Begriff »Theoria« geführt. Sie verwirklicht die beschriebene logisch-paradoxe Erfahrung: Selbstwerden im Sich-Übersteigen, im verharrenden Ruhen beim anderen.

In der klassischen Mystik-Lehre unterscheidet man die »erworbene« (acquisita), die durch Übung erlangte Anfangsstufe der Kontemplation, von der »eingegossenen« (infusa) Kontemplation, die als Geschenk den Höhepunkt darstellt. Diese Differenzierung mag für die Einübung wichtig sein, verdeckt aber den gemeinsamen Zug aller Meditation und Kontemplation, der eine Konstante des Menschseins ist. In seiner Mitte finden nämlich Leistung (erworben) und Geschenk (eingegossen) zur Einheit. Schon die sogenannte erworbene Kontemplation lebt vom Geschenk des Gegenübers. Das spielende Kind, dem man zuschaut und es »meditiert«, ist in sich schon ein Geschenk, das auf dem Spaziergang gemacht wird, trägt etwas von »infusa«, von Eingegossensein an sich. Der Duft der Natur, den man mit einer bestimmten Atemtechnik in sich aufsaugt, ist ein Geschenk, das einem morgens vor dem offenen Fenster gegeben wird, so sehr man sich auch aktiv darum bemüht. Umgekehrt wird jede noch so große Gabe, was der »eingegossener« Kontemplation entspricht, erst dann zur Erfahrung, wenn sie in die aktive Bereitschaft des Beschenkten hineinfällt. Sie macht ihn keineswegs passiv, sondern stärkt sein personales Tun. Die Trennung von aktiver und passiver Meditation, von »erworbener« und »eingegossener« Kontemplation kann nur eine Hilfe zur konkreten Einübung sein, markiert aber keinen Wesensunterschied. Man kann nur von einem Mehr und Weniger sprechen; von einem Akzent auf die Eigenaktivität zu Beginn des

Meditierens; und einer Freude am nicht-diskursiven, intuitiven Schauen, das langsam heranwächst oder auch plötzlich da ist. Zu Beginn der Meditations-Bewegung nannte man daher den ganzen Bereich der Erfahrung, das Einüben und das Beschenkt-Werden, einfachhin »Meditation«. Das entspricht der fernöstlichen Weisheit, daß schon der »Weg« (das meditative Üben) das »Ziel« (die »contemplatio infusa«) ist.

Die zur Zeit beliebte Unterscheidung von Meditation als diskursive Übung und Kontemplation als intuitives Verharren, ist sachlich ein Rückschritt hinter die christliche und fernöstliche Weisheit vom Weg, der schon Ziel ist; oder, wie Augustinus in seinem Psalmenkommentar erörtert, vom Suchen, das ein Finden ist, und vom Finden, das ein Suchen bleibt. So wissende Arbeiten über die fernöstliche Spiritualität wie die von Dumoulin oder Schmidt-Leukel oder Praktiken wie die von Graf Dürckheim und Enomiya-Lassalle kennen die Unterscheidung zwischen Kontemplation und Meditation nicht.

e) Übung und Gnade

Das Zusammenklingen von Aktivität und Passivität als Grundzug der Spiritualität berührt das christliche Menschenbild.

1972 schrieb Graf Dürckheim während einer Klausur in der Redaktion der Zeitschrift »Geist und Leben« und als Ergebnis eines intensiven Gesprächs einen seiner wichtigsten Artikel: »Werk der Übung – Geschenk der Gnade«. (Nicht nur »Weg«, wie in den Vorträgen beim »Frankfurter Ring«, sondern »Werk«, polar zu »Geschenk«.) Auch dort geht es um das Verhältnis von »erworben« (acquisita) und »geschenkt« (infusa): Erfahrungen, die die Mitte des Daseins betreffen, geschehen stets in dieser unauflösbaren Einheit von Übung und Geschenk, von Leistung und Gnade. Eine als Geschenk erlebte Erfahrung impliziert immer auch das Wachsein der eigenen Subjektivität, also ein Eigentun im höchsten Maße.

Wenn Selbsterfahrung von »Beschenkt-Sein« getrennt wird, besteht die Gefahr, daß die Selbsterfahrung als Besitz aufgefaßt wird. Das Selbst wird zum statischen Sein, das nur vertieft, aber nicht wirklich erweitert wird. Gottes Gnade kann dann nur noch übergestülptes Neues sein; Wirklichkeit kann nur noch als Sekundäres (gegenständlich genannt) begegnen; die eigentlichen Erfahrungen lägen im Selbst verborgen, würden aus ihm erwachsen. Jeder Dialog wäre so zur vertieften Selbsterfahrung herabgestuft; er könnte kein Kundigwerden von Neuem und

Überraschendem sein; alles läge schon im Selbst. Wachsen und Reifwerden, Lernen und Erfahren wären nur ein Eindringen in die eigene Tiefe und deren Erblühen. Das Meditieren von anderen, von neuen Werten wäre ein Trick, eigene innere Werte zu entdecken. Gegenseitige Liebe, Beschenktwerden-von, wäre ein anderes Wort für Selbstwerden. So klingt es in einem Wort der Bribad-Upanishad:

> »Nicht um des Gatten willen ist der Gatte lieb, sondern um des Atman willen ist der Gatte lieb; nicht um der Gattin willen ist die Gattin lieb, sondern um des Atman willen ist die Gattin lieb.«

Atman aber ist das tiefe Selbst.

Es ist die wohl wichtigste Leistung Blondels, diese Abwertung des »Gnadengeschenks«, die theologisch »Extrinsezismus« genannt wird, auch philosophisch überwunden zu haben. De Lubacs »natürliche Sehnsucht nach der Übernatur« und Karl Rahners »übernatürliches Existential« ruhen auf seiner Philosophie. Auch die »Kontemplation« meint klassisch eben diese Einheit von »Selbst-Finden« und »Sich-beschenken-Lassen«: Das Geschenk, der andere in seiner Freiheit, ist konstitutiv für die Selbst-Erfahrung. Auch die Erfahrung der christlichen Mystik bestätigt: Das anscheinende passive Sich-beschenken-Lassen von Gottes Gnade ist zugleich das höchst-aktive Selbstwerden des Menschen. Wenn Meister Eckhart das »Sein« über das »Tun« stellt, meint er kein statisches Selbst, sondern eines, das in sich »Nichts« ist und daher sein »Sein« je neu von »Gott« empfängt. Erich Fromm trifft dies in seiner Eckhart-Analyse (Haben und Sein. Die seelischen Grundlagen einer neuen Gesellschaft, 1976) nur halb, da er die Dynamik des »Seins« (Beschenkt-Werden und Offenstehen) übersieht.

Für die Praxis des Meditierens nun ist die Einheit von »Werk der Übung und Geschenk der Gnade« entscheidend. Das Einüben, das »Werk« kommt niemals, auch nicht in der tiefsten Selbsterfahrung und im beglückenden Beschenkt-Werden, an ein Ende. Den Großen der christlichen Gotteserfahrung war das selbstverständlich. Teresa von Avila weist von der Gipfelerfahrung der siebten »Wohnung« zurück zum Anfang der ersten. Das meditative Üben bedeutet kein Hinaufsteigen zur Vollendung, in der das Mühen aufhört. Der wirkliche »Meister« – ein Wort, das man aus solchen Gründen mit Ignatius von Loyola für den spirituellen Bereich vermeiden sollte – bleibt immer Anfänger, Übender, braucht sein ständiges »Werk«. Jeder »Anfänger« hingegen bringt Erfahrungen, Werte mit sich, die den sogenannten »Meister« in Erstaunen versetzen, weil in ihnen das »Geschenk der Gnade« lebt.

Deshalb bietet auch das klassische Schema von »Anfänger – Fortgeschrittener – Vollendeter« oder »Einübung – Erleuchtung – Einigung« nur eine vorläufige Hilfe zur Praxis. Es hat sich mit der »Theologia Mystica« des Dionysios Areopagita zwar durchgesetzt, fördert aber nicht das bessere Verstehen von Meditation und Kontemplation. Die Stufengliederung des Weges zu Gott ist, wie Elmar Salmann im Sammelband »Spiritual Progress. Studies in the spirituality of late antiquity and early monasticism« (1994) zeigt, gegenüber der lebendigen Erfahrung nur eine abstrakte Konstruktion – das konkrete Leben ist bunter und reicher.

4. Eine philosophisch-theologische Abschlussbemerkung

Emmanuel Levinas, der auch in Deutschland immer stärker diskutiert wird, sieht im Identitätsdenken den Grundirrtum moderner spekulativer Philosophie. Diese Tradition habe auch zum faschistischen Irrweg geführt. Er kritisiert ein Denken, das von der »Einheit« her die Wirklichkeit zu begreifen sucht; dem das »eine« Sein oder die »eine« dialektische Bewegung Maßstab ist, nach dem die Vielheit der Dinge und der Menschen in ihrer Werthaftigkeit zu beurteilen sei; als sei es letztlich die Wahrheit aller Wirklichkeit. Karl Albert bezeichnet dieses Denken als »Philosophische Mystik«. Levinas, der Martin Bubers »Ich und Du«-Philosophie in unerbittlicher Radikalität weiterführt, verfolgt dagegen einen grundsätzlich anderen Denkansatz: Beziehung, Begegnung, Relation sei das Grundprinzip der Wirklichkeit, »der andere« also Kriterium der Wahrheit. Vielleicht betonen Buber und Levinas den Gegensatz beider Seinsauffassungen zu stark. Aber vom christlichen Glauben her (Trinität, Schöpfung, Menschwerdung) muß die Meditation, je mehr sie diesen Glauben verlebendigen will, auch von diesem anderen Denkansatz: von Beziehung und Begegnung aus verstanden und ausgeübt werden.

Es geht um das Grundverständnis von Mensch, Welt und Gott. Ist die Einheit das Grundparadigma, dann muß die Meditation in aller Verschiedenheit, auch der von Gott und Welt, die größere Einheit suchen. Theoretisch wird dies etwa so begründet: Mit dem Übersteigen der Vielheit der Erfahrungen (gegenständlich) zur Tiefe des Selbst (Binnen-Transzendenz) berührt die Meditation das Sein in seiner Ganzheit, also das Absolute, das Göttliche. Die Vielfalt der Realitäten, die den Menschen umgeben, bringt zwar Gestalt und Buntheit in die Erfahrung hinein. Aber deren Sinn liegt in dem Eins-Sein verborgen, dort also, wohin die Meditations-Erfahrung des Selbst gelangt und alle Differenzierung übersteigt. Dies erfahrungsgemäß zu berühren, ist die Sinnspitze des Meditierens. Dort ist der ganze Reichtum der Wirklichkeit – zumindest implizit – verborgen. Seins- = Selbsterfahrung ist somit der Höhepunkt der Meditation.

Die andere philosophisch-existentielle Auffassung von Wirklichkeit sieht den Gipfel der Meditation in der »Begegnung«, populär gesprochen: in der »Liebe«. Diese schaut gerade in ihrer Intensität auf den/die andere(n), erhält von dort her Erfüllung und erfährt damit eine andere Weise von »Einheit«. Auf dem Gipfel übersteigt ein ganzmenschliches Meditieren das Ich/Selbst in die Beziehung hinein. Es ist geprägt von »Transzendenz« im radikalen Sinn. Es ist eine philosophisch-denkerische Engführung, Meditieren auf Seins-Einheit, auf Bewußtseinserweiterung und Erfahrung des »Tiefen« -Selbst (C.G. Jung) zu beschränken. Als »Entautomatisieren« und damit Freilegen der Innerlichkeit bleibt der Weg nach Innen wichtig, bildet aber nicht das Wesen der Seins/Gottes/Welt-Erfahrung. Meditation impliziert einen »Selbstüberschritt«, der nirgendwo deutlicher ist als im Vertrauen auf ein »freies« Du, das dem Meditierenden gegenübersteht.

Beide Zugänge der Meditation (Einheit oder Begegnung) stehen sich also nicht beziehungslos gegenüber; denn »Einheit« bleibt der Maßstab. Doch sie hat in beiden Zugängen ein unterschiedliches Gesicht. Auch Hildegard von Bingen sieht Schöpfung und Heilsgeschichte als Einheit mit Gott, nennt aber deren »materia« Liebe. Auch Teilhard de Chardin begreift die evolutive Einheit der Weltwirklichkeit aus der Struktur der Liebe heraus: »Einheit/Liebe differenziert«, löst den Eigenstand ihrer Glieder nicht auf, sondern bestärkt ihn. Das einzelne Glied gewinnt seinen Eigenstand gerade durch die Erfahrung der verbindenden »Liebes-Einheit«. Was immer man zu den entfalteten Theorien sagen mag: Diese Einsicht in die Logik der Liebe ist Basis-Einsicht christlicher Spiritualität.

Bleibt noch darauf hinzuweisen, daß in dieser Auffassung der Meditation als Begegnung, als Sensibilität für Werte gerade auch dem Emotionalen, dem affektiven Element, das über die Ratio hinausreicht, der ihm gebührende Raum zugewiesen wird. Der Gott der »philosophischen Mystik« ist zum lebendigen Gott der

122

Bibel geworden. Der Gott des abstrakten Denkens ist konkret, ist ein Gott der Liebe geworden.

B) Identität – Sehnsucht nach Ganzwerden und Selbstsein

Einer der schwerstwiegenden Vorwürfe gegen das gewachsene Christentum lautet, es sei Leib-, Welt- und auch selbst-verachtend. Es verweise die menschliche Identität in ein zukünftiges Jenseits und stehe damit diametral gegen das Ja zu dieser Welt, zum Suchen nach Identität, nach Selbstverwirklichung, nach Glück und Geborgenheit. Zum Beleg dafür lassen sich eine Fülle von biblischen Aussagen und deren Weiterwirken in der Geschichte heranziehen. Sind nicht Kreuzesnachfolge und die daraus sich ergebende Kreuzesverehrung masochistisch? Leid, Untergang, Sterben scheinen heiliggesprochen zu werden auf Kosten des Lebens, auf Kosten des Einsatzes für diese Welt.

Man muß diese Vorwürfe von Weltfeindlichkeit, die seit Friedrich Nietzsche nicht mehr zum Schweigen kommen, ernst nehmen, um christliche Spiritualität recht zu würdigen. Sie werden nämlich abgelesen an der anscheinenden biblischen Absage an Selbstfindung und Selbstwürde: Wer sein Selbst, seine Seele liebt, wird es/sie verlieren. Wer nicht Vater, Mutter, Frau usw. und auch sich selbst haßt, ist meiner nicht wert. Wer nicht sein Kreuz auf sich nimmt, ... (Joh 12, 25 par).

Das »Hassen« (»odeino« bei Mk, Mt, Lk) mit der Einheitsübersetzung als »gering achten« zu übersetzen, ist kleinspurige Willkür.

1. ZUR TRADITION EINER WELTFLÜCHTIGEN, GLÜCKVERACHTENDEN ASKESE

Wer die Anweisungen und auch die Zeugnisse vergangener christlicher Lebensbewältigung unvoreingenommen liest, findet genügend Züge, die auf den ersten Blick kaum anders beurteilt werden können denn als radikale Welt- und Selbst-Verachtung: Unser »Jammertal« mit seinen Scheinwerten wird als Hindernis für die eigentliche jenseitige Heimat hingestellt. Das Irdische verachten und das Himmlische erstreben, lautet eine

Maxime in den offiziellen und nicht-offiziellen christlichen Gebeten. Das neue Meßbuch schwächt (z. B. Montag der 3. Woche) nur ab: Wir sollen das Unvergängliche mehr lieben als das Vergängliche.

Kreuzesnachfolge, das Ja zum Untergang statt eines engagierten Lebens in dieser Welt und für sie, scheint Ideal des christlichen Lebens zu sein.

Hat Nietzsche also recht? Bezeugt nicht die reiche »Contemptus-Mundi-« (Weltverachtungs-) und »Memento-Mori-« (Todesgedenken-)Literatur der Tradition eine perverse Einstellung gegenüber den humanen Werten dieser unserer Welt? Müssen wir uns nicht davon distanzieren und ein neues positiveres Menschen- und Weltbild suchen? Oder verbergen sich in solchen Zeugnissen nicht doch Werte, die für ein christliches und humanes Verhältnis zur Welt, für Identitätsfindung, Glückssuche, Weltbejahung unaufgebbar bleiben? Lesen wir die alten Zeugnisse falsch?

Es geht um die Grundlage dessen, was christliche Askese genannt wird.

a) Ein exemplarisches Zeugnis

Ein extremes, aber nicht untypisches Beispiel für diese Ganzheit- und Glück-verachtende Askese ist die weithin verehrte franziskanische Mystikerin des 13. Jahrhunderts, die selige Angela de Foligno[17] (1248–1309). Sie wurde »Magistra Theologorum« genannt, ein im Mittelalter ungewöhnlicher Würdename für eine Frau. Er zeigt aber die exemplarische Bedeutung ihrer Lebenseinstellung für die damalige Mentalität. Franz von Sales, Fénélon oder Alphons von Liguori rechnen Angela unter die großen Frauen des Christentums. Ihre Lebensauffassung gilt heute noch weithin als bewundernswert, wenn auch nicht für jedermann nachahmbar, wie man dann einschränkt.

Eine Vision des Franz von Assisi und die permanente Höllenfurcht bekehren die schon 37jährige Ehefrau und Mutter zu ihrem weltverachtenden, sprich geistlichen Leben. Jetzt will sie sich von allem Ballast des Diesseits befreien. Glücklicherweise (!) stirbt ihre Familie. Angela schreibt tatsächlich:

»Ich hatte zu Gott gebetet, daß sie stürben, und empfand große Tröstung über ihren Tod.«

Doch sie selber muß noch im Jammertal bleiben. Aber dort soll sie wie eine Tote leben. Sie hört die himmlische Botschaft: Christus und Maria

»wollen und wünschen euch als lebende Tote (vivos mortuos) zu sehen ..., so völlig unwandelbar wie ein Toter, der sich weder von Ehre noch Schande bewegen läßt.«

Angela richtet sich in ihrer Askese nach großen Vorbildern. Sie trinkt – wie Franziskus, wie später die Herz-Jesu-Mystikerin Maria-Margareta Alacoque – das Waschwasser eines Aussätzigen samt den Eiterkrusten. Dies aber schenkt ihr – wiederum mit Franziskus – »große Süße«. Grausam geht sie gegen die eigene Leiblichkeit vor:

»Mein Geschlecht brennt in solchem Feuer (in locis verecundis est tantus ignis), daß ich gewohnt war, es mit richtigem Feuer zu verbrennen, um das andere auszulöschen.«

Ganz und gar will sie eintauchen in das Leiden ihres Herrn Jesus Christus. Das Totenbett erst soll Brautlager mit ihm werden. Sie hört:

»Du mußt nackt auf den Dornen der Heimsuchung zum Kreuze gehen!«

Über diese selbst- und welt-verachtende Askese aber erfährt sie ihre Einheit mit Jesus so tief, daß sogar das patristische Wort von der »Theosis«, der »Gotteswerdung« bei ihr lebt: Sie weiß sich »vergottet« (deificata). Gänzlich geht sie in Gott auf: »intus in Deum« (ganz innen in Gott), »in medio Trinitatis« (in der Mitte der Trinität). Diese Einheit ist so tief, daß sie erfährt, sie habe in sich

»die ganze Wahrheit, die im Himmel und in der Hölle und in der ganzen Welt und an jedem Ort und in jedem Ding existiert, und alle Freude, die im Himmel und in jeder Kreatur existiert.«

Solche Aussagen hätten ihr als gotteslästerliche Häresie ausgelegt werden und – wie bei Margarete Porete ungefähr zur gleichen Zeit – zum Scheiterhaufen führen können. Aber mit P. Dinzelbacher (»Hexen oder Heilige«, 1997) in solchen Äußerungen »pantheistische bis freigeistige Züge« zu finden, zeugt von einer »Blindheit« gegenüber fremden Mentalitäten, die Dinzelbacher anderen vorwirft: Es ist Erbgut der großen patristischen Tradition und spiegelt die meditative Erfahrung des Einsseins mit dem »Geliebten«.

Wichtiger ist etwas anderes: Angela de Foligno bietet ein extremes, aber keineswegs einmaliges Beispiel christlicher Askese. Man wird allerdings, wie Horst Fuhrmann in »Überall ist Mittelalter« (1996) schreibt, daran »zweifeln dürfen«, ob es sich um phytisches Tun gehandelt hat oder wie bei Ulrich von Zell um die allegorische Beschreibung des »Niederkämpfens der Begierde durch Zufügung von Schmerz«. Die Frauenmystik der Beginen und Nonnen ist von derlei Bildern geprägt. Solche »Vorbilder« haben aber die asketische Literatur der christlichen Vergangenheit bestimmt; diese aber entsprechen dem, was heute die Flut der »Lebenshilfen« vermitteln will: eine gute Lebensführung! Dies allerdings mit entgegengesetztem Vorzeichen: als Verachtung des diesseitigen Lebens mit seinem Suchen nach Identität.

Der Vorwurf Nietzsches scheint sich zu bestätigen: Christentum ist welt- und diesseits-verachtend, weil es das Jenseits, Gottes Transzendenz sucht. Doch zur gerechten Beurteilung, die zum Verständnis heutiger Spiritualität führen soll, bedarf es gründlicherer Überlegungen.

b) Akzentsetzung im Rahmen grundsätzlicher Weltbejahung

Solche Zeugnisse, die zur pauschalen Aburteilung des »finsteren« Mittelalters dienen, sind zunächst gegen ungeschichtliche Fehldeutungen in Schutz zu nehmen. Sie ruhen nämlich auf der sozialen Basis einer ganz selbstverständlichen Weltbejahung und Kulturfreudigkeit. Sie setzen – soziologisch betrachtet: im Gesamt der Gesellschaft – Akzente, die inmitten einer erstaunlich ungezwungenen Weltfreude darauf aufmerksam machen, daß nur Gott in weltüberlegener Transzendenz den eigentlichen Sinn schenken kann. Gerecht urteilend kann man sogar zur Ansicht kommen: Das Wissen um die Transzendenz Gottes und die Vollendung des Menschen im Jenseits ermöglichte dem Mittelalter eine überschäumende, sehr konkrete Weltbejahung. Es stand der positiven Beurteilung des Diesseits näher als das verkrampfte Bemühen der Moderne, inmitten der schlimmen Zeitläufe diese Welt zu bejahen; auf jeden Fall aber stand es dem Ja zur Welt näher als der heute so weit verbreitete Kultur-Pessimismus. Das Wissen um die ewige Vollendung in Gott ließ die Menschen unbefangener mit Krankheit und Tod umgehen. Die soziologischen Untersuchungen über die Herkunft der Moderne aus dem Geist des Christentums, auch aus dem »Geist der Askese« (Max Weber), haben es mannigfaltig aufgezeigt. Die Forschung der letzten Jahrzehnte hat die aufklärerische Legende vom »finsteren« Mittelalter (und darin die Legende vom »finsteren« Christentum«) nachdrücklich widerlegt.

Die negativen Worte und asketischen Äußerungen sind überdies erwachsen aus konkreten Erfahrungen von Krieg, Krank-

heit, Hungersnot und Tod. Sie möchten vom christlichen Auferstehungsglauben her Ängste und Nöte der Zeit bewältigen
und der schlimmen Zeit Positives, Aufbauendes abgewinnen.
Das Kulturerbe des Mittelalters bezeugt dieses Positive. Man
muß Huizingas klassisch gewordenes Werk »Herbst des Mittelalters« mit seinen reichen Zeugnissen zur Kenntnis nehmen,
um die zwei Gesichter des christlichen Mittelalters zu würdigen: eine ausgelassene Lebensfreude, durchdrungen von Wissen
um die Hinfälligkeit des Lebens; beide Sichten bedingen einander.
Die Spannweite solcher Zeugnisse ist an vielen Beispielen abzulesen. Auf zwei möchte ich hinweisen: Heute gilt die spätmit-
telalterliche »Imitatio Christi«, die man Thomas von Kempen
zuschreibt, als Inbegriff mittelalterlicher Welt- und Menschenverachtung. Auch sie kennt das Franziskuswort vom »Süßwer-
den des Bitteren«. Sie zitiert sogar den aus der Antike stammenden, gewiß nicht christlichen Weisheitsspruch: »Sooft ich
unter Menschen war, kam ich als ein schlechterer Mensch
zurück.« Aber man muß wissen, daß der »menschenverachtende« Thomas von Kempen in einer aktiven, pädagogisch aus-
gerichteten Gemeinschaft lebte. Ihr Ziel war es, jungen Menschen, zu denen auch Erasmus von Rotterdam gehörte, Bildung
und Lebenskunde zu vermitteln. In dieser Zielsetzung muß
auch die Wahrheit Platz haben, daß der Mensch einmal sterben
wird und hinfällig auf seinen Tod zugeht. Im christlichen
Lebensentwurf wird das »Gehen des Lebens auf den Tod zu«
überhöht durch das letzte Ziel, von dem aus erst dieses irdische
Leben seinen eigentlichen Wert erhält. Im Ziel steht Gott, der
endgültiges Leben schenkt. Aus dieser Hoffnungsgewißheit heraus kann die Hinfälligkeit des Lebens angenommen werden als
ein Weg, der schon geprägt ist von diesem Ziel. Weltverachtung
ist für die »Imitatio Christi« zuerst einmal konkrete Realitäts-
erfahrung. Die Zerbrechlichkeit der jetzigen Realität gewinnt
Würde und Wert aus ihrem Wegcharakter in die Endgültigkeit
Gottes hinein.
Wie man beides konkret verband, zeigt das zweite Beispiel, der
umfangreiche Kommentar zur Benedictus-Regel, den der Ober-
pfälzer Mönch Johannes von Kastl um 1400, etwa zur Zeit der
Entstehung der »Imitatio Christi«, verfaßte. Bei der Auslegung
kommt er z. B. auf das Baden zu sprechen. Zuerst ergeht er sich
(mit dem Kirchenvater Hieronymus) in traditionellen Warnungen vor Verweichlichung. Aber dann bringt er subtile Bade-
Regeln: Wärme, Essenzen usw. Sie zeigen, daß die vorange-

gangenen Warnungen zu verstehen sind als Akzentsetzung inmitten der Diesseits- und damit auch Persönlichkeits-Bejahung des mönchischen Lebens. Die Diesseits-Bejahung schöpft ihre Kraft aus dem Wissen, daß die Hinfälligkeit des Diesseits im ewigen Wollen und Wissen Gottes ruht und dort Erlösung und Erfüllung findet.

Die Contemptus-Mundi-Literatur vergangener christlicher Jahrhunderte darf nur auf dem Hintergrund des tatsächlichen Lebens und der Lebenslust dieser Zeiten gedeutet werden. Es blieb der Engstirnigkeit einer rationalistischen Zeit vorbehalten, die nicht mehr das Ganze der Überlieferung verstand, aus Bruchstücken der Wahrheit eine grundsätzliche Weltverachtung zu lesen. Das moderne Ringen um die »Würde und Würdelosigkeit des Sterbens«, das Walter Jens (1995) essayhaft beschreibt, zeigt die Realitätsblindheit des rationalistischen Mißverständnisses der mittelalterlichen »Weltverachtung«.

Erst auf dem Hintergrund einer ganzheitlichen Beurteilung dürfen dann auch die negativen Seiten der mittelalterlichen Lebensweise aufgezeigt werden: ob z. B. in der Askese der Angela de Foligno – trotz ihres mystischen Rufs – nicht doch pathologische Züge sichtbar werden; ob die Ständegesellschaft dieser Zeit nicht breite Bevölkerungsschichten zu Elend und Not verdammte; ob es nicht (Kriegs- und Pest-) Zeiten gab, in denen Angst und Weltflucht gleichsam überkochten usw. Das äußerlich gleiche Tun des Franz von Assisi, der den Aussätzigen küßte, stammt wohl aus einer anderen Haltung als das Tun der seligen Angela. Doch das ist jeweils zu untersuchen.

Es ist weiterhin zu berücksichtigen, daß die literarische Darstellung des Lebens vor Gott als Welt-Verachtung vom nichtchristlichen Erbe des Neuplatonismus geprägt war. Diese Philosophie brachte tatsächlich einen lebensfeindlichen Dualismus von Materie und Geist in die christliche Reflexion ein – ein Erbe, das sich bis heute negativ auswirkt, das aber immer wieder aus der Kraft der Botschaft Christi heraus korrigiert wurde. Auch muß bedacht werden, daß die grausamen Selbstpeinigungen erst mit Petrus Damiani (1007–1072) als »mysterium mortis«, als freiwilliges Buß-Martyrium üblich wurden. Und vieles von dem, was berichtet wird, gehört einfachhin in den Bereich der Legende.

Wenn auch die Geschichtswissenschaft niemals zu eindeutigen, unanfechtbaren Urteilen kommen wird, genügt es für unsere Absicht, den Akzent der welt- und selbst-verachtenden Zeugnisse zu beachten. Er stellt nicht das Ganze der Lebenseinstellung der Vergangenheit dar, gibt aber für die christliche Lebenseinstellung von heute wichtige Hinweise.

c) Der humane Wert von Stille, Selbstfindung, Rückzug aus der Welt

Alle großen Religionen, man möchte sogar sagen: alle Weltanschauungen kennen und loben den asketischen Verzicht. Die heutige Diskussion um den Sinn des Zölibats und des Jungfräulichkeitsgelübdes sollte die religionsgeschichtlichen Zeugnisse der gelebten Ehelosigkeit als Ausdruck der transzendenten Berufung ernster nehmen, als es gemeinhin geschieht. Die Berufung für das »Himmelreich« wird ganzheitlich als existentieller Verzicht auf diesseitige Erfüllung und Verwirklichung gelebt. Es finden sich überall – wie auch im Christentum – Übertreibungen, auch Zeugnisse, die nur pathologisch zu verstehen sind. Doch sie markieren oft – wie bei Ignatius von Loyola – nur Lebensetappen auf dem Weg zur Mitte. Der vermeintliche »Glücks- und Identitäts-Verzicht« hatte gerade bei ihm zur Folge den oft kritisierten geschickten Umgang mit den Dingen der Welt. Auch Nietzsche wußte um die Kraft der asketischen Einsamkeit:

»Wer einmal was zu sagen hat, / schweigt tief in sich hinein.
Wer einst den Blitz zu zünden hat, / muß lange Wolke sein.«

Baut nicht jeder kulturelle Fortschritt auf Verzicht und Entsagung auf? Hierin stimmen der Soziologe Max Weber und der Psychotherapeut Sigmund Freud überein. Letzterer hat dafür das Wort »Sublimation« geprägt:

»Wir heißen den Prozeß Sublimierung, wobei wir uns der allgemeinen Schätzung fügen, welche soziale Ziele höher stellt als die im Grunde selbstsüchtigeren sexuellen.«

In »Das Unbehagen an der Kultur« erläutert er dies folgendermaßen:

»Die Triebsublimierung ist ein besonders hervorstehender Zug der Kulturentwicklung, sie macht es möglich, daß höhere psychische Tätigkeiten, wissenschaftliche, künstlerische, ideologische, eine so bedeutsame Rolle im Kulturleben spielen.«

Menschliche Kultur und humaner Fortschritt gründen im Verzicht. Das gilt für das christliche Mittelalter ebenso wie für andere religiöse Kulturen.
Untersuchungen wie Gerhard Schulzes »Erlebnisgesellschaft«

von 1992 beschreiben in nüchterner Sachlichkeit das entgegengesetzte Phänomen: die schlimmen Folgen eines Zeitgeistes, nach dem der Mensch nicht mehr »verzichten« will. Am Ende steht eine »Ego-Gesellschaft«, die auch »Der Spiegel« (11. 01. 1993, Hefttitel: »Die schamlose Gesellschaft«) mit den Auswüchsen einer sich steigernden Brutalität in Verbindung bringt und als den Weg zum Untergang der Menschheit glossiert. Die »zusammenfassenden Tableaux« bei Schulze führen vor Augen, wie sehr die Konzentration auf das Ego und dessen Glücksbefriedigung (statt selbstlosem, »asketischem« Verzicht auf Befriedigung des Selbst) eine Rückentwicklung des kulturellen Lebens und humanen Fortschritts anzeigt.

Diese Einsichten von Psychoanalyse und Soziologie, daß jeder kulturelle und humane Fortschritt auf Verzicht aufruht, lassen sich an allen Großen des Christentums ablesen.

– Die Wüstenväter wurden in und durch ihre Askese zu Lehrmeistern der damaligen Elite; Bischöfe und Kirchenväter stammen aus ihren Reihen.

– Bernhard von Clairvaux floh in die Weltabgeschiedenheit der reformierten Benediktiner und wurde dadurch zur Leitfigur eines ganzen Jahrhunderts.

– Die Armutsaskese des Franz von Assisi wurde zum Motor der Kirchen- und Kulturreform des Mittelalters.

– Ignatius von Loyola mußte durch die asketischen Übertreibungen seines Einsiedlerlebens hindurchgehen, um der katholischen Reform ein neues, geläutertes kirchliches Leben zu schenken; ein Bewußtsein, das sich nicht zuletzt in der Lebensfreude des Barock niedergeschlagen hat.

Alle großen Religionen[18] bringen die gleichen Beispiele.

– Buddha predigte auch noch nach der menschenmörderischen Askese seines ersten Suchens Weltentsagung, Freiheit von allen Abhängigkeiten.

– Die hinduistische Ashram-Kultur gipfelt im bedürfnislosen Dasein des Bettel-Mönchs.

– Die schamanistische Initiation ist geradezu ein (oft erschreckendes) Beispiel grausamer Askese.

Entsprechendes gilt für das individuelle Reifen einer jeden Persönlichkeit. Zeiten der Stille, des Abschaltens, der zurückgezogenen, verzichtenden Sammlung, der Absage an die hektischen Zeitabläufe gehören ebenso zum persönlichen Wachstum, wie die Winterzeit notwendig ist, damit im Frühjahr die Bäume blühen und im Herbst Frucht bringen. Zwischen dem asketischen Verzicht und der positiven Lebensbewältigung mit aktiver Weltbejahung besteht ein dialektisches, reziprokes Verhältnis; man darf es nicht im »Entweder-Oder« auf einen Pol hin auflösen.

Was für die Entwicklung der Einzelpersönlichkeit gilt, gilt auch für die menschliche Gesellschaft: Ohne eine »asketische Kultur« ist sie dem Untergang geweiht. Mit dem wachsenden ökologischen Gewissen scheint diese Einsicht sich immer stärker durchzusetzen, wie sehr es auch in der Praxis daran mangeln mag. Diese Dialektik von Verzicht und Bejahung ist aber nicht erst aus der ökologischen Krise heraus erzwungen worden, sie ist ein Grundgesetz des menschlichen Daseins.

Dies darzustellen wird z. B. Carl-Friedrich von Weizsäcker (»Deutlichkeit«, 1978, 86 ff) nicht müde. Es gibt

»in fast allen Hochkulturen das Leitbild echter Askese der Entsagenden«. Diese Entsagung versteht sich im allgemeinen religiös. Religion (aber) ist durch die Jahrtausende (deshalb) kulturtragend gewesen, weil sie zugleich die verkörperte Kulturkritik enthielt. Hier hatte die Askese einen symbolischen Sinn. Sie drückte die Verwerfung des der herrschenden Kultur innewohnenden Prinzips der Begehrlichkeit in sinnenfälliger Schärfe aus. Die Bedürfnisverzichte, symbolisiert in den Mönchsgelübden der Armut, der Keuschheit, des Gehorsams, sind Mittel der Bewußtwerdung, der Distanzierung von sich selbst und damit der Entdeckung seiner selbst. Die tiefe Verwandlung der menschlichen Natur, die dadurch möglich wird, strahlt dann prägend in die Kultur zurück.«

Herrad Schenks bunte Sammlung entsprechender Zeugnisse, »Vom einfachen Leben« (1997) zeigt, daß gerade in Zeiten großer gesellschaftlicher Umbrüche die Zahl der Menschen, die sich nicht mehr in der eigenen Kultur geborgen fühlen, zunimmt und die Idee vom einfachen Leben eine besondere Attraktivität gewinnt.

d) Liebe als christliches Leitwort der Askese

Die Religion überhöht diese Dialektik zwischen Entsagung und Kultur, zwischen Selbstverzicht und Selbstfindung zur Beziehung des Menschen zum transzendenten Gott, dem endgültigen Ziel und umfassenden Sinn; ihm gegenüber kann das innerweltliche Dasein wie ein »Nichts« erscheinen. Mystiker (von Meister Eckhart bis zu Thérèse von Lisieux) sprechen oft genug einfachhin vom »Nichts«. Doch gerade der jüdisch-christliche Gott gibt nach dem Schöpfungsbericht dem Menschen den Auftrag, seiner Welt »Gärtner und Hirt« zu sein. Von hierher gewinnen für einen Mystiker wie Eckhart die Welt und ihre Aufgaben erst ihren positiven Sinn. Die »vorläufige« Existenz des Menschen in dieser Welt und mit ihr die Welt selbst stehen nicht im Gegensatz zum »endgültigen« Ziel des Menschen in Gott. Die Welt ist eine von Gott gesegnete Hinführung zu Gott. Dort liegt der existentielle Sinn der Askese: Mensch und Welt als Geschöpfe sind nicht das Absolute – aber sie erhalten vom absoluten Grund und Ziel in Gott Eigenständigkeit und Wert.

Was von außen her wie ein nur-funktionales Verhältnis aussieht – man müsse diese Welt und das Selbst benutzen, »um« sich so den Himmel zu verdienen – ruht auf einer tieferen Basis. Recht verstanden wird nämlich darin erfahren, daß diese Welt ganz und gar umgriffen und durchdrungen ist von der ewigen Wahrheit Gottes. Der jenseitige Gott ist zugleich auch der »Gott«, der diese Welt mit seinem Geist erfüllt; der »transzendente« Gott ist zugleich auch der »immanente« Gott in der Welt, wie es Meister Eckhart in seiner sublimen zweiten Predigt über Maria und Martha in Bethanien entwirft (auch Thérèse von Lisieux korrigiert die weltabgewandte Interpretation dieser Geschichte!). Welt und Mensch haben teil an Gottes Absolutheit. Weil sie – in der Sprache Eckharts – aus sich heraus »Nichts« sind, können sie ganz und gar erfüllt sein von Gottes ewigem Sein. In dieser Sicht verliert das »Funktionale« sein anstößiges Gesicht des Zweck-Ziel-Zusammenhangs und zeigt seinen eigentlichen Sinn: Gottes endgültige Zukunft ist »jetzt schon« da, in dieser Welt. Die mittelalterliche Spiritualität findet »Gott in allen Dingen«.

In unseren Tagen hat dies niemand energischer reflektiert als der Jesuit Teilhard de Chardin[19]. Er verstand die konkrete, materielle Welt als den sich entwickelnden kosmischen Leib Christi. Und alles, was der Mensch durch sein Tun positiv in die Weltwirklichkeit einbringt, ist Teil dieses Leib Christi:

»Durch sie (die Arbeit des Menschen und den Dienst an der Welt) vollenden wir in uns den Gegenstand der göttlichen Vereinigung; und durch sie vergrößern wir auch irgendwie in Bezug auf uns den göttlichen Pol dieser Vereinigung, unseren Herrn Jesus Christus.«

Die Welt in ihrer evolutiven Bewegung auf die Einheit der Menschheit (Noosphäre) hin ist nach Teilhard der werdende »kosmische Christus«, von dem es im Epheserbrief (4, 15f) heißt:

»Wir wollen, von der Liebe geleitet, in allem wachsen, bis wir ihn erreicht haben. Er, Christus, ist das Haupt. Durch ihn wird der ganze Leib zusammengefügt.«

Durch Teilhard kommt allerdings, wie mit Louis Cognet noch zu zeigen ist, ein neuer Reflexionsstand über den Sinn der christlichen Askese zum Durchbruch; eine Auffassung von Askese, die nun endlich die neuplatonischen Verkürzungen auch theoretisch überwindet. Er stellt bei einer Predigt zur Eheschließung die »Askese der Liebe« in den Mittelpunkt:

»Um euch aber vereinigen zu können, müßt ihr zuerst sein, und zwar so vollständig wie möglich ihr selbst sein. So entwickelt euch denn und nehmt von der Welt Besitz, um zu sein. Habt ihr das erreicht, dann entsagt euch selbst und willigt ein, abzunehmen, um dem anderen zu gehören. Dies ist das zweifache, aber einzige Gebot der ganzen christlichen Askese.«

Unter neuplatonischem Einfluß wurde eine Konkurrenz zwischen Gott und dem Menschen mit seiner Welt postuliert und dabei behauptet: Je weniger Welt, je weniger »Selbst«, desto mehr Gott. Damit hat Teilhard de Chardin endgültig gebrochen: Weil er von Gott größer dachte, konnte er auch von der Welt größer denken. Nicht Negation der Welt, sondern Liebe zu Gott und zu seinen Menschen und zu seiner Welt ist Leitbild der Askese. Das im Zusammenhang mit »Meditation« Erörterte bestätigt sich:

»Liebe (ist) die universellste, die ungeheuerlichste und die geheimnisvollste der kosmischen Energien.«

Ihre Hingabe aber ist zugleich Einswerden im Selbstverzicht wie personales Selbstwerden der beiden, die sich lieben:

»In einem Universum zentro-komplexer Struktur (dem Ziel der Evolution) ist die Liebe wesentlich nichts anderes als die der Kosmogenese eigene Energie. Die Einigung ... personalisiert.«

Der Selbst-Verzicht aus »Liebe« ist in seiner Tiefe totale Bejahung. Er kann in seiner Reife nur geleistet werden von einer »identischen« Persönlichkeit; aber er bringt – darin liegt die Humanität der Konzeption Teilhards – im Verzicht die Persönlichkeit zur vollen »Reife«. Denn nicht gestaltlose Einheit, sondern »Einigung, die differenziert«, die beide Partner erst zur Voll-Persönlichkeit heranreifen läßt, ist das Ziel der Evolution, ist die Sehnsucht des Menschen, ist das, was Teilhard im »kosmischen Christus« sich vollenden sieht. In seinem Aufsatz über »Die Evolution der Keuschheit« (GuL, 1994, 243–263) hat er seiner Weltsicht ein großartiges und zugleich persönliches Denkmal gesetzt.

Unter dem Vorzeichen der »Liebe« müssen auch die »asketischen« Anweisungen der antiken und mittelalterlichen Mönche und Nonnen verstanden werden. Vieles erweist sich als ein vielleicht mißlungener Versuch, die Liebe zu Gottes absoluter Transzendenz mit dessen Gegenwart in der Welt auf einen Nenner zu bringen. Nur wenigen großen Persönlichkeiten gelang die Synthese so, daß wir sie heute vorbehaltlos aufgreifen können. Selbst Meister Eckhart, der Martha von Bethanien, die Gott in der Arbeit fand, ihrer Schwester Maria vorzog, die vor den Füßen Jesu weltfern verharrte, tröstet in seinem Trostbuch mit Gründen, die unsere Welt verachten und nur noch das Jenseits sehen. Und auch Ignatius von Loyola, der in der »Betrachtung, um Liebe zu erlangen« (Nr. 235), »Gott in den Geschöpfen« erspüren läßt, gibt im »Prinzip und Fundament« (Nr. 22) den Geschöpfen einen nur »funktionalen« Platz auf dem Weg zu Gott; er weist an, »sie insoweit zu gebrauchen, als sie ihm für sein Ziel helfen.«

Es erfordert heute einen neuen Denkansatz, wie ihn Teilhard in seiner evolutiven Theologie gesetzt hat, um die »Logik der Liebe« auch theoretisch adäquat zu fassen, um Gottes Dasein in dieser Welt tiefer zu verstehen. Aber man sollte nicht vergessen, daß auch in der christlichen Vergangenheit diese »Logik der Liebe« oft vorbildlich gelebt wurde.

e) Demut vor Gott als realistischer Weltdienst

In der christlichen Askese vergangener Jahrhunderte wurde die von Freud herausgestellte »Sublimation«, also die »Unterdrückung der (sexuellen) Triebe«, die unvergleichliche Kulturleistungen vollbrachte, überwölbt vom glaubenden Blick auf die Schönheit und Vollkommenheit des transzendenten Gottes. Kultur schuf in der Brüchigkeit dieser Welt Orte und Mahnmale, die Gottes Schönheit und Vollkommenheit aufleuchten lassen.

Der menschliche Dienst an der Welt (und am eigenen »Selbstwerden«) gründete in der erfahrenen Einheit von bleibender Welt-Unvollkommenheit und sich schenkender Vollkommenheit Gottes. Das »Größer«-Sein Gottes gab Kraft, dem »Besser«-Werden der Welt zu dienen, ihre Unvollkommenheit der Vollendung aus Gottes Kraft heraus entgegenzuführen.

Diese Nüchternheit gegenüber der Welt-Unvollkommenheit wird in der christlichen (und auch nicht-christlichen) Spiritualität »Demut« genannt. Ein Blick auf Weltpolitik und Weltgeschichte zeigt, daß »demutlose« Versuche, eine »vollkommene«

Gesellschaft zu errichten, schnell ins Gegenteil umschlagen und in Tyrannei und Unterdrückung enden. Die Grundtugend der Demut gilt auch der aktiven Weltgestaltung: Sie anerkennt nämlich die eigenen Grenzen (und die der Welt). Gerade heute werden die unberechenbaren Folgen des reinen (nicht-demütigen) Fortschrittsdenkens bewußt. Die Diskussionen um Gen-Manipulation, künstliche Befruchtung, Organverpflanzung, Immun-Medizin usw. lassen diese Grenzen erahnen (befürchten). Demut aber weiß sich abhängig vom größeren Ganzen, von Gott. Martin Luther hat dies überpointiert, aber klassisch scharf erweitert zu: »Der Mensch ist zugleich Sünder und Gerechter, unvollkommen und vollkommen.«

Er muß in seiner Größe sich abhängig wissen vom größeren Gott. Erika Lorenz schildert diese Haltung bei Teresa von Avila: »Sie hat ein ständiges Bewußtsein von der ›Erbsündlichkeit‹ des Menschen, das sich ihrem Bewußtsein in eine ganz persönliche Schule verwandelt. Auch Teresa setzte in ihrem Leben zunächst auf eigene Leistung, um vollkommen zu werden. Ihre Bemerkung aber bestand nicht zuletzt darin, daß sie, wie sie schreibt, ›nicht mehr auf sich selbst, sondern einzig auf Gott vertraue.‹«

Bei vielen Heiligen zeigt sich diese Haltung, die nur dem oberflächlichen Beobachter gespielt oder gar krankhaft erscheint: Demut als nüchterne Annahme eigener Unvollkommenheit. Die klassische Lehre von der Erbsünde der Menschheit hat darin – trotz mißverständlicher Wortgebung – ihre bleibende Aktualität. Die Grundstruktur des Jesus-Gebets, in dem sich der Mensch als Sünder vor Gott bekennt, findet sich offen oder verborgen in jedem christlichen Bemühen um ein Leben vor Gott.

Als Christ darf man vertrauend glauben: Die Unvollkommenheit der Welt ist eingeborgen in die schöpferische Liebe, die Gott zur Welt und zu ihren Geschöpfen hat. Das meint Hildegard von Bingen, wenn sie die »materia« der Welt als Gottes Liebe erkennt. Das Glaubenswissen darum ist ein frohmachendes Geschenk des Christen, aus dem heraus er sich für den Dienst an der »besseren« Welt einsetzt, wie oft es auch vom Mißerfolg gezeichnet sein mag.

f) Askese als mitleidendes Mit-Leben mit Jesus

Aber der eigentliche Impuls Angelas de Foligno und anderer zu der – in mancher Hinsicht abwegigen – Askese ist der Wille,

Jesus einen Liebeserweis zu schenken. Diese Asketen und Asketinnen schauten Jesus – mit Paulus (1 Kor 2,2) – nur als »Gekreuzigten« an und wollten ihm aus Liebe gleich werden. Ihre Selbstquälereien sind lebendige, leib-gewordene Kundgabe des Mitleiden-Wollens mit dem Gekreuzigten: so sein wie er, der Geliebte! Angela lebt dies in Nachfolge der Jesusliebe des Franz von Assisi als innigste Nähe zu Jesus. Ignatius von Loyola meditiert so den »Dritten Grad der Demut«: Wenn es keine andere Notwendigkeit gibt, dann lieber mit dem »armen Christus Armut« statt Reichtum, mit dem geschmähten Christus »Schmähungen« statt Ehre wollen. Und er trägt dies deutlich in die Konstitutionen des Ordens ein.

Eckhart warnt zwar vor einer Veräußerlichung dieser Haltung, als müsse man mit äußeren Andachts- und Askese-Werken Gott die Liebe »beweisen«. Aber sein Schüler und Verteidiger Heinrich Seuse ging den Weg einer grausamen Liebesaskese. Eckhart selbst erzählt eine Geschichte solcher Askese: Ein Ritter hatte eine schöne Frau; sie verlor durch einen Unfall ein Auge; aus mitleidender Liebe zu ihr riß sich nun der Ritter ebenfalls ein Auge aus; aus Liebe wollte er der Geliebten gleich sein. So wurde Gott in Jesus uns gleich und hat uns zur Nachfolge aufgefordert.

In unseren Tagen kann man den anthropologischen Wert dieser Haltung in der Armuts-Spiritualität der Kleinen Brüder und Schwestern Charles de Foucaulds erahnen. Sie wollen mit den Armen mit-leben; nicht zuerst deren Armut lindern. Sie sehen im schlichten Mit-Leben der Armut einen human-christlichen Wert. Keine noch so reichen Spenden und kein noch so intensiver Kampf gegen die Not kann diese Geste der Mit-Armut ersetzen.

Die christliche Askese ist letztlich nur als Liebesmystik zu verstehen: aus der Erfahrung des (A-) anderen heraus, die das Eigene vergessen läßt. Meister Eckhart beendet seinen Traktat über die Abgeschiedenheit mit einer Erinnerung an Franz von Assisi, dem – wie seiner Schülerin Angela und der »Imitatio Christi« – der Ekel beim Küssen der Wunden des Aussätzigen zum Glück, die Bitterkeit zur Süße wurde:

»Das schnellste Tier, das euch zu dieser Vollkommenheit trägt, ist das Leiden; denn es genießt niemand mehr ewige Süßigkeit als die, die mit Christus in der größten Bitterkeit stehen« (Largier II, 419)[20].

Wahrscheinlich klingt überdies auch bei Eckhart, sicher aber vielen anderen mittelalterlichen Asketen, eine religionsethnologische Erfahrung an, die schon Aldous Huxley, jetzt aber recht intensiv Holger Kalweit in seinen Berichten über die Religiosität der Schamanen (1984, 1987) beschreibt: Ein grausamer Schmerz kann eine Art von Bewußtseinserweiterung erzeugen, die den Menschen in eine transzendentale, »mystische« Alleinheitserfahrung hineinstößt; es ist eine Tatsache, die heute auch medizinisch-psychologisch (Adrenalin, Endorphine, der »tote Punkt« beim Leistungssport usw.) aufzuweisen ist und die Klaus Engel in seinen empirischen Untersuchungen über Meditation als Bewußtseinserweiterung seltsamerweise kaum berührt.

Abschließend aber ist aus dem Wissen der Moderne zu betonen: Man darf (!) heute eine solche »Leidensnachfolge«, wie wir sie bei Angela de Foligno exemplarisch-übertrieben finden, nicht mehr anstreben. Aber man sollte sich um ein mitfühlendes Verständnis dieser Askese der Kreuzesnachfolge bemühen. Den Schlüssel dazu findet man nicht zuerst in der Sublimierungstheorie Sigmund Freuds, so wichtig sie auch ist, sondern darin, daß Askese in ihrer Tiefe Mystik der Liebe ist.

2. Eine neue, epochale Situation

So brauchen die alten Zeugnisse eine Neubewertung. Die Situation des Menschen hat sich radikal geändert. Der gegenwärtige Mentalitätsumbruch greift tiefer als die Neuorientierung zur Zeit der Reformation, tiefer auch als der Durchbruch des Christentums aus dem jüdischen Kulturraum in die antike hellenistische Welt hinein.

a) Das vergangene Eingeborgensein in einer religiösen Welt

Die rundum geschlossene religiöse Sozialisation von früher schenkte vielen ein ungebrochenes Urvertrauen ins Leben, das durch Schicksalsschläge oder durch Schuld nicht zerstört, sondern – im Sinn der »felix culpa«, der »glückseligen Schuld« – eher vertieft wurde; das die Kraft hatte, neue Lebensentwürfe zu integrieren und dadurch reicher zu werden. So schuf z. B. der sonntägliche Friedhofsbesuch am Grabe der Ahnen und Verwandten dem Kind im behütenden Schoß der Familie einen humanen Zugang zur Tatsache des Todes. Die Geborgenheit der Familie bot den Raum, in dem das Kind angstfrei mit dem Tod umzugehen und ihn ins Ganze einzuordnen lernte, was Christen mit Gottes Barmherzigkeit benennen dürfen. In einer solchen Mentalität konnte z. B. auch eine so schwer verständliche Askese wie die der Angela de Foligno Platz finden.

Daß diese religiöse Sozialisation auch ihre dunklen Seiten hatte, zeigen Menschen, deren Gottesbild mit Angst besetzt ist. Sie erfuhren Gott als einen Rächer, mit dem gedroht wurde. Der evangelische Theologe Klaus Thomas spricht von ekklesiogenen Neurosen, in denen das Abwerfen des Kindheitsglaubens als Befreiung erfahren wird. Aber sie stammen meist wohl aus der Übergangszeit der alten Geborgenheit in die anbrechende moderne Situation.

Wie die religiöse Sozialisation der Vergangenheit auch beurteilt wird, sie ist in ihrer geschlossenen Form vergangen. Ihre Fragen aber bleiben offen – so die eine, ob das dunkle Gottesbild, das in mancher Gegenwartsmentalität weiterwirkt, nicht von Grund auf abzulösen ist durch den gütigen Gott des Evangeliums Jesu Christi. Hier liegt eine Anforderung an das Christentum im Rahmen einer nicht mehr christlichen Gesellschaft und im Gespräch mit den Weltreligionen.

b) Die neue Situation des religiös-kulturellen Pluralismus

Wir leben in einer Glaubenssituation, die auch weltgeschichtlich neu und einmalig ist. Nicht nur der geschlossene konfessionelle Lebensraum, auch die allgemein-religiösen Basisübereinstimmungen sind nicht mehr vorhanden und werden nicht mehr wiederkommen. Religiöser Pluralismus oder Gleichgültigkeit dringen auch dort ein, wo heute noch eine geschlossene christliche oder Gott-gläubige Gesellschaft wie in einem Schon-Reservat lebt; sie berühren das religiöse Bewußtsein auch des wachen Christen. Einige unvollständige Hinweise mögen dies ins Bewußtsein heben.

(1) Die Ablehnung, Verachtung, zumindest Relativierung des Religiösen hat sich über den Kreis elitärer Einzelgänger hinaus in eine breite Öffentlichkeit hinein ausgeweitet. Populärliteratur und andere Medien verkünden für jedermann, daß die Religion – besonders das klassische katholische Christentum – etwas Überholtes und Hinterwäldlerisches sei. Nur als Privathobby von Sonderlingen habe es noch Platz in der Gesellschaft. Tiefer als diese radikale Kritik greift das Verschweigen und Übersehen des religiösen Bereichs. In gängigen Fernseh-Serien kommen Gott, Gebet usw. nicht mehr vor; und wenn, dann in

abwertender oder nostalgischer Weise. Wenn eine Serie mit Pfarrer oder Schwester Erfolg hat, hängt dies von der Leistung der Schauspieler ab oder davon, daß die Aufmerksamkeit einer gesellschaftlichen Randexistenz gilt, die wegen der »außergewöhnlichen« Konstellation die Zuschauer interessiert. Weil »Pfarrer Strack« oder »Schwester Maria« eine so sonderbare Lebensform haben und sympathisch gespielt werden, sind sie telegen geworden.

Das Übersehen des Religiösen gilt insgesamt. Wo der Buddhismus das Interesse der Menschen weckt, ist es das Exotische oder das vermeintlich A-Religiöse und »Liberale« an ihm. Als interessante, nützliche Lebenshilfe ist er in seinem Ernst und seiner Entschiedenheit aber verkannt.

(2) *Eine »Neue Religiosität*[21]*«* ist zwar zum Erstaunen vieler entstanden und gewinnt im öffentlichen Bewußtsein immer mehr Raum. Gleichsam vom Rand her bewegt sich eine esoterisch geprägte oder ostasiatische Religiosität auch ins christliche Bewußtsein hinein. Diese neue Religiosität widerlegt nicht die a-religiöse Diagnose, sondern bringt nur andere Züge in die Pluralität der Gegenwart ein. Sie zeigt, wie gefährlich es für die Psyche ist, wenn mit ihrer religiösen Sehnsucht gespielt wird, statt sie in ernster Verantwortung und Nüchternheit zu pflegen.

Oft genug ist die neue »Religiosität« nur Mode und Gag. Aber als Ganzes ist sie ernst zu nehmen. Sie bewegt sich zum Teil in sektiererischer Dialog-Unfähigkeit und hat oft das an sich, was religionsphänomenologisch »Fundamentalismus« heißt: ein »hermetisches« Sich-Abschließen gegen den Dialog. Unter dem irreführenden Stichwort »Jugendreligion« hat sie eine kämpferische Form gefunden. Doch meist ist sie von jener » Neuen Beliebigkeit« (Habermas) geprägt, die man »vagabundierend« nennt; das heißt: Ohne sich festzulegen, nimmt einer aus der Vielfalt der religiösen Angebote dasjenige heraus, was nicht zu sehr fordert und der augenblicklichen Stimmung entspricht. Religion wird zum Privathobby des einzelnen, zur Feiertags- und Erholungsbeschäftigung und verliert die soziale Verantwortung. Man nennt dies gerne »Spiritualität«, meint damit ein nicht festzulegendes Gefühl für etwas, was mehr ist als der Alltag, und besänftigt so das eigene religiöse Sehnen.

Die Religion verliert damit ihre Verbindlichkeit und steht auf einer Stufe (oftmals auch darunter) mit der Wertschätzung eines Sportvereins oder eines Urlaubs. In diese Beliebigkeit tragen sich die Versuche ein, Magie, spiritistische Kontakte, astrologische und ähnliche Systeme, Körper- oder erd-betontes Erleben, Pflanzen- und Steinmagie gesellschaftsfähig zu machen. Der Erfolg der utopischen Filme und Romane über ein zukünftiges viertes oder fünftes Jahrtausend beruht auf dieser »Religiosität«, die das Gefühl« nährt, aber unverbindlich bleibt.

Zwischen den beiden Extrem-Formen – sektiererisch-fundamentalistisch und beliebig-modern – gibt es seltsame Zwischenstufen. Alle dokumentieren zwar die religiöse Urveranlagung des Menschen, seine Sehnsucht nach metaphysischer Geborgenheit; aber dies in einer Weise, die Religion dem wechselnden Interesse, der subjektiven Selbstfindung und Selbstbestätigung und auch geldgierigen Managern anheim gibt. Oft steht am Ende Abhängigkeit statt Freiheit. Denn Wahrheit und Verantwortung sind ausgeklammert. Doch erst diese Werte machen die Religion wahrhaftig und human und befreiend.

Diese neue Religiosität hat mit der Religion Jesu Christi, aber auch mit der Mohammeds oder Buddhas wenig zu tun.

(3) Als »*Das Zeitalter des Narzißmus*« hat Christoph Lasch schon 1977 (deutsch 1981) die damit verbundene gesellschaftliche Haltung analysiert. Unter dem Titel »Geborgenheit« zeigte er zur gleichen Zeit, wie sehr darin eine »Bedrohung der Familie in der modernen Welt« liegt und damit eine Bedrohung der menschlichen Gesellschaft. Gerhard Schulze hat dies in seiner »Kultursoziologie der Gegenwart« empirisch belegt und theoretisiert. »Narzißmus« besagt nach Lasch die »Ego-Zentriertheit« einer »Raff-Gesellschaft«.

Man deklariert in dieser »Erlebnisgesellschaft« gerne die »Erfahrungsreligionen« des Buddhismus oder Hinduismus als Gestalten moderner Religiosität; doch diese sind sozial eingebunden. Das Bodhisatva-Ideal des Mahayana-Buddhismus steht dem christlichen Ideal der Nächstenliebe nahe. Wie sehr auch die europäische Liebe zur ostasiatischen Religiosität trotz gegenteiliger Proklamation in weitem Maße dem erlegen ist, was Lasch als »Narzißmus« kritisiert, zeigt der wachsende Trend, sie als psychologische Selbstfindungsprogramme anzubieten. Einer der erfolgreichsten Vertreter des »modernen Buddhismus«, Thorwald Dethlefsen, wirft dem sozialen Tun sogar vor, es sei Flucht vor der eigentlichen Aufgabe des Menschen, nämlich in der meditativen Vertiefung die Tiefe von Sein und Selbst zu finden. Seine »Transformationsethik« verweigert sich dem aktuellen Dienst an der Gemeinschaft und setzt auf den sogenannten

»Maharishi«-Effekt; auf dem Weg einer meditativen Bewußtseinserweiterung berühre der Meditierende den überindividuellen Seins-Grund, verbessere ihn und hebe so die menschliche Gesamtgesellschaft ethisch auf eine höhere Stufe. Wenn also ein gewisser Prozentsatz der Menschen meditiere, werde auch der Rest der Menschheit ethisch »besser«. So habe die Gruppe um Maharishi-Mahesh-Yogi in »transzendentaler Meditation« vor dem UNO-Gebäude in New York die Kubakrise (Anfang der 60er Jahre) überwunden.

Diese Umfunktionierung des gesellschaftlichen »Narzißmus« in eine vermeintlich soziale »Religiosität« bestätigt die Analysen Laschs und Schulzes, daß die moderne »Erlebnis«-Gesellschaft am Narzißmus wie an einer Todeskrankheit leidet.

(4) Am *kulturellen Pluralismus* zeigt sich der Mentalitätsumschwung am deutlichsten. Der Tourismus läßt jedweden mit fremder Religiosität in Berührung kommen. Die Print- und elektronischen Medien bringen die Vielfalt der Religionen ins Haus hinein – und damit auch die Flut von Religionsersatz. Die Versuchung liegt nahe, das Religiöse selbst zu relativieren und damit dem »postmodernen« Trend nachzugehen: »anything goes«, »alles ist möglich und auch erlaubt« (Feyerabend).

Gewiß, die Reflexionen Feyerabends gehen tiefer als das Angebot des religiösen Supermarktes oder der sich liberal dünkenden Mediengesellschaft. Aber liegt nicht doch in allem die Aufforderung: Du mußt nur deinen eigenen Weg finden?! Auch das Christentum sei nur eine »zufällige« Form des »Religiösen«, sei zu messen am persönlichen Wohlbefinden. Auf dem Hintergrund einer narzißtisch, als Selbsterfahrung verstandenen Religiosität werden die konkreten Religionen auswechselbar. Manch einer bezieht sich für diesen vermeintlichen Liberalismus sogar auf die Texte des II. Vatikanums, die die Weltreligionen für ihren Wahrheitsgehalt loben und als verehrungswürdig vorstellen; doch damit wird die Aussage des Konzils auf den Kopf gestellt.

Die als »Narzißmus« diagnostizierte Gesellschaftsauflösung und die pluralistische Deutung des Religiösen haben die gleiche Wurzel. Wenn alles »gleich-wahr« ist, ist auch alles »gleich-falsch«. Die Beliebigkeit unterminiert das »Unabdingbare«, das »Absolute«, woran jede Religion sich hält. Nur so gibt sie dem Menschen Sinn für sein Leben.

c) Verifikation des Glaubens durch »Erfahrung«

Doch auch im narzißtischen Trend der pluralistischen Gesellschaft liegt ein Anruf an den christlichen Glauben, der nicht überhört werden darf. An ihm wird ein Wesenszug der kommenden Spiritualität sichtbar.

Der Soziologe Peter L. Berger hat dies als evangelischer Christ in Arbeiten wie »Zwang zur Häresie« oder »Sehnsucht nach Sinn« (1994) betont und vor der Synode der Evangelischen Kirche Deutschlands 1993 eindrucksvoll dargestellt. Die Situation ist folgende: »absolute Gebote einerseits; relative Angebote andererseits. Sich dem Schicksal (Gottes) fügen; sich eine Welt schaffen durch Akte freier Wahl«. Mit der »großen Befreiung«, die sich aus der Beliebigkeit des Religiösen zu ergeben scheint, sei aber zugleich »eine große Verunsicherung« entstanden, die Berger »Entfremdung« nennt. »Die Modernität, gerade wegen ihrer pluralisierenden Prozesse, untergräbt die Selbstverständlichkeit religiöser Traditionen wie auch alle anderen Traditionen«. Das Religiöse gerät in die Situation des freien Marktes: »Eine Hausfrau schiebt ihr Wägelchen durch die Gänge eines Supermarktes – in der Abteilung ›Religion‹ nimmt sie verschiedene Konserven in die Hand, liest die Aufschriften, wiegt ab – auf einer Konserve liest sie ›Luthertum‹«. Sie könnte ebenso gut zur Dose »Hinduismus« oder »Scientology« greifen; vielleicht trifft sie ihre Wahl nur nach der reißerischen Reklame.

Zu dieser Lage des religiösen Pluralismus entwirft Berger in »Sehnsucht nach Sinn« drei (vier) mögliche Haltungen eines Christen.

- Die grundsätzliche Verdammung der Postmoderne würde in ein Ghetto-Dasein führen, das ihn entweder (1) völlig vom Gespräch mit der Umwelt ausschließen oder (2) ihn gar zu einem apologetisch geführten Kampf anleiten würde. Beides entspricht dem selbstsicheren Totalitarismus, der für Sektierer typisch ist. Die Religionsphänomenologie spricht von »exklusiver« Mentalität. Aus dem Willen, alles andere abzulehnen oder gar zu bekämpfen, entwickelt sich auch nach innen ein diktatorisches Verhalten; die eigenen Gläubigen werden unter gemeinsame Vorschriften gezwungen.

- Die zweite (3) Möglichkeit ist die Auslieferung an den pluralistischen Trend: »Man rekonstruiert Glauben, Theologie und Kirche so, wie man glaubt, daß moderne Menschen heute das plausibel oder relevant finden würden«. Das wäre Selbstaufgabe des Christentums und jeder Religion. Diese Auflösung in die Beliebigkeit des modernen Pluralismus entspricht der noch vorzustellenden Position der »pluralistischen Religionstheologie«.

– Berger zeigt, daß nur die letzte (4) Möglichkeit der »Auseinandersetzung« dem biblischen Glauben entspricht: Der Christ muß seinen Glauben aus eigener Initiative neu vertiefen: »Hier wird der moderne Pluralismus akzeptiert, aber es wird kein Götze aus ihm gemacht.«

Recht ähnlich, stärker soziologisch akzentuierend, beschreibt Michael N. Ebertz in »Kirche im Gegenwind. Zum Umbruch der religiösen Landschaft« (1997, 140–141) drei mögliche Positionen:

– die Option der Selbstgenügsamkeit oder die Strategie des Einigelns;
– die Option der Selbstregulierung oder die Strategie des Durchwurstelns;
– die Option der Selbststeuerung oder die Strategie der Entwicklung. Die Kirche ist aufgeschlossen für Veränderungen in ihrer Umwelt, erkennt unausweichliche Anpassungszwänge, versucht diese aber in Entwicklungsprozesse zu transformieren, d. h., den »Gegenwind« als »Aufwind« oder »Rückenwind« wirken zu lassen.

Berger zieht das kämpferische Wort »Auseinandersetzung« dieser Terminologie oder der von »Gespräch«, »Dialog« oder gar »Meditation« vor. Er spricht damit aus der US-amerikanischen Situation heraus, wo das Dialogisieren zum Hort von Beliebigkeit und Unverbindlichkeit zu werden droht. Sein Reden von Auseinandersetzung aber macht die Härte der Anforderung hörbar. Es geht um einen Dialog, der immer auch ein Risiko einschließt, das Risiko des Glaubensverlustes: »Man geht selten aus einer ehrlichen Auseinandersetzung so heraus, wie man hineingegangen ist.«

Dieses »Risiko der Freiheit« (im Dialog, in der Auseinandersetzung) ist dem Christentum heute mehr denn je zuvor aufgetragen. Es gilt bezüglich der kirchlichen Gesamtgemeinschaft wie des einzelnen Christen. Freiheit aber ist die Mitte der Botschaft Jesu. Paulus betont in seinen Briefen, daß er sie im christlichen Glauben gefunden habe. Das ignatianische »Die Freiheit Gott übergeben« scheint Luthers »Vom unfreien Willen« (De servo arbitrio) zu überbieten. Ignatius betet (Exerzitienbuch Nr. 234): »Nehmt, Herr, und empfangt meine ganze Freiheit, mein Gedächtnis, meinen Verstand und meinen ganzen Willen, all mein Haben und mein Besitzen.« Die Herausforderung an den

Christen zur freien Entscheidung ist in der Geschichte noch nie so bewußt geworden – befreiend und gefährdet – wie im kulturellen und religiösen Pluralismus von heute. Freiheit aber meint keine willkürliche Entscheidung. Sie ist getragen von Verantwortung.

Hier berührt Berger das Anliegen der »Meditation«, dem christlichen Glauben »Plausibilität« zu schenken. Glaube kann nicht bewiesen werden mit den Methoden einer naturwissenschaftlichen oder rein-logischen Argumentation. Er lebt aus der Dimension des Personalen, des Vertrauens, der Freiheit. Aber Glaube braucht – wie jede verantwortete Entscheidung – eine Basis verantworteter Erfahrung, braucht »Plausibilität«, das sind Erfahrungen, die Berger in seinem neuaufgelegten Buch »Auf den Spuren der Engel« (1992) »Wegweiser zur Transzendenz« nennt:

> »Jenseits des christlichen Glaubensaktes (d. h. noch unabhängig von ihm) offenbart sich die Welt als eine heilige, weihevolle Welt voller Symbole, das heißt, sie erweist sich als eine Welt, in der die sichtbare Realität viele Hinweise auf die unsichtbare Anwesenheit enthält.«

Ein nur-»logisches« Verständnis entkleidet solche Wegweiser ihres Verweischarakters und degradiert sie zum nackten, naturwissenschaftlichen Faktum. Schönheit wird zur Rechenaufgabe und Liebe zum hormonalen Trieb. Die Meditation aber soll den Menschen über dieses Bescheidwissen hinaus für »Werte« öffnen, um sie zu verinnerlichen und der existentiellen Mitte des Daseins einzuverleiben. Sie will den Hinweis des Wegweisers lesen und einschätzen. Wenn so das reine »Bescheidwissen« über eine Sache (Farbsubstanz) in den Verweis (Wert des Bildes) hinein überstiegen wird, öffnet sich zugleich ein Raum zur freien Entscheidung; man wird den Wert (des Bildes) abschätzen und (es) ablehnen oder akzeptieren.

Entsprechende Erfahrungen, die zugleich in die Entscheidung hinein entlassen, machen den Menschen »sensibel« für »Werte«; und dies ist der Weg, auf dem er seiner Glaubensentscheidung eine verantwortete, »plausible« Basis schafft. Sie erwächst auf dem Boden von Sinn-Erfahrung, von Meditation, nicht aber im Laboratorium des analytischen Bescheidwissens. Dergleichen verlangt die heutige Zeit vom Christen. Im Mittelalter und noch weit in die Neuzeit hinein konnte man sich an die hierarchische Struktur des Weltbildes, an dem Glauben an Gott als Gipfel der Hierarchie anlehnen. Diese Plausibilitätsbasis war unhinterfragt. Und die gläubige Umgebung trug diese Weltsicht der einzelnen Christen. Nach dem Zerfall des hierarchischen Weltbildes und der Zerstörung der homogen-gläubigen Umwelt versucht zwar die katholische Kirche lange Zeit, der »sakralisierten kirchlichen Kernorganisation mit dem charismatischen Papst an der Spitze diese Plausibilitätsfunktion zuzuweisen. Doch das ist offensichtlich gescheitert«, wie Karl Gabriel in »Zur Soziologie des Katholizismus« (1980, 218) schreibt. Heute ist es immer mehr in die Hand des einzelnen Christen gelegt, seinem Glauben ein Plausibilitätsfundament zu verschaffen. Die christliche Meditation aber will »Hinweise« auf die »unsichtbare Anwesenheit« Gottes entdecken und verinnerlichen.

d) Räume gemeinsamer Plausibilitätserfahrung

Der kritische Hinweis Gabriels macht auf einen wichtigen Zug der Plausibilitäterfahrung aufmerksam. Berger setzt als evangelischer Christ die Akzente anders als sein katholischer Kollege Ebertz. Er hebt den Glauben des Einzelnen hervor und betont – in Kantscher und Barthscher Entschiedenheit –, daß Glaube eine ethische Leistung des Einzelnen sei. Der katholische Gesprächspartner wird stärker als Berger zeigen, daß der Glaube des Einzelnen immer schon in einem vielseitigen Gespräch steht; im Gespräch mit den eigenen Vorgegebenheiten, den Erfahrungen, den Wünschen und Träumen; im Gespräch auch mit den vielen Zeichen außerhalb des Christentums, die Gottes Wahrheit »plausibel« machen. Jede Entscheidung spielt sich in einem vorgegebenen Gesprächsklima ab und damit auch in einer vorgegebenen (negativen oder positiven) Plausibilitätsatmosphäre. Der Dialog beginnt nicht am Punkt Null, sondern in schon bestehenden Räumen. Was Berger »Auseinandersetzung« nennt, um den eigenen Glauben tiefer im Selbst zu verwurzeln, ist zugleich ein Hineingehen in gemeinsame Erfahrungen mit anderen Menschen, wie sie in allen großen Religionen und insbesondere in der eigenen Glaubensgemeinschaft leben. Man findet die Plausibilität des christlichen Glaubens niemals in isolierter Einsamkeit, sondern immer nur im sozialen und kulturellen Netz von Plausibilitätserfahrung und Sinnsuche. Diese »Ökumene« des religiösen Suchens – auch über die eigene Religion hinaus – gehört zum Plausibilitäts-Fundament.

Aber notwendiger ist es, innerhalb der christlichen Kirche solche Plausibilitätsfundamente zu schaffen, die der Christ in seinem Suchen leicht betreten kann. Kirche ist nicht nur der Raum, in dem einzelne (mehr oder minder zufällig) zu Gebet und Gottesdienst zusammenkommen; der Raum, in dem man sich (diskutierend) »auseinandersetzt« mit dem Glauben. Kirche ist vor allem der gemeinsame Boden, der die einzelnen in ihrem Glauben trägt. Nicht nur Gottesdienste und Riten, auch die kirchliche Tradition und das Hineingeborensein in diese Gemeinschaft gehören zur Basis, auf der Plausibilität wächst.

Einiges von dem Entscheidungscharakter des Einzelglaubens ist immer schon vorweggenommen. Das hat gerade auch Berger in seiner Gesellschaftsanalyse »Die gesellschaftliche Konstruktion der Wirklichkeit« (1969, mit T. Luckmann) gezeigt. Die Glaubensentscheidung spielt sich nicht im luftleeren Raum ab, sondern im Raum der kirchlichen Gemeinschaft (und auch der religiös-suchenden Menschheit) und wird von ihm getragen. Die persönliche Erfahrung und damit auch die freie Entscheidung des Menschen zum Glauben sind eingebettet in die vorgängige Erfahrung dieses größeren »Raums«, in dem der einzelne Mensch lebt. Die katholische und mehr noch die orthodox-christliche Tradition bezeugen dies. Und das bezeugen auch die schon erwähnten »drei« Kleinodien des Buddhismus: Erfahrung (Buddha), Gemeinschaft (Sangha), Tradition (Dharma). Der Akzent liegt heute zwar stärker als je zuvor auf der persönlichen Erfahrung. Doch die gemeinsame Erfahrung der Kirche, die stets vom »Persönlichen« her zu befragen ist, darf im Gesamtglaubensvollzug nicht vernachlässigt werden.

e) Suche nach Plausibilität als Lebensprozeß

Schon die eigene Psyche, der Quellort der Aktivitäten des Menschen und damit auch seiner Entscheidungen, ist in sich selbst geprägt von Dynamismen, die »unbewußt« in jedes freie Tun, auch in die Glaubensentscheidung einfließen. Dies und der methodische Umgang damit ist seit Sigmund Freud Thema der Psychoanalyse. Mit allem »Entautomatisieren« wird die Meditation diese Prägungen niemals auflösen. Hand in Hand mit dem meditativen Rückbesinnen müssen diese Dynamismen berücksichtigt werden. So mehren sich auch theologische Arbeiten über das christliche Menschenbild und die (Tiefen-)Psychologie.

Die Dissertation von Klaus Baumann »Das Unbewußte in der Freiheit. Ethische Handlungstheorie im interdisziplinären Gespräch« (1996) ist diesen Fragen mit gewissenhafter Aufarbeitung der psychologischen Diskussionen und in Offenheit ihnen gegenüber nachgegangen. Sie bringt die »Handlungstheorie« des Thomas von Aquin mit ihnen in einen fruchtbaren Dialog. Die Kantsche und auch modern-liberale Auffassung einer völlig unabhängigen Freiheit (wohin auch manche Meditationstheorie tendiert) ist längst als Fiktion entlarvt. Sie hat nach Baumann hineingeführt in die »Aporie eines Freiheitsverständnisses, das nur die Wahlfreiheit und ein inhaltlich beliebig bleibendes Konzept von Selbstverwirklichung kennen will und auf diese Weise einen schillernden Egoismus propagiert«. Dagegen stellt er zum einen die Bedingtheit jeder (!) freien Entscheidung durch unbewußte dynamische Motivationen. Nicht nur die Umwelt, sondern mehr noch das eigene Innere gibt dem Menschen in seinem Suchen nach Plausibilität eine dynamische Ausrichtung mit: »Die tiefenpsychologische Grundthese macht mit der Affirmation des dynamischen Unbewußten eine Aussage über eine konkret vorfindliche Gegebenheit der ›Natur‹ des Menschen«. Deshalb betont Baumann mit dem Großteil heutiger Psychologen zugleich die Notwendigkeit »starker anthropologischer Leitvorstellungen«: »Die Betonung der Wahl- und selbst der inneren Freiheit darf in keiner Weise ablenken vom Einsatz für die Grundrechte jedes Menschen in seiner seinsmäßigen, von Gott verliehenen Würde.« Es ist ein Menschheitswissen aufgrund übereinstimmender Humanität, daß die Würde des Menschen (Thomas von Aquin: »imago Dei«, Bild Gottes) auf den »Grundrechten jedes Menschen« aufruht. Es ist dies die »dynamische Sicht der Freiheitsgeschichte des Menschen, die zugleich auch eine Glaubens- und Einsichtsgeschichte ist«. Diese Freiheitsgeschichte verläuft zwischen zwei Polen: dem sittlichen Ziel und den (unbewußten) psychischen Vorgegebenheiten. Daher muß die Plausibilitätserfahrung als ein »in der Entwicklung befindlicher Fortschritt« (oder »Verfall«) betrachtet werden; jeder Schritt steht »in asymmetrischem Zusammenhang mit der Wesensfreiheit des Menschen«. Plausibilitätserfahrung ist kein einmaliges Geschehen (so wichtig solche Momente sein können). Es gibt keine »Entschiedenheit für das sittlich richtige Handeln, die von allen Schichten des Strebevermögens mitgetragen wird, so daß ihr auch keine unterdrückten Wünsche, Neigungen und Affekte entgegenstehen«. Plausibilitätsgewißheit ist somit eingebunden in den Lebensprozeß. Der christliche Glaube ist kein Besitz, den man schwarz auf weiß in der Tasche trägt, sondern eine

»Zuversicht, daß sie sich mit Gottes Hilfe unter Einsatz der eigenen Freiheitsmöglichkeiten als progressive performative Symbolisierung der vielerlei zukünftigen, unabsehbaren Lebenssituationen, die auch

Widerfahrnisse ›böser Tage‹ einschließen werden, gegen höchstwahrscheinlich vorhandene, zentrale regressive performative Symbolisierungen dynamisch durchsetzen, läutern und reifend intensivieren läßt«.

Mit anderen Worten und im Sinn vorliegender Ausführungen: Das meditative Suchen nach Plausibilitätserfahrung muß das Leben als Prozeß begleiten. Die Mühe, dem eigenen Glauben im Lebensvollzug zu begründen, also zu meditieren, ist eine Lebensaufgabe. Nur in dieser Kontinuität wird der Glaube in unserer Zeit »plausibel«, bekommt er Gewißheit, daß er nicht willkürlich, sondern verantwortet ist. Nur so erlebt der Mensch, daß Glauben dem Leben Sinn schenkt; daß aus dem Glauben heraus das Leben recht »gelebt« werden kann – und dies besser, als es ohne Glauben möglich wäre.

f) Identität als Bezugspunkt christlicher Erfahrung

Karl Rahner hat diesen Prozeßcharakter der christlichen Entscheidung und damit auch der Plausibilitätserfahrung unter dem Begriff »Grundentscheidung« bedacht: Eine, man kann sagen: »überzeitliche« Grundhaltung ist im Lebensprozeß integriert, empfängt von dessen Auf und Ab positive oder negative Impulse und wird erst mit der Endgültigkeit des Todes in ein endgültiges »Ja« (Nein) hineingehoben.

Dieses »Ja« (Nein) ist ein »Ja« (Nein) zu Gott, auf den der Mensch vom Wesen her ausgerichtet ist, und daher ein »Ja« (Nein) zu sich selbst. Auch die Plausibilitätserfahrung des Glaubens ist zu beurteilen vom Wesen des Menschen, von seiner Subjektivität her – wenn diese in ihrer Offenheit auf Gott hin verstanden wird. Rahner spricht hier von »transzendentaler Erfahrung«, »in der der Mensch es immer schon mit dem absoluten Geheimnis, Gott genannt, zu tun hat«.

In der Plausibilitätserfahrung von Gott liegt zugleich ein Ja des Menschen zu sich selbst. So verknüpft Rahner im »Kleinen Theologischen Wörterbuch« (1976) die Freiheit des Menschen mit dessen Grundausrichtung (»Transzendentale Erfahrung«) auf Gott hin, daß nämlich »die Abhängigkeit von ihm (d. i. Gott) – anders als bei innerweltlicher Ursächlichkeit – gerade die Begabung mit freiem Selbststand bedeutet«. Mit anderen Worten: Je tiefer (und ehrlicher!) der Mensch seine eigene Identität befragt, desto deutlicher werde, daß er mit sich selbst nur identisch sein kann, wenn er sich vor dem absoluten Geheimnis Gottes und in ihm stehend bejaht. Auch der ehrliche Atheist erkenne sich selbst als vor diesem göttlichen Geheimnis stehend, auch wenn er es nicht mit dem Namen »Gott« benennt. Diese Theologie wurde viel diskutiert und kritisiert; doch in ihrer Grundintention ist sie so sehr angenommen worden, daß weiterführende Entwicklungen davon geprägt sind und immer mehr evangelische Theologen sich zu ihr bekennen.

So beschreibt Wolfhart Pannenberg in »Christliche Spiritualität, Theologische Aspekte« (1986) die vergangene Mentalität des evangelischen Glaubenslebens, wie er sie im pastoralen Unterricht erlebt hat:

»Die Predigt des Gesetzes mußte dazu dienen, bei den sittlich Laxen das Schuldbewußtsein erst zu erzeugen, das sie dazu bringen sollte, sich als Adressaten des Evangeliums der Sündenvergebung (der Gnade) zu verstehen (sich als Empfänger der Gnade zu erfahren). (Doch) die Bußgesinnung, die früheren Zeiten als ehrwürdig galt, ist als Ausdruck seelischer Erkrankung demaskiert worden.«

Dies belegt Pannenberg mit Friedrich Nietzsche und Sigmund Freud und verlangt dagegen einen neuen Ansatz, um der Mentalität der heutigen Menschen zu entsprechen: den Ansatz bei der Identität. Der Verdacht,

»daß die Bußlehre der Kirche nur Ausdruck von masochistischer Selbstaggressivität (ist), kann nur dann überwunden werden, wenn der Begriff der Sünde als Bezeichnung einer fundamentalen Nichtidentität des Menschen aufgefaßt wird. Wenn menschliche Identität eng mit dem Thema der Religion verbunden ist, dann mag es gute Gründe dafür geben, die fundamentale Nichtidentität, die die menschliche Situation kennzeichnet, Sünde zu nennen.«

Die selbstzerstörerische, masochistische Tendenz, die an der Askese einer Angela de Foligno erschreckte, wird umgedreht. Der Mensch sucht mit Recht Glück, Ganzheit, Identität in seinem »diesseitigen« Leben und setzt sich aus christlicher Motivation für die diesseitige Erfüllung ein. In dieser aber wird er erfahren, daß Identität nur in der Begegnung mit dem transzendenten Gott gelingen kann. Nach der alten Askese konnte es scheinen, als lehre das Christentum, der Mensch müsse seiner Sehnsucht nach irdischem Glück (lutherisch gesprochen: einer Identität unter dem Gesetz) entsagen oder müsse zumindest diese Sehnsucht ganz und gar dem Streben nach dem endgültigen Ziel in Gott (lutherisch: dem Evangelium) unterordnen. Pannenberg legt dagegen dar, daß es die Erfüllung und Identität des Menschen bestärkt, wenn dieser nach Gott strebt.

Die schroffe Entgegensetzung von Welt und Gott ist zwar – wie wir zeigten – für die große Tradition falsch; aber aus heutiger Sicht muß vieles der alten Askese tatsächlich als Ablehnen der irdischen Glückssuche gewertet werden. Denn heute ist der weltbejahende religiöse Rahmen, in dem auch diese negative Askese eingebunden war, zerbrochen. Er konnte damals noch eine Synthese von weltlich und göttlich schenken, konnte Gesetz und Evangelium, Leistung und Gnade ins Gleichgewicht bringen. Heute muß grundsätzlich der alte asketische Ansatz zur Lebensordnung in dieser Welt neu bedacht werden. Es genügt nicht mehr, Randunschärfen und gelegentliche Fehlgriffe zu bereinigen. Das Verhältnis beider Komponenten christlicher Existenz muß neu geordnet werden: Leben in dieser Welt und Hoffen auf eine jenseitige Erfüllung. Sätze wie »das Irdische verachten und das Himmlische anstreben« verdunkeln die christliche Selbst- und Weltbejahung. Wie schwierig das gerade vom Ansatz der evangelischen Theologie her sein kann und wie bahnbrechend die Überlegungen Pannenbergs sind, zeigen Uwe Birnstein und Klaus-Peter Lehmann in ihrer Streitschrift »Phänomen Drewermann. Politik und Religion einer Kultfigur« (1994). Auch der vielumstrittene Paderborner Theologe[22] setzt in seinem Denken bei der Heilssuche des Menschen an, bei seiner Sehnsucht nach psychischer Identität. Dieser Ansatz aber steht nach den beiden Theologen im Gegensatz zur Botschaft Jesu. Danach besteht

»Drewermanns Theologie ... nicht darin, die Existenz Gottes, sein Handeln in der menschlichen Geschichte zu bezeugen, sondern in der Behauptung, für den Menschen sei der Glaube an seine Existenz *psychisch notwendig.*«

Dagegen bestehen sie auf einer »strikten Trennung zwischen Gott und Welt«, zwischen Jenseitshoffnung und Diesseitserfahrung. Das unterscheide das

»biblische Denken von aller mythischen Religiosität, in der Grenzen zwischen Göttern und Menschen, Sterblichen und Unsterblichen zerfließen und die irdische Lebenswelt mit der überirdischen verschmilzt.«

»Heidnisch« ist nach ihnen deshalb

»ein religiöses Denken, das Gott und Welt im Verhältnis von Grund und Sein, Wesen und Erscheinung ineinander (göttlicher Grund der Welt) sieht. Heidnisches Denken sucht nach Spuren Gottes in der Natur des Seins, in den Tiefen der Seele, im Wesen des Menschen ...«

Ein Christ dürfe seine Existenz nicht darauf gründen, daß Gott in der Welt lebendig und zugleich mehr ist als die Welt, unabhängig von ihr in seiner Transzendenz existiert, sondern nur auf einer radikalen Entgegensetzung von Gottes Transzendenz zur welthaften Wirklichkeit. Doch damit fallen sie der Ideologie der mißverstandenen alten Askese zum Opfer, als müsse man der Welt entsagen, um Gott zu finden. Wenn beide dann doch die »positive« Einstellung zu dieser Welt als »Raum« des »Gesetzes« in den Lebensentwurf einfügen, mutet es wie ein Trick an, um mit den konkreten Weltaufgaben theologisch zurechtzukommen.

Blondel hat wohl als erster in der oben gezeigten geistigen Präzision die Einheit des menschlichen Doppel-Ziels erarbeitet: eigene Identität und Begegnung mit Gott. Er nahm die Sehnsucht des Menschen nach Identität, nach etwas Endgültigem und Ewigem, ernst, zeigte aber, daß sie nur im freien Geschenk Gottes Erfüllung finden kann: Gnade (Evangelium) und Natur (Gesetz) stehen nicht im Verhältnis von Gegensatz, sondern von Erfüllung und Erwarten zueinander. Der scholastische Grundsatz: Die Gnade zerstört nicht die Natur (das Gesetz), sondern vollendet sie, wird von Blondel intensiviert: Die Natur des Menschen schreit aus ihrer Mitte heraus nach der Erfüllung durch das Geschenk Gottes. Die neu erwachte Schöpfungstheologie geht auch im evangelischen Raum (Jürgen Moltmann, Christian Link) dieser Verbindung von Natur und Gnade, von Schöpfung und Erlösung, von Gesetz und Evangelium nach.

Wolfhart Pannenberg setzt dies um in Spiritualität, in christliche Lebenslehre, in das, was man klassisch »Askese« nennt. Er zeigt: Nicht der Sünder-Mensch, der von Gott mit Gnade beschenkt wird, sondern der Mensch auf der Suche nach sich selbst, nach seiner Identität muß im Gespräch mit der heutigen Zeit bejaht und zum Ausgangspunkt der Spiritualität werden. Identität meint Ganz-Werden des Menschen. Nur der erreicht sie, der Gottes Unendlichkeit und sein Gnadengeschenk hineinnimmt in die Suche nach sich selbst, in den Weltentwurf. Eugen Bisers Ruf nach einer »therapeutischen« Theologie meint dasselbe.

Leicht ersichtlich ist die Nähe dieser Ansätze zu Drewermanns Überlegungen, aber mehr noch zu Karl Rahners Theologie. Er stellte in seiner theologischen Abschiedsrede zum 80. Geburtstag Gottes Selbstmitteilung, nicht aber Erlösung und Heilung des sündigen Menschen in die Mitte der Anthropologie. Gott will den Menschen dorthin führen, wonach dieser sich aus ganzem Herzen sehnt: zu sich selbst, zu seiner eigenen Ganzheit, die auf Unendlichkeit, auf Gott angelegt ist; dies besingt auch Friedrich Nietzsches »Und alles Glück will Ewigkeit, will tiefe, tiefe, Ewigkeit«. Diese Ganzheit aber kann der Mensch nicht aus sich, sondern nur in der Unendlichkeit Gottes realisieren und erfahren.

Rahner zeigt in dieser Rede, daß die »transzendentale Erfahrung« des Menschen, die Gott berührt, ihre Erfüllung in Jesus Christus findet:

»Die eigentliche Selbstmitteilung des unendlichen Gottes über alle kreatürliche Wirklichkeit und endliche Gabe Gottes hinaus (ist) das, was durch Jesus und ihn allein uns zugesagt, angeboten und garantiert ist. Wir können nur entweder alles, nämlich Gott selbst in seiner reinen Gottheit wollen, oder wir sind verdammt, d. h. begraben in dem Kerker unserer Endlichkeit.«

Menschliche Identität, die sich vollendet in der Gegenwart Gottes, die »transzendentale Erfahrung«, die sich weitet auf Gottes Unendlichkeit hin, findet Erfüllung in der Gnade Jesu Christi.

In der vorgetragenen Abstraktheit scheinen die Ausführungen über Identität nur innertheologische, höchstens ökumenisch wichtige Fragen zu berühren. Doch für den Aufbau einer christlichen Lebenslehre werden sie unersetzbar: Bei welchem Menschenbild muß die Lebenslehre ansetzen? Beim Menschen als Sünder und bedürftige Kreatur? Dann scheint doch die Liebe Gottes, der den Menschen zum Heil führen will, außerhalb dieses Menschen zu liegen und wird diesem als Erlösungsgnade gleichsam von außen (extrinsezistisch) übergestülpt. Das Eigenstreben des »sündigen« Menschen nach Gottes Heil wird dabei zu unerlaubten, sündhaften Eigeninitiative. Wenn aber schon im ersten Streben des Menschen (transzendentale Erfahrung) die (ersehnte) Liebe Gottes zu Menschen wirksam ist, dann sind auch dessen Eigenbemühungen schon bewegt von dieser Kraft, die sich in Gottes Liebe vollendet. Der Mensch wird verstanden als ein Pilger auf dem Weg zur eigenen Identität, die sich in Gott vollendet. Weil diese Identität, dieses Suchen nach Bestand und Ganzheit, sich auf der Basis der Liebe bewegt, ist das erste menschliche Suchen wie dessen Erfüllung ein Geschenk von Gott, ein freier Liebeserweis des Unendlichen und Ewigen.

3. DIE WÜRDE DES MENSCHEN

In einer kleinen Arbeit »Die Annahme seiner selbst« (die Sprechkassettenfassung ist ausführlicher) skizzierte Romano Guardini schon 1960 eine Anthropologie, die unser Anliegen betrifft. Er setzt sich darin mit der Menschheitsfrage auseinander: »Wer bin Ich?« und führt sie hinein in die heutige, von Angst und Resignation besetzte Zeit. Doch

»auch vor dem Bösen in mir darf ich nicht weglaufen: schlimmen Anlagen, verdichteten Gewohnheiten, aufgehäufter Schuld.«

Guardini greift die moderne Befindlichkeit ähnlich wie die beiden Nietzsche-Bewunderer und -Kritiker, Eugen Drewermann und Eugen Biser, auf:

»Die Philosophie der letzten Jahrzehnte sieht in ihr das Selbsterlebnis des endlichen Seins als solchen, das sich durch das Nichts bedrängt fühlt. Sie sei vom Selbstbewußtsein unablösbar, ja mit ihm identisch; Sein heiße In-Angst-sein.«

Doch dagegen protestiert er:

»Das Endlich-Seiende muß durchaus nicht in Angst, es könnte auch in Mut und Zuversicht existieren. (Angst) ist die empörte Endlichkeit. Die erste Endlichkeit, der Mensch in seinem Anfang, wußte sich geschaffen und ins Eigensein freigegeben durch Gott, welcher der wahrhaftige und gütige ist. Er wußte seine Freiheit im freien Willen Gottes begründet. Diese Endlichkeit wurde als Glück, als aller Erfüllung fähige Möglichkeit erlebt. Die Angst kam erst, als der Mensch sich dagegen empörte, endlich zu sein, nicht mehr Ebenbild, sondern Urbild, das heißt unendlich-absolut zu sein beanspruchte. Die unabmeßbare Weite des Möglichen wurde zur Ortlosigkeit. Bis schließlich die Gottesleugnung der Gegenwart um die eigene Endlichkeit herum die bedrohende Leere schuf, das bis zum Überdruß besprochene Nichts.«

Die Angst der sich bewußt gewordenen Endlichkeit wird überwunden durch das glaubende Wissen des Menschen, daß er in der Unendlichkeit des freien Wollens Gottes gründet. Der Unterschied zur Angstüberwindung Ken Wilbers und der »transpersonalen Psychologie« durch All-Einheit statt Urvertrauen springt in die Augen. Nach Guardini entsteht Angst nicht aus der Auflösung einer »gnostischen « Einheit in die Vielheit hinein, sondern aus dem Vertrauensbruch des Menschen mit Gott, wie die Genesis-Geschichte es mythisch-bildhaft erzählt. In der Sprechkassette konfrontiert er die christliche Anthropologie dem Reinkarnationsglauben, zu dem viele Zeitgenossen flüchten und die Angst der eigenen »Endlichkeit« dadurch zu überwinden suchen, daß sie dem eigenen Selbst eine möglichst große Selbstverwirklichung und allumgreifende Identität – über viele Reinkarnationen hin – zusprechen. Nach dem christlichen Menschenbild aber findet der Mensch seine Identität in Gott und von Gott her und auf Gott hin:

»Sein Dasein ist nicht ›Natur‹ in dem Sinne, wie Pflanze und Tier es sind. Es ist auf die Gnade, d. h. die personale Beziehung zum liebenden und schenkenden Gott hingeordnet. Mehr noch: in dieser Beziehung wird er erst jenes Wesen, das er nach Gottes Willen werden soll. Erst darin ersteht seine eigentliche Natur.«

a) Dialogische Unsterblichkeit statt Reinkarnation

Menschliche Identität ruht nicht in eigener Abrundung, sondern im Offenstehen, im Bezug, im Hingeordnetsein auf die Unendlichkeit Gottes. Das ist der tiefste Grund, weshalb – trotz aller Affinität und Achtung vor vielen Suchern – der Glaube an die Reinkarnation im Christentum keinen Platz hat: Christliche Identität baut auf Gott und seine Liebe, nicht aber auf Leistung des Menschen.

In der Religiosität des indischen Subkontinents verlangt der Reinkarnations-Glaube ein meditatives Bemühen, sich langsam vom Fluch des Karma, der Verflechtung in das Gute und Böse des Weltenlaufs, von allen Anhänglichkeiten zu befreien; zu befreien auch von der Bindung an das Gegenüber Gottes und letztlich auch von der Bindung an die eigene Identität. In westlicher Verharmlosung wird daraus das Angebot, weitere, noch ausstehende Möglichkeiten der eigenen Existenz in neuen Lebensläufen zu verwirklichen, wozu ein einziges Leben nicht genügend Raum bietet. Immer aber liegt im Reinkarnationsglauben zum einen der Drang, daß doch die eigene Ganzheit in sich realisiert werde – gleichgültig, ob es durch Befreiung von aller Abhängigkeit (östlich) oder durch Realisation aller Lebensmöglichkeiten (westlich) geschehen soll; zum anderen die Zuversicht, daß diese Befreiung oder Realisation aus der Kraft und dem eigenständigen Tun oder Leiden des Menschen gelingen kann; künftige Leben geben Raum für das, was in diesem nicht gelingt.

Joseph Ratzinger hat die anders laufende, christliche Hoffnung auf Vollendung mit der geglückten Wortbildung »dialogische Unsterblichkeit« zusammengefaßt. T. Nachtwei hat der Thematik eine gleichnamige Arbeit (1986) gewidmet. Entstanden ist das dichte Wort im innerchristlichen Gespräch um das Verständnis von Auferstehung: Wird der Mensch deshalb über den Tod hinaus existieren, weil in ihm etwas lebt, was einfachhin nicht »totzukriegen » ist, nämlich seine »unsterbliche Seele«? (So klingt es in der Tradition der antiken Philosophie und in manchen neu-religiösen Ansätzen). Oder wird der Mensch weiterleben, weil Gott so lebenskräftig ist, daß er den Total-Gestorbenen wieder zu einem lebendigen Menschen machen kann? (So hat es die dialektische Theologie des Protestantismus zu verstehen gesucht).

Ratzinger setzt anders an: Der Mensch ist von seinem innersten Wesen her »dialogisch«; er hat seine »Identität«, seine »Persönlichkeit« nicht in selbstherrlichem Eigenbesitz, sondern nur in der »Beziehung«, nach Martin Buber: im »Zwischen«. Der Mensch wird er selbst, wenn er sich auf den anderen hin, auf das Du ausrichtet. So hat auch Johann Wolfgang von Goethe im »Westöstlichen Diwan« auf die Erfahrung der Liebe hingewiesen und deshalb einen Vers, der lautet: »höchstes Glück der Menschenkinder / sei nur die Persönlichkeit« korrigiert und verbessert in: »Doch ich bin auf andrer Spur / alles Glück der Menschenkinder / find' ich in Suleika nur (find' ich nur im »du«).«

Der christliche Glaube nimmt diese »dialogische Grundbeziehung« einer jeden Liebe für das Verhältnis des Menschen zum Absoluten in Anspruch. Man kann Goethes Vers weiterführen, um das christliche Wagnis zu zeigen: Jedes Selbst der Menschenkinder/lebt aus Gottes Liebe nur. Dies greift Ratzinger mit der Wortprägung: »dialogische Unsterblichkeit« auf.

Wenn die eigene Identität von ihrem Wesen her dialogisch ist, also in dem Anderen ruht, den wir Gott nennen, kann die ersehnte Ganzheit nicht aus der alleinigen Kraft des Subjekts verwirklicht werden, sondern muß sich auf diesen »absoluten Anderen« beziehen; in Frömmigkeitssprache ausgedrückt: auf Gottes Willen und auf Gottes Führung; mystisch mit Augustinus gesagt: auf den Gott, der mir innerlicher ist als mein Innerstes. Der Mensch hat seine Identität in der Einmaligkeit, in der Gott ihm sein Leben schenkt: nicht aber in seinen gigantischen Träumen von Macht und Unendlichkeit, in den Träumen vom »Gott-gleich-sein-Wollen« der Paradiesessünde. Verwirklichung der Identität heißt: Gott als den Grund eigener Identität anerkennen und realisieren. Ganzheit, Personalität glückt, wenn das Selbst sich auf Gott öffnet. Mit Goethe in der Sprache der Liebe: wenn einer das Du, wenn er »Suleika« findet.

Gewiß, im Glauben an die gottbezogene Identität des Menschen bleiben Dunkelheiten; bleibt vor allem die Frage, was mit dem Menschen geschieht, der in seiner einmaligen Existenz an Gottes Liebe, also an seiner eigenen Identität vorbeilebt. Diese Dunkelheit wird nicht dadurch erhellt, daß man Gott sich aus der Einmaligkeit seiner Liebe zurückziehen läßt, den Menschen sein Leben selbst in die Hand nehmen und ihn daher in der

Ewigkeit der Gottferne, Hölle genannt, verderben läßt. Ratzinger wendet sich in seiner »Eschatologie« (1977, 176–179) gegen ein Mißverständnis, das die Dunkelheit von Gott abtrennt und der absoluten Höllendunkelheit zuweist. An dieser Frage nach der Ewigkeit der Höllenstrafe erweist sich die Fruchtbarkeit des »dialogischen« Verständnisses von Unsterblichkeit. Es nimmt den Verständnisschlüssel aus der Hand des Menschen und übergibt ihn Jesus: In ihm tritt Gott, so schreibt Ratzinger mit der Wortbildung »umleiden«,

»selbst in die Freiheit der Sündigenden ein und überbietet sie durch die Freiheit seiner in den Abgrund gehenden Liebe. Die Antwort liegt im Dunkel von Jesu Scheol-Abstieg verborgen, in der durchlittenen Nacht seiner Seele, in die kein Mensch hineinzublicken vermag – höchstens soweit er im leidenden Glauben mit in dieses Dunkel geht. Hoffnung kann ihr (der furchtbaren Wirklichkeit der Hölle) nur entgegengehalten werden im Miterleiden ihrer Nacht an der Seite dessen, der unser aller Nacht umzuleiden gekommen ist. Solche Hoffnung legt ihre Bitte in die Hände des Herrn hinein und läßt sie dort.«

Die »dialogische« Anthropologie bewährt sich vor dem furchtbaren Geheimnis des menschlichen Total-Versagens. Sie stellt sich gegen den menschlichen Vorwitz, hierzu (zu der Unerlösbarkeit des menschlichen Totalversagens, also zur Ewigkeit der Hölle) ein Ja oder auch ein Nein sprechen zu können. Sie lenkt hingegen den Blick auf Jesus, den »wahren Bodhisattva« (wie Ratzinger schreibt), den menschgewordenen Gott, der ins Dunkel der Hölle hineingestiegen ist. Wir müssen hoffen, meint auch von Balthasar, daß Gottes Barmherzigkeit stärker ist als das Höllenfeuer.

Damit ist weder ein begriffliches Auflösen der Höllen-Frage (ein System-Verständnis wie in Hegels »spekulativem Karfreitag«) noch ein resignierendes Abweisen der Fragestellung, ein nichtwissendes Schulterzucken gesetzt, sondern die radikale Wendung von sich weg auf ihn, den Anderen, auf Gott und seinen menschgewordenen Sohn. Auf ihn stützt sich die Hoffnung in der (und gegen die) Höllenfrage. Mit der »dialogischen Unsterblichkeit« werden Verständnis und auch Erfahrung aus dem isolierten menschlichen Verstehen herausgenommen und in Gott hinein gelegt. Gottes Geheimnis aber ist im Kreuzesleiden Jesu Christi für uns Menschen sichtbar geworden; dort hat Gott – wie wir hoffen dürfen – auch noch die Hölle untergriffen und zur Auferstehung geführt. Wir fallen stets in die Arme dessen, der Tod und Hölle besiegt hat[23].

b) Die Gott-bezogene Würde eines jeden Menschen

Was in Anlehnung an Ratzinger »dialogische Identität« genannt werden kann, hieß in der alten Theologie »Gottesebenbildlichkeit des Menschen«. Meister Eckhart und auch die ostkirchliche Frömmigkeit nennen diese Würde des Menschen sogar »etwas Göttliches im Menschen« oder »Vergottung«. Immer aber bleibt diese Menschenwürde ein Geschenk, in dem der Mensch sich stets und je neu von Gott empfängt. Auch bei Eckhart zeigt sich das dialogische Element als bleibende Polarität zwischen Gott, den stets-Schenkenden, und dem Menschen, den er als nur-Empfangenden ein »Nichts« (aus sich selbst!) nennt.

Für unseren Gedankengang heißt dies: Die Würde des Menschen liegt primär nicht in dem, was er als sogenannte reife Persönlichkeit repräsentiert, sondern hat ihren Seins-Grund in Gott, dessen Ebenbild er ist. Dialogisch ausgedrückt: Die Würde des Menschen gründet in Gott und wird bestärkt durch Gottes Menschwerdung.

Von hierher wird verständlich, warum die christlichen Kirchen sich so energisch und grundsätzlich für den »Schutz des menschlichen Lebens« einsetzen – sei es das Leben eines ungeborenen Embryo, sei es das eines geistig und körperlich behinderten Menschen, der sozial nur noch eine Last für die anderen ist. Man mag in Einzelentscheidungen eine andere Meinung haben als offiziell aus juristischem Blickwinkel vertreten wird. Aber es ist gemeinsame christliche Glaubenüberzeugung, daß jede menschliche Existenz eine absolute Würde hat. Denn jeder Mensch hat – dialogisch oder bildhaft oder seinsmäßig verstanden – teil an Gottes Würde. Das Sorgen um das eigene Wohlergehen und jede Entfaltung der eigenen Persönlichkeit muß sich in dieser Relation zum Urbild, zu Gott bewegen.

Im Blick auf Jesus, Gottes zeitlich-weltliche Konkretheit, wird das christliche Menschenbild auch zeitlich-weltlich konkret. Dies kann zum neuen Verständnis für die bizarre Askese einer Angela de Foligno und anderer verhelfen. Denn diesen Menschen stand der göttliche Pol ihrer »dialogischen Identität« so lebendig vor Augen, daß der andere Pol ihrer eigenen Persönlichkeit davon überdeckt wurde. Auch Eckhart predigt: »Alle Kreaturen sind ein reines Nichts. Ich sage nicht, daß sie geringwertig oder überhaupt etwas seien; sie sind ein reines Nichts.« Das umschreibt ontologisch die »dialogische« Grundlage der Leidensmystik Angela de Folignos: so sehr auf Gott ausgerichtet sein, daß der Kreaturen Eigensein sich in seiner Nichtigkeit zeigt und erfahren wird. Bei Eckhart fasziniert die radikale Konsequenz dieser Mystik.

Solche Rückblenden helfen, das Ungeheure und zugleich Menschliche der christlichen Botschaft besser zu verstehen: Der Mensch, ein jeder Mensch in seiner Unvollkommenheit, hat Teil an der Würde des ewigen, ungeschaffenen Gottes, der in Jesus, dem »Gekreuzigten«, begegnet. Man kann die Menschenwürde nicht verstehen, ohne die Würde Gottes anzubeten.

c) Das Ja zur Unvollkommenheit des Unterwegsseins

Die evangelische Theologie liebt es – besonders seit Dietrich Bonhoeffer –, die »vorletzten« scharf von den »letzten« Dingen zu trennen und damit die Lehre von »Gesetz« und »Evangelium« aus der Sicht der neu erwachten »Schöpfungstheologie« heraus zu modernisieren. Mit dem »Letzten« ist Gott, Jesus Christus, das endgültige Heil des Menschen gemeint; mit dem »Vorletzten« aber – in diesem Zusammenhang – Gesundheit, Ganzheit, Persönlichkeit usw., also die eigene Identität.

Doch diese Trennung des »Eigentlichen« vom »Vorläufigen« ist zu scharf und wird der Menschwerdung Gottes, der »Fleisch«-Werdung des ewigen »Wortes« nicht ganz gerecht. Inkarnation des ewigen Wortes in dieser Welt heißt nämlich, daß auch sie, als das »Vorletzte«, zum »Letzten« wird. Die »Vergöttlichung« der »Schöpfung« schließt Gott und Welt eng zusammen. Daher lebt im »dialogischen« Verständnis die Zuversicht, daß schon im »Vorletzten« das »Letzte« zu finden ist. Gott ist Teil der Schöpfung und Bruder der Menschen geworden. Im »mystischen« Verständnis der Beziehung zwischen Gott-Alles und Mensch-Nichts wird nach Eckhart die menschliche Nichtigkeit erfüllt von Gottes »Alles-Sein«.

Die Liebesmystik Margarete Poretes, die 1310 als Häretikerin verbrannt wurde, lebte aus der Erfahrung: Gott-Alles, der Mensch-Nichts. Sie nahm die Lehre des Johannes vom Kreuz: »Todo-Nada« (Alles-Nichts) voraus. Das Mißverständnis der Inquisitoren ist eine schlimme Tragik der Geschichte. Doch es ähnelt dem modernen Mißverständnis, die eine solche Mystik als »Seins«-Identität mit Gott deuten. Für Margarete Porete wie Johannes vom Kreuz aber war es eine »Liebes«-, eine »dialogische« Identität. Auch Meister Eckhart identifiziert den Menschen, der aus sich »Nichts« ist, mit dem All-Sein der Gottheit. Doch dies lebt aus der Erfahrung (und der Theologie) des »dialogischen« Bezugs auf Gott. Die evangelische Unterscheidung vom »Letzten« und »Vorletzten« bleibt demgegenüber im Alltag des »Vorletzten« stehen, macht aber darauf aufmerksam, daß unsere Welt und unser Leben von Leid und Schmerz der Vergänglichkeit, vom »Vorletzten« durchzogen ist, weist von dorther auf das »letzte« Ziel.

In der Gestalt Jesu aber ist beides vereint. Er predigte, daß mit ihm die Befreiungssituation des Reiches Gottes schon »anwesend« ist: »Das Reich Gottes ist schon mitten unter euch« (Lk 17,21).

Seine Heilungswunder realisierten im Gegensatz zu anderen Heilungsgeschichten der Antike eben diese Gegenwart des Hcils in unserer Welt. Gerd Theißen hat dies 1974 in »Urchristliche Wundergeschichten« formgeschichtlich analysiert. Doch Jesus als Gegenwart des göttlichen Heils setzte dem Leid und dem Schmerz dieser Welt kein Ende, sondern im Gegenteil: Er trat sterbend in die Dunkelheit des Todes ein. Seine Heilungen repräsentieren die Gegenwart des (göttlichen) Heils, geben aber zugleich den (zeitlichen) Auftrag, zu helfen, Leid zu lindern, den Menschen zum endgültigen Heil zu führen, das noch aussteht. Das chalcedonensische Dogma der »zwei Naturen« in »einer Person« spricht in hellenistischer Ontologie diese Doppelheit aus: zugleich Gottes Gegenwart in unserer Zeit, wie auch geprägt und angefordert von der Endlichkeit unserer Existenz.

Auch der Christ lebt in der Polarität von »jetzt schon« (manches mystischen Höhenflugs) und »noch nicht« (des Alltagsauftrags). Je sensibler, je menschlicher einer ist, desto mehr wird er vom Leid bedrückt: vom eigenen Schmerz in Körper und Seele; vom Leid der anderen; vom Leiden auch der vormenschlichen Schöpfung; besonders aber vom Schmerz, den Liebe und Freundschaft mit sich bringen; dem Leid der künftigen Trennung. Und doch weiß er zugleich, daß Gottes Heil schon da ist; und zuweilen darf er es in – wiederum in der Liebe – auch erfahren.

Dies nun fordert zu zwei Haltungen heraus, die – obgleich entgegengesetzt scheinend, dennoch – gleichzeitig sein können. Man soll sie nicht rangmäßig (als »vorletzte« und »letzte« Haltung) qualifizieren, aber auch nicht in ihrer Verschiedenheit einebnen. Beide erwachsen aus der Sensibilität für Leid und Schmerz.

Die Bibel verehrt einerseits Gottes allgütige Gegenwart in der Zeit, wenn sie Jesu Worte berichtet: »Sorget euch nicht, denn euer himmlischer Vater ...« (Mt 6, 25–34). Und zugleich scheut sie sich nicht, aus der Leid-Erfahrung heraus gegen eben diesen Gott als den Urheber des Leidens zu protestieren. Psalm 88 endet in einem Hiob-Schrei, ohne Hoffnung aufklingen zu lassen: »Du hast mir die Freunde und Gefährten entfremdet; mein Vertrauter ist nur noch Finsternis.« Jesu letzter Schrei am Kreuz meint völlige Dunkelheit: »Mein Gott, mein Gott, warum hast du mich verlassen?« Aber Lukas interpretiert: »In deine Hände übergebe ich meinen Geist.« Hier fließen divergierende Haltungen zusammen, sosehr sie auch gattungsgeschichtlich auseinanderliegen. Der Glaube an Jesus Christus, nicht die philologische Analyse, kann sie vereinen.

In unseren Tagen bedenken besonders die Theologen um J. B. Metz den radikalen Protest gegen Gott, der aus der Leiderfahrung emporsteigt. Aber er bekommt nur im Gott-Vertrauen Sinn. Darüber wird noch nachzudenken sein.

An dieser Stelle ist auf die zweifach-eine Haltung des Menschen hinzuweisen, die daraus entspringt:

– den Auftrag zu helfen und zu heilen. Das gilt gegenüber fremdem Leid; das gilt auch der Sorge um das eigene Glück, die Gesundheit, besonders auch der besorgten Pflege der eigenen Persönlichkeit;

– die Aufgabe des Menschen, Schmerz, Leid, Begrenztheit anzunehmen. Denn Leid steht – uns oft unverständlich – im Raum des göttlichen Wollens. Thérèse von Lisieux »erfährt« in ihm Gottes Gegenwart. Die »Annahme seiner selbst«, weil man sich von Gott, dem Allgütigen, geliebt weiß, nimmt auch die Leid-Situation an. Auch sie steht im unergründlichen »Liebes«-Willen Gottes und gehört zur menschlichen Identität.

Theologischerseits gibt es kluge, aber auch absonderliche Versuche, die Tatsache des Leidens mit der göttlichen Weisheit und Güte in Einklang zu bringen. Im konkreten Leid-Erleben aber klafft immer ein Abgrund, den der Leidende selbst nicht überspringen kann. Sein Verstehen-Wollen bleibt stehen vor Gottes Geheimnis, vor der Dunkelheit. Doch hier steht Jesus Christus, den Paulus nur als den »Gekreuzigten« kennt. Er ist der Ernstfall der »dialogischen Existenz«.

Es ist aber entscheidend für den christlichen Glauben, daß Jesu Kreuzestod nicht einfach nur ein »moralisches Vorbild« ist, wie man mit dem Schmerz umgehen soll. Er hat in seiner Leidensannahme Tieferes getan, hat die Wirklichkeit unserer Welt mit all ihrem Leid (»bis zum Tod am Kreuze«, Phil 2,8) übernommen und in Gottes Wirklichkeit hineingehoben – und damit (nur damit) wurde das »Leid« des Karfreitags zur Auferstehungshoffnung des Ostersonntags. Das erst gibt selbst dem Leid die Qualität der Hoffnung. Es wird damit nicht leichter, bekommt aber die Qualität des Miteinanders mit Jesus, die Qualität der dialogischen Existenz, die in der »dialogischen Unsterblichkeit« gipfelt.

Im Menschen Jesus Christus ist Gott, ist Gottes Heil jetzt schon da, und zugleich erwarten wir es noch. Die Theologie drückt es als Spannung von »Jetzt-schon« und »Noch-nicht« aus.

d) Angewiesensein auf Gott als Erfülltsein von Gott

Das Leid im menschlichen Leben macht – in äußerster Dringlichkeit – die Situation des Geschöpfes erlebbar: seine totale Abhängigkeit von Gott. Dies ist doch das Spezifikum des Religiösen gegenüber der anderen Begrifflichkeit von Weltanschauung. Dabei kann begrifflich noch offenbleiben: von wem, von was, von woher abhängig? Wer die Wahrheit der Existenz sucht und nicht an ihrer Absurdität verzweifeln will, den zwingt das Leid, vom »Ego« wegzuschauen und in den stummen, protestierenden, verzweifelten oder sich beugenden Dialog mit Bekannt oder Unbekannt einzutreten.

Meister Eckhart (Largier, I, 46 f; 518 f) lebt und denkt in diesem Paradox der eigenen Identität aufgrund der radikalen Abhängigkeit von Gott:

»Die Menschen, die sich Gott überlassen und mit allem Fleiß nur seinen Willen suchen, was immer Gott einem solchen Menschen gibt, das ist das Beste. Es sei Krankheit oder Armut und Hunger oder Durst oder was immer es sei, das Gott über dich verhängt oder nicht verhängt oder was dir Gott gibt oder nicht gibt, das alles ist für dich das Beste ... Stelle dich nur recht darauf ein, daß du Gottes Ehre in allen Dingen im Auge hast, und was immer er dir antut, das ist das Beste.«

Zugleich aber predigt er, daß der Mensch, der ohne Gott nichts, ein »Nichts« ist, mit Gott »Alles« ist:

»Wenn dich der Vater in dieses selbe Licht hineinnimmt, auf daß du dieses Licht in diesem Licht erkennend anschaust nach derselben Eigenart, wie er sich und alle Dinge in seiner väterlichen Macht in diesem Wort, in diesem Licht erkennt, so gibt er dir die Macht, mit ihm selbst dich selbst und alle Dinge zu gebären. Denn der Vater und du selbst und alle Dinge und dasselbe Wort sind eins in dem Licht.«

Im vertieften Nachdenken zeigt sich, daß die Totalität der christlich verstandenen Abhängigkeit von Gott, wie Eckhart sie sieht, nicht weit entfernt ist vom buddhistischen Menschenverständnis. Es ist daher kein Zufall, daß Martin Buber aus seiner dialogischen Philosophie heraus vermutete, daß auch Buddha in seinem Schweigen dahin unterwegs war. Es ist auf jeden Fall bemerkenswert, daß sowohl im Fluchtpunkt der christlichen Mystik wie in dem der buddhistischen Weisheit die Erfahrung von »Abhängig-sein« mit der Erfahrung von »Freiheit« konvergiert. Für Eckhart und Margarete Porete ist der Mensch vollkommen frei, wenn sein Wollen identisch geworden ist mit dem Wollen Gottes; wenn er in die schlechthinnige Abhängigkeit von Gott eingegangen ist; wenn er eins ist mit Gottes freier Schöpfermacht. Es ist die »amour pur«, die ganz reine Liebe, die später Fénélon verkündete: alle Absichten beiseite zu legen und nur in Liebe zu versinken. Der Weg zur Freiheit ist auch im Buddhismus kein Kämpfen gegen das Abhängigsein, sondern das absichtslose Lassen, ohne zu bejahen oder zu verneinen. Daß mit den Worten »Dialog«, »Liebe« auch der Unterschied sichtbar wird, muß nicht noch einmal unterstrichen werden.

Die zwischenmenschlichen Erfahrungen von Dialog und Liebe lassen ahnen, daß das christliche Verständnis von Gott und Mensch keine verstiegene Metaphysik oder überspannte Mystik darstellt. Es gibt Abhängigkeiten, die den Menschen entwürdigen. Es gibt aber auch solche, die ihm seine volle Personalität, seine Würde, seine Ganzheit, seine Freiheit schenken. Das Wort »abhängig« führt auf die falsche Spur; es muß von »Zuneigung« her verstanden werden. Die Zuneigung der Liebe, in der einer sich selbst ganz vergißt und nur vom anderen her lebt, befreit – wenn es Liebe und kein »Helfer-Syndrom« ist – zur Identität, zur eigenen Persönlichkeit. Dieses Sich-selbst-Vergessen wird zum Selbstwerden; je intensiver die Abhängigkeit echter Liebe ist, desto stärker wächst der Liebende in seine Freiheit hinein; eine Freiheit, die im »Identisch«-Sein mit dem Geliebten erfahren wird.

Beim Kind, das in der Liebe der Mutter zur eigenen Persönlichkeit heranwächst, ist dieser Prozeß in seiner ganzen Vitalität zu verfolgen. In der Jugendliebe, wenn sie nur echt ist – also im Blicken von sich weg – befreit sich der junge Mensch von seiner pubertären Unsicherheit oder seinem Selbstbehauptungsdrang und wird zur selbstsicheren Persönlichkeit. Echte Freundschaft formt den Menschen gerade deshalb in seiner Selbstsicherheit, weil er vertrauen, das heißt doch: sich im anderen vergessen darf. Das Aufeinanderzugehen der Ehepartner, ihr Sich-einander-Erschließen ist kein Verlust an Selbständigkeit, sondern ein Gewinn an Eigenstand und an Selbstbewußtsein. »Abhängigsein« bekommt die Qualität von Vertrauen. In ihm wird das freie Geschenk erfahren und die gegenseitige Abhängigkeit frei bejaht: Zeichen personaler Reife.

Man muß solche Beziehungen erfahren haben, um zu wissen, daß keine idealisierten Träume, sondern Erfahrungen beschrieben werden. In einer »Dialogik« der Liebe findet der Mensch sich selbst im Absehen von sich selbst; reift er zur Persönlichkeit, weil er sich ganz und gar, also in Freiheit weggibt, abhängig von und eins mit dem andern wird.

Was die zwischenmenschliche Begegnung trägt, macht nach christlichem Glauben auch das Verhältnis zwischen Mensch und Gott aus – »nur« daß der Begegnungspartner jetzt der transzendente Gott ist. Die Qualität der Beziehung bekommt die Züge göttlicher Absolutheit. Noch einmal: Wenn Buddha die menschliche Existenz als totale »Abhängigkeit« erfährt, ist er auf ähnlicher Spur. Er allerdings – so verstehen wir Abendländer seine Botschaft, und das hebt Guardini[24] in seiner Bewunderung für Buddha hervor – will »frei« werden von allem »Anhangen«. Doch vielleicht meint auch er damit nur die gegenständlichen und vordergründigen Beziehungen in Raum und Zeit und überläßt sich einem größeren Ganzen, was alles er nicht mehr »gegenständlich« umschreiben kann.

Theologen wie Karl Rahner versuchen dies in paradoxen Formulierungen auszusprechen; in: »Zur Theologie der Menschwerdung« (Schriften IV, 151) formuliert er das »Axiom für alles Verhältnis zwischen Gott und Geschöpf«:

»daß nämlich die Nähe und Ferne, die Verfügtheit und Selbstmacht der Kreatur nicht im umgekehrten, sondern im selben Maß wachsen.«

Und dies sieht er vor allem in Jesus Christus verwirklicht, der gerade aus dem Einssein mit Gott als Mensch Gott frei gegenübersteht. Je mehr der Mensch eins wird mit Gott, also aus dieser totalen Abhängigkeit heraus sein Leben lebt, desto mehr wird er sich selbst. Mystiker wie Meister Eckhart haben es erfahren: Der Mensch muß (N)nichts werden vor Gott, um wahrhaft Mensch und er selbst zu sein. In Thérèse von Lisieux ist das Paradox von der Selbstaufgabe auf Gott hin als tiefstes Selbstfinden zum Lebensgesetz geworden. Philosophen wie Maurice Blondel nennen es Exzentrierung der Zentrierung. Teilhard de Chardin, der im intensiven Briefwechsel mit Blondel stand, drückt das gleiche auf dem Boden seines evolutiven Denkens aus: Einheit (mit Gott) differenziert (macht den Menschen zum Menschen), Einheit personalisiert.

Die Frage nach der »Ganzheit« der menschlichen Persönlichkeit, nach der eigenen Identität, ist ohne Gott, dem transzendenten Partner des Menschen, nicht zu beantworten. In Gott hat die menschliche Identität ihren ruhenden Pol; von ihm her kann sie ganz und gar »identisch« sein.

4. DER MENSCH ALS »DIALOGISCHE« EXISTENZ

Erst im Rahmen des christlichen Welt- und Menschen-Bildes lassen sich die Fragen nach Ganzheit, Gesundheit, Persönlichkeit, Identität usw. recht beantworten. Mit Minimalansätzen und Bruchstücken christlichen Glaubens werden die Antworten einseitig, wenn nicht gar falsch. Sie enden entweder im übertriebenen Pessimismus, als müsse der Mensch die Welt verachten, um Gott zu gewinnen; oder sie verlieren sich in einem ebenso übertriebenen Weltoptimismus, als sei die psychologisch und human »runde« Persönlichkeit das Maß des Menschseins.
Die christliche Welt- und Menschenauffassung aber ist in der »Dialogik« mit Gott verankert: Nicht im Menschen selbst, sondern von Gott her werden Identität und Ganzheit des Menschen begreifbar.

a) Fließgleichgewicht zwischen Selbstwerden und Abhängigsein

Nur im Prozeß des Lebens wird erfahren und entschieden, ob die konkrete Aufgabe heißt, das Leben aktiv und neu zu gestalten, oder ob einer die augenblickliche (Leidens-?)Situation als gottgewollt annehmen muß, oder ob beides sich – in welchem Verhältnis auch immer – durchdringen muß. Es geht um »Unterscheidung im Geiste«, »Unterscheidung der Geister«. In reiner Theorie lassen sich zwar Extrem-Positionen als einseitig und falsch ausweisen; aber eine konkrete Situation ist rein theoretisch nicht in Eindeutigkeit aufzulösen. So ist es falsch, in blinder Verzweiflung die Flinte ins Korn zu werfen und sich treiben zu lassen; es ist aber ebenso falsch, in blinder Aktivität sich zum Herrn des Schicksals aufzuspielen. Eine feste Norm, aus der heraus das Ja oder Nein in einer Situation zu deduzieren wäre, gibt es nicht.
Die Entscheidung muß im »Fließgleichgewicht« prozeßhaft ausbalanciert werden. Nur derjenige, der jeweils in der Situation steht, kann sie finden. Oftmals hat dieser Prozeß des (Fließ-)Gleichgewichts die Gestalt von »trial and error« (Versuch und

Irrtum) oder von immer wieder Neu-Ansetzen, von Enttäuscht-Werden und Sich-belehren-Lassen, vom Erfolg oder Mißerfolg. Die »Dritte Weise der Wahl« der ignatianischen Exerzitien ist nach dem Schema von »trial and error« konzipiert. Es ist dies die traditionelle Lehre von der »Unterscheidung der Geister«, die verständlicherweise nach einem Gesprächspartner ruft – nicht damit dieser entscheide, sondern als Katalysator, wie ein Zünglein an der Waage, zur rechten Entscheidung verhelfe. Die dialogische Struktur des Menschen vor Gott ist unauflösbar verknüpft mit der dialogischen Struktur des Menschen in seiner sozialen Existenz.

b) Die Notwendigkeit von Besinnung

Wieder sind wir auf Meditation verwiesen; denn nur in meditativer Ruhe läßt sich dieses Fließgleichgewicht finden. Deshalb spielt in allen Religionen das kontemplative Element, der Rückzug in die Stille, in die Einsamkeit, in die Besinnung – auch als Passivität und Empfangen – eine große Rolle; manchmal so sehr, daß das andere Element des Hinausgehens in die Tätigkeit, des aktiven Gestaltens, des eigenen Lebens und der sozialen Verantwortung zu kurz zu kommen scheint.

Man mag kritisieren, daß auch die spirituelle Tradition des Christentums zu sehr Stille und Kontemplation (statt aktiven, »politischen« Einsatz) betont hat. Doch es wurde schon gezeigt, wie fruchtbar diese Stille für das soziale Umfeld wie für den Aufbau der je-eigenen Persönlichkeit ist. Große Dinge werden in der Stille geboren.

Gerade in unserer Zeit aber braucht das Fließgleichgewicht zwischen der (passiven) »Annahme seiner selbst« und dem (aktiven) »Gestalten seiner selbst und der Welt« eine zurückgezogene Besinnung. Im »Eingeborgensein« vergangener christlicher Zeiten in einer kulturell und religiös gegliederten Landschaft mag es sich von selbst her eingependelt haben. Es war leichter möglich, im Alltagsablauf die Synthese auf dem Weg zur von Gott geschenkten Persönlichkeit zu finden.

Heute aber, in einer säkularisierten und außenorientierten Welt ist es fast unumgänglich notwendig, Orte, Zeiten und auch Übungsabläufe (Methoden) zur Besinnung, zur Meditation zu haben, damit die eigene Innerlichkeit ihr »Fließgleichgewicht« zwischen Aktivität und Passivität, zwischen Persönlichkeitsgestaltung und Schicksalsannahme, zwischen Weltgestaltung und Sich-führen-Lassen findet.

c) Das »dialogische« Zünglein an der Waage

Auch Meister Eckhart, dessen metaphysischer Drang stärker die Einheit als den Dialog herausstellt, formuliert – im Zuge der traditionellen Hohelied-Exegese – seine Mystik des öfteren mit dialogischen Worten: »Wenn der Seele ein Kuß widerfährt von der Gottheit, so steht sie in ganzer Vollkommenheit und Seligkeit.« Gottes Liebeserweis, nicht eigene Mühen macht die Vollkommenheit aus.

Dieser durch und durch traditionelle Satz macht einen tragenden Pfeiler des christlichen Lebensideals sichtbar. Die christliche Persönlichkeit, ihre Ganzheit und ihre Identität lassen sich nicht mit Maßstäben säkularer, psychologischer und auch philosophischer Wissenschaft ausloten, so wichtig diese beiden bleiben. Erst wo der andere Pol der dialogischen Existenz einbezogen ist und letztlich nur von ihm her werden »Vollkommenheit« und »Ganzheit« des Menschen recht verstanden. Dieser andere Pol aber, Gottes Wahrheit und Gottes Liebe, sprengt die Logik menschlicher Beurteilung: Gott ist und bleibt das unergründliche Geheimnis. Die Bibel ist voll von dieser Wahrheit.

Menschliche Ganzheit und das, was man christlich eine »runde« Persönlichkeit nennen kann, deckt sich daher nicht mit dem psychologischen oder humanen Ideal der Persönlichkeit. In den kirchlichen Akten zur Heiligsprechung gibt es kaum zählbare Beispiele für den Widerspruch zwischen dem, was das Christentum als Vollkommenheit ansieht, und dem, was sie nach menschlichem Urteil ist. Der Grund dafür liegt in der »dialogischen Existenz«. Damit wird das innerweltliche Ideal der »runden« Persönlichkeit nicht abgewertet, sondern eingeordnet in das übersteigende Ideal des von Gott geliebten Menschen.

Zwei Überlegungen mögen zeigen, daß dies in keine abgehobene, abstrakte Lehre, sondern in die konkrete Lebenssituation hineinführt.

– Jede echte Religion kennt die Demut vor dem Ganzen, vor dem letzten Geheimnis, vor der Unendlichkeit Gottes, vor den Göttern, vor dem Absoluten; sie ist auch die Grundlage des antiken »Gnothi seauton«, »Erkenne dich selbst«, das heute oft zur psychologischen Selbstfindung umgedeutet wird. In Wirklichkeit meint der Weisheitsspruch: Erkenne dich, Mensch, daß du ganz und gar angewiesen bist auf das göttliche Geheimnis, finde darin deine Identität. Viele Äußerungen der »Neuen Religiosität« müssen sich hingegen fragen lassen, ob ihre Konzentra-

tion auf das eigene Ich – mag man es als Selbst noch so tief verstehen – überhaupt noch Religion oder nur Pflege des Selbst ist.
In der klassischen christlichen Ethik gilt die »Demut« als Basis
aller Tugenden – Demut vor einer gegenüberstehenden »Freiheit«: vor der Freiheit Gottes, der gütig ist, der seine Liebe in
Christus erwiesen hat. Dies vertieft die Haltung des Angewie-
senseins.

– Weiterhin geht es – über das Abhängigkeitsverhältnis hinaus
– um ein Verhältnis der Liebe, in das der Mensch eintritt, wenn
er sich in die Abhängigkeit von Gott hineingibt. Diese Sicht
muß sich ein jeder neu erwerben; sie wird von den Dunkelheiten des Leidens und des Schmerzes verstellt. Doch auch diese
können, wie das Neue Testament lehrt, zum Dialog eines mit-
leidenden und mit-liebenden Verstehens hinführen. Jesus Christus hat es gelebt. Gibt es überhaupt einen anderen Weg, mit
dem Schmerz der Welt ohne Verzweiflung umzugehen, als den
Weg mit Jesus, der in seinem Leiden mit uns solidarisch ist?
In dieser Liebe Gottes oder, wie Meister Eckhart predigt, im
»Kuß der Gottheit« hört das Suchen nach der eigenen Ganzheit
und vollen Persönlichkeit nicht auf, es findet aber einen bergen-
den Raum in der ewigen Liebe Gottes. Das meinen Jesu schon
zitierte Worte: »Sorget euch nicht ... Schaut die Vögel des Himmels ... Euer Vater im Himmel weiß doch ...« (Mt 6,25 ff). Das
Suchen und Ringen um das rechte Gleichgewicht bleibt; aber
die metaphysische Angst ist genommen; sie ist aufgehoben im
Vertrauen auf den gütigen Gott.
– Und ist dies – so wäre drittens anzufügen – nicht auch eine
tiefe menschliche Erfahrung? Nur innerhalb eines vertrauenden
Geborgenseins kann die Persönlichkeit und ihr humanes Ganz-
sein wachsen. Nur innerhalb eines solchen Geborgenseins kann
das Leid ertragen werden.

5. Nochmals ein Blick in die mystische Tradition

In der Mystik potenzieren sich diese Erfahrungen und werden
zu einer Intensität geführt, die manchmal über- oder gar un-
menschlich zu sein scheint. Aussagen, daß der Mensch
»(N)nichts« werden muß und in seinem Grunde »(N)nichts« ist,
finden sich aber in allen mystischen Traditionen, in der spanischen Mystik ebenso wie im Sufismus und in der Religiosität
Indiens. Simone Weil, die moderne Mystikerin, Philosophin,
Sozialarbeiterin und Widerstandskämpferin, hat die humane

Basis dieser Erfahrung in ihrem Tagebuch (»Cahiers II«, 57), vielleicht auf Thérèse von Lisieux blickend, folgendermaßen beschrieben:

»Die vollkommene Freude schließt das eigentliche Gefühl der Freude aus; denn in der Seele, die von ihrem Gegenstand erfüllt ist, ist nicht der geringste Raum frei, um ›Ich‹ zu sagen.«

Sie spricht von einer Erfahrung, in der die eigenen Stimmungen zu Nichts geworden sind, weil ihre Intention nur auf den (die) andere(n) ausgerichtet ist. Sie steht in der Nachfolge der großen Hadewijch von Antwerpen. Auch diese drückt ihre Gottesliebe in der ontologischen Sprache von »alles« und »nichts« aus; sie kann sagen: Der Mensch ist ein reines Nichts, weil Gott ihn ganz erfüllt. Andere, wie Blondel, der sich an Ignatius von Loyola orientiert, formulieren diese Erfahrung und die gleiche Grundhaltung mit Worten der Aktivität: Die vollkommen-passive Haltung vor Gott ist die höchste Aktivität; dann nämlich ist der Wille Gottes, der reine Aktivität ist, zum Wollen des Menschen geworden. So heißt es nach dem berühmten, bereits oben zitierten und Ignatius zugeschriebenen Satz: »So vertrauen, als hinge alles von Gott, und so aktiv sein, als hinge alles von einem selbst ab.«

Die vielen Flächen des einen Kristalls der menschlichen Persönlichkeit lassen sich nicht restlos erkunden und logisch verknüpfen: Glaube, Liebe, Personalität, Annahme seiner Selbst, Mystik, Leid und Mit-leiden, Demut, Identitätssuche, Freiheit, Nächstenliebe, Dialog usw. Die Einheit der vielen Aspekte aber wird in gelebten Vorbildern erkennbar – in Heiligen und Mystikern, manchmal auch im Mitmenschen neben mir.

Leuchtend aber ist dieser Kristall menschlicher Persönlichkeit in Jesus Christus. Dort sollte ich lernen: Ja, es stimmt! Meine Persönlichkeit, meine Ganzheit ist geborgen in der Liebe Gottes; deshalb – vielleicht manchmal sogar: nur deshalb – kann ich Mensch sein in dieser Welt.

C) Kirche – Dialog-Gemeinschaft in Feier und Dienst

Kein Wort Karl Rahners wurde für die spirituelle Diskussion so wichtig wie das vom »Frommen, vom Christen von morgen, der ein Mystiker sein wird, einer, der etwas erfahren hat, oder er wird nicht mehr sein.« Nach Rahners Mystik-Verständnis (tiefe Glaubenserfahrung) muß dieses Wort noch mehr für die »Kirche von morgen« gelten. Nur als eine mystische, eine »Gemeinschaft aus Glaubenserfahrung« hat sie Existenzberechtigung. Sie ist Raum der Gegenwart Gottes, keine Lobby von Einzelinteressen. Auch ihre karitative oder soziale, kritische oder aufbauende Funktion in der Gesellschaft muß auf dem Boden der Gotteserfahrung wachsen, daß nämlich in ihr der Geist Jesu Christi heute sichtbar, wirksam, erfahrbar wird. Zu leicht aber wird diese Basis gegenüber den Funktionen in Staat, Gesellschaft und Wissenschaft vergessen und ihr Auftrag auf rechtliche, soziologische und moralische (Rand-) Probleme reduziert.

Aber dennoch hat die Kirche an der Mentalität und dem Betrieb der heutigen Gesellschaft teil; sie soll innerhalb der Gesellschaft (und nicht nur von außerhalb her) für diese dasein – wie ein »Sauerteig« oder ein Sakrament, das Gottes Liebe sichtbar und wirksam macht. Deshalb kann die kirchliche Spiritualität des Christen nur im Dialog, in ständiger Fühlungnahme mit den Anliegen, den Problemen und den Nöten der menschlichen Gemeinschaft im Großen wie im Kleinen nachgedacht werden. Auch die Rand-Probleme bleiben wichtig.

Daß dieser Dialog hier nicht in aller Ausführlichkeit dargestellt werden kann, versteht sich von selbst. Aber einige, wie mir scheint, wichtige Fragebereiche müssen berührt werden, damit die heutige Spiritualität wenigstens in groben Zügen sichtbar wird.

1. Der Epochen-Wandel – Kirche als pilgerndes Gottesvolk

In der ersten Hälfte diese Jahrhunderts sprachen Theologen wie Romano Guardini oder Abt Ildefons von Herwegen von einem künftigen »Zeitalter der Kirche«. Nach den Wirren des Zweiten Weltkrieges fand die katholische Kirche im II. Vatikanischen

Konzil zu einer überraschenden Neubesinnung, die einen von vielen erhofften Dialog mit der Moderne einleitete.

Bei aller Bewunderung für diesen Mut fragt man inzwischen, ob der sich darin zeigende Optimismus nicht realitätsfern war, ob nicht damals die Kirche wie die Gesellschaft selbst in einem realitätsfernen Optimismus lebten.

Bald nach dem Höhepunkt des Weltverbesserungs-Optimismus im gesellschaftlichen wie kirchlichen Raum, aus dem heraus die (19)68er »Revolution« ein neues und gerechteres Zusammenleben erzwingen wollte, fiel dieser nämlich wie ein Kartenhaus in sich zusammen. Michael Fuss schreibt im Sammelband »Endzeitfieber« (1997): »Junge Menschen haben überall auf der Welt begonnen, die modernen Vorstellungen von Freiheit und Rationalität abzulegen und ihr Heil in Innerlichkeit und religiösen Weltmodellen zu suchen.« Oft ist es eine Flucht aus der Verantwortung heraus. Die geistige Lage von Gesellschaft und Kirche hat sich – auch als nach dem Niederreißen der Mauern zwischen Ost und West der Optimismus kurz aufflackerte – währenddessen eher verschlechtert als verbessert. Man kann die Stimmung in Kirche und Gesellschaft heute weithin als müde, wenn nicht gar skeptische Resignation bezeichnen.

Wie man dies auch bewerten mag, die Kirche hat den Auftrag, in dieser Zeit mit ihrer Mentalität, ihrem Suchen oder auch Resignieren das Evangelium, die »Frohe Botschaft« von Gott und seinem Christus, zu verkünden. Sie steht dabei nicht über den Veränderungen, sondern ist als »pilgernde Kirche« von ihnen mit-betroffen. Statt alte Formen unverändert weiterzutragen, muß sie in und aus der heutigen Krise lernen, Kirche für heute zu sein. Nur so trägt sie den Namen »Kirche Jesu Christi« zu Recht.

a) Zum Wandel in der Kirche

Mit der eben berührten Geschichte der 68er Revolution und der (recht breiten) Umorientierung von Weltverbesserung und Strukturenveränderung zu Selbsterfahrung und Identitätspflege ist eine Problematik berührt, die im Christentum mit den Begriffen »Actio« und »Contemplatio« bedacht wird. Es ist eine oder gar *die* Kernfrage christlicher Existenz. Bezogen auf den individuellen Bereich haben sich ihr Hans Urs von Balthasar und Dietmar Mieth eingehend gewidmet. Heute wird sie – wie die Befreiungstheologie zeigt – mehr noch in ihrem sozialen

Zusammenhang diskutiert: als »Mystik und Politik« (Metz), »Kampf und Kontemplation« (Taizé) oder gar als »je mystischer, desto politischer« (Paul Zulehner). Das heißt: Der Gang nach Innen, Gebet und Meditation, und das Sich-Engagieren nach Außen – im institutionellen Bereich der Ordnung, in der theologischen Reflexion, im sozialen und karitativen Einsatz – müssen sich gegenseitig stützen und befruchten, um wahre Contemplatio-Mystik und echte Actio-Politik zu sein. In ihrem Erscheinungsbild ist die Kirche von heute allerdings noch weit von dieser Synthese entfernt. Sie lebt – wie mir scheint – noch zu sehr im Übergewicht von Aktivität, institutioneller Absicherung und theologischer Forschung. Ob nicht die wenig gelungene Synthese von Innerlichkeit–Erfahrung–Mystik und äußerer Gestalt (Institution, Engagement) am Ursprung der Krise liegt?

Teilhard de Chardin nannte die gesuchte Haltung »engagierte Gelassenheit«, Ruhe und Identität in Gebet und Meditation mit lebendiger Hinwendung nach außen, zum Tun und Helfen, zum Aufbau einer besseren Welt. Damit wird ein mutiges, aktives Aufgreifen der Probleme nahegelegt, das im Vertrauen auf Gottes größere Macht und Weisheit ruht. Auch die anwachsende innerkirchliche Kritik verpufft so lange ins Leere, wie sie sich nicht rückbesinnt auf die Innerlichkeit, die Spiritualität genannt wird und in Teilhards »engagierter Gelassenheit« verkörpert ist.

In zentralen Problembereichen sollen Notwendigkeit und Schwierigkeit dieser »engagierten Gelassenheit« verdeutlicht werden.

(1) *Lehramt und Geistimpuls* bilden zwei Pole kirchlichen Lebens, an deren gestörtem Verhältnis sich die innerkirchliche Krise abzeichnet. Kein soziales Gebilde kann ohne Organisation, ohne Institution leben. Besonders für eine Gemeinschaft, deren Identität auf einem Zeugnis der Vergangenheit ruht, ist die Institution, die das Erbe sichert – Lehramt oder theologische Reflexion – lebenswichtig. Kirche braucht das beharrende Element, worin das Zeugnis der Vergangenheit lebt und woraus es für heute ins rechte Wort gebracht wird.

Dem steht soziologisch, wie mit V. Lossky gezeigt wurde, das Aufbrechen von Neuem, christlich gesprochen: der Geistimpuls, gegenüber. Nur im (Fließ-)Gleichgewicht beider Kräfte, dem bewahrenden Logos und dem neuschaffenden Geist, ist Gott in seiner Welt gegenwärtig. In der Kirche muß sich diese

Polarität (und müssen sich auch ihre Spannungen) potenzieren. Aber jede lebenskräftige Gemeinschaft zieht Kraft aus der Polarität von verharrendem Bewahren (Logos-Kirche) und neu-aufbauendem Mut (Pneuma-Kirche).

Es geht um das Verhältnis von bewahrendem, institutionellem Christentum, das die Gemeinschaft des Glaubens und die Identität mit der Vergangenheit pflegt (aber schnell zum bloßen Funktionieren wird), zum mystischen, persönlichen Christentum, wie es in einzelnen, in Gruppierungen als Kraft des Heiligen Geistes lebendig ist (was hinwiederum leicht zur Selbstbespiegelung oder zum dialoglosen Absetzen wird). Keine der beiden Erscheinungsformen von Kirche hat schlüssig gezeigt, wie das Gespräch in einer weltumspannenden Kirche funktionieren soll: das Gespräch zwischen Amt und christlichem Volk, zwischen theologischer Reflexion und lebendiger Frömmigkeit, zwischen notwendiger Ordnung und Freiheit des persönlichen Gewissens. Die Antwort wird nur im Vollzug gefunden, im Gespräch, in lebendiger Spiritualität, nicht aber über vorgegebene Fixierungen.

(2) Dieser Fragenbereich konkretisiert sich im Verhältnis der – modern gesprochen – *demokratischen* zu den *hierarchischen Elementen der Kirche*. Die Theologie des »Volkes Gottes«, wie sie besonders der heutige Kardinal Joseph Ratzinger als Konzilstheologe erarbeitet hat, insinuiert eine »demokratische« Struktur. Das »hierarchische« Element hingegen ist an das Bild vom »Leib Christi« geknüpft, der von einem Zentrum her geleitet und zum Organismus zusammengefügt wird. Pius XII. stellte dies in der Enzyklika »Corpus Christi Mysticum« (»Der mystische Leib Christi«) heraus.

Nur Demokratie würde den Schatz der christlichen Wahrheit mehr oder weniger zufälligen Stimmungen ausliefern. Zu meinen, Gottes Geist werde schon dafür sorgen, daß bei »Abstimmungen« oder im Laufe der Geschichte die Wahrheit von selbst siegen werde, entspräche – moralisch ausgedrückt – der »Hauptsünde« des »vermessenen Vertrauens«. Dogmatisch würde es (ähnlich wie sein Gegenteil, das Nur-hierarchisch-Denken) dem monophysitischen Supranaturalismus[25] gleichkommen. Diese Häresie schätzt das menschliche Tun gegenüber dem göttlichen Wirken als unerheblich ein. Der katholischen Überlieferung ist es selbstverständlich, daß der Mensch – als einzelner wie auch in Gemeinschaft – innerhalb des göttlichen Wirkens das Seine tun muß(!), auf daß Gottes Wahrheit in der Zeit lebe. Die Tradi-

tion der »Unterscheidung der Geister« zeigt für den Individual-
bereich, wie diese Doppelung von Gottes Wirken und mensch-
lichem Tun ineinanderklingen. Die erwähnte ignatianische
Maxime drückt es paradox aus: ganz auf Gottes Wirken in der
Kirche vertrauen, da alles in seiner Hand liegt; aber zugleich die
Angelegenheiten ganz in die eigene Hand nehmen, denn Gottes
Kirche ist den Menschen übergeben.

Die kirchen-amtlichen Normen dienen der Bewahrung des
Ursprungs. Doch nur hierarchische Normierung würde Gottes
Geistwirken innerhalb der kirchlichen Gemeinschaft, dem Volk
Gottes, geringschätzen. Es würde nahegelegen, daß von Menschen getragene Verlautbarungen (Amt) und Wissenschaft
(Theologie) deckungsgleich sind mit der ewigen Wahrheit Gottes. Doch selbst für die Heilige Schrift, selbst für die ureigensten
Worte Jesu, selbst für die dogmatischen Feststellungen der Kirche gilt: Sie sind geprägt von der Kultur und auch der religiösen
Vorstellungswelt ihrer Zeit; sie sind den Änderungen der Zeit
unterworfen und werden niemals Gottes Wahrheit in einer zeit-
unabhängigen Weise zum Ausdruck bringen können. Dazu
schrieb Ratzinger (Wort und Wahrheit, 1960):

»Die Wahrheit kann vom Menschen immer nur in menschlicher
Sprache gesagt und gedacht werden, und menschliche Sprache ist
immer geschichtliche Sprache, nie einfach die absolute Sprache – der
›Logos‹ – der Wahrheit selbst. Gewiß, in dieser ›Sprache‹ (wozu auch das
Denken des Menschen gehört) wird Absolutes getroffen, die *eine* Wahrheit, aber doch immer nur durch das verengende Medium des menschlichen Verstehen- und Sagen-Könnens hindurch.«

Wie kein menschliches Wort deckungsgleich mit Gottes Wissen
und Wollen ist, ist auch keine konkrete Darstellung der Kirche
deckungsgleich mit Gottes Wollen. Die Kultur- und Zeit-
Bedingtheit des Menschen-Wortes und Menschen-Tuns wird
durch das in ihm lebende Gotteswort keineswegs ausgelöscht.
Jeder Versuch, das lebendige Sich-Durchringen von fehlbarem
Menschenwort und unfehlbarer Gotteswahrheit in eine ver-
waltbare, rechtlich abgesicherte und eindeutige Form zu bringen, vergreift sich an der Göttlichkeit Gottes. Dogmen weisen (wenn recht verstanden) nach katholischem Glauben
zwar »unfehlbar« auf die Wahrheit hin, aber weder ersetzen
sie die Glaubensgeheimnisse durch Sätze noch schöpfen sie sie
aus.

Genauer als mit »nur-analog, nicht-univok« wird dieses Verhältnis in der »negativen Theologie« festgehalten[26]. Danach ist
die Kirche auch in ihrer Logos-Struktur (Amt und Theologie)

und ihrer amtlichen Ordnung grundsätzlich von einem »Nicht-Wissen« geprägt; das heißt: Jede satzhafte Aussage und jede juristische Abgrenzung bleibt unterhalb der göttlichen Wahrheit. Diese ist je-größer, immer noch unbegreiflicher, noch reicher und heller als alles, was sichtbar und aufzeigbar und aussprechbar ist. Das IV. Laterankonzil von 1215 hat dies in klassischer Weise dogmatisiert:

»Reden und Denken (und Erfahren) von Gott sind gegenüber der Wahrheit Gottes mehr ungleich als gleich.«

– Linguistisch heißt dies: Jede kirchliche Lehre, selbst das Dogma, enthält mehr Irrtum als Wahrheit gegenüber der ewigen Wahrheit Gottes.
– Soziologisch und psychologisch heißt es: Auch der kirchliche Umgang mit Gottes Wahrheit und Wollen ist nicht endgültig, sondern steht im Vorbehalt des Größeren, Weiteren und Endgültigen, das wir Gott nennen.
– Geschichtlich heißt es: Auch Strukturen und Verhaltensformen der Kirche unterliegen der Dogmenentwicklung. Keine offizielle Verlautbarung und keine institutionelle Struktur, noch weniger wissenschaftliche Einsichten und innere Erfahrungen können den Unterschied überbrücken zwischen Gott und dem, was Menschen tun und aussprechen. Sie können die Beziehung Gott–Mensch niemals auflösen in einsichtige Überwahrheiten und griffige Über-Strukturen, die vom Menschen her zu überblicken und zu handhaben wären.
Aber zugleich bleibt bestehen: Gott ist in dieser sich mühenden Kirche wie in den Menschen-Worten der Offenbarung gegenwärtig. Das meint die Spannung von »Logos-« und »Pneuma-Kirche«. Nur in dieser Spannung ist der christlich-kirchliche Glaube zu verstehen. So ist das Mühen um die Wahrheit oft ein besseres Kriterium für die Wahrheit als das Festhalten an Sätzen. Das Ringen um ein rechtes Verhältnis von »hierarchischer« und »demokratischer« Struktur bringt das ins kirchliche Leben ein, was Augustinus vom Glauben des einzelnen Christen lehrt: Jede Gottesbegegnung bleibt ein »Suchen im Finden« und ein »Finden im Suchen«.
Das ist von dem Christen zu bedenken, der für mehr Demokratie in der Kirche einsteht und darin das Wirken des Geistes im »Volke Gottes« erkennt. Und dies ist auch von dem anderen zu bedenken, der die Notwendigkeit der hierarchischen Strukturen und des definitiven Lehramts verteidigt, worin die eine Wahrheit Jesu bewahrt bleibt.

In dieser Polarität liegt noch nicht die Differenz zwischen katholischer und evangelischer Sicht. Denn ob das Wort der Schrift mehr aufgefaßt wird als von Gott inspiriert oder als von der kirchlichen Gemeinschaft getragen, die sich in Papst und Konzil strukturiert – immer handelt es sich um menschliche Worte/Strukturen, in denen der Glaube Gottes lebt; um menschliche Worte/Strukturen, die bei aller Gottesgegenwart zugleich in menschlichem Gebrochensein verbleiben.

(3) Was vom Ringen um die Wahrheit gilt, gilt ebenso von ethischen Fragen. Besonders in den Fragen um die *Sexualität* wird die Kirche vom Wandel der Gesellschaft berührt und sieht sich in ihrem moralischen Fundament in Frage gestellt. Seit der sogenannten »sexuellen Revolution« in den 60er Jahren hat sich innerhalb der westlichen Gesellschaft der Umgang mit der Geschlechtlichkeit entscheidend verändert. Auch die katholische Basis Europas und Amerikas ist in breitem Maße davon betroffen. Ihr »Ungehorsam« gegen das kirchliche Verbot der künstlichen Empfängnisverhütung ergab schwerwiegende Folgen für das Verhältnis zur kirchlichen Autorität. Die sogenannte »Pillen«-Enzyklika (»Humanae vitae«, 1968) wollte überaus human das Intimverhältnis zwischen Menschen vor dem Zugriff technischer Verfügbarkeit retten. Viele Christen glauben, daß dies in falscher Weise geschah. An ihrem »Ungehorsam« zerbröckelte auch die Achtung vor der Autorität.
Vor der Schuldzuweisung ist der Mentalitätsumschwung wahrzunehmen; er steht im größeren Rahmen der Diskussion über das Verhältnis der persönlichen Gewissens-Norm zur objektiv verkündeten Wahrheits-Norm, das Verhältnis von persönlichem Interesse zur allgemeinen Wahrheits-Norm, das Verhältnis von persönlichem Interesse zur allgemeinen Moral. Die zwei Anliegen scheinen sich zu widersprechen; den theologischen Hintergrund dazu aber bildet die Polarität von Logos- und Pneuma-Kirche.
Doch die moralische Beurteilung des sexuellen Verhaltens hat sich auch im kirchenamtlichen Lehrverhalten verändert. Die noch vor wenigen Jahrzehnten gelehrte rigoristische Moral gilt auch aus der Sicht des kirchlichen Amtes weithin als überholt. Früher stand, von päpstlicher Verlautbarung gestützt, in den Lehrbüchern, daß im sechsten Gebot (im Raum der Sexualität) jedes noch so geringe Fehlverhalten schwer sündhaft sei. Heute ist z. B. die Verteufelung der Jugendmasturbation auch kirchenamtlich erledigt. Die Frage aber bleibt: Ist der Bereich der Sexua-

lität nun moralisch so unerheblich wie normal-tägliche Vollzüge, wie Eisessen oder Sich-Kleiden?

Das II. Vatikanische Konzil hat eine neue Auffassung von Sexualität innerhalb der Ehe initiiert. Ihr Primärziel heiße nicht einfach Kinderzeugung, sondern ebenso auch Austausch von Zärtlichkeit und partnerschaftliche Selbstverwirklichung. Damit hängen die Überlegungen der Moraltheologie zusammen, ob nicht – wie in ostkirchlicher Tradition – eine Ehe so zerbrechen kann, daß sie nicht mehr geschieden werden muß, sondern einfachhin nicht mehr besteht und eine neue »kirchliche« Ehe offensteht. Das Kirchenvolk scheint weithin auf solche Auffassungen von Sexualität und Ehe eingeschwenkt zu sein. Statt ihm Laxheit vorzuwerfen, sollte man sich um eine Aufarbeitung des Mentalitätsumbruchs bemühen.

Doch zugleich wachsen – nicht nur in der Kirche – die Bedenken, ob die Neu-Bewertung der Sexualität wirklich befreiender Fortschritt oder nicht eher Rückfall in die Barbarei ist. Der Soziologe Hans Peter Duerr zeigt in seinen materialreichen Büchern zum »Mythos vom Zivilisationsprozeß« (1988 ff), daß im Menschen gegenüber allem, was mit Sexualität zu tun hat, eine behütende »Scham« lebt; sie weist auf »höhere« Normen hin. Wo dies mißachtet wird, schlägt das Gesamt-Verhalten um in menschenverachtende Brutalität. Boulevard-Presse und -Fernsehen machen sich dies für prickelnde Darbietungen zunutze und bezeugen damit stillschweigend diese existentielle Schamgrenze und deren Normen. Man kann die Geschlechtlichkeit nicht »benutzen«, wie man Nahrung zu sich nimmt und Sport treibt. Auch »Der Spiegel« (Nr. 2, 1993 mit der Titel-Story »Die schamlose Gesellschaft« und einem Interview mit Duerr) dokumentiert den inneren Zusammenhang zwischen wachsender sexueller Schamlosigkeit und wachsender gesellschaftlicher Brutalität. Ein Bericht Volkmar Siguschs, des Vorkämpfers der sexuellen Befreiung (»Die Zeit«, 4. 10. 1996) ist überschrieben: »Die Sexualwissenschaft machte sich einst zum Anwalt einer Befreiung der Triebe. Heute steht sie vor der bitteren Erkenntnis: Diese Emanzipation rückte die zerstörerische Seite der Sexualität in den Vordergrund.« Im »Spiegel« (Nr. 1 1996) gesteht er:

»Die einen Moment lang als ›rein‹ imaginierte Sexualität wurde wieder manifest ›unrein‹. Gefühle der Nähe, der Freude, der Zärtlichkeit, der Erregung, des Stolzes, der Lust, der Zuneigung und des Wohlseins drohen in einen diskursiven Affektsturm aus Haß, Wut, Neid, Bitterkeit, Rache, Angst und Furcht zu ersticken. Die Stichworte, die wir alle kennen, lauten: frauenverachtende Pornographie, sexuelle Belästigung am Arbeitsplatz, alltäglicher Sexismus, Inzest, Vergewaltigung, sexueller Kindesmißbrauch und sexuelle Gewalt gegen Frauen.«

In »Sexuelle Störungen und ihre Behandlung« (1997) haben er und andere Forscher diese negativen Folgen der »sexuellen Befreiung« dargelegt. G. Schmidt zeigt in »Das Verschwinden der Sexualmoral« (1996), wie im Zuge der sogenannten sexuellen Revolution auch die lebensfrohe Sexualität verschwand. Die alte Moral sah Richtiges, als sie, das Gefühl von »Scham« aufgreifend, die damit verbundenen Bereiche mit einem gesellschaftlichen Tabu belegte. Zur Grenzziehung zwischen »erlaubt« und »verboten« genügt nicht die Rücksichtnahme auf Gefühle und Rechte des Partners. Das mit dem Sexualtrieb Berührte greift tiefer, wo Liebe und Vertrauen, wo Leben und Gemeinschaft gründen; greift ins sozial zu Verantwortende und ins Geistige; greift letztlich ins Religiöse, wie nicht nur die christliche Tradition weiß. Wenn die innere Verbindung von Sexualität, Erotik, Ehrfurcht und Liebe mißachtet wird, pervertiert die gesamte Lebensauffassung. P. Seewald zitiert in dem Interviewband mit Kardinal Ratzinger (»Salz der Erde«, 1966, 215) Rainer Langhans, der die »sexuelle Befreiung« als Protagonist demonstrativ praktizierte. Auch nach ihm »wurde die Sexualität von der seelischen Seite abgetrennt und die Leute in eine Sackgasse geschickt. (Es gebe nun) kein Geben mehr, keine Hingabe.« Für ihn ist heute sogar »Elternschaft, Mitarbeit am göttlichen Plan« der höchste Sinn von Sexualität. Denn sie ist vom Wesen her eingebunden in überindividuelle Bezüge und Normen. Das scheinen – was die Boulevard-Medien erstaunt – junge Menschen wie von selbst zu wissen, auch wenn sie sich nicht mehr um die »veralteten« Normen des Christentums kümmern. Sexualität muß mit »Liebe« und Bindung und Weitergabe des Lebens zu tun haben, um menschenwürdig zu sein. Damit ist das Kreisen um Selbstverwirklichung überschritten hin zur Partnerschaft und zum Kind, zum sozialen Rahmen der Gesellschaft.

Das Auf und Ab von Be- und Aburteilung in diesem Bereich, der doch das Innerste des Menschen betrifft, zeigt, wie sehr heute um wichtigste Anliegen gerungen wird, zeigt aber zugleich, daß die rechte Antwort nicht in holzschnittartiger Schwarz-weiß-Manier gegeben werden kann, was oft genug in der Kirche geschehen ist.

– Man kann Sexualität nicht mit Fortpflanzung der Menschen identifizieren. Kann und darf man sie aber trennen von Zeugung und Geburt, von Liebe und Ehe? Dann wäre das Kinder-in-die-Welt-Setzen bald ein technischer Vorgang, den man an die medizinische Industrie delegieren kann. Aldous Huxleys »Brave New World« steht als Drohung im Raum.

– Ist die Familie ein unzerbrechlicher Panzer, auch wenn Menschen in ihr zerbrechen? Aber: Kann man das Zusammenleben von Mann und Frau zu einem Zweckverband gegenseitiger Lustgewinnung degradieren? Ist die Familie nicht doch das Naturgegebene für eine menschenwürdige Kindheit, für die Identität des neuen Menschen, den Fortbestand der Menschheit, für das Wachsen zweier Menschen miteinander? Kinder sind die Zukunft der Gesellschaft. Alleinerziehende Mütter und Väter oder die Kibbuz-Pädagogik bleiben Notlösungen, so »not«-wendig sie in der heutigen Gesellschaft auch sind. Psychologie und Soziologie stimmen überein, wenn sie die Familie als den idealen und selbstverständlichen Ort für das Heranwachsen eines Kindes hervorheben. Die Treue der Partner ist das Rückgrat des mit- und aneinander-Wachsens. Für viele überraschend, zeigen die Umfragen, daß in der Jugend die Sehnsucht nach Geborgenheit, Familienleben, Treue in der Partnerschaft wächst; dies so sehr, daß die voreheliche Keuschheit unter Jugendlichen – wie wiederum »Der Spiegel« (Sondernummer »Liebe«, 1995) schreibt – gesellschaftsfähig geworden ist. Der Staat muß in seinen sozial tragfähigen Regelungen hinter diesem »Ethos« zurückbleiben. Aber die Kirche ist gerade im kulturellen Wandel aufgerufen, dem christlichen Ethos von der Würde des Menschen eine Stimme zu leihen, die in unserer heutigen, sich wandelnden Gesellschaft verstanden wird. Dies kann kein blindes Festhalten an veralteten, rigoristischen Normen sein.

– Man muß anerkennen, daß der (die) Homosexuelle ein Recht auf Liebe und Zuneigung hat, wie sehr man auch über die Gründe dieser Anlage diskutieren kann. Aber ist dies einfachhin gleichzustellen mit der ehelichen, gegengeschlechtlichen Verbindung? Ist nicht eher zu fragen: Inwieweit braucht auch ein solches Liebesband, in dem diese Menschen ihre Identität finden, den rechtlichen Schutz der Gesellschaft?

– Um die Frage nach der »Ehe« sammeln sich wichtige Überlegungen zur Gestalt einer zukünftigen Gesellschaft. Bei der kirchlichen Besinnung auf ihre Sakramentalität ist aber zu wissen, daß in der reformierten Tradition die Ehe nicht als Sakrament gilt und daß es im sakramentalen Eheverständnis der orthodoxen Kirche die Anerkenntnis einer zerbrochenen Ehe und damit das Recht auf eine neue Ehe gibt.

Mit diesem Hinweis auf die Sakramentalität aber wird nur zu deutlich, daß all diese Fragen auch die Spiritualität belangen.

(4) Auch *andere ethische Fragen* zeigen den Wandel der Gesellschaft in ihrer Humanität und fordern die Kirche heraus. In Stichworten:
– Gen-Manipulation kann für manche schlimme Krankheit die ersehnte Heilung bringen. Doch ist sie einfachhin freizugeben?
– Wie tief darf die ärztliche Kunst in Lebensvollzüge auch mit Organverpflanzungen oder gar biologisch mit Klonen eingreifen? Ist die wachsende Angst vor verborgenen Schäden, die dadurch geweckt werden können, unberechtigt?
– Das ökologische Bewußtsein hat neue ethische (!) Verhaltenscodices entstehen lassen. So wird im Umgang mit den Tieren, den Geschwistern menschlichen Lebens, die Verantwortung des Menschen immer bewußter.
– Der Streit um die Atomenergie ist noch nicht ausgefochten.
– Im politisch-gesellschaftlichen Bereich denke man an Themen wie »gerechter Krieg« im Atom-Zeitalter, an Wehrdienstverweigerung gegenüber der Proklamation von Vaterlandsliebe, an Staatsgehorsam und Kirchenasyl, usw.
– Besonders in den Fragen, die um Leben und Tod kreisen, bündeln sich die Probleme, die bei allem Fortschritt neu zu bedenken sind. Hier und an vielen anderen Orten verbergen sich Konflikte, die es in dieser Form früher nicht gab, sie waren oft im »selbstverständlichen« Funktionieren der Großgesellschaft überdeckt. In der Zeit einer pluralistischen und individualistischen Lebensordnung aber müssen sie bewußt bedacht werden.

(5) Die *Kirche hat verständlicherweise Schwierigkeiten*, in diesen Fragen die rechte Antwort zu finden. Welche Werte sind unveränderlich? Welche unterliegen der Umschichtung in der gesellschaftlichen Ordnung? Wo ist die Grenze: »bis hierher und nicht weiter«? Die Antworten sind nicht so eindeutig, wie man einmal glaubte. Fest steht aber, daß in christlicher Verantwortung und im Vertrauen auf die Führung Gottes gefragt und um Antworten gerungen werden muß.
Die Kirche ist damit herausgefordert wie nie zuvor. Es geht um Wegweisungen, doch man muß sich bewußt bleiben, daß diese nicht schnell und leichthin gegeben werden können, sondern Zeit und Nachdenken brauchen. Es braucht auch das Ringen um ein Für-und-Wider, in dem die verschiedenen Kräfte sich mit ihren unterschliedlichen Argumenten austauschen und sicher

auch einmal anfeinden. Vielleicht bleibt sogar in Zukunft manche Frage offen; denn »letzte« Fragen führen in das Geheimnis Gottes hinein.

(6) *Der Vorrang der Menschlichkeit vor dem Gesetz* ist eine, wenn nicht gar die greifbarste anthropologische Richtschnur für diese Fragen. Jesu Worte klingen im Ohr: »Barmherzigkeit will ich, nicht Opfer« (Mt 9,13; Mk 2,27). »Der Sabbat ist für den Menschen da, nicht der Mensch für den Sabbat.« Letzter Satz allerdings mit dem wichtigsten, oft vergessenen Hinweis: »Deshalb ist der Menschensohn Herr auch über den Sabbat.« Die ethischen Normen des christlichen Abendlandes sind entstanden zum Schutz und im Dienst des Menschen. Darüber herrscht kein Zweifel. Auch nicht darüber, daß manche Norm im Laufe der Zeit sich als überaltert erwies und der Menschlichkeit eher Schaden zufügte. Man denke an die alten Kirchengebote (Fasten, Fleischabstinenz, Nüchternheit vor Kommunionempfang), die mit dem II. Vatikanischen Konzil beiseite gelegt wurden, obgleich ihre Übertretung vorher unter dem Verdikt der schweren (!) Sünde gestanden hatte.

Kein »göttliches« Gebot ist ein willkürlicher Befehlsakt wie der eines Renaissance-Herrschers im Sinne des »Stat pro ratione voluntas« (»Anstelle einsichtiger Vernünftigkeit steht die Willensäußerung des Gesetzgebers«). Jede Norm, auch die, die sich auf Gottes Willen beruft, darf und muß hinterfragt (und wenn nötig auch geändert) werden vom Standpunkt der Menschlichkeit und Menschenwürde aus. Die »autonome« Moral (gegenüber »theonomer« Moral, A. Auer) bedenkt diese Fragen. Hierzu stellen Psychologie und Soziologie Einsichten bereit, die nicht übergangen werden dürfen.

Trotz aller, oft journalistisch aufgeputschten Skandale darf man sagen: Die Kirche ist in ihrer Ganzheit bemüht um die Behutsamkeit, in der allein die Menschlichkeit ihres Auftrags geborgen ist. Vor jeder Kritik an ihrer Moral-Auffassung muß das Verständnis stehen, wie schwierig (fast unmöglich!) es in unserer schnellebigen und empfindsamen Gesellschaft ist, Normen zu finden, damit doch der Mensch Mensch bleiben kann.

b) Kirche als Lerngemeinschaft

Im Ringen um die Gegenwarts- und Zukunfts-Gestalt der Kirche wird bewußt, was oft verdrängt wurde: Die Kirche ist und bleibt Pilgerin in der Zeit; sie ist und bleibt Lern-Gemeinschaft. Gerade ihre Blütezeiten lebten aus der Offenheit zum Lernen und schöpften aus dem Dialog mit anderen kulturellen Kräften die eigene Lebenskraft.

(1) Nicht nur die Ethik, *auch die christliche Wahrheit befindet sich im Prozeß.* Das läßt sich an vielen Entwicklungen aufzeigen.
– Die Wahrheit von Jesus Christus und damit das Gottesbild war Thema der ersten Jahrhunderte mit seinen großen Konzilien. Vom Tode Jesu bis zum Konzil von Chalcedon (451) brauchte man über vier Jahrhunderte, um das Verständnis von Jesus zu einem gewissen Abschluß zu bringen – das ist etwa die Zeit von Martin Luther bis heute! Den Wegen und Irrwegen dieser Jahrhunderte nachzugehen, ist spannend wie eine Kriminalstory. In diesen Lernprozeß integrierte die Kirche die Philosophie und das Wissen ihrer Umgebung. Sie stand im intensiven Gespräch mit der Mentalität des Hellenismus und dem lateinischen Denken. Die Kraft zur Identität auf diesem Weg war die Jesus-Erfahrung des Neuen Testaments, die in Gebet und Ritus weitergegeben wurde, also das, was die Spiritualität pflegt: Erfahrung von Gott und Gottes Wort in Jesus Christus. Das Zeugnis der Märtyrer und Mönche wie die Reflexion der Theologen und Kirchenväter beruhen darauf. Dieser Lernprozeß ist auch heute nicht abgeschlossen und wird niemals zur sprachlich unbeweglichen Formel kommen. Rahner hat es in einem Aufsatz »Chalcedon – Ende oder Anfang« (1952) gezeigt.
– Die politische Verantwortung des Christentums ist ein anderes Thema, mit dem die Kirche immer neu umzugehen lernt: Wenn Jesu Reich nicht von dieser Welt, aber in dieser Welt ist, welchen Platz darf und muß die Gemeinschaft seiner Anhänger inmitten der Welt, im Raum von Politik, Wirtschaft und Kultur einnehmen? Wie formt sich die Eigengestalt des kirchlichen Glaubens inmitten neuer Weltsichten? Darf man fliehen vor der Politik, die immer etwas Unlauteres an sich zu tragen scheint, oder muß man wie der Islam Religion und Staat ineins setzen? Ganz offensichtlich ist hierzu ein Lernprozeß der Kirche im Gange. Das optimistische Dokument des II. Vatikanums über »Die Kirche in der Welt von heute« hat sich

inzwischen auch als nur eine Etappe auf diesem Weg erwiesen.

(2) *Aus dem Rückblick auf die Geschichte* ergeben sich Fragen, die die konkrete Gestalt der Spiritualität betreffen:
– *Die Ablösung des symbolischen durch das realistische Denken* brachte im Mittelalter und der sich daraus entwickelnden modernen Zeit eine neue Spiritualität. Das »Konkrete« wurde stärker bewußt. Ist es aber nicht an der Zeit, die alte, symbolische Ganzheits-Spiritualität zurückzugewinnen und mit der konkreten, innigen Frömmigkeit zu verbinden?
– Das geschichtliche Denken hat sich auf profanem Boden erst seit 200 Jahren durchgesetzt. Hat es aber die Basis des christlichen Glaubens erreicht? Es geht um Fragen der historisch-kritischen Bibelkritik und der Dogmenentwicklung im kulturellen Wandel. Mir scheint die restriktive Haltung der amtlichen Kirche gegenüber dem historischen Denken – trotz des Dokuments der päpstlichen Bibelkommission von 1993 – noch nicht überwunden zu sein.
– *Die psychologische Durchdringung der Spiritualität* hatte nach der Reformation eine Blütezeit. Doch dieses »Goldene Zeitalter« der spanischen und französischen Spiritualität des 16./17. Jahrhunderts muß sich im Gespräch mit der modernen Psychologie (Psychoanalyse, transpersonale Psychologie) fortsetzen, um den modernen Menschen zu erreichen; eine Forderung, die noch zu wenig gesehen wird.
Die Mitte der menschlichen Existenz ist von diesen Fragen betroffen. Es sind Fragen der Spiritualität, die aber den gemeinsamen kirchlichen Raum und die Bemühungen der Theologie angehen.

(3) Wo *Menschen als einzelne oder in Gruppen ein geistliches Leben führen*, ist dieser Lernprozeß am lebendigsten. So notwendig theologische Reflexion und institutionelle Leitung sind – die entscheidenden Anstöße kommen aus dem Leben derer, die bewußt christlich zu leben versuchen.
Von den christlichen Urgemeinschaften her, in deren Schoß sich die biblischen Schriften bis zu ihrer kanonischen Zusammenfassung entwickelten und die im gemeinsamen Beten und Feiern ihre kirchliche Identität erfuhren; vom frühen Mönchtum des Antonios in der Wüste über Basileios von Cäsarea und Benedikt von Nursia, über Bernhard von Clairvaux und Hildegard von Bingen, über so verschiedene und doch ähnliche Gemeinschaf-

182

ten wie die des Franz von Assisi und des Dominikus, über Ignatius von Loyola und über die großen Frauen des letzten Jahrhunderts mit ihren karitativen und pädagogischen Ordensgründungen führt ein Weg in die geistig-geistlichen Aufbrüche unserer Zeit, mag man ihre Gemeinschaften Basis-Gruppen oder anders nennen. Daran wird ersichtlich: Nicht »wissenschaftliche« Reflexion und juristische Norm, sondern das Leben solcher Menschen weist den Weg der Kirche zur Zukunft. Dort lebt das, was Ernst Bloch »Kategorie der Front« nennt, die offene Grenze vom Jetzt zum Morgen.

Besonders dort, wo Menschen als Christen in Gemeinschaft zu leben versuchen, wird der Dialog des Christentums mit der Zeit – positiv oder negativ – intensiv geführt: seien es die Basisgemeinden des südamerikanischen oder eines anderen Kontinents; oder seien es auf dem anderen Flügel Gemeinschaften wie das Opus Dei in seiner amts-treuen Radikalität; seien es Gemeinschaften, die Stille und Meditation pflegen, seien es solche im Familienverband wie die Integrierte Gemeinde, die das klassische Gelübde der Jungfräulichkeit neu verstehen als eheliche Liebe. Im Sammelband »Basisgemeindliche Kirche« (1996) ist viel Material dazu gesammelt.

Hier muß der Dialog miteinander und mit Amt und Theologie ansetzen.

Weniger die extremen Verwirklichungen als die Verweigerungen des Dialogs legen die Lebendigkeit des Geistes Gottes, der Pneuma-Kirche in Fesseln.

(4) Der Dialog aber kann nur gelingen, wenn auch die *Konflikte, die notwendigerweise in Umbruchsituationen* entstehen, akzeptiert und durchgestanden, aber nicht verdrängt oder in gegenseitiger Verketzerung abgeschoben werden. Die unschönen Begleiterscheinungen der ideologischen Streitigkeiten sind oft bitter und ungerecht, insbesondere wenn das kirchliche Amt seine naturgegebene Machtstruktur ins Spiel bringt. Doch sozialpsychologisch sind solche Konflikte in Umbruchsituationen selbstverständlich. Die Kirchengeschichte kennt genügend (unschöne) Beispiele bei großen Menschen: Hieronymus gegen die Origenisten, gegen Augustinus; Bernhard gegen den neuen Geist Abaelards; der Streit der Franziskus-Nachfolger; die Schwierigkeiten der Anfänge des Jesuitenordens; Bischof Bossuet gegen lauteren Fénélon; Newman und sein Erzbischof; Teilhard de Chardin und ein Großteil der damaligen Theologie, nicht nur die Amtskirche.

Im augenblicklichen Umbruch ist der Glaube an das Wirken von Gottes Geist in seiner Kirche angefordert. Das heißt: Auch in dieser Situation lebt Gottes Geist; das bedeutet nicht Wissen, wie es später einmal sein wird oder sein soll, sondern ein Vertrauen, daß Jesu Geist (Pneuma, Spiritus, Spiritualität) in seiner Kirche lebt und sie lenkt, wie ungeschickt diese sich auch gebärdet. Auch dieser »Glaube« ist von der »negativen«, ins Nichtwissen auslaufenden Theologie geprägt; er ist nicht aufzulösen in die Sicherheit eines Wissens, er bleibt in Gottes Geheimnis geborgen.

Jeder aber ist gefordert, die eigene Einsicht in diesen Prozeß einzubringen. Das geht – soweit es uns Menschen anbelangt – nur im Gespräch miteinander und im Gebet vor Gott. Die Kirche aber hat ihre Lebenskraft aus dem Geist Jesu Christi. Dies meint der oben erwähnte Nachsatz Jesu, als er das Sabbat-Gebot der Menschlichkeit unterordnete: »Deshalb ist der Menschensohn Herr auch über den Sabbat« (Mk 2,28). Jesus verweist auf seinen Geist, der in die Wahrheit einführt.

2. Gefahr und Chance des christlichen Erbes

Die Kraft und Bereitschaft zu Neuem, zu »lernen« ist typisch für die christlich-abendländische Kultur. Dies ist kein westlicher Dünkel. Andere Kulturen und Religionen binden den Menschen enger an die Tradition des Stammes, des Volkes, der Religion, sind tiefer in der Vergangenheit verwurzelt und weniger in die Zukunft, in die Freiheit des Forschens und Neugestaltens hinein geöffnet: Was einmal war, ist das Richtige und soll es auch bleiben! Die biblisch-griechische Kultur hingegen löste den Menschen aus dieser Bodenhaftung, stellte ihn in seine Eigeninitiative und kreative Schaffenskraft.

Dieser christlich-abendländische Zug aber läuft Gefahr, den Menschen aus der Verwurzelung seiner Herkunft zu lösen, ererbte Werte abzuwerfen und den Menschen heimatlos zu machen. Heute wird genau dieser Vorwurf gegen das Christentum erhoben: es habe den Menschen aus seiner Einbindung in die Natur, aus dem Geborgensein im angestammten Erbe und der gewohnten Umgebung herausgerissen und in die Schutzlosigkeit des Eigen-Tuns hineingestellt; es trage die Schuld an der Verkopfung des Menschen und seiner Entfremdung von der Natur – eine Entwicklung, die unsere Zivilisation geformt habe, heute aber ihren Bestand bedroht. Das Christentum sei verantwortlich für das Negative, für das, was sich in der kapitalistischen und technischen Gesellschaft an Eigennutz und Profitgier herausgebildet habe.

a) Geschichtliches zur Ethik der Gewissensfreiheit

Diese pauschal vorgetragenen Vorwürfe können – trotz all der Brüchigkeit ihrer Argumentationsweise und Einseitigkeit ihrer Behauptungen – zum weiteren Verständnis der heutigen Situation verhelfen.

(1) Schon im Alten Testament, spätestens bei den Propheten, befreite sich die jüdische Religiosität *von eher »ethnischen«* (also volk- und naturgebundenen) hin *zu einer »ethischen«* (also auf individuellem Gewissensentscheid ruhenden) *Mentalität.* Die Religiosität löste sich von naturnahen Riten und mythischen Gestalten; sie legte den Akzent auf die freie Verantwortung in der ethischen Entscheidung und im moralischen Tun. Dieses »Erwachen des Gewissens« fand seinen Gipfel in der Bergpredigt Jesu und verband sich mit der spätantiken Philosophie von der Würde des Menschen. Das Individuum, die Person emanzipierte sich aus dem religiösen-kulturellen Eingebundensein. Nach Peter Brown war gerade die bewußt übernommene Ehelosigkeit eine Emanzipation der Frau von den Fesseln des Clans, war Ausdruck einer Freiheitsbewegung.

(2) Am Ringen um die Bedeutung der *Gewissensfreiheit* zeigt sich, wie problemgefüllt diese Spannung zwischen ethnischer Einbindung (also Tradition) und ethischer Freiheit (also persönlicher Entscheidung) ist. Für eher traditionelle Kreise (z. B. um Bernhard von Clairvaux) schienen die Fundamente der Gesellschaft zu wanken, wenn nicht das allgemeine Gesetz und das überlieferte Brauchtum, sondern das Gewissen des je-Einzelnen Maßstab über Gut und Böse sein sollte. Peter Abaelard, Thomas von Aquin und die spätmittelalterlichen Nominalisten setzten hingegen Wegmarken zur Hochwertung des persönlichen Gewissens. Die Konfrontation des »persönlichen« Gewissens mit den überpersönlichen Normen der gesellschaftlichen und religiösen Tradition (was dem Verhältnis von »Pneuma«- und »Logos«-Kirche entspricht) kann in jeder Gemeinschaft zum Existenzproblem werden: Die Freigabe des Gewissens scheint das Gemeinschaftsgefüge zu untergraben; die Betonung einer über-individuellen Ordnung aber scheint die Würde des persön-

lichen Gewissens zu zerstören. Doch die je-persönliche Gewissensfreiheit und die individuelle Verantwortung sind untrennbar mit der Botschaft Jesu verbunden.

Die Vorgeschichte des Dekrets zur Religionsfreiheit im II. Vatikanischen Konzil[27] wirft ein grelles Licht auf die Problematik: Der überaus einflußreiche Kardinal Ottaviani schrieb 1950 als Jurist: Die Würde der Wahrheit gebiete einem katholischen Staatsoberhaupt, den nicht-rechtgläubigen Religionsgemeinschaften die Öffentlichkeitsarbeit zu verbieten; während ein nicht-katholisches Staatsoberhaupt der katholischen Religion alle Freiheit schenken müsse; das sei nicht ungerecht, sondern das Recht der Wahrheit. Pius XII. argumentierte aber diplomatisch gegen ihn: Die politische Klugheit verlange gleiche Freiheit für alle Religionen. Doch das Konzil entschied aus einer tieferen Wahrheit heraus: Die Würde der freien Gewissensentscheidung ist der von Gott gegebene Grund der Freiheit jeder redlichen Religion. Diese Haltung führte bekanntlich zur Absplitterung konservativer Katholiken unter Bischof Lefèbvre.

(3) *Gottes dreifaltige Wirklichkeit und seine Kraft im Heiligen Geist* ist, wie Erik Peterson zeigt, der theologische Grund dafür, daß es auch auf der gesellschaftlich-politischen Ebene keine logische, hantierbare Formel gibt für das Verhältnis der Entscheidungsfreiheit, des persönlichen Gewissens zur allgemeinen Normierung, die aus der Absolutheit der Wahrheit und des Seins stammt. Die nachkonstantinische Geschichte des christlich-römisch-byzantinischen »Reichs« führte Peterson zur verborgenen Kritik an der »Reichs«-Ideologie des Faschismus. Damals verband sich ein radikaler, antitrinitarischer Monotheismus mit der absolutistischen Ideologie des Kaisertums. Wer die Wahrheit besitzt, müsse ihr mit allen Mitteln zum Sieg verhelfen! Das sei Aufgabe von Kirche, Staat und Kaiser.

Dieser Ideologie stand die von den kappadozischen Kirchenvätern ausformulierte Lehre vom trinitarischen Geheimnis Gottes und dem Wesen des Heiligen Geistes entgegen. Gottes »Einheit«, die von der Reichstheologie zur Rechtfertigung der staatlichen Einheit vereinnahmt wurde, ist ein »trinitarisches« Geheimnis und widersetzt sich jeder menschlichen Manipulation. Gottes Geist »weht, wo er will« (Joh 3.8), ist nicht festzulegen durch menschlichen Wahrheitsbesitz, lebt in der Freiheit des Gewissens. Damals wurde die »negative Theologie« ausgebildet, daß – wie es im IV. Laterankonzil formuliert wurde – jedes Reden und Wissen von Gott gegenüber der Wahrheit von Gott mehr »unähnlich als ähnlich«, mehr falsch als richtig sei. Durch das Bekenntnis zum in der Kirche lebenden Geist Gottes erhält diese Wahrheit gesellschaftlich-politische und auch kirchliche Konkretheit: Der Geist weht, wo er will – im Raum des kirchlichen Glaubensbekenntnisses wie im persönlichen Gewissen, mag es selbst gegen diesen Glauben stehen.

(4) In der modernen Diskussion taucht eine ähnliche Fragestellung auf als *Polarität von »Gewissens-« und »Verantwortungs-Ethik«*. Menschen mit ausgeprägt persönlichem Gewissen vertreten den Standpunkt, den Luther formulierte: »Hier stehe ich, und ich kann nicht anders.« Immanuel Kant hat dies radikalisiert zum kategorischen Imperativ: so zu handeln, wie die innere Pflicht es gebietet, wie man ohne Rücksicht auf die äußeren Umstände handeln müsse. Max Weber hat die Problematik unter dem Stichwort »Gewissens- gegen Verantwortungs-Ethik« soziologisch analysiert. Eine reine Gewissensethik kann sich auswachsen zum Fanatismus; eine reine Verantwortungsethik kann gewissenlos sich nur nach den äußeren Umständen richten. Im Entwurf der christlichen Theologie ist diese Problematik aufgehoben im pneumatischen Denken: Das persönliche Gewissen (Ich stehe in der Wahrheit) wird umfaßt vom Wissen um Gottes Geist, der in keiner Wahrheitsformulierung aufgeht; er ermahnt, daß die Wahrheit Gottes größer ist als menschliche Wahrheitserkenntnis. Daher muß sich jedes persönliche Gewissen öffnen zur Anerkennung einer anderen, ihm entgegenstehenden Meinung, soweit diese redlich gewachsen ist. Noch tiefer verstanden heißt dies: Alle Menschen stehen in der Liebe Gottes; Gott umfaßt in seiner Liebe auch den anderen mit anderer Meinung. Nur auf dem Boden dieser Sicht darf (und muß!) der Dialog um die Wahrheit ansetzen. Das Anerkennen, daß Gottes Wahrheit auch in einem Gewissen leben kann, das dem eigenen Urteil entgegensteht, stellt den Christen und auch die Kirche in einen Wahrheitsraum, der weiter ist als die eigene Einsicht; dieser Raum macht es möglich, das eigene »Gewissen« einzubetten in eine umgreifendere »Verantwortung«.

(5) Die reine »Gewissensethik« kann zum *kämpferischen Absolutheitsanspruch* werden. Man argumentiert: Ich bin im Besitz der Wahrheit und habe deshalb die Gewissensverpflichtung, ihr zum Sieg zu verhelfen und alle Menschen mit ihr zu beglücken. In diesem Sinne radikalisierte man über Jahrhunderte hin den Satz: »Außerhalb der Kirche ist kein Heil.« Es galt als

Gewissenspflicht, möglichst viele – »sei es gelegen, sei es unge-
legen«, wie Augustinus die spätpaulinische Mahnung (2 Tim
4,2) deutet – zur Wahrheit der Kirche zu führen; es müsse sogar
gelten: »Zwingt sie, einzutreten« (»cogite intrare«), wie wiederum Augustinus die Bibel (Lk 14,23) interpretiert.

Aber sosehr die Kirche vom Absolutheitsanspruch des Christentums überzeugt ist, ebensosehr muß auch sie wissen, daß
Gottes Wahrheit nicht in ihrem »Absolutheitsanspruch« aufgeht. Sein heilbringendes Wirken ist in vielen Orten und Zeiten
der Menschheitsgeschichte lebendig. Weil die Kirche von diesem Gott weiß, hat sie nicht nur die Pflicht, die Wahrheit Gottes zu verkünden, sondern auch die Pflicht, auf »andere« Überzeugungen zu hören; denn der Geist Gottes ist weiter und
fruchtbarer als ihr eigener Wahrheitsbesitz.

Im Glauben an den dreifaltigen Gott ist es kein Widerspruch,
sich auf dem »absolut« richtigen Weg der Wahrheit zu wissen
und hinzuhören auf die Zeichen des Geistes, der auch »außerhalb« des eigenen Wahrheitsbesitzes von Gott Zeugnis ablegt:
Der absolute Wahrheitsanspruch des Christentums geht zusammen mit den Äußerungen, den »Offenbarungen« Gottes auch
außerhalb des Christentums.

Die konkrete Vermittlung beider Erscheinungen der Wahrheit
Gottes kann sich nicht in logischem Denken, sondern nur im
verstehenden Gespräch ereignen. In einem Gespräch, in dem
jeder Partner bereit sein muß zu lernen und – wenn nötig – auch
umzulernen. Die »Logoskirche« steht offen zum Wirken des
»Pneuma«, das mit ihrem (notwendigen!) Anspruch auf den
Maßstab der Wahrheit und der sittlichen Maßstäbe – auch
außerhalb der Maßstäbe der eigenen christlichen Glaubensüberlieferung – lebendig ist.

Was für das Wirken des Geistes in der Wahrheitstradition der
Kirche gilt, gilt für die ethischen Normen des persönlichen und
auch des kirchlichen Gewissensurteils. Man steht sogar in der
Verantwortung, auf das fremde Gewissen hinzuhören – sei es
individuell, sei es die Ethik einer religiösen Überlieferung. Dort
kann die Stimme des Geistes Gottes lebendig ertönen. Der von
der Moraltheologie vertretene Wert der »natürlichen« Ethik, die
vor der Offenbarung liegt, steht nicht über oder vor, sondern im
Glauben. Denn der Grund aller Ethik liegt in Gottes Wahrheitsbesitz, der jede formulierte Ethik übersteigt. So darf man fragen,
ob kirchliche Stellungnahmen zur Abtreibungsfrage das – wenn
auch objektiv falsche – verantwortete Gewissensurteil vom »anderen« genügend berücksichtigen.

(6) Aus der Befreiungstheologie (A. Pieris) stammt die Formel: »*tota veritas*«, doch nicht »*totum veritatis*« (die ganze Wahrheit, doch nicht das Ganze der Wahrheit). Das macht (anders als die gleiche Formulierung in der pluralistischen Religionstheologie John Hicks) deutlich: Solche Überlegungen lehren keinen Relativismus der Ethik und des Glaubens, sondern zeigen deren innere Dynamik auf. Die Kirche predigt den »totus Christus«, den ganzen Christus, er ist Maßstab und Synthese von allem, was auch die Dogmen- und Ethikentwicklung bringen mag. Aber sie predigt nicht schon das »totum Christi«, nicht schon die Lebensfülle des Christlichen. Der »Absolutheitsanspruch« des »totus Christi« widerspricht nicht den neuen Erfahrungen, die zum »totum Christi« gehören und den Glauben an den »totus Christus« bereichern.

Der rechte »Absolutheitsanspruch« des Christentums liegt im Verhältnis zu Gott und zu Jesus, nicht aber in diesem oder jenem Wahrheitssatz, mit dem die Kirche diese Absolutheit auszusprechen versucht. Daß Gott sich auch in einer nichtchristlichen Religiosität offenbaren kann, wird nur der bestreiten, der die Wahrheit in hantierbaren Begriffen zu besitzen glaubt. Die Dialektik zwischen der Wahrheit Gottes und der menschlichen (Auf-)Fassung dieser Wahrheit läßt sich durch satzhafte Kriterien nicht überbrücken. Das Absolute liegt nicht im Begriff, sondern im Hinweischarakter der Worte, der Vorstellung auf den (das), der (das) mit ihnen gemeint ist! Der Glaubensvoll-zug ist Be-zug, im wörtlichen Sinn »dialogisch«.

Das Johannesevangelium streicht diesen Bezug des christlichen »Absolutheitsanspruchs« in seiner Dialektik von Wort und Geist heraus. Dort sagt Jesus sowohl in absoluter Eindeutigkeit: »Wer mich gesehen hat, hat den Vater gesehen« (14,9), wie er zugleich verweist auf ein Wachstum in diesem »Gesehenhaben«: »Der Beistand aber, der Heilige Geist, den der Vater in meinem Namen senden wird, der wird euch alles lehren und euch an alles erinnern, was ich euch gesagt habe« (14,26). Über diese Polarität von fester Wahrheit (Jesus) und Entfaltung der Wahrheitseinsicht (Geist) kommt auch kein Dogma hinaus.

b) Die Dialektik des christlichen Anspruchs

Auf der Beziehung zu Gott in Jesus von Nazareth gründet das Christentum seinen Absolutheitsanspruch. Dies besagt die dogmatische Formel von der »Menschwerdung Gottes«. Bibelwissenschaftler wie Heinz Schürmann (»Jesus, Gestalt und Geheimnis«, 1994) katholischerseits und Martin Hengel (»Nachfolge und Charisma«, 1968) evangelischerseits gehen den biblischen Fundamenten dazu nach. Doch auch diese formen keine empirisch oder logisch zu beweisende Grundlage, sondern leben in aller Plausibilität aus dem verantworteten Glaubensvollzug, aus der Spiritualität. Sie erst gibt dem Christentum seinen legitimen Ort in der pluralistischen Gesellschaft.

(1) *Selbstsichere Abkapselung* würde das Leben ersticken. Die Gewißheit, in der Wahrheit Gottes zu leben, kann zu einem Absolutheitswahn verleiten, nach dem alles andere grundsätzlich falsch und sogar verdammenswert ist. So entstanden schlimme Irrwege wie Ketzerverfolgung, Kreuzzüge, Hexenwahn. Die ernsthafte Geschichtsforschung aber weist gegen eine propagandistische, antikirchliche Herausstellung dieser Irrwege darauf hin, daß sie nur aus vergangener Mentalität heraus zu beurteilen sind.

Gründen aber nicht viele negative Phänomene der modernen Gesellschaft auf ähnlicher Selbstsicherheit? Das Pochen auf Selbstverwirklichung, in die niemand hineinreden darf! Das kapitalistische Herausstreichen des Besitzes, den keine soziale Verantwortung antasten darf! Der technische, wissenschaftliche Fortschritt, der in seiner Perfektion andere humanere Werte zur Seite drängt! Auch das angeblich »liberale« Herabschauen auf fremde weltanschauliche Meinungen und die Weigerung, mit ihnen in existentieller Betroffenheit zu sprechen, weil das nicht mehr als »liberal« gilt, ist nichts anderes als Überheblichkeit.

Die Extreme berühren sich: Die pluralistische Auflösung von Ethik und Wahrheit in Beliebigkeit (»laissez faire – laissez aller« oder Feyerabends »anything goes«) dokumentiert oft eine absolutistische Überzeugung, daß die eigene Meinung keinen ernsthaften Dialog brauche, weil sie als »liberal« über allem steht, einfachhin gültig sei. Es gibt keine theoretische Formel, die beide Gefährdungen abwehren kann. Es gibt nur die Praxis des Glaubens, der vom absoluten Geheimnis des dreifaltigen Gottes und der Kraft des göttlichen Geistes weiß.

(2) Am Verhältnis des *Christentums* zur *Politik* wird dies deutlich. Der Bezug auf Jesus von Nazareth verwehrt der christlichen Spiritualität den Rückzug aus den sozialen Sorgen der Mitmenschen, aus der Politik in einen privaten Bereich. Diese Versuchung zur Weltflucht hat das christliche Mönchtum und

andere »asketische« Ströme von Anfang an begleitet. Eine agressive Form dieser Weltflucht findet sich im heutigen chtistlichen Fundamentalismus und seiner Abschottung gegen die »böse« Welt und die »schlechte« Politik.

Doch ebenso ist die Identifizierung von Christentum mit Politik/Staat ein Irrweg. Es ist die Versuchung des strikten Monotheismus, die sich z. B. im Islam findet und lange Zeit auch eine christliche Versuchung war. Doch das Ja zur politischen Verantwortung, das die Kirche mit der konstantinischen Wende nach 300 gab, war kein »Sündenfall«; denn damals übernahm die Kirche ihre Verantwortung für die Gesellschaft.

Aber damit wurde eine Fülle von Problemen ins Christentum hineingetragen, die mehr oder minder gut (schlecht) gelöst wurden. Das Auf und Ab der Kirchengeschichte gibt davon Kunde.

Das Verhältnis der Kirche zum Staat ist in einem grundlegenden Wandel begriffen. In der pluralistischen Gesellschaft leben Weltanschauungen nebeneinander; der Staat hat die Aufgabe, humane Werte hochzuhalten und dadurch auch für Ordnung zwischen den Weltanschauungsgruppen zu sorgen; aber er vertritt keine differenzierte Wertordnung neben anderen. Der christliche Auftrag aber bleibt bestehen: die auf seinem Boden als human und menschenwürdig erkannten Werte der Gesellschaft zu vermitteln. Doch dies kann nur geschehen in Achtung vor den anderen und ihrem Gewissen, auch vor andersdenkenden religiösen Gruppen; denn auch sie sind Zeichen der Zeit, in denen Gottes Geist zu vernehmen ist[28].

c) Christliche Spiritualität als offene, als hörende Erfahrung

Theologisch hat diese Situation der Moderne ihren Grund in der bleibenden Spannung von »Pneuma-« und »Logos-Kirche« und ihrer trinitarischen Tiefe. Das Behüten der Wahrheits- und Werte-Ordnung (Logos-Kirche) darf die Offenheit der Pneuma-Kirche nicht verschließen; denn diese muß immer neu hinhören auf das andere, das neu und überraschend sein kann. Schutzgebiete, in denen allein sich der Geist frei betätigen dürfte, würden seinen Freiheitsraum beschneiden und das »Außerhalb« (vom eigenen Glauben, von der eigenen Kirche) als Irrtum und Bosheit denunzieren.

Die Reserve der (Logos-) Kirche gegenüber den »mystischen«, freiheitsliebenden Impulsen der (Pneuma-) Kirche aber bleibt verständlich und charakterisiert ihre Aufgabe. Denn sie hat doch die ererbte »Wahr«-heit zu be-»wahr«-en. Jede Institution verhält sich ähnlich; und jeder Mensch braucht in seiner Identität eine entsprechende Selbstbehauptung. Doch gerade die christliche Spiritualität mit ihrer Kraft des »Pneuma« muß zugleich in der Offenheit auf Gottes Geheimnis hin leben. Gott ist je größer und weder in Wissen noch in Erfahrung festzulegen. Demut vor dem letzten Geheimnis ist auch nach vielen nichtchristlichen Spiritualitäten die Basis aller Tugenden; nur gründend auf ihr wird das Wissen um die Wahrheit zu einer religiösen Haltung. Demut bleibt offen für Gott, daß er auch aus einer unerwarteten Richtung spricht. Jesus nennt es den »Mund der Kinder« (Mt 21,16). Spiritualität als Erfahrungsgewißheit von der Wahrheit Gottes ist nur echt, wenn sie in Offenheit für Neues, für anderes lebt.

Aus dieser Glaubenseinsicht ergibt sich eine grundlegende Regel für die christliche Haltung in der heutigen pluralistischen Welt. Man kann sie als eine zwei-eine Eigenschaft umschreiben: sowohl in eigener Gewißheit ruhen wie offenstehen für überraschend-Neues.

d) Die Mehrdimensionalität der Wahrheit Gottes

Diese zwei-eine Eigenschaft gründet im Dasein Gottes, der ebensosehr die Wahrheit selbst ist wie derjenige, an dessen Geheimnis der absolutistische Umgang mit Wahrheit zerbricht. Trinitarisch formuliert: Gottes Wahrheit ist ebenso geborgen im ewigen Ursprung des Vaters wie sichtbar geworden in der Gestalt des menschgewordenen Wortes und geschichtlich sich entfaltend in der Kraft des Heiligen Geistes. Gottes Mehrdimensionalität sprengt die reine Wahrheitslogik, sprengt das Festhalten an und das Beharren der Menschen auf ihrer Einsicht. Sie begründet die Humanität des Umgangs mit der Wahrheit, die Humanität des Dialogs. Das meint paradox gesagt: sich »absolut« in der Wahrheit des Logos wissen und zugleich pneumatisch-offen sein für Neues und Unerwartetes.

3. DER RELIGIONSDIALOG ALS PRÜFSTEIN UND ALS AUFGABE

Ins Herz des Fragens nach der »Kirche in der Welt von heute« führt der Dialog der Religionen, in dem das Gesagte sich bewähren muß. Der alte Konflikt des kirchlichen Glaubens mit der exakten Wissenschaft gehört in seiner existentiellen Schärfe der Vergangenheit an. Ein jeder weiß um seine Grenzen. Die Konflikte der Gegenwart und Zukunft liegen im Raum der Erfahrung, der Psychologie, der Soziologie, beides vereint im Raum der Religionswissenschaft: Muß der Anspruch des christlichen Glaubens sich nicht den Ergebnissen der psychologischen Untersuchungen über die Entstehung und den Einfluß von Glaubenshaltungen beugen? Danach sind – psychologisch formuliert – alle Religionen nur Versuche, allgemein menschliche, subjektive Sehnsüchte in eine kommunikable Form zu bringen, die der jeweiligen kulturellen Umwelt entspricht. Läßt sich Gottes Wahrheit an die einzige christliche Religion unter den vielen festbinden[29]?

a) Die pluralistische Religionstheologie

»Zum Dialog der Religionen gibt es heute keine Alternative.« So beginnt die 1991 gegründete Zeitschrift »Dialog der Religionen«. Es geht um die Wahrheitsfrage, um die Heils-Bedeutung der einen christlichen Religion unter den vielen anderen, die den gleichen Anspruch auf Wahrheit erheben. Schon Demokrit von Abdera (um 400 v. Chr) hat die Frage nach Gott skeptisch beantwortet: Wenn die Tiere einen Gott brauchten, würden sie sich ihn in Tiergestalt vorstellen; Menschen denken von Gott auf ihre je-subjektive Weise. Lessing hat diesem Denken im »Nathan der Weise« seine Ringparabel gewidmet: Welches der echte von den drei Ringen (Religionen) ist, ist nicht festzustellen und muß auch nicht festgestellt werden.

Das II. Vatikanische Konzil hat sich in der Pastoralkonstitution über die Kirche in der Welt von heute, »Gaudium et spes«, dazu so offen geäußert, daß dies auch Kirchenkritiker bewundern. In der »Erklärung über das Verhältnis der Kirche zu den nichtchristlichen Religionen« geht es ausdrücklich um die »in der Welt verbreiteten Religionen« (Nr. 2):

»Die katholische Kirche lehnt nichts von alledem ab, was in diesen Religionen wahr und heilig ist. Mit aufrichtigem Ernst betrachtet sie jene Handlungs- und Lebensweisen, jene Vorschriften und Lehren, die zwar in manchen von dem abweichen, was sie selber für wahr hält und lehrt, doch nicht selten einen Strahl jener Wahrheit erkennen lassen, die alle Menschen erleuchtet.«

Christliche Theologen aus dem angelsächsischen Bereich, besonders der Anglikaner John Hick und der Katholik Paul Knitter, haben diese Thematik aufgegriffen und sich entschieden gegen den sogenannten »Absolutheitsanspruch« des Christentums gewandt. Sie stützen sich dabei auf ein phänomenologisches Schema von Wahrheits- und Heilsanspruch der Religionen. Dieses weist zwar bei differenzierender Betrachtung die Mängel des logizistischen Denkens auf, das lebendige Qualitäten in starre Begriffssysteme einordnet und sie damit tötet, kann aber zur ersten Orientierung helfen.

(1) *Der exklusive (ausschließende) Anspruch auf Wahrheit* besagt: Die eigene Religion ist allein wahr, die anderen sind falsch. Die eigene Religion führt allein zum Heil, die anderen führen ins Unheil. Der Satz »extra ecclesiam nulla salus« (»außerhalb der Kirche gibt es kein Heil«) gilt als der klassische Ausdruck dieses exklusiven Anspruchs einer Religionsgemeinschaft auf Wahrheit. Im christlichen Raum findet sich kein namhafter Theologe mehr, der diesen Satz im exklusiven Sinn verficht. Auch alte, anscheinend rigorose Ansichten müssen zuerst aus ihrem kulturellen Umfeld heraus verstanden werden, ehe sie gedeutet werden dürfen. Das gilt auch für den »frühen« Drewermann, der in »Strukturen des Bösen« (II, XXXI) behauptet: »Außerhalb der katholischen Kirche ... mit ihren Riten, Symbolen, Sakramenten und Mysterien gibt es kein Heil mehr.«

(2) *Der inklusive (einschließende) Anspruch auf Wahrheit* wird mit Karl Rahners Theorie vom »anonymen Christen« oder mit dem II. Vatikanischen Konzil belegt. Gemeint ist: Auch in den anderen Religionen finden sich Wahrheiten über Gott und Mensch; denn Gott spricht, wie es im Hebräerbrief (1,1 f) heißt: »viele Male und auf vielerlei Weise.« Aber Höhepunkt, Synthese und auch Maßstab aller anderen Wahrheiten bildet der eigene (christliche) Glaube. So fährt der Hebräerbrief fort: »In dieser Endzeit aber hat er zu uns gesprochen durch den Sohn, den er zum Erben des Alls eingesetzt und durch die Welt erschaffen hat.« Das Konzil verdeutlicht in ähnlicher Weise seine obige Aussage: »Unablässig aber verkündet sie und muß sie verkünden: Christus, der ist ›der Weg, die Wahrheit und das Leben‹, in dem Gott alles mit sich versöhnt hat.« Das Beispiel des Patriarchen eines existentiellen Religionsdialogs, Abhishiktananda, Henri de Le Saux, zeigt, wie unabdingbar eine »absolute« Überzeugung vom eigenen Glauben für ein Gespräch mit anderen ist. Er forderte ein Überschreiten des hellenistischen und sogar semitischen Sprachraums der Dogmatik, um dem Hinduismus zu begegnen. Aber ganz selbstverständlich blieb für ihn Jesus selbst die Glaubensbasis.

Die pluralistischen Religionsmethoden aber werfen auch einer solchen absoluten Bindung an Jesus Arroganz vor. Paul Knitter nennt Rahners Theologie »hinterhältig« und meint auch zur Haltung von Hans Küng:

»Trotz seines Appells an eine größere Offenheit scheint Küng einer subtilen, getarnten Enge zu huldigen. Er schlägt vor, daß wir die Kirchen-Zentriertheit durch eine Gott-Zentriertheit ersetzen, hängt aber selbst einem Christus-Zentrismus an; denn er besteht darauf, daß Jesus normativ, maßgebend, das meint letztlich entscheidend, endgültig, archetypisch sei für die Beziehungen des Menschen zu Gott. Da nun Christus für alle Religionen normativ ist, ersetzt Küng eigentlich den christlichen Exklusivismus nur durch einen Inklusivismus; dieser erkennt zwar den Wert der anderen Religionen an, besteht aber darauf, daß dieser sich erfüllen, ›kritisch aktualisiert‹ sein muß, seine ›volle Verwirklichung‹ erfährt ›im Christentum‹.«

Auch Reinhold Bernhardt, der die Überlegungen der pluralistischen Religionstheologie in Deutschland bekannt gemacht hat, sieht im »inklusiven Modell« einen »liberal-inklusiven Überlegenheitsdünkel«, dem die pluralistische Religionstheologie »eine Abfuhr erteilt«. Mit ihr nämlich sei eine »kopernikanische Wende« im Dialog der Religionen eingetreten.

(3) *Die pluralistische Religionstheologie* will dem tatsächlichen Pluralismus der Religionen ein theologisches Recht verschaffen. Sie versucht mit inner- und außer-theologischen Gründen zu zeigen, daß alle Religionen gleichwertig sind – wenigstens die großen Weltreligionen; kleinere, volknähere, schamanistische schließt man normalerweise recht elitär davon aus.
Vom Harvard-Professor für Vergleichende Religionsgeschichte Alfred Cantwell Smith stammt hierzu die Unterscheidung »faith« und »belief«, zwei englischen Substantiva für das eine deutsche Wort »Glaube«. »Belief« meint die Sätze, Riten und Institutionen, aus denen die konkreten Religionen bestehen. »Faith« aber bezeichnet eine postulierte, dahinterliegende Erfahrung, die allen Religionen gemeinsam ist. Sie kann allerdings nur in den Formen des belief konkret werden, also in einer real-existierenden Religion. Smith beschreibt faith als das Bewußtsein,

»in einer Welt zu leben, deren Größe die eigene Auffassungsgabe überschreitet, die den Menschen jedoch nicht ohne eine unübersehbare Spur von Wahrheit, Schönheit, Gerechtigkeit und Liebe läßt; (das meint:) eine Anerkennung persönlicher Transzendenz ... ein Gefühl, diese – sei es nur tastend oder in größter Fülle – realisieren zu können.«

Mit reichem positiven Wissen über die verschiedenen Religionen und das Suchen der Menschen zeigt Smith, daß die Menschen aller Zeiten aus einem solchen faith heraus leben. Faith stelle »die essentielle menschliche Qualität« dar. Demgegenüber sei der ideologische Atheismus nur eine hilflose Abstraktion. Im konkreten Dasein aber zeige sich faith stets in der Gestalt eines belief. Denn er ist grundsätzlich hineinverwoben in eine lebendige Religion mit ihren typischen, kulturellen und sozio-psychologischen Besonderheiten. Die religiöse Vielfalt von Islam, Christentum, Buddhismus, Schamanismus usw. sei eine notwendige, aber geschichtlich bedingte Ausprägung des einen Wesenszugs aller Menschen, des faith.

John Hick bringt dies in »Religion. Die menschlichen Antworten auf die Fragen nach Leben und Tod« (1996, 249 f.256 f) zur Synthese:

»Die Welt, wie sie uns gegenübertritt, ist mehrdeutig, insofern wir sie religiös oder aber naturalistisch deuten können; wenn man sich aber einmal für eine Möglichkeit entschieden hat, dann konstituiert dies das eigene Leben als eine religiöse oder aber naturalistische Reaktion auf die Wirklichkeit. Zum gegenwärtigen Zeitpunkt gibt es aber keine endgültige Bestätigung dafür, welche Reaktion letztlich die richtige ist.«

Im Gegensatz zu Smith anerkennt Hick auch den Atheismus als gültige Weltdeutung. Er selbst entscheidet sich bewußt für die religiöse Deutung der Welt und beruft sich dafür wie Smith auf die Vielfalt religiöser Traditionen, die insbesondere zur »Achsenzeit der Weltgeschichte« (Karl Jaspers) entstanden sind. Mit dem Blick auf sie aber

»kann niemand vernünftigerweise behaupten, daß seine eigene Form religiöser Erfahrung und diejenige der Tradition, der er angehört, verläßlich sei, die anderen dagegen nicht. (Man müsse) seine eigene Form religiöser Erfahrung als eine kognitive Reaktion auf eine göttliche Realität betrachten (und dies) gleichermaßen auch für die religiöse Erfahrung gelten (lassen. Es gebe) verschiedene Möglichkeiten, eine höchste göttliche Wirklichkeit zu erfahren, in Begriffe zu bringen und einer Beziehung zu ihr leben, wobei diese Wirklichkeit alle unsere unterschiedlichen Auffassungen von ihr transzendiert.«

Philosophisch greift Hick zur Philosophie Kants:

»Das Ding an sich (das Noumenon), ›das Wirkliche‹ bleibt in sich unerkennbar. Aber es wird im religiösen Vollzug konkret und gelebt in vielfältigen Erscheinungsweisen, denen die ›believes‹ (die konkreten Glaubensvollzüge) der konkreten Religionen gelten. Das ›Reale an sich‹, das

›Wirkliche‹ ist weder mit personalen noch mit apersonalen Kategorien festlegbar. Es bleibt offen für die jeweilige Konkretisierung in einer faktischen Religion.

Doch es gibt Kriterien, um die ›Religion der Religionen‹ innerhalb der konkreten Religion zu erspüren. Es ist insbesondere die Anfrage, ob in einer Religion die ›Umwandlung von Selbst-Zentriertheit zur Realitäts-Zentriertheit‹ geschehe: »transformation from self-centredness to reality-centredness«.«

Auf vielfältige Art und Weise versuchen andere Theologen diese Argumentation zu erhärten. Manche zeigen wie Lessing, der von einem »garstigen Graben« sprach, daß geschichtliche Tatsachen (die Religionen, Jesus Christus) grundsätzlich keine übergeschichtliche, absolute Wahrheit vermitteln können. Andere stützen sich auf die Exegese, die historisch-kritisch in der Bibel nur den Menschen Yeshua (= Jesus) findet – der allerdings so ganz von dem »Wirklichen« erfüllt gewesen sei; daß er Vorbild für alle Menschen ist, aber kein Heilsbringer, kein Heiland. Man bewertet auch das hellenistische Verständnis des Christentums als Abfall von der Urbotschaft Jesu; es habe die Gott-Erfülltheit Jesu zur »ontologischen Inkarnationslehre« vom Gott-Menschen Christus umgedeutet. Man verweist auf das Neue Testament selbst, das Jesu recht unterschiedlich, also »pluralistisch«, und nicht im Sinne des späteren Glaubens deutet.

b) »Mystische« Einheit aller Religionen?

Dieses denkerische Bemühen heißt spirituell: Einheits-Mystik. So steht im »Lexikon der Religionen« (1976):

»Mystik ist die Aufhebung des religiösen Ich-Du-Verhältnisses: d. h. das Aufgehen des Menschen in Gott oder im Göttlichen, ja vielleicht in etwas, das hinter Gott liegt.«

Dort nämlich, auf dem Gipfel der religiösen Erfahrung, seien alle Religionen eins. Besonders durch den Einfluß des Neo-Hinduismus seit Ramakrishna und seinem Schüler Vivekananda gewann diese These Einfluß; ihr stehen heute manche Meditationskreise nahe. Robert C. Zaehner hat dies in einer umfangreichen, inhaltlich schwerwiegenden Arbeit mit dem bezeichnenden Titel »Mystik, Harmonie und Dissonanz« (1988, 18) scharf, aber kenntnisreich kritisiert. An seinen Lehrstuhl-Vorgänger, den späteren Präsidenten Indiens, Radhakrishnan gewandt, schreibt er, daß dieser die »Harmonie« der Religionen auf der Basis seines »Vedanta-Monismus« errichte,

197

»in welchem die Realität eins und Vielfalt deshalb in gewissem Grade daher lediglich empirische Pfade zu eben dieser letzten Wahrheit seien. Diese Methode finde ich nicht akzeptabel, da sie nämlich auf lange Sicht nicht zu Verständnis, Harmonie und Freundschaft führt, sondern zu Mißverständnis.«

Zaehner untermauert seine Kritik mit ausführlichen, kenntnisreichen Ausführungen über die hinduistische Mystik. Man muß allerdings wissen, das J. Hick wesentlich differenzierter argumentiert als die von Zaehner ad absurdum geführten Vertreter einer »Einheits-Mystik«.

Eine »Harmonie in Dissonanz« fand auch der Eckhart-Forscher Alois M. Haas[30] beim Vergleichen der Zen-Erfahrung mit der Mystik Eckharts. Eckhart nämlich gilt in den aktuellen Diskussionen als Prototyp der spirituellen Einheit aller mystischen Erfahrungen oder zumindest der Basis-Einheit von christlicher Mystik und (Zen-)Buddhismus. Haas schreibt nach intensivem Gespräch mit japanischen Zen-Meistern: »Ich sehe bei ebenso vielen Strukturanalogien (zwischen Eckhart und dem Zen-Buddhismus, JS) ebenso viele Gegensätze.« Diese Gegensätze liegen nicht zuletzt in Eckharts Wortmystik, worin die konkrete Einmaligkeit einer »Wahrheit« sichtbar wird. Als Kontrast dazu seien Stimmen aus der heutigen christlichen (!) Diskussion zitiert, die »Mystik« zur alles umschließenden Überreligion emporstilisieren, ohne den Zeugnissen gerecht zu werden. So schreibt der Benediktiner David Steindl-Rast:

»Verschiedene Zeitpunkte und verschiedene Orte (haben) unterschiedliche Bedingungen für das Interpretieren, Anwenden und Zelebrieren der mystischen Erfahrung geschaffen. Dies führt zur Vielfalt der Religionen auf dieser Welt. Alle aber entspringen der einen Saat, und alle reifen demselben Ziel entgegen.«

Ein anderer Benediktiner, Willigis Jäger, beschreibt dies genauer. Eine solche »mystische Erfahrung« sei »höchste Stufe« der Religion:

»Ausdrücke wie Unio Mystica, Grund (Tauler), Innere Burg (Teresa) verweisen auf die gleiche Erfahrung wie Samadhi im Yoga und Satori im Zen. Bilder und Symbole sind individuell verschieden und doch sprechen sie vom Gleichen. Christlich heißt dies: Wie in Jesus ist dieses göttliche Prinzip in jedem von uns Mensch geworden. Das Universum ist nichts anderes als ein Bewußtseinsfeld, das sich immer wieder materialisiert. Gott kreiert sich selbst in jedem Augenblick.«

Wir müssen deshalb nach Jäger alle »Christusse« werden, Menschen, in denen das göttliche Prinzip sich restlos inkarniert,

198

Fleisch wird; Mystik meint Identität mit dem Göttlichen, meint diese Erfahrung:

»Ich bin Gott. Ich bin diese formgewordene Manifestation dieses Energiestromes.«

»Entweder die Spezies Mensch schafft den Sprung in die interkulturelle Einheit – Dialog ist für mich nur ein Zwischenziel – oder sie verschwindet im Evolutionsprozeß wie Millionen anderer Gattungen auch.«

Wie nahe das der esoterischen »Religiosität« steht, liest man in Gerhard Wehrs Buch über »Spirituelle Meister des Westens« (1995). Dort werden Gestalten vorgestellt, die – mit Format! – entsprechende Weltanschauungen vertraten. So versuchte Helena Petrovna Blavatsky, die Begründerin der »Theosophischen Bewegung« (wörtlich: Gott-»wissend«),

»alle Religionen, Sekten und Nationen unter einem gemeinsamen, auf ewigen Wahrheiten beruhenden System der Ethik miteinander zu versöhnen (in dem Bewußtsein), daß es eine Wahrheit geben muß, die in all den verschiedenen Religionen ihren Ausdruck finden.«

Nur das Judentum, schreibt sie, sei auszuschließen; denn es bestehe auf einen unüberbietbaren

»personalen, außerkosmischen und anthropomorphen Gott, der letztlich nichts anderes als der gigantische Schatten des Menschen ist, und zwar nicht gerade der besten seiner Art.«

Entsprechende Behauptungen lassen sich leicht vermehren: Es gebe eine Übermystik des Ungegenständlichen, die sich in der Erfahrung des Hinduismus, Buddhismus oder noch radikaler im Zen finde. In ihr habe alle religiöse Erfahrung ihren Gipfel und – tiefer betrachtet – auch ihren Ursprung. Doch dazu zeigt gerade Hick nüchtern: Auch diese sogenannte »ungegenständliche« Mystik ist

»nicht unabhängig von ihrer kulturellen Konditionierung. (Auch diese Traditionen) bleiben verkörperte Geister, die in ihrer Zeit und an ihrem Ort verwurzelt sind.«

c) Kritische Anfragen und der religiöse Absolutheitsanspruch

Auch hier stellen sich ähnliche Fragen, wie sie schon in der Darstellung der christlichen Meditation aufgetaucht sind. Mit dem Rückzug aus den »believes«, aus der Konkretheit des Religiösen, in die Abstraktheit eines unangreifbaren »faith« droht die Gefahr der »hermetischen« (W. Jäger) und guruhaften Verweigerung des Dialogs. Unterschlagen wird dabei der wohl größere Teil gelebter Gotteserfahrung und Mystik, nämlich die Liebesmystik. Wenn man sie auf einen abstrakten, gesichtslosen »faith« reduzieren würde, würde man ihr Herzstück eliminieren und dem abstrakten Denken opfern: Liebes-Erfahrung (-Mystik) hat grundsätzlich eine »faith«-Gestalt, deren Kriterium nicht Selbsterfahrung und Denken ist, sondern Hinhören, Empfangen, Sich-beschenken-Lassen.

John Hick, der allerdings auch die Ideologie einer »Einheitsmystik« hinterfragt, endet im Unbestimmten des späten Kantianismus: Niemand könne verantwortlich entscheiden, was es um Gott sei. Paul Knitter hingegen, der das Konkrete stärker im Auge hat, endet im Belanglosen: Der »Ekklesiozentrismus« (Kirche als Maßstab: außerhalb der Kirche kein Heil) wird auf einen »Christozentrismus« reduziert (Christus als das Absolute: »Es ist uns kein anderer Name gegeben«); dieser hinwiederum auf einen »Theozentrismus« (Gott als das Absolute: »Ich bin der Herr, dein Gott«); doch auch aus ihm eliminiert Knitter die Auffassung des »Personalen«; und nochmals reduziert er die Transzendenz auf innerweltliches Heil und Glück. Für ihn bleibt bei der Suche nach dem »eigentlich-Religiösen« nichts übrig als das, was er »Soteriozentrismus« nennt: »Wenn man sich im gemeinsamen befreienden Handeln und im Dialog engagiert.« Doch wo geschieht befreiendes Handeln? Jeder Diktator und jede Ideologie nimmt es für sich in Anspruch und kann viele Argumente dafür bringen. Auch der Fortschrittsglaube von Technik und Industrie lebt aus der Ideologie des Glücksbringers. Knitters pluralistische Religionstheologie endet in einer Spiritualität, in der das jeweilige Urteil des jeweiligen Menschen oder der Menschengruppe über »befreiendes Handeln« zum letzten Maßstab erhoben wird, Verweyen stellt dazu bedauernd fest, »daß hier der Sinn für das, was Wahrheit bedeutet, weitgehend abhanden gekommen ist«. Und damit auch der Sinn für die unangreifbare Menschenwürde. Ohne übergreifende (absolute) Norm verläuft sich das Anliegen der Spiritualität in belangloser und beliebiger Subjektivität.

Die Diskussion darüber darf auch nicht in Wortspielerei enden, indem das hart klingende und aus dem Deutschen Idealismus stammende Wort vom »Absolutheitsanspruch« durch ein milderes von der »Einzigkeit Christi im Gespräch der Weltreligionen« ersetzt wird: »Normativität Christi ohne Absolutheitsanspruch, Finalität ohne Exklusivismus, Definitivität ohne Superiorität« (Karl-Josef Kuschel). Doch wo ist der Unterschied zwischen Normativität und einem recht verstandenen Absolutheitsanspruch? Knitter hat recht, wenn er den entsprechenden Vorschlägen Hans Küngs vorhält, dessen Dialogbeitrag lande trotz verbaler Distanz bei Karl Rahners Auffassung vom »anonymen Christen«, beim »inklusiven« Absolutheitsanspruch des Christentums.

Nicht im Terminologischen, sondern auf dem Boden der konkreten Religiosität fällt die Entscheidung. Dazu zeigt Hans Waldenfels mit Joseph Ratzinger, »daß es keine Religion ohne offenen oder verborgenen Absolutheitsanspruch gibt«, wie auch immer es sprachlich ausgedrückt wird. Jede noch so liberal sich gebende Religionswissenschaft stellt ihren Standpunkt als absolut hin – und wäre es auch nur die absolute Behauptung, daß man zu keinem absoluten Standpunkt kommen könne oder – zumindest wie bei John Hick – bisher noch keinen solchen erreicht habe.

Auch das Argument aus der Gemeinsamkeit der mystischen Traditionen ist einfachhin falsch. Denn gerade diese sind, wie auch John Hick schreibt, unreduzierbar unterschiedlich; man muß sie anschauen, statt in das eigene Einheitsschema der Verschmelzung hinein aufzulösen. In seiner Einleitung zu »Klassiker der Religionswissenschaft« stellt Axel Michaels eindrucksvoll dar, wie alle Versuche, die verschiedenen Religionen auf einen umfassenden Begriff von »Religion« zu bringen, gescheitert sind. Dieses Scheitern wird bei der doch so sublimen »mystischen« Erfahrung noch deutlicher.

Selbst vom unbestrittenen »Vater der pluralistischen Religionstheologie«, Wilfried Cantwell Smith, zeigt A. Grünschloß in »Religionswissenschaft als Welt-Theologie, W. C. Smiths interreligiöse Hermeneutik« (1994,154.164), daß dieser den Reichtum des Religiösen in ein gedanklich-dürres Schema presse, um eine Einheitsreligiosität zu »beweisen«: »die abstrakt-relativistische Universalität von Smiths ›Rekonstruktionen lebendigen Glaubens‹ (wird) dem Selbstverständnis religiöser Menschen kaum gerecht«. Darüber hinaus wechselt auch Smith, der die Arbeit von Grünschloß wohlwollend begleitet hat, an den entscheidenden Stellen seiner Argumentation vom sachlich-objektiven Vergleichen und Argumentieren der Religionsphänomenologie zum subjektiv-glaubenden Bekennen und Bewerten: »Seine normativ depravationsgeschichtliche Beurteilung der als ›Reifikationsprozeß‹ beschriebenen Entwicklung erweist sich im Kontext deutlich als Resultat einer lebensphilosophischen Leitkonzeption.« »Reifikation« (Verdinglichung) besagt, daß die rein-religiöse Urerfahrung sich zum Dinglichen (»res«) »depraviert« (= verschlechtert) habe. Doch dies ist die subjektive Meinung von Smith, daß nämlich die Konkretisation (Reifikation) des Religiösen eine Depravation sei, nicht aber das »Selbstverständnis religiöser Menschen«. Die »Gemeinsamkeit« aller Religionen wurde von Smith nicht gefunden, sondern aus seiner eigenen »Religion« heraus konstituiert und als Maßstab absolutgesetzt. Auch seine Überreligion ist nur eine unter den vielen »geglaubten« Religionen dieser Welt – und dazu eine künstlich erfundene.

d) Das Gespräch der Religionen

Im Religionsgespräch führt die »liberalistische« Gleichmacherei ebenso wenig weiter wie die »fundamentalistische« Exklusivität. Auch liberalistisch wird eine »Überreligion« erbaut, die schlußendlich ebenso exklusiv-fundamentalistisch ist wie eine Religion mit ausdrücklichem exklusivem Wahrheitsanspruch. Auch sie erhebt sich über die konkreten Religionen als »depravierte« Form zur eigentlichen, nur von ihr vertretenen Religiosität (oder wie diese Haltung genannt wird). Ohne das ausdrückliche Stehen zur eigenen Überzeugung, ohne Bekenntnis bleibt jede Argumentation Spiegelfechterei. Das bewußte Ja oder Nein ist unersetzbar und kehrt – unbewußt – bei aller Liberalität wieder zurück. In der pluralistischen Religionstheologie scheint nur John Hick den Mut zu haben, sich zu einer solchen »Glaubenshaltung« zu bekennen.
Für ein fruchtbares Religionsgespräch ist anderes erfordert, nämlich das, was als Wesenszug jedes Dialogs herausgestellt wurde: sich zu einem Standpunkt bekennen (statt ihn liberalistisch zu leugnen) und zugleich offen sein zum Hinhören und Hinschauen auf die fremden Werte (statt sich fundamentalistisch abzuschließen). Es ist die Haltung, die im trinitarischen Geheimnis eine erstaunliche Bestätigung hat: Klarheit der Logos-Wahrheit und Lebendigkeit des Geistes, der »weht wo er will«; Zusammenklang von »Logos«- und »Pneuma«-Haltung im Geheimnis des »Ursprungs«. Ohne Offenheit für den Geist verhärtet sich der Glaube, ohne Logos-Standpunkt wird die Offenheit zum substanzlosen Daherreden, das sich selbst für »absolut« hält.
Diese Gewißheit des eigenen Wegs in Offenheit zu neuen Erfahrungen ist Kriterium der christlichen Spiritualität.

e) Nicht-christliche Religionen als Offenbarung göttlicher Weisheit (am Beispiel des Buddhismus)

Die christliche Tradition spricht von zwei Büchern, aus denen Gott zu uns spricht: dem Buch der Natur und dem Buch der Offenbarung. Von diesem Blickwinkel her können alle Religionen Bücher sein, in denen sich Gottes Weisheit findet. Das II. Vatikanum hat dies mit seiner lernbereiten Hochachtung vor der Wahrheit der nicht-christlichen Religionen bekundet. So nimmt auch Hans Urs von Balthasar »Zur Ortsbestimmung christlicher Mystik« (in: »Grundfragen der Mystik«, 1974, 39–71) viele der hier behandelten Themen auf und kann – mit einer Fülle von Wissen und klugen Unterscheidungen – feststellen: »Wir werden deshalb sagen müssen, daß eine vollkommene Entflechtung von gottsuchender nichtchristlicher und von gottgeschenkter nichtchristlicher Mystik nicht gelingt und gelingen kann.«

Gottes Wahrheit spricht sich auch in fremd-scheinenden religiösen Erfahrungen und religiösen Ansprüchen aus. Der katholische Theologe Perry Schmidt-Leukel geht in der umfangreichen Arbeit »Den Löwen brüllen hören« der »göttlichen« Wahrheit des Buddhismus nach. Seine Überlegungen können als Beispiel für Gottes (Offenbarungs-) Wahrheit in einer fremden Religion dienen. Wie Grünschloß zeigt er zum Konzept der »pluralistischen Religionstheologie« scharfsinnig: Der Aufweis einer allgemeinen Religiosität, die gleichsam über den konkreten Religionen als deren imaginäre Einheit schwebt – »Mystik« oder »faith« genannt –, ist widersprüchlich. Darin werde aus der Überreligion des »faith« wieder eine neue Konfession, ein »belief« unter den vielen anderen. Der zum »belief« stilisierte eigene »faith« werde dann regelrecht »exklusivistisch« zur einzig absoluten Religion erhoben. Nicht »über«, sondern nur und systematisch uneinholbar »in« einer konkreten Religion wird Gott oder das Unendliche, das Absolute sichtbar und erfahrbar – in einer Art »sakramentaler« Sichtbarkeit.

So ist auch die Offenbarungsgestalt der Bibel geformt: Gottes Absolutheit wird offenbar *in* der Relativität menschlicher Worte und geschichtlicher Ereignisse (aber nicht »über« ihnen). Israel erfährt Gott *in* seinen Heilstaten, die Christen erkennen Gott *in* Jesus Christus, die Kirche liest das Gotteswort *im* Menschenwort der Bibel, wie auch Gottes Wirken *im* Sakrament gegenwärtig ist. Das Religiöse hat unüberholbar diese Struktur und kann weder nach der einen (nur relativen geschichtlichen) Seite noch nach der anderen (nur absoluten) hin aufgelöst werden: Das sakramentale Zeichen (Brot) kann vom Bezeichneten (der Gegenwart Jesu) niemals logisch-sauber getrennt werden. In Jesus von Nazareth findet diese allgemein-religiöse Struktur ihre Vollendung: In diesem »Menschen« lebt »Gott« »unvermischt, unverwandelt, ungetrennt und ungesondert«, wie das Konzil von Chalcedon (451) lehrt. Das zugleich »eins und unvermischt« vom Göttlichen und Menschlichen ist Grundstruktur jeder Begegnung mit Gott, jedes Wissens von Gott, jeder Gotteserfahrung: Man findet Gott nur in den Dingen, den Ereignissen und der Geschichte; aber man findet ihn »unvermischt«.

Von diesem christologischen Grundprinzip her befragt Schmidt-Leukel den Buddhismus: Wo lebt in seiner Erfahrung das Göttliche? Denn auch die »buddhistische Heilsbotschaft« habe »Offenbarungsrelevanz«. Es könne von Offenbarung Gottes im Buddhismus gesprochen werden; denn auch in ihm werde der Mensch »geoffenbart« in seiner Eröffnung auf Transzendenz, und diese werde im Sinne heilswirkender Präsenz verstanden. Das II. Vatikanische Konzil sagt im Missionsdekret Ähnliches: »Er, der Sohn Gottes, hat sich in seiner Menschwerdung gewissermaßen mit jedem Menschen vereinigt.« Das entspricht der Formel vom »anonymen Christen« (K. Rahner) oder von der »natürlichen Sehnsucht des Menschen nach Gott« (M. Blondel, H. de Lubac). Es stellt dem Christen die Aufgabe, hinzuhören, aufzumerken, was Gott in einer fremden Religion zu sagen hat. Schmidt-Leukel entdeckt so im Buddhismus Göttliches. Wie das Christentum erkenne er, daß sich der Mensch in einer Unheilssituation, in Leid und Schuld befinde: »Die buddhistische Heilsbotschaft setzt primär bei der Vergänglichkeitserfahrung an, und andere Grunderfahrungen werden aus der Perspektive jener primären Anknüpfung heraus gesehen und gedeutet. Innerhalb der christlichen Heilsbotschaft (hingegen) kommt nicht der Vergänglichkcitserfahrung, sondern der Erfahrung der zwischenmenschlichen Bezogenheit Priorität zu, und andere Grunderfahrungen werden von der Deutung dieser Erfahrung her gesehen.« An der Wurzel der zwei Religionen, die beide aus dem Betroffensein von der Unheilssituation heraus zum Absoluten hinschauen, liegen zwar zwei verschiedene Grundeinstellungen zum Dasein; aber in jeder spiegelt sich göttliche Transzendenz. Die »buddhistische Heilsbotschaft (zielt) darauf, den Menschen primär in ein neues Selbstverhältnis zu versetzen, da sich die Überwindung des Todesproblems in der Überwindung der Ich-Identifikation vollzieht.«

Christlich aber sei die Bezogenheit, das Dialogische, die Begegnung Ansatzpunkt der Heilserfahrung und des Nachdenkens über sich und die Welt; und daher auch Ansatz für den Umgang mit der Todesproblematik.

In beiden religiösen Ansätzen realisiert sich Gottes »weltimmanent« gewordene »Transzendenz«. »Gott in Welt« nannte es Karl Rahner. Schmidt-Leukel schreibt vom sakramental-inkarnatorischen Verständnisansatz her: »Die menschliche Natur, in die sich Gott inkarniert hat, ist weitaus facettenreicher, als wir es bisher dachten.« Daher sei zu überlegen, ob die »Überwindung der Ich-Identifikation« im Buddhismus nicht auch ein genuiner Weg zur Gotteserfahrung ist. Denn auch darin liege eine »Explikation jener Paradoxie, in der und aus der Christen seit fast zweitausend Jahren leben: dem Paradox der Einheit von Gnade und Freiheit, dem Paradox der Einheit von Gott und Mensch, dem Paradox Christi.« Mit Worten des christlichen Vollzugs gesagt: Auch im totalen Leerwerden von Welt und Ich wird Gottes Gnade gegenwärtig, und eben darin könne die freie Personalität des Menschen ihre unendliche Erfüllung finden. Anders formuliert: Das Eigentun des Menschen (mit dem Höhepunkt des Leerwerdens) und Gottes Wirklichkeit (die als Gnade den Menschen ganz und gar umgreift) fallen zusammen. Die Ostkirche kann deshalb von »Vergöttlichung des Menschen« sprechen. Ähnliches lehrt auch der Buddhismus, der den Menschen anweist, in der Endgültigkeit und Absolutheit des Nirvana aufzugehen. Entsprechend der Formulierung der Befreiungstheologie wird hier der »Deus absolutus« (Gott als absoluter) berührt, wird der wahre Gott erfahren, aber das »Absolutum Dei« (das Ganze von Gottes Absolutheit) bleibt mehr, als die Erfahrung vermittelt.

Auf dem Boden dieser »Grundübereinstimmung« weist Schmidt-Leukel nun auf die Eigenbotschaft des Christentums hin und fragt, »wie von den menschlichen Grunderfahrungen her die Bedeutung zu verstehen ist, die den historischen Menschen Jesus von Nazareth und Siddharta Gautama mittels der Entfaltung der Christologie bzw. der Buddhologie gegeben wurde.« Christlich gesehen ist nämlich »die Beziehung zu dem einen Transzendenten unter dem Aspekt des Immanenzgedankens quasi auf das *eine* immanente Gegenüber des Menschen Jesus von Nazareth fokussiert.« Buddhistisch aber »ist das *Gegenüber* nicht in vergleichbarer Weise konstitutiv für die Vergänglichkeitserfahrung.«

Das christliche Wissen und die (Gnaden-) Kraft dazu, daß der

Mensch in der Totalhingabe sich Gott öffnet, daß er »vergött-licht« wird, ist an Jesus Christus gebunden: »Gott wurde Mensch, damit der Mensch Gott werde« (Athanasios der Große). Der Weg zur Vergöttlichung ist geprägt vom bleibenden und grundsätzlichen Gegenüber zu Jesus, dem Mensch gewordenen Gott.

In einem Religionsgespräch, das in solcher Tiefe stattfindet, muß der Christ die Erfahrung einbringen, die in der Person Jesu Christi selbst gründet. Was in der Transzendenz Gottes erahnt wird: daß der Mensch gerade in seiner »Vergänglichkeits«-Erfahrung und seiner »Erlösung« ein »Gegenüber« hat, wird durch die geschichtliche Person Jesu Christi, durch die personale »Weltimmanenz Gottes« bestätigt: In diesem Jesus Christus erfährt sich der Christ als jemand, der in seiner Unheilssituation zugleich vor dem heilbringenden Gegenüber Gottes steht.

Der Buddhismus kann in das Religionsgespräch wichtige Züge der göttlichen Offenbarung einbringen: Was er als Aufgeben der Ich-Identifikation, als völliges Leer-Sein lehrt, darf im christlichen Glaubensverständnis als eine Spiegelung der Gnaden- und Gottes-Erfahrung in der Weltimmanenz verstanden werden. Das Christentum weiß darüber hinaus – und hierin liegt die Kritik an Schmidt-Leukels Einebnung der Unterschiede –: Die Frage nach dem Sinn des Lebens findet in der Begegnung mit einem Du ihre erfüllende Antwort; die Begegnung mit Gott hat in Gottes Sohn, Jesus Christus, ihren Höhepunkt.

Besonders für die meditative Praxis sind solche Überlegungen wichtig, denn dem Buddhismus geht es doch um die »Erfahrung« des Daseinssinnes. Aber das Gespräch erreicht die existentielle Tiefe erst, wenn der christliche Glaube in seiner Mitte (Gott wird Mensch) und in seinem absoluten Anspruch (aus diesem Menschen spricht Gott einmalig) ernst genommen wird. Minimal-Vorstellungen vom Christentum scheitern an der existentiellen Tiefe des Buddhismus und anderer Gesprächspartner.

Hier sei angedeutet, daß auch das Gespräch mit polytheistischen Gottes-Vorstellungen (populär: Vielgötterei, Geisterglaube) aus einer ähnlichen existentiellen Tiefe heraus für das Christentum fruchtbar werden kann. Der Glaube an heilige Gestalten neben Gott kann in diesem Gespräch befruchtet (kritisiert und vertieft) werden.

f) Die Mariologie als Schnittpunkt des Gesprächs

Eine neue Tür zu diesem Gespräch öffnet Michael Fuss[31] in seinem Aufsatz über »Buddha und Maria: Dynamische Leere als Ikone des Dialogs«. Er stellt das Gespräch mit dem Buddhismus auf eine Basis, die tragfähiger ist als der übliche Vergleich (z. B. Hans Waldenfels) des »Leerwerdens« Buddhas mit der »Kenosis« (»Leerwerden«) Jesu nach Phil 2,7: »Er entäußerte sich und wurde wie ein Sklave«. Fuss kann sich auf buddhistische Zustimmung berufen. So verwies der Zen-Philosoph K. Nishitani in einem Religions-Kolloquium darauf, daß die Mariologie der buddhistischen Lehre vom »mütterlichen Schoß« (tathagataqgarbha) entspreche: beide sind »Zeichen der Einheit«, der »Haltung des großen Erbarmens«. Vergleichspunkt ist die unbefleckte Reinheit des ursprünglichen Wesens, in dem die offene Leere (der Zen-Erfahrung) gelebt wird. Im betenden Nachdenken wurde sich die frühe Christenheit immer bewußter, daß die Gestalt der Mutter Jesu mit ihrer »unendlichen Verfügbarkeit« – »Mir geschehe nach deinem Wort« – Vorbild, »Archetyp« der menschlichen Grundhaltung vor dem Absoluten, vor Gott darstellt. Die religionsethnologische Forschung zeigt, daß in vielen Religionen eine ähnliche Haltung in personalen Gestalten (Heilige, Heroen, auch manche Götter) verehrt wird. Diese Haltung der »unendlichen Verfügbarkeit« läuft parallel zum »Aufgeben der Ich-Identifikation«, das sich Buddha anscheinend zum Lebensinhalt gemacht hat und was der Zen-Buddhismus radikal umsetzt als »offene Leere« in Lehre und Tun. Fuss schreibt: »In einer Rückwendung zur anthropozentrischen Perspektive des Christusgeheimnisses steht Maria sowohl für das menschlich Verbindende aller Religionen – die gläubige Verfügbarkeit – wie für das unaufgebbar Christliche – die Einmaligkeit ihres Sohnes.« Er argumentiert ähnlich wie Schmidt-Leukel. Nur geht er das Religionsgespräch ausdrücklicher (und mir scheint richtiger) von der menschlichen Erfahrung her an statt von systematischen und theologischen Erwägungen. Er schaut weniger auf das paulinische Erlösungsverständnis der »Entäußerung« Gottes in seinem Sohn Jesus Christus als auf die menschliche Erfahrung von Vergänglichkeit und die Sehnsucht nach Befreiung. Die »sakramentalen« oder auch »christologischen« (Gott im Menschen) Züge des Dialogs werden von dieser Perspektive her deutlicher auf den Menschen bezogen, als es Versuche tun, die von der »Kenosis«-Christologie (Phil 2,7) her den Dialog beginnen. Maria als Schwester aller Menschen und – wie die katholische Tradition weiß – Archetyp des Menschseins wird zum Vergleichspunkt, aber nicht das göttliche erbarmende Tun und nicht Jesus als Träger der göttlichen Offenbarung. Die »unendliche Verfügbarkeit« Marias in ihrem glaubenden Gehorsam und die »Ego-Freiheit« Buddhas oder die »offene Leere« des Zen-Buddhismus entsprechen sich. Der Dialog ist von der Theologie in die Anthropologie hinein verlagert, in die Lehre vom Menschen, der auf Gott hin offen ist; es geht um den »homo naturaliter christianus«, den Menschen, der von Natur her auf den Gott der Offenbarung ausgerichtet ist. Von hierher können auch die Heiligen in ihrer Haltung eine neue Bedeutung und mancher Polytheismus und manche Naturvergötterung ein überraschendes Gesicht erhalten.

Der »absolute« Gehorsam Marias (der neuen Eva, der neuen Mutter des Menschengeschlechts), ihre »offene Leere«, die uns den Erlöser geschenkt hat, ist ebenso Schöpfungs- und Menschen-weit wie die Erlösungstat ihres Sohnes – aber als »offene Leere«, nicht als absolutes Tun. Marias Personsein findet die Erfüllung in dieser Offenheit zu Gott. Dies aber ist archetypisch für jeden Menschen, dem Gott seine »Selbstmitteilung« (K. Rahner) schenkt, was die Mystik »Gottesgeburt im Herzen« nennt. H. U. von Balthasar spricht daher in Übereinstimmung mit L. Boff von dem »Weltwerden« des göttlichen Geistes in Maria. Sie ist die nur-Empfangende, von der Gnade Gottes Geleitete; während ihr Sohn in seiner gottmenschlichen Wahrheit der Schenkende ist; als ihr Kind ist er die Mensch-gewordene Liebe und Gnade, das ewige Wort, das Sprechen Gottes zu uns Menschen.

Im Blick auf den Buddhismus gesagt: Maria läßt alles Besondere fahren, ist reines »Ja« ohne Rückbindung, ist nur noch »Leere«, die sich zur unendlichen Weite des Absoluten öffnet. Damit aber ist sie – nun christlich gesprochen – die Mitte, in deren Schoß der Lauf der Geschichte zur Heilsgeschichte wird. Ihr »Ja« (der »unendlichen Leere«) entspricht der unendlichen Barmherzigkeit Gottes. Maria repräsentiert das, was jedem Menschen als Aufgabe gestellt ist: Ja-Sagen zur unbegreiflichen Weite Gottes, zum anderen Pol des »Zwischen« der Gottesbegegnung; und sie ist umgriffen, durchzogen von Gottes Erlösungswollen und -tun, das den Namen Jesus Christus trägt. In der Entwicklung des Buddhismus wurde Gautama eine ähnliche Funktion zugeschrieben; man spricht von der »Buddha«-Natur im Menschen, die geweckt werden muß, damit der Mensch zur Erleuchtung komme. Auch dort umgreift die Bodhisattva-

Gestalt mit ihrem Erbarmen alle Geschöpfe, ehe sie selbst ins Nirvana, in die Vollendung eintritt. Das läuft parallel zur »Barmherzigkeit der Mutter Maria«. Aber der Unterschied bleibt deutlich: Nicht Marias (meditative oder aktive) Leistung, auch nicht ihre asketische Ego-Losigkeit wie bei Buddha, sondern die Gnade und das Geschenk ihres Sohnes ist der Brennpunkt des Geschehens. Christentum gründet in »Begegnung mit Gott«, nicht im Gott-gleichen Selbstwerden. Aber in der Begegnung wird der Mensch vergöttlicht. Im Sinn der christlichen Mystik gesagt: Die Menschen sollen nicht »Christusse« (W. Jäger), wohl aber »schwangere Maria« (Balthasar Stähelin) werden: Meister Eckhart nennt dies »Gottes Geburt im Herzen«.

Mit dem Zen-Philosophen Gishin Tokiwa weist Fuss noch intensiver auf diese Parallelität hin. Tokiwa schreibt: »Wenn ich die Gelegenheit habe, christliche Bilder, Pietà genannt, zu sehen, bin ich tief bewegt von dieser ewigen Wahrheit der Menschheit. In der hl. Maria sehe ich in der Tat, was Buddhisten den Buddha-Schoß (tathagataq-garbha) nennen.« Als Mutter unterm Kreuz dargestellt, durchleidet Maria die Dunkelheit des Glaubens; auch die Buddhisten »sehen im Durchleiden des Leidens den Weg zu dessen Überwindung«. Hier nun leuchtet der christliche Glaube an die Auferstehung Jesu, des Kindes der Ich-Losigkeit Marias, auf. Es ist die Antwort auf das Leid Marias wie auf die Ich-Losigkeit Buddhas. Die von Dumoulin beschworene »Spiritualität des Buddhismus« wird in diesem Vergleich Buddhas mit Maria sichtbar.

Solche Anstöße zum Dialog warten noch auf ihre Bewährung. Aber sie zeigen jetzt schon ein Doppeltes: die Fruchtbarkeit des Dialogs für das christliche Glaubensbewußtsein und daß dieser Dialog nicht von einer Minimal-Auffassung des Christentums, sondern nur vom ganzen christlichen Glauben her zu führen ist. Die »mystische« Einheit aller Religionen aber liegt nicht in einer substantiell-gleichen Erfahrung, sondern in der Sehnsucht (im offenen Schoß Marias), die sich öffnet zum je-größeren Geheimnis Gottes; dort also, wo nach der christlichen Mystik das »Finden« Gottes nur als ständig neues »Suchen« Gottes lebt; dort, wo ein Ignatius von Loyola glaubend weiß, daß »Gott je größer« ist. Im Suchen der Mystik, nicht in greifbaren Erfahrungen, sondern in ihrer Sehnsucht, treffen sich die Religionen.

g) Die erfahrungsbedingte, »mystische« Basis des Dialogs

Der Religionsdialog darf nicht bei intellektueller Kenntnisnahme und Auseinandersetzung stehenbleiben. Er muß sich auf die Mitte der persönlichen Erfahrung hin bewegen. Mit dem Rückgriff auf die menschliche Erfahrung (Marias), in der sich – sakramental-christologisch – Gottes Offenbarung realisiert, verlegt Fuss den Brennpunkt des Dialogs von der intellektuellen Objekt-Seite – Wer oder was ist Gott? – ins Subjekt und seine Erfahrung hinein: Wie erfährst »du« das Absolute? Der begriffliche Schlagabtausch wird überstiegen zum existentiellen Bekenntnis. Und tatsächlich: Mit dem Gang in die persönliche Erfahrung – von der eigenen Vergänglichkeit, von Ängsten und Hoffnungen, von der Todessituation des Alles-Aufgebens – taucht im Meer der Mißverständnisse ein gemeinsamer Grund des Menschseins auf. Auf ihm aufruhend wird das Gespräch fruchtbar.

In der christlichen Vergangenheit repräsentierte die Mariengestalt tatsächlich das anthropologische Element der Begegnung mit Gott. Die feministische Forschung findet diesen Archetyp in der Ahnung vieler Religionen wieder. Auch der evangelische Theologie Hans-Martin Barth fragt am Schluß seines Buches über »Spiritualität«: »Auch wenn es dem Protestanten auf den ersten Blick befremdlich erscheinen mag, ist zu erwägen, ob nicht Maria, die Mutter Jesu Christi, ein hilfreiches ökumenisches Integrationssymbol sein könnte.« Der Mediävist Klaus Schreiner konnte daher sein aufschlußreiches Buch »Maria. Jungfrau, Mutter, Herrscherin« (1994) aus ideengeschichtlichem Interesse heraus ohne religiöse Ambition in der Absicht schreiben, »die Verehrung Marias als Spiegel menschlicher Bedürfnisse und Befindlichkeiten zu betrachten«. Er zitiert dazu den Kulturwissenschaftler Günter de Bruyn, nach dem in den Marienbildern »immer wieder neu neue Realität entdeckt werde, sowohl äußere durch Kleidung, Architektur, Landschaft der Zeit, als auch innere: neues Lebensgefühl«. Das entspricht unseren Überlegungen, ob nicht auch im interreligiösen Gespräch die Anthropologie (mit Maria als Urbild des Menschen) eine bessere Basis des Verstehens bildet als das abstrakte Theologisieren.

Die Theologen der »pluralistischen Religionstheologie« aber wagen den Schritt in die existentielle, anthropologische Fragestellung kaum einmal. Dumoulin hingegen steht mit dem Aufweisen der schlichten Menschlichkeit des Buddhismus auf eben dieser Basis. Erst wo die Erfahrung – von und Sehnsucht des Menschen – ins Spiel kommt, wird aus dem Streitgespräch der Theologie ein Dialog der gelebten Spiritualität.

Und damit beginnt das, was den Namen »Mystik« verdient. Nur darf sie nicht wiederum zu einer undiskutierten Ideologie erhoben werden, sondern muß sich zu ihrer konkreten »Endlichkeit« bekennen: Alle wahre Mystik bleibt auf dem Weg – getragen von der Sehnsucht nach dem je-größeren Gott, dem je-größeren Absoluten.

4. Der innerkichliche Dialog um die Erfahrung

Der Blick nach »außen« im Dialog der Religionen muß den Blick nach »innen« in den innerkirchlichen Auseinandersetzungen mit eigenen Fragen schärfen. Auch hier geht es um Erfahrung.

Begonnen hat die moderne Diskussion über Christentum und Erfahrung Ende des letzten Jahrhunderts. Im evangelischen Bereich stellte sich die »religionsgeschichtliche Schule« (Bousset, Gunkel, Troeltsch u. a.) dem Erfahrungsdefizit des Christentums. Doch ihr Weg führte in eine Sackgasse; die objektive Botschaft wurde von der subjektiven Erfahrung verschluckt. Zur gleichen Zeit brach auf katholischer Seite das entsprechende Fragen in der sogenannten Modernismus-Krise (Loisy, Tyrell, aber auch Blondel, von Hügel) auf. Es ging um das Verhältnis zwischen der Glaubenswahrheit, die das geschichtliche Ereignis Jesu Christi festhält und weitergibt, und dem jeweiligen geschichtlichen Bewußtsein, in deren sich ändernder Mentalität die Menschen Jesus und seine Botschaft zu erfahren suchen; um die Theologie von »Logos-« und »Pneuma-«Kirche. Schon damals gab der Konvertit und spätere Kardinal John Henry Newman entscheidende Anstöße: daß das christliche Dogma nur im Sich-Entwickeln wahr bleibe und daß die Offenbarungswahrheit nur einem ganzheitlichen und geschichtlichen Verständnis (»illative sense«) offenstehe.

Es ist – so scheint mir – einigermaßen enttäuschend und ein Zeichen für die Lage der christlichen Theologie, wenn die Festschrift für Richard Schäffler »Zum Schnittpunkt von Philosophie und Theologie« mit dem anspruchsvollen Titel: »Erfahrung – Geschichte – Identität« von 1997 die Geschichte der christlichen Erfahrung, also der Mystik, fast völlig (vgl. 103) ausklammert. Etwas mehr Raum erhielt die konkrete christliche Mystik in der Festschrift für Heinrich Döring von 1993: »Religiöse Erfahrung und Theologische Reflexion«. Doch wie wichtig das Aufgreifen der Geschichte der Mystik ist, zeigen die »Historischen Modelle in christlicher Tradition«, die der Germanist Walter Haug und der Theologe Dietmar Mieth 1992 gemeinsam unter dem Titel »Religiöse Erfahrung« herausgegeben haben, die aber in den genannten späteren Arbeiten kaum berücksichtigt werden. Am besten – so scheint mir – hat Verweyen in seiner Fundamentaltheologie den Fragenbereich reflektiert und gezeigt, daß weder die abstrakte Metaphysik noch die isolierte Fixierung auf Einzelphänomene, sondern erst der Blick auf die ganze »Gestalt« der christlichen Erfahrung (so von Balthasar) das Phänomen erreichen kann.

Der Fragenbereich wird durch keine fixierte Antwort erledigt. Es ist umgekehrt: In der je-neuen Dringlichkeit der Fragen erweist sich je neu die Lebenskraft des Glaubens mit seinen zwei Säulen: das Evangelium Jesu Christi, das historisch situiert ist und von der Logos-Kirche (Amt und Theologie) bewahrt und bedacht wird; und die Mentalität, das Lebensgefühl der Gegenwart, in der Menschen diesen Glauben zu leben versuchen, ein Lebensgefühl, das vom »Geistwirken« Gottes getragen wird (Pneuma-Kirche). Die Theologie bedenkt je neu die Anfragen an den Glaubens-Schatz der Logos-Kirche (Amt) von seiten der Pneuma-Kirche. Beide Ströme des Wirkens Gottes bringen Verschiedenes ein; beide sind für den Lebensvollzug des Christentums notwendig.

Kristallisationspunkt dieses »Lebendig-Bleibens« ist die Frage: Wie wird in der heutigen Welt der christliche Glaube als sinn- und heil-bringend erfahren und gelebt? So weist auch K. Rahner auf Mystik und Spiritualität hin als »eine paradigmatische Verdeutlichung dessen, was auf dem christlichen Weg zur Vollendung des Heils in Glaube, Hoffnung, Liebe überall geschieht, wo Heil im christlichen Verständnis erreicht wird«.

Diesem Anliegen der »Erfahrung« ist im folgenden nun auch innerkirchlich nachzugehen. Dabei wird manches, was schon dargestellt wurde, von neuem aufgegriffen und in neue Zusammenhänge gestellt.

a) Was ist Erfahrung?

Oft genug ist gezeigt worden, daß das so durchsichtig scheinende Phänomen der »Erfahrung« schwierigste philosophische Fragen aufwirft.

(1) *Zwei Ansätze, Erfahrung zu verstehen,* lassen sich erkennen. Den einen kann man platonisch nennen. Danach ist Erfahrung nur das Wachrufen eines Urwissens, das im Menschen liegt, wenn auch schlafend. Damit ist Wesentliches gesagt; denn ohne Gleichklang des Erfahrungs-Gegenstandes mit der eigenen Mitte kann der Mensch nichts aufnehmen.

Die andere Tendenz läßt den Menschen sich öffnen auf etwas Neues oder gar Unerhörtes hin. Danach ist der Mensch bis in seine Tiefe hinein ein Lernender; jemand, der noch unterwegs ist zu seinem Ziel; dessen Ziel nicht die Entdeckung der eigenen Seelenmitte, sondern größer und höher ist als er selbst. Überall wo Freiheit und Begegnung als Grundwerte erlebt werden, wird dieses zweite Verständnis maßgebend. Hierauf beruht auch das Evangelium, das dem Menschen Neues, Rettendes bringen möchte. Wäre das Neue der »Frohen Botschaft« nur schlummernde eigene Wirklichkeit, deren Reichtum zu heben, nicht aber als Geschenk (Gnade) zu empfangen ist, hätte das Christentum sein Wesen verloren.

Das Neue des Christentums kann in der menschlichen Erfahrung nur ankommen, wenn es als Neues zugleich auf Züge trifft, die dafür offen, erwartend sind. Verweyen hat in der Nachfolge von Blondel herausgearbeitet, daß es durchaus »intellektuell redlich« ist, wenn der Mensch sich in seiner Grundbestimmung »beschenken« läßt und nicht alles aus dem Selbstbewußtsein heraus entwickelt. In der Mitte steht das Beispiel der Liebe; in ihr wachsen das Geschenk des Neuen mit der inneren Bereitschaft des Empfangenden zur ganzheitlichen, auch intellektuell zu verantworteten Synthese zusammen. Man muß – in Anlehnung an die »dialogische Unsterblichkeit« (Ratzinger) – den Begriff »dialogische Erfahrung« prägen als Einheit von schlummernder Innerlichkeit und »Überraschung« durch Neues.

(2) *Erfahrung und Sprechen über Erfahrung* ist ein anderer Problemkreis. Es geht um dasjenige, was Irene Behn im Wortfeld »Mystik« unterscheidet:

– Mystologie als Reden über, als Theorie über Mystik;
– Mystagogie als Hinführung, als Weg zur Mystik;
– Mystik selbst als Erfahrung in sich.

Obgleich die drei Facetten des Wortfeldes in der Praxis zusammengehören, ist ihre Unterscheidung hilfreich. Je tiefer, existentieller, je persönlicher eine Erfahrung ist, um so klarer übersteigt sie die satzhaften (und ähnlichen) Äußerungen. Deshalb auch wird so verschieden über die Erfahrung des Göttlichen gesprochen. Umschreibungen wie Meer, Weite, Licht, Unendlichkeit, Fülle, auch Sein oder Leere oder Nichts geben immer nur unvollkommen wieder, was einer darüber sagen möchte. Selbst das »Du«-Sagen zu Gott in der biblischen Tradition bleibt hinter der Wirklichkeit Gottes und deren Erfahrung zurück. Die Paradoxie des Dreifaltigkeits-Dogmas (einmal Du = dreimal Du) ist ein Beispiel dafür. Die Theologie hilft sich, indem sie von Gott mit Paradoxien (Zusammenfall der Gegensätze), mit Verneinungen (negative Theologie), Übersteigerungen (je größer) oder Analogien (zugleich so und doch nicht so) spricht. Das sprengt jede logisch-satzhafte Festlegung. Rahner spricht von einer »Überforderung«, die dem theologischen Bemühen innewohnt, weil es von der Unbegreiflichkeit Gottes reden muß.

In der menschlichen Liebe liegt die entsprechende Analogie zu dieser Dialektik von Erfahren und Sprechen darüber. Vor Gott, dem Absoluten wird dies grundlegend. Dionysios der Areopagite läßt als Lehrmeister der christlichen Mystik deshalb die Lehre von der Gotteserfahrung gipfeln in hymnisch, litaneiartig vorgetragenen negativen Aussagen – Gott ist nicht, nicht, nicht ...; diese Negationen betreffen alles, auch Sein, auch Dreiheit und Einheit, auch Vaterschaft und Sohnschaft. Das Negieren-Müssen ist ein Zug jeder tieferen Gotteserfahrung und Kriterium für die Gültigkeit eines spirituellen Entwurfs. Deshalb greifen die Mystiker – in kritischem Licht gesehen auch Meister Eckhart – lieber zur überbegrifflichen Bilder- und Metapher-Sprache, wenn sie ihre Erfahrungen schildern. Damit geben sie ihren Worten eine Erfahrungs-Unmittelbarkeit, die in begrifflichen Abstraktionen nicht erreicht wird, und verweisen zugleich auf einen Sinn, der in intellektueller Theorie nicht zu fassen ist. Die Bilder sind in sich selbst mystagogisch und führen hin zu tieferem Verstehen. Bernd Jochen Hilberath und Bernhard Nitsche machen dies in der oben genannten Festschrift (für R. Schäffler) am Werk Karl Rahners deutlich.

b) *Polarität der Erfahrung – Leben und Begrifflichkeit*

Die Differenz zwischen der »Erfahrung in sich« und der Reflexion oder dem Sprechen über »Erfahrung«, zwischen lebendigem Glauben und seiner theologischen Darstellung verweist auf kritische Schwachpunkte im Leben der kirchlichen Gemeinschaft von heute.

214

(1) Schon im *Umgang mit der Bibel*, dem Ursprung des kirchlichen Glaubens, taucht der Konflikt auf. Was bedeutet es, wenn nach der Bibelwissenschaft z. B. die Kindheitsgeschichte bei Lukas eine Art »Midrasch«, Weihnachten und Nazareth also vor allem bildhafte, erzählende Einkleidung für eine tiefere Wahrheit sind? Inwieweit nur Bild – inwieweit Geschichte? Dies gilt ähnlich von den Wunderberichten. Auch H. U. von Balthasar[32], ein gewiß unverdächtiger Zeuge des rechten Glaubens und zugleich ein wissender und kluger Theologe, meint, daß in den sogenannten »Schauwundern« des Neuen Testaments – das sind Seewandel und Sturmstillung, Brotvermehrung, Weinwunder, Totenerweckungen – »die geistige Symbolik ein Übergewicht über das Mirakulöse« habe; er deutet damit an, daß sie keine historischen Fakten, sondern (nur?) literarische Überbietung der alttestamentlichen Moses- und Elija-Wunder sind.
Wie kommt diese kritische Sicht in der Verkündigung zur Sprache? Hören nicht die jungen Theologen in ihren Vorlesungen »historisch-kritische« Bibelkunde, müssen aber später »fundamentalistisch« predigen? – Oder sie flüchten sich in Sozialkritik und Moral, wenn sie die Berichte von der Geburt Jesu und der Brotvermehrung auslegen.
In »Prolegomena zur Erneuerung der geistlichen Schriftauslegung« (Festschrift Gnilka, 1989) greift Walter Kasper die Frage auf und verweist auf den ursprünglichen (patristischen) Umgang der Theologie mit dem Text der Bibel. Damals war das realistische Lesen der Bibel noch untrennbar eingefügt in ein symbolisches Verstehen der Heilstatsachen. Dies könne zwar nicht einfach wiederholt, müsse aber neu begriffen und der historisch-kritischen Methode konfrontiert werden. Es geht, wie Verweyen in seiner Fundamentaltheologie zeigt, um einen existentiell-meditierenden, ganzheitlichen und zugleich kritisch-reflektierenden Umgang mit der Bibel!
Auf solchen Wegen bewegte sich die Tradition der Mystik und der Spiritualität. Henri de Lubac hat dies in seinem vierbändigen Werk über die mittelalterliche Exegese »Exégèse Médievale« (1959–1964) gezeigt – ein Werk, das den Handbüchern zur exegetischen Forschungsgeschichte (vgl. z. B. Reventlov, Epochen der Bibelauslegung II, 1994) unbekannt geblieben ist. Helmut Riedlinger ist einer der wenigen, der sich um das Wiederaufleben dieser Bibelkunde bemüht. Evangelischerseits verfolgt A. Louth »Discerning the Mystery« (1985) die gleiche Spur.

215

(2) Daß auch *das Dogma zwar zur Sache führt, aber nicht für sie steht,* lehrt schon Thomas von Aquin (STh II,II,1,2 ad 2):

»Der Glaube hat nicht den Satz (des Dogmas, des Katechismus, des theologischen Lehrbuchs) zum Inhalt, sondern die Sache selbst: actus autem credentis non terminatur ad enuntiabile, se ad rem.«

Der Weltkatechismus (1993) formuliert hingegen eindeutig:

»Um Christ zu sein, muß man glauben, daß Jesus Christus der Sohn Gottes ist.«

Auf dieser Differenz von Satz und Sache gründet der Zwiespalt von reflektierter Amts-(Theologen)-Wahrheit/Sprache und lebendiger Frömmigkeit. Hier setzt das Fragen an. Das neutestamentliche Sprechen von Jesus als dem Sohn Gottes ist als satzhafte Aussage (nicht als gemeinte Sache) keinesfalls identisch mit den gleichen Worten des Dogmas von Chalcedon (451). Die über 400jährige Geschichte des Ringens um die rechte satzhafte Formulierung zeigt es. Karl Rahners berühmte Anfrage von 1951 an das Grunddogma, ob es »Ende oder Anfang« für weitere Reflexionen sei, teilen Joseph Ratzinger ebenso wie Hans Küng: Wie muß das von Schrift und Dogma »Gemeinte« (nicht das »Formulierte«) traditionsbewußt ausgesagt werden, damit es heute recht verstanden wird?
Le Saux wollte das Dogma der Dreieinigkeit in der hinduistischen Mentalität der »Advaita«-(Nicht-Dualität-)Erfahrung aussprechen und leben. Ein wichtiger Versuch, der viele Entsprechungen auch in der abendländischen Theologie hat! Legt das Sprechen von Gott-Vater und Gott-Sohn – satzhaft-wörtlich verstanden – nicht einen achristlich-polytheistischen Glauben an zwei (drei) Götter nahe und braucht seine Korrektur? Viele ikonographische Darstellungen bilden die Trinität tatsächlich polytheistisch ab. An Karl Barths und Karl Rahners Meinung ist zu erinnern: In heutiger Mentalität müsse man richtiger von einer Person und drei Naturen in Gott reden. Als Freiheit und personales Selbstbewußtsein verstanden, ist Gott nur eine einzige Person! Das ist nicht weit entfernt von der Advaita-Sicht.
Ähnliches gilt anderen Formulierungen des christlichen Bekenntnisses: Wieviel »Magie« liegt im heutigen frommen Sakramentenverständnis? Wie viele Christen verdrängen in monophysitischer Engführung des Menschseins die Konkretheit des Sterbens Jesu in Todesdunkelheit? Eine breite Tendenz in der Theologie hingegen, die »Christologie (nur) von unten« her denken will, d. h. nur aus dem Menschsein Jesu heraus, drängt eben-

so einseitig die volle Wahrheit an den Rand; sie übersieht, daß nach biblischem Zeugnis in diesem Menschen die »Herrlichkeit Gottes« (Joh 1,14) sichtbar wurde. Es geht nicht um Minimalisierung des traditionellen Glaubens, aber um ein neues Verständnis.

Die Spiritualität aber ist Katalysator all dieser Fragen; sie ist der lebendige Vollzug der alten Wahrheit in heutiger Zeit.

(3) »*Gott ist je größer!*« Dies kann Leitlinie eines solchen Umgangs mit dem Glauben sein. Weil Sprechen von Gott grundsätzlich unzulänglich bleibt, darf und muß versucht werden, immer wieder ein neues Sprechen von Gott zu finden. Jede Erfahrung von Gott – so überzeugend ihre Evidenz auch ist – bleibt zurück hinter der ganzen Wirklichkeit Gottes. Nach Karl Rahners Rede zum 80. Geburtstag:

»Der Theologe (ist) erst dort wirklich einer, wo er nicht beruhigt meint, klar und durchsichtig zu reden, sondern die analoge Schwebe zwischen Ja und Nein über dem Abgrund der Unbegreiflichkeit Gottes erschreckt und selig zugleich erfährt und bezeugt.«

Wer sich als Christ zur Wahrheit des Dogmas bekennt, muß zugleich realisieren – und das bedeutet: in Erfahrung überführen –, daß die gemeinte Wahrheit tiefer ist, als es in den Worten des Bekenntnisses zum Ausdruck kommt, und auch tiefer, als es in der Erfahrung bewußt wird. Die »Erfahrung« Gottes übersteigt sich selbst ins »Nicht-Erfahrene« hinein.

So lebt der »Glaube« aus seiner Offenheit; man darf fragen, ob nicht eine andere Sprache und Mentalität – vielleicht die indische, indianische oder afrikanische – dieselbe »Sache« (»res« nach Thomas von Aquin) des Glaubens ausspricht, aber mit Worten (»enuntiabile«), die in satzhafter Eindeutigkeit dem eigenen Bekenntnis sogar widersprechen. Die Mitte des Glaubens also stellt dem Theologen die Aufgabe, das alte Dogma neu zu formulieren. Dabei können auch nichtchristliche Überzeugungen Lehrmeister werden; denn, wie Ratzinger schreibt, »damit eine Aussage dieselbe bleibt, muß sie mit den geschichtlichen Wandlungen neu angeeignet werden«.

(4) Als *vermittelte Unmittelbarkeit* charakterisierte schon Jacques Maritain diesen Zug des christlichen Glaubens: Jede Erfahrung steht mit ihrer Leib- und Sinnengebundenheit in über-individuellen Bezügen von Sprache und Kultur, von Umgebung und menschlicher Gemeinschaft; wird also auch von deren

spezifischer Sicht mitgeprägt. Die Erfahrungs-»Unmittelbarkeit« ist sprachlich-kulturell »vermittelt«.

Selbst der Buddhismus, dem seine europäischen Vertreter gerne reine »Unmittelbarkeit« der Erfahrung zusprechen, weiß doch, wie gezeigt, von der unauflösbaren Einheit der drei Kleinodien (Triratna): Die Erfahrung (Buddha) lebt nur in der Überlieferung der Wahrheit (Dahrma) und der lebendigen Gemeinschaft (Sangha). Auch im Christentum ist jede noch so tiefe (Gottes-, Seins-, Absolutheits-)Erfahrung eingebunden in die Tradition und in die Mentalität der Gemeinschaft, in deren Sprache und Kultur; sie bleibt geschichtlich geprägt. Beide Züge religiöser Erfahrung sind unlösbar ineinander verschränkt: persönliches (unmittelbares) Offen-sein zum je-größeren Gott und (vermittelndes) Eingebundensein in Kultur und Sprache der menschlichen Gemeinschaft.

Im katholischen Bewußtsein verweist dies nicht zuletzt auf die Kirche, die die »unmittelbare« Erfahrung Jesu Christi »vermittelt«. Doch auch die kirchliche Tradition besitzt ihre »Unmittelbarkeit« von der Botschaft des Evangeliums nur in der »Vermittlung« durch Sprache und Kultur der Menschheitsfamilie. Damit ist der Raum des Religionsdialogs betreten. In dieser vielfach »vermittelten Unmittelbarkeit«, in der von Dunkelheit durchzogenen Helle, in der »Wolke«, die Mose auf Sinai betrat, leben auch die mystischen Zeugnisse, die ihre Erfahrung unmittelbarer Helle ins Dunkel Gottes hineinfallen lassen.

Der christliche Glaube aber hat einen perspektivischen Fluchtpunkt, der seine Eigengestalt ausmacht. Gottes Gegenwart in der Welt, die Immanenz seiner unendlichen Transzendenz, das Licht seiner Verborgenheit ist in der einen, geschichtlichen Person Jesus Christus unüberbietbar konkret geworden. Im Bild gesagt: Das Gebäude der offenen, christlichen Gotteserfahrung hat eine Mitte, die ihm wie ein alles zusammenhaltender Schlußstein Halt gibt. Es ist der Rabbi aus Nazareth, der vor zweitausend Jahren unter uns lebte, der den Namen Jesus trägt und in dem die Geschichte Gottes mit seinem Volk Israel gipfelt. Das rührt nicht an das bleibende »je-größer-Sein Gottes«, gibt ihm aber Festigkeit und Gestalt. Es verändert nicht das Eingebundensein der Erfahrung in jeweilige Sprache und Kultur, gibt dem aber eine konkrete Mitte. In der Hinwendung zu Jesus lebt die »vermittelte Unmittelbarkeit«, eine Erfahrung also, die in Nicht-Erfahrung gipfelt.

Ist aber nicht jede menschliche Begegnung, die den Partner in seiner Freiheit ernst nimmt, von einer entsprechenden »vermittelten Unmittelbarkeit« getragen?

218

(5) An der *zwischenmenschlichen Liebe, die die dichteste Analogie* zur Begegnung mit Gott darstellt, zeigt sich die Entsprechung. Wenn Liebe echt ist, erfährt sie den anderen »unmittelbar« – doch dies nur in der »Vermittlung« seiner Gestalt, seines Gesichts, seiner Sprache, seiner physisch-psychischen Gegenwart und als Höhepunkt in der körperlichen Vereinigung. Jede wahre Liebeserfahrung lebt in einer »Radikal-Transzendenz«, worin die Innen-Erfahrung radikal zum anderen hin überschritten wird. Nicht das eigene Gefühl, sondern der andere ist ihr Grund. Der Liebende weiß, daß er den Partner direkt erfährt und liebt; und weiß zugleich, daß der Partner mehr ist als die eigene Erfahrung: ein freier Mensch, aus dessen freier Zuneigung seine Liebe lebt. Liebe besteht in dieser Dialektik von unmittelbarer Gewißheit und Offenheit zum freien Ja des anderen. Nicht im wissenden Besitz, sondern in dem sich übersteigenden Vertrauen wird sie erfahren und realisiert.

Und zugleich ist die Liebesbegegnung (tiefer als Liebenden bewußt ist) eingebunden in die kulturelle, soziale, sprachliche Gemeinsamkeit der Menschen, unter denen sie geschenkt wird. Liebe im »luftleeren«, gemeinschafts-, kultur-, sprach-, leiblosen Raum ist ein Phantom. Nur in der »Vermittlung« spielt sich ihre »Unmittelbarkeit« ab.

(6) *Das Konfliktpotential zwischen persönlichem und kirchlichem Glauben* gründet in der »vermittelten Unmittelbarkeit«. In allen Religionen lebt zwar Ähnliches, doch da sie nicht so eindeutig an einen geschichtlichen Ursprung und damit an die historische Vermittlung gebunden sind, ist dort das Konfliktpotential nicht so virulent wie im Christentum. Dessen kulturell-gesellschaftliche Gestalt mit dem geschichtlichen Anfang und den festen Überlieferungsformen scheint dem je-persönlichen Weg der einzelnen Glaubenden entgegenzustehen.

Doch dieses Konfrontiertsein mit den geschichtlichen Daten von Jesus und der kirchlichen Überlieferung macht die Kraft des Christentums aus. Denn es verwurzelt die christliche Erfahrung in der Ursituation des Menschen. Dessen Wesen ist in den Weltenlauf, in Umwelt und Geschichte, in die Gesellschaft eingebunden; und ebenso ist mit Jesus auch die christliche Erfahrung Teil des Weltenlaufs, steht nicht außerhalb der Geschichte, sondern begegnet Gott im geschichtlichen Jesus von Nazareth. Gefährdung und Größe der christlichen Erfahrung sind miteinander verzahnt.

Das darin liegende Konfliktpotential kann nicht durch Verharmlosung entschärft werden; nicht dadurch, daß man es auf einen Pol der Spannung reduziert, auf den Pol der je-eigenen Erfahrung oder auf den Pol der Vermittlung durch die Kirche. Man geht nur recht mit ihm um, wenn man es von der Glaubensmitte her versteht und lebt. Diese Mitte aber heißt: Gott ist in seinem »je größeren Geheimnis« so umfassend, daß er dem Menschen in polarer Weite begegnet: in der Polarität, die sich zwischen der persönlichen Sehnsucht und der Objektivität von Kirche und Dogma ausspannt. Es ist die Polarität von Pneuma und Logos, in der sich die trinitarische Wahrheit spiegelt: Der eine Gott, den Jesus Vater nennt, begegnet dem Menschen in der »Inner«-lichkeit der Geist-Erfahrung ebenso wie im »äußeren« Wort, das er uns in Jesus geschenkt hat und das uns die Überlieferung der Kirche vermittelt.

(7) *Symbol und Ritus* verknüpfen die begrifflich umschriebene Spannung zwischen dem kirchlichen Glauben und der persönlichen Erfahrung zur lebendigen Einheit. In ihnen findet das Innenerlebnis sinnenhaften Ausdruck und damit auch seine volle Wirklichkeit; zugleich ist beides gesellschaftlich, kulturell, objektiv vorgegeben und geformt. Sozialpsychologisch sind sie die Orte, an denen sich die polare Spannung des Christentums zusammenfindet: das amtlich-gedanklich vorgegebene Verständnis: »So muß es sein!« mit der je-persönlichen Glaubenserfahrung: »So erfahre ich es in meiner Existenz!« Sie tragen anders als begriffliche Fixierungen eine Weite in sich, die Raum gibt auch für unterschiedliche Erfahrungen. Der evangelische Theologe Paul Tillich hat dies mit einem oft zitierten Satz ausgedrückt: »Das Symbol weist über sich selbst hinaus, auf etwas anderes hin, woran es aber auch teilhat.«
Das Symbol ist auf keine eindeutige Interpretation festzulegen und umkleidet doch die persönliche Erfahrung, wie es der französische Philosoph und Psychologe Paul Ricoeur ausdrückt: »Das Symbol gibt zu denken.«
Es setzt der Eindeutigkeit des Denkens kein Ende, aber es regt an zum weiteren, auch vielfältigen, aber immer persönlichen Verstehen. Im Symbol wie im Ritus finden auch Menschen verschiedener Sichten zueinander.
Das integrative Wesen von Symbol und Ritus läßt sich an den Grenzen ablesen: Es kann entwertet werden zur nichts-sagenden, nominalistisch verstandenen Metapher – der kleinste gemeinsame »Nenner«, in dem die vielen »Zähler« übereinstimmen; das wäre z. B. die nichts-sagende Gemeinsamkeit der

vielen Religionen in einer einzigen, als »Mystik« deklarierten Erfahrung; das wäre ein leerer ritueller Vollzug ohne Realitätsgehalt. Umgekehrt kann ein Symbol so auf einen Inhalt festgelegt werden, daß alle Offenheit versperrt, jede Mehrdeutung abgeschnitten und seine Weite verdinglicht wird. Riten werden durch solch eine Instrumentalisierung zur schlechten Magie oder zum veräußerlichten Brauchtum.

Jan Assmann zeigt in »Das kulturelle Gedächtnis. Schrift, Erinnerung und politische Identität in frühen Hochkulturen« (1997, 56 f) von völkerkundlicher Warte aus, wie grundlegend Symbol und Ritus den Organismus einer Gesellschaft und damit das Zusammenleben tragen. »Drei Funktionen müssen erfüllt sein, um seine (der Gruppe) einheitsstiftenden und handlungsorientierenden Impulse zur Geltung bringen zu können: Speicherung, Abrufung, Mitteilung, oder: poetische Form, rituelle Inszenierung und kollektive Partizipation ... Die Riten und Mythen umschreiben den Sinn der Wirklichkeit.« Ähnlich analysiert Norbert Bischof in »Das Kraftfeld der Mythen« (1996) für den persönlichen Vollzug, daß der Mensch durch die Einbettung in Symbol und Ritus seine Identität gewinnt.

Es ist für die Zukunft des christlichen und kirchlichen Glaubens lebenswichtig, solche symbolischen und rituellen Verleiblichungen der Glaubensmitte intensiv zu pflegen und vom christlichen Ursprung her lebendig zu erhalten. In ihnen kommt zusammen, was harte Begrifflichkeit trennt. Der berühmte und kontrovers diskutierte Versuch von Heinrich Fries und Karl Rahner, eine gemeinsame Basis im ökumenischen Gespräch der getrennten christlichen Konfessionen zu finden (»Einigung der Kirchen – reale Möglichkeit«, 1983), muß sich in den Ritus und das Symbol hinein fortsetzen, wenn er zur Erfahrung der Christen werden und nicht im akademischen Gespräch steckenbleiben soll. Auch die gemeinsamen Aktivitäten der christlichen Kirchen und Weltreligionen brauchen gemeinsame spirituelle Vollzüge in Symbol und Ritus. Erst dort wächst die »Identität«, die humane Basis gemeinsamer Aktivitäten. Papst Johannes Paul II. hat dazu mit dem Gebet der Weltreligionen in Assisi einen Anfang gesetzt.

c) Mystische Kirche und dialogische Kirche

Die Zukunft des christlichen Glaubens erwächst aus dieser dramatischen Spannung zwischen persönlicher (»Pneuma«)-Innerlichkeit und objektiver, übergreifender (»Logos«)-Kirchlichkeit des Glaubens. Von hierher sind einige Wesenszüge der christlich-kirchlichen Spannung zu skizzieren.

(1) Es war *nie ein Minimal-, sondern immer der ganze Glaube,* aus dem das Christentum Zukunft gewann. Deshalb greift Henri Le Saux im Dialog mit der asiatischen Religiosität auf die Glaubenswahrheit vom dreifaltigen Gott zurück. Er gesteht die Schwierigkeit ein, noch hinter deren hellenistisch-dogmatischen Fassung die urgemeinte Dynamik zu ergreifen. Doch eben dort findet er die Basis für seinen Dialog mit dem Hinduismus. »Indische Weisheit – Christliche Mystik. Von der Vedante zur Dreifaltigkeit« (1968), die Erstfassung von »Wege der Glückseligkeit«, das in der Übersetzung substantiell verkürzt wurde, endet mit dem Bekenntnis: »(Le Sauxs) ganzer Glaube beruht auf seiner durch die Überlieferung erlangten Kenntnis der Erfahrung seines Herrn und Sadguru, an der selbst die schärfste Kritik der Geschichte nicht achtlos vorübergehen kann. Überdies besitzt er – doch das ist ein Geheimnis zwischen ihm und Gott – das Zeugnis des Geistes, der ihn im Grund seiner Seele zum Empfinden für Jesus, den Sohn, aufgeweckt hat.« Es ist die Spannung von »Logos« und »Pneuma«, die Le Saux das hinduistische »Atman ist Brahman« (das Seeleninnerste ist das Ganze) aufgreifen und darin die Wahrheit Gottes finden läßt: »In der nächsten Nähe Gottes, in seiner eigensten Gegenwart, im Innersten des Herzens und Seins Gottes entdeckt er die unüberwindliche Transzendenz.«
So verwarf das Jesusverständnis der frühen Christenheit immer neu Minimal-Deutungen von Jesus Christus, als sei er nur halber Mensch und nur halber Gott. So erinnerten sich die monastischen Reformen immer neu an die radikale Nachfolge Jesu. So schwor Franz von Assisi in seinem Testament die Brüder auf den Gehorsam von der Kirche ein und besiegelte die Mahnung mit dem trinitarischen Segen. So fand Ignatius von Loyola in einer trinitarischen Vision den Gipfel seiner Bekehrung. Entsprechend wollte auch Martin Luther in seinen Reformbemühungen den unbedingten Primat der Gnade Gottes retten. Und in moderner Zeit setzte der »kindliche« Glaube von Papst Johannes XXIII., die Reform des II. Vatikanischen Konzils in Bewegung.

(2) Solch ein Glaube reicht *von der Innerlichkeit bis zum engagierten Tun.* Er ist dann vom Kopf ins Herz gelangt, also lebendig geworden, wenn er hilft, das Leben in Freude und Trauer zu

bestehen; wenn das »Glaubenswissen« vom gütigen Gott Stütze geworden ist, das eigene Leben mit seinen Mißerfolgen und Erfolgen zu leben, wenn Jesus Christus immer mehr Mitte der Lebensbewältigung wird. Hierzu gehört die Verankerung in der Kirche, die Gottes »Unmittelbarkeit« »vermittelt«. Noch Martin Luther hat diesen Zug christlicher Spiritualität unterstrichen:

»Wir sind's doch nicht, die da die Kirche erhalten könnten. Unsere Väter sind's auch nicht gewesen. Unsere Nachkommen werden's auch nicht sein; sondern er ist's gewesen, ist's noch und wird's sein, der da sagt: Ich bin bei euch alle Tage bis an der Welt Ende.«

Kirche ist für den Glaubenden nichts Äußerliches, sondern Leibhaftigkeit des eigenen Glaubens; denn sie ist getragen von Gott und seinem menschgewordenen Sohn.

Aus diesem Zukunftsvertrauen auf den in der Kirche weiterlebenden Geist Jesu Christi erwächst zugleich das Engagement für die Mitmenschen. Luther beruft sich doch auf den Schluß des Matthäus-Evangeliums (28,19), der da weitergeht: »Gehet zu allen Völkern und macht alle Menschen zu meinen Jüngern!« Es genügt ein Blick in die Geschichte, um zu sehen: Die »Große Erfahrung« der christlichen Mystik wuchs stets weiter zum »großen Engagement«. Ignatius von Loyola, Teresa von Avila – um zwei Figuren des gleichen Zeitraums mit unterschiedlicher Lebensgestalt zu nennen – wurden aus ihrer mystischen Erfahrung heraus zu aktiven Gestaltern der Geschichte.

(3) *Der Dialog aber ist der Blutkreislauf der Spiritualität.* Es ist doch der gleiche Geist, den ein Christ im eigenen Innern erfährt und auf dessen Wirken in der Kirche er vertraut; ein Geist, der das »Innen und Außen« vereint; der daher lebt im Dialog der verschiedenen Gruppierungen eben dieser Kirche. Dieser Dialog muß aber aus der Erfahrung leben; denn dort ist Gottes Geist lebendig. Aus einer Erfahrung, in der die Fragen der Zeit aufgegriffen und in die Glaubensgewißheit hinein integriert werden. Was für das Gespräch der Weltreligionen gilt, gilt in höherem Maße für das Gespräch innerhalb der Kirche: aufeinander hinhören und vertrauen, daß Gottes Geist auch im anderen wirksam ist, sosehr auch seine Perspektive eine andere ist.

Das gelingt nur, wenn dieses Gespräch aus der eigenen Glaubenserfahrung vom je-größeren Gott herkommt und in sie hineinführt. Hier müssen der augenblicklichen kirchlichen Praxis harte Fragen gestellt werden: Man diskutiert zwar viel mitein-

ander, aber hat sich diese Diskussion nicht von der Glaubenserfahrung abgelöst und in abstrakte Begrifflichkeit oder in Inter-
essenegoismen verflüchtigt? Sind die beiden Flügel, die im
innerkirchlichen Dialog gegeneinanderstehen – nicht in Gefahr,
abseits von der lebendigen Spiritualität zu diskutieren?

– Ist dasjenige, was als amtliche und konservative Meinung im
Dialog um die Wahrheit und die Ethik des Glaubens eingebracht
wird, noch geboren aus aktueller Glaubenserfahrung? Oder
spielt dabei nicht anderes eine oft entscheidende Rolle? Angst,
sich auf die Herausforderung des Dialogs einzulassen? Fixierung
auf Begriffe, obgleich es – wie Thomas von Aquin sagt – nicht
um die Satzwahrheit gehen darf, sondern um das Letzt-Ge-
meinte? Kommt nicht vieles zum Zuge, was noch weiter entfernt ist von der spirituellen Mitte? Bequemes oder gar eigen-
nütziges Beharren auf vermeintlicher Sicherheit gepaart mit der
Angst vor dem Wagnis der Zukunft oder mit verborgenen
Machtinteressen?

– Und auf der anderen Seite: Ist das, was als progressiv – im
Namen einer kritischen Kirche von unten – in den Dialog
eingebracht wird, nicht oftmals aus anderen Gründen als aus
lebendiger Glaubenserfahrung erwachsen: aus Rechthaberei,
aus rationalistischem Umgang mit der Tradition, aus Liebäu-
geln mit modischen Zeiterscheinungen, aus Glaubensverlust?

Doch der Blick auf die christliche Mystik, aber auch auf die
außereuropäische Befreiungstheologie zeigt: Kirchenkritische
Dialogbeiträge, die nicht verankert sind in Glaubenserfahrung
und Spiritualität oder im Suchen danach, sondern nur aus der
politischen oder wissenschaftstheoretischen Situation stammen, mögen wichtige Beiträge liefern, müssen aber im innerkirchlichen Dialog überstiegen werden in die Glaubenstiefe
hinein. Paul H. Zulehners Satz: »Je mystischer, desto politischer« ist nicht umzukehren in: »Je politischer, desto mystischer«, noch weniger aber in: »Je wissenschaftlicher, desto
mystischer«.

Die Glaubenstiefe aber wird dort berührt, wo die unergründliche Tiefe des Geheimnisses Gottes den Dialog trägt: Das
Gespräch der Logos- mit der Pneuma-Kirche muß sich bewußt
bleiben, daß Logos (Beharren) und Pneuma (Vorangehen) im gemeinsamen Ursprung gründen, in der »Arché«, dem Ur-grund,
in Gott, den wir als Vater preisen und den Jesus Abba nannte.

(4) *Lebendige Gruppen sind die Lebenszellen* des Dialogs, wie
gezeigt wurde. Auch das Kirchenbild der Enzyklika »Mystici

Corporis Christi« (»über die Kirche als Mystischer Leib Jesu Christi«) von 1943 lehrt:

»Wie in der Natur ein Leib nicht aus einer beliebigen Zusammensetzung von Gliedern entsteht, sondern mit Organen ausgestattet sein muß, das heißt mit Gliedern, die verschiedene Aufgaben haben und die in geeigneter Ordnung zusammengesetzt sind, so muß die Kirche hauptsächlich deshalb ein Leib genannt werden, weil sie aus einer organischen Verbindung von Teilen ewächst und mit verschiedenen, aufeinander abgestimmten Gliedern versehen ist. Man darf jedoch nicht glauben, dieser organische Aufbau des Leibes der Kirche beziehe und beschränke sich allein auf die Stufenfolge des kirchlichen Amtes, noch auch, wie eine entgegengesetzte Meinung behauptet, sie bestehe einzig aus Charismatikern.«

Mit dem Aufzählen der Lebensmöglichkeiten im Organismus der Kirche wird vor Kompetenzstreitigkeiten gewarnt: denn Gottes Geist

»ist ganz im Haupte, ganz im Leibe, ganz in den einzelnen Gliedern«.

Ob die Aktualität dieser kirchenamtlichen Feststellung in der augenblicklichen Diskussion genügend beachtet wird? »Gottes Geist ganz in jedem Glied« des mystischen Leibes der Kirche! Die Kirche ist nicht nur Lehr- und Lern-, sondern mehr noch Dialog-Gemeinschaft der einzelnen »Glieder« untereinander.

Konkret wird dies zuerst in den kleinen Gruppierungen, in denen Austausch und unmittelbares Gespräch möglich sind, in denen ein jeder den anderen, eine jede Gruppe auf andere Gruppierungen hören kann. Auch im Geringsten kann nach der Benediktus-Regel (3,3) die Stimme des Geistes Gottes hörbar werden. Kriterium ist nicht die formale Satz-Korrektheit des Gelehrten, sondern was mit »Mystik« zu umschreiben ist: Das Getragen-Sein von der Glaubenserfahrung, das Betroffensein von Gottes Wort.

Das Bild vom »mystischen Leib« legt weniger einen hierarchischen (wozu allerdings die Papst-Enzyklika neigt) als einen organisch-demokratischen (wohl keinen basis-demokratischen) Aufbau der Kirche nahe. Überschaubare Gruppen sind Urzellen und Bausteine des Dialogs. Massen-Demokratie würde den Dialog ebenso möglich machen wie das autokratische Herrschen von Einzelnen, die Anweisung von oben herab geben. Die südamerikanischen und afrikanischen Basis-Gemeinden sind ein Vorbild für Dialog-Gemeinschaften im Aufbau der Kirche. Auch die Ursprungssituation der großen Orden bezeugt diese Struktur.

Franziskus wollte eine (Minder)-Brüdergemeinschaft. Selbst die anscheinend so radikale Gehorsamsstruktur des Jesuitenordens entstand in der Gesprächssituation einer Kleingruppe.

Ein wahres Gespräch, insbesondere eines im christlichen Lebenszusammenhang, aber entsteht nur dort, wo das »Element« des Spirituellen trägt. Das heißt, wenn in Worten und Argumenten hörbar wird, was das eigentliche Anliegen ist; wenn in der Wort-»Vermittlung« die »Unmittelbarkeit« innerer Erfahrung spürbar wird. Papst Paul VI. beschwört dies in seiner Kirchenenzyklika »Ecclesiam suam« (6. 8. 1964):

»Ehe wir sprechen, sollten wir uns mit äußerster Aufmerksamkeit auf die geäußerte Stimme und noch richtiger gesagt: auf das Herz des anderen einstellen.«

5. Kirche aus dem Heiligen Geist

Im Nachsinnen über Christentum und Kirche werden viele Aspekte berührt: der Einzelne und die Gemeinschaft; die persönliche und rituelle Frömmigkeit; die Pneuma- und die Logos-Kirche; die eine und die vielen christlichen Kirchen; die kleine Gemeinde und die große Kirche; die stets suchende Kirche (im heutigen Mentalitätswandel) und die schon besitzende Kirche (im Geiste Jesu); die jesuanische, die apostolische, die frühe, die mittelalterliche, die moderne, die zukünftige Kirche; die Kirche vor der christlichen Kirche, was ein berühmter Aufsatz von Yves Congar »Ecclesia ab Abel« (Festschrift Karl Adam, 1952) mit vielen altchristlichen Zeugen darstellt und so an die Kirchen außerhalb der Institution Kirche erinnert. Verbunden sind all diese Sichten durch den Glauben an den »Heiligen Geist Gottes«. Er hat Jesus geführt, wie besonders das Lukas-Evangelium betont, und er leitet nach Paulus und der Apostelgeschichte die Kirche. Gottes Geist, der weiter ist als menschliche Festlegungen, der »weht wo er will«. Er ist nach der Enzyklika »Mystici Corporis« ebenso »die Seele der Kirche«, wie nach dem Epheserbrief Christus ihr Haupt ist:

»Dem Geiste Christi als dem unsichtbaren Prinzip kommt auch die Aufgabe zu, alle Teile des Leibes untereinander sowie mit ihrem erhabenen Haupte zu verbinden, da Er ja ganz im Haupte ist, ganz im Leibe, ganz in den einzelnen Gliedern. Er ist es, der infolge seines himmlischen Odems in allen Teilen des Leibes als Prinzip jeder wirklich zum Heile ersprießlichen Lebensbetätigung angesehen werden muß.«

226

Das Defizit an »Geist-Bewußtsein« hat die westliche Kirche in ihre Einseitigkeiten geführt. Die Theologie ist unterwegs, dies aufzuarbeiten – nicht zuletzt weil angestoßen von den Erfahrungen der charismatischen Bewegung. Doch in der Praxis lebt immer noch das einseitige Kirchenverständnis, das mehr von juridischen, begrifflichen als von pneumatologischen, »geist«-lichen, spirituellen Impulsen getragen wird.

a) Geist als Weltseele, als Kirchenseele, als »Seele der Seele«

Heinz Robert Schlette ist in seiner Arbeit »Weltseele« (1993) einer Geist-Tradition nachgegangen. Philosophen ahnten seit jeher, daß die Schöpfung Gottes von einer Art Lebensprinzip durchseelt sei. Schlettes vorsichtige Folgerung aus dieser weltweiten Tradition stellt die Aufgabe, auch über die Einheit der Welt und das Ja zu dieser Welt nachzusinnen. Das heute so beliebte esoterische Reden von »Vernetzung der Erde«, von »kosmischer Mystik«, von Gott als der »impliziten« Ur-Energie der Schöpfungsvielfalt, als »Selbstorganisations-Prozeß« der Welt spiegelt diese Ahnung. Es muß zwar behutsam mit solchen Ideen umgegangen werden. Zu leicht fällt man der esoterischen Pseudo-Wissenschaftlichkeit zum Opfer.

Doch hier hilft die christliche Überlieferung weiter, die viele dieser Anliegen unter dem einen Stichwort »Geist« vereint:

– der Geist, der über dem Schöpfungschaos schwebte und in dessen Kraft nach Ps 104 (30) »alles erschaffen wurde und das Antlitz der Erde erneuert wird«;

– der gleiche Geist, der nach Paulus (1 Kor 12,8) die Kirche beseelt und die »Gaben des Geistes« im Leben der Kirche austeilt; der nach der Apostelgeschichte (1,8) den Jüngern Kraft gibt, Zeugen Jesu zu sein »bis an die Grenzen der Erde«;

– der Geist nochmals, der das Innerste des Menschen ausmacht und in dem allein wir rufen können: »Abba, Vater«(Gal 4,4). Augustinus wird in seinen Predigten (besonders zu Joh) nicht müde zu sagen: Gott selbst ist das Leben unseres Lebens, die Seele unserer Seele.

– und der Geist, der nach Joh 16,14 die Vollendung bringt: »Er wird mich verherrlichen; denn er wird von dem, was mein ist, nehmen und es euch verkünden.«

Diese Aspekte der Welt-Immanenz des einen und einzigen Gottesgeistes: in Schöpfung, in Kirche, im Menschen, klingen zu einem einzigen Akkord zusammen: Gottes Heiliger Geist! Von ihm her ist christlich zu begreifen, was in der Ahnung einer

Weltseele sich ausdrückt. Hinzu kommt nüchtern der Aspekt, daß dieser Geist eine Hoffnungsgabe ist, die nicht zu besitzen und zu begreifen, sondern als Geschenk Gottes zu erwarten ist; doch dies als ein Geschenk, das schon heute und morgen zur Gewißheit werden kann (dann spricht man von Mystik), das auffordert zum Engagement (dann spricht man von Politik), das in Ritus und Kult (das ist Liturgie) gefeiert wird. Doch in voller Gewißheit und vollem Gelingen bleibt er immer Geschenk, das – gerade weil es Geschenk ist – offen ist für die endgültige Vollendung, für die Endgabe Gottes.

Die Defizite des genialen Weltentwurfs Teilhard de Chardins gründen wohl im Fehlen dieser offenen »Geist-Theologie«; ein Mangel, der weniger ihm persönlich als der damaligen, über Jahrhunderte hin gewachsenen theologischen Situation anzulasten ist. Denn es ist die Gefahr einer zu begrifflich ausformulierten Geisttheologie, daß sie die Vielfalt der Aspekte reduziert auf den »gemeinsamen Nenner« des Denkmöglichen.

b) Die mystische Kirche als Gesprächsgemeinschaft im Heiligen Geist

In den Welt-Religionen dürfen wir Gottes Anwesenheit suchen; in ihren Lehren und Riten wird auch den Christen etwas von Gottes »Unmittelbarkeit vermittelt«; Gottes Geist ist in ihnen lebendig und wirksam.

Muß da nicht im innerkirchlichen Dialog um die Gestalt des christlichen Glaubens von heute die Ahnung leben, daß mein Dialog-Partner in diesem Dialog, so fremd seine Meinung auch sein mag, von eben diesem »Geist« beseelt ist? Die Mahnung des Ignatius in seinen Exerzitien (Nr. 22) zur vierfachen Offenheit ist nochmals in Erinnerung zu rufen: – zu hören und dann

»die Aussage des Nächsten (eher) zu retten, als sie zu verurteilen; (sich) erkundigen, wie jener sie versteht;
(ihn) verbessern in Liebe;
alle angebrachten Mittel zu suchen, damit jener, indem er sie gut versteht, sich rette.«

Ein maßgebendes Kriterium des Geistes und des geistlichen Dialogs ist diese Offenheit auf den »anderen«; eine Offenheit, die beide Partner vereint und zugleich in ihrer Verschiedenheit anerkennt; eine Offenheit, die in Richtung auf Gott das Wesen der christlichen Mystik ausmacht; eine Offenheit, die die Kirche als Dialoggemeinschaft konstituiert; eine Offenheit der Pneumakirche, die auf die Jesus-Wahrheit der Logos-Kirche ausgerichtet ist. – Eine »Besinnung« darauf ist nur möglich im spirituellen Prozeß.

c) Marianische Typologie als Anthropologie christlicher Spiritualität

Michael Fuss findet in der Mariologie den Schnittpunkt des Religionsdialogs und Maria als »Ikone des Dialogs«. Er greift damit ein traditionelles christliches Thema auf. In der breit angelegten Arbeit über das abendländische Menschenbild im 12. Jahrhundert (»Image et ressemblance au 12^{é} siècle«, I.II., 1967, Register), einer Zeit des Paradigmenwechsels, stellt auch Robert Javelet Maria als den »Schnittpunkt« (»carrefour«) der Begegnung von Gott und Mensch vor und zitiert dafür den lange Zeit maßgebenden Theologen, Petrus Lombardus: »Was vom Gesamtbild der Kirche zu sagen ist, gilt in spezifischer Weise für Maria.« Maria ist ja der historische Brennpunkt vom Wirken des Geistes Gottes in der Welt, als der Logos Gottes Mensch wurde. Die theologische Besinnung auf Gottes Heiligen Geist und sein Wirken in dieser Welt wurde in der Besinnung auf die Gestalt Maria typologisch greifbar. Das Aufblühen der Verehrung Marias schon im Neuen Testament und dann im Lauf der Geschichte zeigt, was Klaus Schreiner für den mittelalterlichen Marienkult darstellt: In der Verehrung Marias kommen die Anliegen, die der Mensch vor Gott hat, zur Sprache; theologisch gesprochen: kommt das zur Sprache, was Gottes Immanenz in der Welt, das ist Werk des Heiligen Geistes, bedeutet. Die feministische Theologie hat Maria wiederentdeckt – sowohl ihr befreiungstheologischer Zweig, der Marias Magnifikat als Protestlied der Schwachen gegen die Starken feiert, wie die mythologische Richtung, die sie mit einer »Erdmutter« vergleicht, aus der die Geschöpfe »geboren« werden.

Die »Spiritualität« (als Beschäftigung mit dem »Pneuma-«, »Spiritus-«, »Geist-«Wirken) findet in der Mariologie einen Katalysator.

(1) *Der Mensch als »empfangender«* wird im Urbild von Maria, der »unbefleckt Empfangenen«, gefeiert. Man kann auf diesem Hintergrund eine moderne Anthropologie entwerfen. Die Bemühungen um ein ganzheitliches Weltbild zeigen Entsprechendes: der Mensch müsse von der Ideologie der »Herrschaft über die Welt« Abstand nehmen und »hörend«, »sich-einlassend«, »dienend«, »empfangend« gegenüber der Schöpfung werden.

Esoterisch heißt dies: Er muß sich in das Netzwerk (»network«) der Schöpfungsvielheit einfügen, muß ein Wellenschlag im Meer der »kosmischen Mystik« werden. Teilhard de Chardin spricht vom »kosmischen Christus«, der nur im Gegenüber zum »Ewig Weiblichen« seine vollendete Gestalt findet. Stets geht es um Offenheit, Empfangsbereitschaft. Der Feminismus setzt Maria zwar gerne dem vermeintlich maskulinen Gott der abrahamitischen Religionen entgegen; doch damit verkennt er die mehrdimensionale Polarität des christlichen Gottesbildes. Denn hier geht es um den Menschen. Vor Gott ist er zuerst einmal ein(e) Empfangende(r); damit aber steht dieser in geschwisterlicher Gemeinschaft mit der gesamten Schöpfungswirklichkeit. »Empfangen« heißt in der Mariologie: Umfangen-Werden und Leben aus Gottes Geist.

Maria, die Unbefleckte, ist vom ersten Augenblick des Lebens an eine Empfangende, die ihre Heiligkeit und ihr Menschsein ganz und gar von Gott geschenkt bekommt.

(2) *Diese jungfräuliche Selbstlosigkeit muß Mütterlichkeit werden*, um ihren gottgegebenen Auftrag zu erfüllen. Meister Eckhart (Largier I, 27.25) erläutert dies in seiner genialen Predigt über Maria aus Bethanien, wobei er in ihr offensichtlich die Mutter Jesu als Vorbild des Menschseins erblickt:

»Daß der Mensch Gott in sich empfängt, das ist gut, und in dieser Empfänglichkeit ist er Jungfrau. Daß aber Gott fruchtbar in ihm werde, das ist besser; denn Fruchtbarwerden der Gabe, das allein ist Dankbarkeit für die Gabe, und da ist der Geist Weib in der wiedergebärenden Dankbarkeit, wo er Jesus wiedergebiert in Gottes väterliches Herz.«

Eckhart sieht in Maria (nicht in Jesus!) die Urgestalt des Menschseins, das Vorbild christlicher Spiritualität: Offensein für Gott (die Jungfrau), bis zur Radikalität, daß man ganz und gar ledig von allem anderen ist: »so ledig, wie der Mensch war, da er noch nicht war.« Zugleich aber und gerade deshalb fruchtbar im mütterlichen Engagement.

»Viele guten Gaben werden empfangen in der (Nur-)Jungfräulichkeit. Diese Gaben verderben und werden alle zunichte, so daß der Mensch nimmer seliger noch besser davon wird. Dabei ist ihm seine Jungfräulichkeit zu nichts nütze, denn er ist über seine Jungfräulichkeit hinaus nicht Weib mit voller Fruchtbarkeit.«

(3) *Die »symbolische« Weltsicht* gipfelt in der Mariologie. Maria (verstanden als Symbol des Menschen, der Schöpfung) kann einen theologischen Zugang zu philosophischen Einsich-

ten unserer Zeit eröffnen, daß nämlich, wie Christoph Jamme schreibt, ein Gesamtbild der Wirklichkeit (Weltanschauung) rein rational nicht mehr zu erreichen ist; weder denkerisch noch aktiv zugreifend; nur über mythische oder bild-geprägte Entwürfe. Immer schon hat die große Mariologie diesen Bereich des Bildes, des Symbols erschlossen: Maria als Typos der Kirche; Maria als Typos der für Gott offenstehenden Welt; Maria, in der die mythischen Erwartungen der Menschheit (Gottesgeburt aus einer Jungfrau) geschichtliche Wahrheit geworden sind. Hierzu kann die Geschichte abendländischer Kunst aufgeblättert werden. Es ist kein Zufall, daß die deutschen katholischen Symbol-Theologen, Hugo Rahner und Romano Guardini, sich zugleich für eine vertiefte Mariologie einsetzten.

Es ist jedoch zu beachten, daß das Ringen um die Rolle der Symbolik und der Mariologie nicht ohne ständiges »logisches« Hinterfragen geschehen darf. Die »Pneuma«-Kirche (Maria vom heiligen »Pneuma« überschattet) existiert nur im Bezug auf die »Logos«-Kirche (Maria als Mutter des göttlichen »Logos«).

(4) Der konkrete Umgang mit den Fragen, die anstehen, pendelt oft *zwischen Magie/Aberglaube und Rationalismus*, zwischen abergläubischer Praxis und intellektueller Blindheit. Es gibt einen Marienkult, der dem Götzendienst nahesteht. Maria scheint Jesus (Gott) aus seiner Rolle des Heilsbringers zu verdrängen, wird zu einer magischen Figur, zur vierten Gottheit, die wie ein Automat auf Anruf Heil und Heilung bringt; und dies sicherer als Jesus (so Alphons von Liguori oder Grignion de Montfort), da sie doch »mütterlich-menschliche« Züge trage. In der obigen Sprachgebung gesagt: Das »Vermittelnde«, das Maria ausmacht (»Was er euch sagt, das tut«, Joh 2,5), daß sie doch nur Hinweis auf Jesus ist, wird zur griffigen »Unmittelbarkeit«.

Entsprechendes gilt auch umgekehrt. Man versperrt sich in vielem theologischem Bemühen dem reichen traditionellen Schatz der Mariologie, der sich schon im Neuen Testament öffnet und noch Martin Luther bewußt war. Man ist unsensibel für die vielen Hinweise der heutigen Mentalität, die zur Marien-Gestalt führen. In obiger Terminologie gesprochen: Man macht rationalistisch das »Vermittelnde« an Maria zur inhaltslosen Metapher. Die »Gottesgeburt im Herzen« aber, die die mittelalterliche Mystik von den Kirchenvätern übernahm, verblaßt dabei zur Allegorie für leere Gefühle.

(5) *Zum anthropologischen Stellenwert der Mariologie* sei ein Bibelvers aufgerufen. In seltsamer »ökumenischer« Übereinstimmung vergessen die Bibelwissenschaftler vor ihm ihr Grundgesetz philologischer Sorgfalt.

Der Kindheitsbericht nach Lukas spiegelt eine frühchristliche, innerbiblische Theologie (eine Art von Midrasch) wider. Er muß daher zuerst nicht als eine mehr oder minder zufällig überlieferte Erzählung, sondern als bewußte Theologie, wenn auch in narrativer Form, gelesen werden. Nun aber übersetzt man gemeinhin – nicht nur das ökumenische Gemeinschaftswerk der Einheitsübersetzung – die Simeon-Weissagung (Lk 2,34f) folgendermaßen:

»Dieser ist dazu bestimmt, daß in Israel viele durch ihn zu Fall kommen und viele aufgerichtet werden. Dadurch sollen die Gedanken vieler Menschen offenbar werden. Dir selbst aber wird ein Schwert durch die Seele dringen.«

Diese Übersetzung verfälscht den Text und wurde erst (!) in der französischen Reformation des 16. Jahrhunderts aus durchsichtigen ideologischen Gründen erfunden. Luther übersetzte noch richtig. Im Urtext nämlich schließt sich der Final- und Konsekutiv-Satz: »Dadurch sollen...« an Maria an, nicht aber an Jesus; das heißt (Zitat nach der Züricher Bibel):

»Siehe, dieser ist gesetzt zum Fall und zum Auferstehen vieler in Israel und zu einem Zeichen, dem widersprochen wird; aber auch dir selbst wird ein Schwert durch die Seele dringen, damit (!) aus vielen Herzen die Gedanken offenbar werden.«

Das Leid Marias wird als Mitwirken am Erlösungswerk Jesu verstanden. Den darin liegenden theologischen und philosophischen Fragen ist hier nicht nachzugehen. Der Originaltext aber läßt an der Gestalt Marias sichtbar werden, wie hoch Gott das Wirken, das Tun des Menschen einschätzt. Was der Kolosserbrief (1,24) schreibt, daß der Apostel »für den Leib Christi, die Kirche, in seinem irdischen Leben ergänzt, was an dem Leiden Christi noch fehlt,« wird sichtbar im Leiden Marias. Das Tun des Menschen ist kein passives Gezogen-werden-von-Gott, sondern hat in der göttlichen Allmacht seine, von Gnade getragene Rolle – und dies besonders dort, wo es um ein »Mitleiden« mit Jesus geht.

(6) *»Gotteswort im Menschenwort«* hat Heinrich Schlier (1992) sein Buch biblischer Meditationen genannt. Wer ernst nimmt, daß nach Paulus Gottes Geist im Herzen der Menschen wohnt

232

und dort »Abba, Vater« (Röm 8; Gal 4) ruft, also das »Beten« als das Innerste des Menschen vollbringt, muß sensibel sein für jedes Wort, in dem ein Mensch sein Verhältnis zum Absoluten zu artikulieren versucht: ob nicht auch dort »Gotteswort im Menschenwort« erklingt?! Maria, in der Gott Mensch wurde, ist das lebendige Symbol für einen jeden »geisterfüllten« (pneumatikos) Menschen.

Aus diesem Geist heraus kann der inner- und außerchristliche Dialog um die Wahrheit Gottes und die Wahrheit des Menschen fruchtbar werden. Die Worte des Dialogpartners werden weder als bloßes Gerede verachtet noch auf die begriffliche Wortgestalt festgelegt. Ein Religionsdialog ist fruchtbar, wenn beide Partner sich bemühen, beim anderen »Gotteswort im Menschenwort«, »Transzendenz in der Immanenz« (Tillich), »Gott in Welt« (Rahner) zu verstehen. Das II. Vatikanum lehrt in der »Konstitution über die Göttliche Offenbarung« (Nr. 18):

»Denn Gottes Worte, durch Menschenzunge formuliert, sind menschlicher Rede ähnlich geworden, wie einst des Ewigen Vaters Wort durch die Annahme menschlich-schwachen Fleisches des Menschen ähnlich geworden ist.«

Biblisch findet ein solches lebendiges Wirken des Geistes seinen sichtbaren, personalen Ausdruck in Maria. Nach der johanneischen Theologie öffnet sie mit dem Hinweis auf Jesus (Hochzeit von Kana) die Tür ins Wirken Jesu (das erste der Zeichen) und öffnet mit der Annahme des Liebesjüngers Jesu an Sohnes Statt (unterm Kreuz) die Tür ins Weiterleben der Kirche. Dies griff die Tradition auf und verehrt in Maria das sichtbar gewordene, person-gewordene Wirken des Geistes.

6. FEIER (LITURGIE) UND DIENST (DIAKONIE) IM BEZUG ZUM DIALOG

Die theologische Darstellung des Kirchenbildes legte verständlicherweise den Akzent auf worthafte Darlegung, auf ihre Theologie. Mit den beiden anderen Äußerungen kirchlicher Wirklichkeit, Liturgie und Diakonie, wird der Bereich des Wortes verlassen und werden Felder des konkreten Tuns betreten. Sie wurden im Vorhergehenden schon oftmals berührt. So ist es nicht nur Platzmangel, daß sie im folgenden nur kurz dargestellt werden. Was theologisch dazu zu sagen ist, entspricht den bisher entworfenen Grundstrukturen kirchlicher Spiritualität.

a) Liturgie – Zur Spiritualität der Feier

Viele soziologische, psychologische und philosophische Untersuchungen beschäftigen sich mit dem Sinn des »Feierns«. Hier wird die Identität einer Gemeinschaft zur erlebten Wirklichkeit. Im Feiern wird Gemeinschaft geschaffen, beseelt und weitergeführt. Was das Gespräch auf intellektueller Basis versucht und die Meditation vertieft, ist in der Feier Lebensvollzug. Gespräche, die keine Momente des Feierns kennen, laufen Gefahr, im Raum der Reflexion steckenzubleiben. Vielleicht verlaufen viele kirchliche Gespräche im Leeren, weil der gemeinsame Vollzug fehlt, der im Feiern (schon im gemeinsamen Beten) Platz hat.

Der evangelische Theologe Rainer Volp richtet in seiner zweibändigen »Liturgik« (1994) die Aufmerksamkeit auf den Reichtum der Möglichkeiten eines gemeinsamen, feiernden Vollzugs. Wie in der Meditation der Glaube des Einzel-Christen zur Erfahrung wird, vom Kopf ins Herz steigt, so vollzieht die Gemeinschaft der Christen in der Feier den gemeinsamen Glauben. Auch hier lebt die polare Spannung von »Logos-« und »Pneuma-«Gegenwart Gottes. Zum einen verwirklicht Liturgie die Tradition, die in Jesus begonnen hat und in der kirchlichen Überlieferung gepflegt wurde; die Sakramente sind zentrale Orte dieses Prozesses. Zum anderen muß sie hinhören auf die Zeichen der Zeit, auf die Mentalität der Umwelt, auf die Erfahrungen, in denen Anstöße von Gottes Geist erspürt werden.

Im Opfermahl der Eucharistie hat die christliche Liturgie ihre Mitte. Die drei Elemente, die zusammenklingen, bilden eine Typologie für jede christliche Feier: Gemeinschaft aus der Gemeinschaft im Geist (Mahl); Hinschauen, Hinhören auf Jesus (Gegenwart); Darstellung seiner Haltung vor Gott (Opfer). Henri de Lubac hat in seiner reich belegten Arbeit über »Corpus Mysticum« gezeigt, wie eng im ersten Jahrtausend Selbstverwirklichung der Gemeinde, Vergegenwärtigung Jesu und betende Hingabe (Opfer) verknüpft waren.

Die von vielen, auch katholischen Fundamentalisten verurteilte inter-religiöse Gebetsfeier von Papst Johannes Paul II. in Assisi (1986) war ein Versuch, das innerkirchliche Feiern nach außen zu öffnen. Damit sind die Probleme des interreligiösen Dialogs nicht gelöst. Aber nur über »Feiern« wird er, ebenso wie der innerchristliche Dialog, vor dem Verdunsten im rein akademischen Austausch bewahrt.

(1) *Die Erfahrungsdimension des Sakramentalen* konkretisiert, was das II. Vatikanische Konzil mit Kirche als »Ursakrament« des Heils Jesu Christi lehrt:

»Die Kirche ist nämlich in Christus gleichsam das Sakrament, d. h. Zeichen und Werkzeug für die innerste Vereinigung mit Gott wie für die Vereinigung der ganzen Menschheit unter sich« (»Lumen gentium«, 1). »Die Kirche ist das allumfassende Sakrament des Heiles, welches das Geheimnis der Liebe zu den Menschen zugleich öffnet und verwirklicht« (»Gaudium et spes«, 45).

Die erst im 12. Jahrhundert festgelegte und durch die Reformation in Frage gestellte Siebenzahl der Sakramente muß von ihrem Quellort der kirchlichen Gegenwart her und nicht in mathematischer Stringenz verstanden werden. Walter Kasper hat deshalb darauf aufmerksam gemacht, daß die Sakramente nicht gleichgeordnet nebeneinander stehen, sondern Gottes kirchliche Gegenwart auf verschiedene, »analoge« Weise in rituelle Erfahrungsangebote übersetzen. Nur aus einer Theologie der Kirche als »Ursakrament« ist das sakramentale Anliegen heutiger Spiritualität zu reflektieren. Feier, Liturgie und Sakramente haben den Stellenwert der sichtbaren, erfahrungsgefüllten und vom Menschen realisierten Darbietung des christlichen Glaubens in der kirchlichen Wirklichkeit.

Diese »sakramentale«, also zeichenhafte Repräsentation der Kirche umfaßt auch mehr, als man meist mit »Sakrament« verbindet; denn sie repräsentiert einfachhin das Wesen der Kirche. Sie erstreckt sich vom Zentrum der Eucharistie bis zum Kirchenraum, der einlädt zur besinnlichen Stille; vom verschwiegenen Beichtgespräch bis zur Massenveranstaltung eines Katholikentags; von der Kindertaufe bis zur Kirchenmusik; von der Ikone bis zur schweigenden Anbetung, vom feierlichen Hochamt bis zur Wallfahrt oder dem Kreuz über dem Familientisch.

Die vielen »sakramental-zeichenhaften« Möglichkeiten sind von der »ursakramentalen« Kirchen-Wirklichkeit her zu verstehen und aus heutiger Mentalität heraus vielleicht neu zu fassen. Als Ziel muß dabei vor Augen stehen, daß der Mensch in das feiernde Erleben von Kirche geführt wird. Die zweitausendjährige Tradition mit ihrer Verwurzelung im Wort der Bibel ist dabei ebenso wichtig wie der verantwortungsbewußte Dialog mit der Gegenwart. So kann entstehen, was die Kirche mit ihrer Liturgie, ihren Riten und Gebräuchen, ihrer visuellen und auditiven Gegenwart schenken soll: ein Raum, in dem der (moderne) Mensch eingeladen und aufgefordert wird, Gott und die

Kundgabe seiner Liebe in Jesus Christus zu feiern und in kirchlicher Gemeinschaft zu erfahren.

(2) Das *Hineinwachsen in den Raum der Kirche* vollzieht sich in solchen Gemeinschaftserfahrungen. Christliche Gemeinschaft aber ist keine uniformierte Kolonne, die in gleicher Nähe zur Mitte und in gleicher Erfüllung kirchlicher Vorschriften lebt. Sie wird immer mehr im Bild von konzentrischen Kreisen zu verstehen sein. Das heißt: Es gibt Innengruppen, die überaus konzentriert am Leben der Kirche teilnehmen, während an den Rändern Menschen stehen, die sich seltener am offiziellen Leben der Kirche beteiligen. Aber alle gehören zum Raum der Kirche, in ihr Angebot feiernder Gemeinschaft. Die Kirche hat auch (und gerade) Sorge zu tragen für die Kreise, die weniger intensiv in ihrem Leben, in ihrem Angebot von Sakrament und Feier stehen.

Das hat mannigfache Konsequenzen. Die spirituelle Gestalt des Feierns darf nicht nur von christlichen Kernkreisen her beurteilt werden. Feierlichkeiten, die Menschen ansprechen, die ferner stehen, werden in der Zeit des Pluralismus wichtig. Sie haben deshalb oft eine Gestalt, die weniger von der dogmatischen Glaubenslehre her bestimmt ist.

Dies gilt besonders für die Jugend. Es ist kein Ausverkauf christlicher Identität, wenn Kirche und kirchliche Gruppen mit ihrem Angebot an Feiern den heranwachsenden Christen oder Nicht-Christen entgegenkommen, selbst wenn es Techno- oder Rave-Musik ist. Der regierende Papst hat ein für viele (auch hohe vatikanische Würdenträger) überraschendes Beispiel gegeben, als er Bob Dylan zuhörte. Gottes Geist ist auch außerhalb der kirchlichen Grenzen wirksam, auch wo ein konkreter Ritus weit entfernt ist von der letztgemeinten Mitte. Die Logos-Kirche mit ihrem festgefügten Glaubensbewußtsein muß offenstehen für die Bewegungen und Anregungen dessen, was vielleicht Pneuma-Kirche ist. Von vornherein festgelegte Abgrenzungen – nur bis hierher lebt Christentum – standen immer schon der Kraft des Geistes Gottes entgegen.

Gerade die Identitätserfahrung einer christlichen Feier aber kann Menschen von der Ferne in die Nähe, vom Rande zur Mitte führen.

b) Diakonie – Zur Spiritualität des Dienstes

Zu den Kriterien, die Ignatius von Loyola zum Erkennen des »guten Geistes«, der Anregung Gottes und seiner Erfahrung zusammenstellt, gehört das Kriterium der »guten Frucht«; umgekehrt erkennt man »den Feind der menschlichen Natur an seinem Schlangenschwanz« (Exerzitienbuch, Nr. 334) am bösen Ende. Reinhold Schwager ist dem in seiner Arbeit »Das dramatische Kirchenverständnis bei Ignatius von Loyola« (1970) nachgegangen. Das biblische Wort »An ihren Früchten werdet ihr sie erkennen« (Mt 7,20) enthält die menschliche Weisheit, daß eine Aktion, aber eben auch eine Erfahrung (von woher Ignatius das Bild des Schlangenschwanzes nimmt) oftmals erst vom Ende, vom Ziel her ihre Qualität erweist. Der Verdrehung des den Jesuiten zugeschriebenen Satzes »Der Zweck heiligt die Mittel« darf nicht dazu führen, daß man die Finalität, die »Zielgerichtetheit«, aus der Beurteilung von Tun und Erfahrung ausklammert. Bei der Behandlung von »Gesinnungs-« oder »Verantwortungs-« Ethik wurden entsprechende Fragen schon berührt.
Für die Individual-Ethik des Christen war es immer selbstverständlich (sosehr man auch in der Praxis davon abwich), daß auch die meditative Glaubenserfahrung erst im gläubigen Tun ihre letzte Legitimation findet.
Auf dem christlichen Triptychon steht deshalb neben Dialog und Liturgie die Diakonie: Nächstenliebe, karitativ-soziales Tun. Schon die ersten Mönchsväter erfuhren ihren (meditativen) Rückzug in die Wüste zugleich als (handlungsorientierte) Aufgabe, die Wohnstätte der Dämonen umzuwandeln in ein Paradies für die Menschen. Das Makarius-Kloster zwischen Kairo und Alexandrien ist ein lebendiges Beispiel für diese Einheit von Gott-Suchen, wie das benediktinische Leitwort (Kapitel 58,7 der Regel) heißt, und Dienst am Nächsten.
Die moderne Kapitalismus-Diskussion hat aus den Anforderungen der Zeit den Blick erweitert auf das, was Papst Johannes Paul II. »strukturelle Sünde« nennt und was mit »struktureller Heilung«, »sozialer Therapie« weiterzuführen ist, also mit Heilung der strukturellen, gesellschaftlichen und wirtschaftlichen Bedingungen. Die damit neu erkannten Fragestellungen werden augenblicklich in der Kirche eifrig und nicht immer sachlich diskutiert. An dieser Stelle ist nur auf den Fragebereich hinzuweisen. Das früher oft in privatisierender Engführung beschriebene »Gebets-« und »Tugendleben« des Christen darf kein Rückzug in die Innerlichkeit bedeuten. Es muß den Blick auf die

Nöte des Nächsten öffnen, des Nächsten in der Gestalt des einzelnen Mitmenschen, des Nächsten aber auch in der Gestalt der menschlichen Gesellschaft, des Nächsten sogar in der Gestalt von Schöpfung und Umwelt, in die Gott den Menschen hineingestellt hat.

Und dies ist nicht nur ein Zug der persönlichen, christlichen Spiritualität, sondern ein Zug der kirchlichen Spiritualität von Amt und Theologie. Erst im Dreiklang von Dialog, Liturgie und Diakonie findet sie ihre von Gott gewollte Gestalt, wird ihr Beten zu einem »wohlgefälligen Opfer«, zu einem »vernunftgemäßen Gottesdienst« (Röm 12,1).

III. Teil
Die Erfahrung des Heiligen und das Gottesbild

Das bisher Gesagte führt zur Zentralfrage: zur Frage nach Gott.[33] Darf oder muß gar der Gottesbegriff/die Vorstellung von Gott unberührt bleiben vom Mentalitätsumschwung unserer Zeit, damit die Wahrheit Jesu Christi erhalten bleibt? Oder wird dieser Umschwung gerade am Sprechen über Gott und daher auch an der Erfahrung der Menschen von Gott offenbar und muß bedacht und in den Glauben eingebracht werden?

Zur Beantwortung dieser Fragen ist es günstig, bei einer Erfahrung anzusetzen, in der noch vor dem christlichen Spezifikum die Gemeinsamkeit der Weltreligionen in ihrer Haltung zu Gott, zum Absoluten, zum Letzten, zum Umfassenden usw. sich ausdrückt. Der Marburger Religionswissenschaftler Rudolf Otto hat 1917 den Eigenstand der Erfahrung in dem weltberühmten Buch als »Das Heilige« in Polarität umschrieben mit »faszinosum et tremendum«: »anziehend-umstrickend und zugleich schauervoll-unnahbar«. Schon vorher unterstrich der schwedische Bischof Nathan Söderblom, daß die Erfahrung vom »Heiligen« religionsphänomenologisch umfassender sei als die Erfahrung von »Gott« (»It is even more essential than the notion of god.«) Mircea Eliade hat es in immer neuen Ansätzen belegt. Nach John Hick besteht ein »allgemeiner Konsens unter heutigen Religionshistorikern«, daß das »Heilige« ein Element in der Struktur des Bewußtseins ist, daß diese Erfahrung einfachhin zum Menschen gehört. Der Blick auf diese Erfahrung ersetzt zwar nicht den Blick auf die Gotteserfahrung, kann diese aber situieren im allgemeinen Religionsgespräch.

Hier ist zwar nicht der Ort, sich auf die daran anknüpfenden Auseinandersetzungen einzulassen; hier geht es ausdrücklich um die christliche Spiritualität mit ihrem klaren Zeugnis von Gott. Doch dies geschieht in der Überzeugung, daß die Wirklichkeit Gottes tiefer reicht als jeder – auch theologische und dogmatische – Versuch, sie reflektierend in Worte zu fassen. In dieser Tiefe, nicht auf der Oberfläche der Preisgabe des eigenen Standortes, öffnen sich die Türen zu einem Verständnis auch anderer religiöser Ansätze. Das »Heilige« ist eine solche Tür; ein Gang durch sie kann auch das christliche Gottesverständnis bereichern.

Man wird mit einer solchen Reflexion des »tremendum et faszinosum« vor allem in eine Erfahrungstiefe geführt, die noch vor der worthaften Formulierung liegt. Hierin führt auch Martin Buber mit seinem berühmten Wort, man könne im Grunde nicht »über«, sondern nur »zu« Gott sprechen; das heißt: Man muß sich vom Staunen über das »tremendum et faszinosum« führen lassen, statt es nur reflex zu analysieren. Gerhard Ebeling und Dorothee Sölle haben dies von recht verschiedenen, evangelisch-christlichen Ansätzen her bedacht, wenn sie auf das Beten zu sprechen kommen. Johann Baptist Metz schreibt aus katholischer Sicht ebenso: »Die Rede von Gott stammt allemal aus der Rede zu Gott, die Theologie aus der Sprache des Gebetes.« Alles Sprechen »über« Gott muß sich immer neu dorthin zurücktasten, wo das Sprechen »zu« Gott den Ausgang nimmt, zu dem Grund, in dem die Menschen das »Heilige« erahnen und ehrfurchtsvoll oder schaudernd sich ihm zu- oder von ihm abwenden.

Diese Hinwendung gelingt immer nur unvollkommen, erfordert aber zugleich – konsequent durchgeführt – den Einsatz der persönlichen Existenz. Dies betonte wie kein anderer der dänische Theologe und Philosoph Sören Kierkegaard gegen den rein intellektuellen Zugriff der hegelianischen Philosophie:

»Die einzige Art, wie ein Existierender in ein Verhältnis zu Gott kommt, ist die, daß der dialektische Widerspruch die Leidenschaft zur Verzweiflung bringt und mithilft, mit der ›Kategorie der Verzweiflung‹ (also einer Grenzerfahrung, JS) Gott zu erfassen, so daß Gott nicht ein Postulat ist, sondern das, daß der Existierende Gott postuliert, – eine Notwendigkeit.«

Statt der Existenz Gottes einen »postulierten« Platz im Denksystem anzuweisen, analysiert Kierkegaard den Menschen, dessen Existenz in eben diesem Schreien nach Gott besteht. Nur mit diesem Pathos ist im Raum des »Heiligen« die Frage nach Gott zu stellen. Die von Otto analysierte polare, wenn nicht gar gegensätzliche Bestimmung »tremendum et faszinosum« von Gott und Heiligkeit hilft, beim notwendigen »Reden über Gott« stets offenzubleiben für das existentielle »Reden zu Gott«.

An dieser Stelle kann nur ein, aber für die Spiritualität wesentlicher Ausschnitt betrachtet werden; ein Großteil der Anliegen wurde schon im Vorangehenden dargestellt und muß nicht von neuem reflektiert werden.

A) Gott: persönlich oder a-persönlich

Aus dem Gespräch der Weltreligionen ergibt sich als wichtigste Frage: Ist der persönliche Gott oder, besser gesagt: Ist die »Du«-Anrede an Gott wesentlich für das menschliche Verhältnis zu Gott? Trifft sie etwas an Gott, was unaufgebbar bleibt, solange es um den wahren Gott geht? Oder ist – wie es die pluralistische Religionstheologie darstellt – die »Du«-Anrede nur eine kulturell bedingte Einkleidung für die tiefere Erfahrung eines unpersönlichen Göttlichen oder einer umgreifenden Heiligkeit oder (nach Hick) eines unerkennbar bleibenden »Wirklichen«? Es gibt, wie die Esoterik zeigt, sogar ein »Beten« und »Verehren« des Heiligen, dem das »Du« zu Gott als unehrfürchtig-profanisierend gilt.

1. DER GOTTESBEGRIFF – GESCHICHTLICH, SOZIOLOGISCH, PSYCHOLOGISCH

Seit dem 18./19. Jahrhundert ist die Herkunft der Gottesidee eines der großen Themen der Geisteswissenschaft. Im folgenden soll ein kurzer Überblick zur Entwicklung gegeben werden.

a) Geschichtliche Entwicklungen

Rationalistische Theorien des vergangenen Jahrhunderts versuchten zu zeigen, daß die Gottesvorstellung sich aus Ängsten, Hoffnungen und Erfahrungen des urzeitlichen Menschen langsam herausentwickelt habe und immer mehr rationaler Einsicht Platz machen müsse. In der ernstzunehmenden Religionswissenschaft scheint diese evolutive These kaum noch Bedeutung zu finden. Man schaut heute mehr auf die aktuelle und historische Vielfalt des Religiösen und findet nach H. Diers ein »breites Spektrum variabler Typen von Gottesvorstellungen (mit vielen) Differenzen anthropomorpher, theriomorpher, (tiergestalteter, JS), mischgestaltiger oder anikonischer Erscheinungsform«. Darauf aufbauend, versucht man diese Vielfalt auf dem Hintergrund soziologischer und psychologischer Kulturformationen zu verstehen, aber nicht mehr historisch zu entwickeln. Burkhard Gladigow meint dazu: »Aus dieser Sicht besteht die Alternative nicht zwischen der These, Gott sei ein Spätling in der Religionsgeschichte, oder jene anderen, machtgeladenen

Wesen oder Gegenstände (also Heiliges, JS) bezeichnen die Anfänge der Gottesidee.« Die Drei-Stadien-Lehre Auguste Comtes vom Werden und Vergehen der Gottesvorstellung: theologisch, metaphysisch, zuletzt empirisch-wissenschaftlich (»Cours de philosophie positive«, »Lehrbuch der positiven Philosophie«, 1830–1842) ist ebenso überholt wie die historische Ableitung der Gotteserfahrung aus der Erfahrung »heiliger Macht«, »Mana« genannt, die noch G. van der Leeuw in seiner »Phänomenologie der Religion« (1956) wenigstens ansatzweise vertrat. Dagegen versuchte der Steyler Pater Wilhelm Schmidt in seinem gewaltigen zwölfbändigen Werk »Der Ursprung der Gottesidee« (1912–1955) zu zeigen, daß der Monotheismus am Anfang der Entwicklung stehe und die Religionsgeschichte zum Großteil Verfallsgeschichte sei. Sein Schüler Paul Schebesta (»Ursprung der Religionen«, 1961) hat auch diese These in ihrer extremen Ausprägung korrigiert: Die komplexe Geschichte der Religion und der Gottesvorstellung läßt sich nicht in einzelne Stadien auflösen. Das gilt auch für den vielbeachteten Entwurf von R. N. Bellah, nach dem die »Religious Evolution« (1964) sich eher im Schema: gesammelter Kern und Entfaltung abspiele. Auch dies wird heute scharf kritisiert. Der Fragenkomplex wird differenzierter betrachtet.

b) Die soziologische Betrachtung

Erfolgversprechender als die historische Betrachtungsweise ist das Verständnis der konkreten Religion aus ihrem gesellschaftlich-kulturellem Umfeld heraus – ein Ansatz, der auf Karl Marx zurückgeht. Sein Satz »Religion ist Opium des Volkes«, der Religion als Ausdruck einer Sehnsucht versteht, die im Religiösen Ersatz für die erbärmliche Lage von Menschen zu erlangen glaubt, wurde zwar von Wladimir Lenin instrumentalisiert zu »Religion als Opium für das Volk«, wonach Religion ein Mittel der Herrschenden ist, um das Volk in Schach zu halten. Doch der marxistische »Humanismus« hat gezeigt, daß auch der Marxsche Verstehensansatz positive Einsichten erbringen kann. Namen wie Roger Garaudy, Víteslav Gardavsky, Ernst Bloch, Max Horkheimer, Theodor W. Adorno, Herbert Marcuse und andere sind hierbei zu nennen.

Der funktionale Verständnisansatz Bronislaw Malinkowskis formte aus diesem soziologischen Verständnis der Religion vom materiellen Unterbau her eine vieldiskutierte Theorie, indem er das religiöse Anliegen und die Rolle des Göttlichen von den

Funktionen, der Bedeutung her analysierte, die sie für Kultur und Gesellschaft haben. Auch der evangelische Soziologe Peter L. Berger entwarf zusammen mit Thomas Luckmann eine weiträumige Synthese (»Die gesellschaftliche Konstruktion der Wirklichkeit«, 1969), die zeigt, wie unaufgebbar wichtig »Religiosität« für eine funktionierende Gesellschaft ist; und umgekehrt: wie sehr das gesellschaftliche Umfeld Einfluß nimmt auf das Religiöse. Auch die abstrakte Systemtheorie von Niklas Luhmann (»Funktion der Religion«, 1966) gibt der Religion und der Gottesfrage eine wichtige Rolle für das Zusammenleben der Menschen.

Man weicht also keineswegs dem spirituell-theologischen Anliegen aus, wenn man fragt: Was bedeuten Gott, Religion, Heiligkeit für die Gesellschaft? Von solchen Fragen und Anliegen, also von der (heutigen) Mentalität her können nicht nur irgendwelche Verhaltensweisen, sondern auch der Begriff selbst und die Vorstellung von Gott korrigiert, richtiger: vertieft werden. Gott ist kein abstrakt Daseiendes, sondern der, der für uns Menschen da ist und der im menschlichen Erkennen, Wollen und Handeln lebendig ist. So nennt er sich Ex 3,14 (in schöner Übersetzung): »Ich bin der ›Ich-bin-da‹«, ein Wort, das in den johanneischen Ich-bin-Worten weiterklingt. Es ist notwendig, ihn auch von seinem »Ich bin da«, also von der gesellschaftlichen Widerspiegelung her zu verstehen.

c) Die psychologische Betrachtung

Interessanter als der soziologische Verstehensansatz sind – für das breite Publikum – die psychologischen Reflexionen über Religion und Gott. Hierher gehört Friedrich Nietzsches Christentums- und Religions-Kritik: Das Christentum in seiner Demutshaltung vor Gott zerstöre die Würde und die Kraft des Menschen! Eugen Biser setzt wie Eugen Drewermann immer wieder neu an dessen Religionskritik an. Am engsten verbindet sich aber die psychologische Religions- und Gottes-Kritik mit dem Namen Sigmund Freud. Für ihn ist Religion »ein System von Wunschillusionen mit Verleugnung der Wirklichkeit. (Religion versuche) die Sinneswelt, in die wir gestellt sind, mittels der Wunschwelt zu bewältigen.« Mit anderen Worten: Der Wunsch geht nach einer »schöneren« Welt, als es die Wirklichkeit bietet: »Es wäre doch so schön, wenn ...« Diesen Wunschtraum deute Religion zur Wirklichkeit um. Das entspricht nach Freud dem Krankheitsbild der Neurose, die Wunschträume als

Wirklichkeit nimmt und den Menschen wirklichkeitsfremd macht: Religion ist »kollektive Neurose«. Diese kreist nach Freud, der aus jüdischer Tradition herkommt, um Gott:

»Wenn der Heranwachsende merkt, daß es ihm bestimmt ist, immer ein Kind zu bleiben, daß er des Schutzes gegen fremde Übermacht (Natur, Schicksal, JS) nie entbehren kann, verleiht er diesem die Züge der Vatergestalt, er schafft sich Götter, vor denen er sich fürchtet, die er zu gewinnen sucht und denen er doch seinen Schutz überträgt. So ist das Motiv der Vatersehnsucht identisch mit dem Bedürfnis nach Schutz gegen die Folgen der menschlichen Ohnmacht; die Abwehr der kindlichen Hilflosigkeit verleiht der Reaktion auf die Hilflosigkeit, die der Erwachsene anerkennen muß, eben der Religionsbildung, ihre charakteristischen Züge.«

Wie das Kind zum Vater flüchtet, so projiziert sich der Gottgläubige einen Gott-Vater in die Seinsordnung hinein, zu dem er flüchten kann.

Die Religionskritik Freuds (kaum allerdings deren Entfaltung zur Vatermord-Hypothese als Ursprung des religiösen Ritus) bleibt lebendig. Der Gottesglaube muß sich ihrer kritischen Anfrage stellen. Auf psychologischer Basis heißt dies: Bringt die Religion ein Plus an Wirklichkeitsbewältigung oder leitet sie an zur Flucht vor der Wirklichkeit?

Carl Gustav Jung stellte die Argumentation seines Lehrers und ehemaligen Freundes auf den Kopf: Religion und ihre Symbole bedeuten keine Flucht, sondern verhelfen der Psyche, also dem Erfahrungsraum, in dem der Mensch seine Identität findet, zur Erfüllung; denn

»die Archetypen des Unbewußten sind empirisch nachweisbare Entsprechungen der religiösen Dogmen. Was das Unbewußte ausspricht, ist nämlich keine Willkürlichkeit und keine Meinung, sondern es ist ein Geschehen oder Sosein wie das irgendeines Naturwesens.«

Was in der Religion erfahren wird, ist Hilfe zum Selbstwerden des Menschen, zu seiner Wirklichkeitsbewältigung. Diese psychologische Analyse entspricht in erstaunlichem Maße den Einsichten, die die französische Theologie im Anschluß an Maurice Blondel erarbeitet hat: daß nämlich die menschliche Seele/ Psyche/Persönlichkeit aus sich heraus offen und angelegt ist auf das, was die christliche Offenbarung neu, erfüllend und geschenkhaft bringt. So kannte schon die altchristliche Theologie eine »anima naturaliter christiana« (die von Natur aus christliche Seele, Tertullian) und wußte von den »logoi spermatikoi« (samengleiche Anwesenheit des göttlichen Wortes im menschlichen Suchen, Justin der Märtyrer, Klemens von Alexandrien); oder (in der Formulierung Henri de Lubacs) vom »desiderium naturale in beatitudinem supernaturalem« (der naturgegebenen Sehnsucht nach der übernatürlichen Glückseligkeit).

Solche früh-kirchlichen Deutungen der Offenbarung sind mithilfe der C. G. Jungschen Psychologie neu zu lesen. Man kann dazu umstrittene Namen nennen wie Drewermann oder den evangelischen Theologen Ulrich Mann. Doch niemand hat diesen Ball der Psychologie besser aufgefangen als Hugo Rahner. Er schreibt in »Griechische Mythen in christlicher Deutung« (1985, 28 f. 82 f):

»Die christliche Offenbarung wendet sich wesentlich an den Menschen, das heißt an ein geistleibliches Wesen, das auch die jenseitigen Wahrheiten immer nur in der Sinnesgebundenheit von Wort und Bild und Geste ausdrücken kann, mithin gerade im Religiösen sich immer des Symbols bedienen muß. Die Bedeutungskraft der Symbole aber ist dem Menschen vorgegeben, wird nicht willkürlich von ihm konstruiert, ist folglich in ihren Urformen in jeder Religion vorhanden und gehört zu den Archetypen alles menschlichen Gottsuchens. – Hier liegt übrigens die theologische Begründung dafür vor, daß die Forschung C. G. Jungs nicht etwa, wie man manchmal gemeint hat, eine Repristination alter liberaler ›Religionsgeschichte‹ mitsamt ihren oberflächlichen ›Abhängigkeiten‹ darstellt, sondern in eine viel tiefer liegende Schicht der Gemeinsamkeit alles Religiösen hinabstößt, in die geheimnisvolle Welt der menschlichen Archetypen – die katholische Theologie würde sagen, in die allen Menschen gemeinsame, auf Gott hin angelegte Natur.«

Er zeigt weiterhin, daß sich hiermit »auch die Möglichkeit eines Kontaktpunkts von der Mitte her« mit den Weltreligionen ergibt; dies als ein Auftrag, gleichsam »von unten her« religionsgeschichtlich den fremden Religionen zu begegnen. Vom Glauben her darf nämlich der Christ gewiß sein: »Es geht ein gottgewirkter Sinn durch die religionsgeschichtliche Entwicklung der Menschheit hindurch.« Ursprunghaft lebt dieser Sinn in der Erfahrung des »Heiligen«!

H. Rahners Perspektiven sind zugleich höchst traditionell wie überraschend modern. Sie sind nicht nur für die Forschung von Bedeutung, sondern auch für die persönliche Spiritualität, die »von unten her« begriffen werden muß. Auch in diesem »unten« lebt ein »gottgewirkter Sinn«.

Natürlich ist auch ein Bündel kritischer Fragen in C. G. Jungs Psychologie impliziert. Besonders die Frage, die an seine berühmte Antwort im britischen Rundfunk anknüpft: »Ich habe es nicht nötig, an Gott zu glauben, ich weiß es.« In einem späteren Interview (abgedruckt in »C. G. Jung. Ein großer Psychologe. Interviews, Reden, Begegnungen«, 1994, 319–321), erläutert er es folgendermaßen:

»Ich bin dann erst nachher darüber erstaunt gewesen, daß ich das geantwortet habe. Aber das ist nun wirklich so. Solange *ich* will, und solange *ich* wollen kann und durchführen kann, was ich will, bin ich die oberste Instanz des psychischen Geschehens. Wenn ich das aber nicht mehr kann und etwas anderes für mich eintritt – das ist Gott. Ich (bin) mit der Tatsache der Überwältigung konfrontiert. Woher diese Überwältigung kommt, das weiß ich nicht. Und das haben die Menschen immer schon als ›Gott‹ bezeichnet. Die ganze Welt, die Materie, die psychischen Bilder usw., die erfahre ich einfach im psychischen Milieu, und über dieses Milieu komme ich nie hinaus. Ja, die Theologen sagen, durch den Glauben erhebe man sich darüber. Aber es gibt gar keinen Grund für eine solche Behauptung. Man kann das nur glauben, aber ich kann's nicht glauben.«

Wiederum steht die Auffassung von »Glauben« zur Frage: ein rationales Beweisverfahren? Oder ein irrationales Hineinspringen in den Glauben? Oder – wie es bei C. G. Jung scheint – eine Entfaltung rein-psychischer, vorbewußter Tiefen? Oder eben, wie besonders mit M. Blondel und auch mit Martin Buber gezeigt wurde: eine Erfahrung, die in der menschlichen Grunderfahrung von Begegnung, Vertrauen und Liebe die beste und wohl einzig einsichtige Analogie zur Gotteserfahrung findet, die also ebenso mit Realität erfüllt ist wie die Erfahrung einer Liebesbegegnung? Eine Erfahrung also, in der die »Radikal«-Transzendenz auf Gottes »Du« lebt und nicht nur die »Binnen-Transzendenz« von Bewußtseins-Erweiterung!

Mit der von H. Rahner dargestellten Grundhaltung kann (und muß!) die christliche Spiritualität in großer Offenheit in das Gespräch mit der Psychologie hineingehen und darf erwarten, daß sich ihr darin neue und vertiefte Zugänge zur Wirklichkeit Gottes, zur persönlichen Spiritualität auftun. Nicht vergessen werden aber darf dabei die Mahnung, die von Freud herübertönt: Ein notwendiges Kriterium für Religion und Gottesglauben ist und bleibt der Wirklichkeitsbezug.

2. Im Gespräch mit nicht-persönlichen Gottes-
vorstellungen

Es war ein Eklat, als Robert C. Zaehner seine »Gifford Lectures«
von 1967–1969 zu Edinburgh (veröffentlicht unter dem viel-
sagenden Titel »Mystik. Harmonie und Dissonanz«, deutsch,
1980) mit einer scharfen Kritik an seinem Vorgänger, Sir Sarve-
palloi Radhakrishnan, begann. In diese Kritik schloß er auch den
Begründer des Neohinduismus, Ramakrishna sowie H. N. Spal-
ding ein, der sich durch die Gründung des Oxforder Lehrstuhls
für östliche Religionen und Ethik einen Namen gemacht hat.
Die Kritik war vielfältig:
– daß man an die Religionen mit naturwissenschaftlichen
Methoden herantrete: »Es kann keine Wissenschaft der Religion
im Sinne von Astronomie oder Chemie geben, weil Unendliches notwendigerweise den menschlichen Verstand übersteigt.
Könnten wir Gott verstehen, würde er somit aufhören, Gott zu
sein.«
– daß man eine billige Harmonie herstelle: »Bei meinem Vorgänger hatte man das Gefühl, die so wünschenswerte ›Harmonie‹ sei mit Hilfe der Voraussetzung erreicht worden, daß seine
Form des Vedanta-Monismus die letzte Wahrheit sei und alle
anderen Religionen daher lediglich empirische Pfade zu eben
dieser letzten Wahrheit seien. Diese Methode finde ich nach wie
vor ›verdammenswert‹.«
– daß diese billige Harmonie in einem Pantheismus gefunden
werde, »in welchem keine klare Grenze zwischen Gott, dem
Einen, und dem All, oder zwischen Gott, Mensch und Universum gezogen wird.«
Dagegen versucht er – kämpferisch, aber gestützt auf Papst
Johannes XXIII. mit der konziliaren Bewegung und Teilhard de
Chardin – zu zeigen, daß gerade im Glauben an das Du Gottes
eine »Einheit in Vielfalt, Vielfalt in Einheit, eine harmonische
Dissonanz« der Religionen sichtbar werde; denn eine Einheit,
die vom dialogischen Gegenüber (dem Du Gottes) her konditi-
oniert wird, hebt die Vielfalt der Dialogpartner keineswegs auf.
Zaehner aber zeigte zugleich insbesondere vom Hinduismus
her, »daß östliche Religionen noch immer Wesentliches zu
sagen haben, daß das Christentum viel von ihnen lernen kann,
wahrlich viel von ihnen lernen muß, wenn es in Wahrheit zur
katholischen Kirche werden soll.«

a) Ringen um den Sinn der Du-Erfahrung von Gott

Zaehners Buch war zu umfangreich und gelehrt und wohl auch zu katholisch (er konvertierte zum Katholizismus), um die verdiente Resonanz zu erfahren. Sein Buch bringt aber wesentliche Einsichten aus dem Religionsgespräch in die christliche Spiritualität ein.

– Zunächst einmal äußert er eine deutliche Kritik am oft unbedarften christlichen Sprechen von der Persönlichkeit Gottes, das er behutsam zum gültigen Sprechen von Gott als Person vertieft. »All das Gerede um Sicherung der Persönlichkeit Gottes wie der des Menschen wird unbedeutend, wenn man sich mit mystischer Religion zu befassen beginnt. Das Wort ›Person‹, auf Gott angewandt, wurde jedoch zum Fetisch; denn denken wir überhaupt wirklich darüber nach, so werden wir sehen, daß wir das Wort ›Person‹ benutzen, weil wir darunter etwas dem Menschen Ähnliches verstehen.« Doch Gott, wie er in der Mystik erfahren und besonders auch in der Religiosität Indiens verehrt wird, ist mehr als nur dies.

– Dann zeigt Zaehner, der einen der wichtigsten Kommentare zur Bhagavad-Gita (1976) geschrieben hat, daß dieser »Gipfel der hinduistischen Mystik«, der zugleich »die Hauptprämissen der upanishadischen und buddhistischen Mystik« impliziert, sich »in einer Mystik göttlicher Liebe ergänzt und vollendet, einer transzendenten und zeitlosen Liebe, denn Liebe selbst wird als unendlich angesehen.« Die Stufen dorthin beschreibt er nach der Bhagavad-Gita folgendermaßen: »Zunächst die Integration der Persönlichkeit in ihren unsterblichen Grund, der in allen Wesen gleich ist, und dies führt zur ›Befreiung‹, zu jener Freiheit des Geistes, die der Ausdruck ›Brahman werden‹ impliziert.« Dann, *nachdem* er Brahman geworden, verkehrt der Mystiker mit Krishna in Liebe und geht schließlich in ihn ein. »Aber sowohl Krishnas als auch des Mystikers Liebe bleiben bestehen, wie das letzte Kapitel der Gita herausstreicht. Das bedeutet, daß in der Ewigkeit persönliche Beziehungen, zumindest die zwischen Seele und Gott, obwohl auf eine höhere Ebene gehoben, bestehen bleiben.«

– An Teilhard de Chardin exemplifiziert Zaehner weiterhin, daß eine so erlebte und verstandene Mystik »Einheit des Gipfels durch Ultra-Differenzierung (und nicht) Einheit der Basis durch Auflösung« bedeutet; kein »Zerschmelzen im All«, sondern »Konzentration auf das eine, den yoga, die von der Bhagavad-Gita gepredigte Integration.« Diese Integration präludiert, was in der christlichen Mystik zur »Integration aller Dinge« in der göttlichen Einheit wird. Ein Exkurs über den Marxismus, dem Zaehner eine Zeitlang angehangen hat, bestätigt den »sozialen« und weltumschließenden Zug einer solchen Mystik.

In moderne Sprache übertragen, zeigt also auch die Bhagavad-Gita: Um das Verhältnis des Menschen zu Gott und zum All zu begreifen, braucht es ein anderes Paradigma als das der »Einheit«, die letztlich alles Einzelne auflöst. Es braucht das neue Paradigma der »Liebe«, deren Einigungskraft die Liebenden nicht in ein unpersönliches Etwas auflöst, sondern eint und zugleich in ihrer Personalität bestärkt. Martin Bubers »zweifaches Geschehnis«, das zum Verständnis der Meditation half, taucht hier wieder auf.

b) Das Du zu Gott in der Metaphysik der Liebe (Teilhard de Chardin)

Mit Recht beruft sich Zaehner hierzu auf Teilhard de Chardin. Diesem nämlich wurde es zur Lebensfrage, wie die Personalität Gottes – also ein »Du«, zu dem der Mensch sich hinwendet – und seine Universalität – also eine allumfassende Einheit, in die hinein der Mensch sich verliert – zusammengehen können. Teilhard war sich der Problematik bewußt und ruft eine Urerfahrung auf, die er »natürlichen Pantheismus« nannte:

»Ich nenne Kosmischen Sinn die mehr oder weniger klare Verwandtschaft (affinité), die uns psychologisch an ein Ganzes, das uns umgibt, bindet.«

Und er bringt es in sein Kriegserlebnis ein, das er die »Erfahrung der Front« nannte (Auch E. Bloch kennt die Kategorie »Front«):

»Aus Prinzip und Instinkt setzt sich der Mensch normalerweise vom Menschen ab. Andererseits aber welche Vollendung in seinem Vermögen, wenn er in der Forschung oder in der Schlacht vom Atem der Zuneigung oder der Kameradschaft erfaßt wird! Welche Fülle, wenn er in gewissen Stunden der Gefahr oder der Begeisterung *zu den Wundern einer gemeinsamen Seele* Zutritt erlangt! Diese blassen oder kurzen Erleuchtungen müssen uns erahnen lassen, welch ungeheure Kraft der Freude oder des Tuns noch im Schoße der menschlichen Schicht schlummert.«

Immer enger verbanden sich bei ihm der »natürliche Pantheismus« und die Erfahrung menschlicher Begegnung, die ihm wahrscheinlich im Front-Erlebnis erschlossen wurde. Seine Freundschaft vertiefte die Erfahrung, die Buber das »Geschehnis der Liebe« nennt. In solchen Augenblicken erspürt der Mensch in der Mitte seines Wesens eine umfassende Wirklichkeit, die eint, ohne aufzulösen. Teilhard entdeckt das Geheimnis der Liebe, deren »Einheit differenziert«, d. h. in deren Einswerden die Vereinten in ihrer eigenen Personalität bestärkt und nicht zerstört werden. Sie immer neu zu umschreiben, macht sein Lebenswerk aus:

»Meine große Entdeckung ist jetzt wahrzunehmen, daß – 1.) das ganze Problem des Menschen auf die Frage nach der Gottesliebe hinausläuft und zugleich – 2.) daß die Legitimität, die psychologische Möglichkeit und der Triumph dieser Liebe *abhängt* von der *Vereinbarkeit,* richtiger: von der Wesensverbindung der zwei Begriffe: Universalität und Personalität.
Die wahre Einigung verschmilzt die Seienden nicht, die sie einander nähert. Sie differenziert sie im Gegenteil noch mehr: das heißt, wenn es sich um denkende Teilchen handelt, ultra-personalisiert sie sie. Das Ganze ist nicht das Gegenstück, sondern der Pol der Person. Totalisation und Personalisation sind die zwei Ausdrücke einer einzigen Bewegung.«

Zwei erkenntniskritische Säulen tragen diese Konzeption der Einheit aus Liebe, »l'amour d'inter-liaison«:
– die Überwindung der aristotelischen Weltsicht. Teilhard meint damit ein Denken (und Erfahren), das mit logischer Notwendigkeit Einheit und Vielheit entgegensetzt, dem daher die Sicht der Liebe nicht gelingen kann:

»Theologisch gesehen möge man mir verzeihen, wenn ich feststelle, daß im Innenraum einer gewissen aristotelischen Auffassung von Universum sich eine echte universalistische Schau kaum entwickeln kann.«

Seine Weltsicht aber nennt er einfachhin »Mystik«. Viele Kritiker übersehen dieses Fundament seines Denkens, das Teilhard erst nachträglich rational und empirisch mittels der »Wissenschaft« einzuholen versucht.
– Das zweite ist die evolutive Sicht, die von vorne her, aus der Zukunft kommt und zur Einheit führt:

»Die Kraft, die die Einheit schafft, kann nur eine ›vis ab ante‹, eine Kraft von vorne, eine Anziehungskraft (une attraction) sein.«

Bildhaft dargestellt: Im Ziel der zukünftigen Vollendung der kosmischen Entwicklung steht der Punkt Omega, in dessen (wie magnetisch anziehender) Kraft sich die Schöpfungsvielfalt zur Liebeseinheit zusammenschließt.

250

»Das Antlitz dieses Gottes können wir nicht genau beschreiben. Da aber die menschliche Person mit ihrer Intelligenz und ihrem großartigen Liebesvermögen die *vollkommenste Form* ist, die wir in der Reihe der Elemente der Welt kennen, sagen wir, Gott müsse *in der Richtung einer Super-Person* vorgestellt werden, d. h. in der Weiterführung der Qualitäten – und nicht der individuellen Begrenzungen – der Person. Er muß ebenso umfassend sein wie das Universum und ebenso warm wie ein menschliches Herz und noch unvergleichlich viel wärmer.«

Im Kolosserbrief (1,16.20) ist das gleiche zu lesen:

»Alles ist durch ihn und auf ihn hin geschaffen.
Alles im Himmel und auf Erden wollte er zu Christus führen.«

c) Mystische Zeugnisse

Auch die geniale Erfahrungstheologie Teilhard de Chardins ist nur ein Versuch, das bleibende »Geheimnis Gottes« (Eph 3,3) in moderne Worte zu fassen und zu verstehen. Viele Zeugnisse der Mystik brauchen eine Sprache, die wie Verschmelzung klingt; doch bei näherem Zusehen ist es die Sprache der »Liebe«, in der die jeweilige Personalität und die Einheit zusammenfließen. Skandalöserweise wertet eine breite Mystik-»Forschung« die Tradition der mystischen Liebe zur »Nur-Metapher« für die eigentliche mystische Erfahrung ab, in der alles zur unterschiedslosen Einheit verschmelze. So meint P. Gerlitz (in der Theologischen Realenzyklopädie) sogar, daß die »Licht-Erfahrung« mehr mystische Wahrheit enthalte als die »Liebes-Erfahrung«.

Die sorgfältige Arbeit des schwedischen Psychologen Hjalmar Sundén über »Die Religion und die Rollen« (1966) geht dem Fragebereich mit Johannes vom Kreuz nach. Er zeigt, was jedem unvoreingenommenen Leser wie jedem verantwortungsbewußten Forscher Selbstverständlichkeit ist: Der Kirchenlehrer der Mystik lebt in der Erfahrung der Liebe und nicht im Verschmelzen mit Gott. Im Gespräch mit dem französischen Forscher Jean Baruzi, der die mystische Erfahrung auf psychologischer Basis untersucht, zitiert Sundén Strophen aus dem »Cántico« (XIII.XIV):

»Mein Geliebter sind die Berge,
die einsamen Waldtäler,
die seltsamen Inseln,
die rauschenden Flüsse,
das Flüstern der verliebten Winde.

Die stille Nacht
im Augenblick des Aufstiegs der Morgenröte,
die schweigende Musik,
die tönende Einsamkeit,
das erquickende und Liebe schenkende Abendmahl.«

Johannes selbst kommentiert dies folgendermaßen: »Es ist nicht so, wie wenn man die Dinge im Licht oder die Wesen in Gott sieht, sondern in dieser Situation fühlt die Seele, daß alle Dinge für sie Gott sind.«

Das klingt wie die Verschmelzung des Alls und der Welt mit Gott und so deutet es auch Willigis Jäger. Doch Sundén zeigt, daß das ekstatische Erleben des Kirchenlehrers der Mystik nur gelesen und verstanden werden darf von seinem biblischen und dogmatischen Bezugssystem (Rolle) her: »Die Grenze zwischen der christlichen und nicht-christlichen Mystik wird psychologisch gesehen durch die gründliche Aneignung der Bibel bestimmt. Juans Vereinigung mit Gott ist die Vereinigung mit dem dreifaltigen Gott.«

An den oft mißbrauchten Versen des Angelus Silesius kann man die entsprechende Fehldeutung aufdecken: Aus dessen Poesie und dem ekstatischem Überschwang seiner Liebe macht Jäger prosaisch, in aristotelischer Logik, ein pantheistisches Verschmelzen. Spruch Nr. I, 8 des »Cherubinischen Wandersmanns« greift Eckharts Mystik auf:

»Ich weiß daß ohne mich Gott nicht ein Nun kan leben
Werd' ich zu nicht Er muß von Noth den Geist auffgeben.«

Doch zu diesen, auf den ersten Blick blasphemisch klingenden Versen heißt es: »Schawe in der Vorrede.« Dort erklärt der schlesische Mystiker und Poet ausdrücklich, daß die Verse nur versuchen, eine unbeschreibliche Erfahrung in Worten zu vermitteln:

»Unnd ist hiermit einmal für allemal zuwissen, daß deß Urhebers Meinung nirgends sey, daß die Menschliche Seele ihre Geschaffenheit solle oder könne Verliehren und durch die Vergöttung in Gott oder sein ungeschaffenes Wesen verwandelt werden: welches in alle Ewigkeit nicht seyn kan. Sondern dieses ist sein Sinn, daß die Gewürdigte und Heilige Seele zu solcher naher Vereinigung mit Gott und seinem Göttlichen Wesen gelange, daß sie mit demselben ganz und gar durchdrungen, überformet, Vereinigt und eines sey, dermassen, daß wenn man sie sehen solte, man in jhr nichts anders sehen und erkennen würde als GOtt; wie dann im ewigen Leben geschehen wird.«

Angelus Silesius war sich bewußt, daß seine pantheistisch klingenden Verse »nur« poetische Versuche sind, um die alle Logik übersteigende Gotteserfahrung doch in Worte zu fassen.

Die Liebesmystik – vom Christentum über den Sufismus bis in die Bhakti-Religiosität Indiens – ist die schönste Stütze für die Erfahrungswahrheit der Liebesmetaphysik Teilhards. Aber dies wird verkannt, wenn sie poesielos aufgelöst wird in pantheistische Einheit; wird ebenso verkannt, wenn sie mit Karl Barth – der gegen Angelus Silesius wettert – verketzert wird als Verrat am personalen Gottesverhältnis.

3. GOTT: PERSÖNLICH – UNPERSÖNLICH – ÜBERPERSÖNLICH

Auch in der Geschichte der christlichen Spiritualität wurde unterschiedlich von Gott gesprochen. Dionysios Areopagita, der anderthalb Jahrtausende maßgebend war für die Theologie der Mystik, setzt auf den Gipfel seiner Schriften den Hymnus der »Theologia Mystica«. Der aber gipfelt in der Verneinung aller und jeder Aussagemöglichkeit über Gott:

»Weder ist er Sein,
 noch Ewigkeit,
 noch Zeit;
weder ist er eins,
 noch Einheit;
weder die Gottheit,
 noch die Güte;
weder ist er Geist – wie wir es verstehen –,
 noch Sohnschaft,
 noch Vaterschaft;
weder gehört er unter das Nicht-Seiende,
 noch unter das Seiende;
weder gibt es ein Wort von Ihm,
 noch einen Namen,
 noch ein Wissen ...«

Gott oder wie immer man ihn nennen mag, geht nicht auf im Nennen und Sprechen über ihn; auch nicht im Sprechen mit personaler Akzentuierung. Gott ist mehr als Person, Teilhard spricht von »Super-Person«. Doch diese Negative Theologie und Spiritualität in der »Theologia Mystica« des Dionysios ist wie das Werk Teilhards eingehüllt in ein personales Beten-zu-Gott. So beginnt Dionysios:

»Dreifaltigkeit,
  überwesenhaft
    und übergöttlich
      und übergut,
führe uns
  auf den überunerkennbaren
    und überhellen
      und höchsten Gipfel der mystischen Worte:
So sei unser Gebet!«

Alles Sprechen »zu« Gott ist nach ihm eingehüllt in die dreifaltige Bewegung, die auch noch das logisch-eindeutige Du-Sagen zu Gott übersteigt. Die alte Liturgie bringt diese Dynamik ins Gebet ein: »Im Geist, durch den Sohn, zum Vater.« In dieser Bewegung, nicht in statischer Logik, begegnet der Mensch Gott! Es verwundert daher nicht, daß es in der alten Kirche kein Du-Gebet zum Heiligen Geist gab; erst als häretische Lehren bestritten, daß der Geist göttlich sei wie der Vater und der Sohn, sprachen Ende des 4. Jahrhunderts die kappadozischen Väter auch ihn in personaler Akzentuierung an, betonten aber gleichzeitig, daß Gott unerkennbar sei. Wie dem auch sei: Das Du-Gebet zum Geist ist ein anderes als das zum Vater oder zum Sohn. Alles aber gründet im Du-Gebet zum einen und einzigen Gott. Anders wäre der Gottesglaube ein Aberglaube an drei Götter.

Schon das Bewußtwerden, daß der eine Gott in dreifaltiger Wahrheit lebt, legt nahe, daß auch im a-personalen Sprechen von Gott Sinn liegt und daß eine pantheistisch klingende Religiosität Wege zu diesem Verständnis öffnen kann. Auch die gelebte christliche Spiritualität muß davon lernen. Aber aus obigen und anderen Zeugnissen einen Pantheismus herauszulesen, gelingt nur einer poesielosen Rationalität.

4. Der personale Gott als Grund der Zerrissenheit der
   Welt?

In zwei historischen Darstellungen hat Aldous Huxley eine These geschichtlich zu untermauern versucht, die er anderswo eher religionsphilosophisch entwickelte. In »Gott ist. Essays« (1993, 138 f.129.265.197.67) zeigt er: Wenn das Absolute nicht in »Selbsttranszendenz«, sondern in einer »Richtung zur Seite«, also in einer Person, die neben uns steht, gesucht wird, sei die Tür offen für Manipulation, Diktatur, Krieg usw. Wir verspüren

»einen Drang zur Selbsttranszendierung, weil wir auf irgendeine dunkle Art und Weise – und trotz unseres Nichtwissens auf der Ebene des Bewußtseins – wissen, was wir in Wahrheit sind, daß der Atman (der Geist in seiner Entscheidung, den zeitlichen Standpunkt einzunehmen) eins ist mit dem Brahman (der Geist in seinem außerzeitlichen Wesen).«

Sobald wir diesen Drang aber »systematisieren«, in Personalität umsetzen, ständen wir vor »horrenden Schwierigkeiten«. Das Göttliche werde als personaler Gott griffig; man könne manipulierend mit ihm umgehen, ihm die Unterscheidung von Gut und Böse in den Mund legen – mit den schlimmen Konsequenzen eines Kampfes gegen das Böse, mit den Kreuzzügen, mit Inquisition, mit Hexenverbrennung usw.:

»Die Greuel der organisierten Religion (und vergessen wir nie, daß die organisierte Religion annähernd soviel Schaden wie Nutzen stiftet) gehen letzten Endes alle auf ›die Verwechslung des deutenden Fingers mit dem Mond‹ zurück – das heißt auf die Verwechslung einer zur Sprache gewordenen Vorstellung mit dem gegebenen Mysterium, auf das sie verweist, oder – häufiger – zu verweisen sucht.«

Erst im wahren, »mystischen« Christentum findet Huxley das tiefere, richtige Verständnis des veräußerlichten Schemas der Gott-Persönlichkeit, die neben mir steht; er beschreibt es im Bild der allumgreifenden Liebe, d. h. die

»grundlegende Theologie der Identität des Endlichen und des Unendlichen, des völligen Offenbarwerdens des Unendlichen im Endlichen, der Identität von Samsara (hinduistisch: die geschichtliche Erscheinung, JS) und Nirvana, des in jedem einzelnen Aspekt der Vielheit in seiner Gesamtheit bekundeten Einen Seins.«

In der Textsammlung »Die ewige Philosophie« (1970), dem Buch, das er am meisten schätzte, hat Huxley seine These eindrucksvoll und wissend dokumentiert.
An der Gestalt des Kapuzinerpaters Père Joseph (du Tremblay), der »Grauen Eminenz« Richelieus (»Ein Leben zwischen Religion und Politik«, 1941), macht er die Gefahren der Personalisierung Gottes konkret. Père Joseph war nämlich zugleich Mystiker wie der Intrigant, der die Diplomatie Richelieus mitbestimmte. Finstere Bußtheologie (die Welt ist schlecht und zu bekämpfen) und jesuitisches Willenstraining sollen dieses Zwitterdasein geformt haben; beides aber gründe in der personal aufgefaßten Gottheit. »In den Lehren des südlichen Buddhismus hätte der Katholizismus die heilsamsten Korrektive für seine seltsam willkürliche Theologie gefunden.« Noch eindringlicher

wird Huxleys Ablehnung des personalen Gottes in »Die Teufel von Loudun« (1955). Es ist die Geschichte einer Hexen-Verbrennung (Abbé Grandier), eines besessenen Nonnen-Konvents und der (sympathisch geschilderten) inneren und äußeren Kämpfe von P. Surin SJ, der in eine Art »Sühne-Besessenheit« hineingeführt worden sein soll.

All das benutzt Huxley, um zu zeigen, daß man die Vorstellung der Personalität Gottes übersteigen müsse, weil in ihr der Grund für die dargestellten schlimmen Geschehnisse liege. Doch es ist daran zu erinnern, daß er gegen ein eindimensionales, a-trinitarisches, im Grunde also nicht-christliches Gottesbild angeht. Dagegen wandte sich auch E. Peterson, als er zeigte, daß hier die Wurzel des byzantinischen, Diktatur-ähnlichen Kaiserkultes liege. Aber Huxleys historisch gut belegte Untersuchungen zeigen die fundamentalistische Gefahr eines Christentums, das von der Mehr-Dimensionalität Gottes und von Gottes Leben im Heiligen Geist absieht. Man möchte diese Bücher jedem empfehlen, der von einer ähnlichen eindimensionalen, harten Gottesvorstellung geprägt ist. Sicherlich entspricht das darin Gesagte manchen Phänomenen der christlichen Geschichte. Doch Huxley verwechselt die Irrwege mit dem christlichen Weg, der eher an der Liebenswürdigkeit P. Surins abzulesen ist, wie Michael de Certeau vielfach gezeigt hat.

Das »Du« zu Gott ist Gipfel des christlichen Glaubens; aber ein Gipfel, der nicht in logischer Eindeutigkeit erreicht wird, sondern im Leben des Geistes (Pneuma), geleitet durch die Klarheit des Wortes (Logos).

B) Gott: transzendent oder immanent

Eng mit der Frage nach Gott: personal oder a-personal, hängt die andere zusammen: Gott als transzendente, die Welt übersteigende, oder Gott als immanente, mit dem Wesen der Welt zusammenfallende Wirklichkeit. Hier liegt der Kernpunkt der Angriffe, die Teilhard de Chardin von kirchlicher und theologischer Seite über sich ergehen lassen mußte: die Anschuldigung, er lasse Gottes Jenseitigkeit im Entwicklungsprozeß der Welt untergehen. Es ist zugleich der Problemkreis, der seine (von den Schwärmern verschwiegene) Distanz zur »fernöstlichen Mystik« herausforderte. Zur Esoterik und zur fernöstlichen Spiritualität, die das Individuum in der Allgemeinheit des göttlichen Weltgesetzes aufgehen läßt, notierte er in seinem Tagebuch (Trennert-Hellwig, 376. 371):

»Der heidnische Pantheist scheint aus sich selbst herauszugehen und sich dem All hinzugeben, in dem er sich verlieren will. Diese Geste ist aber entweder ein höchster *Egoismus,* der dunkel dahin strebt, alles auf sich selbst zu zentrieren, sich *zu vergöttlichen, indem man sich integriert,* oder ein *Niedergang,* der die Seele in die niederen Strömungen zurückwirft und wieder einschmilzt, aus der eine grundlegende ›Absonderung‹ sie herauslösen will.«

In einer Stellungnahme zu einem hinduistischen Swami zählt er drei naturwissenschaftlich-philosophische Daten auf, die seinem Weltbild nicht entsprechen:

»a) (die) Vorstellung der Materie, die als eine Art ›Gefängnis‹ und nicht als ›Matrix‹ von Seele und Geist betrachtet wird.
b) (die) Vorstellung der Einheit, die trotz verbaler Behauptungen als das Ergebnis einer ›Identifikation‹ betrachtet wird, die selbst eine Verschmelzung (statt einer Bestärkung durch Liebe) der elementaren ›ego‹ (nämlich ›ich‹ und ›du‹, JS) bewirkt.
c) (die) Vorstellung von ›Evolution‹, die unausdrücklich auf einen individuellen Seinsprozeß reduziert wird.«

Doch zugleich hat er – wie kein zweiter – der Spiritualität die Immanenz Gottes, sein schöpferisches Dasein in der Schöpfung nahegebracht.

1. AN DEN WURZELN DES CHRISTLICHEN GLAUBENS

Teilhards Sicht von Gott und Welt bleibt gültig. Doch haben theologische Reflexion wie gelebte Frömmigkeit weitere Schritte getan, so daß seine scharfe Ablehnung der fernöstlichen Spiritualität differenzierter zu betrachten ist.

a) Die Sophia-Theologie

Schon im hebräischen Alten Testament beginnt mit der Gestalt der Weisheit, der Sophia/Chokma – angestoßen durch die umliegenden Kulturen – eine Reflexion über Gott, der der Weltordnung immanent ist (Spr 8, 12.22.30 f):

»Ich, die Weisheit, verweile bei der Klugheit. Der Herr hat mich geschaffen im Anfang seiner Wege, vor seinen Werken in der Urzeit. Ich war seine Freude Tag für Tag und spielte vor ihm allezeit. Ich spielte auf seinem Erdenrund, und meine Freude war es, bei den Menschen zu sein.«

Diese Weisheit als Ordnung der Welt hat sogar teil an der Göttlichkeit Gottes (Weish 7, 25.27;8,4):

»Sie ist ein Hauch der Kraft Gottes und reiner Ausfluß der Herrlichkeit des Allherrschers; darum fällt kein Schatten auf sie. Sie ist nur eine und vermag doch alles; ohne sich zu ändern, erneut sie alles. Eingeweiht in das Wissen Gottes, bestimmte sie seine Werke.«

Der Mensch soll um sie beten, da sie Anteil an Gott hat (Weish 9,4):

»Gib mir die Weisheit, die an deiner Seite thront, und verstoß mich nicht aus der Schar deiner Kinder!«

Die »Ruach«, der Geist Gottes, der im Buch Genesis über dem Chaos schwebt, zeigt sich als Sophia/Chokma, die das Ordnungsprinzip der Schöpfung darstellt. Das Veto von H. D. Preuß gegen die Integration der Weisheitslehre ins Christentum (»Einführung in die alttestamentliche Weisheitsliteratur«, 1987: »Scheitern der Weisheit«) ist überholt. E. A. Johnson listete in »Ich bin, die ich bin« (1994, 129) vier gängige Deutungen des alttestamentlichen Zeugnisses von der Wahrheit auf: »Personifizierung der kosmischen Ordnung; Personifizierung der Weisheit, die in den Schulen Israels gesucht und studiert wird; Symbol für eine göttliche Eigenschaft; quasi unabhängige göttliche Hypostase.« Sie zeigt mit Recht, daß die Weisheit, »daß Sophia in schöpferischem und rettendem Engagement mit der Welt eine weibliche Personifizierung des göttlichen Wesens selbst ist«.

Im Neuen Testament verbindet sich die »Weisheit« anfänglich mit der Wirklichkeit Jesu Christi (1 Kor 2,7):

»Wir verkündigen das Geheimnis der verborgenen Weisheit Gottes, die Gott vor allen Zeiten vorausbestimmt hat zu unserer Verherrlichung.«

Der Johannesprolog wie der gewaltige Hymnus des Kolosserbriefs (1,16 f) sind nur auf diesem Hintergrund zu verstehen:

»Denn in ihm wurde alles erschaffen im Himmel und auf Erden, das Sichtbare und das Unsichtbare, Throne und Herrschaften, Mächte und Gewalten; alles ist durch ihn und auf ihn hin geschaffen. Er ist vor aller Schöpfung, in ihm hat alles Bestand.«

In der Weiterentwicklung der Glaubensreflexion wurde differenziert zwischen Gottes Wort, Jesus Christus, als menschgewordene Ansprache (Logos) Gottes an uns und Gottes Weisheit als schöpferische Kraft Gottes (Pneuma) im Menschen, in der Schöpfung, in der Geschichte.

In der ostkirchlichen Tradition blieb diese biblische Theologie von der Immanenz des Göttlichen in der Gestalt der »Sophia«, der Weisheit lebendig (vgl. dazu die leider kaum durchgearbeitete Materialsammlung von Thomas Schipflinger, »Sophia – Maria. Eine ganzheitliche Vision der Schöpfung«, München). Losskys Kirchentheologie steht in dieser Tradition. Besonders durch die russischen »Sophiologen« Ende des letzten Jahrhunderts wurde die Erfahrung und die Besinnung von Gottes Glanz in der Schöpfung neu belebt. So lehrt Wladimir Sergejewitsch Solowjew: »In der Natur liebt uns die Sophia, und wir lieben in der Natur die Sophia« und besingt sie deshalb in vielen Liedern. Der während der stalinistischen Säuberungen um 1938 ermordete Pawel Florenskij schreibt in dem Erinnerungsbuch an seine Kinder:

»Die Monade (Sophia), von der ich spreche, ist für mich eine Tatsache lebendiger Erfahrung. Sie ist eine religiöse Gegebenheit, nicht a priori angenommen, sondern a posteriori (d. h. aus der Erfahrung, JS), nicht in hochmütiger Konstruktion, sondern mit demütiger Ergebenheit. Ich bin gezwungen, hier eine metaphysische Terminologie zu gebrauchen, aber diese Begriffe haben in meinen Ausführungen keinen strengen technischen Sinn, sondern eher einen symbolischen. Sie sind wie Farben, mit denen man Gefühle malt.«

Florenskij beschreibt, wie er das Göttliche – und nicht nur eine Wirkung Gottes – in der Schöpfung erlebte: in ihrer Schönheit, Wahrheit, Ordnung, in ihrer Lichterfülltheit. Diese Wahrheit von Gottes Immanenz in seiner Welt ist dem begrifflichen Denken des Abendlandes zum Opfer gefallen. Die Theologie der Orthodoxie aber kann helfen, der Naturreligiosität und dem Anliegen des esoterischen Immanentismus einen Platz im Christentum zu geben.

b) Die Geist-Theologie

Heute lebt diese biblische Wahrheit von Gottes Immanenz in seiner Welt bei uns theologisch und zugleich frömmigkeitspraktisch auf im Bewußtwerden vom Wirken des Geistes Gottes. Es liegt im Reichtum des göttlichen Lebens, daß die Sophia- und die Geist-Theologie, die doch das gleiche Geheimnis artikulieren, nicht einfachhin wortwörtlich zusammenfallen. Das für Deutschland maßgebliche und bischöflich autorisierte

Dokument der charismatischen Bewegung: »Der Geist macht lebendig« (o. J.) beginnt mit den Worten: »›Wir erleben in der Kirche einen Zeitabschnitt, der in besonderer Weise vom Heiligen Geist gekennzeichnet ist.‹ Das ist nach Papst Paul VI. eine Ermutigung für alle, ›die dank der Charismen des Heiligen Geistes und im Auftrag der Kirche echte Verkünder des Wortes Gottes sind‹.«

Die dort beschriebenen Anliegen der »Charismatischen (Gemeinde-)Erneuerung in der katholischen Kirche in der Bundesrepublik Deutschland«: Begeisterung, Glaubensfreude, missionarischer Elan der Geist-Erfahrung, dokumentieren gleichsam das Sichtbarwerden der »Immanenz« Gottes. Auch das Buch der Weisheit (1,7) setzt Jubel vor den Beginn der Reflexion:

»Der Geist des Herrn erfüllt den Erdkreis, und er, der alles zusammenhält, kennt jeden Laut.«

Im Schöpfungsbericht (Gen 1,2: »Gottes Geist schwebte über den Wassern«) und im Weisheitspsalm (139,5 f) ist diese Be-Geist-erung lebendig:

»Du umschließt mich von allen Seiten und legst deine Hand auf mich. Zu wunderbar ist für mich dieses Wissen, zu hoch, ich kann es nicht begreifen.«

Einmal aufmerksam geworden, entdeckt man eine breite biblische Basis, die Gottes Immanenz in seiner Schöpfung lehrt (dazu auch weiter unten, wenn das Beten betrachtet wird). Schon im Neuen Testament vertieft sie sich zu einer Dichte, vor der das pantheistische Seinserleben blaß erscheint. Im Römerbrief (8, 5.23.26) und besonders im Galaterbrief (4, 6) identifiziert Paulus das eigene, betende Ich mit Gottes Geist:

»Weil ihr aber Söhne (und Töchter) seid, sandte Gott den Geist seines Sohnes in unser Herz, den Geist, der ruft: Abba, Vater.«

Solche Sätze sind keine heidnischen Relikte, wie die »Religionsgeschichtliche Schule« der evangelischen Theologie um 1900 analysierte; sie dürfen nicht verharmlost werden zum Echo irgendwelcher ekstatischen Erfahrungen (E. Käsemann); aber noch weniger dürfen sie esoterisch umgebogen werden zu einem »kollektiven Tiefenselbst«, das hinter dem individuellen Ich vernehmbar wird. Paulus meint offensichtlich: Im individuellsten Vollzug des Menschen, der ihn erst zur vollen Person macht, in seinem Abba-Vater-Rufen zu Gott, lebt und betet Gottes Geist. Weder wird die Individualität des Menschen noch wird der Geistesbeistand moralisiert zu einem nur-Helfen und nur-Beistehen. Paulus meint es seinshaft und wesentlich: Gottes Geist ist so schöpferisch-stark, daß er im Betenden voll und ganz gegenwärtig und wirkend ist, daß das Gebet ganz von ihm kommt und gerade deshalb das persönlichste, individuellste Rufen des Menschen zu Gott, dem Vater, ist.

Man muß diese Einheit von Gottes Geist und menschlicher Mitte in dem logisch unauflösbaren Paradox stehen lassen. Dann darf man daran erinnern, daß insbesondere in der Mystik eines Meister Eckhart ähnliche Aussagen als häretisch verurteilt wurden (Denzinger Nr. 977): »Es ist etwas in der Seele, das unerschaffen und unerschaffbar ist; wenn die ganze Seele solcherart wäre, so wäre sie unerschaffen und unerschaffbar.« Im Lichte einer Sophia- und Geist-Theologie bekommt die Mystik Eckharts neuen Sinn. Noch der Reformator Martin Luther umschrieb das bekannte Gebet von Augustinus, daß Gott zugleich das Innerste des Inneren und das Höchste des Höchsten im Menschen sei: Gott lebe in der Kreatur

»tiefer, innerlicher, gegenwärtiger denn die Kreatur ihr selbst ist, und doch wiederum nirgend und in keiner, so daß er wohl alle Dinge umfängt und drinnen ist, aber keines ihn umfängt und in ihm ist«.

Diese Immanenz Gottes hat ihre dichteste Gegenwart im Gebet, im Wichtigsten, was ein Mensch tun kann. Von dort ausgehend, wird seine Immanenz auch in der anderen geschaffenen Wirklichkeit verständlich. Sie hat – in ihrer jeweiligen Existenzweise – teil an der Kraft des Geistes Gottes.

– Nur so kann man das Seufzen der Kreatur verstehen, von dem der Römerbrief (8, 22 f.26) weiß, daß es dem Seufzen des Menschen entspricht, also dem inneren Gebet, das Gottes Geist selbst in uns spricht: »Der Geist selbst tritt für uns ein mit Seufzen, das wir nicht in Worte fassen können.«

– Nur so bekommt die Areopag-Rede des Paulus in ihrer heidenmissionarischen Vorbildlichkeit Sinn (Apg 17,28): »In ihm leben wir, bewegen wir uns und sind wir.«

– Nur so wird der Ps 139 aus einer reinen Erbaulichkeit in lebendige, seinsberührende Erfahrung überführt: »Du umschließt mich von allen Seiten und legst deine Hand auf mich ... Steige ich hinauf in den Himmel, so bist du dort; bette ich mich in der Unterwelt, bist du zugegen. Ob ich gehe oder ruhe, es ist dir bekannt. Noch liegt mir das Wort nicht auf der Zunge –, du, Herr, kennst es bereits.«

– Nur so ist der Johannes-Prolog voll verständlich: »Alles ist durch das Wort geworden, und ohne das Wort wurde nichts, was

geworden ist.« Und in anderer Punktierung: »... was geworden ist – in ihm war (er) das Leben.«
– Nur so leuchtet die Wahrheit des Kolosserhymnus (1,16) auf: »Denn in ihm wurde alles erschaffen, alles ist durch ihn und auf ihn hin geschaffen.«

2. ALTKIRCHLICHE WEISHEIT – LEBENDIG BEI HILDEGARD VON BINGEN

Unser heutiges, an Naturwissenschaft und mathematischer Ordnung geschultes Weltgefühl fügt und fühlt sich nur schwer in die Offenbarungswahrheit ein: daß Gottes Transzendenz nicht geschmälert wird durch seine Immanenz in der Welt. Eine große christliche Zeugin, in der das altkirchliche, auch vom Neuplatonismus mitgeformte Weltbild lebt, kann einen weiteren Verständnisschlüssel dazu in die Hand geben.
Barbara Newman schrieb ihr Buch über Hildegard von Bingen, »Schwester der Weisheit« (1995), unter feministischen Vorzeichen, warnt aber zugleich vor »populären Darstellungen«, die »Hildegards Gedankengut verzerren, um eine feministische Heroin entstehen zu lassen. Hildegard definierte ihre Welt nicht in den Kategorien des modernen Feminismus.« Statt dessen zeigt die amerikanische Forscherin, wie eng verknüpft das Weltbild Hildegards mit der damaligen Theologie ist; so gibt Hildegards detailliertes Wissen über Sexualität und die Beziehung von Mann und Frau, was viele überrascht, einige sogar schockiert, nur damaliges Wissen wieder. Auf diesem breit belegten Hintergrund arbeitet Newman Hildegards Theologie der Frau heraus und kommt dabei zu ähnlichen Ergebnissen, wie sie von J. Ratzinger oder H. U. von Balthasar vertreten werden: »Das Geheimnis der Frau ist das Geheimnis der erlösten Schöpfung, die Gott vollendete und mit der er sich selbst vermählte.«
Es ist das Geheimnis der schöpferischen Immanenz Gottes in dieser Welt, das in der Gestalt Marias und der Kirche gipfelt. Hildegards Visionen leben »innerhalb einer theologischen Tradition, die von den Tagen Salomos bis in unsere Zeit reicht.« Newman beschreibt sie als »Weisheitstradition«. In diesem Weltbild, dem Weltbild der alten Kirche, ist Gottes Immanenz in seiner Schöpfung ganz selbstverständlich. So »verstand Hildegard in der typischen Weise des 12. Jahrhunderts die Welt als göttlichen Raum, in dem jedes Lebewesen sowohl ein Zeichen der göttlichen Fülle als auch ein Instrument seines Handelns

ist.« Gottes Liebe ist – wie Hildegard mehrmals betont – ein-fachhin die »Materia« der Welt. Dies meint nicht »nur« die moderne Verkürzung, als habe Gott die Welt aus Liebe »nur« geschaffen. Für Hildegard ist die göttliche Liebe seinshafter Urgrund der Schöpfung, ihrer guten Ordnung und ihrer Schön-heit. So schreibt sie an Abt Adam von Ebersbach: »Und ich hörte eine Stimme zu mir sagen: ›Diese Jungfrau, die du siehst, ist die Liebe, die ihre Heimat in der Ewigkeit hat. Als Gott die Welt erschaffen wollte, lehnt er sich in der zärtlichen Liebe herab und gab alles, was nötig war‹.« Barbara Newman analy-siert die Bildsprache, besonders auch der Hymnen, in denen Hildegard diese Gegenwart Gottes in seiner Schöpfung preist, und zeigt:

»Während männliche Bilder des Schöpfers die Transzendenz Gottes betonen, (legen) weibliche Metaphern den Akzent auf die Immanenz ... Die Weiblichkeit Gottes ist die planende, offenbarende, schöpferische, helfende und verlockende Gottheit. Sie ist auch die innere Dynamik der Welt, die gehorcht, empfängt, antwortet und kooperiert. Durch sie verkünden die Himmel den Ruhm Gottes und haben die Gläubigen Anteil an den Tugenden.«

In Hildegards konkretem Weltbild verdichtet sich die welt-immanente »Weiblichkeit« Gottes zur Gestalt Marias und der Kirche.

»So ist die Weiblichkeit auf allen Ebenen dasjenige in Gott, was sich selbst am innigsten mit der Menschheit verbindet und durch diese mit dem Kosmos. Umgekehrt ist der weibliche Aspekt der Menschheit das, was zur Vereinigung mit Gott gelangt.«

Mit dem Sieg des Aristotelismus über das platonische und neu-platonische Weltbild im 13. Jahrhundert geht dieser Erfahrungs- und Denk-Zugang zur Weltwirklichkeit verloren. Die Bilder, in denen Hildegard die Einheit von Gott und Welt erschaute, ohne damit der Transzendenz Gottes Abbruch zu tun, verdünnen sich zu Allegorien und moralischen Anmutungen. Das alte Denken verlor seine substantielle Aussagekraft, die Tradition von Got-tes Immanenz in seiner Welt wurde an den Rand des christli-chen Bewußtseins gedrängt. Meister Eckharts »intellektuelle Mystik« ist in vieler Hinsicht nur ein Versuch, diese ganzheit-liche Weltsicht mit neuplatonischer Logik neu auszuformulie-ren. Doch die Mentalität einer neu-aufbrechenden naturwissen-schaftlichen Zeit verstand ihn nicht mehr. Und die voluminöse Hildegard-Festschrift zu ihrem 900. Geburtstag dokumentiert (mit wenigen Ausnahmen) leider, daß diese Mentalität bis heute noch nicht überwunden ist.

Nach dem bisher Gesagten können vier Wege das theologische Denken von heute zu der reichen altkirchlichen Glaubenserfahrung führen, aus der Hildegard noch lebte.

– Einmal ist es die »Logik der Liebe«. Das heißt erkenntnistheoretisch: damit ernst machen, daß das rein-logische Denken vor Gottes Wirklichkeit und Wirken halt- und – nach einem alten Weisheitsspruch – der Liebe Platz machen muß. Doch diese Liebe ist – wie Kardinal Nikolaus von Kues am Ende des Mittelalters schreibt – nicht irrational: »Der Liebende wird also nicht ohne jede Erkenntnis entrückt, und diese Erkenntnis schöpft er aus seinem Anhangen an Gott.«

– Gerade Hildegard, aber auch die vorangehende christliche Tradition zeigten, daß diese »Logik der Liebe«, sobald sie zur Erfahrung wird, durchformt ist von Symbol und Bild. Eine theologische Rehabilitation des Bildes steht an.

– Barbara Newmans Untersuchung macht deutlich, daß sich damit eine kluge (!) feministische Besinnung auf die Rolle des Fraulichen in Theologie und christlicher Praxis verbindet, die zugleich die ökologischen Anliegen der Moderne aufgreift. Hier findet sich der überraschende Einklang mit traditionellen Theologen wie Ratzinger und von Balthasar; zugleich wird damit Teilhards Mystik aufgegriffen: Gottes Immanenz in der Schöpfung trägt die Züge des Fraulichen.

– Dies alles aber wird möglich auf dem Hintergrund einer Gottesvorstellung und -erfahrung, die mehrdimensional, die trinitarisch geprägt ist und deshalb offensteht für den verantworteten Religionsdialog.

C) Gott und die Frage nach dem Bösen[34]

Wohl kein Fragebereich der christlichen, wie jeder humanen Weltanschauung ist so brennend wie die Frage nach dem Bösen. Jeder Versuch einer reflektierten, logischen Antwort auf diese Frage muß jedoch vor dem Geheimnis Gottes stehen bleiben. Es überrascht daher nicht, daß Hildegard, die drastische Bilder des Bösen sieht, in der Reflexion aber auf Gottes größeres Wissen verweist. Sie kritisiert deshalb Versuche, Gottes und des Menschen Freiheit durchschauen und systematisch begreifen zu wollen: »Sie bilden sich ein, zu jener Höhe emporzusteigen, auf der sie mehr wissen wollen, als ihnen über die unbegreifliche Gottheit zu wissen (möglich und erlaubt) ist.«

Hildegards Schaumystik kann Gut und Böse einen »optischen«, »poetischen« Platz anweisen. Doch Systematik und Logik müssen ihr Unvermögen eingestehen. Auch in der Bibel steht das Böse wie ein dunkler Fels direkt am Anfang. Seit Epikur wird reflektiert: Woher das Böse, das Übel, der Tod, das Unheil – wenn es einen gütigen, allmächtigen Gott gibt? Nach Auschwitz wurde die Frage intensiver als je zuvor gestellt. Aber schon Pierre Bayle griff alle Überlegungen auf, als er dem Optimismus von Leibniz entgegenhielt: Entweder kann Gott das Übel nicht verhindern – dann ist er nicht allmächtig; oder er will es nicht verhindern – dann ist er nicht gütig. »Allgütig«, »Allmächtig« aber sind Wesenszüge des christlichen Gottes!

Schriftsteller und Literaten treibt die Frage um, wie Karl-Josef Kuschel in vielen Publikationen darlegt. Zuletzt hat Rüdiger Safranski die Frage bzw. die ständige Suche des Menschen nach einer Antwort in »Das Böse. Oder das Drama der Freiheit« (1997) klug dargestellt. Es geht um den Sinn des Lebens, es geht – gleich wie die Antwort ausfällt – um Religion, um Gott.

1. DAS BÖSE ALS GOTTES SCHATTEN

Seit jeher versuchte man auf die Frage nach dem Bösen mit der Existenz zweier Götter zu antworten, zweier absoluter Prinzipien, einem guten und einem bösem: die vorchristliche Religion Zarathustras; der Manichäismus zur Zeit der alten Kirche, der auch Augustinus anlockte; die Katharer-Bewegung im Mittelalter, gegen die Hildegard schrieb; auch ein moderner Philosoph wie Emile M. Cioran mit dem »ewigen Kampf zwischen den gleich ursprünglichen Göttern und Mächten des Guten und des Bösen«. In seinen jüngeren Veröffentlichungen nähert sich auch Drewermann diesem manichäischen Denken. – Die Annahme eines »bösen« Urprinzips ist eine der großen Antworten auf die Frage nach dem Leid.

Dieser Dualismus hat auch im christlichen Bemühen Spuren hinterlassen; so die »doppelte Prädestination« im extremen Calvinismus und weniger scharf im katholischen Jansenismus: als habe Gott selbst von Ewigkeit her im souveränen Willensentschluß die einen Menschen für den Himmel, die anderen für das

Reich des Bösen, die Hölle, vorherbestimmt. Das kommt nahe an den »bösen« Gott des Mani. Die christlichen Glaubenssätze über »Satan« oder »Erbsünde« oder »Urfall« sind – vom Boden der Erfahrung des Bösen her gesehen – nichts als stammelnde Versuche, mit dem Problem des »Bösen« zurechtzukommen, wie ich in »Religiöse Erfahrung und menschliche Psyche« (1998) darzustellen versuchte. Franz Gruber, »Von Gott reden in geschichtsloser Zeit. Zur symbolischen Sprache eschatologischer Hoffnung« (1997, 422 ff), weist auf die »katastrophale« Gefahr hin, »in der eschatologischen Symbolik« (dem Reden von den letzten Dingen) »die metaphorische Rede« zur eindeutigen, logischen Klarheit umzuwandeln. Nur als »Versuch«, ein doch unbegreiflich bleibendes Problem ins Wort zu bringen, hat das Reden über die »letzten Dinge«, eben auch über Satan, Erbsünde, Verdammnis usw., Gültigkeit im christlichen Bekenntnis. Hildegards Schauen führt näher heran als die begriffliche Theologie.

a) C. G. Jungs »Mysterium Coniunctionis (der Vernetzung)«[35]

Man kann den Schweizer Psychologen C. G. Jung nicht für den Glauben an Gott in Anspruch nehmen. Zu oft betont er seine Haltung als »reine Empirie«, die er dann allerdings »absolut« setzt und sich über die Theologen, die »mehr« wissen wollen, lustig macht: »Das allgemeine theologische Denken ist oft einfach unbegreiflich.« Doch in seiner angeblich »empirischen« Haltung war er wie besessen von der Gottesfrage. Er muß in dieser Hinsicht als einer der wichtigsten Zeugen für die »psychische«, die Erfahrungs-Basis des Gottesglaubens gelten.

Sein umfangreiches Spätwerk »Mysterium Coniunctionis« blieb ein Torso (I, IX); dessen ungeordnete Materialfülle vermittelt aber eine Ahnung von seinem Ringen um »Gott«. Er lobt Nikolaus von Kues, der – wie er selbst – in Gott den »Zusammenfall der Gegensätze« sehe, um ihn dann zu kritisieren (I, 114): »Aber in letzter Konsequenz, der Relativität des Gottesbegriffes nämlich, ist (Nikolaus wie) ein Angelus Silesius zerbrochen, und nur der verwelkte Lorbeer des Poeten liegt auf seinem Grab ... Das ›Bonum superexcedens‹ (das je-größere Gute) verträgt keine Integration des Bösen.« Nikolaus von Kues sei also am Verständnis des Bösen gescheitert, da er das Böse in seiner Substanz radikal von Gott ausgeschlossen habe, obgleich dieser doch der »Zusammenfall der Gegensätze« sei. C. G. Jung selber fand in der Alchemie eine Integration, einen Zusammenfall der Gegensätze, auch von Gut und Böse (II, 217): »Man darf daher vermuten, daß in der Alchemie tatsächlich ein Versuch zur symbolischen *Integration des Bösen* vorliegt, und zwar vermittels einer Lokalisierung des göttlichen Erlösungsdramas im Menschen selbst.« Den Symbolen der Alchemie gehe es um die Psyche; in ihr werde die Symbolwahrheit der Alchemie zum (Vor-, Ab-, Ur-)Bild Gottes und Gott zur Tiefe der Psyche.

Wie kann beides vereint werden: Gott, der Sinn des Lebens, und das Böse, das jede Sinnhaftigkeit durchkreuzt? C. G. Jung relativiert die Absolutheit dieser Alternative und läßt in der Psyche, die in der Alchemie symbolisiert ist, die Gegenpole sich vereinen. Sein Beitrag zu einer Tagung von 1958 vermittelt einen Zugang zu diesem Denken vom »Bösen« als »Schatten« des »Guten« – sei es in Gott, sei es in der menschlichen Psyche, sei es in der Alchemie: »Man redet zu mir über das Böse oder über das Gute und setzt voraus, ich wüßte, was das sei. Woher haben wir denn diesen Glauben, diese scheinbare Sicherheit, daß wir das Gute und das Böse wüßten?« (208 f). Jung weist hierzu auf Erfahrungen hin, in denen das »Böse« mittels einer psychologischen Integration sich als »gut« und das anempfohlene »Gute« sich als »böse« erzeigt habe. Der absolute Gegensatz von Gut und Böse sei also nur relativ. Das »Absolute« müsse also anderswo liegen: Im ethischen Angesprochensein nämlich komme ein »Numinoses«, »Heiliges« auf den Menschen zu; etwas, das dieser »nicht ›bewältigen‹, sondern nur ihm gegenüber geöffnet sein (könne, JS), (von dem er s-)ich überwältigen lassen (müsse, JS) im Vertrauen auf seinen Sinn« (211). In diesem psychisch-Ankommenden zeige sich das Absolute. Doch der Versuch, das Ethische in diesem Anspruch mit absolut gut oder absolut böse zu qualifizieren, wolle das größere Ankommende »überwältigen«, verstehen, statt sich »überwältigen« zu lassen. So lasse doch die »östliche Haltung« auch noch gut und böse nurmenschliche, relative Begriffe sein, die im größeren Göttlichen, Numinosen aufgehoben seien als Zusammenfall der Gegensätze (Nikolaus von Kues überbietend): »Hinter den Gegensätzen und in den Gegensätzen ist das eigentliche Wirkliche, welches das *Ganze sieht* und umfaßt. Der Inder nennt es den Atman. Im Deutschen brauchen wir dafür das Wort: das Selbst. Aus dem Gesagten wird klar, daß dieses ›Selbst‹ nicht nur ein etwas bewußteres oder höher gesteigertes ›Ich‹ ist, nicht nur in mir (ist), sondern in allem, wie der Atman, wie das Tao. Es ist die *psychische Totalität*. Diese übergeordnete Ganzheit wird im Bewußtsein numinos erlebt, als Tremendum et Faszinosum«

(216f). Diese »psychische Totalität«, dieses Numinose, dieses Heilige stehe über dem Gegensatz von Gut und Böse, wie es auch in manchen Religionen sowohl »guten« wie »bösen« Charakter habe; es sei die höhere Einheit aller Widersprüche. Psychologisch heißt dies: Der Mensch muß auch seinen Schatten, das Böse in ihm, integrieren. Ethisch bedeutet es: Es gibt kein absolut-Böses für den Menschen; was ihm »böse« erscheint, ist nur die notwendige Schattenseite des Guten. Religiös ist damit gesagt: Das Göttliche kann nur zugleich gut und böse sein – in seiner Hiob-Schrift hat C. G. Jung dies dargelegt.

Man sollte ihm abnehmen, daß er als »nur«-Empiriker von »nur«-psychischen Phänomenen sprechen und sich jeder Aussage über den christlichen Gott enthalten will. Aber durch alle Fugen seines »nur«-psychischen Systems von Ganzheit schimmert ein Gott-ähnliches Letzt-Prinzip durch; in ihm ist das Böse der Schatten, mit dem zusammen erst das Licht Licht sein kann. Gegen Schluß seines »Mysterium Coniunctionis« zeigt Jung, daß jede Religion, die ein »Entweder-Oder« zwischen Gut und Böse setzt, zwischen Gott und Teufel, zwischen der guten Macht Gottes und der bösen Sünde des Menschen, im Vorletzten hängenbleibe. Die psychische Relativität des Selbst, worin die »Überwältigung« erfahren wird, verbiete jeden Schritt zurück in Metaphysik, Ethik oder Theologie (II, 350f). Das Reden von Gott ist, wie das Reden vom absoluten Gegensatz »gutböse«, für Jung nur ein unzulänglicher Versuch, die psychische Realität des Menschen bildhaft-worthaft auszudrücken. Der Psychologe als Letzt-Wisser und moderner Heiland durchschaue die Hilflosigkeit solcher Versuche und müsse sich der psychischen Erfahrung des »Heiligen«, des »Überwältigtwerdens« beugen, nicht aber einer ethischen Norm, nach der das Böse böse bleibt. Nur so gelinge humane Gesundung.

Der japanische Zen-Philosoph Masao Abe[36] hat in einem faszinierenden Gespräch mit christlichen Missionaren gezeigt, daß im Umgang mit dem Bösen tatsächlich der Unterschied zwischen Christentum und Zen-Buddhismus deutlich wird. Das Christentum lasse in seiner personalen Gottesvorstellung niemals den ethischen Ansatz (Gott ist gut) hinter sich. Der Zen-Buddhismus (auch C. G. Jung) sei tiefer, näher der Wirklichkeit, da er noch hinter diese ethische Qualifikation gelange.

b) Die werdende Gottheit

Hinter diesem monumentalen Denken über Gott, das in seinem Fragmenthaften und seinem Insistieren auf dem psychischen Aspekt imponiert, bleiben Versuche wie Günter Schiwys »Abschied vom allmächtigen Gott« (1995) zurück. Doch seine Ausführungen bilden einen weiteren Versuch, Gott im Angesicht des Bösen zu deuten, und dokumentieren die aktuelle Diskussion um diesen Ansatz. Wenn Schiwy sich auf Theodor W. Adornos Bonmot stützt, man könne nach Auschwitz keine Gedichte mehr schreiben, vergißt er, daß gerade ein Jude, Paul Celan, nach Auschwitz und sogar zu Auschwitz einige der größeren Gedichte der deutschen Lyrik überhaupt verfaßt hat.

Zuerst nun listet Schiwy jüdische-christliche Versuche auf, von Gott im Angesicht von Auschwitz zu sprechen, und lehnt sie ab.

- Kann man – wie verschiedene Autoren – sagen, Gott sei so allmächtig, daß er Auschwitz zugelassen habe, weil er auch daraus Gutes schaffen könne?
- Kann man mit anderen sagen, Auschwitz sei nur »Schein« aus dem »Reich des Nichtigen« (was die scholastische These vom Bösen als »Mangel an Gutem«, »privatio boni« aufgreift)?
- Kann man in einer Art Erlösertheologie sagen, Gott habe mit Auschwitz über die Juden, als Stellvertreter der gottlosen Menschheit, ein Strafgericht verhängt?
- Oder muß man einfach resignierend sagen, Gott sei ein grauenvolles Geheimnis, das dem Menschen unverständlich bleiben müsse?

Schiwy bringt auch ausgesprochen christliche Versuche: Neben der Deutung des Bösen als »Mangel an Gutem« den Versuch einzelner Theologen, auf das Leid und das Kreuz Jesu Christi zu zeigen, auf die Selbstentäußerung Gottes in Jesus, mit Walter Kasper gesagt: »Wenn Gott selbst leidet, ist das Leiden kein Einwand mehr gegen Gott.« Auch das ist für Schiwy eher eine Degradierung des christlichen Gottes. Im wichtigen Anhang allerdings meint er, daß ähnlich denkende Theologen wie J. B. Metz, H. U. v. Balthasar und besonders K. Rahner die Extremaussagen vom leidenden Gott nur »dialektisch« aufgefaßt haben wollen; mit anderen Worten: die gegenteilige Aussage von Gottes Unberührbarkeit durch Leid und Schmerz ist ebenso wahr – weil Gott größer ist als unser Verstehen.

Schiwy selbst geht andere Wege, die – wie er meint – diese

»Dialektik« erst konsequent durchführen. Er entwirft eine »werdende Gottheit, Evolution als göttliche Gabe, (und deshalb) Evolution als menschliche Aufgabe, (und deshalb) Abschied von den Religionen.«
Drei Säulen tragen seine Konzeption:

(1) Mit Hans Jonas greift Schiwy die kabbalistisch-chassidische Theorie des göttlichen »Zimzum« auf: Gott habe sich durch seine Schöpfung selbst »entmächtigt«, habe abseits von seiner Allmacht einen Freiraum geschaffen, in dem der Mensch frei handeln und sich gut oder böse entscheiden könne.
Allerdings vergißt Schiwy, darauf hinzuweisen, daß dieser jüdische Verstehensversuch durch und durch auf dem Du-Verhältnis des suchenden Menschen zum absoluten Gott ruht; ein Du-Verhältnis, das sich in der Hiob-Geschichte zum Schreien nach Gott verdichtet und in den Klagepsalmen (88,2.15) zum »gläubigen Protest« wird, der, obgleich unbeantwortet, bleibend im »Du zu Gott« hängt: »Herr, du Gott meines Heils, zu dir schreie ich am Tag und bei der Nacht. Warum, o Herr, verwirfst du mich, warum verbirgst du dein Gesicht vor mir?« Abraham Joshua Heschel, im osteuropäischen Chassidismus verwurzelt, den Schiwy nur kurz erwähnt, ist gegen Schiwy Zeuge dafür, daß das jüdische Du-Gebet zu Gott, gerade wenn Gott in der Leid-Erfahrung dunkel bleibt, diese Erfahrung zu bestehen hilft.

(2) Mit Teilhard de Chardin will Schiwy nun von einer »werdenden Gottheit« sprechen; dabei bedauert er, daß »Teilhards epochale Leistung, die konsequente Entwicklung eines neuen, zukunftsfähigen Gottesbildes, von seinen theologischen Freunden wie dem späteren Kardinal Henri de Lubac und der ›Nouvelle Théologie‹ einschließlich ihrer deutschsprachigen Sympathisanten wie Karl Rahner und Urs von Balthasar, die alle von Teilhard ›abschrieben‹, aus kirchenpolitischen Gründen heruntergespielt« wurde; eine Behauptung, die jedem, der die Diskussion um Teilhard unbefangen liest, absurd vorkommen muß.
Nach Schiwy vertritt Teilhard ein »Einformen, Verwandeln und Vollenden« Gottes in der Evolution: »Durch die Begegnung seiner Anziehung mit unserem Denken ist Gott um uns herum und in uns dabei, sich zu ›verändern‹. Durch den Aufstieg der ›Humanität kosmischer Einigung‹ werden sein Glanz, seine Farben reicher.«
Wiederum vergißt Schiwy, darauf hinzuweisen, daß gerade in

dem Buch, in dem er Gottesveränderung zu finden meint, »Das Herz der Materie«[37], Teilhard sich zum kindlichen Katholizismus seiner Mutter bekennt: »Dank einer Art immer schon angenommener Gewohnheit habe ich in keinem Augenblick meines Lebens nur die geringste Schwierigkeit empfunden, mich an Gott zu wenden als an einen höchsten *Jemand*.« Teilhard hat Gott nicht in »Evolution« aufgelöst, sondern stand vor der Frage, wie die beiden Wahrheiten zu vereinen seien: »Gott über uns« – ewig und unveränderlich – und »Gott vor uns« – als Punkt Omega der sich vollendenden Welt; Gott also in seiner unveränderlichen Transzendenz und Gott, der in Jesus Christus unser leidender Menschenbruder wurde. Als alles vereinender Punkt Omega, von dem die Kraft Evolution ausgeht, kann er nicht das Produkt der Evolution sein. Teilhards »Lösung« der Schwierigkeit ist traditionell im Stil seines Freundes de Lubac und dessen Kirchenväter-Studium. Sie greift das christliche Kerndogma von Chalcedon (Gott und Mensch in einer Person) auf und lautet: Jesus Christus, der inkarnierte, menschgewordene Gott ist als Mensch-Gewordener und weiterhin in der Entwicklung seiner Kirche geschichtlich-veränderlich, als Gott aber ewig unveränderlich. So kann er in seiner Geisteskraft (aus seinem Gottsein heraus, als Punkt Omega) seine sich ändernde Kirche, die als sein mystischer Leib die »Achse« der Evolution ist, weiter zur Vollendung führen. »Praesentire cum Ecclesia«, in der Kirche schon ihre zukünftige Vollendung erspüren (im Menschen Jesus sein Göttliches), nennt Teilhard seinen Glauben und feiert urkatholisch in eben diesem Buch den Menschgewordenen traditionell als »Herz Jesu«, als »Materialisation der göttlichen Liebe«!

(3) Im Sinne der New-Age-Mentalität seiner früheren Veröffentlichungen versucht Schiwy schließlich die Entwicklung und Vernetzung des Kosmos als das Göttliche hinzustellen. – Hier allerdings wird sichtbar, daß der naive Entwicklungsoptimismus in der Nachfolge von New Age sich im Angesicht der grausamen Wirklichkeit der Welt nicht durchhalten läßt; und hier ist zweifelsohne auch Teilhard de Chardin zu befragen, ob er nicht doch im technischen Optimismus der Vergangenheit befangen blieb. Schiwy scheint mehr und mehr gezwungen zu sein, die New-Age-Naivität aufzugeben und seine frühere theologische Basis wieder zurückzugewinnen; also nach einem Gott Ausschau zu halten, der in der Transzendenz seiner Ewigkeit zugleich am so bitteren Geschehen in dieser Welt teilhat. Daß

damit aber gerade nach Teilhard von Jesus Christus gesprochen
werden muß, läßt Schiwy aus.

c) Die Verzweiflung an der Schöpfungsordnung

Eugen Drewermanns Gottesvorstellung hat eine Entwicklung
durchgemacht, die schon im Matthäus-Kommentar sichtbar
wurde. Im Gespräch mit Friedrich Schorlemmer, »Tod oder
Leben« (1995), glossiert er den »Zusammenbruch der gesamten
Theologenrede von einem Gott, der allmächtig und allbarmher-
zig ist, der aber ungerührt dem Leid der Welt zusieht« (137). In
der Ordnung der Welt mit ihren Grausamkeiten und ihren Katastrophen kann er – mit Berufung auf die Naturwissenschaft –
keinen Sinn mehr entdecken: »Alles ist radikal zufällig ... Wir
müssen also sogar annehmen, daß nicht einmal Gott weiß, was
aus seiner Schöpfung wird. Sehr anthropomorph gedacht, muß
dieser Gott darauf *neugierig* sein, was aus seiner Schöpfung
wird, so wie er, wie ich vermute, sehr neugierig darauf sein
wird, was nun eigentlich bei der menschlichen Geschichte her-
auskommt. Er weiß es nicht!« (168f). Aber mitten hinein in
dieses abgrund-finstere Bild von der Schöpfung als ganzer setzt
Drewermann die Hoffnung des je-einzelnen Menschen, die auf
dem »Mann aus Nazareth« aufruht. Dieser sage nämlich: »Das
Kreuz widerlegt überhaupt nicht, was ich zu sagen habe. Daß
ihr mich totschlagen könnt, was beweist das?« (149). Jesus
spreche von einer personalen Identität, die bestehen bleibt, ganz
gleich, was auch mit der leiblichen Identität geschehe. Von diesem Jesus her erwachse die »Zuversicht« »gegen den Schmerz«,
»gegen den Tod«, »daß die Grenzen dieses Lebens unser Dasein nicht abschließen, sondern daß die Hoffnung erlaubt ist,
einander wiederzusehen, indem die Liebe stärker sei als der
Tod« (174).
Uwe Beyer (»Die Tragik Gottes. Ein philosophischer Kommentar zur Theologie Eugen Drewermanns«) zeigt, daß diese »Tragik Gottes« gegenüber seiner Schöpfung (nicht gegenüber der
geschichtslos verstandenen menschlichen Individualität!) die
Botschaft Jesu mißachtet; daß sie die Verheißungen Gottes
innerweltlich und innerpsychisch deutet, statt die grundsätzliche »Jenseitigkeit« der Botschaft Jesu ernst zu nehmen. Die
Zuversicht Jesu »gegen den Tod« stammt von dieser »Jenseitigkeit«, die deshalb auch die ganze Welt (nicht nur den Einzelnen)
umgreifen will.
Drewermanns zum Dualismus (von Geist und Materie) nei-

gende Gottessicht bleibt imponierend und in der Liebe zu Jesus verwurzelt. Ganz anders als der europäisierte Buddhismus Willigis Jägers[38], nach dem Drewermann (wie andere »progressive« Theologen: Küng, Boff, Schillebeeckx) nur halbherzig argumentiert. Auch nach Jäger ist die Welt, wie sie vor Augen liegt, sinnlos: »Der Mensch fühlt sich heimatlos und gelangt immer wieder, wenn er wirklich über sich nachdenkt, an die Grenze der Sinnlosigkeit. Er ist wohl gar nicht die ›Krone‹ der Schöpfung. Vielleicht sind andere Wesen viel höher entwickelt. Gemessen an diesen gewaltigen Zeitdimensionen (des Kosmos) ist er eine Eintagsfliege. Was bedeuten in diesen Milliarden von Jahren 80 Lebensjahre? Welches Gewicht hat ein Krieg auf diesem Staubkorn Erde?« Jäger setzt dagegen kein existentielles Betroffensein von Jesus (wir sollen doch alle »Christusse« werden, meint er), sondern ein »Bewußtsein«, in dem die Welt (mit ihrem Leid) den Wirklichkeitscharakter verliert: »Die ganze phänomenale Welt, wie sie im gewöhnlichen Bewußtseinszustand begriffen wird, erscheint in diesem erweiterten Bewußtseinszustand als relativ subjektiv.« Alles komme darauf an, den normalen Bewußtseinszustand der Wirklichkeit von Raum und Zeit zu durchbrechen, um sich in die Einheit des Kosmos hineinzu-»erfahren«. Dort gibt es kein Dies und Das, keinen Raum und keine Zeit, keinen Menschen neben anderen Menschen, kein »Leid« mehr: »Die Weltsicht der Mystik kennt nicht die Gespaltenheit zwischen Gott, Mensch und Welt. Der Mystiker feiert alles Phänomenale in Ehrfurcht wie ein(en) Gottesdienst, das Erhabene genauso wie das Widerwärtige, denn es gibt nicht Gut und Böse, Himmel und Erde. Diese Aufspaltung ist eine Fehlorientierung des Gottes- und Menschenbildes, die ihren Ursprung in einem krassen Anthropozentrismus hat. Das Universum ist nichts anderes als ein Bewußtseinsfeld, das sich immer wieder materialisiert. Es kreiert den physischen Körper und das Universum. Gott kreiert sich selber in jedem Augenblick. Wir gebrauchen eine betrügerische Sprache. Wir sagen: Ich bin geboren. In Wirklichkeit müßten wir sagen: Es ist geboren. Geboren wird immer nur diese Urwirklichkeit. Es ist unser Leben, das wir leben, es ist Gottes Leben.« So erfahren »wir« und die Welt nicht »unser« Leid, sondern das »Bewußtseinsfeld« schwingt im ewigen Kreislauf.

Es ist aufregend, beide Absagen an die gute Schöpfungsordnung zu vergleichen: bei Drewermann »unter Wehen« geboren aus übergroßem Weltschmerz; bei Jäger empfindungslos alles übersteigend und dies sogar als Gottesdienst feiernd; denn Schmerz

und Freude stammen wie Gut und Böse nur aus der »anthropozentrischen« »Fehlorientierung des Gottes- und Menschenbildes«. Beide Weltsichten stehen nahe bei der antiken Gnosis, die
auch aus dem Schmerz an der Welt geboren wurde: Die Absage
an die Welt verbindet den Manichäismus und Marcionismus
mit verschiedenen, heute neu auflebenden gnostischen System-
entwürfen, die – wie gezeigt – ihre Wellen bis ins Christentum
hinein schlagen.

Hinzuweisen ist noch auf die Behauptung Jägers, daß die moderne Naturwissenschaft die Weltordnung als »Zufall« und den
Menschen als belangloses Staubkörnchen in der Unendlichkeit
des Kosmos ansehe. Paul Davis, ein anerkannter Physiker, faßt
in »Der Plan Gottes« (1995) die Meinung eines Großteils seiner
Fachkollegen anders zusammen: Die »Hypothese« Gott ist
danach zwar unnötig; der Glaube an Gottes Schöpfung sei aber
einer der großen und wichtigen Versuche, ein wissenschaftlich
vertretbares Weltbild zu entwerfen.

Nach seiner behutsam vorgetragenen Sicht der heutigen Naturwissenschaft steht ein Doppeltes konträr zu den »naturwissenschaftlichen« Behauptungen Drewermanns und Jägers.

– Zum einen unterstreicht sie wie Teilhard de Chardin die einmalige Stellung des Menschen im Kosmos: »Die Naturwissenschaft ist weit davon entfernt, die Menschen als zufälliges und
nebensächliches Produkt blinder Naturkräfte zu sehen; eher
sieht sie in der Existenz bewußter Wesen eine grundlegende
Eigenschaft des Universums« (19). Sowohl die planvolle Ordnung in der Natur (»Logos« des Makrokosmos) wie die herausragende Stellung des Menschen (»Logos« des Mikrokosmos) in
der Unendlichkeit sind notwendige »Postulate« der Naturwissenschaft.

– Zum anderen aber muß die Naturwissenschaft gestehen:
»Am Ende des Universums bleibt immer ein Geheimnis.« Das
gilt für die atheistische Sicht von Davis ebenso wie für den von
ihm mit Hochachtung vorgestellten Theismus.

Drewermann und Jäger tragen »Glaubenspostulate« vor. Diese
sollten sich aber nicht – wie bei ihnen – »hermetisch« abschließen, sondern dem Dialog öffnen.

2. Der je-neue Auftrag, Jesus von Nazareth zu verstehen

Der christliche Glaube gründet darauf, daß unsere Welt und
unser Leben trotz des vielen, was unsinnig erscheint, sinnvoll

sind. Teilhard de Chardin findet darin den Uranfang seines Nachdenkens über die Wirklichkeit. Er schreibt zu Beginn von »Das Herz der Materie«: »Um vollkommen glücklich zu sein, muß man wissen, daß ›irgend etwas‹ Wesentliches existiert, von dem der ganze Rest nur Zubehör oder Schmuck ist.« Dieses Urvertrauen gab ihm eine »plausible« Basis für seinen unerschütterlichen Glauben an Gottes »Du«. Schiwys »Dialektik« zwischen Gottes Unveränderlichkeit und Gottes Mit-Leiden mit der Welt bleibt ein gedankliches Glasperlenspiel, solange sie nicht aufruht auf dieser »Dialogik«, dem betenden Sich-Hinwenden zu Gott. Die Juden, die Psalmen singend in die Gaskammern gingen, bezeugen es. Paul Celans »Psalm« ist die Ver-Dichtung« dieses Betens aus dem Munde eines nicht-gläubigen Juden.

a) Rationales Überlegen und meditierend-betender Vollzug

In einem Gespräch über Naziterror und Judenmord fragte man einen Rabbi: »Wie kannst du nach dem, was an uns geschehen ist, noch an Gott glauben?« Die Antwort des in der Spruchweisheit des Alten Testaments und der chassidischen Mystik aufgewachsenen Weisen war eine Gegenfrage: »Wie kannst du nach dem, was an uns geschehen ist, *nicht* an Gott glauben?«

In der Lebensfrage des Menschen nach Gott ist nicht das theologisch-philosophische Denken die Basis für das Beten, sondern umgekehrt: Die existentielle Erfahrung, die im Meditieren ansetzt, im Beten den Höhepunkt findet und viele Gestalten hat, begründet und umfaßt alle Theologie. Die »Erfahrung« (des Betens und Meditierens) ist keine Schlußfolgerung zur Theologie und zum Umgang mit den Fragen nach Gott und Mensch, sondern ist deren Wurzel und Rahmen. Nur wer mit dieser Erfahrung oder der Sehnsucht nach ihr beginnt, fragt und sucht und erhält Antwort in einem menschlichen und christlichen Raum. Dies gilt auch weiterhin: Nur wer bereit ist, seine »Theorien« zu messen und, wenn nötig, auch zu korrigieren an den existentiellen Erfahrungen, baut sich keine Luftschlösser, sondern bleibt auf dem Boden der Wirklichkeit.

Die Erfahrungen aber sind Wegweiser und keine schon zu Ende gegangenen Wege. Menschliche Erfahrung ist nie ein hantierbarer Besitz oder ein endlich erreichtes Ziel, sondern immer ein Lebenskeim, der weiterwachsen muß, wenn er nicht absterben will. Aber er muß zugleich rational durchleuchtet werden, um nicht ins untermenschliche Dunkel abzusinken.

b) Beten mit/zu Jesus als Richtschnur für die Frage nach dem Bösen

In seinem theologischen Entwurf, dem Römerbrief (5,15; 6,12), kommt Paulus auf das Problem des Bösen zu sprechen. Seine komplizierten, von der Theologie heiß diskutierten Sätze dienten als Grundlage der Erbsünde-Lehre. Aber Paulus geht den Fragenbereich nicht von erdachten Theorien, sondern von der erfahrenen Person Jesu her an. So analysiert er nicht zuerst die dunkle Wirklichkeit der Sünde (Erbsünde), um in Jesus eine Antwort darauf zu finden, sondern er geht aus vom Erfahrungswissen um Jesus und erschließt von dorther gleichsam rückwärts dasjenige, was man später Erbsünde nannte:

»Die Gnade Gottes und die Gabe, die durch die Gnadentat des einen Menschen Jesus Christus bewirkt worden ist, (wurde) den vielen (die in der Schuld stehen) reichlich zuteil.«

Dann erst stellt sich Paulus dem Problem der »felix culpa«, der »glückseligen Schuld, die uns einen solchen Erlöser geschenkt hat« (Karsamstags-Liturgie):

»Wo die Sünde mächtig wurde, da ist die Gnade übergroß geworden. Heißt das nun, daß wir an der Sünde festhalten sollen, damit die Gnade mächtiger werde?«

Paulus fingiert kein »theologisches« Rechen-Exempel: Je größer die Sünde, um so reicher die Gnade – also laßt uns viele Sünden anhäufen, damit die Gnade reicher werde; sondern er weist dies als spekulative und moralische »Dialektik« ab und verweist direkt, also »dialogisch«, auf Jesus: Keineswegs sollen wir in der Sünde verharren.

»Wißt ihr denn nicht, daß wir alle, die auf Christus Jesus getauft wurden, auf seinen Tod getauft worden sind?«

Nur diese »Methode«, mit dem Problem des Bösen umzugehen, wird dem Christentum und dem Humanismus gerecht: zuerst den Blick auf Jesus (auf das Gute im Menschen) lenken und nicht auf das Böse! Anders kann der Umgang mit der Tatsache des Bösen nur zur skeptischen Resignation oder in absonderliche Spekulationen führen. Paulus begegnet den Fragen nicht in denkerischer Hochrechnung (was ist das Böse?), sondern im betend-meditierenden Hinwenden zu Jesus. Vor dem quälenden Problem: Warum das Böse? steht die Hinwendung an Gott und Gottes Sohn und das Ergriffenwerden von ihrem Gut-Sein. Zuerst muß das göttliche Du in seiner durch Jesus geoffenbarten unendlichen Güte Erfahrung werden. Von dort her aber ist die Negativität des Bösen existentiell schon überwunden. Die notwendigen spekulativen Erörterungen über das Böse bauen erst auf der Basis dieses betend-meditierenden Hinwendens zum Du der Güte Gottes auf. Auch der drängende Impuls, nun auch konkret gegen das Böse anzugehen, erhält seine Kraft aus dem existentiellen Ergriffensein von der Wahrheit des Guten, von Gottes Güte.

Damit wird – auf der Basis des Glaubens – ernst gemacht mit der oftmals herausgestellten wissenschaftlichen Einsicht: Es gibt keine voraussetzungslose Wissenschaft. Der Anfang bei Punkt Null ist unmöglich; Kriterium der Wissenschaftlichkeit ist aber das ständige Befragen und – wenn nötig – Korrigieren der eigenen Voraussetzungen. Entsprechendes geschieht in den schlichten Aufarbeitungen von Bösem. Das Kind läuft zur Mutter, birgt sich in ihrer Liebe, statt das erlittene Böse selbst zu fixieren; nur so aber kommt es mit der Erfahrung des Bösen zurecht. Dieses ist zwar nicht abgeschafft, aber eingeborgen in die größere Güte der Mutter. Die grundlegende Erfahrung der mütterlichen Liebe ist die Voraussetzung, um mit der Härte des Bösen kreativ umgehen zu können.

Viele theologische »Schein«-Probleme gründen auf der Mißachtung dieser existentiellen Voraussetzung aller Theologie. Das zeigt sich z.B. beim schon berührten Nachdenken über die »Wirklichkeit« der Hölle, einem Brennpunkt in der Frage nach dem Bösen. Der Wiener Studentenseelsorger Stefan Hartmann verwundert sich in der Studentenzeitung »Denkanstöße« (15, 1995) über die veraltete Position des »Katechismus der katholischen Kirche« und brandmarkt die entsprechende Meinung des Theologen Leo Scheffczyk als »Gipfel des an Zynismus grenzenden diesbezüglichen theologischen Sophismus« (später mildert er die Härte des Urteils ab.) Es geht um die Lehre der katholischen Kirche, daß es eine Hölle gibt und daß sie ewig dauert.

Als Gegenposition publiziert Hartmann die »Kleine Katechese über die Hölle«, die Hans Urs von Balthasar im offiziellen Organ der Kirche, im »L'Osservatore Romano« 1984 (IX.21) veröffentlichte. Der Baseler Theologe bringe aufgrund seiner Bücher »Was dürfen wir hoffen?« (1981) und »Kleiner Diskurs über die Hölle« (1987) eine »nutzbringende Korrektur« an der verbreiteten kirchlichen Höllen-Verkündigung an – und dies ausdrücklicher noch als Ratzinger, der übrigens von Balthasars Ansicht bewußt unterschreibt.

Hans Urs von Balthasar schlägt die eben entwickelte Methode ein: Bei allem moralischen Ernst, der in der Lehre von der Hölle liegt, muß der Christ zuerst und grundlegend auf die Liebe Jesu Christi hoffen, die allen (!) Menschen und ihrem ewigen Heil gilt – mit einer Hoffnung,

»die niemals ein Wissen wird(!). Am besten habe die hl. Theresia von Lisieux über diese universale Hoffnung gesprochen; sie wagt es, in der Mitte eine Hoffnung unbedingten Vertrauens auf das Übermaß der göttlichen Gnade aufzurichten.«

Das Problem »Hölle« oder »Bosheit« wird aus der rationalen Spekulation herausgenommen und von dem unmittelbaren, betenden Aug-zu-Aug-Gegenüber zu Jesus her angegangen. Von dorther aber erwächst eine existentielle Heilshoffnung für alle. Sie setzt in und trotz allem Bösen auf die Liebe, die Heilskraft des Lebens Jesu, da er die Nacht der Sünde bis zum Tode auf sich nahm. Sie setzt auf die Auferstehung, in der diese Liebe siegreich wurde. Wir müssen hoffen (das ist nicht: glauben), daß Gottes Liebe stärker ist als die Ewigkeit der Höllenstrafen. Anders gesagt: Die Theologie der Hölle relativiert sich im betenden Gegenüber zu Gott.

Auch ein anderes Moment des christlichen Umgangs mit der Problematik wird sichtbar. H. U. v. Balthasar schreibt: Wie Jesus in seiner Kreuzeserhöhung »alle Menschen an sich zieht« (Joh 12,32), so

»wird auch der von Gott Geliebte sich nur mit seinen Mitgeschöpfen zusammen retten wollen und den ihm zugemessenen Anteil an sühnendem Leid um des Ganzen willen nicht verweigern. Er wird es in der christlichen Hoffnung tun, wie sie dem Christen einzig erlaubt ist: als Hoffnung auf die Rettung aller Menschen, wie ja auch die Kirche strikt angewiesen ist, ›für alle‹ Menschen zu beten und infolgedessen ihr diesbezügliches Gebet als sinnvoll und erfolgreich anzusehen.«

Die christliche Pflicht (!), für alle (!) Menschen zu hoffen (!), schließt die Pflicht ein, das konkrete Leid der Menschen (zutiefst den Tod) als eigenen Weg anzunehmen, der – letztendlich – nur in Gottes Liebe Sinn erhält; das schließt auch die Pflicht ein, überall, wo es möglich ist, sich aktiv gegen das Leid und das Böse zu stemmen.

Für die persönliche Spiritualität heißt dies: Der Christ soll in der Annahme seines konkreten Lebens der göttlichen Güte begegnen (die »mich« liebt). Hier findet er die Basis zur Auseinandersetzung mit dem Bösen.

Diese »Methode« entspricht allgemein humanem Verhalten

und wissenschaftlicher Reflexion: von einer Voraussetzung her ausgehen – von woher sonst? –, aber diese »Voreingenommen-heit« den Lebenserfahrungen und der Ratio konfrontieren, von dorther hinterfragen und auch korrigieren. Christlich ange-wandt ist es die Methode, die auf der Glaubenserfahrung der Güte und Weisheit Gottes beruht, nicht aber auf der nackten Ratio.

3. GOTT ALS GRUND DES SEINS UND GOTT ALS GEGENÜBER
   DER LIEBE

Entsprechendes gilt für alle Fragen des christlichen Glaubens. So fragt die klassische Dogmatik, wie Gottes Vorherwissen/Vor-herbestimmen und die menschliche Freiheit/geschöpfliche Eigenständigkeit zu vereinen seien. Ihre Spitze fand das Fragen im Blick auf das Böse: Steht der Mensch in seinem bösen Tun nicht außerhalb der all-umgreifenden Macht Gottes?
Es kam zu schlimmen, gegenseitigen Verketzerungen und kir-chenamtlichen Verurteilungen. Im katholischen Raum fand die Auseinandersetzung (um 1600) im sogenannten Gnadenstreit zwischen Dominikanern (Jansenisten) und Jesuiten einen Höhe-punkt; im evangelischen Raum ging es um das Verständnis der schon erwähnten »doppelten Prädestination«, nach der Gott in absoluter Vollmacht die einen zum Guten, die anderen zum Bösen bestimmt habe. Die eine Partei betonte Gottes ewiges Vorauswissen und Vorauswollen; er wisse (und wolle) von Anfang an, daß die einen Menschen das Gute, die anderen das Böse (Himmel oder Hölle) wählen; die andere betont die Freiheit des Menschen, das eigene Leben zu gestalten und zu bestim-men, also unabhängig von Gott zu sein.
Das Problem geht jeden Menschen an, der Gottes Macht, Weis-heit und Güte ernst nimmt. Auch ein ethisches Dilemma ist damit verbunden: Sich-beugen unter Gott (»theonom«) oder Fußen auf eigener Freiheit und Verantwortung (»autonom«)?
Es gibt aber keine logisch-deduzierbare Antwort auf diese Pro-blematik! Wie Gottes Macht und menschliche Freiheit zusam-mengehen, läßt sich mit unserer Denkkraft nicht durchschauen. Das Durchschauen-Wollen ist die Sinnspitze der Paradieses-Ver-suchung: »zu sein wie Gott und zu erkennen das Böse und das Gute« (Gen 3,5). Genau dieses Durchschauen- und »in-den-Griff-bekommen«-Wollen hat der marxistische Psychoanalyti-ker Horst-Eberhard Richter als »Gotteskomplex« (1979) ange-

prangert, als Grundversuchung des modernen Menschen. Der seriösen modernen Wissenschaft aber ist es, wie Paul Davis zeigt, selbstverständlich geworden, daß mit empirischen und denkerischen Methoden keine stimmige Antwort auf die letzten Fragen gefunden werden kann. Dies gilt insbesondere der Theologie, wenn sie über Gottes Vorherbestimmung und menschliche Freiheit nachsinnt.

Ein anderer Weg ist einzuschlagen, der Weg, der beim existentiellen Verhalten, beim meditierenden Sich-Hinwenden zu Gott ansetzt. Darauf wies schon Jesus in der Bergpredigt (Mt 6,25–34) hin:

»Sorgt euch nicht. Seht die Vögel des Himmels an. Euer himmlischer Vater ernährt sie. Seid ihr nicht viel mehr wert als sie? Um all das geht es den Heiden, euer himmlischer Vater weiß, daß ihr das alles braucht. Euch aber muß es zuerst um sein Reich und seine Gerechtigkeit gehen.«

Damit der Mensch sich in dieser Welt zurechtfindet, soll der Blick nicht zuerst auf die eigenen »Sorgen«, sondern auf »Gottes Vaterschaft« gehen. Entsprechendes schreibt Hans-Georg Gadamer in seiner klassisch gewordenen Schrift »Wahrheit und Methode« (1972, 260). Wir können die Voraussetzungen des Lebens nicht auflösen in Bescheidwissen: »Die Überwindung aller Vorurteile, diese Pauschalforderung der Aufklärung, wird sich selber als ein Vorurteil erweisen, dessen Revision erst den Weg für ein angemessenes Verständnis der Endlichkeit frei macht.« Nur wer sich zu seinem »Vorurteil«, seinem Blick auf Gott und auf die Sinnhaftigkeit des Lebens bekennt, dies aber zugleich in die Diskussion einbringt, begegnet der Wirklichkeit verantwortungsbewußt. Das heißt für den Christen: Stehen auf der christlichen Basis, dann aber mutig fragen und sich befragen, auch hinterfragen lassen. Diese Basis des lebendigen Vollzugs, der existentiellen Erfahrung (Buber schreibt: »zu« Gott sprechen) ermöglicht es erst, die existentiellen Fragen legitimerweise zu bedenken und zu hinterfragen (Buber: »über« Gott sprechen). Der lebendige Vollzug vor Gott aber ist das Gebet. Andere Weltanschauungen mögen andere »Vor-Bedingungen« haben: Skepsis, Atheismus, Deismus (der Gottes lebendiges Verhältnis zur Welt beschneidet), Pantheismus (auch der eines sich entwickelnden Gottes), Selbsterfahrung (wie Schmidt-Leukel den Buddhismus kennzeichnet) usw. Aber es bleiben »Vorbedingungen«, »Vorurteile«. Nur wer sich zu ihnen bekennt, ist auch im Religionsdialog verantwortungsvoller Partner.

Die Frage nach dem Verhältnis von Gottes Macht und Wissen zur menschlichen Freiheit muß vom Thron der abstrakten Diskussion heruntergenommen und in konkreten Kategorien des Vollzugs bedacht werden. Von der Deutschen Mystik angeregt kann – wie Merton zeigt – die Kategorie des Grundes hilfreich sein: Gott als Grund meines Daseins, meiner Erfahrungen, meines Strebens, meiner Hoffnung. Das steht näher zum Vollzug als das abstrakte Nachdenken über Gottes Wissen/Wollen gegenüber menschlicher Freiheit. Der fragende Christ kann sich damit eher von der distanzierten Objektivität lösen und seine Innerlichkeit ins Nachdenken einbringen.

Noch näher am Vollzug steht die wichtigste Erfahrungskategorie, die in der Frauenmystik gelebt wurde, die der Liebe. So dichtet Hadwijch von Antwerpen und umgreift die ganze Breite der angerissenen Problematik des Bösen, der Freiheit, der menschlichen Eigenständigkeit vor Gott:

»Bald lieb, bald leid,
bald fern, bald nah.
Mit Treue die Eigenart der Minne verstehen,
das heißt Jubilieren:
wie die Minne zu Boden schlägt
und umarmt in einer Bewegung.«

In der Liebe findet sich die Erfahrung des Einsseins, des Geführtwerdens im Auf und Ab des Lebens. Und zugleich werden in ihr beide Liebenden zur eigenen Freiheit, zum eigenen Personsein befreit. Beim Nachsinnen über Meditation wurde darüber gesprochen, Teilhard schreibt: Liebe personalisiert. Sie ist der beste (analog bleibende) Hinweis auf das Verhältnis des freien Menschen zur absoluten Freiheit Gottes.

D) Gott ist mehr als Gott

Alles bisher Dargelegte umkreist die Wirklichkeit Gottes, die jede Begrifflichkeit sprengt. Auch diese Überschrift will dies sagen, indem sie sich an den Satz Meister Eckharts anlehnt: »Man muß Gott um Gottes willen lassen.« Das gleiche meint Ignatius von Loyola, wenn er das »mas« (mehr) betont: »Gott ist je größer (mas)«: je größer als jedes Wort und jedes Denken über Gott (auch das des kirchlichen Amtes); je größer auch als jede

Erfahrung von Gott, wie gewaltig und wie unmittelbar sie auch erlebt werde. Wichtiger als die »negative Theologie« ist die »negative Mystik« – eine Gotteserfahrung, die sich übersteigt in Nicht-Erfahrung!

1. DIE WAHRHEIT DES PANTHEISTISCHEN WELT-/GOTT-VERSTÄNDNISSES

Wie ein Gegensatz zur »Erfahrung der Nicht-Erfahrung« scheint aber die Sicherheit zu sein, mit der die Mystik oftmals von der Erfahrung Gottes spricht. Die ostkirchliche Mystik kennt aus dieser »Sicherheit« heraus eine »Vergottung« des Menschen, eine ungebrochene Unmittelbarkeit zu oder gar Identität mit Gott. Das scheint der Warnung der Paradiesesgeschichte direkt zu widersprechen. Dort wird das »Sein wie Gott« als diabolische Versuchung und als Ursünde des Menschengeschlechtes dargestellt. Im Nachsinnen über den Sinn der ostkirchlichen Rede von Vergottung (»theosis«) und des Redens der Deutschen Mystik vom »Göttlichen« im Seelengrund, also einer absoluten »Gottesgewißheit«, soll die Tragweite des Satzes »Gott ist mehr als Gott« bewußt werden.

a) Der poetische Zugang zur Wahrheit von Gott

Hans Küng erwähnt in »Christsein« (1974, 431–433) kritisch die frühchristliche »Vergöttlichungs«-Theologie:

»Mit Jesus ging Gott selber in die Geschichte ein und wurde Mensch, damit die Menschen göttlich würden – eine ontologische und durchaus dynamische Partizipation mit Gott.«

Er aber fragt provokativ:

»Will aber heute noch ein vernünftiger Mensch Gott werden? Damals zündende patristische Parolen wie: ›Gott ist Mensch geworden, damit der Mensch Gott werde‹ stoßen heute auf beinahe völliges Unverständnis. Das für hellenistische Hörer hochaktuelle Thema vom Tausch zwischen Gott und Mensch (oder der beiden ›Naturen‹; danach verbindet sich der göttliche Logos in der Menschwerdung mit dem Wesen des Menschseins und prägt so allen Menschen ein göttliches Siegel auf) ist für eine Zeit der so stark empfundenen Abwesenheit Gottes kein Thema mehr.«

Küngs Kritik ist fast 30 Jahre alt. Heute, da so viele Europäer und Amerikaner in esoterischen und ostasiatisch beeinflußten

282

Religiositäten den Weg zum Heil und zum vollen Menschsein suchen, klingt sie antiquiert. Teilhaben an der Göttlichkeit der Natur, des Tiefenbewußtseins, des archetypischen Selbst ist zum Ideal breiter (pseudo-)religiöser Bewegungen geworden. Unter diesem oder jenem Namen – Energie, Network, Theosophie, Gnosis, Mystik, kosmisches oder Welt-Bewußtsein, »Gynökologie« usw. – wird Gott-Werdung als das wahre Ziel des Menschen angesehen. »Eins mit Gott, Mystik jenseits von Religion und Zeit« heißt ein verbreitetes Buch von Lex Hixon.

Inzwischen hat Küngs Schüler Karl-Josef Kuschel in »Geboren vor aller Zeit« (1990) die Thesen seines Lehrens vom göttlichen Logos weiter durchdacht. Auch er kritisiert theologische Entwürfe, die leichthin über ein trinitarisches Innenleben Gottes spekulieren und von menschlicher Gottwerdung zu sprechen wagen. Doch er zeigt einen anderen Weg, um mit der großen Tradition umzugehen:

»Die Rede vom präexistenten Christus (und damit auch von der Gottwerdung des Menschen, JS) ist auch für ein nachmythologisches Zeitalter relevant, ja als Herausforderung moderner Rationalität kritisch zur Sprache zu bringen. Der christliche Glaube kann von der Offenbarungsstruktur des Christusereignisses nicht darauf verzichten, ein Stück weit ›mythisch‹ oder mit einem ›mythischen Rest‹ zu reden. Christliche Theologie nach der Aufklärung muß gewiß entmythologisieren – entbildlichen, entpoetisieren darf sie nicht. Theologie ist letztlich nicht auf den Mythos, wohl aber auf die Poesie angewiesen« (210 f).

Man mag über die Terminologie diskutieren: Mythos oder Poesie. Aber es ist typisch, daß G. Hierzenberger, der vor einigen Jahrzehnten noch »progressiv« gegen eben den »Magischen Rest« (1968) im christlichen Glauben polemisierte, inzwischen bei der Esoterik Anleihen macht, sich für den »Blick auf die andere Seite der Wirklichkeit« (1988) einsetzt und seine extreme »Entmythologisierung« durch eine extreme »Remythisierung« ersetzt. Die Problematik ist mit keinem forschen Ja oder Nein zu lösen.

Kuschel aber stößt eine Tür auf zur vertieften Besinnung auf Gott und dessen Verhältnis zum Menschen, indem er auf die Poesie verweist. Das wirft auch ein Licht auf die Lehre der christlichen Antike vom »Gottwerden des Menschen« und von der Immanenz des Göttlichen in der Natur.

– Festzuhalten, aber immer wieder vergessen, ist, daß all unser Reden und Denken über Gott an die Grenzen der Logik stößt;

aber da über Gott geredet werden muß, müssen auch diese Grenzen mit sprachlichen Mitteln überschritten werden.

– Festzuhalten ist, daß im ersten Jahrtausend die christliche Theologie mit ihren großen Dogmen durch und durch geprägt war von symbolischem Denken und Sprechen, wie zwei so verschiedene Autoren, der Germanist Friedrich Ohly und der Theologe Henri de Lubac, es zeigen. Ohne ein Verständnis für diese symbolische, also poetische Welterfahrung sind die alten Glaubensaussagen, die Dogmen der Kirche, nicht zu verstehen.

– Zu unterstreichen aber ist, daß mit »poetisch« nicht »unwirklich«, mit »mythisch« nicht »unreal« gemeint ist. Gemeint sind Aussagen über Wirklichkeiten und Erfahrungen, die dem rein empirischen Aufzeigen und der logischen Schlußfolgerung unzugänglich bleiben[39]; ähnlich wie beim Sprechen über Liebe, über Schönheit, über Glück.

– Zu fordern ist also ein Offenstehen der Theologie für die Sprache der Poesie. Die großen Mystikerinnen und Mystiker sprechen poetisch, wenn sie ihre Erfahrung weitergeben. Das poesielose Sprechen von Gott in Paradoxien, Widersprüchen, Tautologien oder einfachhin in Negationen, bleibt hingegen »erfahrungslos«-los. Franz Gruber schreibt daher kategorisch: »Theologisch kann von Geschichte (Geschichte Jesu, des Heils) nicht gesprochen werden, wenn nicht die metaphorische Dimension des Mythisch-Symbolischen in die eschatologische Reflexion einfließt.« Nach zwei Seiten kann dieses mythisch-symbolische Reden zum Irrtum werden: wenn man ihm den Realitätscharakter abspricht; aber ebenso, wenn man die Aussagequalität nicht beachtet und das »Narrativ-Symbolische« als rationale Logik versteht. Sicher hat manches unqualifizierte Reden von Himmel und Hölle diesen Irrweg eingeschlagen.

b) Der spirituelle Zugang zur Wahrheit vom weltimmanenten Gott

Große moderne Vermittler zwischen Christentum und ostasiatischer Spiritualität wie H. Dumoulin und H. Le Saux sehen in der Spiritualität des Neuplatonismus die Brücke zwischen dem biblischen Monotheismus und der Spiritualität des indischen Subkontinents. Alois M. Haas beruft sich dazu in »Gottleiden – Gottlieben« (1989, 189) auf H. U. von Balthasar:

»Der katholische Theologe, der wohl am schärfsten der modischen Zuwendung zu östlichen Heilswegen im Christentum widersprochen hat, anerkennt einmal mit aller Deutlichkeit, daß ›von einem christlichen Eckhart aus, und wohl nur von ihm her, der Dialog mit den metaphysischen Erlösungswegen Asiens möglich und denkbar sein wird.‹«

Eckharts imponierendes christliches Denk- und Erfahrungsgebäude lebt aus neuplatonischen Ideen. Hierzu ist ein Doppeltes zu bedenken:

(1) Aussagen über die Immanenz Gottes in seiner Schöpfung werden in der klaren aristotelischen Logik notwendigerweise unsinnig (unterschiedene Entitäten wie Gott und Welt können nicht identisch sein!); deshalb schwächt man sie gerne ab (Gott als »nur« Beistand einer von ihm getrennten Schöpfung); oder aber die Schöpfung löst sich pantheistisch auf in die eigentliche Über-Wirklichkeit, die dann Gott oder Sinn oder Nichts oder das Eine, die Energie, das Selbst oder ... genannt wird.
Um der rationalen Schwierigkeit zu entgehen, die im Einswerden der »ungeschaffenen Gnade« (= Geist) mit dem Menschen liegt, kreierte die Theologie z.B. eine geschaffene Gnade«. Man wagte nicht, die Glaubensüberlieferung aufzugreifen: Gott selbst ist in seinem göttlichen Sein dort wirkend-wirklich, wo ein Mensch sein Heil erwirkt. Man befürchtete, damit das Ich des Menschen mit Gott, dem Urwirkenden, zu identifizieren. So setzte man zwischen Gott und Mensch ein »geschaffenes« Etwas, das man Gnade nannte und gegenständlich-seinshaft (statt personal-beziehungshaft) verstand. Die Probleme wurden damit nur verschoben. Auch die in der thomistischen Tradition stehende Antwort von Gott als der »Causa Prima«, der Erstursache, und von den Schöpfungswirklichkeiten als »Causae secundae«, Zweitursachen, ist diesbezüglich nur eine Verschiebung der Problematik. (Im ostkirchlichen Hesychasmusstreit wurde die Doppel-Wirklichkeit Gottes als ousia und als energeia in die Diskussion gebracht.)

(2) Es geht aber um Grundsätzlicheres. Das schlichte Nebeneinander eines christlich-monotheistisch verstandenen absoluten Gottes und einer von ihm geschaffenen Welt ist in der Konsequenz der reinen Logik wohl undenkbar. Es hat nämlich zur Voraussetzung, daß neben Gott ein Bereich liegt, den man »Nichts« nennen mag und in den hinein Gott dann die Welt erschafft. Entweder schränkt man damit wie in der kabbalistischen Lehre vom »Zimzum« Gottes Unendlichkeit und Allmacht und Allgegenwart ein. Dann ist Gottes Absolutheit nicht mehr gewahrt; Gott wird »relativ« zur Welt. Oder man schwächt den

»Nichts«-Bereich neben Gott ab und degradiert die geschaffene Welt zum bloßen Schein des einzigen, göttlichen Seins.

Um mit der biblischen Grundwahrheit vom Leben der Welt durch Gott umzugehen, braucht es andere sprachlich-denkerische Mittel. Paradoxe und dialektische Sätze für dieses »Neben-(In)-Einander von Gott und Welt sind hilfreich, bleiben aber erfahrungslos. Der klassische Satz von Gott als Kreis, dessen Umfang nirgendwo, dessen Mittelpunkt überall ist, ist logischer Unsinn, widerspricht jeder Erfahrung, ist nur Wegweiser, bezeichnet kein Ergriffenwerden vom Geheimnis. Ohne Erfahrung aber ist der Glaube leer und inhaltslos. So half man sich mit der »Analogie«: Eine Aussage verhalte sich zum Ausgesagten zugleich unähnlich wie ähnlich. Dieses gegensätzliche »Zugleich« lasse sich nicht weiter bestimmen und systematisieren mit: soweit ähnlich, soweit unähnlich. Doch das ist wieder ein Paradox, ein Verhältnis, das erfahrungslos bleibt. Auch das Wort »analog« gibt eine Anweisung zum Vollzug (ausgehen von schlichten Erfahrungen und sie überschreiten), aber keinen erfahrbaren Inhalt.

Existentielle Betroffenheit und Erfahrung schenkt die poetische Form, mit der so gut wie alle Mystiker von ihrer Gotteserfahrung berichten. Darin nämlich wird die »Methodik« des Sich-Übersteigens nicht mehr nur an das Tun des Hörers und Lesers delegiert, sondern quillt aus dem ästhetischen Inhalt selbst. Das Bild, die Musik, die Dichtung, also die Kunst gibt nicht nur (wie die Paradoxie oder die Analogie) Anweisungen: Du mußt folgende Schritte tun, um dem gemeinten Inhalt gerecht zu werden. Sie öffnet sich aus eigener Sinnkraft schon auf den gemeinten Inhalt hin. Ebenso »zwingt« sie den Betrachter, den Hörer, statt auf einer rein mentalen Ebene zu verharren, sich nun einzulassen in den existentiellen Vollzug. Wo dies nicht gelingt, ist die Kunst inhaltlos. Wo es gelingt, wird die Kunst selbst zum Medium existentieller Erfahrungen von Gott oder von humanen Werten wie Liebe, Begegnung, Vertrauen, Schönheit, Harmonie und Sinnerfülltsein. Die ästhetische Form öffnet somit die Inhalte einer Sach-Darbietung zum existentiellen Mitvollzug. Sie bietet die Möglichkeit, Wahrheiten (wie Liebe, wie Gebet, wie Sinn) darzustellen, die über das hinausreichen, was logisch-deskriptiv wiederzugeben ist.

Der Neuplatonismus nun ist – was schon die Herkunft von Platon zeigt – dort, wo er nicht im Monismus versinkt, durch und durch künstlerisch geprägt. Die heute oft gehörte Kritik an seinem idealistischen Übersteigen der konkreten Welt sollte diese seine starke Seite nicht vergessen machen. Seine Aussagen aber kann nur nachvollziehen (das ist mehr als nur darüber nachdenken), wer der Einladung folgt, sich auch persönlich-existentiell auf die Einheitsvision Plotins (seines Begründers) einzulassen. Um sich ihrer Einheitsintuition zu nähern, braucht es ein Gespür für die Einheit der Schöpfung, für die Einheit von Mensch und Natur, von Baum und Tier, von Luft und Wasser, von Lebendigem und Leblosem *in* ihrer konkreten Welthaftigkeit. Künstler leben und gestalten aus solchen (lebendigen, ersehnten oder zerbrochenen) Visionen heraus. Es ist kein Zufall, daß der christliche Neuplatoniker Dionysios Areopagita in seinen hermeneutischen Überlegungen zu poetischen Metaphern greift und sein Werk in einen Hymnus gipfeln läßt: »Die mystische Theologie«.

Der »ästhetische« Zugang ist aber kein beliebiger; denn auch die Kunst- wie die (Begegnungs-, Liebes-) Erfahrung muß von der empirischen, erlebten Basis her auf ihre innere Wahrhaftigkeit überprüft und geläutert werden, um sich als legitime Wirklichkeitssicht zu erweisen. Der verhängnisvolle Irrtum mancher pantheisierenden Ideologien besteht darin, daß sie die Eigenart der poetischen Aussagen auf logisch-rationale Eindeutigkeit reduzieren und so z. B. Johannes vom Kreuz oder Angelus Silesius zu Krypto-Buddhisten machen.

Der christlichen Spiritualität aber kann die Hermeneutik des Sprechens von Gott in der Sprache der Poesie, der Kunst einen Zugang zum Wahrheitsgehalt von Weltanschauungen eröffnen, die im logisch-begrifflichen Denken dem christlichen Monotheismus entgegenzustehen scheinen. Daß sie dadurch bereichert wird und dem Suchen vieler heutiger Menschen entgegenkommt, muß nicht noch eigens hervorgehoben werden.

c) Bildhaftigkeit, Rationalität und Betroffensein

Das Gesagte wird durch einen linguistischen Exkurs bestärkt. Wer sich jemals in anderen Sprachen bewegte, weiß, daß ihm darin ein neuer »Zugang« zur Wirklichkeitserfahrung angeboten wird. Die vor Jahrzehnten diskutierte Frage, ob die verschiedenen Sprachgestalten auf eine Einheits-Sprache und -Grammatik zurückgeführt werden können (Noam Chomsky), wird heute allgemein mit einem Nein beantwortet. In einer Einheitssprache ginge das Wertvolle der jeweiligen sprachlichen Welterfahrung verloren. Hierin liegt eine grundsätzliche Kritik an den Bemühungen der pluralistischen Religionstheologie, christliches und anderes Denken auf einen logischen Nenner, auf eine alles integrierende »Einheits-Religion« zu bringen.

Die europäischen Zivilisationssprachen zeichnen sich durch die logische Durchformung der Wirklichkeitserfahrung aus. Ein verantworteter Religionsvergleich über den indogermanischen Raum hinaus muß mit einem intensiven Studium der anderen Sprachen und Weltsichten beginnen und somit grundsätzlich schon den Raum der abendländischen Logik überschreiten. Es ist kein Zufall, daß Dumoulins beispielhafte Arbeit über »Die Spiritualität des Buddhismus« die logische und spekulative Argumentation verläßt und bei Kunst, Ritus, Brauchtum usw. ansetzt. Peter Hartmanns immer noch überholter Vergleich der japanischen Sprache mit dem Indogermanischen zeigt, daß der Weltbezug der japanischen Sprache nach europäischem Verständnis nicht anders als »poetisch« zu nennen ist; auf diese Weise bereitet Hartmann einen überraschend lebendigen Zugang auch zum Weltverständnis des Zen-Buddhismus (D. T. Suzuki). Ein Dialog auf dieser Basis wird die christliche Spiritualität bereichern.

Das europäische Denken und Verhalten steht jedoch in der Versuchung, fremde Sprachen, Kulturen und Religionen auf das eigene logische Denk-Schema zu reduzieren. Das kann als Hinweg hilfreich sein, führt aber nicht zum wahren Verstehen und Erspüren. Letzteres gelingt ers dem, der sich existentiell, ganzheitlich – wie vor einem Kunstwerk – der Mentalität des anderen aussetzt. Das Ringen von Le Saux ist ein imponierendes Beispiel für diesen Weg. Das weithinnige Unverständnis, das die abendländische Theologie der Theologie der Dritten Welt entgegenbringt, bietet das Gegenbeispiel.

Für die christliche Spiritualität heißt dies: Auch die vielen mystischen Aussagen, die von einer Erfahrung der Immanenz Gottes in der Schöpfung und im Innersten (Eckhart: Seelengrund) des Menschen sprechen, sind auf dem Hintergrund des »sprachlich-poetischen Weltzugriffs« zu bedenken. Dann erst darf man es wagen, über ihre Wahrheit oder Unwahrheit, ihre Vereinbarkeit oder Unvereinbarkeit mit dem christlichen Glauben zu befinden. Wir sahen schon, wie sach- und selbstbewußt Angelus Silesius darauf aufmerksam macht. Daraus ergibt sich umgekehrt: Der christliche Glaube an den einen Gott wird auf solchen Wegen lernen können, daß die Wahrheit von Gottes Immanenz im Menschen und in der Schöpfung einen Wesenszug seiner Spiritualität darstellt.

Auch ein Klassiker wie der Kirchenlehrer Johannes vom Kreuz

findet auf dem Höhepunkt seiner Erfahrung Worte von Identität zwischen Gott und Schöpfung, von Verschmelzen, von »Gott in allen Dingen finden«. Teresa von Avila, weniger radikal, aber recht deutlich, schreibt im »Weg der Vollkommenheit« (20, 2):

»Meiner Meinung nach ist es für leicht zerstreute Gemüter nicht nur äußerst wichtig, an den Himmel zu glauben, man sollte sich sogar darum bemühen, ihn durch eigene Erfahrung zu kennen. Wie ihr wißt, ist Gott überall gegenwärtig. Begreiflicherweise ist dort, wo sich der König aufhält, auch – wie man so sagt – sein Gefolge. Das heißt also, wo Gott ist, da ist der Himmel. Dort, wo Seine Majestät zu Hause ist, findet man auch alle Herrlichkeit. Und nun schaut her: Der heilige Augustinus sagt, er habe Gott überall gesucht, gefunden aber habe er ihn in seinem eigenen Inneren.«

Nicht vergessen werden aber darf dabei, daß keiner der drei beim Beschreiben der Immanenz Gottes in der Welt oder im eigenen Herzen der Rationalität absagt. Hildegard von Bingen stellt nach Alvarez, »Die brennende Vernunft« (1991), die »rationalitas«, die Vernunft oder das Vernunftgemäße sogar als maßgeblich für ihre Mystik heraus. Was dies auf logischer Basis meint, wurde »Plausibiliät« genannt; es geht um eine »Erfahrung«, die zwar Logik und reine Empirie übersteigt, aber sich zugleich dem logischen Hinterfragen stellt; um eine Erfahrung, die wohl am besten mit poetischen Mitteln darzustellen ist.

Was für den Zugang der Erfahrung der Immanenz Gottes in der Welt und im Ich gilt, gilt für jeden spirituellen Zugang zur Gotteserfahrung. Drei Züge durchdringen sich zur Einheit und übersteigen sich gegenseitig:
– die Rationalität, wie sie sich besonders in der Logik äußert, wird nicht irrational, aber vertieft;
– die Bildhaftigkeit, die das breite Leben einbezieht, weist schon aus eigener Kraft über sich hinaus;
– das existentielle Betroffensein, das den Menschen erst zum Menschen macht, lebt von seiner Offenheit zum »Größeren«.
Nur in diesem Dreiklang von Ratio, Bilddenken und Betroffenheit wird etwas vom bleibenden Geheimnis Gottes und seiner Liebe zum Menschen mit seiner Welt hörbar, sichtbar, erfahrbar.

d) Gott in der Schöpfung – Die Erfahrung von Gottes Heiligem Geist

Es wäre absurd zu glauben, ein allmächtiger, unendlicher Gott habe neben sich einen »Raum« und eine »Zeit« entstehen lassen, in die hinein er dann gleichsam nur von außen her einwirken könne – sei es ständig, wie im konsequenten Theismus (mittels »geschaffener Gnade« oder anderen Mitteln), sei es einmalig bei Erschaffung der Welt, wie der konsequente Deismus es postuliert. Ein solcher »Gott« wäre zum Handwerker geworden, der neben sich greift und in seiner Werkstatt dies oder jenes fabriziert; ein solcher Gott wäre weder unendlich noch allmächtig; er wäre nicht mehr Gott. Man kann ein solches Gedankengebäude wenden, wie man will, stets zeigt sich die Absurdität des Versuches, Gott und die Welt in der »Begrifflichkeit« des logischen Denkens zu »begreifen«. Die Systematik von Paradoxien und Gegensätzlichkeiten gäbe die »Anschaulichkeit«, die die Grundlage der Erfahrung bildet, preis. Damit aber würde der Wirklichkeitsbezug mit seinem Anspruch auf Wahrheit ausdörren. Immanuel Kants berühmtes Wort erinnert an diese Ausleerung: »Gedanken ohne Inhalt sind leer, Anschauungen ohne Begriffe sind blind.«

Manche fernöstliche Religiosität versucht die Erfahrungsdimension des Weltbildes über die meditative Erfahrung einer letzten »Leere« zu gewinnen; eine Erfahrung, die im Westen oft mißverständlich »gegenstandslos« genannt wird. Die »Leere« des eigenen Selbst scheint identisch mit dem Grund der Gesamt-Wirklichkeit, mit Gott zu werden. Eine entsprechende Meditation könne also das Sein/Gott (in seiner »Leere«, seiner »Nichtigkeit«) umfassen. Dies heißt dann (»Lexikon der östlichen Weisheitslehren«, 1966) »Atman ist Brahman«:

– »Atman – nach hinduistischem Verständnis das wirkliche, unsterbliche Selbst des Menschen ... jenseits von Körper und Denken und als absolutes Bewußtsein identisch mit Brahman.«
Brahman, das ewige, unvergängliche Absolute; die höchste, nicht-duale – »Wirklichkeit des Vedanta, ein Begriff, für den es in den dual aufgefaßten Religionen mit einem persönlichen Gott kein Äquivalent gibt. Als absolutes Bewußtsein ist er in seiner Abstraktion dem Denken nicht zugänglich.«

Trotz der Behauptung, daß es »in den Religionen mit einem persönlichen Gott kein Äquivalent (gebe)«, findet sich ein solches im Christentum: Gottes Heiliger Geist. Nur muß man die dogmatische Lehre vom rationalistischen Ballast befreien und die zugrunde liegende Erfahrung freilegen. Schon die scholastische Umschreibung der Geistwirklichkeit als »universale concretum« – ein allumfassendes Ganzes, das aber konkret und nicht nur begrifflich ist – weist auf die Grenzerfahrung hin: die Geistwirklichkeit überschreitet das einzelne, die Unterschiede, die Trennungen und Abgrenzungen hin zu einer Ganzheit (universale), die (zwar nicht begrifflich, aber doch) real wie ein einzelnes existiert. Dies steht dem hinduistischen »Atman ist Brahman« nahe.

Zwei theologische Ansätze halfen der frühen Kirche, die Lehre vom Geist Gottes auszuformulieren: die Inspiration der Heiligen Schrift und die Erfahrung der charismatischen Begabung. Im Herausbilden der Trinitätstheologie aber wurde die göttliche Lebenskraft des Geistes tiefer und distinkter bedacht. Spätpatristische Zeugnisse wie das des Maximos Homolougetes (Confessor) bezeugen die Lebendigkeit und den Reichtum des Erfahrungswissens von Gottes allumfassendem, weltimmanenten Heiligen Geist. Im rationalen Zugriff der mittelalterlichen Scholastik ging vieles an Lebendigkeit dieser Gottesauffassung verloren.

Erst allmählich gelingt eine neue Aufarbeitung des christlichen Urzeugnisses. Wohin allerdings der Weg führen soll (und muß), ist weniger an den vielen modernen Pneumatologien (Geistes-Lehren) – so wichtig sie sind – abzulesen als an Einzeläußerungen, die eher vom Rande her erklingen und die – was nicht mehr überrascht – oft »poetisch« eingefärbt sind. Neben den anwachsenden außer-europäisch-amerikanischen Stimmen sind es solche wie Heinz Robert Schlettes »Weltseele« (1993), worin er der philosophischen Tradition nachgeht; oder Walter J. Hollenwegers dritter Band der »Interkulturellen Theologie« (1993), den er »Geist und Materie« nennt. Hermann Timm beginnt seine »Phänomenologie des Heiligen Geistes« bezeichnenderweise mit dem Band »Das Weltquadrat« (1985, 197–199):

»Um den Geistbegriff zu erweitern und die blinden, anschauungsleeren Sätze niederzuhalten, deren Zahl im Bereich des Prinzipiellen sogartig anschwillt, sollte sich die Religionstheologie vermehrt jener Sinnbestände annehmen, die dem *Ich denke, Ich kann, Ich glaube* vorgelagert sind, bild- und sprachlogisch vorgelagert sind.«

e) Die Theologie des Geistes Gottes und die Bedeutung der Bilder

Das Christentum braucht eine Hermeneutik, in der dem Bild und der Anschauung größerer Raum zukommt. Damit bekommen viele der oben angerissenen Themen ihren legitimen Platz in der Lebenspraxis und in der Theologie.

– Dies betrifft vor allem die Erfahrung der Immanenz Gottes in seiner Schöpfung. Wie schwachbrüstig geht man doch mit dem drei-gefächerten »Stöhnen« (stenazein) des Römerbriefes

(8,22.23.26) um! Paulus weiß, daß (1) »die gesamte Schöpfung bis zum heutigen Tag (mit-)seufzt und in Geburtswehen liegt«. Der Mensch soll dies aufgreifen, damit auch wir (2) »seufzen in unseren Herzen und darauf warten, daß wir mit der Erlösung unseres Leibes als Söhne offenbar werden«. Doch dieses Seufzen bleibt machtlos, wenn nicht (3) »der Geist selber für uns eintritt mit Seufzen, das wir nicht in Worte fassen können«.

In Verbindung mit anderen Aussagen (Röm 8,15, besonders Gal 3,26–29) kann dies nur heißen: In der Mitte des Daseins, wo Gott berührt wird und wo die Gesamt-Schöpfung ihre Mitte hat, wird der Mensch nicht nur geführt vom Geist Gottes, sondern ist eins mit diesem Geist. Das »Seufzen« betont die Ganzheitlichkeit des Vorgangs.

– In solchen biblischen Zeugnissen wird das Anliegen des Pantheismus nicht nur aufgegriffen, sondern dynamisch vertieft. Denn der im Menschen betende Geist hat zugleich eine »Intention, eine Dynamik zur Transzendenz, auf Gott, den ewigen Urgrund, hin, in dem er wurzelt und zugleich zu ihm betet: »Abba, Vater!« Auch die Natur ist einbezogen in das »ganzheitliche Seufzen« und somit in zweifacher Weise auf Gott bezogen: in Gott wurzelnd und zu ihm hinstrebend. Dieses Zusammenklingen ähnelt dem hinduistischen »Atman ist Brahman«: Der Geist Gottes als das Innerste im Menschen (Atman) »stöhnt« auch in »Geburtswehen« der Schöpfung (Brahman). Dies sollte in ästhetischer Weise als musikalisches Zusammenklingen und nicht in streng logischer Begrifflichkeit dargestellt werden. Ignatius von Loyola und Hildegard von Bingen, aber auch Kreszentia von Kaufbeuren erfuhren Gott tatsächlich als einen klingenden Akkord.

– Die Kirchen-Theologie des Ostens mit der Unterscheidung von »Logos-« und »Pneuma-«Kirche gewinnt im Bilddenken, kaum aber in logischer Begrifflichkeit innere Plausibilität.

– Das an der »Sophia-« und »Geist-«Theologie Aufgezeigte bewährt sich als Seinswahrheit und nicht nur erbauliche Notiz.

– Was C. G. Jung mit seiner Theorie der Archetypen besagen will, bekommt, wie Hugo Rahner zeigte, in einer solchen Theologie einen guten Stellenwert. Es geht um das in allen Menschen gleiche »ganzheitliche« Seufzen.

– Die »Logoi spermatikoi«, die »samenartigen« Spuren des göttlichen Logos, die die Kirchenväter im Heidentum fanden, werden aus dieser Sicht heraus überraschend aktuell.

– Die feministische Theologie, die den »matriarchalichen« Strukturen nachgeht, findet ihre Bestätigung in diesem Weltzugriff des bildhaften Denkens und muß nicht zu sprachlichen Gewaltakten greifen wie dem einer »Geistin« oder gar eines »Jesa« (statt Jesus).

– Hinzuweisen ist auf die Nähe zur Mariologie, die in der Geist-Theologie sichtbar wird – aber eben nicht als eindimensionale Dogmatik, sondern in archetypischer Weite. Zwei Theologen, die ansonsten weit voneinander entfernt sind, bekunden hierzu überraschende Übereinstimmung[40]. Der Befreiungstheologe Leonardo Boff wagt zu schreiben: »Der Heilige Geist hat (Maria) sich zum Tempel gemacht, und zwar auf eine so reale und wahre Weise, daß sie als hypostatisch mit der dritten Person der Dreifaltigkeit verbunden gelten muß.«

H. U. von Balthasar weiß, daß es »unmöglich wird, die Überschattung der Jungfrau als einen den drei göttlichen Personen gemeinsamen Akt zu verstehen; sie muß ein dem Geist personal zukommender sein.«

Mit alldem stellt sich natürlich auch die Frage nach den Kriterien eines solchen Zugangs zur Gotteswahrheit: Woran wird deutlich, daß im Menschen Gottes Geist lebt und nicht der egoistisch-menschliche oder gar der verführerisch-diabolische? Es ist die Frage nach der »Unterscheidung der Geister«, wohl richtiger: »Unterscheidung im Geist«. Schon Paulus gibt an den erwähnten Stellen den wichtigsten Hinweis: Die Dynamik, die Ausrichtung des Seufzens muß auf Gott gehen. Das entspricht dem, was im Zusammenhang mit der »Meditation« als Offenheit (statt im Innern sich abzuschließen) analysiert wurde. Es bleibt aber ein Kriterium, das erst im Lebensprozeß schlüssig wird.

2. DAS TRINITARISCHE PARADIGMA

Neutestamentlich wird das Kriterium präzisiert durch den Namen »Jesus«.

»Keiner kann sagen: Jesus ist der Herr, wenn er nicht aus dem Heiligen Geist redet« (1 Kor 12,3). »Jeder Geist, der bekennt, Jesus sei im Fleisch gekommen, ist aus Gott. Und jeder Geist, der Jesus nicht bekennt, ist nicht aus Gott« (1 Joh 4,3 f).

Im philosophischen Ansatz Maurice Blondels besagt dies: Die »zentripetale« Bewegung (nach innen: Geisterfahrung) wird zur »zentrifugalen« Dynamik (nach außen: Abba, Vater-Rufen); Martin Buber oder (gedanklich unerbittlich) Emmanuel Levinas finden darin die Hinwendung zum »Du«, zum »anderen«; in der Gnadentheologie Henri de Lubacs wird es als »desiderium naturale in beatitudinem supernaturalem« (innere, natürliche Sehnsucht nach dem Geschenk der Gnade, der übernatürlichen Seligkeit) beschrieben und von Karl Rahner als »anonymes« Christentum der Menschen außerhalb des offiziellen christlichen Glaubens gedeutet. Dahinter steht anthropologisch der menschliche Drang zum Überschreiten (Transzendieren), der den Höhepunkt hat in der Erfahrung der Liebe, im Vertrauen auf ein personales Gegenüber. Octavio Paz nennt es »die Freiheit der geliebten Person anerkennen und akzeptieren«. Aus dem unpersönlichen, »erotischen Objekt« wird ein gegenüberstehendes »geliebtes Subjekt«. Der christliche Glaube weiß von der dialogischen Anlage des Menschen, die offen ist auf ein absolutes Du, auf Gott hin. Das »Du« ist der endgültige Sinn des Lebens. Überall, wo diese Offenheit auf ein »Du« verantwortungsvoll gelebt wird, lebt diese menschliche Erfahrung, die sich im Blick auf Jesus zur Gottesreligion entfaltet, lebt auch Gottes Wirklichkeit; denn er ist (nach 1 Joh) die Liebe selbst.

Diese Sicht des Menschseins nimmt Gott aus der steinernen Absolutheit und dem a-personalen Nebel heraus und findet ihn in lebendiger Beziehungswirklichkeit. Der Mensch berührt ihn polar, wie er auch polar – nach innen und nach außen – erschaffen ist: Aus der Kraft des Geistes nach innen ist er ausgerichtet nach außen, geöffnet auf den anderen, auf Gott. Der geistgetragene Glaube in der Begegnung mit Jesus entfaltet sich zur lebendigen Auffassung von Gott, dem Dreifaltigen.

a) Gott, Sinn des Daseins – Geheimnis, schweigend verehrt

In Meditationssprache übersetzt, besagt dies vor allem: Überall, wo sich Wert und Sinn finden, besonders der Wert des »Du«, spiegelt sich und lebt der absolute Sinn des Daseins, der Gott heißt. Die Meditation des Göttlichen kann dort ansetzen und die Linien von innerweltlichen Erfahrungswerten ausziehen bis zu ihrem Gipfel in Gott. Wo der Sinn gebricht, wo Übel, wo Böses, Sünde und Unsinn erfahren werden, weckt dieser Mangel die Sehnsucht nach Heilung, die Hoffnung auf das Heil. Hoffnung gehört zur christlichen Erfahrung. Sie bezeugt deren Realitätsnähe, die vor dem Bösen nicht die Augen schließt, aber doch das Gute im Blick behält.

Der Gipfel der Sinnerfahrung gehört dem »Du«. Der Islam bietet ein schönes Beispiel für die Qualität dieses Du-Sagens, worin in aller Gewißheit zugleich alles Wissen überstiegen ist. Dort – besonders natürlich in der islamischen Mystik – betet man einen Rosenkranz, dessen neunundneunzig Perlen die Eigenschaften Gottes preisen: »Oh Barmherziger, Oh Allerbarmer, ... Oh Geduldiger«. Die hundertste Perle aber fehlt. Das ist der Platz für den »Allergrößten Namen Gottes«, den niemand kennt. Man sagt »Du« zu Gott und weiß zugleich, daß dieses »Du« von keinem Wissen und keiner Erfahrung umgriffen wird. Vielleicht lebt die tiefe Ehrfurcht mancher Religionen, die wir leichthin pantheistisch nennen, von dieser Grenzerfahrung des je-größeren Gottes. Es geht um »negative«, »apophatische« Theologie. Auch die Meditation und die Hocherfahrung der Kontemplation öffnet die Gottes-Erfahrung in »Nicht-Erfahrung« hinein. Gott als Sinn der Existenz ist keine hantierbare Formel, sondern ein Geheimnis, dem man sich nur betend nähern kann.

Damit gewinnt die Stille eine unüberbietbare Bedeutung. Die Bibel kennt zwar kaum ein meditatives Schweigen (das Wort Gottes ist zu stark). Manche Bibellexika verweisen daher zum Stichwort »Schweigen« auf »Wort«. Aber wenn das Neue Testament von der endgültigen Erfahrung Gottes spricht, gipfelt es im Schweigen vor dem Geheimnis Gottes (Offb 8,1):

»Als das Lamm das siebte Siegel öffnete, trat im Himmel Stille ein, etwa eine halbe Stunde lang.«

Auch Paulus weiß vom Geheimnis, das seit ewigen Zeiten im Schweigen Gottes verborgen war und in Jesus sich offenbart (Röm 16,25; 1 Kor 2,7). Im ehrfürchtigen Schweigen fernöstlicher Meditation verbirgt sich das Geheimnis Gottes, der in Jesus Christus gesprochen hat. Der Christ, der sich vor solch einer fremden Erfahrung beugt, steht vor Gottes Geheimnis, einer Erfahrung der Nicht-Erfahrung. Aber er glaubt: Mit Jesus Christus ist es in die Geschichte eingetreten. Jede Schweige-Meditation muß in diese Ehrfurcht einschwingen (vgl. Claudia E. Kunz, Schweigen und Geist, 1996).

Die Mystik spricht vom »Dunkel« Gottes, das alles Heile durchzieht; sie kennt viele Metaphern dafür: Nacht, Leere, Nichts, Abgrund, Finsternis und eben auch Schweigen.

b) Gott, Teilhaber des Daseins – Geheimnis im Alltag

Die Meditation des christlichen Mittelalters und der katholischen Jahrhunderte ist eng mit der Verehrung der Eucharistie verbunden. In der Zeit der Kirchenväter klangen noch im Reden vom »mystischen Leib« Christi (Eph 4; 1 Kor 12) dessen Gegenwart in der Kirche und dessen Gegenwart in der Eucharistie, der liturgischen Mitte, ineins. Im Mittelalter wurde diese Einheit verkürzt zur isolierten Verehrung der eucharistischen Gegenwart (z. B. die »Augen«-Kommunion des Hostien-Anschauens). Es ist kein Zufall, daß gerade Teilhard de Chardins progressive Theologie die eucharistische Gegenwart auch im schöpferischen Prozeß der kosmischen Entwicklung fand. In der Eucharistie – gleich ob mehr katholisch oder mehr evangelisch – wird wie nirgendwo sonst das Geheimnis der Welt-Werdung Gottes in meditativer Unmittelbarkeit gefeiert: als »An-Denken«, »Er-Innerung« an die Gegenwart des Herrn, wobei die Worte »Andenken« und »Erinnerung« wörtlich zu verstehen sind. Gott, der nach dem Alten Testament in der jüdischen Geschichte wirksam war, ist in Jesus selbst Geschichte geworden, ein Stück Welt. Die eucharistische Feier »denkt an« ihn, der Teil des Weltgeschehens ist, und ver-»innerlicht« ihn im eucharistischen Mahl. Das Weiterschwingen der eucharistischen in die kosmische Gegenwart Christi, das Teilhard schaute, ist heute neu zu überdenken, ist aber Wesensstück eucharistischen Glaubens.

An der mittelalterlichen Verehrung der Hostie läßt sich eine anthropologische Sehnsucht ablesen: Gott wird so konkret, wie du und ich, wie das Brot und der Wein konkret sind – daran er-»innert« die Hostie. Meditieren nämlich läuft leicht Gefahr, aus der Konkretheit des Alltags in eine vermeintlich rein-geistige Welt hinein zu entfliehen. Doch christliche Mystik führt den Menschen aus dieser Enthobenheit zurück in die Welt- und Menschen-Sorge – manchmal auf Umwegen, aber oft um so tiefer.

Meister Eckhart greift die Anekdote der Wüstenväter auf: Ein Einsiedler war in Ekstase entschwebt; aber das Anklopfen des Bettlers brachte ihn auf den Boden zurück, und er gibt dem Bettler ein Süppchen. In mancher Überlieferung erscheint ihm später Jesus und sagt: Der Bettler, das war ich! Ramakrishna, der hinduistische Heilige, durfte in seinen Ekstasen nicht gestört werden. Als ihn einmal eine Dirne berührte, bekam er Brandblasen. Man muß auch den Unterschied der konkreten christlichen Meditation zu den bekannten Ochsenbildern des Zen-Buddhismus sehen: Auf ihnen schreitet der Zen-Mönch aus der Erleuchtung »gelassen« in die Welt zurück; in der christlichen Sicht ist der Mönch »engagiert« für seine Nächsten. Die Konkretheit der eucharistischen Verehrung drückt diese typisch christliche Sicht von Gott aus.

Diese Dialektik von Gotteserfahrung und Menschen- und Welt-
sorge ist eines der Kriterien für die Christlichkeit einer Meditation. Es kann gar nicht anders sein; denn im Glauben an die
Menschwerdung Gottes wird das Geheimnis Gottes mitten in
die Alltagsgegenwart hineingestellt; in die Gemeinschaft der
Schwestern und Brüder Jesu. Sein Wort (Mt 25,40) – »Was ihr
einem meiner geringsten Brüder getan habt, habt ihr mir getan«
– greift theologisch die »vermittelte Unmittelbarkeit« auf.

Diese »vermittelte Unmittelbarkeit« der Begegnung mit Gott
gründet im Geheimnis des ewigen »Du« Gottes. Gottes »Du«
wird unmittelbar überall dort erfahren, wo der Geist Gottes den
Menschen aufbricht zum Du eines Mitmenschen, also in der
»Vermittlung« menschlicher Liebe. In dieser Spannung liegt der
Auftrag: Gott in allem suchen und finden. Gottes Unmittelbarkeit ist vermittelt durch diese unsere Welt. Eucharistie als Nahrung aus dieser Welt und als gemeinsames Mahl mit den Menschen bringt dies in Er-»Innerung«.

In der kühn entworfenen Synthese der eucharistischen Jesus-
Gegenwart mit der kosmischen Geist-Gegenwart Jesu findet
Teilhard seine »engagierte Gelassenheit« zum Wirklichen, zu
den Freuden und Nöten der Welt, zum Weg der Kirche in die
Zukunft des »Punktes Omega.«

c) Gott, Tiefe des Daseins – Geheimnis des Grundes

Alles Sprechen über Gott und Gotteserfahrung ist in Gefahr,
profanisiert zu werden. Aber Wahrheiten, die sich der Alltagslogik entziehen, müssen dennoch in dieser Alltagslogik und in
ihrer Metaphorik ausgesprochen werden. Meister Eckhart hat
diesen Zwiespalt, reden zu müssen und nicht adäquat reden zu
können, ins Wort gebracht. Man muß sich der Gefahr der Profa-
nisierung bewußt bleiben, um das rechte Wort zu finden.

Paulus und der andere neutestamentliche Theologe, Johannes,
treiben (wie gesagt wurde) die Paradoxie des Redens über Gotteserfahrung so weit, daß sie lehren: Dort, wo dieses betende
Reden entspringt, ist Gottes Geist selbst wirksam und ruft:
»Abba Vater«. Das gibt die Erfahrung wieder, daß nämlich die
tiefste Immanenz des Menschen geformt ist von der Transzendenz des Sich-Übersteigens ins Geheimnis. Das greift auf, was
wir als »Regel zur Unterscheidung der Geister« zur »Offenheit«
des Meditierens nach 1 Kor 12 und Joh 4 aufstellten:

»Ja, du darfst Gott und das Göttliche als Grund deines eigenen Daseins
und als Grund allen Seins erfahren und diese Erfahrung meditativ

suchen. – Doch es ist nur Gottes Geist und nicht der Geist des Widersachers, wenn sich deine Selbsterfahrung öffnet auf den lebendigen Gott, den Jesus Vater nannte und von dem her er lebte und betete.«

Diese »Unterscheidung der Geister« ermuntert, auch in den asiatischen Meditationsanleitungen die christliche Tiefe zu suchen. Aber dann ist Meditieren nicht isoliert ein »Gang ins Innere« mehr (nach der falschen Etymologie Graf Dürckheims), sondern Geisterfahrung, die den Menschen auf das größere Geheimnis Gottes hin öffnet. Dogmatisch gesagt: Die pantheistisch klingenden Erfahrungen haben ihren Platz im Christentum, wenn sie sich einfügen in das Geheimnis des trinitarischen Lebens.

Wiederum spiegelt sich darin, was in soziologischer Betrachtung als Zueinander von »Pneuma«-Kirche (Gott in uns) und »Logos«-Kirche (Gott auf uns zukommend) gesagt wurde. Beide Gegenwartsbezeugungen von Gott (Geist und Sohn) gründen in Gott (dem Vater), der Anfang und Ende von allem ist.

3. Gott als trinitarische Fülle – Aktualität des Dogmas

Das hier Entwickelte zeigt: Nicht eine Verflachung der christlichen Dogmen, sondern deren Vertiefung führt weiter. Was in der interreligiösen Erfahrung des »Heiligen« wie im Samenkorn verborgen ist: Nähe und Abstand, Ehrfurcht und Erschrecken, Geborgen- und Unterwegssein, entfaltet sich im Glauben zur »Mehrdimensionalität« Gottes.

Das bereitet den Weg, die Kluft zwischen Theologie und Erfahrung zu überbrücken, eine Aufgabe, die wichtiger ist als das meiste, was heute theologisch und meditativ erörtert wird. Es ist ein Weg, der in den Religionsdialog hineinführt und aus ihm auch wichtige Anregungen erfahren darf. Doch vor allem ist es ein Weg, der dem eigenen Meditieren und Beten neue Tiefe und neue Freude schenken wird.

IV. Teil
Zur Methodologie
der spirituellen Praxis

Spiritualität erfüllt sich erst im Vollzug, in der Erfahrung des bewußt gelebten christlichen Lebens. Wie nun muß diese »Praxis« in theoretischer Darbietung reflektierend vorgestellt, kritisiert, korrigiert und weitergeführt werden, ohne daß die Darbietung in reiner Theorie oder in inhaltlosen Übungsanweisungen steckenbleibt?

Darüber wurde bisher manches gesagt, was nicht mehr neu aufgegriffen werden soll:

– so die bleibende Spannung von Individuum und Gemeinschaft, von Christ und Kirche, die keine theoretische Überlegung auflösen kann;

– so die Spannung von Gegenwarts-Erfahrung und hoffender Erwartung, die für die christliche Botschaft typisch ist;

– so das ständig notwendige »Hinterfragen«, das wie ein Blutkreislauf die Spiritualität verlebendigt. Es setzt von zwei Seiten her an: objektiv von dem, was psychologisch und soziologisch sich im gegenwärtigen Mentalitätsumschwung zeigt; subjektiv mit der persönlichen Frage, ob »mein« Christentum tatsächlich Stütze und Hilfe für mein Leben ist;

– so der grundsätzliche Optimismus, der identisch ist mit dem Auferstehungsglauben: »Tod, wo ist dein Sieg?« (1 Kor 15, 26. 54–57);

– so vor allem die Verwurzelung jeder Reflexion in existentieller, lebendiger Betroffenheit. Man mag dies Beten oder Meditieren nennen.

A) Im Gleichklang mit Bestrebungen des christlichen Feminismus

Bevor einige Züge der Methodologie ausdrücklich gemacht werden, darf auf parallel laufende Tendenzen hingewiesen werden, die den »gesunden« christlichen Feminismus auszeichnen. In ihrer umfassenden Synthese: »Ich bin, die ich bin« (der Originaltitel ist besser: »She who is«) greift die amerikanische katholische Theologin E. A. Johnson – ähnlich wie L. Scherzberg im »Grundkurs feministischer Theologie« (1995) – die Traditionen der Geist- und Sophia-Theologie auf. Sie schlägt vor, das Thema Gott und Gotteserfahrung nicht so sehr von oben nach unten zu entwickeln, also von Gott, dem Schöpfer und Erlöser, zu seiner Schöpfung hinabzusteigen, sondern gleichsam umgekehrt vom »Gottesgeheimnis«, das »die gesamte Welt trägt«, hinaufzusteigen zur Wahrheit des transzendenten Gottes. Sie zitiert dazu Walter Kasper:

»Wo Leben aufbricht und entsteht, wo neues Leben gärt und brodelt, aber ebenso als Hoffnung dort, wo Leben gewaltsam zerstört, abgewürgt, geknebelt und getötet wird – wo immer wahres Leben ist, da ist Gottes Geist am Werk.«

Dieses Aufsteigen aus der Immanenz Gottes zu seiner Transzendenz als Schöpfer und Erlöser ist der Erfahrungsweg der Spiritualität, wie er unter dem Stichwort »Meditation« beschrieben wurde. Auf ihm tauchen die Werte auf, die der Feminismus von Gesellschaft und Kirche einfordert: Sensibilität statt Machtdenken; ästhetisches Gespür statt quantitative Logik; Leiberfahrung statt Rationalität; Gemeinsamkeit von Mensch und Natur statt Herrschaftsdünkel; Nächstenliebe statt kapitalistische Konkurrenz; Schwesterlich- und Brüderlichkeit statt Ab- und Ausgrenzung. Die beiden Autorinnen verstehen es, die dementsprechenden Ansätze so in den größeren Diskurs der Theologie einzubringen, daß sich die christliche Spiritualität als Ort des weiteren Nachdenkens geradezu aufzwingt.

B) Dynamische Transparenz des Kreatürlichen

Wer in traditioneller christlicher Sozialisation aufgewachsen ist, mag über eine historische Tatsache überrascht sein: Die christliche Tradition umschreibt nämlich das Beten zu Gott häufiger mit »Aufstieg des Gemütes, des Geistes, der Seele zu Gott« als mit der geläufigen Definition »Sprechen mit oder zu Gott«. »Seele«, »Geist«, »Gemüt« meinen das gleiche, was modern »Personmitte« besagt. Beide Umschreibungen des Betens dokumentieren Aspekte eines einzigen Vollzugs; dokumentieren auch damit die existentielle Wahrheit des Christentums in seiner »Mehr«-Dimensionalität.

In der Definition: »Aufstieg der Personmitte zu Gott« aber kommt der anthropologische Ursprungsort der Spiritualität zum Ausdruck. Das gibt einen Hinweis auf den pädagogischen (mystagogischen) Umgang mit ihren Fragen. Die Reflexion von »spirituellen« Vollzügen muß »von unten her« ansetzen, um verständlich und nachvollziehbar zu sein; also dort, wo es um schlichtes, humanes, oft auch alltägliches Tun geht. Von dort her sind diese »Vollzüge« hochzuführen in den ausgesprochen religiösen Bereich hinein. Dies setzt um, was theologisch-philosophisch »Analogie« genannt wird: daß alle Gotteserkenntnis geprägt ist von welthaften Begriffen und Vorstellungen, die transparent werden für Tiefergreifendes. Diese »Methode« beruht auf der Wahrheit von Gottes Geist, der das Leben durchdringt; aber nur in seiner Ausrichtung »nach oben« (Teilhard: »nach vorne«), auf das Wort (Logos) Gottes, Bestätigung und Konkretisierung empfängt.

Dieser methodische Zugang, der unsere Ausführungen bestimmt, liegt – meist unreflektiert – den Vollzügen, den Riten, dem Brauchtum der Religionen zugrunde. Ein religiöses Tun nur »von oben her« anzuordnen, durch autoritäre Gesetzgebung, würde von der lebendigen Spannung zwischen persönlicher Erfahrung und größerer Ordnung das Gewicht auf den Pol der »Logos«-(Amts-)Kirche verlagern.

Ein Paradigma dieser Methode bietet die Theologie des christlichen Altertums. Sie hat sich bei Dionysios Areopagita exemplarisch niedergeschlagen und muß in der poetisch-allegorischen Sprache der Kirchenväter verstanden werden: Überall in der Schöpfung finden sich Spuren des göttlichen Lichtes (oder auch Mängel an Licht); die Schöpfung ist Ausfluß des göttlichen Lichts. Religiöses Leben heißt daher nichts anderes, als dieses Licht aufzunehmen und ihm in den Ursprung hinein zu folgen. Gebet wird zum »Hochführen« der kreatürlichen Lichthaftigkeit hin zur Quelle des Lichts, zu Gott, der »im unzugänglichen Lichte« (1 Tim 6,16) wohnt. In dieser Bewegung schlägt sich der Grundsatz der katholischen Anthropologie nieder: »Gratia non destruit, sed elevat naturam«: Die Beziehung zu Gott desavouiert nicht, sondern erfüllt die Natur-Anliegen.

In immer neuen Ansätzen wurde dies in der christlichen Tradition gepflegt. Noch die Theologie des Hohen Mittelalters verstand unter Gnade weniger ein besonderes Geschenk von Gott und auch kein nur angerechnetes Wohlwollen Gottes (wie man in der katholischen Scholastik und der evangelischen Orthodoxie später über Gnade nachdachte), sondern die ganze Breite der Hinordnung und positiven Beziehung des Menschen und der Schöpfung zu Gott. Erst innerhalb dieser »Gesamt-Gnade« unterschied man Stufen: den »paradiesischen« Urstand, den Sündenfall und die Erlösung.

Diesem organischen Verständnis von Gnade wird die klare Unterscheidung von Natur und Übernatur nicht gerecht. Die französische »théologie nouvelle« (Henri de Lubac) hat dies herausgearbeitet und in konkrete Vollzüge übersetzt. Im natürlichen Bereich, im Alltagsbereich, in den vielen Beschäftigungen und Erfahrungen des Lebens verbergen sich Züge, die über sich hinausweisen in den göttlichen Bereich. Sie zu finden und ihrer »Lichtspur« nachzugehen, ist »Spiritualität«. Der Dürckheimsche Lieblingsbegriff »Transparenz« greift dies auf und mahnt: die Dinge, die Geschehnisse in ihrer Innerlichkeit »transparent« zu machen für ihren Bezug auf Gott. Die Worte »Mystik« oder »Mystiker« leben in ihrem Ursprung, dem Adjektiv »mystisch«, aus dieser Dynamik: Der »mystische« Sinn eines Wortes, eines Tuns, einer Sache, eines Bibelwortes, einer Erfahrung meint diese Transparenz, diese Dynamik auf Gott hin.

Bei Benutzung des Dürckheimschen Begriffs »Transparenz« ist aber ein Doppeltes zu beachten: Einerseits muß die Dynamik in das je-dichtere Licht Gottes hinein erhalten bleiben und darf nicht in einer sogenannten »Großen Erfahrung« jetzt schon zum Ziel und zur Ruhe kommen. Zum anderen bleibt auch die »Licht«-Metaphysik im Bereich des »Bildhaften« und damit in einem offenen Bezugsnetz. So kommt die erlebte Analogie eines Ich-Du-Verhältnisses als Höhepunkt menschlicher Erfahrung zweifelsohne näher an das Geheimnis von Gott und Mensch heran als die Bild-Metapher. Die andere traditionelle Definition des Gebets als »Sprechen mit Gott« darf also nicht von der Dynamik des Lichtes, von der Rückkehr zum Ursprung (Aufstieg des »Gemütes«) abgelöst werden. Im Bild der Transparenz gesagt: Die Dinge, die Menschen, die Vollzüge lösen sich nicht auf in Durchsichtigkeit, in Dynamik zur Quelle, sondern bleiben in ihrer Realität und Personalität vor Gott und Gott gegenüber stehen: »Transparent«-Werden auf Gott hin (gemäß neuplatonischem Denken) und Begegnung mit Gott (die Botschaft der Bibel) sind zwei Seiten des einen Verhältnisses von Mensch und Geschöpf zu Gott. Als Erfahrung und als lebendiger Vollzug durchdringen sie einander: Transparent- oder gar Identisch-Werden mit dem Göttlichen (die ostkirchliche »Vergottung«) und Begegnung, Du-Ansprache an den lebendigen Gott. Sie gründen in der mehr-dimensionalen Gott-Wirklichkeit von Pneuma und Logos.

C) Die unersetzbare Rolle der Bilder

Die »Dynamik des Geschöpflichen/Menschlichen auf Gott hin« beschrieb Bonaventura als »Itinerarium mentis in Deum«: »Pilgerweg des Geistes zu Gott«, »Aufstieg des Gemütes zu Gott«. Darin ist die Bedeutung des Bildhaften (im weiten, ästhetischen Sinne verstanden, Musik, Poesie, Geste, Bewegung umfassend) eingeschlossen. Denn es geht nicht (nur) um den denkerischen Prozeß, der von der Kontingenz der Welt aus nach Gott, ihrem Schöpfer, zurückfragt, sondern um die Gestalt der Schöpfung, in der sich Göttliches widerspiegelt. Um diese Gestalt geht es der Ästhetik mit Bild, Musik, Wort usw. Die Vernachlässigung dieses »Bild«-Charakters oder dessen Zurückstufung als »nur«-pastoral war eine der Sackgassen, in die hinein der Rationalismus führte. Wir erleben heute eine Renaissance der Bilder und Symbole. Christoph Jamme hat in »Gott hat an ein Gewand« die »Grenzen und Perspektiven philosophischer Mythos-Theorien der Gegenwart« analysiert und kommt zum Ergebnis:

»Eine definitive Weltdeutung ist nicht (mehr) möglich; möglich sind aber *symbolische* Weltdeutungen. Die Lebenswelt ist symbolisch strukturiert, weshalb Symbolisierung ein Grundbedürfnis des Menschen ist.«

Franz Gruber geht dem aus theologischer Sicht nach und zeigt nach Aufarbeitung der entsprechenden Diskussionen:

»Theologisch kann von Geschichte (d. h. der »eschatologischen Hoffnung« als Heilsdimension des Christentums) nicht gesprochen werden, wenn nicht die metaphorische Dimension in die eschatologische Reflexion einfließt ... Rationalität ohne Symbol des Antizipierens eines »gelungenen Lebens« ist halbe, nur auf das technisch Machbare oder logisch reduzierte Rationalität.«

Entsprechendes legt sich von vielen Seiten her nahe. Ein Nicht-Spezialist ist allerdings erstaunt, wie beziehungslos die verschiedenen Wege vom Symbolverständnis nebeneinander verlaufen. Franz Gruber bemüht sich daher, die weit verbreitete, aber verharmlosende Symboltheologie pragmatisch und soziologisch zu vertiefen und zu erweitern.

(1) *Den psychologischen und psychoanalytischen Weg* finden Theologen vor allem bei C. G.Jung. Wohl niemand geht ihn so konsequent wie E. Drewermann. Erstaunlich, aber dem engführenden Drewermannschen Ansatz entsprechend ist, daß selbst Bernhard Lange (»Die Bibel neu entdecken. Drewermann als Leser der Bibel«, 1995) weder die theologischen noch die psychologischen Bedenken aufgreift, die mannigfach gegen Drewermann vorgebracht wurden.

In der Fachliteratur hat insbesondere Alfred Lorenzer[41] gegen eine einseitige, individuelle Deutung des archetypisch verstandenen Symbols protestiert. Er selbst wurde in theologischen Kreisen bekannt durch seine beißende Kritik am II. Vatikanischen Konzil, das er, der Atheist, als »Konzil der Buchhalter« analysierte, das »unsensibel« für die Welt der Bilder und Riten sei.

Lorenzer zeigt, daß die archetypische Welt nicht mit C.G. Jung nur als »persönliche Tiefe des Selbst« aufgefaßt werden darf, sondern in »Interaktion« mit Kultur, Sprache und der Welt steht, worin sich jemand befindet. Die Beziehung der Symbolwelt zur Umwelt stellt die inner-psychische Erfahrung nahtlos in Geschichte und Tradition hinein. Eines der Themen unseres Buches kommt damit zum Vorschein: Die Innenerfahrung des Geistes (Pneuma-Kirche), die stets das Element des Individuellen an sich hat, läßt sich nur im Bezug zu Gesellschaft und Geschichte (Logos-Kirche) recht verstehen und verwirklichen.

Theologisch ist die meist stillschweigende und oft auch ausdrückliche Absage Drewermanns an die Verbindlichkeit von Tatsachen kritisch zu betrachten. Was der »historisch-kritischen« Bibel-Exegese am Herzen liegt, die Tatsachen- und Geschichts-Wahrheit, wird in seiner Deutung schnell übergangen zugunsten der nur tiefenpsychologischen, »übergeschichtlichen« Symbol-Wahrheit einer subjektiven Erfahrung.

(2) *Religionsphänomenologisch* hat Mircea Eliade wie kaum ein anderer Material zur Diskussion bereitgestellt. Es ist keine Relativierung des Christentums, wenn manche (alle?) christlichen Grundwahrheiten schon außerhalb der Offenbarung vorgebildet sind: Trinität, Menschwerdung, Jungfrauengeburt, Mutterschaft Marias, Sakramente usw. Hugo Rahner hat auf den urkatholischen Sinn dieser Tatsache hingewiesen: Im Menschen leben Uranlagen und Schnsüchte (logoi spermatikoi), die durch Gottes endgültiges Wort in Jesus Christus erfüllt werden. Drewermann bestätigt es in »Strukturen des Bösen« (III, 1988, 535) mit einem Kierkegaard-Zitat:

»Der Satz, es könne nicht wahr sein, daß Christus von einer Jungfrau geboren ist, weil man etwas Ähnliches von Herkules usw. und in der indischen Götterlehre erzählt, was auch nicht wahr sei, ist doch verwunderlich; denn der umgekehrte Schluß scheint in gewisser Hinsicht richtiger zu sein: Gerade weil man es von so vielen großen Männern erzählt, wo es nicht wahr gewesen ist, gerade deshalb muß es von Christus wahr sein; denn daß man es so oft gesagt hat, deutet auf den Drang des Menschen danach hin.«

Dieser Weg des religionsphänomenologischen Vergleichs aber ist nur fruchrbar, wenn er Zweifaches bedenkt: Bei aller Ähnlichkeit gibt es tiefgreifende Unterschiede in den religionsphänomenologischen Bildern. Die Jungfrauengeburt des Lukasevangeliums ist grundverschieden von der Buddha-Empfängnis durch den weißen Elefanten oder von der Gottesherkunft der Pharaonen. Damit verbunden ist das zweite Element: Die bildhaften und mythologischen Elemente im Christentum haben ihre Basis im Personalen und Geschichtlichen, nicht im freischwebenden, überzeitlichen Archetypischen. Eliades großangelegte »Geschichte der Religionen« (1978–1991) behandelt zwar ausgiebig das Christentum; aber über »Jesus von Nazareth« für sich als historische Persönlichkeit betrachtet, findet man nichts! Damit aber geht seine Phänomenologie an der Mitte des Christentums und zugleich an der Verbindlichkeit von dessen Botschaft vorbei. Denn nur von Jesus, dem Rabbi aus Nazareth, ausgehend kann eine Phänomenologie des Christentums erstellt werden.

(3) *Der linguistische Zugang* zum Symbol und zur Bildhaftigkeit der Sprache und damit auch des Sprechens über Gott ist

eine weitere Möglichkeit. O. Schwankel ist mit einer solchen Methode dem Thema »Licht und Finsternis« (1995) im Johannesevangelium nachgegangen. Dieser Weg trägt bei zur Genauigkeit und zum verantworteten Umgang mit den Zeugnisssen. Aber er erbringt kaum neue Einsichten. Die inhaltlichen Aussagen mit ihren Erfahrungswerten scheinen in der Analyse formaler Beziehungen (eine Aussage hängt grammatikalisch oder lexikalisch mit einer anderen zusammen) unterzugehen. Wilhelm Eggers »Methodenlehre zum Neuen Testament« ist ein gutes Beispiel für den Wert, aber auch die Grenzen dieses linguistischen Umgangs mit den Texten: Genauigkeit, aber wenig Betroffenheit. Die Weiterführung kann nur heißen: Was sagen Bilder und Aussagen für »meine«, des Menschen Erfahrungs- und Hoffnungswelt?

(4) Viele *philosophische Bemühungen* es gibt, um »Bilder« und »Symbole« fruchtbar zu machen für den persönlichen Lebensvollzug. In meinem Buch »Hildegard von Bingen« (1995) versuchte ich, ein Gespräch mit Philosophen zu führen, die mir konkreter erschienen als die Hermeneutik im Gefolge Heideggers oder Hans-Georg Gadamers.
Ernst Cassirer und seine stärker das Ästhetische einbeziehende Schülerin Susanne K. Langer in »Philosophie auf neuem Wege« (1965) finden im Symboldenken die Brücke über der Kluft zwischen Subjekt und Objekt. Wie kaum ein anderer überschaut Cassirer das ganze Spektrum der Natur- und Geistes-Wissenschaft und ordnet es ein in eine umfassende, vom »symbolischen« Denken bestimmende Systematik. In der »Philosophie der symbolischen Formen« zeigt er, daß der Gesamtbereich des menschlichen Wissens und Erfahrens in dieser umfassenden Ordnung zuhause ist, die nicht mit empirischen, logischen Kategorien, sondern nur in »symbolischen Formen«, also »bildhaft« darzustellen ist. Das entspricht der Analyse der Gegenwartsphilosophie durch Ch. Jamme. Für die Praxis fordert dies Sensibilität für die Qualität des Bildhaften, um den Zeugnissen und der »angeschauten« und »erlebten« Wirklichkeit zu begegnen. Es braucht einen Sinn für die Dürckheimsche »Transparenz« (die allerdings eher von Heideggers Hermeneutik her verstanden ist), um die Welt in ihrer symbolischen Wertigkeit zu verstehen.
Hans Blumenbergs Ansatz ist durch und durch realistisch. In der »Metapherologie« (Neuauflage 1997), der Methodenlehre zum Umgang mit den großen Menschheitsbildern, entwirft er seinen

philosophischen Ansatz: Der Mensch braucht »absolute Metaphern«; das sind Symbole, Mythen, Glaubensinhalte. Nur mit ihnen kann er in den Ängsten und Ungewißheiten des Lebens Halt gewinnen; sie dienen der »Selbstbehauptung« des Menschen. Solche Metaphern finden sich in den großen Menschheits-Mythen und Religionen. Die ständig neue Aufgabe des Menschen lautet, sie zu korrigieren, weiterzuführen und neu zu verstehen. Die »absoluten Metaphern« (Gott, Licht, Wasser, Höhle, Urkampf der Elemente usw.) haben nämlich als »Sprengmetaphern« so viel Inhalt, daß die Menschheit nie zu Ende kommen wird, neu mit ihnen umzugehen und ihre »Spreng-Kraft« fruchtbar zu machen für die »Selbstbehauptung« des Menschen in der Angst des Lebens.

In die Praxis übersetzt besagt dies: Die Bildhaftigkeit unserer Vorstellungswelt von Gott und dem Göttlichen ist durchaus ernst zu nehmen, ist aber immer wieder der so unpoetischen Wirklichkeit der Welt zu konfrontieren und von dorther neu und tiefer zu verstehen.

(5) Im *ästhetischen Verständnis* treffen sich die philosophischen Reflexionen. Annemarie Schimmel berief sich in ihrer Ansprache zum Empfang des Friedenspreises des deutschen Buchhandels (1995) auf Friedrich Rückert. »Dessen Motto war ›Weltpoesie allein ist Weltversöhnung‹; (er) wußte, daß die Poesie, jene ›Muttersprache des Menschengeschlechts‹, die Völker verbindet als Bestandteil aller Kulturen.« Poesie (Kunst) führt tiefer ein in das gemeinsame Gut aller Menschen, in ihr Hingerichtetsein auf die göttliche Wirklichkeit, als rationales Wissen.

Der Lyriker Reiner Kunze entwickelt in seinem Essay-Band »Das weiße Gedicht« (1989) diesen »poetischen« Zugang zur Welt- und darin auch zur Gotteserfahrung. Er beruft sich auf Goethe: »Durch Worte sprechen wir weder die Gegenstände noch uns selbst völlig aus. Sobald von tieferen Verhältnissen die Rede ist, tritt sogleich eine andere Sprache ein, die poetische; und diese ist nicht übersetzbar ins Begrifflich-Logische.« Kunze entwirft weiterhin mit vielen Autoritäten Regeln zum Umgang mit der Poesie: mit F. Garcia Lorca meint er, »das dichterische Bild verbinde zwei entgegengesetzte Welten mit einem Reiter-(Rössel-)sprung der Bildvorstellungskraft. Das dichterische Bild bringe Phänomene zusammen, die im nüchternen Erfahrungsbereich und in der Denksystematik unvereinbar seien. Doch dies führe nicht zum starren Gegensatz, sondern lasse eine Erfahrungstiefe im Menschen aufklingen, in ›dessen Inneren Gott sein Schöpfungsgerät vergaß‹ (Ortega y Gasset).«

Vieles bisher Gesagte klingt in diesen Worten auf. Kunze mahnt weiter, die poetischen Metaphern, in denen sich Entgegengesetztes verbindet, nun nicht aufzulösen in logische Paradoxien – wie in der rein-logisch dargebotenen Theologie und Philosophie –, sondern in ihrer Bildhaftigkeit zu »erfahren«. Ihr Sinn öffnet sich, wenn es nach Cleanth Brooks gelingt, »Dichtung als Dichtung zu lesen!« Am Beispiel dargestellt: Die Metapher »Rosen der Luft« (Karl Krolow) darf nicht aufgelöst werden in logisches Verstehen (Paradox usw.), sondern muß als eine »Wahrheit«, die in sich steht, erfahren werden.

Kunze selbst bekennt, daß ihm die Erfahrung dessen, den die Christen »Gott« nennen, fehlt. Aber sein Verständnis von Poesie bahnt einen Weg zum spirituellen Umgang mit der Gotteserfahrung. Auch sie gelingt nur dem, der dem »Religiösen« sich religiös« nähert – betend, meditierend, existentiell. Dies geschieht auf ähnlichen Bahnen wie die, die Kunze für die Poesie aufzeigt. Vielleicht steht er damit näher am »Religiösen«, am Spirituellen als viele, die das »Religiöse« ausposaunen.

(6) Mit alledem wird keine »*modische Rückkehr des Mythos*« propagiert. Es wird nur die Alleinherrschaft des rein-logischen Argumentierens auf der Suche nach der Wahrheit zurückgewiesen. Auch die Wahrheit einer Bild- oder Symbol-Darlegung muß sich dem rationalen »Hinter«-Fragen stellen und zeigen, wie sich logische Denkstrukturen zu dem »Hinter«-Grund öffnen, der nicht mehr aufgeht in der »Sic-et-Non« (Ja-und-Nein)-Logik. Bild-Aussagen müssen ihre existentielle Legitimität überdies durch die Bezogenheit auf Geschichte und Gegenwart beweisen. Nur so können sie sich dem Größeren öffnen, das auch der (atheistische) Atomphysiker und Mathematiker Paul Davis im Blick auf seine Wissenschaft »Geheimnis« nennt.

Karl Rahners theologischer Weg führte immer tiefer in das »Geheimnis« hinein, das kein Rätsel, keine »Fehlform der natürlichen menschlichen Erkenntnis«, keine Flucht in Irrationalität bedeutet, sondern »dem religiösen Akt als solchem zugeordnet ist«, in dem »der Mensch in der Einheit seiner erkennenden und frei liebenden Transzendenz immer schon sich selbst übersteigt«.

Bilder, Symbole, auch Mythen, das Ästhetische, das Künstlerische – alles weist Wege, um ein »Geheimnis« in die menschliche Erfahrung einzubringen; es sind Wege der Spiritualität.

Jörg Wichmann, ein von der Esoterik kommender Autor, bringt in »Rückkehr von den fremden Göttern« (1992) hierzu ein überraschendes Beispiel. Die Trinitätslehre sei kein irrational anzunehmender Glaubenssatz, sondern lasse menschliche Erfahrung aufblühen und weise somit ein in die Meditation. Dreifaltigkeit sei ein überaus menschliches »Dogma«: statt der kalten, esoterischen »Selbstorganisation des Universums« (E. Jantsch) stehe jetzt in der Mitte »ein Gott, der mit sich selber tanzt«, der zum Tanzen, zum ganzheitlichen Meditieren einlädt.

Das Trinitätsdogma ist auch tatsächlich aus der meditativen Beschäftigung mit Jesus entstanden: Wie kann er in seinem Menschsein verstanden werden, ohne daß sein volles Menschsein negiert oder sein »Größer-sein« als nur Mensch vernachlässigt wird? Die abstrakt klingende Antwort von innergöttlichen, trinitarischen Beziehungen muß von der Basis des zugrundelegenden, frühchristlichen Ringens um das Verständnis Jesu begriffen werden. Es geht um Beziehungserfahrung: die Beziehung zu Jesus; die Beziehung Jesu zum Vater; unsere Beziehung zum »Geist«, der die Augen für Jesus öffnet und nach dem Galater- und Römerbrief im Innersten »betet«. Aus dem Zusammenklingen dieser Basiserfahrungen und deren gegenseitigen Beziehungen entstand der Glaube an Gottes beziehungsreiches, trinitarisches Leben[42].

D) Das gelebte Beispiel
der großen Zeugnisse

Die Spiritualität der Ostkirchen ist getragen von Bildern. Selbst das Ur-Sakrament der Eucharistie verbirgt sich hinter der Ikonostase, einer Bilderwand. Aber das Wort *ver*-bergen trifft nicht, was die ostkirchliche Spiritualität lebt. Es müßte richtiger heißen: Die Ikonostase *ent*-birgt das Geheimnis der Eucharistie; denn ihre Heiligen-Gestalten zeigen, worum es geht: um ein Leben von Gott her und auf Gott hin.

Diese »Ikonen« mögen uns fremd sein und eher ein ästhetisches oder – wenn es hochkommt – ehrfürchtiges Gefühl des »Heiligen« wecken. Aber sie geben einen weiteren Hinweis, wie Spiritualität theoretisch und mystagogisch darzustellen ist: über gelebte Verwirklichung, über Zeugen lebendiger Spiritualität.

Dies aber ist ein konkreter Weg. So sollte man auf die oft gestellte Frage, welcher geistliche Autor oder welche geistliche Autorin zu empfehlen sei, zunächst antworten: Keine(r)! Denn Spiritualität läßt sich nicht auf der Ebene eines Handbuches abhandeln, in dem Rezepte (geistliche Autoren) angeboten werden. Der zu gebende Rat muß anders lauten: Beginne einfach mit Kennen-Lernen, greife nach diesem oder jenem; laß dich nicht von vorgefaßten Meinungen verwirren, sondern folge deinem inneren Geschmack und suche das, was Ignatius von Loyola »Trost« nennt. Dann wirst du den Autor (den Weg) finden, der dir auf den Leib geschrieben ist. Wenn es dich packt, bleibe dabei und wechsle nicht nach Lust und Laune. Natürlich ist der Weg auch zu prüfen; Text oder Person sind mit der Wirklichkeit zu konfrontieren (als »hinterfragen« wurde dies bezeichnet). Doch du kannst deinen Ratgeber, deinen Vorzugsautor, deinen Weg nur selbst in dieser Harmonie von Erfahren und Überprüfen finden.

Dieser Ratschlag steht in der großen Tradition der »geistlichen Begleiter«, der »geistlichen Väter/Mütter«. Die lebendige Gestalt des »geistlichen Führers« oder der »geistlichen Lesung« ist wichtiger als eine synthetische Darstellung des geistlichen Lebens. Diese lebendige Gestalt aber findet man nur in »lebendiger Begegnung«, nicht in vorkonstruierter Synthese. Synthesen nämlich, in denen der Reichtum von zwei und mehr Jahrtausenden auf den Begriff gebracht sein soll, konstruieren zu schnell den »kleinsten gemeinsamen Nenner«, der allen gelten soll, der aber den Reichtum persönlicher Verwirklichung unterschlägt. Selbst so enge Freunde wie Teresa von Avila und Johannes vom Kreuz lassen sich nicht auf einen solchen »Nenner« bringen, ohne die Stärke ihrer jeweiligen Spiritualität abzuschwächen. Ein so wissender Autor wie Gabriel Bunge hat des öfteren gezeigt, daß selbst Karl Rahner und Hans Urs von Balthasar sich täuschten, als sie die Spiritualität des Lehrers östlichen Mönchtums, Evagrios Pontikos, auf den »Nenner« ihrer abendländisch geprägten Mentalität zu bringen versuchten und ihn als häretisch ablehnten. Sie maßen die christliche Spiritualität zu sehr an einer geprägten Norm, statt offen zu sein für Ungewohntes. Persönlichkeiten, nicht aber Gedankengänge brechen die eigene Enge auf.

Es gehört daher zur Methodik einer Spiritualität, sich stets und offen an den großen Zeugen der Geschichte zu orientieren; maßgeblich natürlich an Jesus Christus, den Urzeugen des christlichen Glaubens.

Schlußbetrachtung:
Das Zeugnis der Liebe

Nach dem Gesagten darf am Schluß keine »Synthese«, sondern nur ein Zeugnis stehen für das Herzthema des Buches. Es ist das Zeugnis eines Nicht-Christen.

Octavio Paz hat in seinem Buch »Die doppelte Flamme. Liebe und Erotik« (1995) das Thema seines Lebens niedergelegt. Um diese 260 Seiten recht zu verstehen, darf man ihnen weder das Netz der christlichen Moral überwerfen, noch sie vom Gefüge irgendwelcher Wissenschaftlichkeit aus beurteilen (ob der »höfischen Liebe« [»fin' amours«] der Troubadoure des 12. Jahrhunderts in Frankreich wirklich die Rolle »der Geburt Europas« zukomme; ob der Liebesmystik vor Gott nicht doch größerer Raum zuzumessen sei).

Man sollte sich von der bezugsreichen Beschreibung der drei Stufen der Liebe faszinieren lassen; dann wird man in ihnen ein Menschenverständnis wiedererkennen, das auch die Hinführung zur Spiritualität leiten muß:

»Das Urfeuer, die Sexualität,
weckt die rote Flamme der Erotik.
    und diese nährt eine weitere Flamme,
    die blau und flackernd sich erhebt:
die der Liebe«(12).

Paz schildert diese Stufen mit vielen literarischen Zeugnissen.
– Das Urfeuer der Sexualität (»Die Reiche des Pans«, 13 ff) bringt das »Animalische«, das im Menschen brodelt, zum »Glühen«; die wilden Mythen von Haß und Tod, von Trieb und Vereinigung, die Kraft von Zeugung, Geburt und Fortpflanzung. Hier liegt »die Wurzel« (46) von allem weiteren.
– In der Erotik wächst diese Wurzel aus dem dunklen Erdreich hinauf zur menschlichen Gestaltung, ohne ihren Ursprung zu verleugnen:

»Die Erotik löst sich von der Sexualität, verwandelt sie und lenkt sie von ihrem Ziel, der Fortpflanzung, ab; doch diese Loslösung ist auch eine Rückkehr. Das Paar kehrt zum Meer des Sexus zurück und wiegt sich auf seinen endlosen und sanften Wellen. Dort erlangt es wieder die Unschuld der Tiere« (35).

Paz beschreibt diese Stufe eindringlich von der »platonischen« Liebe her. Dort wird nahegelegt, die Form des Schönen zu betrachten, die

»untrennbar ist vom Verlangen nach Unsterblichkeit. Die Schönheit, die Wahrheit und das Gute sind drei Dinge und sind doch nur eins: Facetten oder Aspekte ein und derselben Wirklichkeit, der einzigen wahrhaft realen Wirklichkeit« (55).

Der Gipfel dieser Wirklichkeit ist die Idee der Unsterblichkeit. Doch auch diese mit »Liebe« beschriebenen Begegnungen sind für Diotima, in welcher Figur Platon sich ausspricht, nur

»einfache Stufen beim Aufstieg zur Kontemplation. Für Platon sind die erotischen Objekte – sei es der Körper oder die Seele des Epheben – nie Subjekte. Und ihre Funktion ist es, Stufen beim Aufstieg des Philosophen zur Kontemplation der Wesenheiten zu sein« (58 f.).

– Dagegen protestiert Paz. Wirkliche Liebe meint nämlich Neues, meint mehr als nur Weg zur Kontemplation, meint Freiheit, meint Person, Subjekt.

»Das erste Charakteristikum der Liebe ist ihre Ausschließlichkeit. Ausschließlichkeit verlangt Gegenseitigkeit, das Einverständnis des anderen, seinen freien Willen. Somit grenzt die ausschließliche Liebe an ein anderes konstitutives Element: die Freiheit« (140).

In dieser Freiheit verzichten die Liebenden auf ihren Trieb, den anderen zu beherrschen und auf die eigene Subjektivität festzulegen:

»Der Verzicht auf die persönliche Superiorität und die freiwillige Akzeptierung der Abhängigkeit bewirken einen wahren Wesenswandel; vermittels des gegenseitigen Begehrens verwandelt sich das Objekt in sehnendes Subjekt und das Subjekt in ersehntes Objekt« (149).

Eine so verstandene Liebe ist nicht »zu machen«, sie ist Geschenk, ist Gabe des Schicksals. »Schicksal und Freiheit« wachsen in ihr zusammen. (Es ist das oben behandelte Thema von Gottes Vorherbestimmung und menschlicher Freiheit!)

»Die Liebe entsteht aus freier Entscheidung, sie ist freiwillige Akzeptierung eines Schicksals. Die Liebe ist, handle es sich um die zu Gott oder um die zu Isolde, ein Mysterium, in dem Freiheit und Prädestination sich verbinden« (150 f. 153).

Auch ein anderer Widerspruch findet in der Liebe seine Einheit:

»Der Liebende liebt den Körper und die Seele gleichzeitig. Für den Liebenden ist der Körper, den er begehrt, Seele. Alle Liebenden haben diese Verwandlung des Körperlichen ins Geistige, und umgekehrt, gespürt« (155).

Obgleich Paz sich oft auf Johannes vom Kreuz beruft, thematisiert er nirgendwo die »mystische Liebe« des Menschen zu Gott. Doch auf den letzten Seiten des Buches beschreibt er die »Liebe« zwischen zwei Menschen in Worten/Bildern, die all das berühren, was das »Mystische« ausmacht; es klingt wie eine Beschreibung mystischer Gotteserfahrung:

»Es ist dies die Erfahrung des Panischen bei den Alten, der heilige *furor*, die Begeisterung: Wiedererlangen der Ganzheit und Entdeckung des Ichs als eine Ganzheit innerhalb des Großen Ganzen« (261).

Die Liebenden sind über die Zeit hinausgehoben, ohne diese auszuschalten:

»Die Zeit der Liebe ist weder lang noch kurz, sie ist die jähe Wahrnehmung aller Zeiten in einer einzigen Zeit, aller Leben in einem Augenblick. In uns umarmen sich die Gegensätze und werden zu einem einzigen Zeichen, nicht der Bejahung noch der Verneinung, sondern der Hinnahme.«

An einer solchen Phänomenologie der Liebe kann die Reflexion über christliche Spiritualität manches lernen:
– daß es sich immer von neuem lohnt, mit großen Menschen in den Dialog zu kommen, mögen sie im christlichen Glauben leben oder nicht;
– daß die Gotteserfahrung Ganzheit will und in Ganzheit sich vollendet. Paz schreibt zu seiner Phänomenologie der Liebe:

»Der Sexus ist die Wurzel, die Erotik der Stiel und die Liebe die Blüte. Beide, die Liebe und die Erotik – eine doppelte Flamme – nähren sich vom Urfeuer: der Sexualität« (46).

Alle drei gehören zusammen, damit die Liebe wahrhaft sie selbst ist;
– daß das tiefere Nachsinnen und Erfahren der wichtigsten Angelegenheiten den Menschen wie von selbst in die Sprache der Poesie und der Ästhetik hineinführt;
– daß es kein besseres Bild, keine umfassendere Metapher, kein tieferes Symbol für das Verhältnis des Menschen zur Wahrheit, zum Sinn, zu Gott gibt, als das der Liebe. Darf man aber hier noch vom »Bild« sprechen? Es ist doch die konkrete Realität gemeint, die in der Begegnung mit Gott verheißen und jetzt schon – als »Angeld« sagt Paulus – geschenkt wird. Bilder wie Begriffe haben als eigentliche Aufgabe, den Blick, die Intention, die Aufmerksamkeit (jüdisch; Kawwana, als Grundtun des Betens) dorthin zu lenken, wo Gott seine Schöpfung, mich, den Menschen berührt:

»In dieser Endzeit hat (Gott) zu uns gesprochen durch den Sohn, den er zum Erben des Alls eingesetzt und durch den er auch die Welt erschaffen hat. Er ist der Abglanz seiner Herrlichkeit und das Abbild seines Wesens, er trägt das All durch sein machtvolles Wort« (Hebr 1,3).

Drittes Buch

Leben aus dem Glauben

Der Eckhart-Forscher Alois M. Haas[43] klagt darüber, daß der Begriff »Spiritualität«

»zu einer Wortschablone verkommen (sei), die nur noch sagt, was man ihr interpretierend beigefügt. Ansonsten ist er für schlechterdings alles verwendbar.«

Man hat den Eindruck, daß »Spiritualität« in einer schablonenartigen, aussagenschwachen Allgemeinheit das frühere Reden von »meditativ« oder »mystisch« abgelöst hat. Aber Haas zeigt zugleich auch, daß »Spiritualität« von seiner inhaltlichen Aussage her mit wechselnden Akzentuierungen verbunden sein muß. Denn gerade die christliche Spiritualität habe als »historisch wechselnde Existenzform des Glaubens« zwar »ihre objektive Norm in der christlichen Dogmatik«, doch als deren »subjektive Seite« (von Balthasar) müsse sie »streng zeit- und geschichtsbezogen« sein; sie realisiere nämlich und bringe zur Sprache, was Kierkegaard »Gestikulieren mit seiner ganzen Existenz« nennt.

Diese »Zeit- und Geschichtsgebundenheit« heißt konkret: sowohl Kulturgebundenheit wie je-persönliche Prägung; heißt daher notwendigerweise auch Pluralität (nicht Pluralismus, wie von Balthasar betont) der vielfältigen Möglichkeiten, Christentum zu leben.

Haas zeigt weiter, daß die christliche Spiritualität in ihrer Pluralität sich an der »Unüberbietbarkeit der Gestalt Jesu Christi« orientiert und von dort her den Namen »christlich« trägt. Das meint in der Konzeption Losskys: daß die Vielfalt der »Pneuma«-Kirche ihre Einheit im Verhältnis zur »Logos«-Kirche finden muß. Doch Haas meint mit Recht, daß über die verschiedenen Möglichkeiten des Umgangs mit Jesus Christus »noch lange nicht das letzte Wort gesprochen« ist. Damit führt er den Blick auch über den christlichen Raum hinaus mit der Forderung, über ihre eigenen Grenzen hinaus aufmerksam hinzuschauen und zu horchen, ob – in der Terminologie der Befreiungstheologie – das »totum Christi« (»er« in seiner Fülle) nicht noch reicher ist, als die christliche Überlieferung bisher den »totus Christi« (»er« in seiner Unbedingtheit) verstanden hat. Besonders die »Moderne« mit ihrem Mühen um »Spiritualität« – in aller unübersichtlichen Vielfalt und trotz ihrer vielen leeren Behauptungen – muß als Gesprächspartner der christlichen Spiritualität ernst genommen werden. Denn in diesem Mühen versuchen Menschen »mit ihrer Existenz zu gestikulieren«, existentielle Lebensformen zu finden.

Der christlichen Spiritualität darf kein Gesprächspartner zu gering oder zu abwegig erscheinen. Erst im Dialog wird sich herausstellen, ob dieser einen ernstzunehmenden Versuch realisiert. Daher wird im folgenden kein fertiges System einer Spiritualitäts-Praxis vorgelegt. Das »Abschließend-sein-Wollen« ist einer der Grundfehler vergangener Versuche, die oft eher abschreckend als anziehend sind.

I. Teil
Ein offen bleibender Versuch – Notwendige Vorbemerkung

A) Das Netzwerk des spirituellen Lebensentwurfs

Diese Offenheit ergibt sich schon aus dem Verflochtensein der Einzelzüge der Spiritualität. Kann man über Gebet sprechen, ohne dessen Niederschlag im Alltagsleben miteinzubeziehen, ohne dessen Bezug auf die (kirchliche oder andere) Gemeinschaft zu berücksichtigen; ohne ständig die leibliche Komponente in Gebärden und Riten, aber auch in der konstitutiven Gebundenheit an den Leib in seiner Schwäche zu bedenken; ohne die wechselnden Bedingungen des Alters, des Ortes, der Zeit, der Kultur, der eigenen Vergangenheit usw. stets neu zu reflektieren? – Grundsätzlich gesagt: Darf man über Beten sprechen und dabei die je verschiedene Individualität der Beter übergehen?

Das gleiche gilt von jedem anderen Zug der Spiritualität. Ein jeder ist nur lebendig im Netzwerk der anderen. Die schriftliche Darstellung zwingt zwar, die Phänomene der Spiritualität einzeln zu betrachten, doch stets muß das Eingebundensein ins Netzwerk des Lebens bewußt bleiben.

Es gehört zur Genialität des ignatianischen Entwurfs der »Geistlichen Übungen«, diese Pluralität der Lebensmöglichkeiten in die Entscheidungsfindung einzubeziehen. Der konkrete, in vier Wochen aufgegliederte Verlauf der Exerzitien ist schon in sich keine abstrakte Aufgliederung der Spiritualität, sondern orientiert sich am konkreten Leben Jesu (so wie es die damalige Bibelkunde vermittelte). Dieser Ablauf aber ist nochmals gebrochen, »entsystematisiert«, konkretisiert durch die geistliche Begleitung. Nicht in der Systematik eines Aufstiegswegs, sondern im lebendigen Gespräch mit einem erfahrenen Menschen ist der je-eigene Weg zu finden. Ignatius nimmt das persönliche Leben aus dem starren Stufenschema des »geistlichen Aufstiegs« heraus und macht den lebendigen Dialog mit dem geistlichen Begleiter zum Wegweiser.

B) Kirchlichkeit als lebendiges Angebot zum konkreten Dialog

Ebenso wichtig wie der »geistliche Begleiter« ist für Ignatius die Kirchlichkeit. Die entsprechenden Fragen wurden oben besprochen. Hier ist sie als »soziale Bedingtheit« jeder persönlichen, christlichen Spiritualität zu bedenken. Kirche steht dem Christen nicht (nur) als ein (mehr oder weniger fremdes) Angebot gegenüber, sondern ist integraler Teil seiner persönlichen Spiritualität. Er kann sich – mit allen kritischen Vorbehalten – nur in ihr verwirklichen. Das meinen die oft verkannten Regeln der Exerzitien (363) zum Denken mit der Kirche; denn es ist »der gleiche Geist, der uns leitet und lenkt zum Ziel der Seelen.« So stellt die Dogmatische Konstitution des II. Vatikanischen Konzils »Lumen gentium« (Kapitel 7) die Kirche als »Leib Christi« dar:

»In jedem Leib strömt Christi Leben auf die Gläubigen über, die durch die Sakramente auf geheimnisvolle und doch wirkliche Weise mit Christus, der gelitten hat und verherrlicht ist, vereint werden. Alle Glieder müssen ihm gleichgestaltet werden, bis Christus Gestalt gewinnt in ihnen.«

Anders gesagt: Die Kirche ist das Ur-»Sakrament«: Insbesonders ihre Sakramente repräsentieren in objektiver Gestalt das, was in christlicher Individualität die persönliche Spiritualität ausmachen soll. So ist die Taufe kein mechanisches Eingliedern in die Kirche, sondern Ausdruck der persönlichen Hinkehr und Bekehrung zu Gott und seinem Sohn. Deshalb werden im klassischen Credo das Tauf- und das Buß-Sakrament in Einheit als »Sakrament der Bekehrung« dargestellt. – Die Eucharistie ist nicht nur objektive Vergegenwärtigung des Kreuzes-Opfers Jesu, sondern ebenso die sakramental-kirchliche Verwirklichung der Mitte christlichen Betens: Hinwendung, Hingabe an den ewigen Gott, wie es das Kreuzeswort Jesu nach Lukas (23,46) ausspricht: »Vater, in deine Hände lege ich meinen Geist.«
Teilhard de Chardin hat seine Kirchlichkeit als »prae-sentire cum Ecclesiam« bezeichnet: jetzt schon »vorherspüren«, was in der »künftigen Kirche« vollendet sein wird. So trug er in das ignatianische »sentire cum Ecclesia« (Denken/Fühlen mit der Kirche) seine Hoffnungstheologie ein.

C) Dialog über die Grenzen des traditionellen Christentums hinaus

Dieses »Fühlen im größeren Zusammenhang/Netzwerk« muß sich über den Raum der Kirche hinaus erstrecken. Der katholische Ansatz zum Verständnis von Spiritualität erkennt an, daß das Sehnen des konkreten (jedes!) Menschen schon aus sich heraus offensteht zur Begegnung mit dem wahren Gott. Züge außerhalb des Christentums haben immer schon die christliche Spiritualität bereichert und verlebendigt.

Dieses »Netzwerk« menschlichen Suchens kann hier nicht bei jedem Schritt ausgespannt werden. Die Kirchenväter haben es als »spoliatio Aegyptorum«, als »Beraubung der Ägypter« reflektiert: Wie das Volk Israel beim Auszug aus Ägypten sich Schätze von ihren Sklavenhaltern »auslieh« und sie auf Befehl Jahwes in der Wüste aufbrauchte, so soll sich das Christentum dankbar die Schätze anderer Religionen zu eigen machen. Was die »anima naturaliter christiana«, »die von Natur aus zum Christentum offene Seele«, an wahrer Religiosität besitzt, ist Lebensweisheit, die allen gehört, die nach Gott streben; gleichgültig, woher diese Lebensweisheit stammen mag.

Aus all dem ergibt sich eine bleibende Offenheit und Lernbereitschaft. Christliche Spiritualität heißt nicht, alles schon wissen und so den Weg gehen, sondern: im Vertrauen auf Gottes Geist den Weg suchen und sich mutig auf die Begegnungen einzulassen, in die hinein er führt.

II. Teil
Der Mensch vor Gott –
über Gebet und betende Haltung

A) Drei Blickwinkel

Da »Gebet« nicht nur die intensive Praxis der ausdrücklichen Hinwendung zu Gott, sondern eine Grundhaltung des Menschen bedeutet, soll die Besinnung auf das Beten[44] am Anfang stehen.

Wie differenziert und reich eine solche Besinnung sein kann (und muß!), zeigt schon die erwähnte Tatsache, daß in der Tradition Beten häufiger als »Aufstieg zu Gott« denn als »Sprechen mit Gott« definiert wird. Mit »Aufstieg zu Gott« wird der meditative, die Weltwirklichkeit umfassende und durchquerende Weg zum Absoluten nahegelegt.

1. THEOLOGISCH – EIN DREIFACHER BEZUG ZU GOTT (VERKÜNDIGUNGSGESCHICHTE)

Von einem biblischen Text her läßt sich diese Weite ermessen. Die Fachexegese[45] versichert fast einstimmig, daß die Kindheitsgeschichte Jesu bei Lukas zuerst als eine in Erzählung gekleidete Theologie und nicht als historischer Bericht zu lesen ist. Erst sekundär und im nachhinein könne nach der eventuell dahinterliegenden historischen Wirklichkeit gefragt werden. Es darf aber auch nicht genügen, den Bericht in die Bezüge zum Alten Testament aufzulösen, sondern er muß auf seine eigenständige (narrative!) Theologie befragt werden. Es verwundert daher, wie wenig die Erzählstruktur der Verkündigung des Engels an Maria betrachtet wird. Das Gespräch hat offensichtlich eine triadische Struktur und spiegelt eine betende Dreibeziehung zu Gott.

a) Der Gott des Alten Testaments – Urvertrauen

Der erste Engelgruß bezieht sich auf den Gott des Alten Testaments, den Jesus Vater nennt: »Der Herr ist mit dir!« Wie in Mt 1,23 f wird das israelitische »Emmanuel«, »Gott ist mit uns«, weitergeführt und vollendet.

»Emmanuel« formuliert die Gewißheit, aus der Israel lebte: »Gott ist mit uns«, wie es Jes 43 klassisch besingt: »Wir sind das von ihm auserwählte Volk.« Die Notschreie des Volkes in der Gefangenschaft; die Hilferufe in der Not; die Glücksrufe aus der Erfahrung von Gottes Hilfe; der Lobpreis des Zion-Berges als Gegenwart Gottes – alles lebt aus der Gewißheit: »Gott ist mit uns«. Maria erschrickt wie in den alttestamentlichen Gottesbegegnungen. Doch sie leitet dies in eine neustestamentliche Haltung weiter, die die ganze Kindheitsgeschichte prägt: Sie meditiert, »sinnt darüber nach« (wie bei der Geburt Jesu oder der Heimkehr des 12jährigen nach Nazareth). Der Vertrauensglaube: »Gott ist mit mir!« wird ins mit-fühlende Herz hinein geführt. (»Vom Kopf ins Herz« – so definiert die Ostkirche Meditation!)

Als Typologie des Betens ist damit das Gebet des »Urvertrauens« beschrieben (nach E. Erikson): »Gott ist mit uns«, mit mir – so sehr auch das äußere Geschehen dagegen zu sprechen scheint. Gott in seinem Geheimnis ist ja größer als die Analyse der Gegenwart. Für diese Haltung des Vertrauens in aller Not bietet das jüdische Volk mit drei Jahrtausenden Unterdrückung, Knechtschaft und Verfolgung ein so großes Beispiel, daß man von einem Geschichtswunder sprechen möchte. In der schweren Zeit blieb in seinem Beten das »Gott ist mit uns« wach. Der Text sieht dieses Gebet in Maria erfüllt und an die Christenheit weitergegeben; es soll das glaubende Gottvertrauen in der Erfahrung des Herzens realisieren, meditieren. Maria erfüllt in der Kindheitsgeschichte die Prophezeiung der »Tochter Sion« (vgl. Zef 3.14; Sach 2.14; Jes 54; 12.6 usw.).

Diesen »Gott«, der »mit uns ist«, spricht Jesus mit Vater an und lädt uns ein, das gleiche zu tun. Die dogmatische Reflexion verehrt ihn als erste Person des trinitarischen Lebens.

b) Der Menschgewordene – Du-Sagen zu Gott und Engagement des Beters

Der zweite Gruß schaut auf Jesus. Die Gnade, das »Mit-uns-Sein« Gottes konkretisiert sich in ihm; wird so konkret, daß man den Text (gegen die Einheitsübersetzung) wörtlich mit

»schwanger-werden« übersetzen muß: »en gastri« = im Bauch empfangen. Kindsein und Königsein wird von diesem Jesus gesagt und damit auf Weissagungen des Alten Testaments verwiesen:
Zwei Zitate des Alten Testaments sind kombiniert:
– Jes 7,14 (»Die junge Frau wird ein Kind empfangen«) wird schon im Alten Testament (über den Jesaja-Sohn in Kapitel 8) weitergedacht und -erfahren auf Jes 9,5 ff (»Die Herrschaft liegt auf seinen Schultern; man nennt ihn wunderbarer Ratgeber, Starker Gott ...«) und Jes 11,1 ff hin (»Doch aus dem Baumstumpf Isais wächst ein Reis hervor ... Der Geist des Herrn läßt sich nieder auf ihn ...«!), bis zur Septuaginta, die den Vers mit »Jungfrau, die empfangen wird«, übersetzt. (Die Exegese nennt diese innerbiblische (!) Entfaltung: »Weiter-, Neulesen«, relecture.)
Die Hoffnung, die jedes »Kind« aus seinem Wesen heraus in sich darstellt, potenziert sich mit der anderen Hälfte des Engelwortes zur messianischen Hoffnung.
– Mit dem Zitat von 2 Sam 7,12 soll nämlich die Verheißung der Königsherrschaft an Israel in diesem Kind zur endgültigen Erfüllung kommen.
Für eine Typologie des Betens besagt dies: Gott trägt und erfüllt sein »Mit-Sein mit Israel« in dieser Kindesgestalt. Kinder sind Zeichen der Hoffnung. Die Hoffnung in die Zukunft des Lebens, die im Wesen des »Kindseins« liegt, wird zur Hoffnung auf Gott. Im Menschenantlitz dieses Kindes erfüllt sich die Gegenwart Gottes unter uns. Wir dürfen und müssen unsere Hoffnung auf dieses Kind legen.
Der zweite Gruß des Engels geht auf Jesus, den die christliche Tradition als Gottes Sohn verehrt. Das »Du«, das Gott gilt, ist unüberbietbar sichtbar geworden in diesem Kind. Diesem »Du« zu Gott entspricht das Bittgebet der Menschen, das doch besonders von Lukas (11,5 ff; 18,1 ff) betont wird bis zur Dringlichkeit: »unverschämt Gott zu bitten«.
Da dieses Kind aber eine Königsherrschaft errichten soll, wie 2 Sam 7,12 verheißt, ruft die »Du-Beziehung zu ihm« jeden Menschen auf zur Mitarbeit an dieser Königsherrschaft. Dorothee Sölle wies schon früh darauf hin, daß das ernstgenommene Bittgebet einen Aufruf darstellt zur Mitarbeit an seiner Erfüllung. Die Spiritualität der südamerikanischen Basis-Gemeinden bestätigt dies: Die direkte »Du«-Bitte an Gott ist eng verknüpft mit dem aktiven Einsatz für eine Verbesserung der Welt.

c) Gottes Geist – Gebet zu Gott in der Innerlichkeit

Auf die Frage Marias: Wie kann dies geschehen? Wie kann der Abgrund zwischen dem betenden Menschen und der Unendlichkeit Gottes überbrückt werden?, verweist das dritte Wort des Engels auf die Kraft des Geistes Gottes, die Maria überschattet. Das greift die alttestamentliche Ahnung von Gottes Immanenz in der Welt (Geist-Ruach im Bild der Wolke; in der Sophia) auf. Dies steht im Zusammenhang mit den Worten des Paulus (Röm 8; Gal 4) von der Immanenz Gottes im menschlichen Beten und der johanneischen Theologie des Eins-Seins mit Gott. Die innerste Kraft des Betens zu Gott, des Abba-Vater-Rufens, ist, wie gezeigt wurde, Gottes Geist selbst.

Damit wird das Gebet der Innerlichkeit, des Versinkens ins Selbst angesprochen. Gottes Geist wohnt im Herzen, im Innersten des Menschen; dies allerdings nur in dem Maße, wie der Mensch ruft: Abba-Vater! Nur im Eingebundensein in die trinitarische Mehr-Dimensionalität Gottes wird die Erfahrung der Innerlichkeit zur Erfahrung von Gottes Immanenz im Menschen und in der Welt, zur Erfahrung von Gottes Geist.

d) Trinitarische Harmonie – Vater, Wort und Kraft des Geistes

Dieses trinitarische Eingebundensein faßt der Engel nochmals zusammen: »Kein Wort, das von Gott kommt, ist ohne Kraft.« Die übliche Minimal-Übersetzung: »Bei Gott ist kein Ding unmöglich«, beruft sich auf verwickelte Gedankengänge[46], die den Wortlaut verfälschen.

– Kraft (dynamis) ist bei Lukas (Apg) stets der Heilige Geist.
– Wort (räma) kommt in der Kindheitsgeschichte so oft und so betont vor (was die Übersetzungen verschleiern), daß eine Vorstufe zur johanneischen Logos-(Wort)-Theologie sichtbar wird.
– Gott meint wiederum den Gott, den Jesus »Vater« nennt.
Jetzt erst antwortet Maria. Und wiederum schwächen die Übersetzungen ihre kraftvolle Antwort ab. Aus »nach deinem Wort« wird »wie du gesagt hast«; so als ob man Logos nach Johannes mit »wie gesagt« übersetzte.

e) Die Kraft des Textes – Gebet als Erwähltsein von Gott

Eine solche Auslegung gelingt nur, wenn man den Text in seiner literarischen Gestalt ernst nimmt, das tut, was die »Midrasch«-ähnliche Form philologisch exakt verlangt. Dann wird auch deutlich, daß der Einleitungssatz zur Geschichte, der über zwei Verse hinweg (Lk 1, 26.27) reicht, wohl bewußt in dieser Länge niedergeschrieben wurde, um zum Höhepunkt hinzuführen: »Der Name der Jungfrau war MARIA!« Maria aber ist – biblisch gesehen – unbekannter Herkunft; die beiden Stammbäume Jesu enden bei Josef, der, noch ehe er mit Maria zusammenkam, erkannte, daß sie schwanger sei. Maria wird zudem vom Engel, dem Boten aus Gottes unerkennbarem Geheimnis, an einem unbedeutenden Ort und zu zufälliger Stunde angesprochen – im Kontrast zur Verkündigung der Geburt des Johannes vor Zacharias.

Für eine Typologie des Betens besagt dies: Gott wählt ohne jede Vorbedingung. Jedes Beten realisiert das Frei-Erwähltsein von Gott. Aus der philologischen Feststellung, daß Gott Maria ohne Vorbedingung erwählt hat, ergab sich im Gebet der Kirche, daß Maria »unbefleckt empfangen« sei, also ohne jede Vorbedingung von Gott gesegnet.

f) Trinitarischer Reichtum des Betens

Damit sind drei Grundgestalten des christlichen Betens namhaft gemacht:

– das Urvertrauen, weil Gott »mit uns, mit mir« ist;
– die Du-Begegnung, weil Gott ein Menschenantlitz hat, das ich bittend ansprechen darf, das mich aber einlädt zum Aufbau des Reiches Gottes;
– die Innerlichkeit, weil Gottes Geist in mir wohnt; dies allerdings nur in der Offenheit zum »Abba, Vater«.
– nicht zu vergessen ist die Würde, daß Gott mich/uns erwählt hat, sein(e) Gesprächspartner zu sein.

Man sollte diese drei (vier) Züge zwar nicht zu schnell auf den Trinitätsglauben umlegen; den dreifaltigen Gott kann der Mensch nicht in drei getrennte Funktionen zerlegen. Aber dennoch zeigt sich in der Geschichte der Verkündigung des Engels an Maria, wie tief ein entsprechendes Denken und Fühlen schon in der frühen Kirche lebendig war.

Für den Glauben und das Beten bedeutet dies: Nur wer in den lebendigen Vollzug des Betens eintaucht, wird die Seinswahrheit von Gottes dreifaltigem Leben recht verstehen. Sie sprengt alle Begrifflichkeit und jedes eindimensionale Bild. Die ehrwürdige Gebetsformel: Durch (Jesus) – im (Geist) – zu (dem Vater) versucht es auszusprechen. Der schlichte Text bei Lukas enthält die großartige Gebetslehre des Neuen Testaments.

2. ANTHROPOLOGISCH – BEIM MENSCHEN ANSETZEND, ZUM DU ZU GOTT FÜHREND

Das Verständnis des Betens als »Aufstieg« zu Gott (statt als »Gespräch«) hat viele Gründe. Einer davon ist die existentielle Notwendigkeit, konkret beim Menschen anzusetzen und seine Erfahrungen hochzuführen bis zu Gott. Dies steht als ein anderer Pol dem (Bitt-) Gebet gegenüber.

a) Der meditative Weg – Aufstieg des Gemütes zu Gott[47]

Dieser Ansatz wurde im Kapitel »Meditation« vielfältig beschrieben. Hier ist nur einiges hervorzuheben.

(1) Die »natürliche Sehnsucht des Menschen nach Gott« ist eine uralte christliche Wahrheit. Meditieren setzt sie in die Praxis um. »Unruhig ist unser Herz, bis es ruht in Dir«, schrieb dazu Augustinus. In der Mitte unseres Jahrhunderts wurde diese Theologie von der in Frankreich geborenen »théologie nouvelle« überdacht, aber durch die Enzyklika Pius' XII. »Humani generis« scharf zurückgewiesen. Einer ihrer Vorkämpfer, Henri de Lubac, der durch die Ernennung zum Kardinal rehabilitiert wurde, zeigt in vielen Schriften (vgl. seine »Paradoxes«), wie fruchtbar diese Lehre für die lebendige Spiritualität des Menschen ist.

(2) Die Fruchtbarkeit dieses Menschenbildes im Religionsgespräch wurde von de Lubac (»Christliche Mystik in Begegnung mit den Weltreligionen« in: »Das Mysterium und die Mystik«, hg. von J. Sudbrack 1974, 103) unterstrichen:

»Darf man nicht auch annehmen, daß jeder Mensch fähig ist, bei außergewöhnlichen Ereignissen seines Lebens im Grund seiner Person etwas von der Gegenwart Gottes zu erfahren? Diese Erfahrung kann ihm geschenkt werden, selbst wenn der Verstand sich noch nicht eingeschaltet hat und selbst wenn er die Wirklichkeit, die er verspürt, nicht zu deuten vermag.«

Wo immer einer (auch der Nichtchrist) seine Erfüllung im Geschenk (Gnade) und Geheimnis erahnt, findet de Lubac eine Offenheit zum christlichen Gott. Das überträgt die Phänomenologie der Liebe (auch ein Grundwort de Lubacs) des Octavio Paz auf Gott und Mensch.
Entsprechendes gilt für das Meditieren, woher auch immer seine Methode stammen mag. Es hat Platz im Christentum, wo

es offen bleibt auf den »je größeren Gott«. Es mag sich (wie der Liebhaber) auch um Liebe bemühen, muß aber realisieren, daß die Liebe immer ein Geschenk ist.

(3) In dieser Definition vom Beten als (meditativer) Aufstieg des Gemütes zu Gott liegt ein *grundsätzliches Ja zu dieser Welt.* Wie oft auch konkrete Entwicklungen im Christentum dies mißachtet haben – die Welt ist für das Gebet ein (wenn auch nicht ungetrübter) Spiegel von Gottes Herrlichkeit, ein Lichtfunke aus der Quelle des göttlichen Lichtes. Dem nachzugehen, heißt »meditieren« und führt in das Beten vor Gott. Erika Lorenz hat 1995 in ihrer Übersetzung der »Lebendigen Flamme der Liebe« (Llama de amor viva) des Johannes vom Kreuz gezeigt, wie sehr dieser so oft als dunkel und weltflüchtig verschriene Mystiker durchdrungen war von einer meditativen Freude an den Schönheiten der Welt.

(4) *In jeder recht verstandenen Meditation wird Gott erfahren,* begegnet der Mensch Gott, geschieht Gebet im ureigensten Sinn; denn darin wird Gottes »Immanenz« im Innersten des Menschen, in der Schöpfungswirklichkeit erfahren. Diese »Kehre« ins Innere findet Gottes Geist, der in der Schöpfung »seufzt« und dem Menschen »innerlicher ist als ein Innerstes« – wenn er nur ausgerichtet bleibt auf den je-größeren Gott, der alles trägt und sich in Jesus geoffenbart hat. Darauf spielt das oft abgekürzt (und falsch) zitierte Gebet des Augustinus in seiner trinitarischen Struktur an:

»Du Gott (anredbar in Jesus von Nazareth)
bist mir innerlicher als mein Innerstes (Gottes Geist)
und höher als mein Höchstes« (als Geheimnis des Vaters).

Meditation ist dort Gebet, wo diese Offenheit (zu Jesus, zu dem »höher als mein Höchstes«) beginnt; Meditation aber bleibt dort befangen im (noch so ausgeweiteten) menschlichen Selbst, wo diese Offenheit fehlt.

(5) *Alle Formen von Selbst- und Fremd-Erfahrung* bekommen durch diese Offenheit Platz im christlichen Meditieren und Beten. K. Riesenhuber hat Entsprechendes zur Zen-Meditation gezeigt. R. Bögle meint in »Yoga – Ein Weg für dich« (1991, 39): »Yoga hat zwar vom Hinduismus eine religiöse Komponente bekommen, ist letztlich eine Wissenschaft wie viele andere«, kann also wie alles Natürliche einen Weg ins Christentum öff-

nen. So schreibt Ignatius von Loyola (Exbü. Nr. 23): »Die übrigen Dinge auf dem Angesicht der Erde sind für den Menschen geschaffen und damit sie ihm bei der Verfolgung des Ziels helfen.« Die vertiefte Selbsterfahrung und Sensibilität der östlichen Meditationsmethoden können die »pneumatologische« Gestalt des christlichen Betens vertiefen.

(6) *Die Vielfalt der meditativen Wege* ist hier nicht darzustellen. Aber gerade die Leib- und Bewußtseins-Methoden fernöstlicher Provenienz sollten erweitert werden durch ganzheitliche Aktivitäten (wie Tanzen), durch kreatives Tun (Musik, Malen) und vertieft werden. Selbst die erotische Liebeserfahrung wird, wie die allegorische Deutung des Hohen Liedes im Alten Testament nahelegt, einbezogen; in ihr wird – wie schon die Rabbiner deuteten – eine welthafte Liebeserfahrung zur menschlichen Erfahrung von Gott vertieft. Ein recht verstandener Tantrismus kann manche vom Mahayana-Buddhismus übernommene Einseitigkeiten korrigieren.

(7) *Zur Leere-Nichts-»Advaita«-Nirvana-Erfahrung fernöstlicher Religiosität* muß die westliche Entsprechung in Philosophie und Mystik gesehen werden, die Karl Albert analysiert hat – ausgehend von Parmenides und dem (Neu-)Platonismus, über Augustinus, Dionysios Areopagita, Meister Eckhart bis zu Hegel, Heidegger und Alberts Lehrer Lavelle. Über dieses philosophische Bemühen hinaus aber stellt sich die Frage, welche Erfahrung der reinen »Leere« (gegenstandslos genannt) entspricht: der letzte Grund menschlicher Personalität, der noch vor der Ausdifferenzierung in Denken, Wollen, Fühlen usw. die Person-Mitte ausmacht, oder das Göttliche, das Sein, der Urgrund aller Wirklichkeit? Johannes Tauler betont das Dialogische zu Gott und nennt diese Erfahrungstiefe den »Abgrund« der Selbsterfahrung, der nach Ps 42,8 »den Abgrund« von Gottes Unendlichkeit ruft: »Als er in ihm war, da war der Mensch in Gott.« Louise Gnädinger erläutert dies in »Johannes Tauler, Lebenswelt und mystische Lehre« (1993, 186): »Diesem wahrhaftig gähnenden Abgrund kann nur Gott in seiner Unendlichkeit entsprechen.« Wiederum geht es um das Kriterium der Offenheit: Öffnet sich, sehnt sich der Abgrund im Menschen (das ist das Selbst in der Erfahrung der Leere) nach dem jeGrößeren« oder bleibt er in der eigenen Seelentiefe befangen? Dies eindeutig zu sehen, mag oft schwierig sein. Aber eben hier zeigt sich die Nähe der christlich-mystischen Erfahrung zur

fernöstlichen Religiosität und zugleich der christliche Akzent der Offenheit.

b) Das Problem des Bittgebets – Erhörung und Nicht-Erhörung

Friedrich Wulf hat recht, wenn er sich im »Lexikon für Theologie und Kirche« (von 1960) gegen »eine gewisse Minderbewertung des Bittgebets« wendet und sich auf das »Zeugnis der Schrift und der kirchlichen Überlieferung« beruft.

Doch das Bittgebet hat seine Problematik, wie sich in der vergessenen Arbeit Otto Karrers über »Gebet, Vorsehung, Wunder« (1941) zeigt. Mit durchgehender Berufung auf Thomas von Aquin legt er dar: Bitten an Gott kann seinshaft gesehen nur bedeuten: Die Bittende fügt sich ein in die ewige Vorsehung Gottes, nicht aber: Gott selbst wird durch das Bitten bewegt, denn Gott ist unveränderlich; sein Wollen liegt in aller Ewigkeit unbeeinflußbar vom Menschen fest. Wegen solcher Aussagen kam das Buch auf den Index der verbotenen Bücher. Was die Thomas-Interpretation betrifft, zeigt auch Lydia Maidi in ihrer Arbeit »Desiderii interpres. Genese und Grundstruktur der Gebetstheologie des Thomas von Aquin« (1994), daß der Kirchenlehrer die »logische Unvereinbarkeit« von menschlichem Bittgebet und Unveränderlichkeit des göttlichen Willens nicht vermitteln kann, sondern einfach stehen läßt; er bewege sich nur im Bereich menschlicher Psychologie und umgehe die metaphysische Frage nach Gottes ewiger Vorsehung-Vorbestimmung und menschlicher Freiheit.

Der zum Esoteriker gewordene Joachim Ernst Berendt, in der Bewegung Shree-Rainesh-Bhagwans Swami Nirdosh genannt, geht noch weiter. Für ihn ist (nach »Nada Brahma«, 1983; in »Das Leben ein Klang«, 1996, ist er behutsamer) das Beten überhaupt ein unwürdiges, wenn nicht gar blasphemisches Tun; denn es befestige den Subjekt-Objekt-Dualismus zwischen Mensch und Gott und zerre das Unbegreiflich-Göttliche auf die Ebene des Menschen herab. In der Frage nach dem »Bittgebet« spitzt sich dieser Einwand zu.

Zur Unveränderlichkeit Gottes wurde schon oben gezeigt, daß ihr Wesen und ihr Offenstehen zur Veränderlichkeit der Schöpfung logisch nicht darzustellen ist. Die Überlegungen von O. Paz zur Liebe, die zugleich geschichtlich-frei wie als »notwendiges« Geschick-von-Ewigkeit-her erfahren wird, bahnen Wege zum Nachempfingen, nicht aber zum Verstehen. Eine biblische Besinnung helfe zur Erhellung (nicht Durchleuchtung) von Psychologie und Theologie-Metaphysik des Bittgebets.

(1) *So provozierend wie Mk 11,12–25*[48] (die letzten Tage einleitend) spricht kein anderer neutestamentlicher Text vom Bittgebet. Jesus findet keine Feigen am Feigenbaum und verflucht ihn deshalb – obgleich die Zeit des Fruchtbringens noch nicht da ist. In Texteinheit damit steht der Spruch über den Glauben, der Berge versetzt, und über das Bitten, das alles erreicht, wenn man nicht zweifelt. Die Märchenhaftigkeit oder gar Absurdität des Textes wird bewußt angesichts einer Ikone, auf der Gregor, der Wundertäter, mit »kräftigem« Beten einen Berg über eine Meerenge hinweg-»hebt«. Sie wird deutlich im Roman »Das Wunder des Malachias« von Bruce Marshall. Dort macht das mirakulöse, durch frommes Beten bewirkte Versetzen der Skandalbar auf eine Insel den Skandal noch schlimmer; Malachias »erbittet« die durch das Wunder aufgewertete Bar wieder zurück neben sein Kloster.

Muß man die Problematik naiv-fromm lösen mit der Behauptung: Wir können keine Berge versetzen, weil wir nicht fest genug glauben? Darf man das Bitten symbolisch verharmlosen: Es handle sich um innere Werte; nur um sie dürfte man bitten, nicht aber um greifbare Wunder? Doch dieser »Kniff« liegt nahe, auch andere biblische Szenen (bis hin zum Wunder der leiblichen Auferstehung) in die reine Innerlichkeit hinein zu verlegen. Haben O. Karrer und H. O. Pesch (mit Thomas von Aquin!) recht, wenn sie die Metaphysik des Bittgebets nicht als Bestürmen des göttlichen Wollens, daß es sich uns zuwende, sondern nur als Einfühlen in Gottes unveränderliche Vorsehung gelten lassen? Muß man den sperrigen Text (der durch viele andere biblische Aussagen gestützt wird) nicht ernster nehmen?

(2) *Das eschatologische Kolorit des Textes* bietet Forschern aus verschiedenen Lagern (J. Jeremias, J. Schreiber) den Ansatz zum Verständnis: Der »Feigenbaum« (Mk 13,28; Lk 13.6ff; Jer 5,17; Hos 2,14; Joël 1,7.12; Hab 3,17; vgl. Mich 4,4) ist ein prophetisches Bild für den Schrecken der Endzeit. Das »Strafwunder« Jesu (das einzige Wunder während der letzten Tage) steht in der Tradition alttestamentlicher Prophetie, die oftmals durch »Zeichen« spricht. Selbst die Verbalzeit des »Essens« vom Feigenbaum kann – vom Wortstamm her gesehen – besagen: Das Ende kommt, bevor die Frucht reif ist zum Essen. Auch die von Markus in den Text eingefügte Tempelaustreibung schaut hin zur

Endzeit: Der alte Tempel verschwindet (vgl. Ez 40–48; äth. Hen 90, 28–30), da der neue, endgültige der Endzeit kommt.

Von hierher gewinnt auch das »Bergeversetzen« durch den starken Glauben (Mt 17,20; Mt 21,21; Lk 17,6;) seinen Sinn. Es geht um das eschatologische Zeichen, daß die Berge verschwinden (Jes 40,4; 49, 11; Sach 14.10) oder sich auftürmen und zu Trägern des Gottesberges werden (Jes 2,2 par; Mich 4,1). Der Schrecken der Endzeit wird oftmals durch das Zusammenstürzen der Berge ausgemalt (Hos 10,8; Offb 6,12–16; besonders Lk 23,20). Das Jesuswort vom Glauben, der Berge versetzt, spricht hinein in die Angst der Endzeit und will Zuversicht schenken, daß Gottes Macht stärker ist als der Schrecken des Eschaton, des Todes.

(3) *Diese eschatologische Bitte ist Hintergrund jedes Bittgebets.* Die kleine Bitte um ein Gut im Hier-und-Jetzt ist getragen von der alles entscheidenden Bitte um das Gute und den Sinn schlechthin. Diese große Bitte, aus der Grundangst des Menschen vor der Todessituation emporsteigend, ist aber schon in Jesus erhört. Und diese »Erhörung« läßt den Christen so »unverschämt« bitten (Lk 11, 3–8; 18, 1–8).

Enthält nicht auch das Ave-Maria die gleiche eschatologische Spannung: Die kleine Bitte (»jetzt«) öffnet sich auf die große, grundsätzliche hin: »Bitte für uns Sünder, jetzt und in der Stunde unseres Todes«? Anders gesagt: In jeder humanen Bitte verbirgt sich die umfassende Bitte, daß doch das Leben Sinn habe und »Leben« statt Tod bedeutet.

Dieses Verständnis wird bestärkt durch die Zeitverschiebung in Jesu Wort (wieder nach dem Urtext, nicht nach manchen Übersetzungen!): »Glaubt nur, daß ihr es schon erhalten *habt*, dann *wird* es euch zuteil.« Exegeten wie E. Haenchen oder E. Lohmeyer sehen darin ein Verschreiben. Doch diese Zeitverschiebung führt ins gleiche eschatologische Verständnis. Ganz gleich, ob es sich hier um ein »ureigenes Wort« Jesu handelt oder um eines, das aus der Meditation der Urgemeinde geboren wurde – es kann (mit G. Ebeling) letztlich nur bedeuten: »Jede Bitte ist zu beten als schon erhörte Bitte.« Jesus, den Origenes die »autobasileia« (das Reich Gottes in Person) nennt, ist nämlich in Person die schon erfüllte Grundbitte des Menschen: Gott hat den Tod besiegt! Er »ist die Auferstehung und das Leben«! Alle »kleinen« Bitten des Christen leben aus der Grundbitte um den Sieg über den Tod. Sie aber ist in Jesus schon erhört.

Auch andere neutestamentliche Hinweise auf das Bittgebet leben von dieser schon erhörten Grundbitte her; so wie es

Joh 11,25 heißt: »Ich *bin* die Auferstehung und das Leben; wer an mich glaubt, *wird* leben, auch wenn er stirbt.« »Bitten im Namen Jesu« (Joh 14,13 f; 16,24.26; Apg 3,16) heißt: mit ihm die Auferstehung als Lebensgrund annehmen.

Man kann das Bibelzeugnis zusammenfassen: Eine Bitte »jetzt« an Gott ist dann christlich, wenn sie sich öffnet zur Grundbitte: »... und in der Stunde unseres Todes«; wenn sie ruht auf der Grunderhörung, die in der Auferstehung Jesu seinen Jüngern gewiß wurde: Der Tod ist besiegt.

(4) *Das »psychologische« Problem des Bittgebets* ist von hierher zu bedenken. Es läßt sich ablesen an typischen »Wallfahrts«-Erfahrungen: Eine Frau, die inständigst um die Heilung ihrer Tochter gebeten hat, erfährt keine sichtbare Erhörung und ist doch zutiefst »getröstet«, erfährt eine tiefere Erhörung. Baron Friedrich von Hügel, der in dem unseligen Modernismusstreit zu vermitteln versuchte, fand seine »Erste Bekehrung« in solch einer Erfahrung. Der Arzt und Nobelpreisträger Alexis Carrel (»Le voyage de Lourdes«, 1949) nennt seine Begegnung mit solchen »Erhörungen« das größte Wunder von Lourdes: Das nicht (und doch) erhörte Bittgebet berührt eine Dimension, die die Logik von Do-ut-Des, von Bitt-Absendung und Erhörungs-Rückkehr überschreitet.

Ein Gleichnis mag dies erläutern: Das Kind bittet die Mutter um Schokolade, will aber in der Erhörung letztlich die Liebe der Mutter und nicht sosehr die Süßigkeit der Schokolade erfahren. – So ist das christliche Bittgebet strukturiert. Ein Kind jedoch, für das die Geber der Schokolade austauschbar sind und das nur die Süßigkeit anstrebt, bietet ein Bild für ein unchristliches Bittgebet.

Die christliche Bitte ist offen für ihre eschatologische Erfüllung, auf den Auferstehungssieg über den Tod; an ihm haben wir jetzt schon durch den Glauben an Jesus Christus teil; hier laufen all die kleinen Bitten zusammen. Diese eschatologische »Gesamtbitte« lebt aus der Begegnung mit Gottes Du. So schreibt Heinrich Spaemann: Ohne Bittgebet nähme der Christ die persönliche Zuwendung Gottes an ihn nicht ernst. Der christliche Gottesglaube ist hierdurch in seiner Mitte herausgefordert. Ohne das Gegenüber zu Gottes allmächtigem Du wäre das Bitten subjektive Selbst-Suggestion, ohne die Offenheit zur eschatologischen Erfüllung würde es eine automatische (Do-ut-Des) oder magische (Gott wird vom Menschen beherrscht) Vorstellung von Gott ausdrücken.

(5) *Gott hat eine konkrete Bitte erhört!* Das nun ist die Erfahrung vieler tiefreligiöser Menschen innerhalb und außerhalb des Christentums. Sicherlich gibt es hierbei Selbsttäuschung oder – wie in vielen Heilungs-Wundern – suggestive Selbst-Heilung. Eine psychologische Atmosphäre (oft im gemeinsamen Gottesdienst) kann in intensivem Beten, Singen und auch körperlicher Bewegung (Wallfahren) so dicht werden, daß psychosomatische Heilungseffekte entstehen.

Ist mit einer suggestiven, psychosomatischen Heilung oder mit dem Hinweis auf die »Ordnung« des Zufalls alles erklärt, was Menschen über Gebetserhörung berichten? Man muß – bei allem vorsichten Abwägen – doch vielmehr den Bereich von Logik, Kausalität und Empirie überschreiten und sich in den Innenraum der Ich-Du-Beziehung zu Gott hineinbegeben, um die Gestalt einer Gebetserhörung zu verstehen. Wieder sei auf den Lobpreis der Liebe durch Octavio Paz verwiesen; denn hier geschieht ähnliches. Von außen gesehen, läßt sich die Liebe auf Zufall, auf hormonale Einflüsse und manches andere reduzieren; von innen her aber ist sie das absolute Geschick im Leben der Liebenden.

K. Rahner betont im »Grundkurs des Glaubens« (1976, 254.95), daß solche Erfahrungen »im ersten Ansatz ›Wunder‹ für einen bestimmten Adressaten« sind. »Sie sind nicht facta bruta«, reine Tatsächlichkeiten, die in naturwissenschaftlicher Analyse aufgehen; »sie sind Anrede an ein erkennendes Subjekt von ganz bestimmter geschichtlicher Situation.« Erst und nur im Innenraum des persönlichen Glaubens (der Liebe) bekommt die Erhörung (wie die Unbedingtheit der Liebesbegegnung) ihre Evidenz. In der metaphysischen Sprache Rahners:

»Dort, wo das Subjekt wirklich Subjekt mit seiner transzendentalen religiösen Erfahrung bleibt und als solches sich vollzieht, erhalten diese Objektvationen des Eingreifens Gottes einen Stellenwert, der durchaus diesem Phänomen an sich zukommt, aber eben *insofern* sie in diesem subjekthaften Zusammenhang stehen und darum in dieser ihrer ihnen zukommenden Eigentümlichkeit auch nur innerhalb dieses Zusammenhangs erkannt werden können.«

Die Logik der Tatsachen-Empirie wird in das persönliche Vertrauensverhältnis zu Gott hinein überschritten. Sie wird nicht aufgelöst, sondern »aufgehoben«, wie R. Guardini auf der Sprechkassette »Wunder« sagt; entsprechend zu diesem »Auf-Höher-Heben« bleibt die physikalische Kausalität im Raum des Vitalen bestehen und empfängt darin dennoch eine neue Wertigkeit.

(6) *Dieser Raum des persönlichen Vertrauens zu Gott* ist nur behutsam und im persönlichen Glauben zu betreten. Er muß sich – wie jede religiöse Erfahrung – dem kritischen Hinterfragen von seiten der Naturwissenschaft stellen. Er muß sich zugleich über das empirisch-zeitliche Jetzt der augenblicklichen Bitte in das ewige Jetzt Gottes (»nunc stans«, nach Thomas und Eckhart) hinein öffnen, das zeitlos alle Zeit umgreift. Dort wird die bittende Gegenwart eins mit der endgültigen »eschatologischen« Erfüllung, die im auferstandenen, erhöhten Jesus sichtbar ist.

In einem solchen Bitten wird die Mitte des Christentums erlebt und gelebt: daß Gott mit »Du« angeredet werden darf; daß in diesem »Du« Gottes der Sinn des Lebens geborgen ist; daß dieses »Du« sichtbar-siegend geworden ist in Jesus Christus. Viele, auch hochrangige Theologen umgehen die Auseinandersetzung mit der Welt des Bittgebets, die biblisch und historisch nicht umgangen werden darf. Wer das Bitten an ein »Sich-Anpassen an Gottes Willen« oder an die Innenwelt geistiger, empirisch ungreifbarer Güter verweist, stuft in letzter Konsequenz auch die »Du«-Wirklichkeit Gottes zu einer bloßen Allegorie herab.

(7) *Die historische Gestalt Jesu ist von der Bitt-Haltung geprägt.* Sie weiß um eine mögliche Erhörung, verweist aber dennoch alles an den »je-größeren Gott«. Dies kommt in der Ölbergsbitte zum Ausdruck: »Vater, alles ist dir möglich. Nimm den Kelch von mir! Aber nicht, was ich will, sondern was du willst, soll geschehen.«

Der Hebräerbrief (5,7) greift es auf und stellt es in den eschatologischen Zusammenhang von Tod (Nicht-Erhörung), Auferstehung (Erhörung) und endgültiger Erfüllung (des Eschatons) hinein. Er weiß, daß Jesus »mit lautem Schreien und unter Tränen Gebete und Bitten vor den gebracht hat, der ihn aus dem Tod retten konnte, und er ist erhört und aus seiner Angst befreit worden.«

3. EXISTENTIELL – ZURÜCKWEICHEND UND ANBETEND VOR GOTTES GRÖSSE

»Not lehrt beten« behauptet ein Sprichwort. Doch Not kann ebenso fluchen lehren, zur Verzweiflung oder in menschenverachtenden Egoismus treiben. Sicher aber stellt Not den Menschen vor die Frage seiner Existenz. Nach 1945 las man aus den

Gefängnisbriefen Dietrich Bonhoeffers, daß in Zukunft das Gottesverhältnis des Menschen nicht von Extrem-Situationen wie Not und Tod (= Gott als Ersatzlösung), sondern nur vom Alltagsverhältnis her aufzuschließen sei. Man dürfe aus Gott keinen Nothelfer für (noch?) ungelöste Probleme machen. Die »Gott-ist-tot-Theologie« stützte sich auf diese Warnung (allerdings zu Unrecht). Aber damals schon schrieb Dorothee Sölle: Ach, wenn im Christentum Gott doch wenigstens die Funktion eines solchen Trösters ausüben würde!

Inzwischen sind diese Ansätze wie auch die Bonhoeffer-Exegese überholt. Der anglikanische Linguistiker J. T. Ramsey hat in seiner Analyse der »disclosure situations« ihre rationalistische Einseitigkeit entlarvt. Diese »Erschließungs-Situationen« sind doch für viele Beter »Extrem-Situationen« (die »extremste« ist der Tod), die ihn neu auf Gott hin öffnen, ohne daß Gott damit ein Nothelfer-Gott wird. In Not und Freude weitet sich der empirische Alltag; in der Terminologie Ramseys: Das »observable«, also das »Normale«, wird zu »more than observable«, zu mehr, als der reinen Beobachtung offensteht, wird »transparent« auf Gott hin. Solche existentiellen Situationen reißen den Menschen aus dem Trott der Gewöhnung heraus. Extrem-Situationen helfen, die Normal-Situation zu verstehen.

a) Das Phänomen des Sündenbewußtseins und die Demut der Heiligen

Eine solche Situation ist nach dem Neuen Testament auch die Erfahrung der Sünde. Man muß nur die Bibel aufschlagen, um sogleich – vielleicht erschrocken – auf das Verhältnis Jesu zu den Sündern zu stoßen. Es steht im Kontrast zu den Mahnungen paulinischer Moral; wo es (Gal 5,20–31) heißt:

»Unzucht, Unsittlichkeit, ausschweifendes Leben, Götzendienst, Zauberei, Feindschaften, Streit, Eifersucht, Jähzorn, Eigennutz, Spaltungen, Parteiungen, Neid und Mißgunst, Trink- und Eßgelage und ähnliches mehr. Ich wiederhole, was ich euch schon früher gesagt habe: Wer so etwas tut, wird das Reich Gottes nicht erben.«

Von Jesus aber wird gesagt (Lk 15,1 f):

»Alle Zöllner und Sünder kamen zu ihm, um ihn zu hören. Die Pharisäer und die Schriftgelehrten empörten sich darüber und sagten: Er gibt sich mit Sündern ab und ißt sogar mit ihnen.«

Solche Szenen sind nicht mit dem Stichwort »Umkehr« aufzurechnen, als ginge es nur um Sünder, die einen besseren Weg finden sollen. Man kann sie auch nicht allein aus der späteren Kontroverse der jungen Kirche mit dem offiziellen Judentum als anti-gesetzliche Polemik deuten. Ungenügend wäre es auch, Jesus als Messias der »outcasts«, der Rand-Existenzen abzustempeln. Das mag dazu gehören, reicht aber nicht zum Grund dessen, was in dem vorgestellten Gegensatz zu Paulus zum Ausdruck kommt.

(1) *Aus der Szene: Jesus und die Sünderin* (= Prostituierte, Lk 7,47) kann ein profilierteres Wort die Haltung Jesu deutlich machen:

»Vergeben sind ihre Sünden, die vielen, denn sie liebte viel; wem wenig vergeben wird, der liebt (auch nur) wenig.«

Den zweiten Satz, der – anders als der erste – in präsentischer Zeitform steht, nennt H. Schürmann (Lukaskommentar I, 1969) ausdrücklich »eine allgemeine Regel« und nicht nur eine pointierte »Geistreichigkeit«. Gegen die moralische Korrektheit des Pharisäers besagt sie anscheinend: Je mehr Sünde, desto mehr Vegebung; je mehr Vergebung, desto mehr Liebe – so, als wäre nun die Folgerung zu ziehen: Ich will tüchtig sündigen, um mehr Vergebung zu erfahren und damit mehr Liebe zu realisieren. Der Heilige des Humors, Philipp Neri, hat dies etwa so formuliert und damit dem bekannten Wort Martin Luthers »pecca fortiter« (Sündige tüchtig, glaube noch tiefer!) seinen genuinen Ort im Gebet gegeben:

»Lieber Gott, ich möchte einmal ganz fest sündigen, um dann deine vergebende Liebe tief zu erfahren – aber ich getraue mich nicht.«

Etwas von diesem ironischen Paradox klingt im Römerbrief (5,20–6,3) an, diesmal auf die heilsgeschichtliche Ebene der »felix culpa«, der »glückseligen Schuld, die uns einen solchen Erlöser schenkte«, gestellt:

»Wo jedoch die Sünde mächtig wurde, da ist die Gnade übergroß geworden. Heißt das nun, daß wir an der Sünde festhalten sollen, damit die Gnade mächtiger werde? Keineswegs!«

Und dann wendet Paulus den Blick ab von diesem »Rechenexempel« und verweist auf Christus, auf dessen Tod wir getauft sind, was, wie schon gezeigt, methodologisch wichtig ist.
Solche Äußerungen lassen sich mit einem Moralismus à la »Bessert euch« nicht ausschöpfen. Das Lebensbeispiel christlicher Heiligen kann zur Einsicht verhelfen.

(2) In »*Die Nachahmung der Heiligen* in Theorie und Praxis (1910; ⁵1926) hat Max Huber viele spirituelle Beispiele aus den Heiligenviten gesammelt. Sie klingen in ihrer betulichen Sprachgebung amüsant, aber sie sind es wert, ob der nüchternen Ehrlichkeit und des reichen Wissens durchforstet, erweitert und neu herausgegeben zu werden. An vielen Stellen (besonders Buch 2, Kapitel 5) sind Beispiele der Demut gesammelt. Der hl. Franz Borgia unterschrieb seine Briefe mit: »Franz der Sünder«. Franz von Assisi nannte sich »den größten Sünder«. Als Altvater Zosimus von einem heidnischen Philosophen gefragt wurde, warum er sich bei seinem heiligen Leben einen »Sünder« nenne, antwortete dieser: »Was ich auf deine Frage antworten soll, weiß ich nicht; aber ich weiß sicher, daß sich die Sache so verhält.« Als der Philosoph insistierte, versuchte er nicht zu deuten, sondern wies diesen ab: »Führe mich nicht irre! Ich denke so.«

Das ist keine sogenannte »buckelige Demut«, die sich aus Schwäche unterwirft und dies, wie Friedrich Nietzsche polemisierte, zur Tugend umdeutet. Huber zeigt den mystischen Weg zum Verständnis. So schreibt Teresa von Avila zum Gebet der Ruhe:

»Der Herr selbst lehrt uns und drückt in den Grund der Seele wahre Demut ein. ...Gott zeigt ihr mit der höchsten Klarheit, daß sie aus sich nichts Gutes besitzt, und je größer die Gnaden sind, die er ihr erweist, desto klarer ist diese Erkenntnis für sie.«

Vor Gottes Größe erkennt sich der Mensch als ein »Nichts« – so heißt es in der Deutschen Mystik; so bekennt es Thérèse von Lisieux in ihrer »Selbstbiographie« mit zunehmender Klarheit: Meister Eckhart formuliert es metaphysisch scharf; Johannes Tauler bringt die Nichtserfahrung der Demut in Zusammenhang mit dem Sündenbewußtsein; Anselm von Canterbury weiß:

»Je mehr die Heiligen bei zunehmender Vollkommenheit in das Innere der Gottheit schauen, desto mehr erkennen sie ihr Nichts. So sieht er (der Heilige) in der Beschauung der göttlichen Majestät die Schwäche seiner Natur, und es stockt der Atem ihm, da er sich vor Gottes Auge als Staub und Asche sieht.«

Für Philipp Neri war diese Demut das Kriterium zur Beurteilung von Menschen. Die drei Grade der Demut der ignatianischen Exerzitien sind ohne diese in der Mystik geborene Haltung nicht zu verstehen.

Sündenbewußtsein und Demut vor Gott laufen bei denen, die

Gott nahe stehen, zusammen, wie E. Lorenz zu Teresa von Avila zeigt (1994,11): »Sie hatte ein ständiges Bewußtsein von der ›Erbsündlichkeit‹ des Menschen, das sich in ihrem Bewußtsein in eine ganz persönliche Schuld verwandelte.«

(3) Adrienne von Speyr, deren Schriften H. U. von Balthasar herausgab, findet sogar im Sündenbewußtsein, das die Demut der Heiligen prägt, eine Art von »*erbsündlicher Solidarität*«. Deshalb bestärkt nach ihr jede sakramentale Beichte den Heilungsprozeß der Menschheit von dieser Erbschuld. Auch Thérèse von Lisieux ist – wie François Six (»Licht in der Nacht«, 1997) zeigt – ohne diese mystische Schuldsolidarität mit der Sünde der Welt nicht zu verstehen. Michael Bangert betont schon im Titel seiner Untersuchung »Demut in Freiheit. Studien zur geistlichen Lehre im Werk Gertruds von Helfta« (1997) auch den humanen Wert solcher Demut, ohne die Solidarität herauszuarbeiten.
Auch wer dieser Verknüpfung von Demut und Selbstbewußtsein und Erbschuld skeptisch gegenübersteht, muß doch anerkennen, daß damit eine Grundbefindlichkeit angezielt ist, die allen Menschen gemeinsam ist: die eigene Schwachheit. Heilige haben dies besonders intensiv erfahren: Je näher einer bei Gott steht, desto lebendiger erfährt er dies als seine Nichtigkeit, seine »Sünde«. Nur wer weit von Gott entfernt ist, kann sich für recht wertvoll halten. Meister Eckharts »intellektuelle Mystik« bezeichnet diese »konstitutionelle« Unwürdigkeit des Menschen einfachhin als »Nichts«, ein Prädikat, das Thérèse von Lisieux auf den letzten Seiten ihrer Selbstbiographie immer häufiger benutzt.
Dies alles schlägt sich in dem anstößigen Satz Jesu nieder, mit dem er die Prostituierte Simon, dem Pharisäer, entgegenstellt: »Wem aber wenig vergeben wird, der liebt auch nur wenig.« Gerade der Evangelist Lukas hebt diese Seite der Botschaft Jesu hervor.

b) Beten aus dem Abhängigsein von Gott

Wenn auch die Sprachgebung der heutigen Mentalität fremd geworden ist, so ist doch die hier zur Sprache kommende Haltung zentral christlich. Es ist heute notwendig, die in ihr liegende Wahrheit neu zu entdecken.

(1) *Verwiesensein auf Gott:* Nach Wolfhart Pannenberg findet der Mensch (nicht nur der christliche) auf der Suche nach Iden-

tität in sich ein umgreifendes Verwiesensein auf das Größere, eine erspürte oder geglaubte, absolute Abhängigkeit. Das »Heilige«, auf das er verwiesen ist, zeigt sich religionsphänomenologisch als zugleich »furchtbar und faszinierend«. Im christlichen Entwurf bekommt diese Abhängigkeit personale Struktur: Abhängigkeit von Gottes Liebe, die alle Menschen umfaßt und die sich in Jesus Christus offenbart.

Als personales Geschehen ist diese Abhängigkeit nicht auf quantitative Logik zu reduzieren. Aber man kann ihre Struktur am Beispiel der Heiligen und Mystiker ablesen: Je näher ein Mensch zu Gott kommt, desto tiefer erfährt er die alles übersteigende Größe Gottes und darin zugleich seine eigene totale Abhängigkeit.

Aus diesem Verwiesensein ergibt sich die Haltung der Ehrfurcht. Für Albert Schweitzer war es die »Ehrfurcht vor dem Leben«. Die Mystik Hildegards von Bingen ist vom Zusammenhang zwischen Ehrfurcht vor Gott und Ehrfurcht vor dem Leben der Natur geprägt. Otto Betz hat in »Hildegard von Bingen, Worte lebendigen Lichts« (1966, 27–34.81–92) dazu Worte gesammelt:

»Wie würde Gott als das Leben erkannt, wenn nicht durch das Lebendige, das ihn verherrlicht, da es ja, ihn preisend, von ihm ausgeht.

Als das Wort Gottes erklang, da erschien dieses Wort in jeder Kreatur, und dieser Laut war das Leben in jedem Geschöpf.«

(2) *Verantwortung* ist der Weg, diese Gebetshaltung in der heutigen Zeit zu leben. Auch das Gebet der Buße, in dem früher dieses Verhältnis zu Gott ausgesprochen wurde, muß – in gerechter historischer Beurteilung – zum großen Teil von dieser Haltung der »Ehrfurcht vor dem Leben« her verstanden werden. Es war – auch in mancher grausamen asketischen Praxis – immer auch eine Ehrfurcht vor dem letzten Grund des Lebens, der Gott heißt.

In Religionen wie dem Jainismus ist diese Ehrfurcht bis zur skrupulösen Verantwortung vor dem geringsten Lebewesen gesteigert. Die christliche Spiritualität kann einiges lernen von diesen und anderen Überlieferungen, in denen Menschen sich vor den Tieren, die sie für ihren Lebensunterhalt töten, betend entschuldigen. Das ökologische Bewußtsein von heute ruft eine entsprechende Verantwortung wach, eine Verantwortung, die im Schöpfungsglauben mit seinem Bewußtsein der »Ehrfurcht vor dem Leben« grundgelegt ist. In einer betenden Haltung sollte dies transparent gemacht werden.

340

(3) *Die »Liebe« zu Gott* ist Kennzeichen und existentieller Grund aller christlichen Haltung vor Gott. Der Glaube weiß, daß Gott die Menschen liebt. Dem entspricht im Menschen eine Haltung, in der er zugleich vor der eigenen Unwürdigkeit erschaudert und sich angenommen weiß von Gottes Liebe. Damit erreicht die Umschreibung des Heiligen als »erschreckend und faszinierend« ihren Gipfel. Es entspricht dem provozierenden Wort: »Wem wenig vergeben wird, der liebt auch nur wenig«; anders gesagt: Die Liebe des Menschen wächst heraus aus eigener »Nichtigkeit« (Sünde) und dem »Angenommensein« (Vergebung) durch die Liebe Gottes.

Um ein solches Wort recht zu verstehen, braucht der Mensch allerdings die Erfahrung (zumindest in Sehnsucht) dessen, was »Liebe«, »persönliche Begegnung« bedeutet. Denn auch in ihr liegt die »paradoxe« Erfahrung: personal ganz und gar erfüllt zu werden, mit sich identisch sein – weil die Liebe des anderen ungeschuldet, unverdient ist; weil sie freies Geschenk an jemanden ist, der »nichts« vorweisen kann, der »unwürdig« ist.

Was sich in irgendeinem Maße in jeder liebevollen Begegnung abspielt, hat seine Vollendung in der Begegnung des Menschen (Mystikers, Heiligen) mit Gott: Im Blick auf Gottes Majestät weiß er von der eigenen »Unwürdigkeit« (Sündhaftigkeit, Angewiesenheit) und weiß darin zugleich von seiner »Würde«, daß nämlich Gott ihn liebt, ihn annimmt.

Im Wort Jesu an die Dirne treffen sich eine (allerdings subtile) Lebenserfahrung und die Erfahrung der göttlichen Liebe.

c) *Loben und Danken, Preisen und Anbeten*

Der klassische Bußpsalm (50/51) verläuft vom Anerkennen der eigenen Schuld (»Meine Sünde steht mir immerdar vor Augen«) über Gottes schöpferisches Verzeihen (»Schaffe mir, o Gott, ein reines Herz«) bis zum Dank und Lobpreis (»daß mein Mund dein Lob verkünde«). Diese Bewegung der Gestimmtheit von der eigenen Unwürdigkeit, »Nichtigkeit«, zum Lobpreis des Schenkers findet sich auch in der Liebeslyrik. Die Anerkennung der eigenen Abhängigkeit wird zum Lobpreis dessen, der Liebe schenkt; religiös: von dem alles herkommt.

Es gibt keine Gott-bezogene Religion, der dieses Beten fehlt. Die eigene Kleinheit, Nichtigkeit, Unwürdigkeit, Bedürftigkeit wird im Loben vergessen, und der Blick ruht absichtslos, »sonder warumbe« (Meister Eckhart) auf Gott. Das »Fascinosum« des »Heiligen« kommt zum Tragen.

Den vielfältigen Möglichkeiten, Gott zu preisen – vom Singen und Tanzen vor Gott bis zum stillen Verharren und anbetenden Niedersinken – kann hier nicht nachgegangen werden[49]. Deren anthropologischer Stellenwert aber ist zu beachten.

(1) *Im Unterschied zum Bittgebet* steht nun nicht so sehr die direkte Anrede an Gottes »Du«-Wirklichkeit in der Mitte, der mit erhörender Zuneigung antwortet, sondern das anbetende Preisen, das auch dem Himmelsgewölbe oder dem »es«-haften Lebensstrom gelten könnte. Wenn dem Preisen und Anbeten daher die Qualität des Bittens fehlt, wird Gott allzu leicht aufgelöst in ein unpersönliches, allumfassendes »Etwas«.

Umgekehrt realisieren Lob, Dank und Preis, daß Gott »je größer« (Ignatius von Loyola) ist und in kein funktionales Verhältnis zum Menschen eintreten kann. Wenn dem Bittgebet diese Qualität des Lobens und Dankens, aber auch der Anbetung, des Hochblickens zu Gott fehlt, wird es leicht zum kumpelhaften Umgang mit Gott oder – schlimmer noch – zu einer Art Magie, die Gott zur Erhörung »zwingen« möchte.

(2) *Eine vorschnelle schematische Beurteilung* konkreten Betverhaltens aber geht leicht in die Irre. Dem Betrachter von außen kann eine Gebetsäußerung wie ein Sich-Übergeben an ein unpersönliches Schicksal oder als magische Beschwörung von Gott vorkommen, während sie in Wirklichkeit eine personale Hinwendung zu Gott ausdrückt, allerdings in einer Mentalität und Sprache, die dem »Zuschauer« ungeläufig ist.

Bei Meister Eckhart findet sich z. B. der Terminus »Gott zwingen«: Gott »muß« in den Menschen einkehren, wenn dieser sich ganz und gar leer macht. Aber auch der Zen-Philosoph Shizuteru Ueda[50] zeigt, daß diese Sprache nur auf dem Hintergrund der Gesamt-Theologie und -Mystik Eckharts verständlich wird. Diese hat die Grundstruktur: Alles, was das Geschöpf ausmacht, auch sein »Gott-Werden«, ist reines Geschenk Gottes, »sonder warumbe«, ohne Vorleistung, die der Mensch Gott entgegenhalten könnte. Das »Leerwerden« spielt sich in dieser Struktur ab. Eckhart greift die Väter-Theologie auf: Die Beziehung des »Gott muß« geschieht »Kata charin, aus Gnade«, nicht aber »kata physin, aus Natur«.

Das typische Wallfahrtsbitten kann wie ein aufdringliches, zwingendes Bitten mit einer Art »Erhörungsgewißheit« aussehen: »Maria hat geholfen, Maria muß helfen, Maria wird immer helfen!« Doch an den konkreten Wallfahrern zeigt der Trost, den sie trotz anscheinender »Nicht-Erhörung« erfahren, wie tiefchristlich ihr inständiges Bitten ist. Sie realisieren die Mehr-Dimensionalität des christlichen Gottesbegriffes; daß nämlich Gott ein wahrhaftes »Du« und so anzusprechen ist, aber die menschliche »Du«-Vorstellung übersteigt.

(3) *Im Dankgebet* können beide Grundrealisierungen der Gebetshaltung: Bitten und Loben, zusammentreffen; dann nämlich, wenn das Danken sich von dem kleinen, mehr oder minder zufälligen Geschenk erhebt und für Gottes Gesamtgeschenk des Daseins dankt. Das entspricht der mystischen Erfahrung, daß alles in Gott ruht und von Gott herkommt, daß – wie im Bittgebet – die Letzt-Intention den konkreten Anlaß übersteigt hin zur Grundzuneigung Gottes, die dem Beter als eschatologische Erfüllung im »Ganz-Geschenk« der Todes-Überwindung lebendig ist.

(4) *Von zwei Polen her* ist die Dank-Lob-Preis-Anbetungs-Weise des Betens sichtbar zu machen. Die Psalmen bringen schöne Beispiele für beide Ansätze.
– Von der Erhabenheit Gottes her, vor dessen Wirklichkeit der Mensch nur anbetend schweigen oder in lauten Jubel ausbrechen kann: Gerhard Tersteegen (»Loccumer Brevier«, 1990, 264) betet:
Ja, Amen, du bist!
Mein Geist beuget sich
und das Allerinnigste in mir
stattet dir dieses Bekenntnis ab,
da du seiest.
Wie so glückselig schätze ich mich,
daß du bist
und daß du nicht kannst nicht sein.
Wie so glücklich bin ich,
daß ich weiß, daß »Gott ist!«,
und daß ich dieses Bekenntnis abstatten kann,
daß »Gott ist!«
Höret es, alle Kreaturen alle:
»Gott ist!«

– Von der Schöpfung her, deren Schönheit und Ordnung (oder die naturhafte Sehnsucht danach) den Menschen sich aufschwingen läßt zu Gottes Schönheit und Ordnung. Hildegard von Bingen (H. Schipperges, Symphonia, 1995,27) preist Gottes Immanenz in der Schöpfung:

O Weisheit voll Urkraft:	O virtus sapientie,
Kreisend umgreifst Du das All,	que circuiens circuisti,
alles umfaßt Du, die ganze Welt	comprehendendo omnia
auf einem Weg,	in una via,
in einem Zug,	que habet vitam
der da voll ist des Lebens.	
Mit dreifachem Schwingen	tres alas habens,
schwingt dieser Zug:	
Der eine Flügel schwebt hoch	quarum una in altum volat
in die Höhen,	
der andere müht sich mühsam	et altera de terra sudat
auf Erden,	
ein dritter aber schwingt rund	et tertia undique volat.
um das All:	
Lob sei dir, o Weisheit,	Laus tibi sit,
Lob, wie sichs gebührt	sicut te decet,
und immerdar Lob!	O sapientia.

B) Ordnung und Freiheit des Gebets

Die konkrete Verwirklichung des Betens ist so vielfältig, daß oftmals der Mensch sogar einfachhin als »Beter« definiert wird: »animal orans«, betendes Lebewesen. Das verweist auf einen Reichtum, der nicht statisch festzulegen ist. Nur einige Züge können hier dargestellt werden. Die Hinweise möchten einen Raum errichten und mit vielfältigen Angeboten ausschmücken; wie ein barocker Kirchenbau soll er einladen, unter seinem Gewölbe hin und her zu gehen und den Platz auszusuchen, wo die eigene Frömmigkeit leben kann.

1. ORDNUNG UND FREIHEIT DES BETENS

In der klassischen westlichen Spiritualität wurde das Gebet der »Guten Meinung« anempfohlen, mit der man am Morgen den Tag in die Obhut Gottes stellen soll. Das scheint feste Gebetszeiten überflüssig zu machen.
Dem steht eine Gebetsordnung gegenüber, die das Beten auf bestimmte Zeiten und in bestimmter Länge festlegt – am Mor-

gen, am Mittag, am Sonntag, an Feiertagen usw.; das klassische Stundengebet erfüllt dies.

a) »Betet ständig!«

Gebet als alles durchziehende Grundhaltung wird im Verständnis des Bibelwortes »Betet ständig!« (Lk 18,1; 1 Thes 5,17) greifbar.

(1) *Als häretisch* bezeichnete der verdienstvolle Erforscher altkirchlicher und mönchischer Spiritualität Irénée Hausherr die Auffassung der Messaliner, Euchiten, man müsse Gott ständig im Bewußtsein tragen. Dagegen stellte er die vermeintlich »orthodoxe« Deutung, man solle sich an die Gebetszeiten halten und ansonsten ein sittliches Leben führen. Die spätere Forschung (Jean Leclercq, Adalbert de Vogué und Gabriel Bunge) hat gezeigt, daß diese Interpretation des französischen Jesuiten zu eng, zu westlich-lateinisch war. Sie zeigt, daß sich in der angeblich häretischen Lehre der frühen Christenheit eine tiefere, ganzheitliche Haltung zu Gott verbirgt. Die orthodox-christliche Tradition hat sie bewahrt, und auch Hausherr selbst beruft sich in seinen unmittelbar-spirituellen Schriften darauf.

(2) *Das »Jesus-Gebet«* machte diese Gebetsweise in den Westkirchen bekannt; heute wird es von vielen mit dem Gebet der Athos-Mönche verbunden. Diese Gebets-»Technik« brachte mit der »Philokalia«, einer im 18. Jahrhundert erstellten Sammlung alter spiritueller Texte, der orthodoxen Frömmigkeit neue Impulse. Dieses Beten, das sich in westlicher Tradition im Rosenkranz, im Wallfahrts-Beten in etwa wiederfindet, will eine habituelle Befindlichkeit wecken, in der keine direkt-bewußte Hinwendung zu Gott mehr notwendig ist, sondern das indirekte Gottbewußtsein wie ein Habitus – im Atem-, im Herz-Rhythmus – den Menschen in all seinem Tun begleitet. Die scholastische Philisophie spricht von »conscientia concomitans« statt »conscientia directa« (»begleitendes« statt »direktes Bewußtsein«).
So kann es ein »habituelles«, also in der Tiefe des Bewußtseins wurzelndes Gefühl von Geborgenheit, von Behütetsein schenken, das Kallistos Ware mit Recht »mystisch« nennt.

(3) *Die physiologische Kraft der Wiederholung* ist ein bekanntes Phänomen. In der Mantra-Technik der ostasiatischen Reli-

giosität oder auch im »Autogenen Training« oder dem sufiti-schen Beten wird sie nutzbar gemacht. Als Meditations-Technik wurde sie in Europa besonders durch die »Transzendentale Meditation« Mahesh Maharishi Yogis bekannt. Zur christlichen Unterscheidung ist genügend gesagt worden.

Je nach Einsatz und Form kann die Wiederholung eine beruhi-gende (wie eine als »Ohrwurm« klingende Melodie, wie das Märchenvorlesen der Mutter) oder eine aufreizende Wirkung (wie der hämmernde Rhythmus der Beat-Musik) haben. Kallistos Ware legt Wert darauf, in diese physiologische Wirkkraft die dia-logische Intention der Gebetsworte zu legen. In der klassischen ostkirchlichen Tradition geschieht dies radikal: Ich der Sünder – Du der barmherzige Gott in Jesus Christus.

Vom Ursprung her will das Jesus-Gebet den Menschen auf Got-tes Du hin öffnen und in ein Urvertrauen hineinführen, das seine Existenz durchzieht. Die leib-seelische Wiederholungs-technik macht aus dem »bejahten« Glauben eine erlebte »Erfah-rung« von Gottes Vatergüte. »Vom Kopf ins Herz« sagt die Ost-kirche. Das »Beten« wird zum Habitus, zur Grundstimmung, die nicht mehr an ausdrückliche Akte gebunden werden muß, aber jede Handlung so sehr durchzieht, daß sie Gebet zu nennen ist.

(4) *Wiederholungsgebete der westlichen Christenheit* wie der Rosenkranz oder die Litanei benutzen eine ähnliche Technik. Die Wallfahrtsbitten in ihrer (Auf-)Dringlichkeit zeigen in ihrer »Erhörung in Nicht-Erhörung«, wie zentral dies im Raum des Christentums steht. Der »Trost« dieser »Erhörung in Nicht-Erhörung« entspricht der Grundstimmung, die auch das Jesus-Gebet schenkt.

Die psycho-spirituelle »Wirkung« der Wiederholung gründet auf anthropologischer Basis. Die Liturgie-»Erneuerung« des II. Vati-kanums hat dies nicht genügend beachtet (die »Kyrie«-Litanei wurde z. B. auf drei Anrufungen reduziert). Der Taizé-Gesang und manche Formen des charismatischen Betens zeigen Wege, diese Gebets-Methodik von neuem ins offizielle Gebet der Kirche zu integrieren.

b) Gebetszeiten

Nicht im Gegensatz zur betenden Grundstimmung, sondern in notwendiger, polarer Spannung dazu steht die Ordnung des aus-drücklichen Betens.

1) *Auch die täglichen und wöchentlichen Gebetszeiten* oder der Festkalender beruhen auf einem Lebens-»Rhythmus«. Die Grundhaltung des »Betet ständig« bleibt nur lebendig, wenn sie getragen ist vom ausdrücklichen Gebet, das sich in den Lebensrhythmus eingliedert: in den Tagesrhythmus von Morgen–Mittag; in den Wochen- und Jahresrhythmus mit Festzeiten usw. Von selbst ergibt sich daraus eine Disziplin; wie von selbst bieten sich manche Zeiten und Orte an, die in sich eine besondere zum Beten offene Qualität an sich tragen. Solche Schwerpunkte des ausdrücklichen Betens – gleich ob aufsteigend zu Gott oder unmittelbar sich ihm zuwendend – brauchen psychotechnisch schon eine gewisse Dauer. Was mit Sammlung, Betrachtung, Versenkung usw. gemeint ist, läßt sich kaum im Minutenbruchteil vollziehen. Und da dieses Beten im Lebensrhythmus steht, braucht es auch eine Art von Disziplin, wie Karlfried Graf Dürckheim für die Zen-Erfahrung einschärft.

(2) *Daneben steht das Gebet aus den »Erschließungssituationen«* (J. T. Ramsey). Es sind Situationen, in denen eine Lebenserfahrung sich zu einem weiteren Horizont öffnet. Der Mensch ist von einer außergewöhnlichen Erfahrung (freudig, leidvoll) erschüttert und beginnt Transzendenz zu erahnen, zu ersehnen oder auch voll Schrecken zu befürchten. Schon in seinen Arbeiten »Auf den Spuren der Engel. Die moderne Gesellschaft und die Wiederentdeckung der Transzendenz« (1970) und dann in »Der Zwang zur Häresie. Religion in der pluralistischen Gesellschaft« (1979) hat Peter L. Berger gezeigt, wie wichtig das Ergreifen, Nutzbarmachen solcher Situationen für den »Glauben in einer Zeit der Leichtgläubigkeit« ist. Die Plausibilitätsbasis des Christentums wird in solchen »Erschließungssituationen« gefestigt.
Für die Praxis bedeutet das, daß man sie – von der Geburt bis zum Tod, auf einem Bergesgipfel oder vor einem Gemälde, in der Begegnung mit einem Menschen oder in der Natur – bewußt ergreift und ihren Stimmungsgehalt, ihre »Transparenz« durchsichtig machen, hochführen soll zur Transzendenz Gottes hin; schlicht gesagt: daß man in solchen Situationen beten soll.

(3) *Die Exerzitien,* die im ignatianischen Entwurf ihre klassische Form gefunden haben, aber auch in vielfältigen anderen Formen weiterleben (Einkehr-, Rüsttage, Meditationswochenenden, Exerzitien im Alltag usw.), sind ein Beispiel für eine

solche bewußt veranstaltete »disclosure« -(Erschließungs-Zeit.
Vier Komponenten sind hervorzuheben:
– Die für die damalige Zeit erstaunliche Konzentration auf die
Gestalt des historischen Jesus, in dem Ignatius die Sichtbarkeit
Gottes erfuhr. Sie sollte für christliche Veranstaltungen vorbild-
lich bleiben.
– Die bewußte 4- bis 5malige persönliche Meditation an jedem
Tag, in der die »Plausibilitäts«-Erfahrung des christlichen Glaubens sich vertiefen soll. So wichtig Kommunikation und soziale
Elemente für solche Zeiten sein können – die Vertiefung der persönlichen Betroffenheit in der Meditation kann durch nichts
ersetzt werden.
– Solche Tage (Stunden) dienen nicht (nur) dem Zweck ange-
nehmer Erfahrung oder psychologischer Selbstfindung, sondern
führen nach Ignatius hin zur »Wahl«; anders gesagt: zur bewußten Entscheidung für Jesus. So wichtig die psychologische Fundierung der Erfahrung bleibt, ihren christlichen Sinn bekommt
sie – wie J. Kopp zur Zen-Erfahrung zeigt – erst im bewußten Ja
zu Gott und Jesus.
– Das Ganze ist kein kapriziöses Erleben, sondern steht in
einem verantwortungsbewußten Prozeß, für den Ignatius vier
Wochen veranschlagt. Der Prozeßcharakter ist bei allen ähnlichen Übungen zu beachten.
Diese Elemente können verschieden ausgebaut werden, machen
aber eine Urform des Betens aus, die in den Exerzitien eingeübt
wird.

(4) »Stoßgebet« hieß im alten christlichen Brauchtum eine Entsprechung zu dem Gebet aus »Erschließungs«-Situationen heraus. Der lateinische Name, »oratio iaculatoria«, »Gebet wie ein
Wurfgeschoß«, deutet die Eigenart dieses Betens an: Der Alltagsablauf wird bewußt unterbrochen und mit einem kurzen
Gebet der Blick auf Gott und dessen Güte und Größe hinge-
lenkt. In der Tradition der Steyler Missionare wurde es syste-
matisiert. Man darf dabei nicht übersehen, daß vom tieferen
Anliegen her gesehen das Stoßgebet wie das Jesusgebet versuchen, das Tagesbewußtsein mit einer Grundhaltung des Betens
zu durchziehen.

c) Heilige Orte

Wie es Zeiten besonderer religiöser »Plausibilität« gibt, gibt es
Orte, an denen sich »Religiosität« und Gebet in oft bestimmter

Gestalt nahelegen. Man denke z. B. an die unterschiedlichen Spiritualitäten der romanischen Kathedrale (Königshalle), des gotischen Doms (mystischer Aufstieg) und der barocken Kirche (weltgewordene Gottespracht). Neben dem »Gott in allen Dingen finden« stehen Orte, Räume, Zeiten, an denen Gottes Gegenwart in besonderer Weise erfahren wird (werden soll).

(1) *Solche Orte sind grundsätzlich Menschen-bezogen.* In der Esoterik (Geomatie, Radiästhesie) werden sie oft mit magischen Kräften belegt, die aus den Adern der Erde empor- oder von den Geistern der Höhe herabsteigen sollen. Die Annahme solcher quasi-mechanisch wirkenden Kräfte führt weg von der personalen Religiosität zu Magie und Zauberei. In Wirklichkeit ist es jedoch die Architektur der Erbauer oder die Arbeit der Künstler, die einem Ort eine Gebetsatmosphäre schenken. Es kann die landschaftliche Lage sein (Berggipfel, stilles Tal), die zum Gebet anregt und wo daher eine Kirche, ein Kloster, ein Kreuz errichtet wurden. Es kann auch die lange Tradition der Beter sein, die sich wie eine Patina auf eine Kapelle legt, oder die Erinnerung an einen großen Menschen, der hier gelebt hat. Immer sollte man an Menschen denken, die dem Ort seine religiöse Atmosphäre schenken oder sie pflegen. Ohne sie bleiben nur Wüsten zurück, in denen die Magie ihr Unwesen treibt.
Dies beachtend, sollte der Christ Ausschau halten nach »heiligen Orten«, seien sie in der näheren Umgebung liegend, in denen er am Gottesdienst teilnehmen oder ruhig betend verharren kann; seien es entfernte Orte, zu denen er wallfahrt oder auf der Reise verharrt. Die Geschichte der Spiritualität ist geprägt von solchen Stätten, in denen ein Mensch Gott begegnet.
All das gilt in besonderer Weise für Kirchen, Kapellen, als Orte der eucharistischen Feier. Selbst der Tabernakel als Ort der eucharistischen Gegenwart bezieht – wie die Gaben von Brot und Wein – seine religiöse Qualität aus der Feier einer Gemeinde, während der ein Priester die heiligen Worte in Erinnerung an das Abendmahl Jesu Christi ausspricht.

(2) Entsprechendes sollte auch für den privaten Bereich gelten. *Die »Herrgottsecke«,* die nach altem bäuerlichen Brauch Haus und Hof eine Mitte gibt, zu der hingewandt die Familie betet, ist kein Relikt vergangener Zeiten. Sie verwurzelt christliche Spiritualität im persönlichen Alltag. Zu überlegen ist: Was kann der einzelne oder die Gruppe je nach Lebensweise sich errichten, um das konkrete Beten im Tagesablauf zu verankern – ein

Bild, ein Kreuz, ein Andenken, eine Kerze oder vielleicht doch solch eine bäuerliche Herrgottsecke?

d) Geweihte Gegenstände

Ähnliches gilt von religiösen Gegenständen – seien es geweihte Kreuze oder sei es Weihwasser oder ein Medaillon. Leider sind die entsprechenden Bräuche fast verschwunden. Mit viel Material aus Geschichte, Philosophie und Ethnologie hat A. Angenendt in »Heilige und Reliquien« (1994) den emotional-spirituellen Reichtum der Reliquien-, Kreuzes-, Bilder- usw. Verehrung gezeigt. In einer Zeit der grassierenden Esoterik, die durch die »Wiederverzauberung« der durch die Aufklärung »entzauberten« Welt die Menschen anlockt, ist es notwendig, die Verehrung von geweihten Gegenständen in theologisch wie modern reflektierender Redlichkeit wiederzugewinnen.

Aus anthropologischer Sicht und mit anthropologischen Kriterien ist nach der rechten Mitte zu suchen: zwischen magischer Vergötzung eines Gegenstands, was leider auch im christlichen Raum zu finden ist, und aufklärender Überheblichkeit, die solches Brauchtum als »magischen Rest« einer abergläubischen Vegangenheit diskreditiert.

e) Handlungen des Segnens und der Weihe

In der ersten Begeisterung des konziliaren Neuansatzes wurde manches religiöse Brauchtum als Nicht-Sakrament und nur-sakramental zurückgedrängt. Der atheistische Psychoanalytiker Alfred Lorenzer hat dazu 1984 seine bissige Analyse vom »Konzil der Buchhalter. Die Zerstörung der Sinnlichkeit« geschrieben. In vielem hatte er recht. Die Konzentration auf das »reine, objektive Sakrament« im Gegensatz zum »nur subjektiven« Vollzug der sogenannten »Sakramentalien« hat die Brücke abgebrochen, die Bilder, Symbole, Riten zum Religiösen hin schlagen, und (wie G. Wilhelm schreibt) Kirche und Alltag auseinanderdividiert.

Wieder zusammenbringen aber kann man die Welten des Objektiven (Sakrament) und Subjektiven (Vollzug) nur, wenn man »unten«, in der menschlichen Erfahrung ansetzt und deren »disclosure situations« ernst nimmt; wenn man wieder ernst nimmt, daß auch Kuß und Händedruck Riten sind, die Tieferes vermitteln; wenn man z. B. die Geste der Mutter ernst nimmt, die ihrem fiebernden Kind die lindernde Hand auf die Stirn legt;

wenn man den Blumenstrauß nicht als unnütze Geldver-
schwendung betrachtet.

Der Reichtum religiöser Alltagsvollzüge wird nicht durch
Dekrete, sondern durch Aufmerken auf die Nöte und die Freuden der Menschen wiedergewonnen.

2. DER LEIB UND DIE INNERLICHKEIT

Die aufgezeigten Desiderata zeigen nicht zuletzt, daß es der
reflektierenden christlichen Theologie der jüngeren Vergangenheit nicht genügend gelungen ist (aus einer vergangenen Mentalität heraus auch nicht gelingen konnte), der Leiblichkeit des
Menschen mit allem, was damit verbunden ist, den rechten
Stellenwert zuzuweisen. Dieser Geschichte (Neuplatonismus,
Rationalismus der Aristotelesrezeption, Aufklärung mit Ver-
standeskult, moderne Vertechnisierung) ist hier zwar nicht nachzugehen, aber die Desiderata sind aufzuzeigen.

a) Der Leib als Existenz und als Kommunikation

Der so beliebte Vorwurf gegen das Christentum, es sei sexual-
feindlich, wird heute nur noch von Leuten erhoben, die – wissend oder unwissend – keine Notiz vom Stand der Forschung
nehmen. Die Wahrheit ist differenzierter. Aber dennoch und
gerade deswegen stellt sich der christlichen Spiritualität heute
die Aufgabe, mit dem »Leib«, der durch die leibliche Auferstehung Jesu endgültig geadelt ist, in rechter Weise umzugehen.

(1) *Dialogische Unsterblichkeit (Auferstehung)* ist eine ge-
glückte Sprachschöpfung Joseph Ratzingers. Er korrigierte damit die »Ganz-Tod«-Theorie von Gisbert Greshake und Gerhard
Lohfink. Diese meinten – im Gleichklang mit einigen evangelischen Theologen – aufgrund biblischer Zeugnisse und von
Erkenntnissen der Anthropologie her, der Mensch sei ein ganzer, könne somit nur als ganzer, also mit Leib und Seele sterben.
Aber Gott sei so mächtig, daß er in der Auferstehung diesen
Menschen in seiner Identität neu zum Leben erwecke. Ratzinger zeigt, daß die »Ganzheit« des Menschen nur im »Gegenüber
zu Gott« zu verstehen ist; diese Ganzheit aber ist mit dem
Begriff »Seele« eigentlich gemeint. Die dualistische Trennung
von Leib und Seele sei nichts als eine gegenständlich formulierte Aussage für diese Wahrheit: Leib sei der Mensch in natur-

wissenschaftlicher Analyse; Seele aber sei er als Ganzheit im Gegenüber zum Absoluten, zu Gott. Personal verstanden bedeute »Seele« daher eigentlich »Dialogisch-Sein«, und dies letztlich zu Gott hin. Hierin, nicht im Greifbaren werde die Identität des Menschen über seinen Tod hinaus zum Leben der Unsterblichkeit bewahrt.

Hinter der theologischen Debatte steht ein doppeltes Anliegen:
– Die Unsterblichkeit des Menschen stammt ganz und gar von Gott her.
– Der menschliche Leib aber ist keine vergängliche Hülle, in der eine »unsterbliche Seele« verbannt ist (nach Platon: Soma als Säma; Leib als Gefängnis), sondern er ist der Mensch selbst in seiner lebendigen Kommunikation mit den Menschen, mit Pflanze und Tier, mit Wasser und Sternen.
– Zusammengehalten werden beide Wahrheiten durch das Wort »dialogische Unsterblichkeit« des ganzen Menschen. Die Ganzheit und die Weltoffenheit des Menschen, die besonders H. Plessner (»Philosophische Anthropologie«, 1970) bedachte, wird damit in die Spiritualität eingebracht.

(2) *Die konkrete Leiblichkeit* hat in den letzten Jahrzehnten – nicht zuletzt durch den Feminismus – ein immer stärkeres Gewicht in der theologischen Reflexion und der gelebten Spiritualität gewonnen. Die Entwicklung muß besonders im praktischen Vollzug weitergehen. Hier hat die euro-amerikanische Intellektualität von den afrikanischen Stammeskulturen zu lernen, wie sehr der Mensch ein ganzer ist. Und dies nicht nur in der Ganzheit des Leibes, sondern ebenso in seiner Geschichte und seiner kulturell-sozialen Vernetzung.

(3) *Der Bezug zur Welt* wird durch den Leib nicht nur vermittelt, sondern dieser ist in sich schon physisch Bezug zur Welt. Materiell steht er im ständigen Kreislauf mit der »Materie«: Nahrung, Luft, Atmosphäre. Geistig und körperlich ist der Mensch als Individuum eingebunden in die Geschlechterreihe, in die sinnenhafte Begegnung mit Welt und Umwelt. Was »Ich« bin, ist gewachsen in der Welt- und Menschen-Kommunikation des Leibes. Es genügt nicht zu sagen: Der Leib ist Fenster zur Welt. Man muß dichter formulieren: Der Leib ist die welthafte Außenseite vom »Ich«; deshalb ist auch die Welt – in gestaffelter Dichte – Außenseite des »Ich«. Haut ist nicht nur Trenn-, sondern mehr noch Verbindungsorgan zur Welt.

(4) *Der Mensch lebt und erfährt mit seiner ganzen Leiblichkeit.* Sein Gottesbezug wird um so tiefer, je mehr er in ganzheitlich vollzogener Leiblichkeit geschieht. Viele weitere Aspekte wären noch zu erwähnen: Atem, Geste, Bewegung, Gemeinschaft, Kultur usw.

Wo wird z. B. Leiblichkeit als Selbsterfahrung und als Kommunikation ganzheitlicher vollzogen als im Tanz? Der Gründer der Anthroposophie, Rudolf Steiner, hat die »Eurhythmie« (das Wohl(»eu«)-befinden in »Rhythmus« und Bewegung) zwar pathetisch und gekünstelt entworfen, aber damit diese Ganzheitserfahrung des Tanzens für die Religiosität wiederentdeckt. Seit Hugo Rahners schönem Buch »Der spielende Mensch« (1952) finden immer mehr Menschen hierin ihre Form des Betens.

b) Die Seele als das Plus der Leiblichkeit

(1) *Das neuplatonische Anliegen einer unsterblichen Seele,* das überraschenderweise heute, besonders in der Esoterik (z. B. unter dem Stichwort »Reinkarnation«) wieder auftaucht, ist damit nicht desavouiert. Es behält, neu bedacht, in der konkreten Spiritualität seinen Stellenwert. Graf Dürckheim liebte zwar das Wort: Ich *bin* mein Leib! Doch es muß im konkreten Erleben ergänzt werden durch: Ich bin *mehr* als mein Leib. Ältere Menschen, körperlich Versehrte, Menschen in Ermattung sind dankbar, daß sie mehr sind als nur ihre Leiblichkeit und daß ihre »Seele« die Erfahrungen körperlicher Schwere, Trägheit, Hinfälligkeit und damit den Leib als nur-materielle Substanz übersteigt.

Eine »runde« Spiritualität muß beides wissen: Der Mensch wird über und in seinem Leib erst ein ganzer Mensch; doch die Integration der Leiblichkeit ist letztlich das Ideal vollendeter Seligkeit. Sie wird uns einmal geschenkt werden. Jetzt aber sind wir noch unterwegs dahin. Daher gibt es zur Genüge auch das Leiden an der eigenen Leiblichkeit mit der Gewißheit, daß der Mensch mehr ist als nur dieser sein konkreter Leib.

(2) *Die logische Begrifflichkeit* muß hier, wie so oft, versagen. Das Gemeinte aber wird von Menschen, die noch wie die Kinder im ungebrochenen Verhältnis zur Natur und sich selbst leben, erahnt. Für die Reflexion ist es hilfreich, auch andere sprachliche Versuche zu berücksichtigen, die das Gemeinte aussprechen: »Leib – Seele«, »Außen – Innen«, »Kommunikation –

Identität«, »Begegnung – Selbstgewißheit«. »Der Mensch ist weit mehr als nur Mensch«, schrieb Blaise Pascal. Seine Wirklichkeit übersteigt alles, was objektivierendes Denken feststellt.

(3) Eine »gesunde« Nüchternheit ist deshalb bei der Übertragung entsprechender Einsichten auf die Gebetsgestalt zu bewahren. Wenn das Ideal zu hoch liegt, wird der Fall um so schmerzlicher. Im Streben nach möglichst ganzheitlichem »leib-selischem« Beten kann echtes Beten zerstört werden. Doch das Ideal sollte vor Augen bleiben.

3. WORT UND SCHWEIGEN, BILD UND MUSIK

Der jüdische Weise Abraham Joshua Heschel, der wie wohl kein anderer die lebendige Tradition chassidischer Frömmigkeit verkörpert, lehrt, daß die »Kawwana«, »die innere Beteiligung«, die Aufmerksamkeit, Grundlage allen Betens ist. In seinem Klassiker der Gebetsliteratur »Der Mensch fragt nach Gott. Eine Untersuchung zum Gebet und zur Symbolik« (1982, 7.59) heißt es:

»Kawwana (ist) mehr als Achten auf den Wortsinn des Textes. Sie bedeutet totale Offenheit für Gott. Sie ist ein Akt der Würdigung dessen, was es heißt, daß man in der Gegenwart steht.«

Die jüdisch-christliche Mystikerin, Philosophin und Sozialrevolutionärin Simone Weil meint ähnliches mit »l'attente de Dieu«, die Achtsamkeit, die vielem gilt, aber überall Gottes Spur sucht. Es ist das christliche »Gott in allen Dingen suchen«. Es ist Gemeingut der Mystiker aller Religionen.

a) Das Schweigen

Um achtsam, aufmerksam und irgend etwas zu werden, muß der Mensch zuerst all die äußeren und inneren Schemata ablegen, die seine Offenheit lenken, damit er unbeeinflußt »aufmerksam« sein kann, damit es wirklich »er« ist, der hört und schaut, und nicht irgendein Schema. Der Trappist Thomas Merton[51] nennt dies: Finden des »Inneren Selbst«:

»Das Innere Selbst gleich einem scheuen Tier der Wildnis, das sich niemals vor einem Fremden zeigt, das erst aus dem Wald kommt, wenn alles in Frieden, in Schweigen liegt, wenn es unbelästigt, alleine ist. Es kann von niemandem herausgelockt werden, weil es nur der Verlockung der göttlichen Freiheit folgt.«

354

(1) *In den biblischen Büchern* spielt das Schweigen für sich alleine nur eine untergeordnete Rolle. »Für Israel, das auf seinen Gott hören will, bedeutet dessen Schweigen eine Strafe«, heißt es im »Wörterbuch zur biblischen Botschaft« (1964, 394). Und das Schweigen des Menschen vor Gott trägt meist die negativen Vorzeichen von Entsetzen, Scheu oder Unverständnis. Erst wenn das Schweigen zum Hören, zum Achtsam-Sein, zu »l'attente de Dieu«, zur »Kawwana« oder zur Anbetung wird, bekommt es einen positiven Stellenwert. Vom Schweigen aus geht die Aufmerksamkeit auf Gott hin.

(2) *Mit der Unterscheidung von »hellem und dunklem« Schweigen* hat dies Romano Guardini in »Wille und Wahrheit« (1993) psychologisch greifbar gemacht. Mit dem Untertitel »Geistliche Übungen« stellt er sich bewußt in die Tradition der »Geistlichen Übungen« des Ignatius von Loyola. Schon darin liegt die Mahnung, beim Nachsinnen über Stille und Schweigen deren Stellenwert innerhalb des ganzen Prozesses zu beachten. »Schweigen« für sich alleine genommen gehört in ignatianischer Terminologie zu den »übrigen Dingen« der Schöpfung, die ihren Wert erst aus der Beziehung zum Schöpfer erhalten. »Hell« nun sind nach Guardini Schweigen und Stille, wenn sie Achtsamkeit bewirken, dazu befähigen, neu zu sehen und bewußter zu hören. Dumpf und »dunkel« sind sie, wenn sie in der eigenen Befangenheit verbleiben. Im Schweigen kann der Mensch sensibel werden für das Schöne oder Häßliche, das Gute und Böse; die Mauer der Voreingenommenheit wird durchbrochen (vgl. das erwähnte Buch von Cl. E. Kunz).
Ein so verstandenes Schweigen aber kann im Hören von Musik, im Miteinander-Reden, auch in der hingebenden kreativen Arbeit wachsen und geschehen. Die Meditation im Za-Zen-Sitz ist die wohl radikalste Einübung in diese Erfahrung. Doch auch sie kann mißbraucht und »dunkel« werden, wie Graf Dürckheim in »Hara, die Erdmitte des Menschen« (1954) schreibt. In den japanischen Samurai-Geschichten sind alle, die guten wie bösen Ritter, Zen-Leute, die aus dem Schweigen kommen. Über die Hinneigung der Zen-Tradition zum Faschismus während des zweiten Weltkriegs ist genügend geschrieben worden. Der vielzitierte Philosoph E. Herrigel mit seiner »Zen als Kunst des Bogenschießens« ist, wie Gershom Scholem aufzeigt, ein erschreckendes Beispiel dafür.
Aber – und damit wird der Akzent zum »Hellen« gesetzt – wo ist die »Achtsamkeit« wichtiger und lebendiger, »schweigen-

der« als vor jemand, den man liebt? Hier bahnt sich das religiöse Schweigen vor Gott an: Der Mensch hört auf, seine Ichgebundenheit zu pflegen; er wird achtsam vor dem Geheimnis Gottes, das alles Wirkliche durchwebt.

b) Das Wort

Schweigen wird dort »hell«, wo »Aufmerksamkeit«, »kawwana« aufbricht; wo der Mensch im Schweigen tiefer »hin-hören«, »hin-achten« lernt. Damit taucht auf, was in der christlichen Tradition ganz allgemein mit »Wort« gemeint ist: etwas, das den eigenen Bewußtseinsbereich übersteigt (transzendiert) und Sinn eröffnet.

(1) *Wort und Schweigen* sind, so verstanden, aufeinander hingeordnet. Wie das Schweigen aufbricht zum Wort, wird das Wort von Schweigen geprägt, damit es nicht zum Gerede wird. Es geht um die Dimension, die hinter dem digital aufzulösenden Informationswert eines Wortes liegt. Gute Lyrik führt in diese Dimension. Ein Dreizeiler der Jüdin Nelly Sachs lautet:

»Meine Liebe floß in dein Martyrium
durchbrach den Tod
Wir leben in der Aufstehung –«

Ihr Zeugnis, ihr Leiden am Leiden ihres Volkes, ihre Hoffnung mit der Hoffnung ihres Volkes, ihre Not, die sie seelisch krank werden ließ, leben in diesen Zeilen. Ich als Leser muß still werden, eigene Absichten ablegen und auf die Verse hinhören. Dann kann im eigenen Innern Verständnis wach werden für die Botschaft, die Menschlichkeit ihrer Verfasserin. Hier setzt das Meditieren an.
Schon der Sprachrhythmus (die unmittelbar sich ablösenden Akzente: Tod – Wir) führt hinein; die Welt der Hoffnung, die aus dem Vergangenen »floß«, wird zum so persönlichen (»wir«) Jetzt des »leben«, zur zeitlich/überzeitlichen Liebe! Die Alternative von Stille oder Wort, von Schweigen oder Sprechen/Hören wird überboten durch ein Größeres, durch das »stille Hinhören« auf die »schweigenden Worte«, auf das Schicksal eines großen Menschen, auf ein Schicksal, an dem ich teilhabe.

(2) *Das biblische Wort* lebt aus einem solchen hinhörenden Schweigen und wird zum Gebet. Gewiß, die künstlerische Hochform von Nelly Sachs begegnet nicht in jedem biblischen

Wort; die Dichte solcher Verse wird auch im eigenen Beten kaum einmal berührt. Aber die Menschlichkeit des Gedichts weist den Weg zum Verständnis auch des biblischen Wortes: Die eigene Erfahrung muß sich hineinspüren in die Freundschaft, den Dialog; dann werden die Worte durchsichtig auf die Sehnsucht der Menschheit, die in der »Auferstehung« anklingt; Auferstehung nicht im Sinne eines billigen Optimismus á la: es geht weiter; sondern Auferstehung in der »dialogischen« Erfahrung von Ich-und-Du; Auferstehung, von der der französische Philosoph Gabriel Marcel schrieb: Glaube an Auferstehung heißt vor allem: Glauben, daß »Du« leben wirst (das »Ich« ist dabei wie vergessen); Auferstehung, die deshalb »jetzt« geschieht, weil die Liebe »jetzt« da ist. Auferstehung, die im »Jetzt« Hoffnung besagt, wie der bewußt gesetzte Gedankenstrich am Ende der Verse wohl andeutet.

Wie von selbst ziehen einen (d.h. mich) die Verse der Nelly Sachs in den christlichen Auferstehungs-Glauben hinein. Das Markusevangelium beginnt mit »Frohbotschaft von Jesus Christus«, und sein – andeutender, fast »schweigender«, aber Gewißheit ausstrahlender – Schluß faßt zusammen: »Er ist auferweckt worden!« Das ist die Botschaft des Neuen Testaments, das sich darin als Erfüllung des Alten Testaments weiß. Alles weitere, Nächstenliebe, Vergebung oder Vertrauen, ruht darauf auf.

Paulus formuliert es im 1. Korintherbrief so: »Ist Christus nicht auferweckt worden, ist unsere Predigt leer; leer auch euer Glaube.« Das Johannesevangelium (11,21.25) legt Wert auf die »Jetzt«-Erfahrung. Das Ich-bin-Wort Jesu am Grab des Lazarus, das hinüberreicht zum frohen Osterbekenntnis der Maria von Magdala: »Rabbuni!«, (Joh 20,16) d.h. mein Meister, trägt das in sich, von woher Nelly Sachs den Mut für ihre Verse fassen konnte: »Martha sagte zu Jesus: Herr, wärst du hier gewesen, dann wäre mein Bruder nicht gestorben … Jesus erwiderte ihr: Ich bin die Auferstehung und das Leben. Wer an mich glaubt, wird leben, auch wenn er stirbt.«

Die Worte des Neuen Testaments schöpfen ihre Kraft aus diesen Worten Jesu, aus ihm selbst, den Johannes einfachhin »Wort« nennt. Wer das Neue Testament in dem von ihm gemeinten Sinn liest, muß es von der Mitte her lesen, die Jesus Christus, der wahrhaft Auferstandene, heißt. Von dort her wird die Informations-Oberfläche durchstoßen zur Begegnung mit ihm.

Dostojewski beendet seinen Raskolnikov-Roman »Schuld und

Sühne« mit einer wunderbar lebendigen Szene dieser Auferstehungshoffnung.

(3) *Die Polarität von Wort und Schweigen* bleibt bestehen, wird
aber zum Hinweis auf etwas, das hinter der Oberfläche schein-
barer Gegensätzlichkeit lebt, Hinweis auf die Begegnung mit
Jesus. Das Wort bleibt Wort; denn die zu hörende Botschaft und
die zu empfangende Kraft kommen auf den Menschen von
»außen« her zu. Aber ist es kein Wort, worin das Informations-
bedürfnis befriedigt wird, sondern eines, das den Menschen in
seiner Mitte ergreift, dort, wo das lebt, was Nelly Sachs als das
»Wir« der »Auferstehung« erfährt. Es ist die Mitte des »Inneren
Selbst«, von der Thomas Merton schreibt, daß es sich nur zeigt,
»wenn alles in Frieden, im Schweigen liegt, wenn es unbelästigt, allein ist«.
An diesem Ort berühren sich wahre Humanität und (christlicher) Glaube, berühren sich aber auch die künstlerische Kraft,
die hinter die reine Information reicht, und das Suchen nach
dem Sinn des Daseins, das sich nicht zufriedengibt mit dinghaf-
ten Antworten.

c) Die Kunst

Die vorangegangenen Gedanken betreten den Bereich dessen,
was oben als »unersetzbare Rolle der Bilder« beschrieben wurde.
Das »Ästhetische«, im weiten Sinn verstanden, schlägt (wie
auch das »Ethische«) tatsächlich die Brücke von der profanen
Alltags- zur religiösen Erfahrung. Die Frage stellt sich – und darüber wird intensiv diskutiert –, ob nicht jede wahre Kunst etwas
Religiöses in sich trägt. Das macht die verführerische Faszination der Kunst aus. Aber damit wird zugleich die Chance
berührt, von der Kunst her einen Zugang zur Religion und zum
Christentum zu finden.

(1) *Die Struktur, wie Kunst transparent wird zur Religion*, analysiert Alex Stock in »Keine Kunst. Aspekte der Bildtheologie«
(1996). Er geht den Weg, den Hans Urs von Balthasar in seiner
»Theologischen Ästhetik« (»Herrlichkeit«, »Schau der Gestalt«,
»Fächer der Stille«, 1961ff) eingeschlagen hat, gleichsam in um-
gekehrter Richtung: von der Kunst in den Raum des Glaubens
hinein und öffnet damit das Ästhetische zum Gebet.
Das bekannte Lied von Paul Gerhardt (»Ich steh an deiner Krip-
pen hier«) dient ihm als Vorlage. Dort heißt es in der 4. Strophe:

»Ich sehe dich mit Freuden an
und kann mich nicht sattsehen;
und weil ich nun nicht weiter kann,
bleib ich anbetend stehen.
O daß mein Sinn ein Abgrund wär
und meine Seel ein weites Meer.
daß ich dich möchte fassen.«

Die Strophe beginnt mit dem Hinblicken auf eine Gestalt (auf
»dich«), was Freude schenkt, aber den Hinblickenden immer
tiefer in sich hinein zieht, als könne es dessen Hunger nach
Erfahrung stillen. Doch es gelingt nicht, und dies nicht darum,
weil das Erblickte zu gering ist für den Hunger, sondern weil im
hinblickenden Sattwerden der Hunger anwächst, vom Reichtum des Bildes »genährt« immer »hungriger« wird. In dieser
paradox zu beschreibenden Dynamik, daß die Lust um so mehr
anwächst, je mehr sie gestillt wird, wird Paul Gerhardt zum
Beter: »Bleib ich anbetend stehen.«
Anbetung als das Offenstehen zum »je-Größeren«. In ähnlicher
Weise deutet Augustinus[52] Vers 4 des Psalms (42) vom dürstenden Hirschen, der sich »an den Tränen labt«: »Gerade weil die
Tränen seine Speise sind, dürstet dieser Mensch noch begieriger
nach dem Quellwasser.« Je mehr der Durst durch die Sehn-
suchtstränen gestillt wird, um so dürstender wird er. Die Faszination des Bildes (trinken und deshalb noch mehr dürsten) weitet sich in die Faszination durch Gott hinein, der »je-größer« ist,
vor dem der Mensch nur noch anbetend niederknien kann. Paul
Gerhardts Verse berühren das Bild vom »Abgrund, der den Abgrund anruft und nie zur Ruhe kommt«, das – nach Psalm 19 –
in der Mystik beliebt war und die gleiche, vom Bildhaften auf-
gerufene Dynamik zum »je-Größeren« auslöst.
Auf diese Weise bringt die Kunst in die Erfahrung ein, was in der
»Negativen Theologie« intellektuell beschrieben wird und in
der »Negativen Mystik« als Gipfel der Erfahrung erscheint. Die
Aussagekraft der Bilder ist in sich selbst transparent zum Überstieg über das Bild. Der Betrachter oder Hörer erfährt ästhetische
Qualitäten, die den informativen Gehalt des Kunstwerkes übersteigen. In diesem »Überstieg« läßt er sich von seiner Sehnsucht
führen bis zum Gipfel, in dem die Qualitäten sich erfüllen.
Doch dieser Gipfel ist nicht mehr begreif- und analysierbar;
auch er übersteigt jede Erfahrung. Er ist in dieser »negativen«
Qualität nur zu bewundern. Der Glaubende aber weiß: Hier lebt
Gott. Und er »bleibt anbetend stehen.«

(2) *Zwei ästhetische Qualitäten* – die des Hörens und des Schauens – legen sich innerhalb der religiösen Tradition und der Anthropologie nahe, um diese Dynamik des Überstiegs lebendig werden zu lassen; der Ton, der in der fernöstlichen Religiosität als »Ohm« – (AUHM) – Erfahrung gepflegt wird und in Johann Sebastian Bach eine wahrhaft mystisch zu nennende Realisation erfahren hat; und das Licht[53], das in jeder Mystik eine zentrale Rolle spielt.

Man darf ohne Überheblichkeit urteilen, daß viele Versuche, künstlerisch Gestaltetes in die Praxis des christlichen Betens einzubringen (Bild- und Musikmeditation, kreatives Gestalten, tanzendes Beten) den Qualitäts-Ansprüchen der Kunst nicht genügen. Doch auch umgekehrt gilt: Manche religiöse Kunst von heute hat sich elitär von dem entfernt, was der religiöse Mensch im Alltag sucht und erhofft. Das kunstkritisch gesehen Wertvolle wie das als kitschig oder banal Beurteilte aber müssen sich messen am Göttlichen, das auch den Kunstgeschmack des Menschen noch übersteigt.

Abraham Joshua Heschel läßt daher auch noch den Lobgesang sich überschreiten ins Göttliche hinein. Er zitiert dazu den Kaddish, ein jüdisches Gebet zum Gedenken an die Verstorbenen:

»›Erhaben über alle Segnung und Preisung‹ (Neh 9,5),
ob allem hoch,
>was Preises Zungen je Sang gesungen,
>je Klang geklungen,
>je Trost erschwungen
in dieser Welt Worten.«

Die Übertragung stammt von Franz Rosenzweig, der gemeinsam mit Martin Buber die Bibel übersetzte. Das betreffende Kapitel bei Heschel heißt: »Schweigen ist Lobpreis für Dich«; den Höhepunkt des »betenden Schweigens« aber findet er dort, wo Wort und Kunst sich berühren: »Wirkliches Gebet ist Gesang!«

Dazu zitiert Heschel aus der jüdischen Weisheit:

»Es gibt drei Wege,
auf denen ein Mensch seinem tiefen Kummer Ausdruck geben kann.
Der Mensch auf der niedersten Stufe weint;
der Mensch auf der zweiten Stufe schweigt;
der Mensch auf der höchsten Stufe
weiß seinen Kummer zum Lied zu wenden.«

Wort und Schweigen werden eins auf einer Ebene,

»die jenseits von beiden liegt, die Ebene der Liebe.«

Vernehmbare Gestalt aber findet diese Einheit in der Kunst des Gesangs.
Das Lied wird zum höchsten Ausdruck des religiösen Wortes, des Betens.
In ähnlicher Weise ist die »Licht«-Qualität zu analysieren. In der mystischen Tradition findet hier das »nichtwissende Wissen« aus der Tiefe der Gotteserfahrung eine bildhafte Form. Auch in der visionären Mystik Hildegards von Bingen werden die Schau-Qualitäten nochmals überstiegen von der Qualität der Musik, des Tons: »Anima symphonalis est«, »das Herz des Menschen ist nun einmal symphonisch«, interpretiert Heinrich Schipperges (»Symphonia«, (1995) Hildegards Weg zur Mystik.

(3) *Die ästhetische Frage nach Kunst oder Kitsch* wird in diesem Zusammenhang zweitrangig. Es geht primär um das persönliche Erleben, das (je nach Bildung) bei den Menschen verschieden ist. Da aber die ästhetische Qualität kein nur-subjektiver Maßstab, sondern an objektiven Kriterien zu messen ist, haben Kirche und Theologie auch den Auftrag zur Pflege künstlerisch-religiöser Qualität, die nicht im Belieben der Menschen liegt. Seelsorglich gilt, daß die Kraft wahrer Kunst tiefer in die wahre Religiosität hineinführt als oberflächliche, am Mode- und Massen-Geschmack orientierte Darbietungen. Es ist die Balance zu finden zwischen dem subjektiven Geschmack und der wahren Kunst.

(4) *Ähnliches gilt bezüglich des Verhältnisses zwischen dem Historischen und dem Legendarischen,* »Legendarisches« in Bildern, Erzählungen (die Visionen der Anna Katharina Emmerick oder Maria von Agreda) und Frömmigkeits-Gegenständen (die Reliquie des Hl. Rocks Jesu, die Wunder und Erlebnisse von Heiligen, die Heiligengestalten selbst) hat schon viele Menschen zum Gebet geführt. Mit Recht (allerdings vornehmer als A. Lorenzer) kritisiert Horst Fuhrmann in »Überall ist Mittelalter« (1996) den »merkwürdigen rationalistischen Eifer«, mit dem »1969 ganze Legendentraditionen« z. B. der Christophoruskult abgeschnitten wurden.
Die Würdigung des ästhetischen Elements im Glaubensvollzug kann helfen, dem Legendarischen einen besseren Stellenwert zuzubilligen. Das widerspricht nicht dem pädagogischen Impuls, der den Unterschied zwischen Historie und Legende aufzeigt. Im Gegenteil: Der »Goldgrund der Legende« (Walter Nigg)

bekommt damit erst seine volle Leuchtkraft und erreicht den Menschen in seiner Frömmigkeit, seiner Spiritualität, seinem Beten.

4. Gott und seine Heiligen

Die orthodoxe und katholische Heiligen-Verehrung bildet – gerade auch in ihrem legendarisch-ästhetischen Überschwang – eine Brücke zu vielen nichtchristlichen Religionen, aber auch einen Streitpunkt im Gespräch mit den Kirchen der Reformation. Was auch immer an Übertreibungen in mancher Frömmigkeit zu finden ist, die klassische Theologie bietet ein gutes Schema der Unterscheidung an: Gott gebührt Gebet, Anbetung, »Latria«; den Heiligen gilt »nur« Verehrung, »Doulia«; Maria kommt dabei in der »Hyperdoulia«, der »Über-Verehrung«, ein besonderer Rang zu.

a) Anbetung Gottes

Gott ist Grund und Ursprung, Ende und Vollendung von allem. Wenn der Mensch sich ihm betend zuwendet, weiß er sich in dessen liebender, gerechter oder auch strafender Macht. Meister Eckhart drückt das in neuplatonischer Radikalität aus: Der Mensch ist nichts; Gott ist Alles, das Sein selbst. Anbeten heißt, dies innerlich realisieren und dieser allumfassenden Majestät das Du des Urvertrauens schenken.

Die Urhaltung zu Gott übersteigt menschliches Begreifen und entfaltet sich deshalb im dreifachen Rhythmus: zu Gott, dem Grund von allem, durch Jesus Christus, der uns ›Du Vater‹ sagen lehrt, im Heiligen Geist, der in uns die Kraft ist, die da ruft: ›Abba, Vater!‹ (Röm 8,15)

b) Verehrung der Heiligen

(1) *Die Solidarität im Glauben und im Beten* über den Tod hinaus, das bleibende »Wir« menschlicher Existenz ist es vor allem, was im Blick auf die Heiligen realisiert wird. In der Heiligen-Verehrung wird aber auch realisiert, daß Menschen da sind, die in ihrer Haltung vor Gott aus dem durchschnittlichen Dasein herausragen (ähnlich wie es Zeiten und Orte mit hervorstechendem religiösen Charakter gibt). Solche Menschen werden als Heilige verehrt; ihnen gilt Lobpreis, aber auch Bitte und

Dank. Es ist nicht nur ein subjektives Bedürfnis, mit ihnen gemeinsam auch im Bitten vor Gott zu treten; es ist die Glaubenswahrheit der menschlichen Solidarität, die das II. Vatikanische Konzil (»Lumen gentium«, 50) auslegt:

»Nicht bloß um des Beispiels willen begehen wir das Gedächtnis der Heiligen, sondern mehr noch, damit die Einheit der ganzen Kirche durch die Übung der brüderlichen (schwesterlichen, JS) Liebe im Geiste gestärkt werde. Denn wie die christliche Gemeinschaft unter den Erdenpilgern uns näher zu Christus bringt, so verbindet auch die Gemeinschaft mit den Heiligen uns mit Christus.«

Die Solidarität, die wie selbstverständlich unter den Menschen gesucht wird, weitet sich im Glauben an das Weiterleben nach dem Tod aus auf Menschen, denen wir eine besondere Nähe zu Gott zutrauen.

(2) *Fehlformen gab und gibt es zur Genüge.* Doch auch hier ist Vorsicht vor allzu schneller Be-(Ver)-urteilung geboten. Hinter der scheinbaren Vergötzung eines Heiligen kann sich diese tief erfahrene Solidarität verbergen, in der der Heilige angerufen wird, um als »wir« zu Gott aufzublicken.
Entsprechendes findet sich in den Kultformen der Ahnen-Religionen Afrikas, Asiens oder Früh-Amerikas; auch hier sollte nicht vorschnell abgeurteilt, sondern das Tor der gemeinsamen Religiosität geöffnet werden. Aber zugleich muß von solchen Gesprächen her der katholische Heiligenkult mit seiner schnell wachsenden Zahl von Heiligsprechungen überprüft werden. Kann man Heiligenverehrung, die doch »Glaubenssolidarität« mit einem Menschen in die Erfahrung einbringen will, gleichsam von oben verordnen? Muß nicht die lebendige Beziehung grundlegend sein? Wo sie fehlt, wird die Verehrung eines Heiligen und die Bitt-Solidarität zum veräußerlichten Tun statt zum inneren Vollzug.
»Heilige« aber, deren Goldgewänder ein nur-übermenschliches Dasein predigen, können heute von einer ehrlichen Verehrung eher abschrecken.

c) Die besondere Rolle Marias

Das besondere Verhältnis der Christen zu Maria ergibt sich aus deren Stellung als Mutter Jesu im Heilsgeschehen. Das logische Denken protestiert, wenn das Konzil von Ephesus Maria, das zeitliches Geschöpf, als Mutter ihres ewigen Schöpfers deklariert. Martin Luther wie Karl Barth stimmten dem Konzil und seiner Aussage zu, weil darin der Glaube an die – logisch ebenso paradoxe – wahre Menschwerdung Gottes in Jesus liegt. Ohne diese Maximal-Wahrheit würde der christliche Glaube verdorren, der Glaube nämlich an die Teilnahme des Schöpfers am Leben seiner Geschöpfe.

(1) *Die Sehnsucht nach Befreiung* ist ein Ur-Anliegen des Menschen. Sie hat in Maria personhafte Gestalt bekommen. Eine klassische Metapher, das »Buch«, kann dies erläutern. Klaus Schreiner schreibt dazu: »Altchristliche Bibelausleger waren bemüht, aus der Beschriftung eines Papyrus- oder Pergamentblattes eine Allegorie für die Menschwerdung Gottes im Schoß der Jungfrau zu machen. Sowohl im Vorgang des Schreibens als auch in der Menschwerdung des Logos (konkretisiert sich nämlich) Geistiges.« Grundlage der Allegorie ist Gottes Auftrag an Jesaja (8,1): »Nimm eine große Tafel und schreib darauf mit einem gewöhnlichen Griffel: Schnelle-Beute, Rascher-Raub.« Das aber ist der Name des Sohnes, den der Prophet nach dieser Vision zeugte: »Dieser Name sollte auf Geheiß Jahwes mit dem Rätselspruch der Tafelaufschrift identisch sein.« Dies weist auf die Bedrohung Israels durch die Assyrer hin, die entschlossen waren, in Bälde Israel anzugreifen und große Beute zu machen; aber zugleich auch auf die Verheißung des Retter-Kindes hin.
Das Kind Marias aber wird den Namen »Immanuel tragen, das heißt »Gott ist mit uns« (Mt 1,23). Die Ursehnsucht des Menschen (das Buch, in personaler Erfüllung: Maria) wird von Gott erfüllt durch das Wort (die Inschrift); personal ist es das Kind mit Namen Immanuel. So schreibt Gott den Namen seines Sohnes in die person-gewordene Sehnsucht der Menschen, in Maria, in das lebendige Menschheitsbuch ein.

(2) *Die Menschheitssehnsucht nach Gott hat also eine personale Gestalt* in Maria. Schreiner zeigt, wie in der Marienverehrung die sehnsuchtsvollen Erwartungen sichtbar werden, die die Menschen in allen Jahrhunderten Gott gegenüber vorbrachten – wie in einem geöffneten Buch, auf dessen Seiten Gott seine Antwort eintragen kann. In Wort und Ritus, in Symbol und Kunst, in Gesang und Spiel, in Feier und in Stille macht die Marienverehrung sichtbar, was Menschen sich von Gott erwünschen. Gewiß, alles ist – wenn es rein und ehrlich dasteht – ein Geschenk von Gott (Maria als unbefleckt Empfangene liegt von Anfang an ganz in Gottes Hand). Aber im Wechsel der Geschichte steht die Marienverehrung für die Vielfalt der Sehn-

süchte, die von den Menschen her zu Gott aufsteigen. Es ist kein Zufall, daß sich um die Gestalt Marias so viele Legenden und Erscheinungsberichte ranken. Sie zeigen – in einer poetischen Entfaltung der Buch-Metapher gesagt –: Maria ist das Buch, die offene Hand, die die Menschheit Gott entgegenstreckt, damit er seine Gabe in sie hineinlege; eine offene Hand, die geformt ist von Gottes Geist.

Es ist kein Zufall, daß die Marienverehrung in den neu aufbrechenden, volksnahen Frömmigkeitsgruppen (Basisgemeinden usw.) eine prägende Rolle spielt. Der Theologie steht es an, die Maria gewidmete »Hyperdoulia«, die »sich übersteigende Verehrung«, nicht anzuschwächen, sondern recht zu verstehen, recht in das Glaubensgefüge einzubringen und dabei alle wuchernden Übertreibungen abzuschneiden.

Von hierher gewinnt auch die andere Form der Neu-Verehrung Marias in der feministischen Theologie ihren Sinn: Maria als Verkörperung der Gegenwart des Geistes in der Schöpfung; Maria als personifizierte Sehnsucht, als die Erwartung von Mensch und Schöpfung. Einseitigkeiten der »ökofeministischen Theologie der Heilung der Erde«, die R. Radford Rüther in »Gaia & Gott« (1994) entwirft, können mit der theologischen Situierung der Mariologie in der Schöpfungslehre vermieden werden. Ständig aber ist die »ästhetische« Form zu beachten, in der diese Wahrheiten sich ausdrücken. Der »Goldglanz der Legende« steht den Sehnsüchten des gläubigen Volkes näher als die Begriffe der Theologie.

C) Der betende Weg zu Gott

Je mehr sich die Hinweise zum Gebet dem konkreten Menschen nähern, desto weniger sind eindeutige Festlegungen möglich. Das zeigt sich – in überraschender Weise – beim Thema des Weges zu Gott.

1. STETER AUFSTIEG ODER STETS NEUE BEGEGNUNG[54]

a) Zwei Sichtweisen

Das Mühen um Gottesbegegnung und Gebet zeigt sich in einer empirisch-psychologisch aufzeigbaren Vertiefung des Betens. So kennt die Tradition vielfältige »Stufenwege«, unter ihnen der Drei-Stufen-Weg, der ins 3. Jahrhundert zurückreicht und besonders von Pseudo-Dionysios geprägt wurde: Bekehrung – Erleuchtung – Einung; Anfänger – Fortschreitender – Vollendeter; oder in anderen Formen.

Daneben aber gibt es eine andere Auffassung, die von steter Bekehrung spricht und sich auf Jesus-Worte bezieht, daß der Mensch eigentlich stets Sünder ist und stets neue Hinwendung zu Gott braucht. So weiß Teresa von Avila, daß der Mensch, auch auf der höchsten Stufe der Gotteserfahrung, immer neu zurückkehren muß zur Anfangsstufe. Eckhart[55] kennt, anders als Bonaventura, überhaupt keine Stufenfolge des geistlichen Lebens. Dazu Alois M. Haas:

»Eckhart kennt keine Ekstase, keinen *excessus mentis* als krönendes Schlußstück eines beschwerlichen Weges, der sich der Anstrengung aller Erkenntnis- und Liebeskräfte verdankt. Die Einheit des Menschen mit Gott ist bei ihm unvordenklich da und bezeugt sich in der Gegenwart des *vünkelins* in der Seele. Gott ist ein Gott der Gegenwart, er ist der Sinn, der je schon da ist und der jedes Menschenleben trägt. Fatal ist einzig, daß die Menschen ihren Seelengrund so bedeckt halten, daß sie gar nicht merken, daß nicht sie der Sinn des Lebens sind, sondern Gott, der sich in jedem Einzelnen je neu und unaufhörlich als Gnade und Fünklein ereignet.«

Man kann die beiden Sichten der Beziehung des Menschen zu Gott nicht einfach harmonisieren. Ihr Blick auf das Verhältnis des Menschen zu Gott konkretisiert und korrigiert sich je neu im konkreten Dasein.

b) Natürliche Stufen

Der natürliche Reifeprozeß des Älterwerdens schlägt sich selbstverständlich auch im geistlichen Leben nieder. Ebenso gibt es Stufen, die durch bestimmte Übungen erreicht werden können, wie das rechte Sitzenkönnen im Stil der Zen-Meditation. Der lebenslange Umgang mit einem geliebten Menschen wird das Verhältnis beider zueinander umgestalten und – wenn er glückt – vertiefen zu einer gelassenen Reife. Ähnliches findet sich auch im religiösen Leben. Das beginnt schon im Vertraut-Werden mit den verschiedenen Methoden des Betens. Deshalb kennt die klassische Lehre der Spiritualität auch eine »contemplatio acquisita«, eine durch Übung »erworbene (Fähigkeit zur) Kontemplation«, die Fähigkeit, sich verharrend, anschauend in ein Gegenüber (oder in sich selbst) zu versenken.

Doch all dies geschieht noch auf dem Boden psychologischer Fertigkeit.

c) Die »stets neue Bekehrung«

Auch im Alltag von sich liebenden Menschen muß immer neu ein Anfang gesetzt werden, damit die Liebe nicht erstirbt. Sie muß sich stets neu in persönlicher Zuwendung realisieren. Wenn diese Zuwendung nur ein Zustand, ein von selbst ablaufender Automatismus wäre, dann wäre die Liebe gestorben. Dies gilt auch für das Verhältnis des Menschen zu Gott.

Biblisch hat sich das niedergeschlagen in der schockierenden Liebe Jesu zu den Sündern, den »outcasts«, den Randgruppen der Gesellschaft. Wenn Luther die christliche Existenz mit »simul iustus et peccator« (»zugleich Gerechter und Sünder«) umschreibt, meint er diese Struktur des menschlichen Verhältnisses zu Gott, daß der Mensch stets neu sich ganz zu Gott hinwenden müsse. Dies steht auch hinter der recht verstandenen Eckhartschen Mystik, daß der Mensch aus sich selbst heraus ein »reines Nichts« sei, einer, der in seiner Totalität sein Sein und Wesen immer neu von Gott, dem reinen Sein und Über-Sein, empfängt. In einer überraschend-modernen Weise hat Thérèse von Lisieux dies realisiert. Ihre »Nacht« fiel für sie zusammen mit der sündigen Nacht des Atheismus.

In dem Andachtsbuch, das nach der Heiligen Schrift im katholischen wie im evangelischen Bereich am häufigsten aufgeschlagen wurde und auch noch wird, hat sich diese Haltung niedergeschlagen. Dietrich Bonhoeffer, Alfred Delp, Dag Hammarskjöld und Papst Johannes Paul I. haben es mit in den Tod genommen: In diesen, Thomas von Kempen zugeschriebenen »Vier Büchern von der Nachfolge Christi« liest man:

»Wenn du auf dich schaust, kannst du nichts Derartiges aus dir. Wenn du aber auf Gott vertraust, wird dir Kraft vom Himmel zuteil.«

Dort hört der Fromme Gottes Rede über seine Heiligen:

»Sie rühmen sich nicht der eigenen Verdienste, da sie sich nichts Gutes zuschreiben, sondern alles mir; denn alles habe ich ihnen aus meiner unendlichen Liebe geschenkt.«

d) Die Paradoxie der Liebe

Zwei entgegengesetzte Bewegungen scheinen das eine geistliche Leben auszumachen: Es gibt Stufen geistlichen Lebens und

zugleich einen stets neuen Anfang in eigener Nichtigkeit, Sündhaftigkeit, Demut. Was die »Imitatio Christi« – weniger polemisch, als Martin Luther – ausdrückt, führt in die Mitte der
christlichen Existenz. Doch deren Erfahrung läßt sich nur paradox aussagen:

»Alles bis in die Wurzeln seiner Existenz und auch seiner Freiheit verdankt der Mensch Gott. – Deshalb ist es seine Aufgabe, immer neu den
Kreis der eigenen Egoismen aufzubrechen und sich Gott zuzuwenden.«

Zugleich aber ist der Mensch in seine Verantwortung hineingestellt, muß tun, was das Neue Testament mit den Gleichnissen
des »Verdienens« sagt:

»Sehr gut, du bist ein tüchtiger und treuer Diener. Du bist im Kleinen
ein treuer Verwalter gewesen, ich will dir eine große Aufgabe übertragen« (Mt 25,14-30).

Erfahrung personaler Liebe macht die scheinbar widersprüch-
lichen Akzente verständlich.Der Mensch wird (Octavio Paz hat
dies schön beschrieben) in der Zuneigung der Liebe gerade dadurch in seiner Identität, seiner freien Verantwortung gestärkt,
daß er sich von seiner Identität abwendet und sich ganz dem
anderen, dem (der) Geliebte(n), hingibt. In einer solchen Liebe
aber fallen »geschenkt-bekommen« (stets neu) und eigenes Tun
(immer inniger lieben) zusammen. In der Beziehung des Menschen zu Gott verdichtet sich dieses Paradox: Das Ohne-Ver-
dienst-Sein vor Gott ist das höchste Verdienst; das Nicht-Fort-
schreiten und Alles-auf-Gott-Werfen ist der größte Fortschritt.
Die beiden Entwürfe: steter Aufstieg oder je-neue Bekehrung
und Hinwendung bringen das begrifflich paradoxe, aber existentiell stimmige Verhältnis zu Gott zum Ausdruck.

2. DIE GEISTLICHE BEGLEITUNG[56]

Seit einigen Jahrzehnten ist eine alte Frömmigkeitspraxis wieder wach geworden: die geistliche Begleitung. Von den Mönchs-
Altvätern der Wüste über die großen Ordensgemeinschaften zu
den ignatianischen Exerzitien bis in die Blüte der großen Französischen Mystik (Franz von Sales, Kardinal Berulle) hinein war
es ein kostbares Gut, das in den Nachfolgegeschichten des
Neuen Testaments seine biblische Quelle hat. Es ist nicht
unwichtig festzuhalten: Der Neu-Anstoß ging nach einer Zeit
formalistisch und äußerlich gewordener geistlicher Belehrung

von den christlichen Quellen aus, weniger aber vom Boom fernöstlicher Religiosität. Es begann, wie die Zeitschrift »Christus« zeigt, in Frankreich, während der Wirren des Zweiten Weltkriegs, erlebte in den USA eine Blüte, bevor die Praxis im deutschsprachigen Raum aufgegriffen wurde. Berichte über die Starzen der Ostkirche, von denen auch F. Dostojewski erzählt, haben ebenfalls diese Bewegung im westlichen Christentum gefördert.

Es entspricht einfachhin dem menschlichen Dasein, sich von einem Lehrer, einem Meister begleiten zu lassen.

a) Fernöstliche Spiritualität

Augenblicklich aber spielt bei der Suche nach dem Meister (japanisch Roshi, hinduistisch Guru, islamisch Shaikh oder Pir) die fernöstliche Spiritualität die maßgebliche Rolle. Dabei wird oft vergessen, daß auch in ihr kein unbedingter Meister-Kult herrscht. Die buddhistische Tradition gründet, wie gezeigt, auf drei »Kleinodien«, nicht einem:

»Ich nehme meine Zuflucht zu Buddha – dem erleuchteten Meister,
ich nehme meine Zuflucht zu Dharma – der überlieferten Lehre;
ich nehem meine Zuflucht zu Sangha – der Gemeinschaft derer, die
gleich mir den buddhistischen Weg gehen.«

Die unbedachte Übernahme der fernöstlichen Meister-Religiosität verfehlt deren eigentliche Tiefe und wird zur Gefahr, wie sich an den schlimmen Exzessen (bis zum Massenselbstmord) zeigt, die mit »Meister«-Gestalten verbunden sind. Erinnert sei hier an die schillernde, aber einflußreiche »Guru«-Gestalt des Shree Rainesh Bagwhan, Osho genannt. Ein Krishnamurti lehnte das Gurutum grundsätzlich ab; Aurobindo mahnte zu besonnener Vorsicht.

Der wohl größte hinduistische »Heilige« der Moderne, dem Henri Le Saux in seinem Dialog mit dem Hinduismus Entscheidendes verdankt und an dessen Grab Carl Friedrich von Weizsäcker eine Erleuchtung erfuhr, Ramana Maharshi (1879–1950), kam ohne Guru zur Erfahrung des Selbst. Er hat auch keine Lehre schriftlich niedergelegt, sondern in immer neuen Gesprächen aus seiner Erfahrung geschöpft und damit anderen geholfen. Auch er warnte vor der bedingungslosen Nachfolge. Graf Dürckheim, vom japanischen Zen herkommend, legt Wert auf den »inneren Meister«, auf den es zu hören gilt.

Aus christlicher Perspektive ist die Hinführung zur personalen

Entscheidung (»innerer Meister«) Kriterium humaner Authentizität. Eine starre Doktrin hingegen, in welchem Sinn der fernöstliche Meisterkult oft uminterpretiert wird, steigert das Gurutum leicht zur Quasi-Göttlichkeit (ohne die Vorsichtsregeln echter Gurus) und versieht es mit absoluten Prädikaten. So schreibt Reinhart Hummel (»Indische Mission und neue Frömmigkeit im Westen«, 1980):

> »Die meisten ihrer Anhänger wissen, daß die Verehrung dem Guru nicht als menschlicher Person, sondern als Manifestation einer letzten Wirklichkeit und Macht gilt, die zugleich im eigenen Innern erfahren wird und mit dem Göttlichen identisch ist. Die Grenze zwischen recht verstandener Guruverehrung und Personenkult – auch der Starkult muß in diesem Zusammenhang erwähnt werden – mag im Einzelfall nicht selten verwischt werden.«

Man muß nicht der extremen Ablehnung folgen, die J. Kramer und D. Alstad in »Die Guru-papers. Masken der Macht« (1995) vertreten und die dem verflossenen anti-autoritären Kult entstammt, um die Gefahren eines unüberlegten Meister- /Gurutums zu sehen.

b) Das Starzentum der orthodoxen Kirchen

In der Ostkirche lebt noch in unserer Zeit die alte Tradition der geistlichen Meister, eindrucksvollen geistlichen Persönlichkeiten, die aus Erfahrung und Gottesverbundenheit heraus sprechen und von vielen Suchern um Rat gefragt werden. Sie sind mit großen Gestalten des profanen Geisteslebens zu vergleichen – nur daß ihre Geistigkeit zugleich geistig (spirituell) ist, auf Gott bezogen, aus seinem Geist heraus lebend. Solch einer Persönlichkeit zu begegnen und sie als »geistlichen Führer« zu gewinnen ist normalerweise ein seltener Glücksfall.

Das Wesentliche, was von den Starzen und Altvätern der Wüste bis zu den geistlichen Führern der Mystik im »goldenen Zeitalter« Frankreichs erzählt wird, gilt aber jedem, der einen anderen geistlich begleitet: Die Orientierung nämlich an Jesus, der gesagt hat (Mt 23, 10 f):

> »Auch sollt ihr euch nicht Lehrer, Meister nennen lassen; denn nur einer ist euer Lehrer/Meister, Christus. Der Größte von euch soll euer Diener sein.«

370

c) Natürliche Fähigkeiten

Dann erst ist weiter zu fragen: nach den Fähigkeiten, die man sich erwerben kann: Kenntnis bestimmter Methoden, wie die des Jesusgebetes oder der leiblichen Übung von Eutonie oder Za-Zen; Vertrautsein mit der christlichen Tradition und deren biblischer Grundlage; pädagogisches Feingefühl; psychologische Kenntnisse, die nicht zuletzt darin bestehen, daß einer seine Grenzen kennt und weiß: Hier muß ein Fachmann herangezogen werden.

Wenn Johannes vom Kreuz mehrmals über schlechte geistliche Führer klagt, dann meint er deren mangelndes Feingefühl und mangelndes Wissen um geistliche Dinge. Und das ist es auch, weshalb Teresa von Avila sarkastisch schreibt, daß sie den klugen, nicht-frommen geistlichen Führer dem anderen vorziehe, der zwar fromm, aber nicht klug sei.

d) Ausstrahlungskraft und geistliches Format

Die imponierenden Gestalten ostasiatischer oder auch christlicher Spiritualität werden von ihrer »charismatischen« Ausstrahlung (»charismatisch« in der Terminologie Max Webers) her beurteilt. Oft genug liegt dies in suggestiv-psychologischen oder auch parapsychologischen Bereichen. So berichtet J. A. Cuttat (»Asiatische Gottheit – christlicher Gott«) von Ramakrishnan, dem indischen Meister, in dem der Neo-Hinduismus seinen neuen Heiligen feiert:

»Der Meister wußte nicht, daß eine seiner Dienerinnen das Leben einer Prostituierten geführt hatte. Aus Unachtsamkeit berührte sie ihn einmal leicht. Da stieß Ramakrishna einen Schmerzensschrei aus. In den gleichen Zusammenhang gehört auch ein anderes Vorkommnis, das seine Jünger berichteten: Ein Geldstück (ein von unreinen Händen beflecktter Gegenstand, JS), das man ihm auflegte, während er schlief, hinterließ auf seinem Körper die Spuren einer Brandwunde.«

Solche Phänomene werden auch von christlichen »Meistern« erzählt (die Geschichten um Don Bosco z. B. grenzen ans Wunderbare). Es ist die (para-)psychologische Ebene, die Hartmut Kraft untersucht; auf ihr kann sich in der »Geistlichen Begleitung« Wichtiges abspielen, z. B. ein »osmotischer Prozeß zwischen Meister und Schüler, Therapeut und Patient«, wie Kraft schreibt. Aber Geistliche Führung in ihrer Tiefe beruht nicht auf solchen und ähnlichen (para-)psychologischen Kräften und psychologischen Methoden. Sie gründet in einer reifen, gefestigten Persönlichkeit mit einem gehörigen Maß an Wissen und Menschenkenntnis. Ramana Maharshi ist ein besseres Leitbild für geistliche Führung als Ramakrishnan – nicht zu sprechen von Shree Rainesh Baghwan.

e) Zur »Qualität« des »geistlichen Begleiters«

Die Qualität des geistlichen Begleiters mag eine göttliche Gnadengabe sein, die dem Menschen besondere Scharfsicht schenkt, oder sie mag »von unten her«, aus seiner menschlichen Anlage und (von Gott geführten) Entwicklung stammen – nach dem bisher Gesagten ist der Unterschied unerheblich, vielleicht sogar künstlich konstruiert. Die säuberliche Trennung von natürlich und übernatürlich ist das Relikt einer Theologie, die zu genau Bescheid wußte über all das, was Gott und den Menschen betrifft. Die Praxis und die besonnene Erfahrung, daß da ein Mensch ist, der weiterhilft, der in aller Bescheidenheit eine geistliche Ausstrahlung hat, ist maßgebend, nicht aber die Reflexion darüber, woher diese stammen mag.

Jan van Deenen hat in »Stufen geistlicher Führung, aufgezeigt anhand der Geistlichen Übungen des Ignatius von Loyola« (GuL 54, 1981) den Kern des Gesuchten beschrieben. Christentum ist nämlich eine dialogische Religion. Dieses Ich-zu-Du spielt nicht nur in der Hinwendung zu Gott eine entscheidende Rolle, es darf nicht auf das neuplatonische »Monos pros Monon«, »Allein mit dem Alleinigen«, reduziert werden; sondern das menschliche Ich ist auch eingelassen in den zwischenmenschlichen, dialogischen Rahmen gesellschaftlicher Solidarität. »Geistliche Führung« wird – je tiefer man sie versteht – einfachhin zur christlichen Begegnung zweier christlicher Menschen in ihrer reifen Personalität.

Van Deenen bringt Beispiele aus der Exerzitienpraxis, die jeder, der ernsthaft damit umgeht, bestätigt. Er erzählt von einem Freund, den er als der Ältere und Reifere lange mit Ratschlägen usw. begleitet hat. In der wachsenden Vertiefung aber sei die Begleitung einfachhin zu einem geistlichen Dialog geworden. Man komme zusammen, spreche über geistliche Dinge, über Gebet und Gotteserfahrung. Und darin eröffne sich ein Raum von Gemeinsamkeit, der mehr Kraft und Ermutigung schenke, als eine bewußte Führung und Unterweisung vermitteln kann.

Mit Recht sieht van Deenen den Gipfel und die Mitte der geistlichen Begleitung (und nicht mehr »Führung«) im Verlebendigen der dialogischen Situation des Menschen. Das aber ist keine Zugabe zur persönlichen Gott-Suche, sondern konstitutiv für die menschliche Begegnung mit Gott.

f) Die Unbedingtheit der »Meister«-Nachfolge

Fernöstliche Quellen wie christliche Wüstenväter-Berichte erzählen von einer Radikalität der »Meister«-Nachfolge, die an die Radikalität der Jesus-Nachfolge erinnert. Verständlich wird deren Legitimität (wie auch die Legitimität der Jesus-Nachfolge) über die Analogie zur Liebesbegegnung. Denn auch diese trägt die Züge der Einmaligkeit, der Unbedingtheit, der Ganzhingabe. Wiederum ist dazu Octavio Paz als Zeuge aufzurufen. In seiner nicht-christlichen (aber von der christlichen Tradition geprägten) Auffassung zeigt er: »Das erste Charakteristikum der Liebe ist ihre Ausschließlichkeit.« Wie bei der »Meister«-Nachfolge ist der Partner nicht beliebig auszuwechseln, sondern stellt das einmalige, notwendige, von Gott geschenkte Gegenüber dar. Aber zugleich ruht diese »schicksalhafte« Bindung aneinander (Paz spricht von »Prädestination«) auf Freiheit: »Ausschließlichkeit verlangt Gegenseitigkeit, das Einverständnis des anderen, seinen freien Willen.« Dieses Zusammenklingen von schicksalhafter Notwendigkeit und persönlicher Freiheit ist aber das Geheimnis jeder personalen Begegnung: »Die Liebe ist, handle es sich um die zu Gott oder um die zu Isolde, ein Mysterium, in dem Freiheit und Prädestination sich verbinden.« Daraus entsteht das unvergleichliche Band, das die Liebe ausmacht: »Die freiwillige Akzeptierung der Abhängigkeit bewirk(t) einen Wesenswandel; vermittels des gegenseitigen Begehrens verwandelt sich das Objekt in sehnendes Subjekt und das Subjekt in ersehntes Objekt.«

Diese Phänomenologie der Liebe haben Philosophen wie Max Scheler oder Theologen wie Romano Guardini auf ihre Weise entfaltet. Sie, und wie mit scheint, nur sie bietet den Schlüssel, das Verhältnis von Guru, Meister und Schüler, von Staretz und dem Anfänger, von Mönchsvater und dem Suchenden, von Exerzitienbegleiter und Exerzitant christlich und human zu verstehen und zu deuten. Dieses Verhältnis hat Stufen und Abwandlungen. Seinen Höhepunkt aber hat es in der Beziehung zu Gott, wo das Zusammenklingen von menschlicher, personaler Freiheit und Abhängigkeit zur Harmonie des Lebens geworden ist. Wie schon beschrieben, übersteigt diese Einheit logisches Begreifen, kann aber von eben dem Phänomen der Liebe und Freundschaft in ihrer Gültigkeit erahnt werden.

Dieses Verhältnis spiegelt sich in der zwischenmenschlichen Begegnung. Der Geistliche Begleiter soll in es eintreten. Hierzu ist festzuhalten, daß ein Meister-Guru-Staretz-Verhältnis nur dann personal aufbauend ist, wenn – bei aller Faszination und Ausstrahlungskraft des Meisters – die Freiheit des Schülers sich dabei entfaltet, wenn dieser vom »Objekt« zum »Subjekt« wird. Es ist erstaunlich, wie nachdrücklich Ignatius von Loyola (Exerzitienbuch Nr. 15) den Exerzitienbegleiter (den er nicht Meister nennt!) mahnt, den Exerzitanten zur Freiheit zu führen:

»Wiewohl wir außerhalb der Übungen erlaubter- und verdienstlicherweise alle diejenigen, die wahrscheinlich die Fähigkeit haben, dazu bewegen können, Enthaltsamkeit, Jungfräulichkeit, Ordensleben und jede Weise evangelischer Vollkommenheit zu erwählen, so ist es doch in diesen geistlichen Übungen beim Suchen des göttlichen Willens angebrachter und viel besser, daß der Schöpfer und Herr selbst sich seiner frommen Seele mitteilt, indem er sie zu seiner Liebe und seinem Lobpreis umfängt und sie auf den Weg einstellt, auf dem sie ihm fortan besser dienen kann.«

So spricht ein wahrer »Meister« geistlicher Führung.

3. DAS ZIEL DES GEISTLICHEN WEGES – ZUR MYSTIK

Ein Weg, eine Methode wird bestimmt vom Ziel. Vom Ziel her läßt sich das Charakteristikum auch des christlichen geistlichen Weges aufzeigen. Da es der Spiritualität um Erfahrung geht, soll dies unter dem Stichwort »Mystik« geschehen, was schon-Gesagtes kurz zusammenfaßt.

a) Transzendente und immanente Zielsetzung

Das Christentum gründet auf Radikal-Transzendenz; das meint nicht nur die Binnen-Transzendenz einer Bewußtseinserweiterung, die sich bis zur Erfahrung der Grenzenlosigkeit des neuplatonischen, heute esoterischen »Hen-kai-Pan« (Alles ist das Eine, das Eine ist Alles) erstrecken kann; sondern eine Transzendenz, die auch diese Erfahrung übersteigt und nur von einem Jenseits des Bewußtseins her zu verstehen ist; eine Transzendenz, die von keiner menschlichen Fähigkeit erreicht werden kann, weder vom Verstehen noch vom Erfahren, noch vom aktiven Leisten. Diese Radikal-Transzendenz findet ihren Gip-

fel in der Freiheit des »anderen«. Sie ist auch im Zwischenmenschlichen der Ort, der jedem Zugriff von außerhalb uner-
reichbar bleibt. Das Christentum ist durch und durch eine
Gnadenreligion, die im Geschenk (von außerhalb, vom »anderen«), nicht in immanenter Entfaltung gipfelt.

Daher ist es verständlich, daß der geistliche Weg im Christentum eine andere Gestalt hat als in Religionen, die in dieser oder
jener Form durch Welt- und Person-immanente Ziele bestimmt
sind und diese Ziele Welt-immanent erreichen müssen – sei es
durch Erkenntnis, durch Erfahrung, durch Selbstverwirklichung, durch Eingehen in die kosmische Vernetzung und das
kosmische Bewußtsein oder auch über den Weg verschiedener
Wiederverkörperungen. Dort steht ein Ziel vor Augen, das vom
Menschen, der es anstrebt, und in der Umwelt, in der er existiert, erreichbar ist. Dieses »erreichbare« Ziel prägt auch den
geistlichen Weg. So lehrt z. B. Graf Dürckheim[57], daß der meditative Mensch sich so weit »vervollkommnen«, so sehr »transparent« für seinen metaphysischen Ursprung werden müsse,
daß Sterben nur das Wechseln des Standbeins zur anderen
Dimension bedeute, aber keinen Schritt in eine neue Welt –
denn die Vollendung sei in Binnen-Transzendenz zu erreichen.

Das Christentum aber kennt ein Sterben, in dem die diesseitig-
immanente Identität zerbricht und dennoch das Ziel, die Vollendung erreicht wird; denn sie ist keine innerweltliche, sondern
eine »dialogische«, auf Gott ruhende, von ihm geschenkten
Identität. Diese Radikal-Transzendenz prägt den christlichen
Weg. Die Bibel (Mk 12,30 f) spricht es aus im Liebesgebot (nicht
im Auftrag zu Selbstwerden): »Du sollst den Herrn, deinen
Gott, lieben mit ganzem Herzen ... Du sollst deinen Nächsten
lieben wie dich selbst.« Das Letzte Gericht fragt nicht nach personaler Identität und religiöser Erfahrung, sondern danach, »was
ihr dem geringsten Bruder getan habt« (Mt 25,40). Von hierher
wird verständlich, warum nur die monotheistischen Religionen
in der Abraham-Nachfolge eine »Kreuzes-Mystik« kennen, eine
»dunkle Nacht«, ein »mystisches« Zerbrechen der Identität als
letzte innerweltliche Erfahrung. (Nach dem nicht-gefälschten
Zeugnis von Enomyia-Lassalle kennt z. B. der Zen-Buddhismus
diese äußerste Nacht nicht.)

Daraus aber wurde – wie gezeigt – die falsche Folgerung gezogen:
somit sei das irdische Gelingen, die eigene Identität und damit
auch die Erfüllung in innerweltlicher Gotterfahrung zu »verachten« und nur die Radikal-Transzendenz anzustreben. Doch
Gottes Immanenz in seiner Schöpfung, Gottes Geist im Men-

schen begründet auch ein theologisches Fundament des »Ja« zum innerweltlichen Streben nach persönlicher Identität. Deshalb bleibt in der christlichen Tradition die Gotteserfahrung im »Jetzt«, also die »Mystik«, wichtig. Ihr geht es um die Immanenz Gottes im menschlichen Bewußtsein und daher auch im Engagement für die Welt. Die von der reinen Immanenz her aufscheinende Gegensätzlichkeit: Streben nach »immanenter« Vollendung und doch Ruhen in der »Transzendenz«, findet Versöhnung in Gottes Geheimnis, nicht im Denken des Menschen. Der christliche Akzent aber gibt der Mystik, der »Bewußtseins-Immanenz Gottes« ein anderes Gesicht, als es eine Bewußtseins- und Welt-immanente Religiosität tut: das Gesicht des Offenseins für Gottes Geschenk.

b) Mystik im christlichen Verständnis

»Mystik« gehört – als idealtypische Hochform – zum Thema Spiritualität. Das Wort hat einen christlichen Ursprung und erhielt erst im 17. Jahrhundert seine substantivische Form. Die ersten maßgeblichen Bemühungen um das Phänomen fanden im christlichen Raum statt. Besonders in Frankreich nach der Jahrhundertwende gab es eine intensive Diskussion über das Wesen der Mystik, wobei die vergleichende Religionswissenschaft wie die psychologischen Erkenntnisse der Moderne einbezogen wurden.

(1) *Mystologie, Mystagogie und Mystik.* Zu dieser Unterscheidung Irene Behns zeigte William James schon in »Die Vielfalt religiöser Erfahrung. Eine Studie über die menschliche Natur« (engl. 1903), daß sie nur theoretische Bedeutung hat. Im Konkreten greifen die drei Züge ineinander: Mystologie als Lehre; Mystagogie als Hinführung und Einübung; Mystik aber als die Erfahrung in sich.

In der konkreten Wirklichkeit ist jede mystische Erfahrung durchzogen von den Vorprägungen aus Kultur, Religion und Umwelt. Jede mystische Erfahrung lebt auch vom Weg, der zu ihr hinführt. Der Irrtum mancher sektiererischer Anpreisung von Erfahrung liegt darin, daß sie quasi-wissenschaftlich eine »nackte«, in Reinform bestehende Mystik anbietet, die aber in Wirklichkeit von vielen Vorbedingungen abhängt.

Auch intellektuell versucht man ähnliches, so zuletzt Reinhard Margreiter in seiner Habilitationsschrift »Erfahrung und Mystik. Ein philosophischer Versuch über die Grenzen und das

Ganze von Symbolisierung« (1997, so der Urtitel). Doch das Ergebnis ist eine blutleere Abstraktion, in der die vitale Wirklichkeit (z. B. der Liebesmystik) verblaßt.

Das Bekenntnis zu einer bestimmten Erfahrungsform, christlich: das Bekenntnis zum lebendigen Gott des Neuen Testaments, ist die Voraussetzung, um ins Herz der Mystik, auch der mystischen Erfahrungen außerhalb des Christentums, zu gelangen. Diese aber bleibt durchdrungen von den intellektuellen oder anders gearteten Vorbedingungen (Mystologie) und vom Erfahrungsweg des Autors (Mystagogie).

(2) *Mystik als außergewöhnliches Phänomen oder als Tiefe der Gotteserfahrung* war, wie F.-D. Maas in »Mystik im Gespräch« (1972/1981) zeigt, die Alternative, die lange Zeit die französische Theologie beschäftigte. Mit dem II. Vatikanischen Konzil hat sich die zweite Tendenz durchgesetzt. Karl Rahners Satz vom »Frommen (Christen) der Zukunft, der ein Mystiker sein wird«, bringt sie ins Wort. Mystik meint einfachhin Glaubens-, Gotteserfahrung. Wo sie lebendig ist, beginnt Mystik, wird Gottes Transzendenz zur Erfahrung.

Wie bei jeder Erfahrung gibt es unterschiedliche Verwirklichungen. Man kann von einer »großen« und einer »kleinen« Mystik sprechen. Jeder Mensch, jeder Mystiker hat seine höchstpersönliche Gotteserfahrung. Die Geschichte der christlichen Mystik gibt dazu genügend Beispiele. Gottes-Mystik verschluckt nämlich nicht die Individualität des Menschen, sondern baut diesen als individuelle Persönlichkeit auf. Die (jedem Menschen eigene) »Offenheit« zur Radikal-Transzendenz wird in der Mystik erfüllt und macht die Personalität des Mystikers aus.

Die andere Ansicht, daß die mystische Erfahrung als außergewöhnliches Phänomen gleichsam von außen in die Welt des Menschen einbreche, unterstreicht zwar den Geschenk-, den Gnaden-Charakter dieser Erfahrung. Doch das vorausgesetzte Menschenbild baut zu sehr auf der rationalen Alternative auf, nach der entweder Gott der Schenker oder alles Eigenleistung des Menschen ist. Ein Grundanliegen dieser Arbeit ist, zu zeigen, daß in der Spiritualität diese Logik – je tiefer man ins Thema eindringt, um so mehr – überstiegen wird.

Diese These, nach der die Mystik gegenüber dem Glauben ein außergewöhnliches Phänomen ist, läuft überdies Gefahr, die sogenannten »Begleiterscheinungen« der Mystik – Visionen, wunderbare Geschehnisse, Heilungskräfte, leibliche Phänomene wie Ekstasen, Stigmata bis zu Levitationen (Überwindung der Schwerkraft) usw. – als das eigentlich Mystische anzusehen. Auch die Bewußtseinserweiterung ist, wie die Untersuchung Klaus Engels nahelegt, in ihrem Kern wohl nur eine solche natürliche, »außergewöhnliche Begleiterscheinung« der Mystik.

(3) *Einheit der Liebe – Einheit der Verschmelzung:* so wurde die Alternative zwischen der monotheistischen (abrahamitischen, christlichen) Mystik und anderen mystischen Tendenzen charakterisiert. Die Unterscheidung mag in der »Mystologie« hilfreich sein; doch für die Erfahrung selbst ist die Alternative zu eindeutig, zu »logisch«; die eigentliche mystische Erfahrung reicht tiefer als ihr ins Wort gefaßter und durch die Umwelt geformter Bericht, tiefer als die Theorien darüber. Nur zur äußeren Charakterisierung der christlichen Mystik ist die Alternative hilfreich.
Martin Buber, Teilhard de Chardin oder Thérèse von Lisieux als Zeugen einer Begegnungs-Mystik zeigen dies in je verschiedener Art:
– Es gibt eine Gotteserfahrung, in der alle Wirklichkeit eins zu werden scheint oder gleichsam aus einem oberflächlichen Seinszustand in die Urwurzel des einzigen und wahren Seins zurücksinkt.
– Es gibt eine Einheitserfahrung, in deren Liebestaumel alles, auch man selbst, vor dem Blick auf den geliebten Anderen in Vergessenheit sinkt, wie in ein »Nichts«. Von dieser Erfahrung berichtet die christliche Mystik in immer neuen Bildern und Weisen.
– Aber da der andere Gott ist und da der Blick der Liebe die mystische Erfahrung lenkt, tangiert diese Mystik in einer nochmals tieferen Weise auch den Liebesgrund der Welt: Gott als deren schöpferischen Ursprung. In dieser göttlichen Ursprungseinheit liegt der Wahrheitskern einer anscheinend »pantheistischen« Mystik (Hen-kai-Pan). Auch die christliche Dreifaltigkeitslehre ist nur ein Versuch, diese alle Logik sprengende Erfahrungswelt in Sätze zu bringen: Die Erfahrung der Radikal-Transzendenz Gottes, des Schöpfers, ist zugleich die Erfahrung der Welt-Immanenz des göttlichen Geistes und des Urgrundes aller Wirklichkeit.
Die Mystik Hildegards von Bingen ist ein großartiges Zeugnis dieser Ur-Einheit aller Dinge, die ganz in Gottes Radikal-Transzendenz wurzelt und daher die Weltwirklichkeit nicht auflöst

in Gotteswirklichkeit. So vernimmt sie in ihrer Auslegung des Johannes-Prologs Gottes Stimme:

»Ich, der ich ohne Anfang bin, und der, aus dem alle Anfänge hervorgehen, und der ich der Alte der Tage bin. Ich sage: Aus mir wurde die Sonne entzündet. Ich bin auch der Geist, der aus keinem anderen erklungen ist, aus dem aber alles Geistige atmet. Um in mein Angesicht hineinzusehen, habe ich Spiegel geschaffen. In ihnen schaue ich alle Wunder der Ewigkeit, die niemals schwinden werden. Von da an habe ich das kleine Werk, das ist der Mensch, in mich hinein ausgesprochen und es zu meinem Bild und Gleichnis gemacht.«

In der Geist-Erfahrung von Gottes Immanenz in der Welt lebt der Gott der Radikal-Transzendenz über alle Welt. Der Mensch – in seiner Liebeserfahrung – ist Bild und Gleichnis dieses jegrößeren Gottes.

(4) *Unmittelbare oder mittelbare Gotteserfahrung* war ein anderer Diskussionspunkt der französischen Mystik-Forschung. Auch hier greift die in Alternativen denkende Begrifflichkeit (das »oder« in der Überschrift) zu eng.
Mit ihren Worten von den »Spiegeln« (entsprechend den platonischen Ideen), worin Gott die Welt seit Ewigkeit sieht, hilft Hildegard, das Phänomen ursprünglicher zu sehen. Der hellste Spiegel ist der Mensch, das »kleine Werk«, der Mikrokosmos. Auch zwischen Menschen spielt sich ab, was »vermittelte Unmittelbarkeit« genannt wurde: eine ganz und gar »unmittelbare« Begegnung, die dennoch durch die leibliche Gestalt, den Klang der Worte, den Gestus der Hände, das Leuchten der Augen »vermittelt« wird. Ähnlich ist es mit der Gotteserfahrung.
Die christliche Tradition kennt zwei (drei) Bücher, in denen der Mensch von Gott hört, Gott schaut, Gott erfährt: das Buch der Natur (das Buch des eigenen Lebens) und das Buch der Hl. Schrift, das den hermeneutischen Schlüssel bietet, um die anderen »Bücher« recht zu verstehen. Der hermeneutische Schlüssel dazu aber heißt: im Menschen Jesus Gott erkennen, erfahren: »Wir haben seine Herrlichkeit (Kabod, Doxa, Gloria) gesehen, die Herrlichkeit des einzigen Sohnes vom Vater« (Joh 1,14). »Wer mich gesehen hat, hat den Vater gesehen« (Joh 14,9).
Gott »unmittelbar« in der »Vermittlung« seines Sohnes sehen! Diese »vermittelte Unmittelbarkeit« prägt alle mystische Erfahrung, prägt auch – wie Karl Rahner in dem berühmten Aufsatz von der »Bleibenden Bedeutung der Menschheit Jesu« schrieb – die Gottesschau der Ewigkeit.

c) »Mystik« als Paradigma christlicher Spiritualität

Mystik ist kein System, sondern gelebtes Leben. Die großen Gestalten der christlichen Spiritualität (auch der außer-christlichen) sind keine schematischen Gestalten, sondern Partner auf dem Weg zu Gott. Sie sind geschichtliche Bilder, personale Symbole, Ikonen, in deren Goldglanz – wie auf der Ikonenwand ostkirchlicher Liturgie – das Geheimnis der Begegnung Gottes mit den Menschen aufleuchtet.

Das Großartige (und auch christlich Unterscheidende) ist: Es wird dem Menschen kein Einheitsschema angeboten – so müsse Gotteserfahrung sein! –, sondern er begegnet einer kaum übersehbaren Vielzahl von christlichen Lebensentwürfen, unter denen der Suchende ein Paradigma findet, das seinem Weg Leitbild werden kann.

D) Das betende »Wir« und der bergende Raum des Sakramentalen

Was Walter Kasper vor 35 Jahren in »Die Heilssendung der Kirche in der Gegenwart« (1970, 76–79) schrieb, ist heute noch gültiger als damals: »Trotz aller liturgischen Erneuerung befinden sich das Verständnis und die Praxis der Liturgie und der Sakramente gegenwärtig in einer Krise.« Er gibt einen doppelten Grund dafür an: den mangelnden sozialen Bezug, bei dem »das Sakrament exklusiv als über-natürliches, meist individualistisch verstandenes Gnadenmittel« verstanden wird, und das mangelnde Verhältnis zum Symbol, das nicht als »einzelnes, isoliertes, archaisch anmutendes Zeichen für eine geheimnisvolle Sache« verstanden werden darf. Denn Symbole sind »Ursituationen (Knotenpunkte) menschlicher Existenz, (in denen) der Mensch einerseits sein Hineingebundensein in die materielle, biologische und gesellschaftliche Welt (erfährt; und dies andererseits) als offene Frage und damit als Verweis auf Transzendenz« realisiert.

Von diesem Symbolverständnis her fällt Licht auf die Kirche als »Ursakrament«, als »Ursymbol«. Damit ist gesagt, daß Gottes heilspendende Kraft (der Heilige Geist) in der Kirche ihre symbolische Gestalt findet; und zugleich auch, daß diese Kraft weit über den engen Raum der Kirche hinaus »strahlen«, wirksam sein soll. Es fällt Licht auf die kirchlichen Sakramente, man müsse sie, schrieb Kasper zur gleichen Zeit in »Glaube und Geschichte« (1970, 309), »von der Fixierung auf die sieben Sakramente lösen und die sakramentale Zeichenhaftigkeit des ganzen christlichen Lebens wieder mehr betonen; das würde eine schöpferische und zeitgerechte Erneuerung der Sakramentalien erfordern.«

Der breite Bereich dieser Fragen kann hier nicht abgeschritten werden. Aber auf ein Zweifaches ist hinzuweisen, ohne das ein Nachsinnen über das christliche Gebet unvollkommen wäre.

1. Die soziale Dimension des Betens

In seinem berühmten Buch »Evangelium und Kirche« (1904, franz. 1902) schrieb der später aus der Kirche verbannte Modernist A. Loisy den meist falsch zitierten Satz: »Jesus hatte das Reich (Gottes) angekündigt, und dafür ist die Kirche gekommen.« Das war damals keine Kirchenkritik, sondern richtete sich gegen die individualistische Deutung Jesu durch A. v. Harnack, die heute E. Drewermann und andere aufgreifen. Loisy hingegen schrieb:

»Der katholischen Kirche die ganze Entwicklung ihrer Verfassung zum Vorwurf machen, hieße, ihr ihre Existenz vorwerfen, die doch für das Gedeihen des Evangeliums unentbehrlich war. Nirgends in ihrer Geschichte tritt eine Unterbrechung des Zusammenhangs zutage, sondern jeder Fortschritt geht dergestalt aus dem Vorhergehenden hervor, daß man von der jetzigen Einrichtung des Papsttums bis auf den evangelischen Zustand mit Jesus im Mittelpunkt, so verschieden sie auch voneinander sind, zurückgreifen kann, ohne auf einen Umsturz zu stoßen. Zugleich läßt sich jeder Fortschritt durch eine faktische Notwendigkeit erklären, so daß der Historiker nicht zu der Behauptung berechtigt ist, diese ganze Bewegung stände außerhalb des Evangeliums. Tatsache ist, daß sie aus ihm hervorgeht und es fortführt.«

Die Dogmenentwicklung zeigt, wie sehr das Christentum eingebunden ist in die Mentalität der Gesellschaft. Spiritualität aber hat genau in diesem Kreuzungspunkt von Gesellschaftsmentalität und Wahrheitsüberlieferung ihren »Sitz im Leben«.

a) Die Dialektik von Gottes Geist: »sozial« und »persönlich«

Bei der Reflexion über Kirche und Heiligen Geist stießen wir auf das Merkmal des Geistwirkens Gottes: »Universale Concretum«; das heißt auch: zugleich allgemein in einem größeren Raum sich verwirklichend, wie konkret, individuell, den einzelnen Menschen in seiner Besonderheit ansprechend.

Das ist der tiefste Grund, warum auch das »persönlichste« Beten, in dem Gottes Geist »Abba, Vater« (Gal 4.6) ruft, im Raum der christlichen Gemeinschaft steht; denn diese ist vom gleichen Gottesgeist geformt, wie wiederum Paulus im ersten Korintherbrief (12,4) schreibt: »Es gibt verschiedene Gnadengaben, aber nur den einen Geist.« Einen vorsichtigen Hinweis auf diese Verknüpfung von »persönlich« und »kirchlich-allgemein« kann eine andere biblische Beobachtung geben: Lukas greift in der Apostelgeschichte die Geist-Verheißung bei der Verkündigung der »Geburt Jesu« auf. Dort hieß es: »Der Heilige Geist wird über dich kommen, und die Kraft des Höchsten wird dich überschatten« (Lk 1,35). Wenn Jesus die »Geburt der Kirche« zu Pfingsten verkündet, tut er es mit wörtlichen und inhaltlichen Übereinstimmungen: »Ihr werdet die Kraft des Heiligen Geistes empfangen, der auf euch herabkommen wird; und ihr werdet meine Zeugen sein« (Apg 1,8). Typologisch in Maria vorgebildet, repräsentiert die Kirche als »Ursakrament« das Warten der Menschheit auf Gott.

Diese symbolische Beziehung läßt spüren: Man kann das Verhältnis von persönlichem Gebet und kirchlichem Beten, von subjektiver und objektiver Frömmigkeit, von einer privaten Spiritualität und einer allgemeinen, festgefügten Spiritualität nicht mit Schwarz-Weiß oder Ja-nein-Kategorien greifen und ordnen. Es geht wiederum um einen Prozeß, in dem beide Partner, die größere Gemeinschaft und der betende Christ, nicht aufhören dürfen, aufeinander zu hören und voneinander zu lernen.

(1) *Beten-lernen anhand von geprägten kirchlichen Gebeten* war immer schon die beste Schule des Betens. Es setzt an mit den Psalmen und dem Herrengebet; es verwirklicht sich in den offiziellen kirchlich-liturgischen Texte mit ihrem Zentrum, dem eucharistischen Kanon; es konkretisiert sich im reichen Schatz der Gebete großer Christen (von Augustinus bis zu den Brüdern Rahner); es findet überall dort statt, wo jemand in einer Gemeinschaft ein freies Gebet vorspricht und die anderen einlädt, mit ihm zu beten. Auch die altkirchliche Übung der »geistlichen Lesung«, die heute in den Ordensgemeinschaften gepflegt wird, war in weitem Ausmaß einfachhin ein Beten mit großen Texten und ein Beten-Lernen an ihnen. Dieser Weg zum Beten ist selbst schon Gebet.

Solche Gebetsvorlagen aber dürfen keine Zwangsjacke werden. Sie müssen sich stets neu der kritischen Nachfrage stellen, die aus der Mentalität und der Sprache des (und der) betreffenden Beter(s) erwächst. Weil manche Psalmen sich gegenüber dem unmittelbaren betenden Zugang sperren, gibt sie die Kirche im offiziellen deutschsprachigen Gebetbuch nur verkürzt wieder. Selbst zum Herrengebet darf und muß gefragt werden, ob z. B. die Bitte: »Führe uns nicht in Versuchung« vom heutigen Menschen noch recht verstanden werden kann. Die Gefahr droht, daß es zum »Daher-Plappern« (Mt 6,7), zur Gedankenlosigkeit im Vaterunser-Beten kommt.

Anzumerken ist, daß gerade die wechselnden Gebete der Eucharistiefeier des Römischen Meßbuchs in einer oft seelenlosen, kaum nachvollziehbaren Sprache (im Deutschen noch stärker als im Lateinischen) verfaßt sind.

(2) *Nichtsakramentale gemeinsame geistliche Vollzüge*, z. B. Wort-Gottesdienste, stehen gleichsam in der Mitte zwischen persönlichem und offiziell-kirchlichem Gebet. Und so hat sich auch in der Geschichte eine Ordnung des »gemeinsamen Gebets« entwickelt: Sonntagsgottesdienste, festliegende Feiertage und andere festliche Ereignisse. Diese »Ordnung« wird zu einem großen Teil von natürlichen Lebensrhythmen strukturiert und sollte nicht vorschnell auf reine, positive Gesetzgebung zurückgeführt werden. Denn diese hat doch den Sinn, den natürlichen Lebensrhythmen eine für alle zugängliche Ordnung zu geben. Mehrfache Versuche, die Sieben-Tage-Ordnung der Sonntagsheiligung anders zu ordnen, sind gescheitert. Die Kirche hat hier einen Kulturauftrag, solche Lebensrhythmen zu pflegen.

Solche Lebensrhythmen muß sie auch in der Begegnung mit nichtchristlichen Kulturen aufgreifen. Die »Inter«-(nicht nur »In«-)kulturation besteht nicht zuletzt darin, solche, in der fremden Religiosität gewachsene Fest-Zeiten und Fest-Gebräuche christlich zu integrieren statt zu demolieren.

Was im größeren Raum der Kirche notwendig ist, hat seine Entsprechung in den kleineren Kreisen. Hier kommt die Dialektik von »persönlich« und »allgemein«, »subjektiv« und »objektiv« noch deutlicher ins Spiel. Es wäre gleicherweise verhängnisvoll, jedes gemeinsame Gebet von der jeweiligen Subjektivität der Teilnehmer abhängig zu machen, wie ihm eine starre Ordnung autoritativ überzustülpen. Im Raum der Gesamtkirche muß den kleineren Gruppen – seien es Teilkirchen, seien es andere Gemeinschaften – größere Freiheit für die Eigengestaltung der

Gebetsordnungen gewährt werden. Hierbei kann der Streit um den Ostertermin in der Alten Kirche Vorbild sein. Es ging um das Datum des christlichen Hauptfestes, dessen verschiedene Berechnung ideologisch gestützt wurde (Absetzen vom jüdischen Pascha-Mahl usw.). Trotz bleibender Spannung blieb die Einheit des kirchlichen Lebens gewahrt – und dies über Begegnung (Einladung zur Mitfeier), nicht durch Einebnung der Unterschiede. In einer Zeit der Globalisierung, da der extreme Individualismus zugleich mit einer Vereinheitlichung der Kulturen anwächst, muß es Anliegen der Kirche sein, spirituellen Vollzügen in vielen Möglichkeiten Raum zu geben, damit die Pluralität (nicht Pluralismus) des Christentums blühen und dessen Ganzheit dokumentieren kann.

(3) *Im gemeinsamen Gesang* gipfelt Hildegards Kosmosvision. Im Brief an das Mainzer Domkapitel beschreibt sie das liturgische Singen ihrer Gemeinschaft als Teilhabe am Himmelsgesang der Engel. In ihrem Singspiel hat nur Satan keine Singstimme.
Das mag als Zeugnis für die Bedeutung des gemeinsamen Singens während spiritueller Vollzüge gelten. Viele ähnliche Zeugnisse können genannt werden: das Wachsen geistlicher Gemeinschaften im gemeinsamen Gesang (Taizé, charismatische Erneuerung) oder die Bedeutung des gemeinsamen »Ohm-AUHM«-Betens (= Singen) der fernöstlichen Religiosität oder überhaupt die Bedeutung des Musikalischen in allen großen Religionen. Die spirituelle Kraft der lutherischen Reformation zeigte sich insbesondere in ihren neuen Liedern. Der wichtigste »evangelische Mystiker« ist wohl der Musiker Johann Sebastian Bach.
Auf jeden Fall ist das gemeinsame Singen und Musizieren Brennpunkt einer lebendigen und sich erneuernden christlichen Spiritualität. Eine der beiden großen Metaphern für Gotteserfahrung: der Klang, die Musik (neben dem Licht) wird in ihren spezifischen Weisen lebendig.

b) *Übersteigen der kirchlichen Grenzen*

Nicht sosehr die intellektuelle Diskussion, sondern das künstlerische Erleben öffnet die eigene Begrenztheit zum Verständnis anderer Mentalitäten. So findet man im liturgischen Gesang der koptischen Mönche des Makarios-Klosters, der bis ins alte Ägypten zurückreicht, eine enge Verwandschaft zum »Ohm«-

Beten des buddhistischen Klosters an der Südküste Taiwans, das ich vor 15 Jahren besuchte.

(1) *Gebete aus anderen Religionen* vermitteln, besonders wenn sie in poetische Form gegossen sind, die Offenheit zur Transzendenz, die nach christlichem Glauben sich erfüllt in der Begegnung mit Jesus Christus. Papst Johannes Paul II. selbst erörtert (nach H. Waldenfels, »Begegnung der Religionen«, 1990, 328) den theologischen Grund dieser Offenheit: »Christus ist mit jedem Menschen ohne Ausnahme in irgendeiner Weise verbunden, schenkt dem Menschen – jedem einzelnen und allen zusammen – fortwährend Licht und Kraft durch seinen Geist, damit er seiner höchsten Berufung entsprechen kann.«
So betet ein Hindu-Dichter im 16. Jahrhundert zu Krishna:

»Kann ein Mensch die Sterne zählen, die am Firmamente leuchten?
Kann man wohl die Regentropfen zählen, die das Land befeuchten?
Kennt man wohl die Zahl der Wellen, welche auf dem Meere wogen?
Weiß man einen, welcher schwimmend je den Ozean durchzogen?
Könnte all das geschehen, eines wird doch unmöglich bleiben:
Krishnas unermeßne Größe wahr und würdig zu beschreiben.«

Solche Verse (nach der Übersetzung v. Glasenapps in »Das Spiel des Unendlichen«, 1953) zeigen, wie berechtigt ihre Übernahme in das christliche Beten ist. Ihre poetische Form behält die gelebte Offenheit zum Göttlichen bei, die in der abstrakten Spekulation Shankaras (aber auch er war Dichter!) verlorengeht.
Was in der christlichen Ökumene selbstverständlich ist: die Übernahme des Liedgutes, sollte – in gemäßem Rahmen – auch zwischen den Weltreligionen geschehen.

(2) *Der religiöse Kontakt mit dem Naturhaft-Kosmischen* darf nicht im Literarischen steckenbleiben, derart, daß man den »Sonnengesang« des Franz von Assisi als einen klassischen Text feiert, aber dann die Bruder- und Schwester-Aussagen für die gesamte Natur, von der Sonne bis zu den Blumen und Kräutern, zur leeren Erbaulichkeit entmythologisiert.
Im abendländischen Raum der Moderne hat niemand das religiöse Verhältnis zur Welt so kühn ins Wort gebracht wie Teilhard de Chardin. In der Schrift über die »Geistige Potenz der Materie« (in »Lobgesang des Alls«, 1964, 87 ff verkürzt) bricht er in einen Lobpreis aus:

»Gesegnet seist du, herbe Materie, unfruchtbarer Boden, hartes Fels,
du, die du nur der Gewalt weichst
und uns zwingst zu arbeiten, wenn wir essen wollen.

Gesegnet seist du, universelle Materie,
grenzenlose Dauer, uferloser Äther,
dreifacher Abgrund der Sterne, der Atome und der Generationen.
Du, die du, unsere engen Maße überflutend und auflösend,
uns die Dimension Gottes offenbarst.
Ich grüße dich, mit schöpferischer Kraft geladenes, göttliches Milieu,
Geist bewegter Ozean,
von dem inkarnierten Wort gekneteter und beseelter Ton.
Du herrschest, Materie, in den erhabenen Höhen
so durchsichtiges und so bewegliches Fleisch,
daß wir dich nicht mehr von einem Geist unterscheiden können.
Trage mich dorthin empor, Materie,
durch das Bemühen, die Trennung und den Tod,
trage mich dorthin,
wo es endlich möglich sein wird,
das Universum keusch zu umarmen.

Fr.-J. Nocke macht (in der Festschrift für Th. Schneider, 1995) darauf aufmerksam, daß ein solches Denken eine Brücke schlagen kann zwischen der abendländischen und der fernöstlichen Religiosität, macht aber auch auf die Brüche und Unstimmigkeiten einer solchen »Kosmos-Frömmigkeit« aufmerksam. Auch die geniale Synthese Raimondo Panikkars, des Wanderers zwischen den Kulturen, kann diese Unstimmigkeiten nicht überspielen, wie Ch. Menacherry in »Christ: The Mystery in History, A Critical Study on the Christology of Raymond Panikkar« (1996) zeigt. Amerikanische Versuche wie die von Matthew Fox sind zu kurzatmig, um weiterzuführen. Aber die Aufgabe, kosmische Religiosität auch zu vollziehen, zu »beten«, stellt sich der christlichen Frömmigkeit dringend. Das oben über »Sophia« und »Weltseele« Gesagte öffnet eine Tür dorthin, und mit der kosmischen Schau Hildegards von Bingen steht man auf der Schwelle. Doch vielleicht bleibt es – ähnlich wie bei der »absoluten Metapher« H. Blumenbergs – eine stets neu anzugehende Dauer-Aufgabe, Gottes Transzendenz und die Weltimmanenz seiner Geistwirklichkeit im lebendigen Vollzug, in einer christlichen Spiritualität zu versöhnen.

2. Die eucharistische Feier als Paradigma des Gebets

Teilhard zeigt nur den Weg, auf dem der überschwengliche Optimismus seiner Welt-immanenten Sicht mit der grauen Leid-Realität dieser Welt versöhnt werden kann. In der »Messe über die Welt« (»Lobgesang des Alls«, 1964, 11 f) faßt er eine Vision, die sein Leben begleitete, zusammen und läßt Gottes Gegenwart in der Welt sich konzentrieren im eucharistischen Opfer:

»Wie wir das lokale Zentrum unserer geistigen Ausstrahlung im eigentlichen Sinne ›unseren Leib‹ nennen, muß man sagen, daß der urspüngliche Leib, der primäre Leib Christi, auf die Gestalten des Brotes und des Weines begrenzt ist. Doch die Hostie gleicht einem glühenden Herdfeuer, dessen Flamme ausstrahlt und sich ausbreitet.«

Und so »sah« (!) er, wie von diesem Ort aus (der Hostie, dem Herz Jesu) die Kraft der Vergöttlichung sich über den ganzen Kosmos hinausgoß, so daß dieser ein einziger »kosmischer Christus« wurde. Gegenwart des Geistes Christi und Jesu Opfer, seine Hingabe an den Vater im Kreuzestod und in der Hostie als der Vergegenwärtigung des Kreuzestodes, sind für Teilhard der eine Mittelpunkt der Heimholung des Kosmos in Gottes Umarmung hinein. Nicht in sentimentalen, von der Wirklichkeit abstrahierenden Gefühlen, sondern in und durch das eucharistische »Opfer« findet er die Versöhnung von Gott und Welt. Er identifiziert das Opfer nicht mit der falsch geleiteten Askese einer Weltverachtung, noch stellt er es als blutiges Geschehen in die Mitte der Frömmigkeit, sondern versteht es in seiner seinshaften Tiefe als Hingabe an Gott. So schreibt er in seinen Kriegs-»Tagebüchern« (I, 1974, 53):

»Das Opfer, die Abtötung ist der Akt oder der Zustand eines Seins, das, indem es sich auf einen anderen zentriert, sein Glück in dem des anderen sucht (Exzentration).«

Das greift die Mitte christlicher Spiritualität auf: »dialogische« Identität im anderen, Offenheit der Innerlichkeit auf Höheres, »zentrifugale« Kraft jeder »zentripetalen« Suche nach dem Sinn, liebende Hingabe an den (A)anderen als Gipfel der Seinserfahrung. So wird das Opfer als Hingabe, als Liebe zur Grundlage des Seins; nur im Opfer (Hingabe, Liebe) hat Jesus die Welt heimgeholt in die Transzendenz Gottes.

a) »Eucharistische Ekklesiologie«

Henri de Lubac, der Freund und Verteidiger Teilhards, der später – in einer Art Wiedergutmachung (auch der Verkennung Teilhards) – zum Kardinal ernannt wurde, beschrieb schon früh (»Catholicisme«, 1938, dt. 1970) die eucharistische Feier als Mitte des christlichen Lebens und daher als Mitte der Kirche. In »Corpus Mysticum, Kirche und Eucharistie im Mittelalter«, (1949, dt. 1969) hat er das Thema mit einer Überfülle an histo-

rischem Material entfaltet. In der Alten Kirche war man sich in aller Verschiedenheit bewußt, daß es der »eine« Christus ist, der als derselbe in drei Wirklichkeitsformen gegenwärtig ist:
– im historischen Jesus von Nazareth, der in Gottes Herrlichkeit aufgenommen ist;
– im »Leib Christi, der die Kirche ist« (Eph; Kol);
– im eucharistischen Leib, den die Kirche im Abendmahl feiert.
De Lubac nennt dies in einer Kapitelüberschrift: »Drei Leiber im einzigen Leib!« Die Neuausgabe des prominenten »Lexikons für Theologie und Kirche« findet diese Sicht so wichtig, daß sie ihr ein Stichwort widmet: »Eucharistische Ekklesiologie«. Diese Einheit wuchs im »symbolischen« Weltentwurf der Patristik, wurde aber mit dem aufkommenden »realistischen« Denken zerrissen. Zerrformen der Eucharistie-Verehrung und manche dogmatische Spitzfindigkeit gründen in dieser Zerrissenheit. Wie sehr die heutige Theologie bemüht ist, mit den denkerischen Voraussetzungen unserer Zeit die alte Einheit wiederzugewinnen, zeigen viele Veröffentlichungen. Die »Festschrift für Th. Schneider« (1995) ist ganz der Thematik gewidmet; L. Lies greift in »Eucharistie in ökumenischer Verantwortung« (1996,169) die Vision Teilhards auf, der in der konsekrierten Hostie den Beginn der Weltumwandlung zum »Punkt Omega«, zum »kosmischen Christus« erfährt: »Mit der Darbringung der Menschwerdung, in der alle Menschen eingebündet sind, geschieht auch die Darbringung der Welt, ereignet sich das kosmische Opfer der Eucharistie.« Es geht um die eucharistische Seinseinheit der »Welt«-Dinge von Brot und Wein mit der heiligen Wirklichkeit der Kirche, in der das Sakrament lebt. B. J. Hilberath (LThK III, 1995, 950 f) stellt diese Einheit als eine der Beziehungen dar. Das heißt: Die Mitte, das Wesen eines Seienden, ist nicht so sehr seine isoliert betrachtete Substanz, sondern das Netz der Beziehungen, in denen es steht. Mit den Einsetzungsworten der Wandlung nun treten das Brot und der Wein in ein solches höheres Beziehungsnetz ein: »Zeichen meint dann realisierendes Zeichen – Realsymbol, performatives, informierendes Zeichen. Es findet ein Bedeutungswandel statt, der das Wesen betrifft und definitiv ist. Die Einsetzung der Eucharistie ist zugleich eine Umstiftung der Schöpfungsgaben, welche im Paschamahl Israels bereits in einen spezifischen Glaubensbezug einbezogen waren.«
Dahinter steht eine Deutung des »Seins« als Beziehung und nicht mehr als statische Masse. Das euchristische Brot und der eucharistische Wein treten im Wandlungsgeschehen in ein

neues Bezugsnetz ein, das kein nur eingebildetes Schema ist, sondern das Wesen von Brot und Wein vertieft. Die neue Beziehung aber wird getragen von Jesus Christus. Er ist die Form der »drei Leiber«, von denen die Tradition spricht: der historische Leib Christi der Wandlungsworte; der Leib Christi als seine Kirche; der sakramentale Leib Christi, den die Gemeinde als Eucharistie verehrt.

b) Eucharistie als sakramentales Beten

Dieser historische und dogmatische Exkurs zeigt: Die Eucharistiefeier ist eine (die) sakramentale Hochform des christlichen Betens! Sie ist die persönliche Begegnung mit (dem historischen und erhöhten) Jesus Christus; die Feiernden vereinen sich mit seinen Worten, seiner Hingabe und seinem Sein. Zugleich werden sie in den größeren, objektiven Raum des sakramentalen Geschehens hineingenommen, in dem die Kirche ihren Herrn als ihre Mitte und als Mitte der kosmischen Vollendung feiert.

(1) *In jedem Sakrament lebt die Wirklichkeit der Kirche,* und die Kirche lebt aus ihren Sakramenten. Die Kirchenkonstitution des II. Vatikanums (»Lumen gentium«, Nr. 11) schreibt:

»Das heilige und organische Wesen dieser priesterlichen Gemeinschaft (= das gemeinsame Priestertum aller Gläubigen) vollzieht sich sowohl durch die Sakramente wie durch ein tugendhaftes Leben.«

Mit anderen Worten: Was die Kirche in ihrem innersten Wesen will: daß die Gläubigen »ein tugendhaftes Leben« führen, wird sichtbar und greifbar in ihren Sakramenten. Die eucharistische Feier ist wie ein größerer Raum, besser gesagt: ist ein lebendiges Geschehen, in dem jeder Teilnehmer teilhat am Leben der Kirche – so wie jemand, der an einem Protestmarsch teilnimmt, das Anliegen der Demonstranten zu seinem macht. In der eucharistischen Feier lebt das Anliegen eines jeden Teilnehmers. Es ist aber vor allem das Anliegen Jesu selbst, das er seinen Jüngern übergab. Wer also in den eucharistischen Vollzug eintritt, hat teil am Lebenswerk Jesu Christi, das sich in Kreuz und Auferstehung vollendete. Und dies nicht nur in subjektiver, willentlicher Anteilnahme – so wie ein Protestmarsch am Geschehen im fernen Afrika Anteil geben möchte. Es geschieht in der Gotteskraft des Heiligen Geistes, den Jesus seinen Jüngern verheißen hat. Dieser Heilige Geist betet im Innersten jedes einzelnen Beters.

Der Teilnehmer an der eucharistischen Feier läßt sich von der Wirklichkeit ergreifen, die das Leben, das Wollen, die Gesinnung Jesu Christi ausmacht – das ist der gemeinsame Glaube von katholischen, orthodoxen und evangelischen Christen.

(2) *Das liebende Vertrauen auf Gott und damit die Offenheit für den Mitmenschen* macht die Spiritualität Jesu aus, macht somit auch die Mitte der Eucharistie aus. Mit Recht (wenn auch übertreibend) macht G. Baudler in »Töten oder Lieben, Gewalt und Gewaltlosigkeit in Religion und Christentum« (1994, 313.332) darauf aufmerksam, daß eine »Opferterminologie« im heutigen Verständnis zum Mißverstehen des Kreuzestodes Jesu und damit auch des eucharistischen Geschehens führen kann:

»Sein Tod war keine Selbst-*imolatio* (Selbstopfer) im Sinne einer Selbst-«Zermalmung«. Er hat nicht in einem Kampf sein Leben geopfert. Es ist vielmehr – umgekehrt – deshalb den gewaltsamen und grausamen Tod am Kreuz gestorben, weil er sich *geweigert* hat zu kämpfen. Die Erlösung geschah durch die von Jesus verkündigte, in seinem Leben trotz Todesdrohung bis ans Ende praktizierte, seinen Anhängern jedoch erst in seinem Todesschrei unmittelbar erfahrbare Offenbarung Gottes als der Macht gewaltsamer Liebe.«

An dieser Liebe, die sich auf Gott hin öffnet und deshalb die eigene Identität vollendet, nimmt der Christ im eucharistischen Mahl teil. Er begibt sich damit in ein Angebot hinein, das von Jesus (über die Kirche) auf ihn zukommt und in dem das vorgegeben ist, was das Gebet in der Mitte sein soll: sich vertrauensvoll öffnen auf Gott und von Gott her Sinn und Erfüllung des eigenen Lebens empfangen; oder auch: sich selbst vergessen, anbetend in Gottes Wirklichkeit verharren und gerade dadurch sich selbst werden. Das schließt – weil Gott der Gott aller Menschen ist – von selbst die Öffnung zum Mitmenschen ein.
Man darf das eucharistische »Opfer« nicht nur vom Göttlichen her betrachten als erinnernde Teilnahme an der »Stunde« Jesu (Joh 13,1 u. ö.) und damit an dessen göttlichem Leben. Es ist zugleich das Paradigma des christlichen Betens. Die Wahrheit von der »Gottesgeburt im Herzen«, die schon bei den Kirchenvätern lebte, hat ihre kirchliche Gestalt in der Wahrheit von der »Geburt der Kirche aus dem durchbohrten Herzen Jesu«, wie die Brüder Rahner es darstellten. Und dies wird – zweifach: im Menschen, in der Kirche – gefeiert im eucharistischen Geschehen.

(3) *Die eucharistische Feier als Paradigma* des christlichen Gebets zu verstehen ist also kein nur-erbaulicher Gedanke, sondern schlüsselt dessen eigentlichen Sinn auf. So heißt es im »Lima-Dokument« des Ökumenischen Rates der Kirchen von 1982 zur Eucharistie (II, A):

»Sie ist die große Danksagung an den Vater für alles, was er in Schöpfung, Erlösung und Heiligung vollbracht hat, der Lobpreis, durch den die Kirche ihre Dankbarkeit zum Ausdruck bringt, das Lobopfer, durch das die Kirche für die ganze Schöpfung spricht. So bezeichnet die Eucharistie, was die Welt werden soll: Gabe und Lobpreis für den Schöpfer, eine universale Gemeinschaft im Leibe Christi, ein Reich der Gerechtigkeit, der Liebe und des Friedens im Heiligen Geist.«

Man muß die Eucharistiefeier durchschreiten wie einen Kirchenraum, dessen Stationen Lehrstücke des Betens sind: das Kreuzzeichen zu Beginn, das mit Jesus, dem Gekreuzigten, und so mit seinem Einssein mit Vater und Geist vereint; das Kyrie, in dem der Mensch wie im Jesus-Gebet sein Angewiesensein auf Gott bekennt und Jesu Einladung empfängt; die Texte der Bibel, in denen das Menschenwort gewordene Gotteswort zu uns spricht; die Fürbitten und die anderen Zeichen, die die Feier begleiten und die versammelte Gemeinde zur Welt hin öffnen; die Opferung, in der wir uns mit den Gaben Gottes Gott übergeben; der Lobpreis und der Dank zum Vater, dem ewigen Ursprung von allem, der im Kanon aufklingt und uns mit dem hingebenden Lob und Dank Jesu vereint; die Vergegenwärtigung von Jesu Tod in der Wandlung als seinshafte Hingabe an den Vater; die Kommunion als sakramentales Zeichen dafür, daß wir in der Gnade mit Jesus vereint sind; die Entlassung, die mit dem großen Kreuzzeichen das Leben, in das wir hinausgehen, vereint mit Jesus, in dem Gottes Herrlichkeit sichtbar geworden ist.

III. Teil
Der Mensch in seinem Lebensraum

Die eucharistische Frömmigkeit bedeutet primär nicht die früher oft gepredigte Verehrung des »Klausners im Tabernakel«, sondern gründet vor allem in der Eucharistiefeier der um den Altar versammelten Gemeinde; deshalb meint sie stets das, was Thomas von Aquin den eigentlichen Sinn der Eucharistie, die »res sacramenti« nennt: das verantwortete christliche Leben im Alltag. So muß sich die christliche Spiritualität mit den »Tugenden« beschäftigen. Das Wort, das lange Zeit wie ein Schimpfwort klang und an das muffige Klima einer bigottheuchlerischen Gesellschaft erinnerte, ist seit einiger Zeit gesellschaftsfähig geworden. Dem instinktsicheren Nachrichtensprecher U. Wickert ist mit »Das Buch der Tugenden« 1995 ein Bestseller gelungen. Allem Anschein nach hat sich auch in Frankreich A. Conte-Sponville mit dem »Petit traité de grandes vertus« (»Kleine Abhandlung über die großen Tugenden«) ein großes Publikum erobert. Er schreibt: »Das ist Tugend: die Anstrengung, sich gut zu verhalten. Das Gute bewundern reicht nicht aus, man muß es tun.« Dies sind zwar keine Zeichen einer Gesellschafts-Erneuerung, aber Zeichen ihrer Sehnsucht nach »Tugend«.

Im deutschsprachigen Raum entstanden in den letzten Jahren erstaunlich viele Entwürfe zur Moral und Ethik. P. Bubmanns »Fundamentalethik als Theorie der Freiheit« (1995) listet verschiedene Ansätze auf: postmodern-hedonistisch, therapeutisch-selbsterfahrend, emanzipativ, religiös- oder politisch-fundamentalistisch. Philosophie wie Theologie bauen Verhaltensregeln auf mit Hilfe von »Orientierungsbegriffen« wie Gerechtigkeit, kommunikatives Handeln, Verantwortung, Glück, Wohlwollen, Gemeinschaft und insbesondere Freiheit. Liturgie und Sakramente werden moraltheologisch eingeordnet; nicht nur der Priestermangel in der west-europäischen, katholischen Kirche, sondern mehr noch ein ethisch fundiertes, ganzheitliches Verständnis von Gemeinschaft und Feier läßt neue Formen des liturgischen Verhaltens entstehen, worin der Leib und das Verbundensein mit der vormenschlichen Natur immer wichtiger werden. Im folgenden können aus all dem nur

Aspekte herausgegriffen werden, um die herum vieles bisher Gesagte sich konkretisieren kann.

A) »Engagierte Gelassenheit« – Das Grundmuster

Diese Formulierung Teilhard de Chardins gibt seine Lebenshaltung wieder: unerschütterliches, gelassenes Vertrauen in die Wirklichkeit und das Wirken Gottes, der sich mit Jesus als »Vater« offenbart, dessen Geist in der Kirche lebt, und damit zugleich der engagierte Einsatz für das Gute in dieser Welt.

1. Indifferenz, Gelassenheit, Gleichmut[58]

Diese drei Begriffe halten etwas fest, was in dieser oder jener Form Anliegen wohl jeder Religion ist.

a) Aus der Geschichte

Die griechisch-hellenistische Haltung der »ataraxia«, das stoische Unberührtsein von allem »Äußeren«, oder die eher neuplatonische »apatheia«, Leidenschaftslosigkeit, die über den Stürmen des Lebens steht, haben die christliche Ethik tief beeinflußt.

So schrieb auch Margarete Porete von ihrem Ruhen in ihrem Gott über all den irdischen Angelegenheiten, was zu dem schlimmen Justizirrtum führte, der sie 1310 auf den Scheiterhaufen brachte. Sie pries einen mystischen Zustand an, in dem die Seele

»so versenkt und vergraben in Gott (ist), daß weder Welt noch Fleisch noch ihre Feinde sie belästigen können; denn diese können die Seele in ihren Werken nicht mehr finden. So also lebt diese Seele in Ruhe und Frieden, denn für sie zählt nichts mehr von dem Geschaffenen.«

Etwa 400 Jahre später, 1699, fiel der sympathische Bischof Fénelon Intrigen zum Opfer, die ähnlich klingende Sätze aus seinem Werk durch Papst Innozenz XII. als häretisch verurteilen ließen:

»Im Zustand der heiligen Indifferenz hat die Seele kein willentliches und überlegtes Verlangen für eigenes Interesse mehr. ... Ausgenommen in den Fällen, in denen sie nicht treu mit der ganzen Gnade mitwirkt, wollen wir das Heil nicht mehr als eigenes Heil, als ewige Befreiung, als Lohn unserer Verdienste, als höchstes unserer Interessen, wollen wir nichts für uns, sondern alles für Gott.«

Es ist nicht schwer, eine entsprechende Haltung in der Selbstbiographie der hl. Thérèse von Lisieux zu finden – wenigstens wenn man sie mit François Six in der Urform liest:

»Alles ist wohlgetan. Ja, alles ist wohlgetan, wenn man nichts als den Willen Jesu sucht. ... (Die Erfahrungsdunkelheit aber) ist kein Schleier mehr für mich, es ist eine bis zum Himmel ragende Mauer, die das gestirnte Firmament verdeckt. Wenn ich das Glück des Himmels, den ewigen Besitz Gottes besinge, so empfinde ich dabei keinerlei Freude, denn ich besinge einfach, was *ich glauben will*.«

Diese »Gelassenheit« in tiefster seelischer Dunkelheit war der Dauerzustand ihrer letzten Lebensmonate. Eigene Erfahrungen, »Verdienste« und Interessen waren verschwunden; sie konnte nur noch glaubend hinschauen auf Jesus – eine reine Liebe, von keiner Nebenintention gestützt, ähnlich dem »amour pur« Fénelons und der »Indifferenz« Poretes.
Wie schwierig der sprachliche und der lebenswahre Umgang mit solchen Zeugnissen ist, zeigt die Geschichte des Evagrios Pontikos (345–399). Auch er wurde 553 namentlich verurteilt, allerdings auch mit Hilfe von Schriften, die (was man nicht wußte) ebenfalls von ihm stammten. Auch er lobt die »apatheia«, die Leidenschaftslosigkeit (43. Brief):

»Denn der Intellekt treibt sich, wenn er leidenschaftlich ist, herum und steht mit Mühe fest, weil er sich um die Geschäfte der Begierde kümmert. Er läßt aber von den Täuschungen ab, wenn er leidenschaftslos geworden und den Körperlosen begegnet ist, die sein geistliches Verlangen erfüllen. Es ist nämlich möglich, ganz und gar vom Bösen befreit zu werden.«

Was noch H. U. von Balthasar und K. Rahner für nicht mehr rechtgläubig hielten, ist heute wohl rehabilitiert: Evagrios lebte in einer dem westlichen Denken fremden Mentalität. Sein Gesamtwerk ist durch und durch christlich; doch es erfordert ein Umdenken, um sich in seine Mentalität einzufühlen.
Es geht um eine Haltung, die in der »Deutschen Mystik« Gelassenheit genannt wird. So zählt Meister Eckhart im »Buch der göttlichen Tröstung« viele Gründe auf, um die Königstochter Agnes, die ihren Vater durch Mord verloren hat, zu trösten.

Gleich zu Beginn lehrt er sie: »gelassen«, unempfindlich (?) zu sein:

»Willst du alles Ungemachs und Leids ledig sein, so halte dich und kehre dich in Lauterkeit nur zu Gott. Sicherlich, alles Leid kommt nur von daher, daß du dich nicht allein in Gott und zu Gott kehrst. Stündest du ausschließlich in der Gerechtigkeit gebildet und geborgen da, fürwahr, so könnte dich ebensowenig irgend etwas in Leid bringen wie die Gerechtigkeit Gottes selbst.«

Eckharts (und der anderen) Haltung muß nach einem seiner Schüler aus der »Ewigkeit« und nicht aus der »Zeit« heraus verstanden werden, um im rechten Licht zu stehen. Sein »Trost« ist völlig exzentriert (M. Blondel), kommt ganz und gar aus der Ewigkeit Gottes, in dessen Licht der Mensch nur ein »Nichts« ist, während das »andere« – Gott, Jesus, die Liebe – alles bedeutet; eine Lehre, die in ihrer radikalen Totalität dem Leben des »Gelassenen« Ruhe und Geborgenheit schenkt. Die Innenwelt ist aufgesogen von der Totalität des »Von-sich-weg«-Blickens. Es muß aber die Frage gestellt werden, ob dieser »Blick aus der Ewigkeit« nicht die zeitliche Existenz in Freud und Leid überspringt.

b) Ostasiatische Spiritualität

Die Vielschichtigkeit innerhalb der christlichen Spiritualität warnt, allzu schnell über ähnlich klingende Lehren der ostasiatischen Spiritualität zu befinden. Wir gehen – trotz dieses Vorbehalts – dennoch auf sie ein, um den Kern christlicher »apatheia«, der »Gelassenheit« sichtbar machen zu können.

In der Bhagavat-Gita wird selbstloses Tun gepriesen. Auf dem Kriegsfeld mahnt Krishna den Feldherrn Arjuna, seine Bedenken beiseite zu schieben; er muß nämlich gegen seine engsten Verwandten kämpfen. Gott Krishna weist ihn an, das zu tun, was jetzt zu tun ist; frei von allen Intentionen und Gefühlen das »Jetzt« des Schicksals, das eigene »Karma«, anzunehmen (II, 71 f; III, 8 f.17 f).

»Wer jeglicher Begier entsagt,
Von Selbstsucht und Verlangen rein
Auf dieser Erde wandelt, geht
Zu ruhevollem Frieden ein.
Den Brahma-Zustand nennt man dies,
Wer den erlangt, ist frei von Wahn,
im Ewigen löst er sich auf
Am Ende seiner Lebensbahn.

Vollziehe das notwend'ge Werk;
Denn Tun ist besser als nichts Tun;
Selbst die Verrichtungen des Leibs
Auf einer Tätigkeit beruhn.
Ans Dasein bindet jedes Tun,
Das nicht geschieht aus der Pflicht;
Vollbringe darum zwar ein Werk,
Doch hänge an demselben nicht.
Nicht kümmert solchen Weisen noch,
Was da getan, was nicht getan;
Vom Einfluß alles anderen frei,
Verfolgt er seines Lebens Plan.
Drum handle richtig, weise nicht,
Die auferlegte Tat zurück;
Wer handelt ohne Leidenschaft,
Der Mensch erreicht das höchste Glück.«

Gepriesen wird ein kriegerisches Handeln, dem jede innere Anteilnahme fehlt. Nur das »Karma« gilt. Nicht nach vorwärts oder rückwärts schauen; nicht sich motivieren lassen von Freude oder Schmerz, von Glück oder Unglück, von Freundschaft und Feindschaft, von Bosheit oder Gutheit, sondern über all diesen »leiden-schaffenden Leidenschaften« stehen; den Augenblick leben und das tun, wohin jetzt das Schicksal treibt.

Im Buddhismus, der eine Art von Reform-Hinduismus ist, wird dieses »Leben im Hier und Jetzt« methodisch und inhaltlich verstärkt. Alle Abhängigkeit ist von sich zu werfen, um »indifferent« gegenüber allem und dadurch frei zu sein – auch »indifferent« gegenüber moralischen Werten, die zum Erlangen dieser Haltung notwendig waren. Der Mensch soll alles, Gott und Welt, so integriert haben, daß es keine Maßstäbe mehr vor sich hat. So zitiert D. T. Suzuki ein Gebet aus dem Amida-Buddhismus:

»Dankbar zu sein – das ist alles Lüge.
Die Wahrheit ist: ›Nichts von Bedeutung‹.
Und darüber hinaus: Kein Friede des Geistes.«

Dazu beschreibt er:

»Leben aus Zen ist ein Selbstwirken, das jenseits von Gut und Böse, von Gerecht und Ungerecht, Tugend und Laster verläuft.«

Der tibetanische Abt Trungpa, der in den USA großen Einfluß hat, bestätigt diese Haltung an Bodhisattwa, der Gestalt des großen Mitleids:

»Ich möchte wiederholen, daß der Bodhisattva nicht handelt, um tugendhaft zu sein oder um Sünde zu überwinden. Seine Gedanken beschäftigen sich nicht damit, ob sie auf der Seite des Guten oder Bösen stehen.«

2. DER CHRISTLICHE AKZENT

Ein Religionsdialog, der solche Äußerungen aus der Mitte der fremden Religiosität heraus nicht ernst nimmt, kann selbst nicht ernst genommen werden, ist unehrlich. Ronald C. Zaehner hat in »Mystik. Harmonie und Dissonanz« gezeigt, wie wichtig und wie offen für den christlichen Gott auch solche Zeugnisse ostasiatischer Spiritualität sind. Grundsätzlich aber fehlt einem solchen, in Absolutheit vorgetragenen Glauben zuerst einmal der Gegenpol, der die irdische Existenz und das zwischenmenschliche Engagement ernst nimmt.

Im Christentum stammt das Ja zur Endlichkeit gerade aus Gottes absoluter Transzendenz, die dem selbstlos gewordenen Menschen gegenübersteht (Meister Eckhart: Alles irdische Sein ist reine Gnade, »kata charin«, reines Geschenk) Die vollkommene »Gelassenheit«, die diesen Gott ins Zentrum stellt, gibt das irdische und menschliche Selbstsein frei und befreit zum Selbsttun.

Psychologisch kann man sagen: Ein solches »Urvertrauen« lähmt nicht die engagierte Teilnahme an den Geschehnissen der Welt, sondern steigert sie. Biblisch heißt dies: Gottes- und Nächsten-Liebe schließen sich nicht aus, sondern bedingen einander. Einzelne Äußerungen mögen einseitig klingen, müssen aber im Gesamt des Zeugnisses gelesen werden.

a) Ignatius von Loyola

Mit den Exerzitien des Ignatius von Loyola, so schreibt F. Bottereau im »Dictionnaire de Spiritualité«, geht »Indifferenz« als Fachwort in die spirituelle Sprache ein. A. Rayez zeigt ebendort, wie die folgenden Jahrhunderte auch seinen Sinngehalt verschoben haben: Aus der ignatianischen Sensibilität und Disponibilität »für die leiseste Bewegung der göttlichen Freiheit« wurde eine »leidenschaftslose apatheia« und »indifferente Angepaßtheit«. Ignatius hingegen beschreibt Indifferenz anders. Schon die sprachliche Form des persönlichen »Ich« zeigt es:

»Ich erstrebe mit ganzem Herzen eine völlige Indifferenz gegenüber allem. So aber, im Gehorsam und innerer Loslösung, bin ich ganz und bereit und fähig, seinen (Gottes) Anstößen zu folgen.«

Die Grundstelle ignatianischer Indifferenz in den Exerzitien (Nr. 23) läßt sogar in seiner Textgeschichte die Umformung von »engagierter Gelassenheit« zur »teilnahmslosen Gleichgültigkeit« erkennen. L. Zodrow analysiert in seinem Aufsatz über »Prinzip und Fundament« (GuL 58, 1958, 175–191), wie dieser ur-gemeinte Sinn schon in den ersten lateinischen Übersetzungen verschoben wurde. Ignatius ging es um den Augenblick einer Entscheidung: Man müsse »indifferent« sein gegenüber eigenen Vorlieben, damit man von Gott her (von der Sache her) den Weg finde, der »besser« (»mas«, »magis«, in der Übersetzung ausgelassen!) dem Ziel entspreche. Die Ausdeutungen aber legen einen Dauerzustand nahe, der grundsätzlich wie die stoische »ataraxia« über der kreatürlichen Wirklichkeit erhaben steht.

b) Liebe oder Gleichmut

Bei aller Nüchternheit, in der Ignatius seine Exerzitien formuliert, ist es klar, daß alle Anweisungen, besonders die zur »Indifferenz«, unter dem Vorzeichen der Liebe stehen: Liebe zu Gott, Liebe zu Jesus, die ihn so hartnäckig auf dem Namen Gesellschaft »Jesu« bestehen ließ; Liebe zu den Menschen, den Kindern Gottes und Geschwistern Jesu. Die Zusammenfassung der Exerzitien in der »Betrachtung, um Liebe zu erlangen« (Nr. 320 ff) lebt aus dieser Selbsthingabe der Liebe:

»Nehmet, Herr, und empfangt meine ganze Freiheit, mein Gedächtnis, meinen Verstand und meinen Willen, all mein Haben und mein Besitzen. ... Gebt mir Eure Liebe und Gnade, denn diese genügen mir.«

Thérèse von Lisieux nennt am Schluß ihrer Selbstbiographie »Gott selbst und Gott allein« den archimedischen Punkt, von dem aus die Welt aus den Angeln zu heben sei; der Hebel dazu aber ist »das Gebet, das mit einem Liebesfeuer entflammt« ist. Sie lebte aus der Haltung, die ignatianisch Indifferenz heißt: kein Gleichmut gegenüber allem und jedem, sondern das Entbranntsein von Liebe zu Gott und den Menschen, dem gegenüber alles andere zurücktritt und sich an dieser Liebe messen muß.

Einer interreligiösen Mystik- oder Spiritualitäts-Forschung stellt sich als vielleicht dringlichste Aufgabe der Vergleich zwischen solchen Spitzenäußerungen der Liebes- gegenüber denen einer Verschmelzungs-Mystik. Dabei würden erstaunliche Übereinstimmungen sichtbar werden, wie etwa das Aufblühen von Freiheitsbewußtsein. Aber zugleich würden auch die Unterschiede sichtbar, die – zumindest in der sprachlich-ideologischen Reflexion – kontradiktorisch sind.

Christlich geht es um ein Hingerissensein aus Liebe – und deshalb Indifferenz gegenüber allem, was darunter liegt. So predigt Bernhard von Clairvaux:

»Wer liebt, liebt (schlechthin), und anderes weiß er nicht (existiert für ihn nicht).« (»Qui amat, amat et aliud novit nihil.«)

Damit greift er das berühmt gewordene Wort von Augustinus auf:

»Liebe, dann tue, was du willst.« (»ama, et fac quod vis.«)

Hadewijch von Antwerpen (ca. 1250) dichtet:

Gott gebe all denen, die Minne begehren,
daß sie für die Minne so bereit sind
und ganz von der Minne Reichtum leben
und daß sie, selbst Minne, die Minne in sich aufnehmen dürfen.
So kann ihnen vom feindlichen Fremden
nie Unheil geschehen, denn sie leben so frei,
wie ›ich ganz Minne bin und Minne ganz ich‹.«

Das mag auf den ersten Blick wie das ostasiatische »Jenseits von Gott und Böse« klingen. D. T. Suzuki unterstreicht auch die Ähnlichkeit:

»Gott zu lieben bedeutet, kein Ich zu haben. Von den beengenden Motivierungen des Bewußtseins frei zu sein. ... Das Ich ist einem Kreis vergleichbar, der keinen Umfang hat; es ist somit »sunyata«, Leere. Es ist der Mittelpunkt eines solchen Kreises, befindet sich aber auch an jeder Stelle dieses Kreises. Der Punkt ist der Kreis, und der Kreis ist der Punkt.«

Tatsächlich ist das Zeichen eines Zen-Meisters ein Kreis ohne Mittelpunkt. Der entsprechende Satz westlicher Tradition (»Gott ist ein Kreis, dessen Mitte überall und dessen Umfang nirgendwo ist«) gilt aber allein Gottes Wirklichkeit, nicht aber dem Ich des Menschen.

Wie auch der Erfahrungshintergrund der Zeugnisse beschaffen sein mag, die Sinnspitze christlicher Identität wäre mit der Deutung Suzukis abgebrochen und das Ganze ins Gegenteil verkehrt. Man kann den Unterschied folgendermaßen formulieren:

- »Indifferenz« gegenüber allem, weil der allumfassenden Liebe Gottes (er nur ist dieser Kreis) hingegeben; – daraus erwächst das »gelassene« Engagement gegenüber allem, da alles in Gottes Liebe steht.
- »Indifferenz« gegenüber allem, weil von allen Bindungen frei; daraus erwächst das gleichbleibende, liebevolle Mitleid mit allem und jedem.

Wenn Suzuki mit dem Recht seiner Überzeugung versucht, die christliche Indifferenz aus Liebe buddhistisch als »sunyata-Leere« zu deuten, dürfen und müssen wir Christen ebenfalls fragen: Verbirgt sich nicht in der Indifferenz ostasiatischer Religiosität ein Kern, der sich christlich zur Gottes- und Menschenliebe entfalten kann?

c) Mystik des Augenblicks – Mystik der Hoffnung

Im Christentum lebt seit jeher eine »Mystik des Augenblicks«. Man kann sich hierzu auf die ostkirchliche Tradition des »Hesychasmus« berufen, die sich methodisch im »Jesus-Gebet« niedergeschlagen hat. »Hesychia« ist die »Ruhe« in Gott, die ähnlich von den Sorgen der Welt befreit, wie es Jesus in der Bergpredigt (Mt 6,31) lehrt:

»Macht euch also keine Sorgen und fragt nicht: Was sollen wir essen? Was sollen wir trinken? Was sollen wir anziehen? Denn um all das geht es den Heiden. Euer himmlischer Vater weiß, daß ihr das alles braucht.«

Jean-Pierre de Caussade (1675–1751) lebte und lehrte diese Mystik:

»Wer sich der Fülle aller Güter erfreuen will, braucht nur eines zu tun: sein Herz zu reinigen, sich von den Geschöpfen frei zu machen und sich ganz Gott hinzugeben. In dieser Reinheit und in dieser Hingabe wird er alles übrige finden. Mögen die anderen alle möglichen Gaben von Dir verlangen, Herr, mögen sie ihre Worte und ihre Gebete vervielfältigen – ich selbst, mein Gott, ich bitte Dich nur um eine einzige Gabe und richte nur dieses eine Gebet an Dich: Gib mir ein reines Herz. Reines Herz, wie bist du selig!«

De Caussade war Jesuit und führte viele Menschen in den aktiven Einsatz hinein. Aus seiner Gelassenheit erblühte Engagement.
Die evolutive Schau Teilhard de Chardins findet zweihundert Jahre später den Angelpunkt für die Synthese beider Haltungen: Gelassenheit im Augenblick und Engagement für die Zukunft.

In der Verteidigung des priesterlichen Zölibats, »Die Evolution der Keuschheit« (GuL 67, 1994, 243–263), wird es deutlich. Er rechtfertigt seine zölibatäre Lebensform und hat dabei Lucile Swan im Blick, mit der er persönlich verbunden war. Er betont zuerst das Positive und das Wichtige, was ihm als Mann in der Begegnung mit dem anderen Geschlecht geschenkt wird:

»Durch die physische Liebe sind die Kräfte des Menschen auf großartige Weise freigesetzt worden. Was sonst in unseren Seelen geschlafen hätte, erwacht und springt vorwärts.«

Dies zu begreifen, ist die Aufgabe, die auf den Menschen im »Jetzt« der Gegenwart zukommt, damit er sich selbst und sein Leben in der Gegenwart verwirkliche. Aber zugleich wird das »Mehr«, das »Plus« (Ignatius: »mas«) sichtbar, was in die Zukunft der »Evolution«, in die Hoffnung hinein hinweist:

»In diesem Augenblick erweist sich das Zentrum der physischen Vereinigung, von der das Licht ausströmte, als unvermögend, dieses neue Anwachsen zu integrieren. Der Brennpunkt der Anziehung verschiebt sich plötzlich wie ins Unbegrenzte nach vorn.«

In der Jetzt-Erfahrung der erfüllenden menschlichen Liebe lebt eine Offenheit, die »nach vorne« verweist. Es geht um Hoffnung, was sich nach Teilhard aus dem christlichen Verständnis der Evolution ergibt, die erst in der Zukunft zur Vollendung kommt. Bringt die Ganzheits- und Erfüllungserfahrung der Liebe »jetzt« schon alles, oder lebt in ihr nicht eine Sehnsucht »nach vorne« auf das hin, was Nietzsche besang: »Und alles Glück will Ewigkeit, will tiefe, tiefe Ewigkeit«? Diese Sehnsucht »nach vorne« will Teilhard in zölibatärer Lebensform leben. Sie ist grundsätzlich eine »ausschauende« (auf die endgültige Erfüllung) und kann deshalb als eine »verzichtende« (auf die »jetzt«-Erfüllung) gelebt werden. Die augenblickliche Erfahrung, so wichtig sie ist, ist nicht alles; sie trägt in sich ein evolutives Element, die Erwartung der Zukunft. Ehe und Jungfräulichkeit verwirklichen als Lebensform je einen der beiden Aspekte der Ganzheitserfahrung:
– Die Erfüllung im »Jetzt«, in dieser Zeit. Teilhard deutet es theologisch als »en haut«, direkt nach oben.
– Die Hoffnung auf die zukünftige Vollendung, die Gott schenken wird und für die sich der Mensch engagiert einzusetzen hat. Teilhard spricht von »en avant«, nach vorne.
– Beide Lebensformen in ihrer exemplarischen Gestaltung sind aber ineinander verschränkt, so daß in jeder auch das Element der anderen lebt.

401

Es ist wiederum das Thema der »Hoffnung«, die die Erfahrung von der Gegenwart Gottes erst christlich macht. Für Suzuki aber ist die Hoffnung Feind der genuinen buddhistischen Erfahrung; denn sie bricht das Ruhen im »Hier und Jetzt« auf zu etwas anderem. Christlich aber ist die Gelassenheit im »Hier und Jetzt« getragen und zugleich überhöht von der Gottesliebe, die zum Engagement in die Zukunft hinein befreit.

d) »Engagierte Gelassenheit«

Die Thematik führt ins Zentrum christlicher Spiritualität:
– gelassen, weil Gott überall gegenwärtig ist; weil der Mensch auch in den widrigsten Umständen sich »urvertrauend« Gottes Liebe öffnen kann – mag das auch für die Erfahrung noch so unfaßbar sein. Zur Krankheit seiner Schwester Marguérite-Marie, die an Knochentuberkulose litt und von 1902 bis 1936 gelähmt war, schreibt Teilhard seinen Eltern:

»Es schmerzt mich, daß die arme Kleine so unbeweglich daliegt; es muß euch furchtbar sein, ihr nicht helfen zu können. Aber sagen wir uns doch: Unser Herr liebt sie mehr, als wir es können, da er ihr diesen Zustand zumutet; für sie und für uns andere hat dies zweifelsohne einen Sinn« (16. 1. 1911, Briefe aus Hastings).

In seinem eigenen Leben – von der Kirche, an die er glaubte, an den Rand gedrängt und doch ihr treu bleibend – lebte auch er diesen »Sinn«
– engagiert, weil Gott die Welt zur Vollendung führt und den Menschen zur Mitarbeit auffordert. Teilhards ganze Forschung bestand darin, diese evolutive Aktivität zu verstehen und schriftlich auszudrücken. Genau dies lehrt auch die Bergpredigt im obigen Vertrauenstext:
»Euch aber muß es zuerst um sein Reich und die Gerechtigkeit gehen« (Mt 6,33).
– und gelassen, weil auf Gott vertrauend; wie der Gesamtduktus des Textes lehrt: »Sorget euch nicht!« (Mt 6,25–34).
Die Theologie formuliert diese Dialektik der Gegenwart des Heils mit: »jetzt schon« und zugleich: »noch nicht«. Ohne das Urvertrauen auf Gottes gütige Freiheit, das sich in der Bergpredigt ausdrückt, ist diese Haltung der engagierten Gelassenheit nicht verständlich.
Der von Erik Erikson kreierte psychologische Terminus »Urvertrauen« ist in der Tat hilfreich, um die spirituelle Bedeutung einer »engagierten Gelassenheit« zu verstehen. Der Mensch

braucht ein »Verwurzelt-«, ein »Geborgensein«, um seine Aktivität, sein Engagement zu entfalten. Nicht der ruhelos Umherirrende, sondern der gelassen in seiner eigenen Identität Ruhende ist es, der sich im Leben voll einsetzen kann, der eine Sache in guter Weise voranbringt, der lern- und begeisterungsfähig ist. Dieses Ruhen-in-sich-selbst, weil man eine Wurzel hat, ist ein kostbares Geschenk für jeden, der das Leben beginnt und es meistern will. Es stellt ganz und gar keinen Gegensatz zum Engagement dar. Im Gegenteil: Es ist die Luft, in der Engagement erwächst; denn es ist das Ruhen in der Liebe Gottes, die den Menschen zum »ganzen« Menschen machen will, die seine »Evolution« hervor- und ihn zum Engagement an-treibt. Denn diese Atemluft hat ihre Quelle in Gott, der den Menschen liebt. Darin zu leben bedeutet »Gelassenheit« und zugleich »Engagement«. Jesus spricht von ihr, wenn er in einem Atemzug predigt: »Sorget euch nicht!« – doch kümmert euch um das »Reich Gottes«. Teilhard setzt diese »engagierte Gelassenheit« zu Recht ineins mit der Indifferenz des Ignatius von Loyola.

B) Im Handeln kontemplativ – Die Grundhaltung

Mit dem Wort »in actione contemplativus« hat Hieronymus Nadal (1507–1580) als Lieblingsschüler des Ignatius von Loyola dessen Spiritualität charakterisiert. Es versucht damit das benediktinische »ora et labora« (»Bete und arbeite«) und das dominikanische »contemplata aliis tradere« (»Meditativ-Erfahrenes anderen vermitteln«) weiterzuführen.

1. Aus der Geschichte[59]

An der Frage nach dem Verhältnis von »actio« und »contemplatio«, von Tun und betendem Meditieren, kann die Geschichte der christlichen Spiritualität und vielleicht der gesamten Religiosität aufgerollt werden. Überall findet sich der Drang weg von der aktiven Weltgestaltung hin zur kontemplativen Loslösung von der Welt.

a) Zur christlichen Spiritualität

Auch die christliche Geschichte steht im Schatten weltflüchtiger Ideen. Aber stets führte der Glaube an die Mensch-, die Welt-Werdung Gottes in der Praxis den Christen zum Einsatz für die Welt, für das Reich Gottes zurück. Die Übernahme der mystischen Metaphysik Plotins durch die Kirchenväter gelang deshalb, weil das wahre Menschsein Jesu Christi eine Flucht aus dem Menschlich-Irdischen hinaus verhinderte.

So wurden die frühen Mönche zu Lehrmeistern und Bischöfen der Christenheit, ihre »Weltflucht« in die Wüste war zugleich die Kultivierung der Wüste zum »fruchtbaren Land« der prophetischen Verheißung. In der so arg gescholtenen »konstantinischen Wende« übernahm die Kirche einen Weltauftrag. Der einflußreiche Einsiedler-Kardinal Petrus Damiani wollte nach der Jahrtausendwende mit dem Traktat »Dominus vobiscum« sagen: Auch in der Einsamkeit gehört der Mönch in die Gemeinschaft und muß deshalb im Gottesdienst beten: »Dominus vobiscum – Der Herr sei mit euch«. Die Flucht des Bernhard von Clairvaux in die Einsamkeit von Citeaux schlug um, und er wurde – wie er bedauerte – zur »Chimäre« des Jahrhunderts, zur maßgeblichen Figur seiner Zeit, in der die damaligen Probleme und Fragen zusammenliefen. Man kann die Linie fortsetzen bis zu Charles de Foucauld, dessen radikale Einsamkeit ihn zum Urheber einer der wichtigsten modernen Ordensgründungen machte, den »Kleinen Brüdern und Schwestern von Charles de Foucauld«, die die Armut der untersten Bevölkerungsschichten teilen wollen; bis zu Henri Le Saux, dem christlich-hinduistischen Einsiedlermönch, der zur Zentralfigur des modernen Religionsdialogs wurde; bis zu Prior Roger Schutz, der seine Taizé-Spiritualität mit »Kampf und Kontemplation« kennzeichnet.

b) Die Erzählung von Maria und Martha in Bethanien

Kristallisationspunkt der theologischen Diskussion über Aktion oder Kontemplation war die Erzählung aus Lk 10,38–42: Jesus kommt nach Bethanien, lobt Maria, die ihm zu seinen Füßen sitzend zuhört, und weist Martha, die ihn umsorgt, vorsichtig zurück: »Du machst dir viele Sorgen. Aber nur eines ist notwendig. Maria hat das Bessere erwählt.«

Im Ursprung will die Geschichte wohl sagen: Wenn Jesus da ist (oder der Verkünder seiner Botschaft), wenn es um das Hören des Wortes und die Hinwendung zu Gott geht, dann hat dies den

Vorrang – so wie die Benediktus-Regel (43,3) schreibt: »Dem Gottesdienst werde also nichts vorgezogen.« Aber Abt Georg Holzherr kommentiert: Diese Betonung des Gottesdienstes galt nach den Quellen der Regel dem gesamten Mönchsleben, der Arbeit und dem Gebet; dem »Betet ohne Unterlaß«, was die Mönche in einer Art »Jesus-Gebet« praktizierten.

Die theoretische Interpretation der Maria-Martha-Geschichte aber wurde bestimmt von der »Theoria« (lateinisch: contemplatio), dem kontemplativen philosophischen Dasein. So wurden die Geschwister von Bethanien Paradigmata der beiden christlichen Stände:

– des »besseren« kontemplativen Stands der Nonnen und Mönche, die sich ganz dem Gebet widmen: »Sie haben das Bessere erwählt«, und das ist das »Eine«-Notwendige, nämlich Gott;
– des aktiven Stands der Arbeit in der Welt: »Sie kümmern sich nur um das ›Viele‹, was ein Abfall vom Ideal des plotinischen »Monos pros Monon« (Allein vor dem Alleinigen) ist.

In vielen spirituellen Traktaten wird die Aktivität, die Tätigkeit noch einseitiger asketisch heruntergespielt. Sie wird als Abtötung gedeutet, als Sich-frei-Machen von ungeordneten Leidenschaften, von der Anhänglichkeit an die Welt, als Dienstbarmachen der niedrigen Triebe, als Buße, als Entsagung, als Loskommen von der Welt.

Gewiß wurde die extrem-neuplatonische Deutung in der Praxis christlich korrigiert: Das neuplatonische »Hen«, das »Eine«, gegenüber dem die »Viel«-falt der materiellen Welt ein minderes Sein bedeutet, wurde mit der Welt- und Menschwerdung Gottes in Jesus zum Garanten für die von Gott geliebte und gesegnete Vielfalt seiner Welt; denn nun haben auch die Menschengeschwister Jesu teil an seiner Würde, »Einer« zu sein, sind wahre Ebenbilder Gottes. Die rein intellektuelle Deutung der »Theoria«, der Kontemplation als Überschreiten der Weltvielfalt, wurde zur »Gottesschau«, die – wie bei Jesus – durchformt ist von Liebe und Gefühl. Das tätige Leben in der Welt oder für die Welt, für das Reich Gottes in der Welt wurde auch durch den »eschatologischen Vorbehalt« aufgewertet: Jetzt noch, in dieser Welt, müssen die Menschen vor allem füreinander Sorge tragen und sich aktiv auf die Himmelsschau vorbereiten; erst später, in der ewigen Schau Gottes, werde es reine »Kontemplation« geben. Aber eine theoretische Abwertung der Aktion blieb und lebte noch in den Vorbereitungspapieren zum II. Vatikanischen Konzil, die aber fast völlig umgeschrieben wurden. Die Abwertung des Tuns gegenüber der Kontemplation, der Meditation gegenüber der Aktivität bekommt aber heute durch viele Tendenzen der »Neuen Religiosität« neue Nahrung.

c) Meister Eckhart und Thérèse von Lisieux

Die Großen der christlichen Tradition suchten – wenigstens in der Praxis – die neuplatonische (spirituellen Tendenzen naheliegende) Geringschätzung des materiellen, tätigen Lebens zu überwinden. Zu sprechend ist das Vorbild der aktiven Menschen-Welt-Liebe bei Jesus. Theologisch bedeutet doch die Menschwerdung Gottes das unbedingte Ja Gottes zur Welt mit ihren Aktivitäten. Liebe und nicht Erkennen/Erfahren bot den Maßstab. Richard von St. Viktor z.B. läßt uns in seinen »Vier Graden der gewalttätigen (violens) Liebe« hochsteigen bis zur reinen Gottesliebe, aber dann, auf der vierten Stufe mit Jesus, der sich selbst entäußerte, »unter sich selbst hinabsteigen« in die Welt des Tuns. »Dies ist die Form der Demut Christi, nach der sich jeder formen muß, der den höchsten Grad der vollkommenen Liebe erreichen will.« Auf dem Hintergrund dieser Problematik bildet die sogenannte 2. Predigt Meister Eckharts über die Geschwister von Bethanien eine erstaunliche Wende auch im Theoretischen. Dietmar Mieth hat gezeigt, wie eng sie mit Eckharts sogenannter »intellektuellen Mystik« verbunden ist. Versuche, sie wegen ihrer überraschenden Exegese Eckhart abzusprechen, nehmen dessen Gesamttheologie nicht ernst. Eckhart nämlich kehrt die klassische Bewertung um: Martha verkörpere das Ideal. Maria hingegen sei noch unvollkommen; sie habe zwar auch das Bessere erwählt, müsse aber noch einen weiten Weg dorthin zurücklegen:

»Als sie vor den Füßen des Herrn saß, war sie noch nicht die wirkliche Maria. Denn sie saß da noch in Wohlgefühl und Wonne und mußte erst noch in die Schule geschickt werden und das Leben lernen.«

Martha hingegen war schon soweit, daß sie in ihren »Sorgen« zugleich bei Gott war, »in gereifter, wohlgefestigter Tugend und in freiem Gemüt«:

»Deshalb sprach er: Du bist sorgsam, und meinte damit: Du befindest dich bei den Dingen, aber diese befinden sich nicht in dir.«

Du hast schon das Ideal erreicht, aber Maria in ihrer Unvollkommenheit brauche eine Zeit von »Wonne und Wohlgefühl«, in der sie heranwachsen werde zur Reife.

»Die Gottesfreunde aber stehen über diesem Verwöhntsein im Bereich des Sinnenhaften. Geistiges Erfülltsein bedeutet, daß der oberste Wipfel der Seele von keinem Wohlgefühl mehr herabgezogen werden kann, daß er souverän darübersteht.«

Eckhart spielt auf die mittelalterliche Legende der Maria von Bethanien an, die ein langes, hartes Lebens brauchte, um zur Vollkommenheit des Seins zu Gott (in der Nähe von Aix-en-Provence, wie die Legende erzählt) zu gelangen.

»So aber ist zeitliches Wirken ebenso adelig wie jegliches »Sich-in-Gott-Befinden«. Denn es fügt uns ebenso tief in Gott hinein wie das Höchste, was uns – abgesehen von der Schau Gottes in seiner eigenen unverhüllten Natur – geschehen kann.

Eckharts Ideal ist also »Ganz-bei-Gott-Sein« inmitten der Aktivität, wie es das ostkirchliche Jesus-Gebet erstrebt. Auf dieser Basis aber wendet er sich gegen Fehldeutungen der christlichen Vollkommenheit, als könne man in stoischer »ataraxia« und neuplatonischer »apatheia« über die Empfindsamkeit gegenüber Schmerz und Freude hinausgelangen:

»Nun aber sagen unsere biederen Leute, man müsse so vollkommen werden, daß man unberührbar sei durch Freud und Leid. Sie haben unrecht. Ich behaupte nämlich, daß es noch nie einen so großen Heiligen gegeben hat, der nicht dennoch durch Freude und Leid bewegt wurde ... Unsere biederen Leute wollen gar so weit kommen, daß das Anwesendsein sinnfälliger Dinge ihnen nichts mehr bedeute. Das gelingt ihnen nicht ... Gewisse Leute aber wollen so weit kommen, daß sie des Wirkens ledig werden. Ich aber sage: Das kann nicht sein.«

Man weiß nicht, gegen wen sich Eckhart wendet. Vielleicht gegen die »Brüder und Schwestern vom freien Geiste« mit Lehren, die denen Margarete Poretes und auch dem »amour pur« Fénelons recht ähnlich sind. Sicher aber wendet er sich gegen eine Minderbewertung des Tuns; denn auch und gerade im Tun soll der Mensch wie Martha ganz in Gott leben.

Auf dem Hintergrund der Geschichte ist es faszinierend, wie souverän Thérèse von Lisieux, innerhalb der traditionellen Exegese stehend, sich über deren Einseitigkeit erhebt. Gegen Schluß ihrer Selbstbiographie schreibt sie inmitten einer Hohelied-Exegese:

»Je mehr ich zu sagen vermag: ›ziehe mich an dich‹, um so mehr werden auch die Seelen, die sich mir nahen werden, ›mit Geschwindigkeit dem Duft der Wohlgerüche ihres Viel-Geliebten nacheilen‹ (Hld 1,3); denn eine von Liebe entflammte Seele kann nicht untätig bleiben; gewiß sitzt sie wie die hl. Magdalena (= Maria von Bethanien) zu Füßen

Jesu, sie lauscht seinem süßen, feurigen Wort. Sie scheint nichts zu geben und gibt doch viel mehr als Martha, die sich um viele Dinge plagt. Nicht die Arbeiten Marthas sind es, die Jesus tadelt; diesen Arbeiten hat sich seine Mutter ihr ganzes Leben lang demütig unterzogen. Alle Heiligen haben das begriffen, schöpften sie nicht alle ihre göttlichen Erkenntnisse aus dem Gebet? Ein Gelehrter hat gesagt: ›Gebt mir einen Hebel, einen Stützpunkt, und ich werde die Welt aus den Angeln heben.‹ Was Archimedes nicht erreichen konnte, das erlangten die Heiligen in seiner ganzen Fülle. Der Allmächtige gab ihnen als Stützpunkt Gott selbst und Gott allein; als Hebel: das Gebet, das mit einem Liebesfeuer entflammt. Und auf diese Art haben sie die Welt aus den Angeln gehoben.«

Thérèse schrieb dies zum Tode geschwächt mit äußerster Mühe nieder. Die so einfache und so christliche Aussage leuchtet hell: Das rechte Verhältnis von Aktion und Kontemplation (hinzu kommt nach einigen Autoren wie Bernhard von Clairvaux die »Passion«, das Leid, was Dionysios Areopagita als »Divina pati«, Göttliches erleiden, versteht) wird nicht vom Leistungs- und Erfolgsprinzip bestimmt – sei es durch das moderne des Tuns oder das mittelalterliche der harten Askese – und auch nicht durch meditatives Ruhen in der Kontemplation, sondern einzig von Gott her. Und wer auf diesem »festen Standpunkt« in »Liebesfeuer entflammt« ist, steht über der Alternative von Aktion oder Kontemplation; denn er betet in Wahrheit.
Die »engagierte Gelassenheit« realisiert sich gelassen, weil einzig Gott das Leben bestimmt; und engagiert sich, weil Gott im innersten Wesen ein Liebender ist, und der gott-bezogene Mensch daher von Liebe bewegt sein muß.

d) Teilhard de Chardin

Der französische Jesuit verstand das menschliche Wirken in sich selbst als ein »Spiritualisieren« (auf Gott hin transparent machen) der Welt, als ein Gebet. Louis Cognet als Erforscher der christlichen Spiritualität stimmt ihm in »Les problèmes de la spiritualité« (1967, 66) zu und unterstreicht Teilhards Bedeutung für die heutige Spiritualität: »Es gibt eine gültige Weise der Askese, die Welt anzunehmen, zu versuchen, sie durch sich selbst umzugestalten; und das ist keine unvollkommene, sondern nur eine andere Art als die des Überstiegs über die Welt« um bei Gott zu sein. In »L'ascèse chrétienne« (1967, 83–86) unterstreicht er: »Für Teilhard besitzt die so in die Welt hinein zielende Arbeit in sich selbst einen ›asketischen Wert‹, den Teil-

hard als ›Spiritualisation‹, als Vergeistigung der Welt, definiert.«
So schreibt Teilhard in »Mein Universum«:

»Die mystischen Autoren streiten darüber, ob die Aktion als Vorbereitung der Kontemplation vorausgehe oder aber als Überfließen aus ihr
hervorquelle. Ich bekenne, daß ich diese Probleme nicht begreife. Ob
ich wirke oder bete, ob ich meine Seele mühevoll tätig öffne oder ob
Gott sie in ihrer Passivität von außen oder innen gleichsam überfällt,
ich erfahre in gleicher Weise die Einung. In diesem Bewußtsein aber
liegt ›formal‹ das mystische Geschehen. Ich bewege mich stets im
mystischen Bereich, ob ich aktiv bin, in die Evolution gedrängt vom
sinnenhaften Streben meines Seins, ob ich im Schmerz lebe, von der
Abhängigkeit ans Materielle überwältigt, ob ich heimgesucht werde
von Gebetsgnaden. ›Zuerst‹ bin ich in Christus Jesus; ›dann‹ erst wirke
ich oder leide ich oder kontempliere ich.« (Werke IX, 1970, 109, korrigiert.)

Für Teilhard kann die Mystik als Gipfel des betenden Seins vor
Gott ebenso im Tätigsein wie in der ekstatischen Gotteserfahrung leben. Im »Göttlichen Bereich« entwirft er diese »Vergöttlichung des Tätigseins«. Dieses »Beten in der Arbeit«, diese
»Kontemplation in der Aktion« nennt Teilhard sogar »Anbetung« oder sogar »Konsekration«. Mit einem entsprechenden
Zitat beendet Trennert-Hellwig sein Teilhard-Buch: »Die Welt
konsekrieren durch einen ganzen Glauben, der sie in dem
unendlichen Netz der Zweitursachen den organischen Einfluß
Christi schauen läßt; mit der Welt kommunizieren durch eine
uneingeschränkte Treue, in ihr alle Gelegenheiten des Wachs-
tums zu ergreifen. Das macht letztlich für den Christen das
innere Leben aus.« Cognet allerdings macht einen wichtigen
Vorbehalt: »Pater Teilhard ist Optimist, was die ›Spiritualisierung der Welt durch menschliches Tun‹ anbelangt. Doch heute,
da wir die ›Evolution‹ der Welt im Blick auf den technischen
Fortschritt besser beurteilen können, muß die Frage viel genauer gesetzt werden. Man muß hinschauen, ob diese ›Spiritualisierung‹ notwendig und in ihrer Ganzheit stets auf Gott hin
ausgerichtet ist. Pater Teilhard hat die Zwiespältigkeit der Welt
wohl nicht in genügender Tiefe bedacht.«
Teilhard glaubte – im damaligen technischen Optimismus –
anscheinend an eine geradlinige Entwicklung der Welt zu einem
»Immer-Besseren«. Was Cognet (ähnlich auch Teilhards Freund
de Lubac) bei aller Zustimmung kritisiert, findet sich erschrek-
kend deutlich in Teilhards »Bemerkungen über den geistigen
Widerhall der Atombombe« (Werke V, 1963, 187–197) vom
Januar 1947:

»Vor etwas mehr als einem Jahr erhellte frühmorgens in der Wüste von Arizona ein blendender Schein von ungewöhnlichem Glanz die fernsten Berggipfel und löschte die ersten Strahlen der aufgehenden Sonne aus. Dann eine furchtbare Erschütterung ... Es ist geschehen ... Der Mensch hat, da er, und zwar zum ersten Male, die Energie der Atome in massiver Weise freisetzte, nicht nur das Antlitz der Erde verändert. Unvermeidlich hat er im Herzen selbst seines Seins ipso facto (aus sich selbst heraus) eine lange Kettenreaktion ausgelöst, die aus ihm, zumindest virtuell, ein neues Wesen gemacht hat. Bisher bediente sich der Mensch der Materie. Jetzt ist es ihm gelungen, die Hebel zu erfassen und zu handhaben, die die Genese eben dieser Materie steuern. Wie sollte er angesichts dieses Erfolges nicht ein Hochgefühl erfahren? In diesem Augenblick ist der Mensch bestätigt worden, nicht nur in seiner gegenwärtigen Kraft, sondern in einer Methode, die ihm erlauben würde, alle anderen Kräfte ringsum zu meistern. Vitalisation der Materie durch Aufbau von Super-Molekülen, Modellieren des menschlichen Organismus mittels der Hormone, Kontrolle der Vererbung und der Geschlechtsbestimmung durch das Spiel der Gene und der Chromosome. Innere Neuanpassung und Befreiung unserer eigenen Seele durch direkte Anwendung der nach und nach durch die Psychoanalyse freigeleiteten Kräfte. .. Kann nicht jede Art Wirkung durch eine angemessene Anordnung der Materie hervorgerufen werden?«

Hierauf baut Teilhard seine Vision der »Noogenese« auf, der Vollendung der Menschheit, in der durch das Einswerden des Menschengeschlechts das gesamte Universum durchsichtig, transparent sein wird auf Gott hin:

»Neuaufbruch und Beschleunigung der aufsteigenden Bewegung durch das reflektierte Spiel eben dieser Intelligenz, des einzigen Prinzips in der Welt, das fähig ist, die noch verstreuten oder schlummernden Energien der Materie und des Denkens *in einem planetaren Maßstab* für das Leben zusammenzufassen und zu benutzen: So stellt sich für uns in Zukunft in seinen großen Grundlinien das Schema dar, in das wir durch unsere Intelligenz eingespannt sind. Und deswegen ist, in jedem von uns, der Mensch geöffnet für den Sinn, die Verantwortung und die Hoffnungen seiner kosmischen Funktion im Universum.«

Teilhard glaubt an einen antimilitärischen Segen der »Atombombe«:

»Dank der Atombombe könnte für den Krieg morgen der Tag kommen, da er doppelt und endgültig vernichtet wird.«

Und dies, weil das Übermaß an Zerstörung die Unsinnigkeit beweist; doch besonders

»weil im Vergleich zu den Eroberungsmöglichkeiten, die die Wissenschaft uns eröffnet, kriegerische Schlachten und kriegerisches Heldentum uns bald nur noch als etwas Langweiliges und Überholtes erscheinen dürften.«

Daß die Menschheit von der Welt Besitz ergreifen wird, ist dem Optimismus Teilhards evident. Seine Alternative lautet nur: »prometheisch oder faustisch«, im »Geist des Dienens und der Hingabe« oder im Geist des Herrschens. Er kann die uns heute erschreckende Vision tatsächlich meditierend beenden:

»Die letzte Wirkung des Lichts, das durch das atomare Feuer in die psychischen Tiefen der Erde gesenkt wurde, besteht letztlich darin, als Letztes und Höchstes die Frage nach einem Ziel der Evolution, das heißt das Gottesproblem, aufzuwerfen.«

2. DAS BETEN UND DAS WIRKEN DES MENSCHEN

Die Vision Teilhards, nach der die »Spiritualisation der Materie« bis in ihr Herz eindringen wird, muß heute erschrecken. Wie tief darf der Mensch – auch im Willen, zu »dienen« – ungestraft ins Gefüge der Schöpfungsordnung eindringen? Es ist die ethische Frage, ob der Mensch alles darf, was er kann. Ob Teilhard genügend beachtet hat, daß auch in der Schöpfungsordnung Gottes Geist in seiner Unergründlichkeit dem Menschen entgegenkommt und nicht völlig durchleuchtet und ergriffen, sondern nur als Geschenk erfahren werden kann und darf? Erst wer beachtet, daß Gott nicht nur in sich selbst, sondern auch in seinem schöpferischen Werk ein Geheimnis bleibt, kann Teilhards Vision von einer »Spiritualisierung der Materie« weiterführen, ins Herz des Christentums hinein.

Es muß tatsächlich erschrecken, in welchem Maße heute noch Teilhard-Verehrer außerhalb wie innerhalb des Christentums diesen Wissenschafts- und Fortschrittsoptimismus gedanken- und kritiklos übernehmen und dabei an dem Wirklichkeitskern der Lehre von der »Erbsünde« vorübergehen. Man macht ihn zum Vorläufer von New-Age (M. Ferguson), huldigt (christlich) in seinem Namen einer wirtschaftlichen und religiösen Weltsynthese und konstruiert eine »Halbzeit der Evolution« (Ken Wilber), die irgendwie gradlinig zur Vollkommenheit der vollendeten Evolution hinführen soll; man pflegt einen angeblichen Welt-Ökumenismus, der die bittere und bleibende Tatsache der Sünde (innerhalb wie außerhalb der Kirche) vergessen machen will.

In den spirituellen Vollzug übersetzt, muß als rechte Haltung gelten: Dem »aktiven« Eindringen des Menschen in die Schöpfungswirklichkeit ist eine »kontemplative« Grenze gesetzt. Die beiden Haltungen der hörenden, kontemplativen Maria und der Welt-gestaltenden Martha mögen sich annähern; sie fallen aber niemals zusammen, was doch Teilhard im Optimismus seiner Zeit mit der »Spiritualisierung der Materie« und der menschlichen Aktivität zu glauben scheint. Demut, die bei den großen Christen so nahe zum Sündenbewußtsein steht, gilt nicht nur gegenüber der Größe Gottes, sondern auch gegenüber der Größe seiner Schöpfung. Hier sollte als dritte Grundhaltung das Dionysische »pati divina«, die passive, erleidende, empfangende Haltung wichtig werden.

a) Gebet ist Arbeit – Arbeit ist Gebet

»Gebet ist Arbeit« war vor 30 Jahren ein Slogan für progressive christliche Gruppen. Teilhards Wort, daß man als Schriftsteller mit der »Spitze des Federhalters« beten solle, war ein Anstoß für diesen Slogan. Zuerst ist seine Berechtigung anzuerkennen: Gebet darf niemals gegen Arbeiten wie karitative oder soziale Dienste am Nächsten ausgespielt werden. Was Beten im innersten meint: Offenheit zur Liebe Gottes, kann in solchen Diensten tiefer geschehen als im stillen Gebet; auch Teilhard spricht wie Graf Dürckheim vom »Transparent«-Werden der Dinge, der Arbeit, des Menschen auf Gott hin. Das entspricht dem Gerichtswort, mit dem Jesus die Wertigkeit des Menschen und seines Tuns endgültig berurteilt: »Was ihr für einen meiner geringsten Brüder getan habt, das habt ihr mir getan« (Mt 24,40). »Ebenso wichtig ist das zweite ... An diesen beiden Geboten hängt das ganze Gesetz und die Propheten« (Mt 22,39 f). Lukas (10,25–42) stellt dieses Wort wohl bewußt in einen Zusammenhang mit dem Gleichnis vom barmherzigen Samariter (Nächstenliebe) und dem Besuch Jesu in Bethanien (Gebet, Gottesliebe). Die paulinische Gemeindeordnung (1 Kor, 12, 5) bestätigt die Gleichsetzung: »Es gibt verschiedene Kräfte, die wirken, aber nur den einen Gott, der in allem wirkt und verwirklicht wird.«
Teilhards Vision kann helfen, diese grundsätzliche Gleichsetzung zu verstehen. Alles Tun, das dem Guten, dem Fortschritt dient, ist ein Wirken an der »Spiritualisierung« der materiellen Welt, auf daß sie immer tiefer durchdrungen wird von dem, was im Höhepunkt »Liebe« heißt. Wo immer das Tun »transparent« wird auf die Liebe, ist es transparent auf die Begegnung mit Gott (1 Joh 4,16): »Wer in der Liebe bleibt, bleibt in Gott und Gott

bleibt in ihm.« Doch dann muß weiter gefragt werden: Idealisiert Teilhards Vision die menschliche Existenz nicht in einem Maße, die das in dieser Welt Mögliche so sehr übersteigt, daß es zum Zusammenbruch kommen muß? Die Kritik seiner Freunde (Henri de Lubac u. a.), daß es ihm nicht gelungen sei, die Sünde, das Übel, das Böse in seiner utopischen Vision genügend zu berücksichtigen, stellt die gleiche Frage.
Teilhards Vision nähert sich der Vollkommenheit des Himmels, hat darin ihre Berechtigung, aber auch ihre Grenzen für unser Dasein in der Welt.

b) Die Demut menschlichen Existierens

Die Engellehre der Scholastik stellt nun ein Paradigma zum Verständnis der geschöpflichen Existenz dar, das aus der »jenseitigen« Vollendung genommen ist. Dort heißt es: Engel können Gott anschauen, also beten, und zugleich Menschen dienen. Das gelingt in dieser Weise dem Menschen nicht! Auch was von der hl. Ursuline Marie de l'Incarnation erzählt wird: daß sie zugleich ganz bei Gott und ganz im profanen menschlichen Tun lebte, gilt als besondere Gnaden-Gabe Gottes, ist also keine dem Menschen gesetzte Auf-Gabe. Deshalb warnen die ostkirchlichen Starzen vor einer übertriebenen Einschätzung des Jesusgebets, als sei mit ihm der Auftrag: »Betet ständig« in Vollendung zu erreichen, als könne das Engagement für die Menschen identisch sein mit der Hinwendung zu Gott. So mahnt der hl. Starez Theophan, der Rekluse (1815–1894, »Schule des Herzensgebetes«, 1985, 73.59):

»Was euch selbst angeht, so handelt immer in großer Demut und vollkommener Einfalt und schreibt euch selbst nie einen Erfolg zu. Denkt immer daran, daß der wahre Erfolg ganz innerlich ist, unbewußt und sich unmerklich vollzieht. Hört ihr, wie eine innere Stimme zu euch sagt: ›So, das wäre erreicht!‹, dann seid ihr gewiß, da es die Stimme des Feindes ist. Damit beginnen die Illusionen.«

Alle bisher aufgezeigten Seiten des Betens stehen also unter diesem Vorbehalt: Der Mensch bleibt grundsätzlich unterwegs; auch die Erfahrung des habituellen »ständigen Gebets«, auch das »Finden Gottes in allen Dingen« (contemplativus in actione), in Arbeit und Ruhe, brauchen immer neu Zeiten und Ordnungen des ausdrücklichen Stehens vor Gott, wie auch die bleibende Liebe unter Menschen immer neu ausdrücklichen Vollzug braucht.
Die Diskussion um Teilhards technikbezogenen Optimismus

zeigt den inneren Grund: Der Mensch kann in seiner Leiblichkeit niemals den Zustand erreichen, den die Tradition in den
Engeln verwirklicht sah: zugleich ganz bei Gott und ganz im
menschlichen Tun zu sein. Er bleibt grundsätzlich »unterwegs«.
Darin liegt der Auftrag: immer neu und ausdrücklich das Herz
auf Gott auszurichten, damit es auch im Tun des Alltags erfüllt
bleibt von Gott.

c) Der personale Anspruch

Die Überlegungen werden durch ein Weiteres vertieft. Das
Durchzogensein des Tuns von einer kontemplativen Haltung
ähnelt dem Zustand des Geborgenseins in etwas Größerem, wie
es auch Strömungen der »Neuen Religiosität« anstreben: Geborgensein in der Erfahrung des Ganzen, des Seins, des Netzwerks
der Wirklichkeiten, des Stroms des Lebens, der kosmischen
Energie usw. Dies ist eine Erfahrung, die man an einem Früh-
lingsmorgen in der Natur, in der Geborgenheit einer wohlwol-
lenden Gemeinschaft, im Aufgehobensein in der Unendlichkeit
des Weltraums (Immanuel Kants »Sternenhimmel«) machen
kann. Das christliche »Leben in der Gegenwart Gottes«, das mit
»contemplativus in actione« gemeint ist, vertieft solche Erfahrungen zur personalen Beziehung zu Gott, worin »Ich« als
Mensch mir vor Gottes »Du« bewußt werde und bei Gott geborgen weiß. Dieses »Du« lebt nach ostkirchlichen Autoren wie
Theophan dem Reklusen in der Anrufung des Namens »Jesus«:

»Das Jesus-Gebet ist ein Gebet wie jedes andere. Wenn es mächtiger ist
als jedes andere Gebet, dann nur um der Kraft des Namens Jesu, unseres Herrn und Erlösers, willen. Nötig aber ist es, diesen Namen in vollem Glauben und ohne Zögern anzurufen, mit der tiefen Gewißheit,
daß Gott ganz nahe ist, daß er sieht, daß er versteht, daß er mit äußerster Anspannung unser Beten hört und bereit ist, uns zu antworten und
zu gewähren, was wir suchen.«

Das naturhafte Geborgenheitsgefühl der »Neuen Religiosität«
wird mit dem Namen »Jesus« in die ausdrückliche Gottesbezie-
hung hineingehoben. Auch die biblische Mahnung: »Betet ständig« oder die ignatianische Devise: »Im Handeln kontemplativ
sein«, braucht, wie gesagt, das ausdrückliche Gebet, um lebendig zu bleiben und sich nicht in Wohlgefühl aufzulösen. Es handelt sich nicht nur um Erfahrungen, die – wie bei Ochsen-Bil-
dern des Zen-Buddhismus – zur Ruhe und Gelassenheit führen.
Christlich gründet es im verantwortungsbewußten Stehen vor
Gott, dem Schöpfer und Heilbringer. Verantwortung aber bringt

mit sich, was man einen »Blickkontakt« mit Gott nennen kann. Dieser muß vollzogen werden; und dies bedeutet ein bewußtes persönliches Gebet, das etwas anderes ist als ein habituelles ständiges Verbundensein mit Gott.

d) »Im Handeln kontemplativ«

Man darf mit der notwendigen Korrektur nicht das faszinierende Ideal Teilhards verwerfen. Bei ihm kommt dieses Durchdringen von »kontemplativem« Sein-bei-Gott und »aktivem« Arbeiten-in-der-Welt in der Spannung von »nach oben« und »nach vorne« zum Ausdruck. Nach oben besagt: Gott ist immer gegenwärtig, ich kann in seiner Gegenwart ausruhen. Nach vorne besagt: Gottes volle Gegenwart liegt noch vor mir; ich soll die Welt umgestalten, »spiritualisieren« zur Transparenz hin auf ihn. Wo etwas in Liebe geschieht, beginnt diese »Spiritualisierung«. Das Engagement dieses Tuns wird aus der »Kontemplation« des einen Gottes geboren, der zugleich »en haut«, über uns, ist und als Ziel, worauf wir zugehen, »en avant«, vor uns steht. Menschliche Aktivität hat ihre Kraft aus dieser Gegenwart Gottes in uns, die aber erst in der Zukunft voll und ganz erfüllt sein wird, einer Zukunft, die wir Menschen im Zuge der Evolution erbauen sollen und zugleich geschenkt erhalten. Diese Skepsis, die Cognet bei aller Zustimmung gegenüber dem grenzenlosen Optimismus Teilhards zeigt, fragt nach Teilhards Systematik folgendes: Bekommt hier der Mensch nicht die »Hoffnung«, das »en avant«, zu sehr in den Griff, statt sich in die Hand von Gottes personaler Freiheit zu geben? Liegt die – gewiß von Gott geschenkte – Erfüllung des Wirkens in dieser Welt nicht zu linear auf der Achse des menschlichen Könnens? Müssen wir Menschen nicht mit einem Bruch rechnen, mit dem Gott das Diesseits in die Vollendung des Jenseits aufheben wird? – So weiß es die traditionelle Eschatologie (Lehre von der endgültigen Zukunft); so legt es auch die Brüchigkeit allen menschlichen Tuns nahe, entsprechend der Ignatius zugeschriebenen Devise: so arbeiten, als hinge alles vom Menschen, aber zugleich auch so vertrauen, als hinge alles von Gott ab. Man kann auch biblisch formulieren: Zerstört der Optimismus Teilhards, der in der New-Age-Ideologie und ihrer Nachfolge auf die Spitze getrieben wird, nicht ausgerechnet das Element der Hoffnung? Von ihr schreibt doch Paulus: »Was einer sieht, weshalb erhofft er es noch?« (Röm 8,24). Man darf fortfahren: Was einer evolutiv erreichen kann und anstrebt, weshalb erhofft er es noch? Teilhards Vision, daß es dem Menschen gelingen werde, die Welt in eine bessere, eine gute umzugestalten, kann nur ein Torso sein. Doch es ist präzise der Torso der Hoffnung, der von Gott das Letzte erwartet und nicht vom eigenen Tun. Ist diese Hoffnung nicht auch wirklichkeits-näher als der leichtfüßige Optimismus?

Und gerade diese Skepsis ist ein Argument für die Zeiten bewußter »Kontemplation«, der Besinnung auf Gott, aus der die Hoffnung ihre Kraft zieht, in dieser brüchig bleibenden Welt optimistisch zu bleiben.

In dieser christlichen Gesamtschau aber ist Teilhards mystische Auffassung von der Arbeit, die in sich Gebet ist, substantiell für das christliche Leben.

C) Gott in allen Dingen finden – Der Seinsgrund

Die »Neue Religiosität« schwimmt im Strom einer solchen innerweltlichen »Eschatologie«: die Gegenwart werde durch das »gelassene Engagement« der Menschen, durch ihr zu »Kontemplation gewordenes Handeln« zur göttlichen Vollendung geführt. Hier tut die Skepsis not, die auch Teilhard de Chardin gilt. Doch dessen Vision von Gottes Gegenwart im Wirken des Menschen wird davon nicht berührt. Sie beruht auf der christlichen Tradition von Gottes Immanenz in der Welt. Die Verbannung Gottes in reine Jenseitigkeit, in ferne Transzendenz ist hingegen eine rationalistische Verkürzung des Evangeliums.

1. ZUR GESCHICHTE[60]

An dem Satz vom Gott-Suchen und Gott-Finden in allen Dingen, der diese Ausführungen von Anfang an begleitet, wird die Breite der Möglichkeiten sichtbar, in der die Tradition Gottes Gegenwart und Weltimmanenz darzustellen und zu leben versuchte.

a) Ontologisch verstanden

Von unterschiedlichen Blickpunkten aus zeigt Charles A. Bernard[61] in »Der Gott der Mystiker«, daß tatsächlich für die großen Traditionen Gottes Gegenwart in seiner Schöpfung selbstverständlich war.

– Zum einen im Sinn einer Wesensmystik: Unser und der Schöpfung wesenhaftes Sein hat von Ewigkeit her seine volle Wahrheit in Gottes ewigem Wissen und Wollen. Aufgabe des Menschen ist es, schon in seiner und mit seiner Welt diese Wahrheit der Einheit mit Gott zu realisieren.

»Ruusbroec und mit ihm so viele andere Mystiker bestätigen es: Der Kontemplative wird auf seinem Weg nur von dem Wissen geleitet (1 Joh 3,2), ›daß wir jetzt schon Kinder Gottes sind; doch was wir sein werden, ist noch nicht sichtbar.‹ Die spirituelle Gestalt, die nach ihm von Gott gewollt ist, ist im Herzen Gottes schon gegenwärtig. Es gilt nur, sie in die Weltwirklichkeit zu überführen.«

– Zum anderen im Sinne einer Mystik der Gegenwart des göttlichen Wortes, die Bernard nach Johannes vom Kreuz beschreibt und ähnlich lautet:

»Die Herrschaft des Logos als Bräutigam umfaßt das Universum, das er doch erschaffen hat und im Sein erhält; so wird das Universum irgendwie zur Eigenschaft des Bräutigams, der sich dessen in mystischer Weise erfreut. Es ist nicht nur ein Anruf an das Universum, die Fülle der Einigung mit dem göttlichen Wort zu realisieren. Denn in spiritueller Weise realisiert die Seele jetzt schon die Wahrheit des Schriftwortes: ›Was auch geworden ist, in ihm war es Leben‹ – wie Johannes vom Kreuz (Joh 1,3–4) interpunktiert. Eine solche Erfahrung findet sich in seinem ›Gebet der liebeserfüllten Seele‹: ›Mein sind die Himmel und mein ist die Erde. Mein sind die Völker. Mein sind die Gerechten und mein sind die Sünder. Mein sind die Engel und die Gottesmutter und alle Dinge sind mein. Selbst Gott ist mein und für mich; denn Christus ist mein und so ist alles mein.‹«

In poetischer Sprache wird aus der Kraft der Gotteserfahrung im eigenen Inneren auch das Finden Gottes in allen Dingen besungen.

Wohl niemand hat Gottes Gegenwart in aller Wirklichkeit tiefer bedacht als Meister Eckhart; so tief, daß die Kirche ihn nicht mehr verstehen konnte. Seine frühen »Reden der Unterweisung« (Largier II, 344 ff; vgl. den Index) sind geprägt von dieser Gegenwart Gottes in allen Dingen:

»Mit wem es recht steht, der hat Gott in Wahrheit bei sich; wer aber Gott recht in Wahrheit hat, der hat ihn an allen Stätten und auf der

Straße und bei allen Leuten ebensogut wie in der Kirche oder in der Einöde oder in der Zelle. Warum? Weil er einzig Gott hat und es nur auf Gott absieht, und alle Dinge ihm lauter Gott werden. Ein solcher Mensch trägt Gott in allen seinen Werken und an allen Stätten, und alle Werke dieses Menschen wirkt allein Gott; denn wer das Werk verursacht, dem gehört das Werk eigentlicher und wahrhaftiger zu als dem, der das Werk verrichtet. Haben wir also lauter und allein Gott im Auge wahrlich, so muß er unsere Werke wirken.«

Was Eckhart in neuplatonischer Systematik (aber erstaunlich personal) niedergeschrieben hat, muß zwar in heutiger Mentalität neu formuliert werden. Aber es bringt ein so breites Zeugnis christlicher Spiritualität ins Wort, daß eine heutige Spiritualität an dem ontologischen, seinshaften »Finden Gottes in allen Dingen« nicht vorübergehen darf.

b) Allegorisch gedeutet

In der Tradition der ignatianischen Spiritualität wird das »Gott in allen Dingen finden« normalerweise nicht als Seinswahrheit (Gott in den Dingen), sondern als das Handeln aus dem Willen Gottes heraus gedeutet: Die Exerzitien dienen dem Finden des Willens Gottes; wer seinen Willen erfüllt, der findet Gott in allem Tun. So schreibt Ignatius' Lieblingsschüler Nadal von seinem Ordensvater, daß dieser

»in allen Dingen, Handlungen und Gesprächen Gottes Gegenwart wahrnahm mit einem feinen Sinn für das Geistliche, ja diese Gegenwart schaute und so ›contemplativus in actione‹ war; er pflegte dies in das Wort zu kleiden: ›Wir sollen in allen Dingen Gott finden.‹«

Diese Formulierung entspricht dem »Fundament« der »Exerzitien« (Nr. 23):

»Der Mensch ist geschaffen, um Gott, unseren Herrn, zu loben, ihm Ehrfurcht zu erweisen und zu dienen. Die übrigen Dinge auf dem Angesicht der Erde sind für den Menschen geschaffen und damit sie ihm bei der Verfolgung des Ziels helfen, zu dem er geschaffen ist. Daraus folgt, daß der Mensch sie soweit gebrauchen soll, als sie ihm für sein Ziel helfen.«

Dieses nüchterne »den Willen Gottes erkennen« und »ihm gehorchen« ist offensichtlich der Sinn der Exerzitien. Ob und wieweit Ignatius sich noch der alten Theologie der ontologischen Gegenwart Gottes in den Dingen bewußt war, wäre eine spannende Forschungsaufgabe. Auf jeden Fall klingt in der Schlußbetrachtung »Zur Erlangung der Liebe« ein ontologisches

Verständnis von der Gegenwart Gottes in den Dingen nach (Nr. 235f):

»Schauen, wie Gott in den Geschöpfen wohnt: – in den Elementen, indem er Sein gibt; – in den Pflanzen, indem er belebt, – in den Tieren, indem er wahrnehmen macht; – in den Menschen, indem er Verstehen gibt; und so in mir – indem er mir Sein gibt; indem er beseelt; indem er wahrnehmen macht; und indem er mich verstehen macht; ebenso indem er einen Tempel aus mir macht, da ich nach dem Gleichnis und Bild seiner göttlichen Majestät geschaffen bin ... Erwägen, wie Gott sich in allen geschaffenen Dingen auf dem Angesicht der Erde für mich müht und arbeitet.«

Doch es liegt wohl kaum ein ontologisches Verständnis im Sinne Meister Eckharts vor. Es handelt sich eher um Bilder. Sicher aber haben es spätere Generationen nur bildhaft, allegorisch verstanden und das »Finden Gottes in allen Dingen« mit Erkennen des göttlichen Wollens und danach Handeln gleichgesetzt und in der Bildhaftigkeit die unendliche Liebe Gottes mit dem Anruf gefunden, sich für das Reich Gottes einzusetzen.

c) Asketisch angewandt

Im Verständnis des Gebets der »Vollkommenen Meinung« wird der Seinsgrund des Wortes noch dünner. In unserem Zusammenhang geht es nicht um den Nutzen dieses Betens, sondern um den Mentalitätshintergrund, der in seiner asketischen Deutung sichtbar wird.
Im weitverbreiteten »Lehrbuch der Aszetik« O. Zimmermanns ([2]1932, § 39) heißt es:

»Gute Meinung oder Absicht ist der Wille, durch unser gutes oder in sich indifferentes Tun etwas Gutes zu erreichen. Die vollkommene Meinung (zu Ehren Gottes, im Dienste Gottes) hebt das sehr viele Indifferente unseres Lebens in die Sphäre des Guten, unser Gutes in die Sphäre des Besseren empor. Es ist schön, für Woche, Monat, Jahr zu Beginn gute Meinung zu erwecken. Dies gehört auch zu jeder Morgenandacht frommer Christen. Da aber solche Akte kaum Einfluß auf den ganzen vorgesehenen Zeitraum haben, so muß die Meinung so oft erneuert werden, daß wir wirklich unter ihrem Einfluß handeln.«

Im Vergleich zur Tradition des Jesus-Gebets, im Vergleich zur Theosis-(Gottwerdung) Theologie der ersten christlichen Jahrhunderte, im Vergleich zur »Deutschen Mystik«, die noch bei Angelus Silesius (den Bernard mit Vorzug zitiert) lebt, im Vergleich mit der »Spanischen Mystik« oder Fénelon, sicher auch im Vergleich mit der ostasiatischen Spiritualität bleibt hier nur die Oberfläche der traditionellen Lehre übrig: eine asketische Übung, sich an Gott zu erinnern, die so lange anhält, wie die Erinnerung lebt, und die dann erneuert werden muß.

Doch nur wenn der seinshafte Grund des Wortes von »Gott in allen Dingen« neu bewußt wird, findet die Mahnung zur »Guten Meinung« den rechten Platz im Suchen unserer Zeit.

2. GOTT IN/ÜBER ALLEN DINGEN

»In/über« ist eine der genialen Formeln, mit denen E. Przywara das Verhältnis von Gott zur Welt zu umschreiben suchte. Mit seiner »Analogia entis« (I, 1932) hat er eine Tür zu unserem heutigen Suchen geöffnet. Die Formel des »in/über« will die Denklogik sprengen, um so einen Hinweis zu geben für den rechten Umgang mit der Wahrheit von Gott.

a) Im Bewußtsein des »je-größeren« Gottes

Przywara hat dementsprechend auch seinem Exerzitienkommentar »Deus semper maior« (I–III, 1938/40): »Gott ist je größer« genannt. Dies umreißt den Horizont jedes Versuches, das Verhältnis Gott–Mensch–Welt auf einen Nenner zu bringen. Es gibt dafür keine logisch hantierbare Formel, es gibt nur Versuche, die alle vom bleibenden Geheimnis Gottes getragen sein müssen. Der islamische Mystiker Maulana Dschelaladdin Rumi (1207–1273) beschreibt poetisch, daß das Wesen des Menschen in stets neuen Versuchen liegt (»Von Allem und von Einen, Fii ma fihi«, 1995. 96):

»Deshalb ist der Mensch, der es ohne Gott aushalten kann und keinerlei Anstrengung macht, überhaupt kein richtiger Mensch; aber falls er Gott begreifen könnte, wäre das nicht Gott. Deswegen ist der wahre Mensch einer, der niemals von Bemühungen frei ist, der ruhelos und unaufhörlich um das Licht der Majestät und Schönheit Gottes kreist. Und Gott ist es, der den Menschen verbrennt und ihn zunichte werden läßt, und kein Verstand kann ihn erfassen.«

Das Bild vom Verbrennen im Lichte Gottes ist vom Schmetterling her genommen, der aus Sehnsucht nach dem Licht sich in die Flamme der Kerze stürzt; es hat Teresa von Avila ebenso wie Johann Wolfgang von Goethe beeindruckt. Es illustriert die Total-Hingabe des Mystikers ebenso wie das bleibende Geheimnis Gottes.

420

So müssen alle Versuche, das Verhältnis von Mensch/Welt und Gott auf einen Begriff zu bringen, an der Übergröße des göttlichen Geheimnisses scheitern und anbetend vor ihm verharren. So preist Dionysios im Schlußgesang seines Gesamtwerks anbetend das Geheimnis Gottes mit »über«-Aussagen:

»Dreifaltigkeit, überwesenhaft und übergöttlich und übergut,
  Bewahrerin der Gottesweisheit der Christen,
Führe uns auf den überunerkennbaren und überhellen und höchsten
  Gipfel der mystischen Worte ...
So sei mein Gebet!

b) Der Ansatz beim Wesen des Seins

In solchen Versuchen, Gott zu verstehen und dies auszusprechen, kommen – wenn auch in recht unterschiedlicher Weise – Dionysios Areopagita und Eckhart, Teilhard de Chardin und Henri Le Saux, kommen abendländische Metaphysik und Konzepte der indischen Religiosität überein. Man faßt Gott als das Sein selbst auf; dann lebt alles, was Sein hat, aus ihm, ist im Grunde seiner Existenz eins mit dem einzigen Sein, außerhalb dessen nichts, Nichts ist. Eckhart (Largier I, 52) spricht dies so angestrengt aus, daß es den traditionellen Glauben schmerzt:

»Alle Kreaturen sind ein reines Nichts. Ich sage nicht, daß sie geringwertig oder überhaupt etwas seien; sie sind ein reines Nichts. Was kein Sein hat, das ist nichts. Alle Kreaturen nun haben kein Sein, denn ihr Sein hängt (»swebet«) an der Gegenwart Gottes. Wer die ganze Welt zu Gott hinzunähme, der hätte nicht mehr, als wenn er Gott allein hätte.«

Das ist die spekulative (und in mancher Mystik auch erfahrene) Grundlage von obigem Zitat aus den »Reden der Unterweisung« (Largier II, 346), das dann auch tatsächlich weitergeht:

»Der Mensch soll Gott in allen Dingen ergreifen und soll sein Gemüt daran gewöhnen, Gott allzeit gegenwärtig zu haben im Gemüt und im Streben und in der Liebe.«

Im geschichtlichen Zusammenhang war es der Neuplatonismus Plotins, der der alten Theologie das philosophische Rüstzeug gab, beim Sprechen von Gott solche Versuche zu wagen.
Christliche Spiritualität muß den Mut haben, diese alte Theologie von der »Gott-Werdung« des Menschen, die sich auf ein reiches biblisches Zeugnis stützt, ernst zu nehmen; sie muß die Aussagen der Apostelgeschichte von Gott, »in dem wir leben, weben und sind«, und die des Paulus von Gottes Geist, der das

Innerste unseres betenden Inneren ist, neu ergreifen und in unserem modernen Weltbild neu zu begreifen suchen. Sie darf weder – wie S. Vollenweider[62] in seinen »Überlegungen zu einem ontologischen Problem in der paulinischen Anthropologie. Der Geist Gottes als Selbst des Glaubenden« darstellt – solche Aussagen mit der »religionsgeschichtlichen Schule« der evangelischen Theologie als »pantheistische Relikte« denunzieren, noch sie als Allegorie oder mit Rudolf Bultmann als mythisch geformtes Sprechen über existentielle Betroffenheit abschwächen.

Karl Rahners »transzendentale Theologie«, die sich ins menschliche Bewußtsein hinein vortastet, bleibt der wichtigste Versuch, diesen Aussagen gerecht zu werden: In jeder personalen Erfahrung und Erkenntnis werde der Seinsgrund Gottes berührt, aus dem und auf dem die Wirklichkeit der Schöpfung Dasein und Leben hat. Auf dieser Grundlage kann die christliche Spiritualität im Gespräch mit den Anliegen des modernen Menschen die rechten Worte finden. Sie kann im Dialog mit den fernöstlichen Religionen und auch mit der »Modernen Religiosität«, die sich leicht im Pantheismus verirrt, die volle Schönheit des Christentums leuchten lassen.

c) Der Ansatz beim Wesen der Liebe

Auch dieser Verstehensansatz vom »Sein« her wird, was schon im letzten Eckhart-Zitat aufklang, verbessert und gekrönt durch den Verstehensansatz bei der Liebe. Dies war eines der wichtigsten Anliegen der vorangegangenen Seiten und wurde an großen Zeugen immer neu deutlich gemacht: Dichter und Dichterinnen, die Philosophie des »Anderen« eines Levinas oder die Lebenssynthese von Octavio Paz bahnten Wege zum Verständnis der ekstatischen Liebe: Auch für sie wird neben dem Geliebten alles zu nichts, Nichts. Diese Deutung von der Liebe her ist ein Urton menschlichen Suchens. Der Kirchenvater Maximos der Bekenner besingt es in »Sprüchen über die Liebe« (II, 30):

»Wer, in der Liebe vollendet, zur Höhe der inneren Freiheit gelangt, will keinen Unterschied mehr kennen zwischen dem Eigenen und dem Fremden, zwischen Gläubigen und Ungläubigen, Sklaven und Freien, Mann und Frau. Über die Tyrannei der Leidenschaften erhaben, erblickt er nur noch die eine Natur aller Menschen, alle betrachtet er in der gleichen Gesinnung, allen erschließt er sich in derselben Weise. Für ihn gilt nicht mehr ›Jude und Heide, männlich und weiblich, Sklave‹ und Freier, alles in allem Christus‹« (nach Gal 3,28).

Die »Du«-Begegnung mit Gott, die Liebeseinheit mit ihm, führt auch Johannes vom Kreuz zu Jubelgesängen von »Gott in allen Dingen«, die zeigen, daß in der Liebe zu Gott die Einheit mit Gott am engsten, am meisten »eins« ist.

Man kann nach zwei Seiten hin die Intention solcher Worte mystischer Einheitserfahrung verfehlen[63]:

– Zum einen, wenn deren poetische Gestalt in platter Begrifflichkeit buchstäblich in direkte Aussagen übertragen wird. Das ergäbe ein pantheistisches Mißverständnis, das man selbst in der Johannes-vom-Kreuz-Exegese findet. Religionsphänomenologisch ist zu fragen, ob nicht viele pantheistische Deutungen der Mystik diesem Mißverständnis erliegen.

– Zum anderen verharmlost die Theologie weithin entsprechende mystische Zeugnisse; als sei es nur poetisches Beiwerk zu den wichtigen, zentralen Glaubensaussagen. Johannes vom Kreuz hingegen betont, daß in seiner Poesie, nicht aber in den theologischen Erörterungen die Wahrheit seiner Erfahrung geborgen ist (Einleitung zum »Cántico espiritual«):

»Wer wird je imstande sein zu beschreiben, was dieser Geist den liebenden Seelen, in denen er Wohnung genommen hat, zu verstehen gibt? Aus diesem Grunde nehmen sie zu Bildern, Gleichnissen und Vergleichen ihre Zuflucht, um das, was sie empfinden, in etwa begreiflich zu machen.«

Er wertet sogar seine eigene Theologie ab und betont die Poesie:

»Da es sich um reine Liebesergüsse handelt, so ist es besser, man lasse ihnen den Reichtum des Sinnes, ... als daß man sie in einem bestimmten Sinn erklärt.«

Poesie aber ist die Sprache der Liebe und – nach dem Zeugnis der Mystik – auch und vor allem der Gottesliebe. Wenn aber die Liebe von »Einung« spricht, meint sie Begegnung, doch keine Verschmelzung. Erst das Denken ist versucht, das Phänomen der Liebe auzulösen in gestaltlose Einheit.

d) Die Liebe als Unterwegs-Sein

Traditionell ist das »Finden« Gottes in allen Dingen verknüpft mit dem »Suchen« Gottes in allen Dingen. Augustinus betont dies: Jedes »Finden« gipfelt in tieferer Sehnsucht und innigerem »Suchen«. So predigt er (in: Johannesevangelium tractatus 63,1):

»Wir suchen Gott als einen, der noch gefunden werden muß. Wir suchen ihn weiter als schon Gefundenen. Damit er als noch zu Findender gesucht wird, ist er verborgen. Damit er als schon Gefundener weiter gesucht wird, ist er unermeßlich ... Er sättigt den Suchenden nach dessen Fassungsvermögen, und den Findenden macht er aufnahmefähiger, damit er von neuem nach Sättigung verlangt; sobald er aufnahmefähiger geworden ist ... bis wir zu jenem Leben gelangen, wo wir so erfüllt sein werden, daß wir nicht noch empfänglicher werden können.«

Gregor von Nyssa sieht die bleibende Dialektik von Suchen/ Finden noch radikaler und beschreibt sogar die Seligkeit des Himmels als die Freude des immer-neu Suchens und Findens von Gottes unermeßlicher Herrlichkeit.

Für Teilhard ist diese Dialektik von Suchen und Finden der ontologische Grund der Evolution. Ihm steht das endgültige Ziel vor Augen, der Punkt Omega, der ganze Jesus Christus (»Totus« und »Totum«), in dessen Liebe Welt und Menschen geeint werden und zugleich ihre Selbstständigkeit finden. Da dieser Endpunkt der Entwicklung schon Realität ist in Jesus Christus, dem Auferstandenen, geht von ihm die Anziehungskraft der Einung aus: »Wenn ich von der Erde erhöht bin, werde ich alle an mich ziehen« (Joh 12,32). Und dies ist – in finaler Ursächlichkeit – der Motor der Evolution, in der die Kraft der Liebe Jesu Christi immer mehr welthafte Wirklichkeit wird. In »Mensch im Kosmos« (1959, 259.258) schreibt Teilhard:

»Verwirklicht die Liebe nicht rings um uns, in jedem Augenblick, im Liebespaar, in der Gemeinschaft die magische Handlung, die angeblich widerspruchsvolle Tat der ›Persönlichkeitsbildung‹ durch Totalisierung? Warum sollte sie nicht eines Tages in Erddimensionen wiederholen, was sie täglich in verkleinertem Maßstab ausführt?«

Schon im Uranfang ist dieses kosmische »Gesetz« des »Zugleich« von Streben nach Einheit und von Selbstwerden wirksam:

»Wenn nicht schon im Molekül – gewiß auf unglaublich rudimentärer Stufe, aber doch schon angedeutet – eine Neigung zur Vereinigung bestände, so wäre das Erscheinen der Liebe auch auf höherer Stufe in ihrer menschlichen Form physisch unmöglich. Im Prinzip müssen wir vermuten, daß sie zumindest in einem Anfangszustand in allem Seienden vorhanden ist, um dann ihre Gegenwart bei uns mit Sicherheit festzustellen.«

Liebe ist für ihn kein statischer Zustand, sondern die Dynamik der Evolution, die ihre Kraft aus der alles an sich ziehenden Liebe Jesu nimmt. Liebe ist das Herz des »Unterwegs-Bleibens«, der Evolution. So schildert Teilhard in »Zukunft des Menschen« (dt. 1963, 130) ihr Wesen.

»Ohne aufzuhören, sie selbst zu sein, breitet sich die Liebe als eine auf-
wärtsragende Kraft, als eine gemeinsame Wesenheit im Herzne aller
Formen menschlichen Tuns aus, dessen Verschiedenheit folglich dahin
strebt, sich in der reichen Totalität eines einzigen Vollzugs synthetisch
zu vereinigen. Wie Christus selbst und nach seinem Bild universali-
siert, dynamisiert und humanisiert sie sich.«

Vielleicht sind wir in unserer Vorstellungskraft und unserem
Glauben heute zu schwach, um diese Vision nachzuvollziehen;
vielleicht hat Teilhard seine Vision zu optimistisch und wissen-
schaftsgläubig dargestellt. Aber man kann am Phänomen der
Liebe ablesen, was sich auch in der kosmischen Dimension wiederfindet: Wahre Liebe eint und personalisiert zugleich; so muß
sie »unterwegs« bleiben, muß den anderen in seiner Freiheit tiefer und immer neu verstehen, um Liebe zu sein. Bliebe sie stehen, würde sie erkalten.
In kosmische Dimensionen übertragen, spiegelt sich in der Liebeserfahrung auch die Liebeseinheit von Gott und seiner Schöpfung: Je enger die Einheit von Gott und Welt, von Gott und
Mensch wird, desto eindeutiger wird der Selbststand der Partner: Gott und Welt, Gott und Mensch; und desto wichtiger wird
das Weitergehen in diesem Einungsprozeß. Es erfordert einen
anderen Verstehensansatz als den der eindimensionalen Logik,
um hierin die Wahrheit zu erkennen. Aber ist diese Wahrheit
der »Liebe« nicht tiefer und umfassender?
Die Heilige Schrift weiß auf jeden Fall vom absoluten Vorrang
der Liebe, wie Paulus im Hohenlied der Liebe betont. Auch nach
ihm wird die Welt »spiritualisiert« und wächst zusammen zur
Einheit – aber nicht durch Aufgeben der Eigengestalt, sondern
durch Einbezogenwerden in die Liebe Gottes, die das Geschöpf-
sein bestärkt. Nur so sind die gewaltigen Einheitsaussagen des
Paulus zu verstehen (1 Kor 2, 31.33; 15, 28): »Denn alles gehört
euch: Welt, Leben, Tod, Gegenwart und Zukunft: alles gehört
euch, ihr aber gehört Christus und Christus gehört Gott. –
Damit Gott herrsche über alles und in allem.«

e) »Schauen im Spiegel, in rästelhaften Umrissen«
(1 Kor 13,12)

Teilhards Vision hat viele Christen erschreckt und tut es bis
heute. Aber zu oft wurde übersehen, daß sie aus dem Geheimnis Gottes heraus lebt; dort aber wird das Denken des Menschen
und eben auch die Aussagekraft der Sprache überstiegen. Auch
Teilhards Vision ist bildhaft, poetisch geprägt. Nicht zuletzt

dies meint er, wenn er von »Mystik« spricht. Diese »mystische Schau« ist Voraussetzung seiner empirisch-wissenschaftlichen Arbeit, mit der er sie zu verifizieren sucht; dabei weiß er auch, daß sich die Mystik niemals auflöst in rationale und empirische Beweise. Bei der Ausgestaltung seiner Vision kommt ihm seine poetische Sprachkraft zur Hilfe, die in den Übersetzungen oft verlorengeht.

Es ist die gleiche ästhetische Kraft, die nach Christoph Jamme heute erfordert ist, um ein Gesamtweltbild zu haben, zu beschreiben und zu verstehen: »Eine definitive Weltdeutung ist nicht (mehr) möglich; möglich sind aber symbolische Weltdeutungen.« Diese philosophische (!) Einsicht gilt auch dem christlichen Glauben: Seine großen Inhalte sind in ihrer Aussage- und Deute-Kraft »symbolisch«, bildhaft geprägt. Das mindert nicht ihre »Wahrheit«, erfordert aber ein anderes Verständnis als die der rein-begrifflich-logischen Analyse. Jamme zitiert die Cassirer-Schülerin Susanne Langer, wonach die symbolisch strukturierte Lebenswelt »vorbegrifflich, aber nicht vorrational« ist.

Ein entsprechendes symbolisch-ästhetisches Denken hat das erste Jahrtausend des Christentums bestimmt. Der christliche Auftrag von »Gott in allen Dingen finden« ist in seiner Radikalität auch heute nur mit Ohren zu vernehmen und Augen zu sehen, die offen sind für die symbolisch-ästhetisch geformte Struktur der Wahrheit. Mechthild von Magdeburg spricht in »Das fließenden Licht der Gottheit« (II, 19) von Gott in solchen Bildern, die zugleich voll sind von Musik. Sie hört die Gabe der »Erkenntnis« singen von der Herrlichkeit des Menschen:

»Du bist dreifaltig in dir, du kannst wohl Gottes Bild sein ... Gott hat Euch erwählt über alle Dinge. Ihr seid meine Herrin und meine Königin.«

Der Mensch aber weiß: Seine Herrlichkeit ruht im Geheimnis der Liebe:

»Ich bin edel geboren und frei, ich darf nicht ohne Ruhm sein, da ich Gott liebe ganz allein. Und meine Seele gewinnt den, der mich ehrt, herzt und minnt: Die heiligste Dreifaltigkeit, und alles, was Himmel und Erde zeigt, muß mir untertan sein in Ewigkeit.«

So wird sie in das »Licht der offenen Liebe« hineingeführt:

»In diesem Licht schaut sie rings umher, wie er sei, der sich ihr zeigte, und was das sei, was man zu ihr spreche. Da schaut sie wahrhaftig und erkennt, wie Gott alles ist in allen Dingen. (So siht sie werlich und bekennet, wie got ist allú ding in allen dingen.)«

426

Es ist die gleiche »Wahrheit«, die Teilhard und Meister Eckhart in je verschiedener Sichtweise zu formulieren versuchen; die gleiche Wahrheit, die einen Ignatius zum Dienst am Gottesreich aufforderte; die gleiche Wahrheit, die noch die asketische Mahnung zur guten Meinung stützt; eine Wahrheit, die man nicht mehr anders als in bildhafter Rede aussagen kann. Nur so wird verständlich, was einen Paulus bewegt und was das Johannesevangelium (1,3.14) durchzieht:

»Alles ist durch das Wort geworden, und ohne das Wort wurde nichts, was geworden ist.
Und das Wort ist Fleisch geworden und hat unter uns gewohnt, und wir haben seine Herrlichkeit gesehen, die Herrlichkeit des Einzigen Sohnes vom Vater.«

Es gibt viele Weisen, diese christliche Wahrheit »von Gott in allen Dingen« zu begreifen und in die Tat zu überführen. Das eine Licht Gottes bricht sich im Prisma menschlichen Verständnisses in vielfältiger Weise. Der Reichtum christlicher Spiritualität legt dafür Zeugnis ab. Sicherlich muß dieses Zeugnis bedacht und auch »rational« überprüft und am Zeugnis Jesu gemessen werden. Doch dies ist nur möglich und nur legitim, wenn es in dem Staunen lebt, wie reich und wie vielfältig sich Gottes Geheimnis in seiner Schöpfung und seinen Menschen offenbart. In dieses Staunen über »Gott in allen Dingen« zu führen, ist vordringliche Aufgabe der christlichen Spiritualität. Damit führt sie wie von selbst auch in den Auftrag hinein, »Gott in allen Dingen« Raum zu schaffen – in den menschlichen Gemeinschaften wie im Garten der Schöpfung Gottes.
Teilhard nennt dies »Spiritualisierung« der Arbeit. Ignatius spricht von »Gott loben, ihm Ehrfurcht erweisen und dienen«. Thérèse von Lisieux läßt alles in der Liebe zusammenfließen. Christen glauben, daß dies alles in Jesus Christus seine Mitte hat – so wie Paulus auf dem Areopag in Athen zuerst von Gott spricht (Apg 17,24–32, zusammengezogen):

»Gott, der die Welt erschaffen hat und alles in ihr, der Herr über Himmel und Erde. Er hat für sie (die Menschen) bestimmte Zeiten und die Grenzen ihrer Wohnsitze festgesetzt. Denn in ihm leben wir, bewegen wir uns und sind wir, wie auch einige von euren Dichtern gesagt haben: Wir sind von einer Art.«

Doch die Areopagrede läßt auch diese grandiose Schau von »Gott in allen Dingen« gipfeln in der Vision von dem Jesus, den Teilhard »Punkt Omega« nennt und der einmal in seiner ganzen Herrlichkeit sich zeigen wird:

427

»Gott, der über die Zeiten der Unwissenheit hinweggesehen hat, läßt jetzt den Menschen verkünden, daß überall alle umkehren sollen. Denn er hat einen Tag festgesetzt, an dem er den Erdkreis in Gerechtigkeit richten wird durch einen Mann, den er dazu bestimmt und vor allen Menschen dadurch ausgewiesen hat, daß er ihn von den Toten auferweckte.«

Auf diesen Jesus Christus zu setzen und von ihm her, seiner Botschaft und der Kraft seines Geistes, zu leben, das ist christliche Spiritualität.

Eine Schlußüberlegung

Es ist kaum nötig, festzustellen, daß trotz der Vielfalt der angesprochenen Aspekte noch viel Wichtiges zu sagen wäre. Hinweisen möchte ich besonders auf die soziologischen (ekklesiologischen) Bezüge und die psychologische (mystische) Vertiefung. Doch dazu fehlt mir die Kompetenz. Aber die christliche Spiritualität lebt davon, daß sie unvollendet bleibt, daß sie – in der Sprache der Linguistik – ein »offener Text« ist.

Ein Aspekt aber wartet gerade vom Grundansatz dieser Arbeit her auf eine gründlichere Ausführung. Der evangelische Theologe Gerd Theißen[64] macht darauf aufmerksam: »Ort und Zeit der Predigtvorbereitung sind im Leben protestantischer Theologen das Zentrum ihrer ›Spiritualität‹.«

Es geht um eine Spiritualität des Wortes, die nicht nur der evangelische Pfarrer braucht; aber eines Wortes, das nicht im Begriff endet, sondern stets – wie Kant geschrieben hat – im Gegenüber zur »Anschauung«, zum Bild oder Symbol oder Mythos oder Märchen bleiben muß.

Der deutliche Akzent, den unsere Ausführungen auf Gottes Geist, sein Wirken, sein Neuaufbrechen in der Innerlichkeit und im öffentlichen Leben, gelegt haben, verlangt als polares Gegengewicht das Herausstellen der Logos-, Wort-haftigkeit der biblischen Botschaft. Erst beide Pole machen die ganze christliche Spiritualität aus.

Von hierher wird der meditative und seelsorgliche Umgang mit dem biblischen und dem modernen Wort neue Impulse empfangen. Der »offene Text« der Heiligen Schrift und der christlichen Überlieferung wird dadurch von neuem fruchtbar gemacht in die heutige Mentalität hinein. Ein neues Bewußtwerden von der Würde des göttlichen Wortes gerade innerhalb der so notwendigen Kultur der Stille und der Geisterfahrung ist der Aspekt, der vor allen anderen die vorliegende Arbeit ergänzen muß.

Anmerkungen

1 Dazu ausführlich in den mehrfach aufgelegten Büchern »Neue Religiosität. Herausforderung für die Christen«, Mainz 1987; »Die vergessene Mystik und die Herausforderung des Christentums durch New Age«, Würzburg 1988. Weitergeführt in: »Meditative Erfahrung – Quellgrund der Religionen?« Mainz 1994, und in vielen Aufsätzen.

2 Die erste Auseinandersetzung in dem oft aufgelegten Buch »Eugen Drewermann ... und die Menschlichkeit des Christentums«, Würzburg 1992; weitergeführt insbesondere durch Aufsätze in »Geist und Leben«.

3 Intensiver in: »Mystik im Dialog: Christliche Tradition, Ostasiatische Tradition, Vergessene Traditionen«, Würzburg 1992; dazu in: »Meditative Erfahrung« (Anm. 1).

4 Über die Wortgeschichte informiert A. Solignac im »Dictionnaire de Spiritualité, Ascetique et Mystique. Doctrine et Histoire«, Bd. XIV, Paris 1990; »Le Mot et l'Histoire«; danach der wichtige, philosophisch und praktisch ausgerichtete Artikel von M. Dupuy, »La Notion de Spiritualité«. Ch. A. Bernard, »Traité de théologie spirituelle«, Paris 1986 (aus dem Italienischen) stellt das Anliegen in den theologischen Zusammenhang hinein (bes. Kap. 1 »La vie spirituelle«, 19–49). Gegen Tertullian als Erstübersetzer von »pneumatikos« durch »spiritualis« argumentiert D. van Damme in: »Pseudo-Cyprian, Adversus Judaeos. Gegen die Judenchristen. Die älteste lateinische Predigt«, Fribourg 1969.

5 Nach A. Hummel, »Religiöser Pluralismus oder christliches Abendland. Herausforderung an Kirche und Gesellschaft«, Darmstadt 1994, 32; die folgende Bemerkung steht dort S. 34.

6 Belege in: »Mystik im Dialog« (Anm. 3), 106.

7 Zu neueren Arbeiten, die leicht zu greifen sind, vgl. auch Anm. 4. Noch auf dem Boden einer unveränderlichen (neuscholastisch aufgefaßten) Wahrheit steht das klassische »Lehrbuch der Aszetik« von O. Zimmermann, Freiburg ²1932, steht auch noch A. Benigar, »Theologia Spiritualis«, Rom ²1964 und fällt damit weit hinter J. De Guibert, »Theologia spiritualis, ascetica et mystica«, Rom ²1939 zurück. Die verschiedenen Arbeiten von C. V. Truhlar (z. B. »Antinomiae vitae spiritualis«, Rom 1958, versuchten inneres Neuland zu erschließen. Das jetzt vollendete 16 (17)-bändige »Dictionnaire de Spiritualité« ist, was die Geschichte anbetrifft, nicht aber in Bezug auf die heutige und morgige Konzeption, für lange Zeit maßgebend. Das »Wörterbuch der Mystik«, Stuttgart 1989, hat knappe, meist biographische Artikel in Zettelkastenmanier, während das »Praktische Lexikon der Spiritualität«, Freiburg 1992, den Anforderungen wenig entspricht.
Englisch-sprachige Entwürfe zeichnen sich durch Praxisnähe aus. Im eher traditionellen Raum des Christentums bleiben das kürzere »A Dictionary of Christian Spirituality«, hg. von G. S. Wakefield, London 1983, und ausführlich »The New Dictionary of Catholic Spirituality«, hg. von M. Downey, Collegeville USA, 1993. Geschichtlich orientiert ist »The Study of Spirituality«, hg. von Ch. Jones u. a., Cambridge 1986. Unser Entwurf hat den grundsätzlichen Mangel, daß er die aus den USA kommenden psychologischen (zur transpersonalen Psychologie tendierenden), religionskundlichen und feministischen Veröffentlichungen kaum berücksichtigen konnte.
L. Bouyers »Einführung in die christliche Spiritualität«, Innsbruck, 1983,

beruft sich weithin auf von Balthasar. L. Cognet schlägt wichtige Brücken zur modernen Frömmigkeit: »Introduction á la vie chrétienne«, Paris 1967 (in drei Büchern: »Les problèmes de la spiritualité«; »L' ascèse chrétienne«; »La prière du chrétien«). Die reichen Arbeiten von Ch. A. Bernard (Anm. 4; »Théologie affective«; »Théologie spirituelle«; »Le Dieu des mystiques«, zwei Bände) reflektieren christliche Geschichte und Erfahrung mit viel Detailwisen. J.-Cl. Sagne, »Traité de théologie spirituelle« , Paris 1992, ist stärker dogmatisch orientiert. Das gilt auch von der Kurzdarstellung R. Darricaus und B. Peyrous »La spiritualité«, Paris 1988, in der Taschenbuchreihe »Ques sais-je?«.

Die spanische Arbeit von S. Gamarra »Teología espiritual«, Madrid 1994 (nicht eingesehen) aus der Reihe BAC integriert moderne Fragestellungen. Besonders im italienischen Sprachraum lebt, wie mir scheint und wie Zeitschriften zeigen, eine lebendige, moderne Auseinandersetzung mit den Fragen der Spiritualität. Auch Ch. A. Bernard, Professor in Rom, ist Franzose. Vgl. den »Kursus der Spiritualität«, Brescia 1989, den Br. Secondin und T. Goffi herausgeben. Die »Elemente der Theologie des spirituellen Lebens«, Turin 1989, von G. Gozzelino gehen gründlich auf den Fragebereich ein. A. G. Matani, »La spiritualità come scienza« Mailand 1990, beschäftigt sich mit dem theologisch-anthropologischen Stellenwert der Spiritualität.

Der Karmelit O. Steggink, von dem verschiedene Arbeiten auf Deutsch übersetzt wurden, hat zusammen mit K. Waaijman mit »Spiritualteit en mystiek«, Nijmegen 1985, eine moderne Hinführung veröffentlicht.

Mein erster systematischer Versuch: »Dienst am geistlichen Leben«, Mainz 1971, erhielt mehrere Auflagen; ebenso mein Entwurf »Christliches Leben« als Lehrbrief 20 im Würzburger Grundkurs, Theologie im Fernkurs, 1971. Wichtiger und aktueller sind die früheren Auseinandersetzungen: »Probleme/Prognosen einer kommenden Spiritualität«, Würzburg [2]1970, und »Motive/Modelle für ein Leben als Christ«, Würzburg 1970.

Alle genannten Arbeiten neigen mehr oder weniger zu der von H. U. von Balthasar eindrucksvoll vertretenen Auffassung von Spiritualität »als subjektive Seite der Dogmatik«, als der »theologische Ort« (locus theologicus), »an dem alle bloße kirchliche Objektivität je schon blutvolle Subjektivität und Individualität geworden ist«; so in: »Spiritualität«. Skizzen zur Theologie I« (Verbum Caro), Einsiedeln 1960, 226–244; vgl. »Das Evangelium als Norm und Kritik aller Spiritualität in der Kirche«, in: »Skizzen zur Theologie« III (Spiritus Creator), Einsiedeln 1967, 247–263. Das ist und bleibt richtig, aber nur, wenn gesehen wird, daß die »kirchliche Objektivität«, die Dogmatik« in ihren Wahrheitsaussagen schon durchformt ist von der »blutvollen Subjektivität und Individualität« des Lebens, von dem, was »Mentalität« meint. An anderer Stelle (ebd. 74) spricht Balthasar daher auch von »der Geschmeidigkeit der theologischen Wahrheiten«. Das Zitat in unserem Text geht weiter: »... aber sie ist manchem Laien verwunderlich und ärgerlich, der lieber ein fixes System hätte, an das man sich halten kann. Er empfindet diese Geschmeidigkeit als Relativismus, der ihm wiederum mit den Absolutheitsansprüchen des Lehramts unvereinbar scheint«. Im I. Band von »Herrlichkeit. Eine theologische Ästhetik: Schau der Gestalt«, Einsiedeln 1961, hat von Balthasar seine Sicht in genialer Weise ausgeführt.

Außer acht geblieben sind in dieser unvollständigen uns subjektiv wertenden Liste neben Aufsätzen usw. auch die zahlreichen Arbeiten, die in praktisch-populärer Weise Spiritualitäten entwerfen. Nicht erwähnt sind an die-

ser Stelle auch die immer zahlreicher werdenden ernstzunehmenden Außer-
(und a-) christlichen Bemühungen um Spiritualität; vgl. Namen wie Ken Wilber und Chr. Scharfetter.

8 Vgl. Josef Freitag, »Geist-Vergessen – Geist-Erinnern. Vladimir Losskys
Pneumatologie als Herausforderung westlicher Theologie«, Würzburg 1995.

9 Zitiert nach: »Entzünde in uns das Feuer deiner Liebe. Gebete zum Heiligen
Geist«; hg. von J. Sudbrack, München u. a., 1990, 102.70.

10 Im Vorwort zu seiner Übersetzung der beiden Hierarchien, Stuttgart 1986, 3,
beschreibt G. Heil das mit Hierarchie Gemeinte. »›Hierarchie‹ wird damit
die Bezeichnung für ein allgemeines Ordnungsprinzip und gleichzeitig für
das allgemeine System der Manifestation Gottes in der Welt. Das Wort wird
(in der ›Kirchlichen Hierarchie‹ 373,29) ›Gesamtbezeichnung‹ und ›allge-
meinste Zusammenfassung‹ genannt und inhaltlich definiert als ›Ordnung,
Wissenschaft und Wirkung‹ mit dem Ziel, jedes ihrer Glieder Gott anzuglei-
chen. Wie Hierarchie bei uns, also die Kirche, bei ihrem Bischof, dem Hierarchen endet und kulminiert, so kulminiert jede Hierarchie in Jesus, dem
Hierarchen schlechthin. Jesus ist Anfang und Ende aller Hierarchien. Er ist
für uns das Gesamtsystem der Offenbarung Gottes in die Welt hinein, was
der Bischof in der Kirche ist, und umgekehrt.«

11 In: G. Ruhbach/J. Sudbrack, »Christliche Mystik. Texte aus zwei Jahrtausenden«, München 1989, 91–100, habe ich die Theologia mystica poetisch
übersetzt, was der Intention des Dionysios für diese Krönung seines Werkes
entspricht und was dem manchmal dürr scheinenden Text eine brillante
Schönheit gibt.

12 M. de Certeau hat dies in mehreren Arbeiten untersucht; besonders »Mystique au XVIIe siècle. Le problème du langage mystique«, in: »L'homme
devant Dieu«. Festschrift für de Lubac, I–III, Paris 1963, Bd. II: »Die Tendenz,
›mystisch‹ als Wort für eine besondere Erfahrung zu spezialisieren, zeigt sich
– allgemein gesehen – im Auftauchen einer Wissenschaft, die sich mit diesen (vorher genannten, JS) außergewöhnlichen Fakten beschäftigt und ihnen
einen autonomen, lebendigen Bereich innerhalb der religiösen Literatur
zuweist: Die mystische Wissenschaft, und bald: ›Die Mystik‹ genannt!«
(273 f). »Das Substantiv taucht, wie es scheint, zuerst in Strömungen auf, die
sich immer stärker von der Theologie loslösten« (179). »Überraschenderweise tendierte das Wort ›die Mystik‹, sobald es sich von ›der Theologie‹ los-
löste, dahin, eine bestimmte Literatur zu kennzeichnen« (279); »die Ori-
ginalität der Sprache hat in ihrer spezifischen Tiefe teil an den Perspektiven
der geistigen Revolution des 16. und 17. Jahrhunderts. Die Mystik selbst
stammt nicht aus dieser Zeit; aber das Auftauchen des aktuellen Begriffs ›die
Mystik‹ steht für eine neue Form: für einen subjektiven Pilgerweg, der sich
nicht mehr der Ordnung der Wahrheiten unterwirft, obgleich er von ihnen
angestoßen ist, und auch nicht der Hierarchie der Fähigkeiten oder Funktionen im Menschen« (288 f). Zum Schluß zeigt de Certeau, wie dies aus apo-
logetischer Notwendigkeit in klassische (patristische) und aristotelische,
abstrakte, erfahrungs-ferne Schemata eingeordnet wurde.
K. Ruh macht im III. Band seiner »Geschichte der Abendländischen Mystik«
(104 f) darauf aufmerksam, daß das Substantiv schon im 15. Jahrhundert
(Gerson) vorgeprägt ist. Es beginnt eine Art von Systematik der Mystik, ohne
daß das Wort schon da ist. Sein Hinweis auf den pseudo-dionysischen Tradi-
tionsstrom (Rudolf von Biberach, Hugo von Balma, kartäusische Tradition)
wäre weiter zu untersuchen; dazu in meiner Johannes von Kastl-Arbeit,
Münster 1966, I 238 und Index.

Doch man muß zum Verständnis des Begriffes noch weiter in die Geschichte zurückgehen: das christlich geprägte Adjektiv begann seinen Siegeslauf im Umgang mit der Bibel. Dazu L. Bouyer, »›Mystisch‹ – zur Geschichte eines Wortes«, in: J. Sudbrack (Hg.), »Das Mysterium und die Mystik. Beiträge zu einer Theologie der christlichen Gotteserfahrung«, Würzburg 1974, 57–75. Diese historisch eindeutige Tatsache wird von den meisten Theoretikern der »Mystik« vergessen.

13 »Hermeneutik ist Auslegung des Wortinhaltes, Hermetik Erfahrung des Inhaltes. Vom Unsagbaren läßt sich nichts sagen« (121). »Religiöse Erfahrung als Chance für einen interkulturellen Dialog«; in : »Welten des Bewußtseins« II (hg von A. Dittrich u. a.), Berlin, 1993, 119.138. Um die polemische Einseitigkeit zu durchschauen, genügt es, auf Werner Huth, »Handbuch der Meditation«; München 1990, hinzuhören, der von einer ähnlichen Meditationspraxis herkommt, aber weiß: »Meditative Erfahrung ist grundsätzlich interpretierte Erfahrung.« Auch Meister Eckhart sah sich zum Wort (Hermeneutik) getrieben, so daß er auch vor einem Opferstock gepredigt hätte. Zum berühmten, von W. Jäger (120) für die Wortlosigkeit in Anspruch genommenen Tao te King (Zitat: »Wer weiß, redet nicht, und wer redet, weiß nicht«) ist zu sagen, daß darauf – wie bei Jäger – viele Seiten von »Rede« (Hermeneutik) folgt.
Zur folgenden Auseinandersetzung siehe meine Arbeit: »Mystik, Selbsterfahrung – Kosmische Erfahrung – Gotteserfahrung«, Mainz 1988 und (als Fortsetzung) »Meditative Erfahrung ...« (Anm.1). Viele wichtige quer-verbundene Zitate auch in: »Herausgefordert zur Meditation. Christliche Erfahrung im Gespräch mit dem Osten«, Freiburg 1977, und in manchen Aufsätzen in »Geist und Leben«.

14 »Das Namensgebet als universale Praxis«, in: »Die Höhle des Herzens. Mantra-praxis und Namensgebet«, Kevelaer 1987, 323; vgl. W. Jäger, »Suche nach dem Sinn des Lebens. Bewußtseinswandel durch den Weg nach Innen. Vorträge – Ansprachen – Erfahrungsberichte«, Petersberg 1991, 85 f.
Dazu W. Jäger, »Gebet des Schweigens. Eine Schule der Kontemplation nach der ›Wolke des Nichtwissens‹«; Salzburg 1984, 30.32; »Kontemplatives Beten«, Münsterschwarzach 1985, 44.48; gegen seinen Aufsatz »Jesus Christus in der Kontemplation«, in: »Meditation« 11 (1985) 123ff, protestierte Erika Lorenz in der gleichen Zeitschrift scharf.
Die Zitate von Erzbischof Ware stammen aus seinem Beitrag zur »Geschichte der christlichen Spiritualität« Band 1 (verschiedene Hg.), Würzburg, 1993, 402; ähnlich in: »Der Aufstieg zu Gott. Glaube und geistliches Leben nach ostkirchlicher Überlieferung«, Freiburg 1983, 94.
In der erweiterten zweibändigen englischen Übersetzung von Klaus Engel, »Meditation«, Bern–Frankfurt 1997, ist besonders das Kapitel über die Drogenerfahrung wichtig; Engel deutet vorsichtig an, daß auch die Droge ein legitimer Weg zur »Meditations«-Erfahrung sei.

15 Vgl. die Darstellung von B. Bäumer, »Henri Le Saux – Abishiktananda« (1910–1973) in: G. Ruhbach/J. Sudbrack, »Große Mystiker, Leben und Wirken«, München 1984, 338–354; und die von der gleichen Autorin hg. Texte in: »Christliche Mystik« 509–517 (Anm. 11). Einen bezeichnenden Hymnus aus seinen erschütternden Tagebüchern habe ich übersetzt in »Mystik im Dialog ...« (Anm. 3)

16 Dazu H. Wilmer, »Mystik zwischen Tun und Denken. Ein neuer Zugang zur Philosophie Maurice Blondels«, Freiburg 1992; und die »Studien zur Philosophie Maurice Blondels« zum 100. Tag der Herausgabe der »Action«: » Das

Tun, der Glaube, die Vernunft« (versch. Hgg.), Würzburg 1995: Raffelt zeigt den Einfluß Blondels auf die »théologie nouvelle« um de Lubac, auf die belgischen Theologen Scheuers und Maréchals, von wo K. Rahner ausging, und auf H. U. von Balthasar. Blondel brach mit dem »Extrinsezismus« (er prägte wohl das Wort) der Gnadenlehre und zeigte, daß der Mensch, nur »aus seinem Wesen heraus« Vollendung finden könne, indem er sich selbst grundsätzlich überschreite auf ein Geschenk freier Liebe. Damit schlug er die Brücke von der Philosophie (Phänomenologie der menschlichen Sinnsuche) zur Theologie (frei-schenkender Gott). Sein Kampf gegen die formalistische, scholastische Logik brachte ihm den Modernismus-Vorwurf ein, der bis heute noch gegen K. Rahner erhoben wird. Mit Blondel beginnt der Durchbruch zur modernen Theologie.

17 Nach P. Dinzelbacher, »Christliche Mystik im Abendland. Ihre Geschichte von den Anfängen bis zum Ende des Mittelalters«, Paderborn 1994, 245–252; vgl. dazu meine Kritik in TheolRev 90 (1994) 504–506.

18 Die Parallele zur entsprechenden »Askese« fernöstlicher Religiosität kann zum anthropologischen Verständnis dieser universal (!)-religiösen Phänomene auch im Christentum verhelfen. Chr. Ruhrberg hat eines der extremsten Beispiele mittelalterlicher »Hagiographie« literaturkritisch behandelt: »Der literarische Körper der Heiligen. Leben und Viten der Christina von Stommeln« (1242–1342), Tübingen 1995. Leider durchzieht ihre Analyse ein antichristlicher Affekt (vgl. 441 ff). Die Fragestellung der Mentalitätsforschung (z. B. der marxistische Mediävist J. Gurjewitsch) blieb dem Buch trotz seiner vielen Zitate unbekannt. Ebenso fehlen völlig die Fragestellungen der Religionspsychologie und der vergleichende Religionsphänomenologie. Zur Problematik dieser Beispiele vgl. meine Arbeit: »Religiöse Erfahrung und menschliche Psyche. Religion und Psychologie, Heiligkeit und Krankheit, Gott und Satan«, Mainz 1997.
Gerade Angela de Foligno aus dem Dritten Orden des hl. Franziskus kann die kaum durchschaubare innere Verknüpfung verschiedenster Elemente demonstrieren: Franziskus-Nachfolge in asketischer Armut, Kreuzesliebe und zugleich innigste Gotteserfahrung; exzentrisches Wesen und Gehorsam vor ihrem Beichtvater-Seelenführer; Kind ihrer Zeit und zugleich eine liebenswerte Mystik, die auch heute noch eindrucksvoll ist. Auch viele evangelische Mystiker schätzen sie hoch ein.

19 Teilhard, der in unserer Arbeit eine herausragende Rolle spielt, wird meist nach M. Trennert-Hellwig, »Die Urkraft des Kosmos, Dimensionen der Liebe im Werk Teilhards de Chardin«, Freiburg 1993 zitiert; gelegentlich nach Adolf Haas, »Teilhard de Chardin-Lexikon« (I. u. II), Freiburg 1971 unter dem jeweiligen Stichwort.

20 Im folgenden wird Eckhart nach der zweibändigen Ausgabe in der Bibiothek Deutscher Klassiker, Frankfurt 1993, von Niklaus Largier mit Originaltext und moderner Übertragung (J. Quint) zitiert. Nur die wichtige II. Predigt über Maria und Martha in Bethanien zitiere ich nach meiner Übersetzung ins moderne Deutsch, zuerst abgedruckt in J. Sudbrack. »Komm in den Garten meiner Seele. Einführung in die christliche Mystik«, Gütersloh 1979.

21 Vgl. Anm. 1; was damals als »New Age« wie eine kuriose Blüte der Hippie-Kultur erschien, hat sich heute unter verschiedenen Namen (z. B. »Transpersonale Psychologie«) weitgehend etabliert. Eine seriöse, überblicksartige Aufsatzsammlung gaben E. Zundel, B. Fittkau heraus: »Spiritueller Weg und Transpersonale Psychotherapie«, Paderborn 1989.

22 Es ist tragisch, daß der Versuch Drewermanns (Anm. 2), Christentum und

Psychologie aus der Lebenspraxis heraus zu verbinden, wohl als gescheitert gelten muß. Die durch ihn gestellte Aufgabe bleibt bestehen.

23 Die Überlegungen Ratzingers und von Balthasars geben dem Problem der ewigen Höllenstrafen einen neuen Reflexionsstand. Vgl. die ausgewogene Darstellung von E. Jüngling, »Die Hölle – veralteter Glaubensartikel oder unverzichtbares Element im Gottesbild?«, Bern/Frankfurt 1997. Dazu mein Versuch: »Religiöse Erfahrung ...« (Anm. 18).

24 Guardinis Hinweis, daß nur ein lauterer Christ es wagen könne, sich mit Buddha auseinanderzusetzen, wird des öfteren zitiert, aber dabei die Auseinandersetzung mit Buddha, die darauf folgt, unterschlagen. Seine Berliner Vorlesungen, Frucht intensiven Studiums, sind leider verloren. Doch in »Ethik. Vorlesungen an der Universität München« (I. u. II.) Mainz 1993, findet sich ein Konzentrat (bes. II, 1014.1017 f). Guardini baut auf der Grunderfahrung auf, »daß der Mensch mit der Welt in einer Einheit steht, die ihm aber weder einsichtig noch ruhegebend ist.« Die eine Möglichkeit, damit umzugehen, ist die »dionysische, in welcher der Mensch sich von dieser Einheit überfluten läßt. Darin vergißt er die Unterschiede und will nichts sein als ein Element im Ganzen.« »Demgegenüber die Versuche, aus der Bannung herauszugehen. Der gewaltigste von ihnen ist der buddhistische. In ihm wird das Dasein als identisch mit Leiden, als Unwert einfachhin erfahren.« »Die christliche Askese hat einen ... unterschiedenen Sinn. Keine magische Macht. Kein physisch-mystisches Entwerden und Über-werden.« »In ihr wird die Welt als Gottes Werk deutlich. Der Mensch als vom personalen Gott gerufen. Er findet im Verhältnis zu ihm sowohl der Welt wie sich selbst gegenüber den Standort, den er vorher nicht hatte.« Vgl. Seite 112. In ähnlicher Weise muß H. Dumoulins faszinierende Würdigung der »Spiritualität des Buddhismus« (1995) zusammengesehen werden mit seiner Auseinandersetzung, z. B. in: »Östliche Meditation und christliche Mystik«, Freiburg 1966, 29f: »Der Mangel des Personbegriffs wirkt sich besonders verhängnisvoll in der Auffassung von der Liebe aus. H. de Lubac (zeige), wie von den drei von den Buddhisten angewandten Termini Wohlwollen (maitri), Mitleid (karuna) und Geben (dana) keiner die personale Menschenliebe trifft ... Das Höchste im Buddhismus ist die unpersönliche Weisheit. Die verschiedenen Äußerungen der Liebe gehören zu den vorläufigen Dingen. ... Die Einseitigkeit des intellektuellen Intuitionismus macht auch die begrenzte Werthaftigkeit der buddhistischen Meditation deutlich.« Vgl. Seite 95 ff.

25 Der dogmatische Monophysitismus läßt an der gott-menschlichen Gestalt Jesu Christi das Menschliche so sehr aufgehen im Göttlichen, daß die Glaubensaussage vom »wahren Mensch« wie eine Schein-Aussage wirkt.

26 Während »analoge« Aussagen von Gott das Verhältnis Gott-Mensch auf einen, wenn auch rätselhaften Begriff bringen wollen, verweist die »negative Theologie« oder »negative Mystik« direkt in den Vollzug hinein: Gott ist »je-größer« und der Mensch muß »je-mehr« verstummen.

27 Allgemeines zur Einschätzung der Konzilsentscheidung bei R. Heinzmann, »Religionsfreiheit«, in: »Erinnerung an einen Aufbruch. Das II. Vatikanische Konzil«, hg. von N. Kutschki, Würzburg, 1995, 80–90.
E. W. Bockenförde hat die Entwicklung nachgezeichnet in: »Religionsfreiheit als Aufgabe der Christen. Gedanken eines Juristen zu den Diskussionen auf dem Zweiten Vatikanischen Konzil«, StdZt, 176 (1965) 199 ff. Der staatsrechtliche Grundsatz (201 ff), »cuius regio, eius religio« (die Staatsautorität bestimmt die Religionszugehörigkeit der Untergebenen) steht im Hintergrund der geschichtlichen Entwicklung. Kardinal Ottaviani noch wies in sei-

ner Erläuterung zum Kirchenrecht 1960 einen Einwand ab (205): »Du sagst vielleicht, die katholische Kirche braucht also zweierlei Maß und Gewicht. Denn wo sie selbst herrscht, will sie die Rechte der Andersgläubigen einschränken, wo sie aber eine Minderheit der Bürger bildet, verlangt sie gleiche Rechte wie die anderen. Darauf ist zu antworten: In der Tat, zweierlei Gewicht und Maß ist anzuwenden, das eine für die Wahrheit, das andere für den Irrtum.« In seiner berühmt gewordenen »Toleranzansprache« hatte sich Pius XII. 1953 (203 ff) von dieser Argumentation distanziert. »Die Pflicht, sittliche und religiöse Irrtümer zu unterdrücken, kann also keine letzte Norm des Handelns sein. Sie muß höheren und allgemeineren Normen untergeordnet werden, die unter gewissen Verhältnissen erlauben, ja es vielleicht als den besseren Teil erscheinen lassen, den Irrtum nicht zu verhindern, um ein höheres Gut zu verwirklichen.« Solche »graves causae« (schwerwiegende Gründe) liegen z. B. im Allgemeinwohl. Das II. Vatikanische Konzil aber beruft sich nicht mehr auf Güterabwägung und Toleranz, sondern einfachhin auf das persönliche Gewissen als Grund der »Religionsfreiheit und versteht diese als ein wirkliches, in der Würde der menschlichen Person begründetes Recht zur privaten und öffentlichen Ausübung der Religion nach den Forderungen des eigenen Gewissens« (199).

28 Die Kontroverstheologie diskutierte, ob eine »Ethik« noch vor oder neben der Offenbarungswahrheit radikale Verpflichtung beinhalten könne, wie es die katholische Lehrmeinung aufgrund ihrer positiveren Beurteilung der menschlichen Natur vertritt. Heute ist diese Kontroverse abgeflaut. Das wichtige »katholische« Anliegen lebt weiter in der »autonomen« (vom Menschen her konzipierten) Ethik des Tübinger Moraltheologen Alfons Auer.

29 Zur Frage des Religionsdialogs vgl. meinen Aufsatz »Dialog der Religionen und pluralistische Religionstheologie«, GuL 67, 1994, 435–450; dazu auch weite Passagen in: »Meditative Erfahrung« (Anm. 1). Vgl. den von R. Schwager herausgegebenen Sammelband »Christus allein? Der Streit um die vielfältigen Meinungen der deutschsprachigen katholischen Theologie. Ein kluger Beitrag Perry Schmidt-Leukels bejaht entschieden die »pluralistische Religionstheologie« J. Hicks. Alle anderen erkennen zwar dessen Anliegen an, distanzieren sich aber auf verschiedene Weise von Hicks Lösung. Wichtig sind die Beiträge zum »dramatischen Konzept« des Religionsdialogs, die zeigen, daß Hick auf einer abstrakt-unhistorischen Basis argumentiert. Diese Beiträge haben auch keine Scheu, einen Anspruch auf »Absolutheit« zu vertreten, mit dem Wort also, das die anderen zwar meinen, aber nicht aussprechen. Die voluminöse Festschrift für Hans Waldenfels, »Wege der Theologie: an der Schwelle zum dritten Jahrtausend«, Paderborn 1996, umkreist unter vielen Gesichtspunkten das Thema, doch der spirituelle und damit konkrete Dialog fällt fast gänzlich aus; einzig W. Breuning, »Die mystische Dimension des Glaubens«, 27–40, ist zu nennen. Vgl. meinen Beitrag in der Festschrift für Helmut Riedlinger, »Von der Suche nach Gott«, Stuttgart 1998; »Mystikforschung und pluralistische Religionstheologie«, 187–205.

30 Zitiert nach meiner Eckhart-Darstellung (zusammen mit W. Ligges): »Das wahre Wort der Ewigkeit wird in der Einsamkeit gesprochen. Meister Eckharts Seinsmystik und die Erfahrung der Wüste«; Würzburg, 1989. Vgl. den klugen Bericht von A. M. Haas, »Zen und der Westen. Annäherung zweier Glaubenswelten« in NZZ 22./23.7.1995, N 22. Der Haas-Schüler N. Largier gibt einen Überblick über die Entwicklung der Situation: »Meister Eckhart und der Osten«, in: FZPhuTh 14, 1987, 111–129. Im Vergleich damit bewe-

gen sich die entsprechenden Übersichten bei M. v. Brück und W. Lai in »Buddhismus und Christentum. Geschichte, Konfrontation, Bildung«, München 1997, auf der Ebene des bloßen Konstatierens.

31 M. Fuss, »Buddha und Maria: Dynamische Leere als Theorie des Dialogs« (StuMar 1994, 211–244). Die materialreiche Sammlung von Th. Schipflinger, »Sophia-Maria. Eine ganzheitliche Vision der Schöpfung«, München 1998, ist leider unkritisch zusammengestellt. Der kaum bekannte Versuch von Adolf Weis, »Die Madonna Platytera. Entwurf für ein Christentum als Bildoffenbarung anhand der Geschichte eines Madonnenthemas«, Königstein 1985, greift das vielbehandelte Thema des ägyptischen Einflusses auf und schlägt philosophische Wege ein, ist aber ideologisch vorgeprägt. Die sogenannte »Matriarchatsforschung« ist in ihren besten Vertretern auf guten Wegen zur Mariologie. Dazu und zum folgenden auch mein Buch »Hildegard von Bingen – Schau der kosmischen Ganzheit«, Würzburg 1995.
Für das wichtigste Desiderat halte ich die Auseinandersetzung mit dem Tantrismus, dessen buddhistischer Zweig (Vajrayana) sublimste Geistigkeit mit vitaler Erdnähe verbindet. Die Verehrung der »Sakti« (»der kinetische Aspekt des höchsten Prinzips«) zeigt, daß – gerade wegen der Erdnähe – die höchste Geistes-Einheit verbunden ist mit Vernichtung und Tod (vgl. die bekannten Darstellungen des Siva, des »statischen Aspekts« des höchsten Prinzips; nach A. Mookerjee/M. Khanna, »Die Welt des Tantra. Die umfassende Darstellung des wahren Tantra-Weges und seiner Praktiken«, Bern/München 1987). Christlich steht an dieser Stelle die Frage nach dem Bösen, der Sünde, die besonders in der Mariologie (»Unbefleckt – empfangen«) einen herausragenden Platz einnimmt.

32 Zu von Balthasars Ansicht über Wunder vgl. mein Buch »Mystische Spuren. Auf der Suche nach der christlichen Lebensgestalt«, Würzburg 1990, 183 f. Heinz Schürmann schreibt zur literarischen Form der Kindheitsgeschichte in: »Das Lukasevangelium I. Kommentar zu Kapitel 1,1–9,50«, Freiburg 1969: »Vor allem Christus-Homologese, darin auch in ›gespiegelter‹ Weise Kerygma.« »Daß neben dem theologischen Interesse des Luk auch ein biographisches bestimmt habe, seinem Evangelium ›Geburtstagsgeschichte‹ vorzusetzen, trifft nur entfernt zu » (21)«. »Es wird typologisch erzählt«. Näherhin ist das typologische Verständnis des AT hier ein ›messianisches‹« (23). Man kann »umschreibend von *gläubiger Erzählweise* nach Art der spätjüdischen *Haggada* reden, die – aufgrund von Traditionen – die Ursprünge Jesu in Gott gläubig bekennt und sie mit Hilfe typologischen Schriftverständnisses einerseits, apokalyptischer Ausdrucksmittel andererseits zur Ausdeutung bringt« (21).

33 Die Literatur zum Thema ist unüberschaubar. Neben den klassischen Werken und den theologischen Lexika benutzten wir insbesondere die entsprechenden Artikel im »Handbuch religionswissenschaftlicher Grundbegriffe III«, Stuttgart 1994, 74–99 (Zitat von Glasgow, in: III, 32); und im »Historischen Wörterbuch der Philosophie II«, Darmstadt (Zitat von U. Dierse, 792). Viele Zitate wurden übernommen aus Falk Wagner, »Was ist Religion? Studien zu ihrem Begriff in Geschichte und Gegenwart«, Gütersloh 1986. Hans G. Kippenberg entwirft in »Die Entdeckung der Religionsgeschichte. Religionswissenschaft und Moderne«, München 1997, den geistesgeschichtlichen Hintergrund der Forschungsgeschichte. R. Otto veröffentlichte »Das Heilige. Über das Irrationale in der Idee des Göttlichen und sein Verhältnis zum Rationalen«, Breslau 1917. M. Eliades Buch »Das Heilige und das Profane« erschien 1949 auf französisch. Vgl. zum Begriff und zur

Sache meinen Artikel »Heilige in Jesus Christus – Zeugen von Gottes Heiligem Geist«, in: »Beglaubigtes Zeugnis, Selig- und Heiligsprechungen in der Kirche«, Würzburg 1989, 29–69. J. Hicks Zitat steht in »Religion. Die menschlichen Antworten auf die Frage nach dem Leben und Tod«, München 1996, 34.

Die personale, betende Grundlage des Redens über Gott hat Martin Buber in den oft aufgelegten Essays zu seinem Leben, »Begegnungen«, gültig, wenn auch extrem formuliert: »Wenn an Gott glauben bedeutet, von ihm in der dritten Person reden zu können, glaube ich nicht an Gott. Wenn an ihn glauben bedeutet, zu ihm reden zu können, glaube ich an Gott.« Ähnliche Äußerungen von D. Sölle und G. Ebeling zitiert O. Cullmann in »Gebet im Neuen Testament«, Tübingen 1994; das J. B. Metz-Zitat bei H. Waldenfels, »Gott. Auf der Suche nach dem Lebensgrund«, Leipzig 1995, 56. Zur Kritik der evolutiven Religionsdeutung vgl. auch G. Kehrer, »Einführung in die Religionssoziologie«, Darmstadt 1998. Dazu M. Ebertz, »Religionssoziologie heute: Kirche nein – Religion ja? Jeder seine eigene Sekte«, in der Frühjahrsbeilage zu »Christ in der Gegenwart«, Nr. 13, 1995, 104.

34 Ausführlicher dargestellt mit bibliographischen Verifikationen in »Zum Fragen nach dem Sinn des Übels und nach dem Bösen«, GuL 66 (1993), 401–412, und dann in »Religiöse Erfahrung ...« (Anm. 22), bes. 90–119. Rüdiger Safranski zeigt in seinem Buch »Das Böse. Oder das Drama der Freiheit«, München 1997, wie sehr Tatsächlichkeit und zugleich Unbegreiflichkeit die Großen der Geistesgeschichte bewegte. Und so bringt die souveräne und weitsichtige theologische Übersicht von Anton Kreiner, »Gott im Leid. Zur Stichhaltigkeit der Theodizee-Argumente«, Freiburg 1997, keine sogenannten »Lösungen«, sondern zeigt eher auf, daß alle aus dem Bösen genommenen Argumente gegen Gott zu schmalbrüstig sind.

35 Ich zitiere C. G. Jung folgendermaßen: Zuerst lateinische Zahlen: = »Mysterium Coniunctionis. Untersuchungen über die Trennung und Zusammensetzung der seelischen Gegensätze in der Alchemie, I–III«, Olten u. a., 1971 (1954–57); nur arabische Zahlen: »C. G. Jung. Ein großer Psychologe«, Freiburg, 1994. Zum Nikolaus von Kues-Zitat siehe »Mystische Spuren. Auf der Suche nach der christlichen Lebensgestalt«, Würzburg 1990, 205.

36 Zentrale Passagen aus diesem aufschlußreichen Gespräch sind übersetzt in: »Mystik ...« (Anm. 13), 108–111.

37 Teilhard stellt in diesem Buch von 1950 anhand seiner Biographie die naturwissenschaftlich-theologische Synthese seiner Weltsicht dar. Die deutsche Übersetzung von 1990, »Das Herz der Materie. Kernstück einer genialen Weltsicht«, fügt dem einige ähnlich wichtige Texte aus Teilhards vorangehendem Werk hinzu, ist aber in der »unpoetischen« Übersetzungsweise recht holprig.

38 Vgl. seinen Aufsatz »Religiöse Erfahrung ...« (Anm. 13), 119.123.126. 138.127. Kaum ein anderer vertritt so entschieden eine buddhistische Weltanschauung (in europäischer Verkürzung), die Mitte auch des Christentums sein soll. Vgl. dazu H. Dumoulin in: »Spiritualität des Buddhismus« (Anm. 24), hier zitiert nach E. Gössmann): »Der Kosmos weckt im buddhistischen Gläubigen eine Haltung, wie sie der religiöse Mensch gegenüber der transzendenten Wirklichkeit formt.« Er sieht die »Existenz eines Absoluten« bejaht, »dessen Transzendenz die Möglichkeit des Entrinnens und der Befreiung« schenkt.

39 Es gibt wohl drei philosophische Wege, die Rolle des Schönen (Bild, Symbol usw.) im philosophischen Denken zu integrieren:

- den hermeneutischen (Heidegger, Gadamer),
- den sprachphilosophischen (Cassirer)
- und den metaphysisch-anthropologischen (Blumenberg).
40 Zitiert in: »Mystische Spuren ...« (Anm. 35), 159.
41 Eine (katholische) Auseinandersetzung schrieb G. Wilhelms, »Sinnlichkeit und Rationalität. Der Beitrag Alfred Lorenzers zu einer Theorie religiöser Sozialisation«, Stuttgart 1991.
42 Dazu meine Einleitung: »Die Geist-Einheit von Heilsgeheimnis und Heilserfahrung« zu: »Das Mysterium« (Anm. 12) 9–55. In den frühen christlichen Texten finden sich noch Spuren der ersten Versuche, die Gestalt Jesu mittels einer »Geist-«, »Sophia«-Christologie zu verstehen; Mk 1,12: »Danach trieb der Geist Jesus in die Wüste«. 6,2: »Was ist das für eine Weisheit, die ihm gegeben ist?« Weite Passagen noch im Johannes-Evangelium sind nur von hierher zu verstehen. Dazu die Zusammenfassung bei S. Schroer, »Die Weisheit hat ihr Haus gebaut. Studien zur Gestalt der Sophia in den biblischen Schriften«, Mainz 1996, bes. 126–143.
43 »Mystik als Aussage. Erfahrungs- Denk- und Redeformen christlicher Mystik«, Frankfurt 1996, 84 ff.98.100. Von dieser »Schablonisierung« und Entleerung des Wortes kann man sich leicht überzeugen. Das von D. Pahnke und R. Sommer herausgegebene Taschenbuch »Göttinnen und Priesterinnen. Facetten feministischer Spiritualität«, Gütersloh 1995, wirkt wie eine Parodie auf dieses Anliegen, doch es ist ernst gemeint und bringt die Anliegen des Feminismus in Mißkredit. Anders zu bewerten ist die Fassung von »Spiritualität« bei Ken Wilber: »Echte Spiritualität ist ... vor allem ein Maß der Tiefe und ein Aufdecken von Tiefe. In der Verneinung Gottes durch die Vernunft ist mehr Spiritualität als in der Bejahung Gottes durch den Mythos, und zwar weil diese Verneinung mehr Tiefe hat.« In: »Eros, Kosmos, Logos. Eine Vision an der Schwelle zum nächsten Jahrtausend«, Frankfurt 1996, 311, oder bei dem Psychiater Christian Scharfetter, »Religion, Spiritualität, Mystik in der Perspektive der Psychiatrie«, in: »Homo naturaliter religiosus«, Bern 1997, 307: »Unter Spiritualität wird hier in Abhebung von Religion die besondere religiöse (im überkonfessionellen Sinn) Lebenseinstellung der Bezogenheit auf das All-Eine verstanden, auf das umgreifende eine Sein, welches den Menschen als unfaßbares ›Geistiges‹, Transmaterielles, Metaphysisches erscheint.« Zum Ganzen mein Beitrag »Esoterik als Religion – eine Herausforderung«, GuL 70, 1997, 323–336.
44 Theologisch-philosophische Literatur habe ich verarbeitet in: »Beten ist menschlich. Aus der Erfahrung unseres Lebens mit Gott sprechen«, Freiburg 1973 u. 1981. In: »Herausgefordert zur Meditation. Christliche Erfahrung im Gespräch mit dem Osten«, Freiburg 1977, versuchte ich – bei aller Betonung des typisch-Christlichen – Brücken zu schlagen und die Erfahrungsbasis zu entwerfen. Praktische Hinweise finden sich in meinen Bild- und Meditations-Büchern.
Die frühe christliche Geschichte ist vorbildlich aufgearbeitet bei E. v. Severus (Artikel »Gebet I«) in: »Reallexikon für Antike und Christentum«, 1134–1258. Zur modernen Diskussion sei neben den im Text erwähnten Arbeiten auf einige Versuche verwiesen: Unüberholt für die Praxis bleibt Guardinis schlichte »Vorschule des Betens«, Einsiedeln 1954; das gleiche gilt für die theologische Reflexion von H. U. v. Balthasar, »Das betrachtende Gebet«, Einsiedeln 1965; einen wichtigen sprachphilosophischen Akzent setzt R. Schäffler, »Kleine Sprachlehre des Gebets«, Trier 1988. Wie dies in heutiger Theologie zu fassen ist, zeigt L. Karrer, »Der große Atem des

Lebens: Wie wir heute beten können«, Freiburg 1996. O. Cullmanns vielver-
sprechendes Buch »Das Gebet« (Anm. 33), enttäuscht.

45 Es ist zweifelsohne das vordringliche Anliegen der christlichen Verkündigung, die Gläubigen (und Ungläubigen) mit dem kerygmatischen Zugang zu
den anscheinend historischen Texten der Bibel vertraut zu machen. Dies
kann nicht – wie lange Zeit geschehen – durch reinen Abbau eines fundamentalistischen Bibelverständnisses (die »sieben« Tage der Schöpfung als
Kalendertage) geschehen, sondern nur durch Erschließen der spirituellen
Inhalte solcher Berichte, die in verschiedener Dichte sich quer durch die beiden Testamente (und auch die weiteren kirchlichen Texte) erstreckt: hier
aber kommt der in diesem Buch so wichtige Impuls zur Aufwertung der
»Bild-, »Mythos«-, »Erzählungs«- usw. Erfahrung ins Spiel.

46 Die Exegese macht weithin folgende Schlußfolgerung: Vers 37 ist ein Zitat
aus dem AT. Hebräisch steht »dabar« für griechisch »Wort« »räma«. »Dabar« aber kann mit »Wort« oder »Sache« übersetzt werden. Also wählt
man auch für das griechische »räma«, das nur »Wort« heißen kann, die
hebräische Übersetzung: »Sache«. Das verfälscht philologisch den griechischen Originaltext. Es wird auch übersehen, daß in Lk 1 und 2 »räma« eine
so tragende Rolle spielt (was die Übersetzungen ebenfalls verschleiern), daß
die johanneische Logos-Wort-Theologie anklingt. Die Exegese distanziert
sich damit von ihrer philologischen Gewissenhaftigkeit, die sie mit Recht
gegen interpretativen Leichtsinn einfordert. Dazu J. Frey, »Eugen Drewermann und die biblische Exegese«, 1995, 157: »Ein vermutetes aramäisches
Substrat kann nicht die Grundlage der Übersetzung dieses griechischen Textes sein.«

47 In der von drei verschiedenen Verlagen herausgegebenen Arbeit »Was heißt
christlich meditieren? Wege zu sich selbst und zu Gottes Du«, zuletzt
Mainz 1996, habe ich dies monographisch behandelt.

48 Das exegetische Material dazu ist gesammelt in: »Meditation – Gemeinschaft – Mystik – Bittgebet. Zur Eigenart der christlichen Gotteserfahrung«,
in: A. Rotzetter, »Geist und Kommunikation« (Seminar Spiritualität 4),
Zürich 1982, 111–161. Auch J. Kremer lehnt die historierende Interpretation
ab, die R. Pesch von der so wichtigen Geschichte über die Verfluchung des
Feigenbaums versucht, und spricht von einem »in Form einer Geschichte
wiedergegebenen Gleichnis vom unfruchtbaren Feigenbaum« in: »Lazarus.
Die Geschichte einer Auferstehung«, Stuttgart 1985, 192.

49 In der »Charismatischen Gemeinde-Erneuerung« (vgl. das von mir ent-
worfene, von der Deutschen Bischofskonferenz als maßgeblich anerkannte
Dokument »Geist macht lebendig«, Münsterschwarzach 1981) lebt dieses
Beten.
Dazu gehört auch die tänzerisch-religiöse Erfahrung, die theologisch noch
längst nicht integriert ist. Vgl. meine Aufsätze: »Der Tanz in der Geschichte
der christlichen Spiritualität«, und: »Tanzen als Beten – eine Aufgabe für das
christliche Leben von heute«, in: G. Vogler (Hg.), »Tanz und Spiritualität«,
19–55. 81–108.

50 »Über den Sprachgebrauch Meister Eckharts ›Gott muß...‹. Ein Beispiel für
die Gedankengänge der spekulativen Mystik«, in: Festschrift für E. Benz,
»Über den Sprachgebrauch Meister Eckharts«, Leiden 1967, 266–277. Die
Eckhart-Deutung des Kyoter Zen-Philosophen macht den kulturellen Unterschied deutlich. So deutet er in seiner in Deutschland verfaßten Dissertation
»Die Gottesgeburt der Seele und der Durchbruch zur Gottheit. Die mystische Anthropologie Meister Eckharts und ihre Konfrontation mit der Mystik

440

des Zen-Buddhismus«; Gütersloh 1995, ein Bild des holländischen Malers Pieter Aertsen aus buddhistischer Sicht: Die konkrete Gestalt Jesu im Hintergrund sei im Verschwinden. Es ist bezeichnend, daß Gerhard Wehr in seiner Eckhart-Monographie der Ro-Ro-Ro-Reihe (1989) gerade diese, für einen Buddhisten verständliche Deutung unkritisch aufgreift. In Wirklichkeit aber steht Jesus in der perspektiven Mitte des Bildes, im »Augenpunkt«, wie der Jesuitenmaler Pozzo es nannte.

51 In der nachgelassenen Schrift »The Inner Self« nach meiner Teilübersetzung in: »Christliche Mystik« (Anm. 11). Man muß den Beitrag des amerikanischen Konvertiten zum Religionsgespräch neben den von Henri Le Saux stellen: Er ist ebenso tief in der Praxis verwurzelt wie theologisch reflektiert. Seine deutschsprachige Rezeption aber kann man nur bedauernswert nennen. Selbst bei M. v. Brück (Anm. 30, 484–502) bleibt die späte Liebesbeziehung des Trappisten unberücksichtigt; doch gerade dort wurden das überschäumende Temperament und seine warme Menschlichkeit exemplarisch sichtbar, die sich mit einem selbstverständlichen christlichen Ja zum glaubenden Gehorsam eines Mönches verbanden und eben deshalb offen waren ebenso zum Buddhismus wie zur revolutionären Anti-Kriegs-Polemik damaliger amerikanischer Kreise.

52 In: »Christliche Mystik« (Anm. 11). Zum Thema »Abgrund« vgl. L. Gnädiger, »Der Abgrund ruft den Abgrund. Taulers Predigt ›Beati Oculi‹« in: »Das ›Einig Ein‹«, Fribourg 1980, 167–207. Dazu auch ihre Tauler-Monographie, München 1993; Maximilian Sandäus SJ dokumentiert in seinem Lexikon, Köln 1640 (Neudruck 1963) die Tradition zu »Abyssus«.

53 Zur Grunderfahrung von »Ton« vgl. die zahlreichen Arbeiten des zur Esoterik übergegangenen Jazz-Spezialisten Joachim-Ernst Behrendt, besonders »Nada Brahma. Die Welt ist Klang!«, das seine »Bekehrung« dokumentiert; vgl. die Erfahrung des hinduistischen Urlautes »Ohm« mit der Erfahrung des Jesus-Gebetes. Zur Phänomenologie, Geschichte, Naturkunde, Kunst, Metaphysik, Mystik des Lichts sind immer noch die gesammelten Aufsätze vieler hervorragender Autoren vorbildlich, die im »Studium Generale« 1957–1960 erschienen.

54 Zur Aktualität dieser Frage vgl. meinen Aufsatz »Christliches Leben: ständiger Aufstieg oder stets neue Begegnung«, GuL 42 (1969) 263–279; erschienen zur gleichen Zeit auf französisch in »Christus«. Auch meine Arbeiten zur Imitatio Christi: (wissenschaftlich) »Das geistliche Gesicht der vier Bücher von der Nachfolge Christi«, in: »Thomas von Kempen – Beiträge zum 500. Todesjahr«, 1472–1971, Kempen 1971, 14–36; (meditativ) »Personale Meditation. Die vier Bücher von der Nachfolge Christi – neu betrachtet«, Düsseldorf 1973.

55 »Mystik als Aussage« (Anm. 43), 23 f. Die Stufenfolge Erika Albrechts in: »Meister Eckhart. Sieben Grade des schauenden Gebets«, 1987, stützt sich auf einen Text, der anerkannterweise nicht von Eckhart stammt.

56 Meine monographische Behandlung »Geistliche Führung. Zur Frage nach dem Meister, dem geistlichen Begleiter und Gottes Geist«, Freiburg 1981, wurde von »spiritueller« Seite (Barbara Albrecht) als zu profan kritisiert. In ihr befinden sich die im folgenden angeführten Zitate. Wertvolle Weiterführung auf psychologischer Basis aufgrund des Studiums schamanistischer Traditionen bringt H. Kraft, »Über innere Grenzen. Initiation in Schamanismus, Kunst, Religion und Psychoanalyse«, München 1995; unser Zitat auf S. 238; dazu 240: »Das Unbewußte versteht das Unbewußte«.

57 Meine dankbare Erinnerung an den großen Mann formulierte ich in: »An-

fragen an Graf Dürckheims (1896–1996) ›Initiatische Therapie‹«, GuL 79, 1996, 4–19 (gleichzeitig in der Dürckheim-Festschrift veröffentlicht).

58 Ich benutze neben den üblichen Lexika (insbesondere »Dictionnaire de Spiritualité«) meine Textausgabe »Christliche Mystik« (Anm. 11); die Arbeiten von G. Bunge zu Evagrios Pontikos (insbesondere »Briefe aus der Wüste«, Trier 1986); die Selbstbiographie Thérèses von Lisieux (Taschenbuchausgabe, Einsiedeln 1978). Die Bhagavadgita wird zitiert nach der Übertragung von R. Boxberger, H. v. Glasenapp, Stuttgart 1985. Einiges Material auch in: »Herausgefordert …« (Anm. 13).

59 Zum folgenden neben den üblichen Lexika Dietmar Mieth, »Die Einheit von Vita activa und vita contemplativa in den deutschen Predigten und Traktaten Meister Eckharts und bei Johannes Tauler. Untersuchungen zur Struktur des christlichen Lebens«, 1969; H. U. v. Balthasar, »Thomas und die Charismatik«, in der dt. Thomasausgabe, Bd. 23, 213–464, 1954 (Neuausgabe: Einsiedeln 1996); M. de Gandillac, »Deux figures eckhartienne de Marthe«, in: »Metaphysik«. Festschrift für F. Brunner (1981), 119–134; M. Wehrli Jones, »Maria und Martha in der religiösen Frauenbewegung«, in: »Abendländische Mystik«, Engelberg, 1984, 354–367: dazu die erwähnte Teilhard de Chardin-Literatur (Anm. 19.37); Eckhart ist hier zitiert nach meiner Übersetzung in: »Christliche Mystik« (Anm. 11), 183–190. In »Probleme …« und »Motive …« (Anm. 7) ist umfangreiches Material verarbeitet.

60 Das im folgenden nicht ausgewiesene Material findet sich in: »Gott in allen Dingen finden. Eine ignatianische Maxime und ihr metahistorischer Hintergrund«, GuL 65, 1992, 165.186; in etwas anderer Form in: »Ignacio de Loyola y su Tiempo. Congreso internacional de Historia« (1991), hg. Von J. Plazaola, Bilbao 1992, 343–368. Die Mechthild-Zitate wurden nach der Ausgabe von H. Neumann (G. Vollmann-Profe, 1990, 1993) und der Übersetzung von M. Schmidt (1995) verifiziert.

61 (Anm. 4.7) »Le Dieu des mystiques«, Paris 1994; vgl. dort den Index: »Presence de Dieux«; die Zitate auf Seite 686 und 618.

62 In: ZThK 93 (1996), 163–192. Geschildert wird die Geschichte der evangelischen Exegese von der religionsgeschichtlichen Schule (heidnische Relikte) bis zur existentiellen Deutung (nur Bilder für persönliche Betroffenheit).

63 In: »Religiöse Erfahrung …«, (Anm. 18), 126 ff bin ich den zwei Möglichkeiten der Fehldeutung nachgegangen.

64 »Zeichensprache des Glaubens. Chancen der Predigt heute«, Gütersloh 1994, 10. Vgl. meinen Aufsatz: »Biblische Erfahrung. Katholische Fragen nach dem spirituellen Proprium des evangelischen Christentums«, in: »Mystische Spuren« (Anm. 35) 126–139.

Namensregister

Sachregister

Es können nur Wegmarken (Leuchtbojen) gesetzt werden. Das detaillierte Inhaltsverzeichnis bleibt maßgebend. Auf es verweisen daher auch die kursiv gedruckten Zahlen.